हमारे सुदर्शनजी

हमारे सुदर्शनजी

संपादक

बल्देव भाई शर्मा

प्रभात प्रकाशन, दिल्ली
ISO 9001:2008 प्रकाशक

प्रकाशक • **प्रभात प्रकाशन**
4/19 आसफ अली रोड,
नई दिल्ली–110002

संस्करण • प्रथम, 2017
मूल्य • छह सौ रुपए
मुद्रक • आर–टेक ऑफसेट प्रिंटर्स, दिल्ली

HAMARE SUDARSHANJI *Ed.* Baldev Bhai Sharma ₹ 600.00
Published by Prabhat Prakashan, 4/19 Asaf Ali Road, New Delhi-2
e-mail: prabhatbooks@gmail.com ISBN 978-93-86300-51-5

प्रस्तावना

महाराज मनु ने पृथ्वी पर भारतवर्ष के प्रादुर्भाव व इसकी संतति का उद्देश्य निरूपित करते हुए लिखा है—एतद्देश प्रसूतस्य सकाशादग्रजन्मना/स्वं स्वं चरितं शिक्षेरन् पृथिव्या: सर्वमानवा:। यानी इस देश का जन्म इसलिए हुआ है ताकि यहाँ के निवासी अपने-अपने जीवन के आचरण से पृथ्वी पर रहनेवाले समस्त मानवों को मनुष्यता की शिक्षा दे सकें। राष्ट्रीय स्वयंसेवक संघ ने अपनी कार्यपद्धति से इस भाव को जीनेवाले अनेकश: व्यक्तियों का निर्माण किया है, जिन्होंने अपने सब प्रकार से सुयोग्य व क्षमतावान जीवन को राष्ट्र व समाज के सर्वतोमुखी उन्नयन के लिए पूर्णरूपेण समर्पित करने का आदर्श प्रस्तुत किया। संघ के पाँचवें सरसंचालक पूज्य कुप.सी. सुदर्शन इस देदीप्यमान मणिमाला में जड़े एक जगमगाते रत्न थे, जिनके जीवनादर्श ने असंख्य कार्यकर्ताओं को गढ़ा। आज तो इंजीनियर बनना आम हो गया है, लेकिन जिस दौर में इंजीनियर बनना नौजवानों के लिए एक दुर्लभ स्वप्न जैसा था, तब दूरसंचार अभियांत्रिकी में स्नातक होना बड़ी बात थी। पूज्य सुदर्शनजी ने इस उच्च शिक्षा को प्राप्त करने के बाद दिल्ली में एक आकर्षक सरकारी नौकरी के प्रस्ताव को भी त्यागकर अपनी युवावस्था में देशसेवा का आदर्श प्रस्तुत किया। उन्होंने मशीनी कल-पुर्जों को दुरुस्त करने की बजाय राष्ट्र का मन और समाज का तंत्र सँवारने की राह चुनी। इसके लिए उन्होंने अपनी युवा आकांक्षाएँ मातृभूमि की वेदी पर सहर्ष भेंट चढ़ा दीं। इस तरह 'स्वं स्वं चरितं शिक्षेरन्...' के उच्च आदर्श को अंतिम श्वास तक जीनेवाले वे विरल व्यक्ति थे।

पूज्य सुदर्शनजी का ऋषि तुल्य जीवन भौगोलिक व मत-पंथ की सीमाएँ लाँघकर लक्षावधि अंत:करणों में एक प्रेरणापुंज के रूप में बसा है। हमारे ऋषियों ने कहा, 'यानि अस्माकं सुचरितानि तानि त्वया सेवितम्' कि उनके जीवन के जो आदर्श हैं, सुचरितरूप श्रेष्ठ जीवन मूल्य जिन्हें उन्होंने जिया, वह सद्मार्ग जिस पर चलकर उन्होंने मानवता के उच्च मानदंड स्थापित किए, उन्हें उनकी आनेवाली संतति यानी हम अपने जीवन के आचरण में ढालें, ताकि हम उन सद्गुण-सदाचार से युक्त उदात्त जीवन-मूल्यों और

संस्कारों से युक्त जीवन जी सकें। पूज्य सुदर्शनजी के ऐसे तपोनिष्ठ व संकल्पवान राष्ट्रसेवी जीवन का सान्निध्य जिन असंख्य लोगों को मिला, वे स्मृतियाँ उनके हृदय को सुवासित किए हुए हैं। एक बालक से लेकर स्वयंसेवक बनने, कार्यकर्ता के रूप में ढलकर प्रचारक जीवन का असिधारा व्रत स्वीकारने और विभिन्न दायित्वों का निर्वहन करते हुए पूज्य सरसंघचालक के रूप में प्रतिष्ठित होने की उनकी यात्रा बड़ी प्रेरणास्पद है। बालपन से ही उनके जीवन में वह स्फुरण अनुभव किया गया, जिसे जानकर कहा जा सकता है—होनहार बिरवान के होत चीकने पात। स्वयंसेवक के रूप में उनके बाल व किशोर जीवन की कई घटनाएँ ऐसी ही अनुभूति कराती हैं।

यशस्विता व कर्मशीलता के शिखर पर पहुँचकर भी उनकी विनम्रता व सहजता विरल थी। भोपाल में प्रज्ञा प्रवाह के राष्ट्रीय सम्मेलन के तीनों दिन वे उपस्थित रहे और सत्रों के बीच खाली समय में मुख्य सभागार के बाहर कुरसी डालकर बैठ जाते थे। सामने एक छोटी-सी मेज पर गोमूत्र से चालित बैटरी व उससे जलता बल्व बड़े मनोयोग से सबको दिखा रहे थे और उसकी पूरी तकनीक सबको समझा रहे थे कि ऊर्जा उत्पादन में भी गोमूत्र का कैसा आश्चर्यजनक उपयोग है। इसे बढ़ावा मिलना चाहिए। गो-संरक्षण का यह एक और सूत्र वे बड़ी ललक और सहजता के साथ सबको हृदयंगम कराने के लिए प्रयत्नशील थे। पूज्य सरसंघचालक जैसे गुरुतर दायित्व पर वर्षों विराजमान रहे व्यक्ति की ऐसी निरहंकारता दुर्लभ ही कही जाएगी। भाषा की शुद्धता के प्रति उनका आग्रह इतना था कि छोटे-छोटे शब्दों तक पर उनकी नजर रहती थी। मेरे 'पाञ्चजन्य' का संपादक रहते समय भ्रष्टाचार के विरुद्ध अण्णा आंदोलन चरम पर था। पाञ्चजन्य में हम उसकी रपट प्रकाशित कर रहे थे। अचानक भोपाल से उनके सहायक श्री अनुपमजी का फोन आया कि पूज्य सुदर्शनजी बात करेंगे। मैं आश्चर्यचकित रह गया, जब पूज्य सुदर्शनजी ने कहा कि अपनी रपटों में तुम लोग अण्णा हजारेजी का नाम गलत छाप रहे हो। मैंने कहा कि भाईसाहब, जैसा सब जगह छप रहा है, हम भी वैसा ही छाप रहे हैं। उन्होंने कहा, नहीं! वह गलत है—अन्ना नहीं अण्णा है उनका सही नाम, इसी को छापो। मैंने कहा ठीक है।

इस तरह स्वयंसेवकों का कैसा त्रुटिहीन जीवन होना चाहिए, कैसे मानसिक, बौद्धिक और शारीरिक दृष्टि से उनका व्यक्तित्व पूर्णता की ओर अग्रसर होना चाहिए, वे ऐसी अनेक छोटी-छोटी बातों के माध्यम से समझाते रहते थे। प्रार्थना का उच्चारण, लय ठीक है कि नहीं, संघ स्थान पर शारीरिक करते समय क्रियाएँ शुद्ध हों, ये सब भी उनकी निगाह में रहता था। वे बराबर उसे ठीक कराते थे जब तक कि संतुष्ट न हो जाएँ। ऐसे 'परफेक्शनिस्ट' के रूप में वे याद आते हैं। सामाजिक, राष्ट्रीय और वैश्विक परिवेश से जुड़ा शायद ही कोई विषय हो, जिसे वे विस्तृत जानकारी व प्रेरक रूप में कार्यकर्ताओं

के समक्ष प्रस्तुत न करते रहे हों। अप्रतिम ज्ञानवान तो वे थे ही, पर इससे बड़ी विशेषता उनकी थी विद्यावान होना। हनुमान चालीसा में हनुमानजी के लिए उल्लेख है 'विद्यावान गुणी अति चातुर।' ज्ञान तो बहुतों को बहुत कुछ होता है, परंतु वह सद्‌गुण-सदाचार से युक्त हो, उसका समाज-जीवन को गुण संपन्न बनाकर परिपुष्ट करने व राष्ट्रीय हितों और मानवता के पोषण के लिए उपयोग हो, तभी वह जीवन के उन्नयन की विद्या बनता है। अन्यथा ज्ञान का दुर्लक्ष्य होने पर वह अविद्या बन जाता है।

कार्यकर्त्ताओं का सम्यक् विकास व उनका संघकार्य के लिए उपयोग हो, इसका वे बहुत बारीकी से ध्यान रखते थे। एक कार्यकर्ता को निर्माण करने में वर्षों लगते हैं। वह सुयोग्य व गुणसंपन्न होकर किसी कारण से छिटक जाए तो वह प्रयत्नपूर्वक उसे उसके अनुरूप कार्य से जोड़कर संगठन के विभिन्न अंग-उपांगों को भी दृढ़ करने का अत्यधिक ध्यान रखते थे। इस कारण असंख्य कार्यकर्ताओं को लगता था कि पूज्य सुदर्शनजी व्यक्तिशः उसके प्रति सबसे ज्यादा आत्मीयता रखते हैं। उनकी इस व्यापक आत्मीय परिधि में संघ और हिंदू समाज के बाहर के भी अनेक बंधु समाए थे, जिनके लिए वह परिवार के सदस्य से भी ज्यादा अपनत्व में पगे थे। 'शुद्ध सात्त्विक प्रेम अपने कार्य का आधार है' यह संघ गीत उनके जीवन-व्यवहार में समाया था। कितने ही परिवारों की चिंताएँ मानो उनकी अपनी होती थीं, उनका समाधान सुझाने और सब ठीक हुआ कि नहीं, यह जानने का ध्यान भी उनको सदा रहता था। आश्चर्य होता था कि वे अहर्निश प्रवास व निरंतर कार्य-व्यस्तता के बावजूद कैसे देश भर के असंख्य लोगों के साथ इतना व्यक्तिशः जुड़ाव रख पाते हैं। शायद यह उनकी साधक-वृत्ति का ही विस्तार था, संघ की परिवारमूलक विचार-साधना के वे एक सशक्त घटक थे।

देश व समाज के लिए चिंता का विषय बननेवाले हर मुद्दे पर उनकी गहरी नजर रहती थी। उसके समाधान के प्रति लोक जागरण के लिए भी वे निरंतर प्रयत्नशील रहते थे। असम में बांग्लादेशी घुसपैठियों की किसी को कल्पना भी नहीं थी, तब उन्होंने उसे न केवल भाँपा, बल्कि राष्ट्र के लिए उस गंभीर संकट का गहन अध्ययन कर देश के सामने रखा। इसी तरह पर्यावरण, भारतीय विज्ञान, लोक-जीवन, संस्कृति, भारत की सुरक्षा व सामाजिक शांति-सौहार्द पर गहराता संकट जैसे हर विषय पर उनका गहन चिंतन सामने आता रहा। अन्य मत-पंथों विशेषकर मुसलिम व ईसाई पंथों के धर्मगुरुओं व प्रमुखों के साथ सद्‌भावपूर्ण संवाद की प्रक्रिया उन्होंने शुरू की।

पूज्य सुदर्शनजी के जीवन की यह विविध पक्षीय प्रेरणा आनेवाले समय में लक्षावधि स्वयंसेवकों के लिए तो जीवंत रहे ही, समाज के अन्य वर्गों में भी उस दृष्टि का विस्तार हो, इस महत् उद्‌देश्य से प्रभात प्रकाशन द्वारा पुस्तक रूप में 'हमारे सुदर्शनजी' ग्रंथ को रूपाकार देना निश्चित ही एक उल्लेखनीय सद्‌प्रयास है। इसके संपादन का दायित्व

मेरे लिए सौभाग्य की बात तो है ही, एक कठिन चुनौती भी थी। प्रभात प्रकाशन ने इस महत्त्वपूर्ण कार्य को संपन्न करने के लिए मुझे सहभागी बनाया इसके लिए मैं उनका हृदय से आभारी हूँ। पूज्य सुदर्शनजी का मुझ पर जो अपरिमित स्नेह रहा, उसके प्रति यह मेरी विनम्र श्रद्धांजलि है। वास्तव में तो इस ग्रंथ की भावभूमि व्यापक रूप से 'स्वदेश', भोपाल के प्रधान संपादक श्री राजेंद्र शर्मा ने ही रख दी थी, जब उन्होंने पूज्य सुदर्शनजी की स्मृति में एक बृहद् विशेषांक निकाला था, जो अत्यधिक प्रेरणास्पद व संग्रहणीय है। 'स्वदेश', भोपाल की महापुरुषों पर विशेषांकों की मालिका का यह एक सुगंधित पुष्प है। इस ग्रंथ की रचना का आधार यही विशेषांक बना। प्रभातजी ने जब राजेंद्रजी से यह इच्छा व्यक्त की तो उन्होंने सहर्ष इसकी अनुमति दे दी। श्री राजेंद्र शर्मा के प्रति भी एतदर्थ मैं कृतज्ञता ज्ञापित करता हूँ। विश्वास है कि यह ग्रंथ पूज्य सुदर्शनजी की यश-काया को अक्षुण्ण रखेगा और सबके लिए राष्ट्रभक्ति व समाज-सेवा का पाथेय बनेगा।

—बल्देव भाई शर्मा
माघ कृष्ण एकादशी, 2073 वि.
23 जनवरी, 2017

'अनुग्रह'
जी 508, अजनारा इंटेग्रिटी
राजनगर एक्सटेंशन
गाजियाबाद (उ.प्र.)

अनुक्रम

उद्‌बोधन खंड

श्री सुदर्शनजी का ज्ञान-कर्म और भक्ति योगमय उत्कृष्ट जीवन

–डॉ. मोहन भागवत

सरसंघचालक

राष्ट्रीय स्वयंसेवक संघ

पूजनीय सुदर्शनजी के नाम के पहले 'स्वर्गीय' लगाने की आदत होने में बहुत समय लगेगा। उनके सान्निध्य में जितने लोग आए हैं, वे उनसे प्रभावित हुए बिना नहीं रह सके और सुदर्शनजी का जाना इतना अचानक हो गया कि वे अब नहीं हैं, इसकी भी आदत करनी पड़ेगी। यह तो मेरा भाग्य है कि उन्होंने मुझे सरसंघचालक बनाया और वे मेरे लिए उपलब्ध रहे, इसलिए इस पद का गुरुभार सिर पर आने पर भी मैं आश्वस्त था, निश्‍चिंत था कि कुछ कठिनाई आ गई तो फोन करके पूछ लेंगे या मिल लेंगे। परंतु वे अब हमारे बीच नहीं हैं। इस वज्रपात से थोड़ा-थोड़ा सँभलने लगे हैं, तब हममें से किसी-किसी को यह भी स्मरण में आता है कि कैसे कुछ मास पूर्व से एक-एक परिचित व्यक्ति व परिवार से मिलकर आने का क्रम उन्होंने बनाया था। वे अपनी आयु 92 वर्ष तक रहेगी, ऐसा कहते थे, यह भी सत्य है। किसी भी संकल्प को धारण करते ही उसको अवश्य सफल कर सकने का आत्मविश्वास उनके मन में स्वयं ही भर जाता था। लगभग एक वर्ष पहले तिनसुकिया (असम) में प्रांत प्रचारकों की बैठक समाप्त कर बहुत सारे तरुण बंधुओं के साथ वे भी परशुराम कुंड की यात्रा करने गए। उनके स्वास्थ्य व आयु को ध्यान में रखकर सभी ने उनको कुंड के शीतल जल में स्नान करने का तथा इस प्रकार कुंड से मंदिर तक की दीर्घ व खड़ी चढ़ाई टालने का अनुरोध किया था। वहाँ पहुँचकर कई तरुण कुंड में न उतर सीधे मंदिर दर्शन कर वापस हुए, परंतु सुदर्शनजी ने 300 फीट गहरी खाई में स्थित कुंड के वेगवान् तथा हड्डी में कँपकँपी भर देनेवाले शीतल जल में उतरकर डुबकी लगाई, फिर खड़ी चढ़ाई चढ़कर ऊपर मंदिर में

दर्शन किए और सहज रूप से तैयार खड़े वाहन में आकर बैठ गए। उनकी इस निर्भयता व अदम्य आत्मविश्वास को नियति केवल इस बार ही प्रथम व आखिरी बार ठग पाई।

वे चंद्रपुर के जुबली हाई स्कूल से सालांत परीक्षा उत्तम रीति से उत्तीर्ण कर चुके थे। मेरा अनुमान है कि चंद्रपुर के प्रवास में उनका हमारे घर में आना-जाना रहा ही होगा। मैं आयु में बहुत छोटा था। कभी हमारे घर में चर्चा थी कि एक सुदर्शन मैरिट में आए थे, जो अब प्रांत प्रचारक बन गए। पिताजी ने मुझसे कहा, 'देखो, अच्छा-पढ़ो लिखो और प्रचारक हो जाओ। प्रचारक बन जाएँ तो भी पढ़ने-लिखने में अच्छा होना आवश्यक है।' उस समय मैं बालक था। सोचा, होंगे कोई सुदर्शन!

उन्हें देखने का प्रथम अवसर मुझे वर्ष 1971 में प्राप्त हुआ। उत्कल प्रांत में घोष सिखाने के लिए मुझे शिक्षक के रूप में भेजा गया। मैं नागपुर में वेटरनरी कॉलेज में प्रथम वर्ष का विद्यार्थी था। तो गरमी की छुट्टियों में संघ शिक्षा वर्ग के समय घोष शिक्षक के नाते मुझे उत्कल प्रांत के वर्ग में भेजा गया। उस समय तक मैं संघ का कार्यकर्ता बन चुका था। इसलिए अपने शारीरिक प्रमुख सुदर्शनजी हैं, इतना तो पता था, परंतु देखा कभी नहीं था।

प्रतिभा की छाप

उन्हें देखते ही किसी के मन में सबसे पहले जिस चीज की छाप पड़ती थी, वह है उनकी प्रतिभा। उनका ज्ञानयोग, जिसे सब जानते हैं। दुनिया में जहाँ-जहाँ वे गए, उनका ज्ञानयोग प्रसिद्ध है। कितने विषयों के वे ज्ञाता थे। कितनी सारी बातें वे जल्दी पकड़ लेते थे। कितना गहन अध्ययन करते थे। इसी कारण अनेक भाषाओं के ज्ञाता थे। वहाँ पर वर्ग में आए, तब वे शारीरिक प्रमुख थे, अतः शारीरिक प्रमुख की बिल्कुल छोटी-छोटी बारीकियाँ, उन्हें किस ढंग से सिखाना चाहिए, इसके नए-नए गुर, स्वयं द्वारा किए गए प्रयोग, कोई भी शारीरिक क्रिया वैसी ही क्यों करनी है, आदि बातें तर्कपूर्वक, बारीकियों में जाकर समझाते व कराते थे। वैसे, शारीरिक विभाग तो एकदम सरल विभाग है—यानी आज्ञा मिली और उसका पालन करो। 'ऐसा क्यों करना है?' पूछना नहीं पड़ता। वहाँ यह समझाने की आवश्यकता नहीं रहती। लेकिन वे समझाते थे कि इसके पीछे तर्क है, अनुभव है। इस कारण ऐसा करना है, तो करनेवाला मन में विश्वास लेकर अभ्यास करता था। शारीरिक क्रिया में भी उनका इतना गहरा चिंतन था। यह दंड कैसे घूमेगा, तो हवा में आवाज आएगी, लेकिन दंड नहीं लगेगा और वह बिना आवाज की लाठी; जैसे भगवान् की होती है, कैसे घुमाना कि जहाँ लगेगा, वहाँ तोड़ देगा, ऐसी कई सूक्ष्म बातें वे बताते थे। एक सामान्य विषय को सिखाने के बारे में उन्होंने कितना परिश्रमपूर्वक सोचा होगा, इसकी कल्पना हम कर सकते हैं।

हर विषय की गहराई में जाना

असम में भेजा तो असम के विषय में अध्ययन करके उन्होंने जो-जो बातें मार्गदर्शक के रूप में बताईं, वे आज भी हमारे लिए दिशादर्शक हैं। किसी भी समस्या के मूल में जाकर उसका अध्ययन करना उनका स्वभाव था। जब वे बौद्धिक प्रमुख बने, तब उन्हें एक विषय रखना था कि सांस्कृतिक आक्रमण कैसे हो रहा है? इतिहास को किस प्रकार बिगाड़ा जा रहा है? इसके अध्ययन के लिए वे चेन्नई गए। वहाँ के सरकारी ग्रंथालय/लाइब्रेरी में बैठकर उस समय के सारे कागज-पत्र निकालकर उनका अध्ययन किया—और बड़े तर्क के साथ, उदाहरण सहित एक घंटे का भाषण दिया। प्रत्येक विषय में वे ऐसा करते थे। उनके अनथक परिश्रम के कारण सभी मामलों में उनकी अद्‌भुत प्रतिभा दिखती थी।

पंजाब के विषय में उन्होंने जो अध्ययन किया, उसके कारण कितने ही सिख विद्वानों से उन्होंने चर्चा की, उनसे विषय समझ लिया। सब प्रकार के सिखों से संबंधित ग्रंथ और उनका इतिहास समझ लिया। 'गुरुवाणी' का अध्ययन किया। उसका अर्थ, जो वे समझते थे, वैसा है कि नहीं, यह जानने के लिए अधिकृत व्यक्तियों से मिले और उनसे 'गुरुवाणी' का अर्थ ठीक तरह से समझ लिया। यह पूजनीय सुदर्शनजी की ज्ञानयोग की प्रतिभा थी। इसके पीछे बहुत बड़ा परिश्रम था।

घोर परिश्रमी

उनका हर विषय में पारंगत होना, अधिक गति से अनेक विषयों को समझ लेना, यह सबके लिए साध्य नहीं है; लेकिन जिनको साध्य करना है, वे उनके कार्य परिश्रम को देखकर सीख सकते हैं। इसके लिए मा. बालासाहेब अंग्रेजी में कहते थे, "10 Percent Inspiration and 90 Percent Perspiration." उत्कल के उस वर्ग में उन्होंने शारीरिक क्रिया की छोटी-छोटी बातें हमें बताईं। तब वे कितना परिश्रम करते हैं, यह ध्यान में आया। वे सुबह 3 बजे हमारा वर्ग लेते थे। 3 से 4.45 तक संघ स्थान पर अभ्यास चलता था। संघ स्थान 7.30 बजे समाप्त होता था। सायं संघ स्थान के पहले वर्ग हो नहीं सकता था, अत: बाद में वर्ग लेते थे, यानी दिन में वे 4 घंटे हमें सिखाते थे और उनका सिखाना यानी सतत् परिश्रम ही था। उन 2-4 घंटे में हम लोगों को साँस लेने की फुरसत नहीं मिलती थी। लेकिन सुबह 3 बजे जब वे आते थे तो अपना स्नान, ध्यान और स्वयं का व्यायाम करके पूरी तैयारी के साथ। इस बात से पता चलता है कि वे कितने बजे उठते थे और रात्रि के कार्यक्रम में भी उपस्थित रहते थे। यह उनकी विशेषता थी। अपने शरीर को कार्य के लिए आग्रहपूर्वक चलाने की उनकी क्षमता बड़ी अद्‌भुत थी।

अपने कष्ट की चिंता नहीं

आराम करना है, तो आराम भी कर सकते थे। एक बार उनके जीवन का प्रसंग हमने पढ़ा है। गुरुजी प्रवास पर जा रहे थे, उस समय वे प्रांत प्रचारक थे। उस भाग-दौड़ में उन्होंने खूब परिश्रम किया। शायद 1-2 रात उनकी नींद पूरी नहीं हुई और एक जगह भोजन करके निकल जाना था। थोड़ा सुस्ता गए, तो सो गए। जाने का समय हो गया तो गुरुजी ने कहा, 'सुदर्शन सो रहा है, उसको मत जगाओ।' सुदर्शनजी रात भर सोए रहे और दूसरे दिन वे फिर चले गए। इस प्रकार वे सो भी सकते थे, लेकिन कार्य करने की उनमें अद्‌भुत क्षमता थी। अपने शरीर को वे कैसे चलाते थे, पता नहीं। उनके पैरों में खुजली होती थी। डॉ. विलास डाँगरे से उन्होंने दवाई ली। डॉक्टर साहब ने कहा, 'आप प्रवास पर जा रहे हैं, ये थोड़ा एग्रीवेशन करता है। होम्योपैथी की दवाई है।' वह कुछ ज्यादा पोटेंसी की थी, शायद 200 एक्स। उन्होंने कहा, 'दे दीजिए, मैं देख लूँगा।' वह दवाई उन्होंने ली और प्रवास के लिए निकल गए। अगले चार माह उन्हें भयंकर कष्ट हुआ। हाथ-पैर पर फफोले पड़ गए। हर दो घंटे के बाद गरम पानी से स्नान करना पड़ता था। दिन में चार बार पट्टियाँ बदलनी पड़ती थीं, परंतु प्रवास का एक भी कार्यक्रम उन्होंने रद्द नहीं किया। वे कहते थे, 'वह अपना काम कर रहा है और यह तो रोग नहीं है, यह उसका उपचार चल रहा है।'

मैंने कहा, 'अरे भई, आपको इतना कष्ट?…'

'कष्ट क्या, मैं अपने सब काम कर रहा हूँ। कुछ दिखता है क्या कष्ट आपको?' उन्होंने कहा।

'लेकिन हो रहा है न?' मैंने कहा। उन्होंने कहा, 'हो रहा है तो मैं सहन कर लूँगा। आप इसकी चिंता न करें।' कितना कष्ट वे सहन करते थे! उनका व्यायाम तथा दो समय की संध्या का नियम जीवन के अंतिम दिन तक चलता रहा। रेलगाड़ी से सतत् यात्रा भी उस नियम में बाधा नहीं बन सकी। अपवाद, हृदयाघात के बाद स्वास्थ्य-लाभ दो महीनों का रहा।

ज्ञान, कर्म और भक्तियोग

उनके ज्ञानयोग के पीछे था उनका कर्मयोग और उनके पास भक्तियोग भी था। बच्चों में कैसे वे घुल-मिल जाते थे, कैसी कहानियाँ बताते थे। स्वयंसेवक के प्रति कितना स्नेहभाव उनमें था, यह बहुत कम लोगों को मालूम था; क्योंकि वे दिखाते नहीं थे। यह दिखाने की बात थी भी नहीं; लेकिन सहज रूप से वे इसे सबके सामने प्रकट नहीं होने देते थे। एक प्रचारक रोग से पीड़ित थे। दुर्भाग्य से वे बच नहीं सके। उनका देहांत हो गया। तब हम लातूर में थे। वहाँ बैठक के दौरान वह समाचार प्राप्त हुआ। अब

किसी को तो इस दु:खद क्षण में सांत्वना देने जाना ही था, तो जाने के लिए जिनको फ्री कर सकते थे, वे सुदर्शनजी ही थे। सरसंघचालक थे। अभिभावक के नाते उनका जाना ठीक भी था, तो उनको जाना है, यह तय करके हमने उनको दु:खद समाचार बताया। 2 घंटे बाद बाई रोड स्टेशन पर जाना था। अत: सारी व्यवस्था हो गई। थोड़ी देर के बाद उनकी तैयारी हुई कि नहीं, यह देखने के लिए हमारे सहसरकार्यवाहजी गए तो उन्होंने देखा, खिड़की के सामने सुदर्शनजी बाहर मुँह करके खड़े हैं, दूर आकाश की ओर देख रहे हैं और उनकी आँखों से अश्रुपात हो रहा है। वे सहसरकार्यवाह सुदर्शनजी के साथ एक ही कार्यालय में रह चुके थे। उनको भी पता नहीं था कि सुदर्शनजी के मन में इतनी कोमलता है। वे जहाँ-जहाँ गए, वहाँ अपनी छाप छोड़ गए। उनका परिश्रम, उनका आग्रह, छोटी-छोटी बातों को ठीक करने की उनकी जिद संघ में सर्वत्र परिचित है। बाहर थोड़ा-बहुत सबको मालूम है; लेकिन उनके जीवन के एक प्रसंग से संघ के स्वयंसेवक अनभिज्ञ हैं।

आत्मीयता से सराबोर

एक रात वे प्रवास से आए। तब 9 बज रहे थे। आने के बाद उन्हें एक साधारण कागज में छपा हुआ विवाह का निमंत्रण मिला। उसी रात को विवाह था। किसी सरकारी ऑफिस के चौकीदार के घर पर विवाह था। उस चौकीदार का एक सरकारी ऑफिस के अहाते में ही छोटा सा 15 बाई 12 फीट का कमरा था। वहीं उसका पूरा परिवार रहता था। वहीं विवाह होना था। उस घर का बालक एक शाखा में आता था। इस नाते पत्रिका शाखा के माध्यम से कार्यालय तक आई। पत्रिका देखते ही सुदर्शनजी ने सबको तुरंत तैयार किया। सबने सोचा कि क्या जाएँगे, अभी-अभी तो आए हैं प्रवास से। पर उन्होंने कहा, 'विवाह में बुलाया है, हमें आज ही जाना चाहिए।' और सब विवाहस्थल के लिए निकल गए। आर्थिक दृष्टि से गरीब आदमी का विवाह था। जमाई जिस घर का था वह भी गरीब, तो बहुत ज्यादा कुछ नहीं था। ढंग का पंडित भी नहीं था। बारात आने वाली थी। 15-20 लोग आएँगे, लड़की को ले जाएँगे।

कोई ज्यादा विधि वगैरह नहीं थी। सुदर्शनजी वहाँ पहुँच गए। पहुँचने पर देखा, छोटा सा घर है। जो कुछ मेहमान थोड़े-बहुत आए हैं, सब वहीं हैं। वहाँ बहुत गंदगी फैली है। उन्होंने सबको उठाया। यह अधिकार भी उनका रहता था। किसी को पराया नहीं मानते थे, इसलिए किसी को कुछ भी कहते थे और कराते भी थे। सबको उठाया वहाँ से—'चलो, चलो। सफाई करो।' ऐसा कहते हुए स्वयं हाथ में झाड़ू लेकर सफाई में जुट गए। लोगों को भी उस कार्य में लगना ही पड़ा। आँगन-वाँगन साफ किया। इतने में रात के 12 बज गए और बारात आ गई। फिर वर के स्नान की विधि अभी बाकी थी।

उन्होंने वर से कहा, 'जाओ, स्नान-वान करके आओ।' वधू को भी यह कहकर भेज दिया कि स्नान करके आओ और इसके बाद वर व वधू पक्ष, दोनों को बिठाकर उन्होंने एक घंटा भाषण दिया कि रात को विवाह करने से बिजली का खर्चा ज्यादा होता है, इसलिए इतनी रात को विवाह नहीं करना चाहिए। कम खर्चे में विवाह कैसे करना चाहिए, सब बताया। उन्होंने कहा, 'वैसे आपका विवाह बहुत सादगी से हो रहा है, लेकिन ढंग से होना चाहिए और ऐसे कुछ खर्चे से बचत करके उसे किसी और कार्य में आप लगा सकते हैं।' दोनों पक्षों को यह सब समझाकर वधू-वर को शॉल-साड़ी आदि जो कुछ ले गए थे, वह सब दिया। जितने मंत्र उन्हें आते थे, वे सब पढ़े और आराम से विवाह संपन्न करा दिया। उस व्यक्ति के लिए यह तो चिरकालिक स्मृति हो गई और हम लोगों के लिए एक वस्तु पाठ हो गया कि वे ऐसे अद्‌भुत सरसंघचालक हैं एक संगठन के। अपने दिमाग को वे ऐसे उच्च तात्त्विक विषयों में लगाकर दुनिया को भूल सकते थे, भूल भी जाते थे; लेकिन उनकी आत्मीयता सहजता से स्वभावत: प्रकट हो जाया करती थी, सहज ही हृदय को छूकर बाँध देती थी।

गंगा जल से निर्मल, सरल

उनके अंत्य दर्शन के लिए एक बाल स्वयंसेवक आकर गया। वापस घर जाने पर किसी ने उससे पूछा, 'कहाँ गए थे ? उसने उत्तर दिया, 'सुदर्शनजी का दर्शन कर आया। कुछ दिन पहले शाखा में आए थे। उस दिन प्रार्थना मैंने गाई तो उन्होंने बाद में मुझे आधा घंटा बिठाकर मेरी प्रार्थना शुद्ध करवाई थी।' ऐसा व्यक्तिगत स्पर्श उनका स्वयंसेवकों के प्रति होता था। यह पहलू सबको बहुत ज्यादा ज्ञात नहीं है, लेकिन यह उनके ज्ञानयोग और कर्मयोग की तरह विस्तृत भक्तियोग है। अब यह हमारे लिए एक उदाहरण है और साथ-साथ एक विश्वास मन में रहता है कि ऐसा बना जा सकता है। यह जीवंत उदाहरण हमारे सामने है, यह असंभव बात नहीं है। इसके लिए किसी अवतारी पुरुष के अवतीर्ण होने की आवश्यकता नहीं है। यह हो सकता है। वे अत्यंत निर्मल व्यक्तित्व के धनी थे। स्वभाव से एकदम सरल। उनका मन जैसे गंगा का पानी। उस पर पत्थर मारो, लकड़ी से आघात करो, वह टिकता नहीं है। चार क्षण के लिए तरंग उठती है और उसके बाद जल का प्रवाह अपने स्वभाव के अनुरूप बहता है। ऐसे हमारे सुदर्शनजी जब अपने पास थे, हम सबके मन में एक भरोसा था और वे अचानक चले गए।

कब तक अध्यक्ष रखोगे?

अभी हाल ही में यहाँ डॉ. हेडगेवार स्मारक समिति की बैठक हुई। उन्हें फिर से अध्यक्ष चुना गया था। उन्होंने कहा, 'कोई दूसरा अध्यक्ष चुनो। क्या जब तक मैं जिंदा रहूँगा, तब तक मुझे ही अध्यक्ष रखोगे और मैं सौ साल जिया तो ?' ऐसा कहकर गए

और बाद के प्रवास में रायपुर में प्राणायाम करते समय उन्होंने देह छोड़ दी। तो **'विना दैन्येन जीवनम्। अनायासेन मरणम्।'** ऐसी उक्ति चरितार्थ हुई। अचानक उनके जाने की खबर आई तो क्षणभर तो विश्वास ही नहीं हुआ। कुछ दिन पूर्व ही मैसूर में अपने प्रवास में वे नित्य क्रम के अनुसार प्रात:काल घूमने निकले। परंतु रास्ता भूलकर भटक गए थे। सारे देश में पाँच-छह घंटे बड़ी हलचल हुई। देश भर के स्वयंसेवकों का मन न जाने कैसी-कैसी आशंकाओं से भर गया था। सुदर्शनजी के मिल जाने के बाद सब आश्वस्त हो गए थे। इस बार भी यह शोक समाचार आते ही कई जगह से फोन आए कि सत्य क्या है? बताना पड़ा। यहाँ नागपुर में अंतिम दर्शन करके लौटनेवाले कई स्वयंसेवकों ने कहा, 'विश्वास ही नहीं होता कि वे चले गए।' वास्तव में, विश्वास करने के लिए विश्वास रखना होगा; लेकिन क्षति तो हुई है। अपना संघ कार्य ईश्वरीय है, व्यक्ति-निरपेक्ष है और सामूहिक है। इसलिए उसमें कोई अपूरणीय क्षति नहीं होती। कार्य की चिंता नहीं है; लेकिन हम लोगों के मार्गदर्शन के लिए एक जो रूप सामने था, उसका अभाव तो खलेगा न! एक के जैसा दूसरा आदमी भगवान् किसी को पैदा नहीं करता और सुदर्शनजी की तरह बहुमुखी प्रतिभावाले व्यक्ति संसार में कम ही आते हैं, तो संघ कार्य तो ठीक चलेगा। वह तो चला ही है और ध्येय की सिद्धि होने तक चलने वाला ही है; परंतु सुदर्शनजी पुन: नहीं मिलेंगे। उनके लेख-भाषण पढ़ने को मिलेंगे।

अब केवल स्मृति शेष

शारीरिक व्यायाम करते समय उनके द्वारा सिखाई गई छोटी-छोटी बातें याद आएँगी। उनकी कई ऐसी बातें स्मृति में अंकित रहेंगी। वे याद आएँगे, लेकिन उन्हें अब चित्रों के सिवा कहीं और देखने का दूसरा कोई अवसर ही नहीं है। सबके और हमारे मन की यह इच्छा अब पूरी होनी नहीं है। यह दुनिया का नियम है। सब व्यक्तियों के बारे में पीछे बचे लोगों को इस कमी को सहन करना ही पड़ता है और यह बड़ा दुरूह काम है मेरे जैसे के लिए। मेरा तो उनसे आत्मीय संबंध रहा है। वे शारीरिक प्रमुख से बौद्धिक प्रमुख बने। उसके कुछ साल बाद मुझे सह-शारीरिक प्रमुख बनाया। उसके पहले से संघ शिक्षा वर्ग में शारीरिक गतिविधि में रुचि लेनेवाले व्यक्ति के रूप में उनसे बहुत संपर्क हुआ। वर्ष 1971 के बाद तो कई बार मिले। कई बार उन्होंने कान पकड़ा, छोटी-छोटी बातें ठीक कीं। कई बार उन्होंने गीत सिखाए। कई बार गीत कहलवाए। उसके बाद शारीरिक वर्ग से संबंधित होने के नाते हर शारीरिक वर्ग में उन्हें बुलाते थे। वे आते थे और कई बातें बताते थे।

पहले हृदयाघात से उबरे

सुदर्शनजी को जब पहला हार्ट अटैक आया तो उनसे सबसे पहले मिलनेवाला

अखिल भारतीय अधिकारी मैं ही था। उस समय उनको 200 कदम चलने की अनुमति मिली थी। उपचार के बाद उनके निवास के प्रांगण में मैं जब उनसे मिलने गया था तो 200 कदम चल रहे थे। उन्होंने हाथ के इशारे से मुझे 'रुको', ऐसा कहा। तत्पश्चात् अपना चक्कर पूरा करने के बाद मेरे पास आए और कहा, '200 कदम पूर्ण होने तक साँस लेने का श्रम करना पड़ता है, इसलिए मैं बोलता नहीं था। अब रुक रहा हूँ।' यह कारण (Explanation) बताने की आवश्यकता नहीं थी, लेकिन वे इसका भी ध्यान रखते थे। बाद में झंडेवाला में रहता था, तब उन्होंने कहा, 'मोहनराव, अब मैं इस बीमारी के कारण शारीरिक वर्ग के काम का बिल्कुल नहीं रहा।' उन्होंने बड़े दु:ख से कहा। शारीरिक वर्ग में उन्हें बड़ी रुचि थी। उन्होंने उसे हस्तगत किया था। दो साल आपातकाल के दौरान वे मीसाबंदी थे तो शारीरिक वर्ग की पुस्तकें साथ लेकर गए थे। अकेले सारा अभ्यास किया। एक-एक प्रयोग उन्होंने 10-10 हजार बार करके देखा और उसमें सिद्ध हुए। इसलिए उन्होंने बड़े दु:ख से कहा कि 'मैं शारीरिक वर्ग के काम का नहीं रहा।' मैंने कहा, 'देखेंगे।' क्योंकि थोड़ा उनका स्वास्थ्य अच्छा होने के बाद वे फिर से शारीरिक वर्ग में हिस्सा लेने लगे और स्वयं अभ्यास करके बताने लगे, सिखाने लगे।

उत्कृष्टता का आग्रह

किल्कुल अंतिम दिन तक जो बातें होनी चाहिए, वे उत्कृष्ट होनी चाहिए, उसको ठीक करना चाहिए, यह उनका आग्रह रहता था। जाने के दिन रायपुर कार्यालय में प्रात:-स्मरण में बैठे थे। वहाँ पर प्रात:-स्मरण के दौरान 'एकात्मता स्तोत्र' के एक श्लोक के उच्चारण में एक स्वयंसेवक से विसर्ग की गलती हो गई, तो प्रात:-स्मरण के बाद उन्होंने सबको रोका और संस्कृत में उच्चारण के महत्त्व को बताते हुए 'बलि:', इस शब्द के सही उच्चारण का सभी को अभ्यास करवाया और पाँच बार सबसे कहलवा लिया, तब सबको छुट्टी मिली। हर बात में जो करना है, वह उत्कृष्ट करना है और किसी से करवाना है, तो उसे उत्कृष्ट करने के लिए तैयार करें, ऐसा उनका आग्रह रहता था। ये उनकी जो सारी बातें हैं, वे उसी ढंग से होती थीं। ऐसी होते हुए देखना अब संभव नहीं और यह कमी पूरी होने वाली नहीं। इस बात की बड़ी टीस रहती है। कुछ लोग बता सकते हैं तो कुछ लोग व्यक्त नहीं कर पाते। उनके जाने पर देश भर के राष्ट्रीय जीवन से जुड़े समाज सेवियों तथा गणमान्य नागरिकों ने संवेदना जताई है। सुदर्शनजी गए, लेकिन उनको सच्ची श्रद्धांजलि उनके गुणों का अनुकरण कर, उनके तत्त्वों पर चलकर ही अर्पित की जा सकती है। उन्हें औपचारिक श्रद्धांजलि तो हम सभी अर्पित कर चुके हैं, लेकिन सभी स्वयंसेवकों की ओर से उनको कृतिरूप श्रद्धांजलि अर्पित की जाएगी, ऐसा विश्वास है।

□

पूज्य सुदर्शनजी :
एक प्रेरक और प्रखर नेतृत्व

–भैयाजी जोशी
सरकार्यवाह
राष्ट्रीय स्वयंसेवक संघ

श्रद्धेय सुदर्शनजी का देहावसान हुए देखते-देखते एक वर्ष बीत गया। गत एक वर्ष में कई अवसरों पर उनका स्मरण होता रहा।

वास्तव में, हमने उनके रूप में एक पितातुल्य व्यक्तित्व को खोया है। अगर उचित शब्दों में कहा जाए तो वे सभी अर्थों में हमारे अभिभावक थे। अभिभावक स्नेह प्रदान करता है। उनके स्नेह का अनुभव हमने समय-समय पर किया है। किसी पर्व पर वे सहजता से पूछताछ कर लिया करते थे। प्रवास से आने के बाद जब मिलते थे तो स्थान-स्थान के व्यक्तियों के बारे में, उनके स्वास्थ्य के बारे में सहज पूछताछ करते थे। यह बात उतनी ही सत्य है कि पालक समय-समय पर अपने विचारों के प्रति आग्रही भी होते हैं। संघ कार्य के संदर्भ में कार्य-पद्धति को लेकर, कार्यक्रमों को लेकर, उनकी बारीकियों को लेकर, फिर चाहे वह संघ स्थान की हो, बैठकों की हो, किसी प्रकार के विषयों की हो या किसी अन्य विषय पर हो—अपना आग्रह कभी उन्होंने छोड़ा नहीं और हमेशा वे आग्रही रहने के लिए कहते।

कभी ऐसा अवसर भी आया कि हमने उनमें कठोरता का दर्शन किया है। हमारी छोटी-मोटी गलतियों को वे ठीक किया करते थे। विशेषत: हम किसी प्रकार का लेखन करते तो लेखन में व्याकरण की अशुद्धियाँ उन्हें कभी सहन नहीं हुईं और वह अशुद्ध चला जाए, यह उन्हें स्वीकार भी नहीं था। हमने कई बार जो कुछ लिखा है, उसमें अशुद्धियों के निशान ज्यादा आ जाते। एक अभिभावक के नाते कई विषयों का हम अध्ययन करें, ऐसा भी प्रोत्साहन वे हमें दिया करते थे। मुझे याद है कि एक संघ शिक्षा

वर्ग में, उस समय मा. सुदर्शनजी सह-सरकार्यवाह थे और संघ शिक्षा वर्ग में उन्हीं की उपस्थिति में मुझे बौद्धिक वर्ग लेना था। स्वयं अत्यंत प्रभावी वक्ता होने के कारण और ऐसे अनुभवी व्यक्ति की उपस्थिति में मेरे जैसे व्यक्ति का बोलना थोड़ा संकोचपूर्ण और कठिन भी लग रहा था; परंतु मेरा उत्साह तब बढ़ा, जब उन्होंने बौद्धिक वर्ग की समाप्ति के बाद अभिप्राय व्यक्त करते हुए कहा, 'अच्छा है। ऐसे ही समग्रता से सोचना चाहिए।'

उनके व्यक्तित्व का मैंने तीन रूपों में दर्शन किया है। प्रथम उनका दर्शन एक प्रचारक के रूप में होता है। वर्तमान में हम सभी प्रचारक कई प्रकार के साधन-सुविधाओं के कालखंड में जी रहे हैं; परंतु मैंने देखा है कि उन्हें किसी प्रकार के साधनों का कभी मोह नहीं रहा। उनका अत्यंत सादगी भरा जीवन मेरे लिए एक आदर्श रहा। बढ़ती आयु में भी उन्होंने कभी अपने निजी कार्य, हम जैसे कार्यकर्ताओं को करने की अनुमति नहीं दी। प्रचारक का जीवन परिश्रमी होना चाहिए, यह उन्होंने कभी शब्दों में व्यक्त नहीं किया; लेकिन उनकी व्यस्ततम जीवन-शैली देखकर मेरे जैसे व्यक्ति को सहज ही मार्गदर्शन प्राप्त होता था।

नई-नई बातों को स्वीकार करनेवाले सुदर्शनजी के जीवन में कर्मठता भी उसी प्रकार से प्रदर्शित होती रहती थी। प्रचारक अत्यंत मितव्ययी होना चाहिए, यह उनके सामान्य व्यवहार से हम जैसे लोगों को ध्यान में आता था। छोटी-से-छोटी वस्तुओं का भी वे पूर्णतया उपयोग किया करते थे, फिर चाहे वह स्नान करने का साबुन हो या दाढ़ी बनाने का ब्लेड। एक प्रचारक के नाते उनकी संवाद-शैली हम सबको बड़ी दिशा प्रदान करनेवाली रही। छोटे बाल स्वयंसेवकों के साथ घुल-मिलकर हँसी-मजाक करनेवाले सुदर्शनजी प्रबुद्ध और विद्वत् नागरिकों के मध्य अपने गहन व गंभीर चिंतन का परिचय भी हमें हमेशा देते आए। सामान्य-से-सामान्य कार्यकर्ता अपनी व्यक्तिगत समस्याएँ लेकर उनके पास आते थे और बड़े धैर्य के साथ उनकी बातें सुनकर यथासंभव उनके निवारण का प्रयास करते हुए भी हमने उनको देखा है। उनकी बीमारी की अवस्था में एक परिचारिका उनकी सेवा में थी। दूर केरल जैसे प्रांत में रहनेवाली वह परिचारिका, उसने अपने विवाह का निमंत्रण मा. सुदर्शनजी को भेजा और उसको सहज स्वीकार कर वहाँ जाने की तैयारी भी उन्होंने कर ली थी। कई बाहर के चिकित्सकों से उनका संबंध आया। एक बार नागपुर में कुछ समय निकालकर केवल चिकित्सकों से मिलने के लिए ही उनके घर पर गए थे। उनके प्रवास में प्रबंधक के रूप में काम करनेवाले सामान्य स्वयंसेवकों से भी हमेशा बड़े भाई के समान स्नेहवत् व्यवहार करते हुए हमने उनको देखा है। बहुत बार ऐसे व्यक्तियों की सुरक्षा हेतु भिन्न-भिन्न सुरक्षाकर्मी रहते हैं। गत चार-पाँच वर्षों से कुछ स्थायी सुरक्षाकर्मी उनके साथ थे। पूजनीय सुदर्शनजी के देहांत के पश्चात् उनके अंतिम संस्कार में किसी प्रकार की आवश्यकता और बंधन न होते हुए

भी सारे सुरक्षाकर्मी भोपाल से आकर उपस्थित रहे। मैं समझता हूँ कि यह उनके स्नेह, निकटता व आत्मीयता का ही परिचायक है। एक प्रचारक का संबंध सामाजिक जीवन में कई व्यक्तियों से होता है। वे सभी व्यक्ति उन विचारों से सहमत होते हैं, ऐसा भी नहीं है। परंतु कोई व्यक्ति उनके विचारों से सहमत न हो, तो भी उन्होंने संबंधों में खटास नहीं आने दी। इसलाम या ईसाइयत के संदर्भ में कुरान, बाइबिल के ही बिंदुओं को सामने रखकर संबंधित व्यक्तियों की संकुचित मानसिकता पर, उसकी वैज्ञानिकता पर उन्होंने प्रश्न खड़े किए। लेकिन ऐसे भिन्न-भिन्न मतावलंबियों के साथ उनके सहज आत्मीय संबंध रहा करते थे। उनके पारिवारिक व वैयक्तिक सुख-दुःख में उनका सम्मिलित होना, यह एक बहुत सहज बात थी। एक तरह से एक कट्टर हिंदू की प्रतिमा खड़ी करनेवाले प्रचार माध्यमों के लिए यह समझना कठिन है कि मत-भिन्नता के बाद भी व्यक्तिगत रिश्ते कैसे बनाए जा सकते हैं! यह उनके संघ से प्राप्त संस्कार और संगठन शैली का परिचय देता है। यह हम सब प्रचारकों के लिए एक आदर्श है।

सरसंघचालक सुदर्शनजी

जब सन् 2000 में पूजनीय श्री रज्जू भैया की निवृत्ति के पश्चात् सुदर्शनजी पर सरसंघचालक पद का गुरुभार सौंपा गया, मेरा भाग्य रहा कि उनके नेतृत्व एवं मार्गदर्शन में कुछ समय तक कार्य करने का मुझे अवसर मिला। संघ के सरसंघचालक, ये तत्त्वज्ञ और पारदर्शी माने जाते हैं। संगठन का तंत्र, दायरे, दिशा और विचारों की गंभीरता बनाए रखने में सरसंघचालकजी की एक महत्त्वपूर्ण भूमिका होती है। यह भूमिका उन्होंने लगभग नौ वर्षों तक बहुत प्रभावी ढंग से हम सबके सामने रखी है। देश और समाज से संबंधित कई विषयों का उन्होंने बहुत गंभीरता से अध्ययन किया है। मुझे बड़ा आश्चर्य होता था कि इतनी व्यस्ततम दिनचर्या में भी वे इतना अध्ययन कैसे कर पाते थे! विषय-प्रस्तुति के समय पूरे तथ्यों के साथ वे समग्रता से अपने विचार रखते थे। वे अपना भाषण हमेशा पहले लिख लिया करते थे। उसके लिए बहुत परिश्रम करना पड़ता है। बिना किसी तैयारी के बोलना, इस पद्धति को उन्होंने कभी भी स्वीकार नहीं किया। अपना लिखित भाषण हमेशा उनके पास रहता था। उनके निजी कार्यवाह कहते थे कि अंतिम क्षणों तक उसमें कई सुधार करते हुए अपनी प्रस्तुति पूर्णतः निर्दोष हो, इसके लिए उनका कठोरतापूर्वक प्रयास रहता था। इस प्रकार का उच्च स्तर का दायित्व निभाते हुए वे अपने आपको हमेशा अहंकार से मुक्त रखते थे। संघ स्थान के नियमों के अलावा उनके व्यवहार में 'मैं सरसंघचालक हूँ', ऐसा भाव उनके द्वारा कभी भी प्रकट न होना, उनके हृदय की विशालता का परिचायक है। जो बातें एक बार हृदय से और विचारों से वे स्वीकार कर लेते थे, उन्हें स्थापित करने के लिए लगातार प्रयत्न करते

रहना, यह उनकी शैली थी। चाहे वह विकास की दिशा में होनेवाले प्रयास हों या फिर कृषि, जल-संरक्षण आदि से संबंधित क्षेत्र हो, वे इससे संबंधित व्यक्तियों को उसी दृढ़ता के साथ कार्य की सिद्धि हेतु आग्रही रहने के लिए प्रेरित करते थे। आज देश भर में उनके इन प्रयत्नों के परिणामस्वरूप सैकड़ों कार्यकर्ता इस तरह का मार्गदर्शन प्राप्त करते हुए परिवर्तन की प्रक्रिया में लगे हैं। वे हमेशा मानते थे कि 'ज्ञान' वितरित करने के लिए और 'संस्कार' संक्रमित करने के लिए होते हैं।

स्वदेशी के प्रति केवल शब्दों से नहीं बल्कि काया, वाचा और मनसा अपने व्यक्तिगत जीवन में उन्होंने इस व्रत का कठोरता से पालन किया और कभी उनका क्रोध प्रकट हुआ है तो स्वेदशी के प्रति उदासीनता दिखानेवालों पर। इसके लिए वे कभी पीछे नहीं रहे। स्वयंसेवकों की भौगोलिक, सामाजिक, आर्थिक एवं शैक्षिक भिन्नता होते हुए कभी भी उनके व्यवहार में इस भेदभाव का अंश मात्र भी दर्शन नहीं हुआ। सामाजिक जीवन में नेतृत्व कितना पारदर्शी हो सकता है, कितना सहज हो सकता है, कितना अहंकार-मुक्त हो सकता है, इसके लिए पूजनीय सुदर्शनजी एक मूर्तिमंत उदाहरण के रूप में हम सबके सामने रहे। नौ वर्षों की अवधि के बाद सहज व स्वाभाविक प्रक्रिया में उन्होंने अपने आपको सरसंघचालक के पद से मुक्त कर लिया। मुझे स्मरण है, जिस बैठक में यह घोषणा हुई, उसमें एक बड़े राजनेता उपस्थित थे। उन्होंने अपने भाव व्यक्त करते हुए कहा, 'मुझे आनंद है कि मैं इस महत्त्वपूर्ण क्षण का साक्षी हूँ। इतनी सहजता से व्यक्ति अपने आपको मुक्त कर सकता है! एक विशाल संगठन के सरसंघचालक पद से मुक्त होकर एक सामान्य स्वयंसेवक की भाँति रहने का भाव प्रकट करना, यह हम जैसे कई कार्यकर्ताओं को निरंतर प्रेरणा देनेवाला अवसर है।'

पद से निवृत्त सुदर्शनजी

पद से मुक्त होने के बाद किसी प्रकार की कोई अपेक्षा उन्होंने नहीं रखी। अपना केंद्र कहाँ हो, मैं क्या करूँ, इस प्रकार की उन्होंने कभी कोई अपेक्षा नहीं की और हम जैसे लोगों को वे कहते रहे कि आप जो बताओगे, मैं करूँगा। संघ स्थान पर हमेशा हमारा अभ्यास तो उन्हें प्रणाम करने का रहा, लेकिन बाद में कई अवसरों पर मुझे प्रणाम लेने में बहुत संकोच का अनुभव होता था। सरसंघचालक रहते समय उनकी एक सुरक्षा व्यवस्था रहती थी। जिस समय इस प्रकार की मुक्ति-घोषणा हुई और हमेशा जो दृश्य दिखाई देता था, उससे अलग दृश्य सुरक्षाकर्मियों ने देखा तो वे भी आश्चर्यचकित रह गए।

उनके अपने स्वयं के अध्ययन की रुचि के विषय रहे हैं। दायित्व-मुक्ति के बाद उन्होंने अपने आपको उस विषय में जोड़ लिया। विशेषत: गो-रक्षा, जैविक कृषि, जल संधारण, अपारंपरिक ऊर्जा के स्रोत—इस पर अध्ययन एवं मार्गदर्शन और इस संबंध

में कार्य करनेवाले प्रयोगशील बंधुओं को वे निरंतर प्रोत्साहित करते रहे। हम जैसे कार्यकर्ताओं को उनके जीवन से इस आदर्श जीवन की प्रेरणा मिलती है। कभी-कभी किसी विषय पर हमारी असहमति होती थी, तब वे अपने विचार, अपना आग्रह रखते थे; लेकिन मैंने अनुभव किया है कि जब संगठन का कोई निर्णय हो जाता था तो वे अपने आग्रह को सहजता से छोड़ भी देते थे। बढ़ती आयु और स्वास्थ्य में आई कुछ कमियों को देखते हुए हम उन्हें विश्राम करने की सलाह देते थे; पर उन्होंने कभी इस बात को स्वीकार नहीं किया। कभी स्वयं की सुविधा-असुविधा का विचार न करते हुए वे बैठक में उपस्थित रहते थे और एक सामान्य कार्यकर्ता के समान सारे कार्यकर्ताओं के समूह के साथ बैठा करते थे, विषयों को ध्यान से सुनते थे।

मुझे उनकी दो बातें बहुत प्रेरणादायी लगीं। एक सामान्य स्वयंसेवक के समान जमीन पर बैठकर बैठक में सम्मिलित होना और बैठक में चलनेवाली सारी गतिविधियों को अपनी डायरी में लिखना। वास्तव में उन्हें इसकी न कोई आवश्यकता थी और न ही उनके लिए यह कोई नई बात थी; पर मैं समझता हूँ कि संघ के एक प्रचारक का, सामान्य स्वयंसेवक का कैसा मानस होना चाहिए, यह उन्होंने अपने आचरण तथा व्यवहार के माध्यम से हमारे सामने रखा है। हम उनके जीवन से इस प्रकार की कर्मठता, सहजता, आत्मीयता का व्यवहार, समर्पण का भाव, संगठन के प्रति प्रतिबद्धता—ऐसे गुणों को अंश रूप में भी अपने अंदर ला सके तो हम अपने आपको धन्य मानेंगे। मैं उनके प्रति अपने श्रद्धाभाव इन्हीं शब्दों में प्रकट करता हूँ। भविष्य में उनकी स्मृतियाँ ही हमें बल प्रदान करती रहेंगी। जैसाकि राष्ट्रसंत तुकड़ोजी महाराज ने कहा है—

उठाकर इष्ट की झोली,
जलाकर कष्ट की होली।
जमा कर संत की टोली,
करें उत्थान भारत का॥

यही उनके जीवन का हम सबके लिए संदेश है।

□

सरल, निष्कपट और सर्वभूत हितेरतः जीवन

–डॉ. मुरली मनोहर जोशी
पूर्व केंद्रीय मंत्री

पूज्य सुदर्शनजी से मेरा संबंध कई दशक पुराना है। संघ के कार्यक्रमों में तो उनसे मेरा परिचय होता रहा। कभी-कभी किसी अधिकारी के प्रवास के समय भी उनसे भेंट होती थी; लेकिन इलाहाबाद विश्वविद्यालय में पढ़ते व शोध करते समय उनके छोटे भाई, जो बनारस हिंदू विश्वविद्यालय में पढ़ते थे, से भेंट होने पर सुदर्शनजी के बारे में ज्यादा जानकारी हुई। उनके छोटे भाई संघ के अच्छे कार्यकर्ता थे। लखनऊ व इलाहाबाद के स्वयंसेवकों के सम्मिलित कार्यक्रमों में अकसर उनके भाई मिलते थे। तब मुझे मान्यवर भाऊराव देवरस या किसी अन्य अधिकारी ने बताया कि ये सुदर्शनजी के छोटे भाई हैं और यह परिवार संघ के साथ बहुत निष्ठा से जुड़ा है। इसके बाद उनसे मेरी बहुत घनिष्ठता होती गई। सुदर्शनजी जब पूर्वोत्तर के क्षेत्र में कार्यरत थे, तब मैं भाजपा की ओर से वहाँ काम देखता था। सुदर्शनजी का उस क्षेत्र में गहरा अध्ययन और चिंतन आकर्षित कर गया। तब इस विषय में उनके साथ पूर्वोत्तर ही नहीं, देश से जुड़े विभिन्न विषयों पर भी काफी विचार-विनिमय होता था। खासतौर पर प्राचीन विज्ञान और स्वदेशी को लेकर विस्तृत चर्चा होती थी। उसमें से आगे के लिए कई कार्यक्रम तैयार हुए। जैसे घुसपैठियों के प्रश्न पर आगे चलकर जो व्यापक आंदोलन हुआ, सुदर्शनजी ने उसी समय उसकी भावभूमि तैयार कर ली थी।

घुसपैठ : एक आक्रमण

सुदर्शनजी घुसपैठियों की समस्या की व्यापकता से बड़े चिंतित थे। वे मानते थे कि यह बहुत ही असुरक्षित सीमा से जनसंख्या के माध्यम से होनेवाला एक आक्रमण है।

घुसपैठियों की समस्या को उन्होंने हमेशा आक्रमण के रूप में देखा और उसका विशद विवेचन किया कि यह समस्या कब और कैसे शुरू हुई? इसका संदेश लोगों तक पहुँचाने के लिए क्या योजना तैयार करनी चाहिए? '80 के दशक में इसका बड़ा विकराल रूप सामने आया और इसके विरुद्ध वहाँ एक बड़ा प्रभावी जन-आंदोलन खड़ा हुआ। इस संबंध में सुदर्शनजी का त्रिपुरा, नागालैंड, अरुणाचल आदि के पूर्वोत्तर क्षेत्र में गहन प्रवास होता था। उन दिनों उनसे जब भी भेंट होती थी, वे इस विषय में चर्चा जरूर करते थे। समस्या के मूल और उसके विस्तार लेने की प्रक्रिया का एक विस्तृत खाका उन्होंने बनाया था।

चिंतन प्रक्रिया का प्रारंभ

इसी बीच विचार आया कि जब तक देश के इतिहास को भारतीय दृष्टि से समसामयिक ही नहीं, बल्कि शाश्वत दृष्टि की गहन अनुभूति व चिंतन के साथ देशवासियों के समक्ष रखा नहीं जाएगा, तब तक देशवासियों में देश की समस्या को लेकर एक गहन दृष्टि विकसित नहीं होगी। इसके लिए अपने इतिहास के अच्छे तत्त्वों को लेकर व्यवहार में लाया जाना आवश्यक है। इस देश की आर्थिक-सामाजिक, यहाँ तक कि अंतरराष्ट्रीय संबंधों के सुलझाव की प्रक्रिया भी इसके बिना स्पष्ट नहीं होगी। इस संदर्भ में उन्होंने मेरे अतिरिक्त पाँच-छह अन्य लोगों से भी निरंतर चर्चा शुरू की, जिनमें पी. परमेश्वरन, के. आई. वासु, डॉ. सुजीत धर, मलकानीजी, देवेंद्र स्वरूपजी आदि थे। कालांतर में इसमें और भी कई लोगों को उन्होंने जोड़ा, जैसे डॉ. बजरंग लाल गुप्त। इन चर्चाओं में भी एक चिंतन की प्रक्रिया आरंभ हुई, जिसका नाम रखा गया 'प्रज्ञा-प्रवाह'। विभिन्न स्थानों पर उनके कार्यक्रम आयोजित किए जाने लगे और धीरे-धीरे नियमित वैचारिक गोष्ठियों का आयोजन शुरू हुआ। इस दृष्टि से देश में स्वदेशी, विज्ञान, विज्ञान भारती जैसी गतिविधियाँ शुरू हुईं। इनसे देश के प्रमुख वैज्ञानिकों को जोड़ा गया। इस तरह सुदर्शनजी की सोच और चिंतन बहुआयामी थे।

भारतीय कृषि

भारतीय कृषि के बारे में भी उनका बड़ा आग्रह था कि बहुराष्ट्रीय कंपनियाँ जो बीज दे रही हैं, वह जेनेटिकली मोडिफाइड हैं। उन्हें गहरे और निरंतर प्रयोगों के बिना स्वीकार नहीं किया जाना चाहिए, क्योंकि कालांतर में इनका दुष्प्रभाव हमारी खेती पर पड़ेगा। और आज वास्तव में वह दिखाई भी दे रहा है। वे जहाँ भी जाते थे, इसका आग्रह करते थे कि ये बीज देश और किसान के लिए घातक हैं। इसलिए उनका जैविक खेती पर बड़ा आग्रह रहता था। इसी से संबंधित गौ, पंचगव्य, गाय का कृषि में स्थान, अर्थव्यवस्था में कृषि की भूमिका—यह पूरा चक्र उन्होंने अपने चिंतन से बनाया था। वे कहते थे कि यह व्यवस्था देश की अर्थव्यवस्था का मुख्य तत्त्व होनी चाहिए। इसी में से

बजरंग लालजी का 'सुमंगल चिंतन' निकला। वे मानते थे कि गौ, ग्राम, कृषि-आधारित अर्थव्यवस्था ही मंगलकारी है।

पोषणक्षम उपयोग

सुदर्शनजी कहते हैं कि पोषणक्षम विकास नहीं, बल्कि पोषणक्षम उपयोग को वरीयता दी जानी चाहिए, क्योंकि असीमित उपयोग खतरनाक है। उनका आग्रह बिजली-पानी के उपयोग में भी एक संयमित दृष्टि विकसित करने पर रहता था। केवल कहने भर के लिए ही वे ऐसा नहीं कहते थे, बल्कि उनके व्यवहार में भी यह परिलक्षित होता था। मैंने कई बार देखा कि वे पूरा गिलास पानी कभी नहीं लेते थे। पानी को व्यर्थ क्यों करें। इसी तरह देश में पेट्रोल व डीजल की कमी को लेकर वह इसके विकल्प खोजने के बारे में प्रयत्नशील रहते थे। इस विषय पर उन्होंने कई वैज्ञानिकों से चर्चा की और परिणामस्वरूप प्लास्टिक के कूड़े से पेट्रोल बनवाकर दिखाया और उसे प्रयोग के तौर पर परखा भी। इस तरह के प्रयोगों के द्वारा प्रकृति के संरक्षण के प्रति उनका बड़ा आग्रह रहता था। वे उस पर हमेशा बल देते थे। बायोडीजल के उत्पादन और उससे खेती किए जाने पर भी उनका आग्रह रहता था। इसके लिए कौन-कौन वैज्ञानिक सहायक होंगे, उन्हें बुलाने, बैठाकर चर्चा कराने का उनका लगातार आग्रह रहता था। आकाश में चमकनेवाली बिजली को लेकर भी वे कहते थे कि इसका देश के लिए कैसा उपयोग हो, इसके बारे में सोचो! इन विषयों को लेकर उनके व्यापक संपर्क के कारण कई बार कुछ वैज्ञानिक अपने प्रारूप भेजते थे तो संबंधित लोगों को बिठाकर उस पर वे चर्चा कराते थे। इस तरह उनका चिंतन केवल सैद्धांतिक ही नहीं रहता था, बल्कि व्यावहारिक कार्यान्वयन के द्वारा देश की स्थिति को कैसे ठीक किया जाए, इसका वे निरंतर प्रयास करते थे। सरस्वती नदी के शोध पर भी काम कैसे आगे बढ़े, इसे लेकर 'प्रज्ञा प्रवाह' में कई बार चर्चा हुई और यह विषय वहाँ से आगे बढ़ा। केंद्र में मंत्री रहते हुए भी मैंने इन सब प्रयासों में सहभागिता निभाई। तब मुझ पर भगवाकरण किए जाने का भी आरोप लगा।

दंभ या अहंकार से मुक्त

ऐसे उदात्त चिंतन के बावजूद सुदर्शनजी की विशेषता यह थी कि उनमें वैचारिक दंभ या अहंकार कभी दिखाई नहीं दिया। इस सबको लेकर वे इतने सहज थे कि कई बार तो वे मुझे देर रात को भी फोन कर लेते थे और पूछते थे कि अभी मेरे ध्यान में अमुक बात आई है, इस संबंध में क्या करना चाहिए और कैसे करें? हिंदी को लेकर भी उनका निरंतर आग्रह रहता था कि निष्कलंक हिंदी का प्रयोग किस प्रकार बढ़े? ये सब बातें देखने में छोटी लग सकती हैं, लेकिन समग्र रूप में यह एक व्यापक प्रक्रिया है, जिसे उन्होंने विस्तार दिया।

अल्पसंख्यक कौन?

मुसलमान और ईसाइयों को अल्पसंख्यक कहे जाने से भी वह असहमत थे। वे इसे गलत मानते थे और कहते थे कि ये तो भारतीय पूर्वजों की ही संतानें हैं, तो अल्पसंख्यक कैसे हुए? इस संबंध में उनका आग्रह रहता था कि एक ऐसा समूह बने, जो मुसलिम और ईसाइयों को यह बताए कि वे इसी राष्ट्र के अंग हैं। वे मुसलमानों को 'हिंदू राष्ट्र संघ' का परिवार मानते थे। बाद में उनके इसी विचार को लेकर कुछ प्रयास हुए। केवल वैचारिक स्तर पर ही नहीं, बल्कि व्यवहार से भी उन्होंने कई बार यह दिखाया। इमाम इलियासी के पिता तथा अन्य इमामों के साथ उनका अकसर उठना-बैठना होता था। मुझे याद है कि जब इमाम इलियासी के पिता का निधन हुआ तो इलियासी बाहर थे। सुदर्शनजी वहाँ उनके अंतिम संस्कार के समय तक उपस्थित रहे। इस तरह उन्होंने आत्मीयता के सूत्र विकसित किए। ऐसा उनके जीवन का समग्र रूप था।

सुदर्शनजी का समग्र मूल्यांकन हो

सुदर्शनजी के व्यक्तित्व का समग्रता में मूल्यांकन होना चाहिए कि वे क्या थे! हालाँकि उनका कभी यह विचार, सोच व आग्रह नहीं रहा कि लोग उनके बारे में जानें; लेकिन आगे की पीढ़ियों के मार्गदर्शन के लिए हमें यह करना चाहिए। उनका जीवन एक स्फटिक निर्झर धारा के समान निरंतर प्रवहमान था। उस धारा में से जो जलकण फुहारों के रूप में निकलते हैं, वे भी दूर खड़े व्यक्ति को स्पर्श करते समय शीतलता प्रदान करते हैं। ऐसा ही उनका जीवन था, शांत गति से बहता हुआ एक अविरल प्रवाह जैसा। उनके संपर्क में आनेवाला व्यक्ति अनायास ही उनके प्रवाह का अमृतरस पा जाता था। ऐसा था उनका व्यक्तित्व।

जब वे सरसंघचालक के दायित्व से निवृत्त हुए तो उनका केंद्र भोपाल बन गया। मेरा जब भी भोपाल जाना होता था तो पता चलने पर मुझे फोन करना, मिलना, यह उनका स्वभाव था। फोन पर बताते थे कि यहाँ आओ, मैं तुम्हें अपनी खेती दिखाऊँगा। छत पर ही बड़े चाव से थोड़ी सी खेती के प्रयोग करके लौकी, करेला, तोरई—यह सब उगा लिया था। इस तरह जिस जैविक खेती की चर्चा वे करते थे, उन्होंने एक छोटे स्वरूप में उसे क्रियान्वित कर दिखाया। वे बाल-सुलभ उत्सुकता के साथ उसके बारे में विस्तार से चर्चा करते थे। कई बार कार्यक्रमों में मेरा उद्बोधन होता था। कहीं से सूचना पाकर वे सहज, सामान्य रूप से वहाँ पहुँच जाते थे और नीचे सामने की पंक्ति में बैठे दिखाई देते थे। इतने बड़े पद पर रहकर भी उनकी सहजता विरल थी। उनका स्वभाव था—निर्भय होकर अपनी बात रखना। उस पर प्रतिक्रिया क्या होगी, वे यह कभी नहीं सोचते थे। कई बार उनसे लोग कहते भी थे कि यह बोलना ठीक

नहीं था। तब वह कहते थे, 'जो मुझे ठीक लगा, बोल दिया।' इसके पीछे कभी उनका स्वार्थ या दुराग्रह नहीं रहा। बहुत कम लोगों को यह पता होगा कि सुदर्शनजी बहुत अच्छा गीत गाते थे।

एक वैचारिक आंदोलन के अग्रदूत

वास्तव में, वे एक वैचारिक आंदोलन के अग्रदूत थे। आपातकाल आदि के समय में वैचारिक तारतम्य में जो वैचारिक विखंडन आया, उसे उन्होंने न केवल पुनर्स्थापित किया, बल्कि उसे नई दिशा भी दी। पढ़ने-लिखने पर उनका बड़ा आग्रह रहता था। गांधी, अरविंद, तिलक के बारे में सभी को पढ़ना चाहिए, ऐसा वे बार-बार कहते थे। धर्मपालजी की पुस्तकें पढ़ने के बारे में भी बड़ा आग्रह करते थे। स्वयं हृदय रोग से जब पीड़ित हुए तो उड़द की दाल का लेप और लौकी का रस लेते थे। इस प्रयोग से लाभ महसूस होने पर उन्होंने इसको कई लोगों को बताया, यहाँ तक कि कोलकाता के डॉ. सुजीत धर को भी जब हृदय रोग हुआ तो वे स्वयं उनपर उड़द की दाल का लेप लगाते थे और अपने हाथों से लौकी का रस निकालकर उनको पिलाते थे। ऐसा सहज और स्नेही स्वभाव दुर्लभ है। आत्मीयता उनके स्वभाव में गुंफित थी। एक बार वो एक कार्यकर्ता के यहाँ भोजन करने गए और भोजन के बाद घर में घूमते समय उन्होंने रसोई को देखा और कार्यकर्ता की पत्नी से कहा, 'तुम्हारी रसोई की बनावट ठीक नहीं है। इसे इस तरह बनाना चाहिए।' अर्थात् स्नेहवश कार्यकर्ताओं के प्रति यहाँ तक हित-चिंतन करते थे। ऐसा सरल व निष्कपट और 'सर्वभूत हितेरत:' जीवन था सुदर्शनजी का।

□

सुदर्शनजी : ईश्वरीय कार्य के लिए ईश्वर द्वारा भेजे गए महापुरुष

–अशोक सिंघल
मार्गदर्शक
विश्व हिंदू परिषद्

श्री सुदर्शनजी ने पाँचवें सरसंघचालक के रूप में राष्ट्रीय स्वयंसेवक संघ के स्वयंसेवकों का मार्गदर्शन किया, समस्याग्रस्त भारत को उसके निराकरण का मार्ग प्रशस्त करते हुए सर्वांगीण उन्नति हेतु दिशा प्रदान की।

अन्य सांप्रदायिक संगठनों जैसी संघ में कोई गुरुडम की परंपरा नहीं है। संघ के गठन का आधार भारत माता की भक्ति है, इसी का आदर्श स्वामी विवेकानंदजी ने बीसवीं सदी के प्रारंभ में दिया था कि हम 50 वर्षों के लिए सभी देवी-देवताओं को भूलकर भारत माता की भक्ति और पूजा में लगे रहे। संघ की दैनिक प्रार्थना 'नमस्ते सदा वत्सले मातृभूमे' उसी आदेश का अक्षरशः पालन है। भारत माँ की आराधना ने भारत के सभी संप्रदायों-पंथों का संघ के संगठन में समावेश कर दिया। सभी भाषा-भाषी, सभी जाति और व्यवसाय इस संगठन में समा गए। इसलिए राष्ट्रीय स्वयंसेवक संघ पंथ व संप्रदाय से मुक्त है और ऐसे संघ के मुखिया हमारे सरसंघचालक हैं। इनमें देश के हर क्षेत्र को दिशा देने की क्षमता है। यही दिशा देने का कार्य पूजनीय सुदर्शनजी ने विभिन्न संगठनों के माध्यम से किया। प्रत्यक्ष संघ की दैनिक शाखा के संचालन में शारीरिक और बौद्धिक कार्यक्रमों को सार्थक बनाते हुए अनेक नए-नए प्रयोग सरसंघचालक बनने के पूर्व ही उन्होंने जोड़े। निःशस्त्र युद्ध का एक नया प्रयोग 'नियुद्ध' नाम से कानपुर के एक महान् तज्ञ से प्राप्त कर उन्होंने जोड़ा। 'योगचाप' को एक पूर्ण व्यायाम के रूप में उन्होंने शाखाओं को दिया।

संघ के प्रातः-स्मरण को भारत-भक्ति स्तोत्र के रूप में उन्होंने कुछ पंक्तियों के

स्थान पर नई पंक्तियाँ जोड़ीं, सीमित समय में पूरा होने योग्य बनाया एवं शाखा में बौद्धिकवर्ग के दैनिक, साप्ताहिक, मासिक कार्यक्रमों को क्रमबद्ध किया तथा अनेक विषय जोड़े। सन् 1977 में वे पूर्व क्षेत्र के प्रचारक के नाते गए और उन्होंने पहले तो वहाँ की बँगला और असमिया भाषा की यहाँ तक शिक्षा पूर्ण की कि वे धारा-प्रवाह भाषण दे सकते थे। असम के चर्च की गतिविधियों का उन्होंने गहन अध्ययन किया। वहाँ चर्च मुक्ति आंदोलन से संबंधित संगठनों को भी उन्होंने देश के सामने उजागर किया। वैसे ही वहाँ की सभी समस्याओं की विकरालता को देखते हुए बड़ी संख्या में देश भर से पूर्ण समय देनेवाले प्रचारकों को भेजा।

असम आंदोलन को दिशा

उन्होंने वहाँ की जनजातियों का भी गहराई से अध्ययन किया। जिन गतिविधियों पर चर्च का प्रभाव नहीं हो पाया, उनका अलग से अध्ययन किया। उनकी धार्मिक आस्थाओं की रक्षा हेतु विभिन्न उपाय बताए। छात्रावासों व विद्यालयों की स्थापना हुई। बँगलादेशी मुसलमान तो योजनापूर्वक पश्चिम बंगाल व असम और बिहार में घुसपैठ कर रहे थे। उनके मनसूबे बड़े स्पष्ट थे; किंतु उसी के साथ सम्मान के साथ नहीं रहने की स्थिति में हिंदू भी भारत में बँगलादेश से पलायन कर रहा था। उस समय श्री सुदर्शनजी ने ही सचेत किया। देशवासियों और असमवासियों को बताया—बँगलादेश से आनेवाला मुसलिम घुसपैठिया है और हिंदू शरणार्थी है। शेष हिंदुओं को उन्हें पनाह देनी चाहिए। किंतु मुसलिम घुसपैठिए असम, बंगाल, बिहार व भारत में जहाँ भी हैं, सभी को बँगलादेश वापस भेजना चाहिए। यह बात धीरे-धीरे वहाँ के छह छोटे राज्यों की समझ में आई और उसका परिणाम आज पूरे क्षेत्र में दृष्टिगोचर हो रहा है।

अशांत पंजाब पर सद्भावना का मरहम

सन् 1990 में उन्होंने सह-सरकार्यवाह का भार सँभाला, उस समय खालिस्तान का आतंक पूरे पंजाब को भयंकर रूप से अशांत बनाए हुए था। लगभग 400 संतों ने सामाजिक 'सद्भावना यात्रा' निकाली थी। श्री सुदर्शनजी ने 'गुरु ग्रंथ साहिब' का अध्ययन ही नहीं किया, 'गुरुवाणी' के अनेक प्रसंग कंठस्थ कर लिये। आज के सिख समाज के बंधुओं का भी इतना गहरा अध्ययन नहीं होगा, जो श्री सुदर्शनजी ने ग्रहण कर लिया। बड़े-बड़े अलगाववादी भी उनका सामना नहीं कर सकते थे और उन्हीं की प्रेरणा से 'राष्ट्रीय सिख संगत' की स्थापना हुई। प्रत्येक सनातनी 'गुरुवाणी' पर आस्था रखने के कारण सिख है और प्रत्येक सिख सनातनी हिंदू है, यही हमारा इतिहास बताता है। आज वही भावना धीरे-धीरे घर कर रही है।

आपातकाल में श्री सुदर्शनजी जेल में रहे। बड़े-बड़े नेता जहाँ जेल में बंद थे, वहाँ

जमायते इसलामी के नेता भी थे। श्री सुदर्शनजी ने 'कुरआन' का अध्ययन किया और मुसलिम बंदियों के साथ उनके अच्छे गहरे संबंध हुए। उन्होंने देखा कि श्री सुदर्शनजी ने स्वयंसेवकों को मुसलिम बंधुओं के घरों में जाकर उनके पालकों के अभाव में जो कष्ट हैं, उन्हें दूर करने को कहा। इसने मुसलिम बंधुओं का हृदय जीत लिया। वे यही कहते थे, 'जब आप भारतीय मूल के हैं तो अपने को राम-कृष्ण का वंशज क्यों नहीं मानते? आप भारत को अपनी मातृभूमि मानिए।' उन्होंने श्री इंद्रेशजी के द्वारा राष्ट्रवादी मुसलिम संगठन खड़ा कराया, जो इन सिद्धांतों को पूर्णरूपेण स्वीकार करता है।

वर्ष 2011 से भारत में परिवर्तन का युग प्रारंभ होगा, ऐसा वे अपने भाषण में कहते थे। उसके लिए स्वामी विवेकानंदजी और महर्षि अरविंद की भविष्यवाणी का उल्लेख भी करते थे। हम संघ की प्रार्थना करते हैं कि हमने कंटकाकीर्ण मार्ग स्वयं चुना है। उस पर चलकर हम अकेले कुछ नहीं कर सकते। भगवान् ही उसे हमारे लिए सुगम बनाएँगे। आज अधर्म का आचरण अपनी चरम सीमा पर, सत्ता में बैठे लोगों का खुलासा कर वीभत्स रूप लेकर आया है। भगवान् ने परिवर्तन के कार्य को सुगम किया है और यह सब वर्ष 2012 में प्रारंभ हो गया। श्री सुदर्शनजी जब इस भविष्यवाणी को दोहराते थे तो विश्वास नहीं होता था कि परिवर्तन 2012 में सत्य का आकार ले चुका है। यह हमें अपने अंतिम लक्ष्य 'रामराज्य' तक पहुँचा देगा, इसमें संदेह नहीं है। श्री सुदर्शनजी एक महापुरुष थे। ईश्वरीय कार्य के मार्गदर्शन हेतु भगवान् के द्वारा भेजे गए थे। ऐसे महापुरुष अमर हैं। वे अदृश्य रूप से भी हमारा मार्गदर्शन करेंगे और ईश्वरीय योजना हुई तो पुनः भारत की धरती पर जन्म लेंगे, ऐसा मेरा विश्वास है।

□

सुदर्शनजी : संघ शरण जीवन का एक आदर्श

–माधव गोविंद वैद्य
पूर्व प्रधान संपादक एवं प्रबंध संचालक
'तरुण भारत', नागपुर

शनिवार 15 सितंबर, 2012 को पूर्व सरसंघचालक माननीय श्री सुदर्शनजी का रायपुर में निधन हुआ। कुप्पहल्ली सीतारामय्या सुदर्शन—यह उनका पूरा नाम था। उनका मूल गाँव कर्नाटक में है। कुप्पहल्ली सीतारामय्या उनके पिताजी का नाम था।

सार्थकता और धन्यता

उनका जन्म 18 जून, 1931 को हुआ और 15 सितंबर, 2012 को वे स्वर्गलोक सिधार गए। यानी उनकी आयु 81 वर्ष थी। इस कारण उनका असामयिक निधन हुआ, ऐसा नहीं कहा जा सकता। लेकिन कौन कितने दिन जीवित रहा, इसकी अपेक्षा वह कैसे जिए, इसका महत्त्व होता है। अनेक महापुरुषों ने तो बहुत जल्दी अपनी जीवन-यात्रा समाप्त की है। आद्य शंकराचार्य, संत ज्ञानेश्वर, स्वामी विवेकानंद जैसे उनमें से लक्षणीय नाम हैं। एक पुरानी लोकोक्ति है, जो जीवन का मर्म बताती है—विना दैन्येन जीवनं अनायासेन मरणम्—लाचारी से मुक्त जीना और किसी को भी कष्ट दिए बिना, स्वयं भी कष्ट न सहते हुए मृत्यु वरण करने में जीवन की सार्थकता और मृत्यु की भी धन्यता है। सुदर्शनजी का जीवन इस जीवन की सार्थकता और मरण की धन्यता का उदाहरण है।

स्पृहणीय मृत्यु

लाचारी-मुक्त जीवन जीना, यह काफी हद तक हमारे हाथों में है। हम निश्चय कर सकते हैं कि मैं गरदन उठाकर ही जिऊँगा। संकट के पर्वत भी खड़े हों तो परवाह नहीं। मैं स्वाभिमानपूर्ण जीवन जिऊँगा। कभी किसी के सामने अपनी गरदन नहीं नीची करूँगा, फिर संकटों के कितने भी विकट पहाड़ क्यों न सामने आएँ—अनेक ने ऐसा

निश्चय कर जीवन जिया है; लेकिन मरण कहाँ हमारे हाथ में होता है? किंतु सुदर्शनजी ने ऐसा मरण स्वीकारा, मानो उन्होंने ही उसे विशिष्ट समय पर आमंत्रित किया हो! प्रातः पाँच-साढ़े पाँच बजे उठकर घूमने जाना, यह उनका नित्य का क्रम था। करीब एक घंटा घूमकर आने के बाद वे प्राणायामादि आसन करते थे। 15 सितंबर को भी वे घूमने गए थे। करीब 6.30 बजे उन्होंने प्राणायाम आरंभ किया होगा और कुछ मिनट बाद उनकी मृत्यु हो गई। उनकी मृत्यु सही अर्थ में स्पृहणीय थी।

संघ शरण जीवन

सुदर्शनजी राष्ट्रीय स्वयंसेवक संघ के 'प्रचारक' थे। 'प्रचारक' शब्द का अर्थ औरों को 'स्पष्टकर' बताना कठिन होता है, ऐसा मेरा अनुभव है। मैं संघ का प्रवक्ता था। तब अनेक विदेशी पत्रकार मुझसे उस शब्द का निश्चित अर्थ पूछते थे। मैं वह बता नहीं पाता था। मैं वर्णन करता था, 'वह पूर्णकालिक होता है, अविवाहित रहता है। उसे कोई मान-धन नहीं मिलता और जहाँ, जो करने के लिए कहा जाता है, वहाँ उसे वह काम करना पड़ता है।' ऐसा अर्थ मैं बताता था। वास्तव में 'प्रचारक' शब्द के इतने अर्थायाम हैं ही, सुदर्शनजी प्रचारक थे। करीब 57-58 वर्ष पूर्व उन्होंने बी.ई. की परीक्षा उत्तीर्ण की थी, वह भी टेलिकम्युनिकेशंस मतलब दूरसंचार विषय में। उस समय के एकदम नए विषय में अच्छे वेतन और सम्मान की नौकरी उन्हें सहज मिल सकती थी। लेकिन सुदर्शनजी उस रास्ते जानेवाले नहीं थे। उस रास्ते जाना ही नहीं और अपना संपूर्ण जीवन संघ को समर्पित करना, यह उन्होंने पहले ही तय किया था। इसलिए वे प्रचारक बने। संघ की दृष्टि से इसमें कोई अनोखी बात नहीं है। आज भी संघ के अनेक प्रचारक उच्च पदवी से विभूषित हैं। अनेक प्रचारक पीएच.डी. हैं। मेरी जानकारी के एक प्रचारक की पी-एच.डी. आणविक रसायन-शास्त्र से संबंधित है। कुछ एम.बी.ए. हैं, एम.बी.बी.एस. हैं, बी.ई. और एन.ई. भी हैं—और अचरज तो यह है कि इतनी महान् अर्हता प्राप्त इन लोगों को हम कुछ अद्वितीय अथवा अभूतपूर्व कर रहे हैं, ऐसा लगता ही नहीं, और कोई बताएगा नहीं तो औरों को भी यह पता नहीं चलेगा। प्रचारक बनकर सुदर्शनजी ने अपने जीवन का एक मार्ग अपनाया। वह संघ शरण जीवन का, अर्थात् समाज शरण जीवन का, यानी राष्ट्र शरण जीवन का मार्ग था। उस मार्ग पर वे अंतिम साँस तक चलते रहे।

प्रज्ञा-प्रवाह के निर्माता

संघ की कार्य-पद्धति की कुछ विशेषताएँ हैं। उनमें शारीरिक और बौद्धिक—इन दो विधाओं का अंतर्भाव है। सुदर्शनजी इन दोनों विधाओं में पारंगत थे। अनेक वर्ष तृतीय वर्ष संघ शिक्षा वर्गों में उन्होंने शिक्षक के रूप में काम किया था। वे अखिल भारतीय शारीरिक शिक्षा प्रमुख भी थे। सरसंघचालक बनने के बाद भी वे जब संघ शिक्षा वर्ग के मैदान

पर उपस्थित रहते थे, तब विशिष्ट कठिन प्रयोग स्वयं कर दिखाने में उन्हें कोई संकोच नहीं होता था। वे उसका आनंद भी लेते थे। उस थोड़े समय के लिए वे सरसंघचालक हैं, यह भूलकर एक गण शिक्षक बन जाते थे। जो बात शारीरिक विधा में वही बौद्धिक विधा में भी। वे अखिल भारतीय बौद्धिक प्रमुख भी रहे। उसी समय प्रज्ञा-प्रवाह के कार्यकलापों को आकार मिला और उसमें अनुशासन भी आया। विविध प्रांतों में बौद्धिक चिंतन का काम अलग-अलग नामों से चलता था, आज भी चलता होगा। प्रतिदिन की शाखा से उसका संबंध नहीं रहता था; लेकिन राष्ट्र, राज्य, धर्म, संस्कृति, साम्यवाद, समाजवाद, राष्ट्रवाद इत्यादि मौलिक अवधारणाओं के संबंध में जो प्रचलित विचार हैं, उनका मूलगामी परामर्श लेकर इन संकल्पनाओं का सही अर्थ प्रतिपादन करना, यह इन बौद्धिक कार्यकलापों का उद्दिष्ट होता था। उसी प्रकार तात्कालिक प्रचलित विषयों का भी परामर्श इस कार्यक्रम में लिया जाता था। भिन्न-भिन्न प्रांतों में विविध नामों से चलनेवाले इन सब कार्यकलापों को एकत्रित कर 'प्रज्ञा-प्रवाह' नाम से उनका संगठन खड़ा किया। वह प्रवाह उन सबको आश्रय देनेवाला, छाया देनेवाला एक विशेष छत्र बन गया। इसके मार्गदर्शक थे सुदर्शनजी।

सरसंघचालक पद पर नियुक्ति

प्रथम छत्तीसगढ़ में प्रचारक, फिर मध्य भारत में प्रांत प्रचारक। उसके बाद असम-बंगाल क्षेत्र में क्षेत्र प्रचारक। इस नाते अनुभवों से समृद्ध होकर वे संघ के सह-सरकार्यवाह बने और सन् 2000 में सरसंघचालक के सर्वोच्च पद पर अधिष्ठित हुए।

संघ के संविधान के अनुसार सरसंघचालक की नियुक्ति होती है। यह नियुक्ति निवर्तमान सरसंघचालक करते हैं। इस नियुक्ति के पूर्व कुछ ज्येष्ठ सहयोगियों के साथ वे विचार-विनिमय करते हैं। आद्य सरसंघचालक डॉ. हेडगेवारजी ने श्री मा.स. गोलवलकर उपाख्य 'गुरुजी' की नियुक्ति की थी। डॉक्टरजी के एक पुराने सहयोगी श्री अप्पाजी जोशी ने अपने एक लेख में इस बारे में लिखा कि डॉक्टरजी ने उनसे परामर्श किया था, ऐसा बताया है। सन् 1939 में संघ की कार्य-पद्धति का विचार करने के लिए वर्धा जिले के सिंदी गाँव में तत्कालीन प्रमुख संघ कार्यकर्ताओं की जो बैठक हुई थी, उसमें डॉक्टरजी ने अप्पाजी से इस बारे में पूछा था। श्रीगुरुजी ने अपना उत्तराधिकारी निश्चित करते समय किसके साथ विचार-विनिमय किया था, यह मुझे पता नहीं; किंतु उन्होंने अपने अन्य सहयोगी ज्येष्ठ कार्यकर्ताओं से अवश्य परामर्श किया था। यह बात मा. बालासाहिब देवरसजी की सरसंघचालक पद पर नियुक्ति की घोषणा करनेवाले अपने पत्र में उन्होंने स्पष्ट की है।

2 अप्रैल, 1973 को, यानी अपने देहांत के दो मास पूर्व लिखे उस पत्र में वे लिखते

हैं—'अखिल भारतीय कार्यकारी मंडल के जिन सदस्यों को मैं मिलकर विचार कर सका, वे सब पुराने दीर्घकाल के अनुभवी व मँजे हुए कार्यकर्ता हैं और भिन्न-भिन्न प्रांतों के संघचालक पद पर कार्य में संलग्न हैं।' उनसे बात कर श्रीगुरुजी ने लिखा है—'मेरे शरीर के शांत होने के पश्चात् सरसंघचालक पद का भार श्री बालासाहब देवरस ग्रहण करेंगे।' उनके बाद के तीनों सरसंघचालक यानी श्री बालासाहब देवरसजी, प्रो. राजेंद्र सिंहजी और सुदर्शनजी ने अपने उत्तराधिकारी की नियुक्ति के संदर्भ में मेरा मत भी जान लिया था—अर्थात् अकेले मेरा ही नहीं, अनेक का। सुदर्शनजी ने तो 20-25 लोगों से परामर्श किया होगा। हेडगेवारजी की मृत्यु के बाद श्री गुरुजी की घोषणा हुई। गुरुजी की मृत्यु के बाद श्री बालासाहब की नियुक्ति का पत्र पढ़ा गया। लेकिन बाद के तीनों सरसंघचालकों ने अपने जीवित रहते ही अपने उत्तराधिकारी की नियुक्ति घोषित की। वर्ष 1940 से, मतलब करीब 75 वर्षों से यह क्रम बिल्कुल सही तरीके से चल रहा है। न कहीं विवाद, न मतभेद, यही संघ का संघत्व है। इसका अर्थ विशिष्ट पद के लिए एक ही व्यक्ति योग्य रहता है, ऐसा मानने का कारण नहीं। अंत में कोई भी नियुक्ति व्यवस्था का भाग होती है; लेकिन पद के लिए योग्यता भी होनी ही चाहिए। सन् 1972 में श्रीगुरुजी के कर्करोग की शल्य-क्रिया होने के बाद एक दिन एक विदेशी महिला पत्रकार ने मुझे पूछा था; उस समय मैं 'तरुण भारत' का मुख्य संपादक था। मैंने कहा—'ऐसे आधा दर्जन लोग तो होंगे ही!' उसे आश्चर्य हुआ। वह बोली, 'हमें वे नाम मालूम नहीं।' मैंने बताया, 'आपको मालूम होने का कारण नहीं। हमें मालूम हैं।'

निर्मल और निर्भय

सन् 2000 में तत्कालीन सरसंघचालक प्रो. राजेंद्र सिंहजी ने सुदर्शनजी की सरसंघचालक पद पर नियुक्ति की। 9 वर्ष वे उस पद पर रहे और अपने सामने ही वह पदभार श्री मोहनजी भागवत को सौंपकर मुक्त हो गए। सुदर्शनजी स्वभाव से अत्यंत निर्मल थे, इतने कि उनको 'भोले' भी कहा जा सकता है। अपने मन में जो बात है, उसे प्रकट करने में उन्हें संकोच नहीं होता था। उनका अंतःकरण मानो हथेली पर रखे जैसा सबके लिए खुला था। कुछ प्रसार माध्यम इसका अनुचित लाभ भी उठाते थे; लेकिन उन्हें इसकी परवाह नहीं थी। वे जैसे निर्मल थे, वैसे ही निर्भय भी थे। किसी के साथ भी चर्चा करने की उनकी तैयारी रहती थी और वे मानापमान का भी विचार नहीं करते थे।

अल्पसंख्यक आयोग के सामने

एक प्रसंग बताने के लायक है। वर्ष 2001 में संघ ने एक व्यापक जनसंपर्क अभियान चलाया था। मैं उस समय दिल्ली में संघ का प्रवक्ता था। दिल्ली के संघ कार्यकर्ताओं ने कुछ लोगों के साथ मेरी भेंट के कार्यक्रम निश्चित किए थे। उनमें डॉ. मनमोहन सिंह,

सतर्कता आयुक्त एन. विट्ठल, मुख्य चुनाव आयुक्त एम.एस. गिल, विख्यात पत्रकार तवलीन सिंह, 'आउटलुक' के संपादक विनोद मेहता थे और अल्पसंख्यक आयोग के उपाध्यक्ष सरदार तिरलोचन सिंह से हुई भेंट मुझे याद है। एक गिल साहब का अपवाद छोड़ दें तो अन्य सबसे भेंट उन व्यक्तियों के कार्यालय में न होकर घर पर हुई थी। तिरलोचन सिंह ने सिख और हिंदुओं के संबंध में मुझसे बहुत बारीकी से चर्चा की थी। मेरे साथ करीब सब स्थानों पर उस समय के दिल्ली के प्रांत संघचालक श्री सत्यनारायणजी बंसल रहते थे। मेरी बातों से तरलोचन सिंह का समाधान हुआ, ऐसा लगा। उन्होंने पूछा, 'आप जो मेरे घर में बोल रहे हैं, वह अल्पसंख्यक आयोग के सामने बोलेंगे?' मैंने कहा, 'हमें कोई आपत्ति नहीं।' उन्होंने हमें समय दिया। हमने अंग्रेजी में एक लिखित निवेदन तैयार किया और वह आयोग को दिया। कुछ प्रश्नोत्तर हुए। बाहर पत्रकारों की भीड़ उमड़ी थी, उन्होंने भी आड़े-टेढ़े प्रश्न पूछने शुरू किए। तिरलोचन सिंह बोले, 'इनके निवेदन से मेरा समाधान हुआ है। तुम क्यों अकारण शोर मचा रहे हो?' और वह प्रसंग समाप्त हुआ।

कैथोलिकों से संवाद

इस अल्पसंख्यक आयोग में जॉन जोसेफ या जोसेफजॉन नाम के ईसाई सदस्य भी थे। वे केरल के निवासी थे। उन्होंने पूछा, 'आप ईसाई धर्मगुरुओं से बात करोगे?' मैंने 'हाँ' कहा। वे इसके लिए प्रयास करते रहे। संघ के झंडेवाला कार्यालय में दो बार मुझसे मिलने आए। रोमन कैथोलिक चर्च के प्रमुखों के साथ बात करना निश्चित हुआ। उनकी दो शर्तें थीं। उनके साथ प्रोटेस्टेंट ईसाई नहीं रहेंगे और उनके बिशप संघ के प्रवक्ता आदि के साथ बात नहीं करेंगे, संघ के सर्वोच्च अधिकारी के साथ ही बात करेंगे। मैंने सुदर्शनजी से संपर्क किया। वे तैयार हुए। दोनों की सुविधानुसार तिथि और समय निश्चित हुआ; किंतु बैठक के दो-तीन दिन पहले चर्च की ओर से संदेश आया कि चर्चा के लिए संघ के अधिकारी को हमारे चर्च में ही आना होगा। हमारे बिशप और कहीं नहीं जाएँगे। चर्च में नहीं और संघ के कार्यालय में भी नहीं तो किसी तटस्थ स्थान पर यह भेंट हो। ऐसा जॉन जोसेफ के साथ हुई बातचीत में तय हुआ था। मुझे चर्च की इस शर्त से क्रोध आया और मैंने कहा, 'बैठक रद्द हुई, ऐसा समझो।' सुदर्शनजी केरल में प्रवास पर थे। दूसरे दिन दिल्ली आने वाले थे। मैंने दूरभाष द्वारा उन्हें सब बात बताई। वे बोले, 'जाएँगे हम उनके चर्च में।' मुझे आश्चर्य हुआ। मैंने तुरंत जॉन जोसेफ को यह बताया। तदनुसार सुदर्शनजी, मैं और महाराष्ट्र प्रांत के तत्कालीन कार्यवाह डॉ. श्रीपति शास्त्री, हम तीन लोग कैथोलिक चर्च में गए। हमारा अच्छा औपचारिक स्वागत हुआ। वहाँ हुई चर्चा के बारे में यहाँ बताना अप्रासंगिक है। वह एक अलग विषय है। सुदर्शनजी चर्चा से डरते नहीं थे। मान-प्रतिष्ठा आदि उपचारों की वे परवाह नहीं करते थे, यह मुझे यहाँ अधोरेखित

करना है। बाद में प्रोटेस्टेंट पंथीय धर्मगुरुओं के साथ बैठक हुई। वह नागपुर के संघ कार्यालय के 'डॉ. हेडगेवार भवन' में। प्रोटेस्टेंटों के चार-पाँच उपपंथों के ही नाम मुझे पता थे, लेकिन उस बैठक में 27 उपपंथों के 29 प्रतिनिधि आए थे। मा. सुदर्शनजी के साथ डेढ़ घंटे तक खुलकर चर्चा हुई। सब लोगों ने संघ कार्यालय में भोजन भी किया।

मुसलिम राष्ट्रीय मंच

मुसलमानों के साथ भी उनकी कई बार चर्चा हुई, लेकिन उन चर्चाओं में मैं उनके साथ नहीं था। इसी संपर्क से 'मुसलिम राष्ट्रीय मंच' का जन्म हुआ। इस मंच के संगठन का श्रेय संघ के ज्येष्ठ प्रचारक जम्मू-कश्मीर प्रांत के पूर्व प्रांत प्रचारक और संघ के विद्यमान केंद्रीय कार्यकारी मंडल के सदस्य श्री इंद्रेश कुमारजी को है; किंतु सुदर्शनजी का उन्हें पूरा समर्थन था। 'मुसलिम राष्ट्रीय मंच' के जितने भी अखिल भारतीय शिविर या अभ्यास वर्ग आयोजित होते थे, उनमें सुदर्शनजी अवश्य उपस्थित रहते थे। वे मुसलमानों से कहते, 'तुम बाहर से हिंदुस्तान में नहीं आए हो, यहीं के हो। केवल तुम्हारी उपासना-पद्धति अलग है। तुम्हारे पूर्वज हिंदू ही हैं, उनका अभिमान मन में धारण करो। इस देश को मातृभूमि मानो, फिर हिंदुओं के समान आप भी यहाँ के राष्ट्रीय जीवन के अभिन्न घटक हो, ऐसा आपको लगने लगेगा।' राष्ट्रीय मुसलिम मंच के कार्यक्रमों से मुसलमानों में भी हिम्मत आई। देवबंद पीठ ने 'वंदे मातरम्' न गाने का फतवा निकाला तो इस मंच ने अनेक स्थानों पर 'वंदे मातरम्' का सामूहिक गायन किया। सब प्रकार के खतरे उठाकर जम्मू-कश्मीर की राजधानी श्रीनगर में मंच ने तिरंगा फहराया और 'वंदे मातरम्' गाया। इतना ही नहीं, 10 लाख मुसलमानों के हस्ताक्षरवाला एक निवेदन भी राष्ट्रपति को प्रस्तुत कर संपूर्ण देश में गो-हत्या बंदी की माँग की। जून 2012 में राजस्थान में तीर्थक्षेत्र पुष्कर में मुसलिम मंच का तीन दिनों का राष्ट्रीय शिविर संपन्न हुआ। सुदर्शनजी उस शिविर में पूरे समय उपस्थित थे। सुदर्शनजी की मृत्यु के पश्चात् श्रद्धांजलि अर्पण करने हेतु अनेक मुसलिम नेता आए थे, उसका यह एक कारण है।

तृतीय सरसंघचालक श्री बालासाहब देवरस ने संघ में कुछ अच्छी प्रथाएँ निर्माण कीं। उनमें से एक है रेशमबाग को सरसंघचालकों की श्मशान भूमि नहीं बनने दिया। उनकी इच्छा के अनुसार उनका अंतिम संस्कार गंगाबाई घाट पर यानी आम जनता के घाट पर हुआ था। सुदर्शनजी का भी अंतिम संस्कार वहीं हुआ। वह दिन था रविवार, 16 सितंबर, 2012। एक संघ-समर्पित जीवन उस दिन समाप्त हुआ। क्या उसे समाप्त हुआ कह सकते हैं ? नहीं। केवल शरीर समाप्त हुआ, उसे अग्नि ने भस्म किया; लेकिन वे असंख्य यादें और प्रेरणा-प्रसंग पीछे छोड़ गए।

□

वे कर्मयोगी की तरह जिए और सच्चे कर्मयोगी की भाँति ही गए

–देवेंद्र स्वरूप
चिंतक एवं विचारक

इस 15 सितंबर (भाद्रपद कृष्ण चतुर्दशी) को सुदर्शनजी ने रायपुर के संघ कार्यालय 'जागृति मंडल' में प्राणायाम मुद्रा में अपना शरीर त्याग दिया। अपनी नियमित दिनचर्या के अनुसार वे ब्राह्म मुहूर्त में उठकर टहलने गए। लगभग 6:30 बजे वापस लौटकर प्राणायाम के लिए बैठे कि बिना किसी पूर्व संकेत के चिरयात्रा पर चल दिए। बिस्तर पर नहीं लेटे, डॉक्टर को बुलाना नहीं पड़ा। ऐसी देव–दुर्लभ मृत्यु कितने लोगों को प्राप्त होती है ? नियति की लीला देखिए कि रायपुर के मिशन अस्पताल में ही 18 जून, 1931 को उनका जन्म हुआ। रायपुर से ही वे संघ प्रचारक बने, रायपुर में ही उन्हें पहला अनपेक्षित हृदयाघात हुआ, रायपुर में ही उनकी माताजी ने शरीर छोड़ा और नियति उन्हें अपना शरीर छोड़ने के लिए भी रायपुर में खींच लाई। दो दिन पहले द्वादशी पर उन्होंने श्रीगोपाल व्यास के घर पर भागवत कथा की पूर्णाहुति दी। अगले दिन व्यासजी की पुस्तक 'सत्यमेव जयते' का लोकार्पण किया। 15 सितंबर को 'इंजीनियर्स दिवस' के उपलक्ष्य में उनका अभिनंदन होना था कि वे बिना किसी को पूर्व सूचना दिए चले गए। सच्चे कर्मयोगी का यह प्रयाण उनके पुण्य कर्मों का ही प्रताप हो सकता है।

सुदर्शनजी से मेरा पहला परिचय मार्च 1954 में सिंदी (वर्धा जिला) के प्रचारक वर्ग में आया हुआ। उस वर्ग में श्री गुरुजी के नित्य प्रति दो बौद्धिक सत्र होते थे। उन बौद्धिकों को लिपिबद्ध करने के लिए वर्ग के सूत्रधार एकनाथजी रानडे ने जो टोली बनाई थी, उसमें दमोह से विनायक शेंड्ये, रामस्वरूप गुप्त और मुझे रखा तथा महाकौशल प्रांत से सुदर्शनजी और रामशंकर अग्निहोत्री को जोड़ा। अगले वर्ष (1955 में) नागपुर के तृतीय वर्ष शिक्षा वर्ग में पुनः सुदर्शनजी का एक मास-लंबा साथ मिला। एक ही चर्चा

गुट में होने के कारण बौद्धिक और भावनात्मक तार जुड़ते चले गए। मृत्यु के चार दिन पूर्व ही रात्रि को भोपाल से फोन करके उन्होंने पूछा कि नेहरूजी के समय पर भारत सरकार ने जो पंचांग समिति बनाई थी, उसके अध्यक्ष वैज्ञानिक मेघनाद साहा थे या कोई और?"'लगभग 60 वर्ष लंबे संबंधों की पूरी गाथा को इस लेख में प्रस्तुत करना संभव ही नहीं है। यहाँ केवल इतना ही कहा जा सकता है कि सुदर्शनजी से मुझे जो मैत्री भाव एवं आत्मीयता प्राप्त हुई, वह मेरे जीवन की सबसे मूल्यवान् पूँजी है। मेरे प्रत्येक सुख-दुःख में वे सम्मिलित हुए। अपने अंतर्द्वंद्व को मेरे साथ साझा किया। अनेक योजनाओं को हमने मिलकर बनाया। इस लंबे संबंध में मैंने पाया कि वे सरलता, सादगी, अकृत्रिम स्नेह और निरहंकारिता की साक्षात् प्रतिमा थे। उनकी संघ-निष्ठा अडिग एवं अविभाजित थी। वस्तुतः उनकी 81 वर्ष लंबी शरीर यात्रा एक राष्ट्रभक्त अंतःकरण और प्रतिभा-पुंज की ध्येय साधना के अतिरिक्त कुछ नहीं थी। उनकी पारिवारिक पृष्ठभूमि, विद्याध्ययन और संघ यात्रा पर दृष्टि डालने पर लगता है कि स्वयं नियति ने उन्हें अखिल भारतीयत्व के साँचे में ढाला था।

बाल्यकाल और शिक्षा

तमिलनाडु और केरल की सीमा पर स्थित कर्नाटक के तिरुनेलवेल्ली जिले के शेनकोट्टई नामक स्थान पर कौशिक गोत्र के संकेती तमिल ब्राह्मण परिवार में जनमे सुदर्शनजी के पूर्वज 250 साल पहले कर्नाटक चले आए थे। उनके घर में टूटी-फूटी तमिल बोली जाती और कन्नड़ भाषा उनकी सामान्य भाषा बन गई। इस प्रकार तमिल और कन्नड़ संस्कृतियों को अपने संस्कारों में समेटे उनके पिता श्री कुप्पहल्ली चिन्नय्या सीतारामय्या को उनका भाग्य वन विभाग की नौकरी के बहाने म.प्र. खींच लाया, जहाँ मराठी और हिंदी भाषाओं के साथ उनका बचपन और किशोरावस्था बीती और उनकी प्रारंभिक शिक्षा हुई। म.प्र. में बैतूल, दमोह, महासमुंद, सिरोंचा, चंद्रपुर जिले में आलापल्ली आदि अनेक स्थानों पर उनका स्थानांतरण होता रहा। दमोह में उन्होंने तीसरी से पाँचवीं कक्षा तक की शिक्षा प्राप्त की। छठी से दसवीं तक की पढ़ाई मंडला में की। वे एक मेधावी छात्र सिद्ध हुए। मैट्रिक की बोर्ड की परीक्षा में प्रथम से केवल चार अंक कम पाकर पूरे बोर्ड में चौथे क्रमांक पर रहे। आगे की पढ़ाई के लिए वर्ष 1947-48 में जबलपुर आ गए। वहाँ से रॉबर्ट्सगंज कॉलेज से इंटरमीडिएट की परीक्षा पास की।

इस बीच नौ वर्ष की उम्र में पाँचवीं कक्षा में ही दमोह में सुदर्शनजी ने संघ की शाखा में जाना प्रारंभ कर दिया था। शाखा पद्धति की प्रत्येक विधा में उन्होंने पारंगतता प्राप्त की। कबड्डी आदि खेल, दंड, व्यायाम पद्धति, गीत-गायन, घोष-वादन, बौद्धिक चर्चा आदि प्रत्येक दिशा में उन्होंने अपना सिक्का जमाया। गुट नायक से लेकर मुख्य शिक्षक

तक सब दायित्व सँभाले। संघ कार्य में पर्याप्त समय लगाने के बाद भी वे विद्याध्ययन में अग्रणी रहे। इंटरमीडिएट में पढ़ते समय गांधीजी की हत्या की दुर्भाग्यपूर्ण घटना घटी। संघ पर प्रतिबंध लगा दिया गया। तब से वे छात्रावास में रहते थे। 11 दिसंबर, 1948 को सुदर्शनजी की छात्रावास शाखा के स्वयंसेवकों ने सत्याग्रह किया। तीन माह तक जेल में रहे। वहाँ से परीक्षा के ठीक पूर्व छोड़े गए, फिर भी इंटरमीडिएट की बोर्ड की परीक्षा में प्रथम श्रेणी में छठा स्थान प्राप्त किया।

वर्ष 1949 में उसी कॉलेज परिसर में नया इंजीनियरिंग कॉलेज शुरू हुआ। सुदर्शनजी ने उस कॉलेज में पढ़ाई करने का निश्चय किया; किंतु इंटरमीडिएट कॉलेज के प्रधानाचार्य ने उनके प्रमाण–पत्र पर लिख दिया था कि यह छात्र संघ के सत्याग्रह में भाग लेने के कारण तीन माह तक जेल में बंद रहा है। इस आधार पर इंजीनियरिंग कॉलेज के प्राचार्य ने उन्हें अपने यहाँ प्रवेश देने से मना कर दिया। बड़ी दौड़–धूप करनी पड़ी। संयोग से नागपुर में जेल गए स्वयंसेवकों को कॉलेज में प्रवेश मिल रहा था। उसी के आधार पर सुदर्शनजी को भी जबलपुर इंजीनियरिंग कॉलेज में प्रवेश तो मिल गया, पर छात्रावास में जगह नहीं दी गई। अत: उन्हें एक मकान किराए पर लेना पड़ा, जिसमें उनके साथ उनकी माताजी व छोटे भाई भी आ गए। सुदर्शनजी ने टेली कम्युनिकेशन इंजीनियरिंग का चार वर्ष का पाठ्यक्रम सन् 1953 में पूरा किया; पर तब तक उनके प्रचारक जीवन की दिशा तय हो चुकी थी।

इंटरमीडिएट कॉलेज में ही एकनाथ रानडे ने उनके छात्रावास में आकर बैठकें लेना प्रारंभ कर दिया और उन्हें संघ कार्य में अपना पूरा जीवन लगाने की प्रेरणा मिल रही थी। अत: उन्होंने इंजीनियरिंग पास करके प्रचारक बनने का संकल्प ले लिया था। परीक्षा के बाद चार माह की प्रैक्टिकल ट्रेनिंग लेकर सन् 1954 में वे प्रचारक जीवन की देहरी पर खड़े हो गए। उन्हीं दिनों मार्च 1954 सिंदी प्रचारक वर्ग में उनसे प्रथम परिचय का सौभाग्य प्राप्त हुआ। उसी दिशा में उन्होंने तेजी से दौड़ना प्रारंभ कर दिया। सन् 1953 में उन्होंने संघ का प्रथम वर्ष, 1954 में द्वितीय वर्ष और 1955 में तृतीय वर्ष के शिक्षा वर्ग कर लिये। तीनों वर्ष का शिक्षण उन्होंने नागपुर में ही प्राप्त कर किया। 23 जून, 1954 को वे रायगढ़ जिले में चाँपा, जाँजगीर व बिलासपुर जिले की सकती तहसीलों के तहसील प्रचारक नियुक्त हुए। पौने दो वर्ष तक उन्होंने उस क्षेत्र में कार्य किया। सन् 1956 में उन्हें सागर के नगर प्रचारक का दायित्व मिला। वहीं जिला प्रचारक का दायित्व सँभाला। सन् 1957 से 1964 तक विंध्य विभाग में विभाग प्रचारक रहे। 1964 में उन्हें मध्य भारत के प्रांत प्रचारक का दायित्व सौंपा गया और इंदौर नगर उनका केंद्र बन गया। वहीं उन्होंने सन् 1966 में 'स्वदेश' (दैनिक) आरंभ किया, जिससे उनके अंदर का पत्रकार और लेखक जाग्रत् होकर प्रकाश में आया। मध्य भारत के प्रांत प्रचारक रहते हुए उन्हें अखिल भारतीय शारीरिक प्रमुख का दायित्व भी दिया गया।

इंदिराजी द्वारा आरोपित आपातकाल की घोषणा होने पर सुदर्शनजी जून 1975 से 21 मार्च, 1977 तक इंदौर जेल में बंदी रहे। उसी जेल में समाजवादी नेता शरद यादव, मामा बालेश्वर दयाल आदि भी बंद थे। वहीं उन्हें समाजवादी नेताओं की सोच व जीवन-शैली को नजदीक से समझने का अवसर मिला, जिसके अनेक रोचक संस्मरण वे समय-समय पर सुनाया करते थे। आपातकाल के बाद वर्ष 1979 में उन्हें पूर्वांचल क्षेत्र का दायित्व मिला और कलकत्ता नगर उसका केंद्र बना। इस दायित्व के कारण उनका बँगला, असमी और उड़िया भाषाओं से सीधा संबंध स्थापित हो गया। इन भाषाओं को वे भली प्रकार से समझने लगे। बँगला भाषा में तो धारा-प्रवाह भाषण की क्षमता उन्हें प्राप्त हो गई। इसी प्रकार तमिल, कन्नड़, मराठी, हिंदी और अंग्रेजी भाषाओं के साथ-साथ वे पूर्वांचल की तीन भाषाओं के भी धनी हो गए। पूर्वांचल क्षेत्र का दायित्व सँभालते हुए ही उन्हें अखिल भारतीय बौद्धिक प्रमुख का भी दायित्व दिया गया। उन्हीं दिनों पंजाब में आतंकवाद की समस्या खड़ी हो गई, जिसका उन्होंने सूक्ष्म अध्ययन किया। पंजाब समस्या पर एक पुस्तक भी लिखी। 'पंचनद शोध संस्थान' में आयोजित एक संगोष्ठी में सुदर्शनजी के साथ जाने का अवसर मुझे प्राप्त हुआ। 'राष्ट्रीय सिख संगत' का मार्गदर्शन भी उन्होंने किया। 'गुरु ग्रंथ साहिब', दशम ग्रंथ, सिख इतिहास और सिख समाज का उनका अध्ययन बहुत गहरा था। सिख विद्वान् उनसे चर्चा करके बहुत आह्लादित होते थे।

रचनात्मक दृष्टिकोण

सन् 1989 में उन्हें सह-सरकार्यवाह का दायित्व मिला और दिल्ली केंद्र हो गया। इसी समय राष्ट्रवादी बौद्धिक गतिविधियों को एक सूत्र में पिरोने की योजना बनी, जिसने पहले 'प्रज्ञा भारती' और फिर 'प्रज्ञा प्रवाह' का नाम धारण किया। इसके लिए उन्होंने एक अभिनव कल्पना प्रस्तुत की कि 'प्रज्ञा भारती' कोई संस्था न होकर केवल एक प्रकोष्ठ होगा, जिसका काम स्वतंत्र रूप से पहले से चल रहे या नए आरंभ होनेवाले बौद्धिक मंचों के बीच समन्वय तक सीमित रहेगा। कलकत्ता बैठक के बाद पहला सूचना-पत्र सुदर्शनजी ने स्वयं लिखा, जिसमें स्पष्ट निर्देश था कि 'प्रज्ञा भारती' नाम से कोई इकाई खड़ी नहीं होगी। फिर भी एक प्रांत ने 'प्रज्ञा भारती' नाम का पंजीकरण करा लिया। सुदर्शनजी ने तुरंत उस समस्या का हल निकाला कि पंजीकरण के कारण वे तो अपना नाम बदल ही नहीं सकते, पर प्रकोष्ठ का नाम बदलने में कोई हानि नहीं। अतः उन्होंने उसके लिए 'प्रज्ञा प्रवाह' का नाम सुझाया। बीच में एक न्यास के पंजीकरण की औपचारिकता पूरी करने के लिए कुछ पदाधिकारियों के नाम देना आवश्यक हो गया, तो मेरा नाम अध्यक्ष के रूप में दे दिया गया। पर कुछ कार्यकर्ताओं ने उसे गंभीरता से

ले लिया और वे मुझे वास्तविक अध्यक्ष मानने लगे। तब मैंने सुदर्शनजी के सामने यह प्रश्न उठाया। उन्होंने तुरंत उस प्रवृत्ति पर अंकुश लगाया।

दीनदयाल शोध संस्थान के 'दिल्ली भवन' को उसकी मूल योजना के अनुरूप एक सशक्त बौद्धिक व शोध केंद्र के रूप में विकसित करने का सुदर्शनजी ने भारी प्रयास किया। नानाजी देशमुख ग्राम पुनर्रचना के रचनात्मक कार्य को ही सार्थक मानते थे। वे चाहते थे कि संस्थान की पूरी शक्ति ग्राम पुनर्रचना की गतिविधियों पर ही लगाई जाए। इसके लिए सुदर्शनजी और उनके बीच कई बार बहस भी हुई। रचनात्मक कार्यों में सुदर्शनजी की स्वयं भी बहुत रुचि थी। देश के किसी भी कोने में, किसी भी रचनात्मक कार्य का अध्ययन करने वे दौड़े चले जाते थे। नानाजी के समान वे भी वैज्ञानिक दृष्टि और तीक्ष्ण मेधा व प्रबल स्मरण-शक्ति से संपन्न थे। वर्ष 2000 में जब रज्जू भैया ने अपनी अस्वस्थता के कारण सुदर्शनजी को सरसंघचालक जैसा गुरुतर दायित्व सौंपा, तब सुदर्शनजी ने देश के प्रत्येक अंचल में फैले स्वदेशी विज्ञान और तकनीक के प्रयोगों का स्वयं जाकर अध्ययन किया। उनका वर्णन वे इतनी बारीकी के साथ करते थे कि उनकी सूक्ष्म दृष्टि और स्मरण-शक्ति पर आश्चर्य होता था।

वर्ष 2000 से 2009 तक उन्होंने सरसंघचालक जैसा शीर्ष दायित्व सँभाला। सुदर्शनजी का मन बहुत ही सरल, कभी-कभी भोलेपन की सीमा तक पारदर्शी था। किसी भी व्यक्ति पर विश्वास करना उनका स्वभाव था और अपने मन की बात को वे कहीं भी रख सकते थे। उनकी इस सरलता व विश्वासप्रियता का कुछ लोग कभी-कभी दुरुपयोग भी कर लेते थे। किंतु सुदर्शनजी इस सबसे प्रभावित नहीं होते थे। वे किसी के प्रति अपने मन में दुर्भाव नहीं रखते थे। बाद के दिनों में तो उन्होंने अपने भाषणों को लिखित रूप में तैयार करना शुरू कर दिया। उनका हस्तलिपि संकलन बहुत मूल्यवान् स्रोत सामग्री है। कितने ही अंतरंग संस्मरण हैं, जो घुमड़ रहे हैं; पर यहाँ उन्हें लिख पाना संभव नहीं है। सुदर्शनजी संगठक, चिंतक और हृदयवान् संरक्षक, सबकुछ एक साथ थे। वे संबंधों को दूर तक निभाते थे। देश भर में कितने ही ऐसे परिवार हैं, जो उनकी रिक्तता अनुभव कर रहे हैं। यह हमारा भाग्य है कि हमें उनका स्नेहपूर्ण सान्निध्य प्राप्त हुआ।

□

श्री सुदर्शनजी : एक अनुकरणीय आदर्श

–के. सूर्यनारायण राव
संघ के वरिष्ठतम
प्रचारकों में एक, चेन्नई

यह हम सबको अच्छी तरह से ज्ञात है कि राष्ट्रीय स्वयंसेवक संघ के पूर्व सरसंघचालक श्री के.एस. सुदर्शनजी और उनके माता-पिता कर्नाटक के मूल निवासी थे। लेकिन उनकी मातृभाषा कन्नड़ न होकर 'संकेती' थी, जो तमिल और कन्नड़ भाषाओं के शब्दों का मिश्रण है। इन सभी चीजों के पीछे एक समग्र इतिहास भी है। केरल की सीमा पर स्थित तिरुनेलवेल्ली जिले में एक कस्बा है, शेनकोट्टई। यह तमिलनाडु के दक्षिण-पश्चिम में पड़ता है। जब हम तमिलनाडु के मदुरई से केरल के कोल्लम जाते हैं तो रास्ते में शेनकोट्टई रेलवे स्टेशन आता है। शेनकोट्टई के ब्राह्मण समुदाय का एक वर्ग लगभग चार-पाँच शताब्दी पहले कर्नाटक से पलायन कर गया था। वे लोग प्राचीन मैसूर राज्य के शिमोगा समेत मैसूर, मंड्या और हासन जिले के पश्चिमी गाँवों में रहने लगे थे। इस क्षेत्र पर उस समय मैसूर के महाराजा का शासन था। इन लोगों का पेशा तो खेती-किसानी का था, लेकिन ये लोग बहुत बुद्धिमान थे और वेद-ज्ञान में पारंगत भी। बाद में इन्होंने अंग्रेजी भाषा का ज्ञान प्राप्त किया और बेहतर शिक्षा भी हासिल की। परिणामस्वरूप ये सरकारी सेवाओं में तो उच्च पदों पर पहुँचे ही, अन्य कार्यों में भी उच्च स्थान हासिल किया। इस ब्राह्मण समुदाय के कुछ लोग अब विदेशों में भी जा बसे हैं। श्री सुदर्शनजी के पिताजी भी मध्य प्रदेश में आकर सरकारी नौकरी करने लगे थे। श्री सुदर्शनजी का जन्म रायपुर में हुआ था। उन्होंने हिंदी और अंग्रेजी का अध्ययन किया। उन्हें भी अपने परिवारवालों की तरह थोड़ी-बहुत कन्नड़ आती थी; जबकि उनके सभी रिश्तेदार सिर्फ 'संकेती' भाषा ही बोलते थे।

अपने गाँव में सरसंघचालक

जब श्री सुदर्शनजी राष्ट्रीय स्वयंसेवक संघ के अखिल भारतीय शारीरिक प्रमुख बनकर तमिलनाडु गए तो वे नियमित रूप से शेनकोट्टई जाने और वहाँ के लोगों से मिलने लगे। इस कस्बे में संघ शाखा चलाई जा रही है। जब श्री सुदर्शनजी सरसंघचालक बन गए तो फिर उन्होंने कुप्पहल्ली का दौरा किया। मंड्या जिले में स्थित कुप्पहल्ली वह गाँव है, जहाँ उनके पूर्वज रहते थे। कुप्पहल्लीवासियों ने श्री सुदर्शनजी का जोरदार स्वागत किया। उनके सम्मान में एक भोज का आयोजन किया गया। इसी तरह दो और गाँवों में भी उनके सम्मान में कार्यक्रम आयोजित किए गए। इनमें से एक गाँव का नाम मट्टूरु है तो दूसरे का नाम है होसाहल्ली। ये दोनों गाँव शिमोगा के पास बसे हैं—टूँगा नदी के दोनों किनारों पर। ये दोनों गाँव संस्कृत गाँव के रूप में प्रसिद्ध हैं, क्योंकि यहाँ के सभी निवासी संस्कृत में ही अपने विचारों का आदान-प्रदान करते हैं। इन गाँवों में संकेती ब्राह्मण प्रभावशाली हैं। ये वेदों के ज्ञाता हैं। इनका व्यवसाय कृषि है। इन दोनों गाँवों में ऐसी संघ शाखाएँ चलती हैं, जिनमें से समाज-सेवा के लिए सक्रिय स्वयंसेवक और कुशल प्रचारक निकले हैं। इन शाखाओं से निकले हुए लोग संघ और अन्य आनुषंगिक संगठनों में महत्त्वपूर्ण दायित्व निभाते रहे हैं। यहाँ के लोगों को श्री सुदर्शनजी पर गर्व है कि उन्होंने महान् संगठन का नेतृत्व किया। इन्होंने ही टूँगा नदी के तट पर उनका सम्मान किया था।

सदा स्वयंसेवकों के मध्य

श्री सुदर्शनजी ज्ञान प्राप्त करने की अपनी भूख को शांत करने के लिए खूब स्वाध्याय किया करते थे; यहाँ तक कि वे समाचार-पत्रों और पत्रिकाओं तक के एक-एक स्तंभ को पढ़ डालते थे। उनसे बातचीत के दौरान काफी रोचक जानकारियाँ मिलती थीं, बातचीत चाहे औपचारिक हो या अनौपचारिक। वे स्वभाव से जितने साधारण इनसान थे, ज्ञान में उतने ही असाधारण। यहाँ तक कि वे सरसंघचालक जैसा महत्त्वपूर्ण दायित्व निभाने के दौर में भी किसी से यह अपेक्षा नहीं करते थे कि उनके लिए कोई अखबार लाकर दे। वे खुद पुस्तकालय जाते और उस जगह बैठकर अखबार पढ़ा करते थे, जहाँ सभी लोग पढ़ते थे। उनसे कोई भी मिलकर आसानी से बातचीत कर सकता था—बिना किसी भेदभाव के और पहले से समय लिये बिना। वे सभी विषयों पर विस्तार से जानकारी देते थे।

ईसाइयों और मुसलिमों को मुख्यधारा में लाए

श्री सुदर्शनजी का मुसलिमों और ईसाइयों को राष्ट्र की मुख्यधारा में लाने में विशेष योगदान रहा। उन्होंने उनको यह बताया कि कैसे वे सभी मूलतः हिंदू हैं और कैसे पूरी तरह से हिंदुस्थान से जुड़े हुए हैं। उन्होंने भारतीय चर्च की पैरवी की थी और इस विषय में जाने-माने ईसाई धर्मगुरुओं से बात भी की थी। बहुत से केरलवासियों ने उनके इस विचार

से गहरा जुड़ाव दिखाया था। जब वे श्री सुदर्शनजी से सहमत होते दिखे तो एर्नाकुलम संघ कार्यालय में एक परिचर्चा आयोजित की गई, जिसमें केरल के बहुत से ईसाइयों ने भाग लिया, साथ ही चर्च के पादरी भी उसमें सम्मिलित हुए थे।

नियुद्ध और एकात्मता मंत्र

जब श्री सुदर्शनजी शारीरिक शिक्षण प्रमुख थे, उन्होंने एक पहल और की थी—निःशस्त्र युद्ध के अभ्यास की। आत्मरक्षा की यह पद्धति संघ की शाखाओं में 'नियुद्ध' के नाम से प्रचलित और प्रसिद्ध हुई। उन्होंने स्वयं ऐसे लोगों से मुलाकात की जो इस युद्ध-कला में पारंगत थे और इसको केरल तथा देश के अन्य भागों में प्राचीनकाल से आगे बढ़ा रहे थे। उन्होंने परम पूज्य श्रीगुरुजी से मंत्रणा करके इसे संघ के शारीरिक विभाग में अपनाया। प्रातः-स्मरण, जो अब 'भारत-भक्ति स्तोत्र' या 'एकात्मता स्तोत्र' के नाम से प्रसिद्ध है, संघ में इसका चलन 1940-50 के दशक की शुरुआत में हुआ था। माननीय श्री बाबा साहब आप्टे ने श्री गुरुजी से मंत्रणा कर संघ की कार्य-प्रणाली में इसे शामिल किया था। वर्तमान में इसका परिष्कृत स्वरूप श्री सुदर्शनजी के प्रयासों का ही फल है। उन्होंने हमारे देश के सभी हिस्सों से जानकारियाँ एकत्रित कीं और संस्कृत के प्रसिद्ध विद्वान् स्वयंसेवक आदरणीय श्री श्रीधर भास्कर वर्णेकर से चर्चा की, जिन्होंने पूज्य बाला साहब देवरसजी के कार्यकाल में 'भारत-भक्ति स्तोत्र' और 'एकात्मता मंत्र' की रचना की।

शिक्षक-सरसंघचालक

कार्यालयों और शाखाओं में श्री सुदर्शनजी हमेशा इस बात का ध्यान रखते थे कि स्वयंसेवक कैसे इस मंत्र का उच्चारण कर रहे हैं। संस्कृत शब्दों के उच्चारण में कहीं उनसे गलती तो नहीं हो रही है और आवश्यकता पड़ने पर वे स्वयं हरेक स्वयंसेवक को प्रार्थना और 'भारत-भक्ति स्तोत्र' का सही उच्चारण करना सिखाते थे। ठीक इसी प्रकार, शारीरिक कार्यक्रमों, और यहाँ तक कि नियमित शाखाओं या संघ शिक्षा वर्गों में वे स्वयं प्रार्थना के समय समीप रहते थे और उच्चारण की गलतियों को ठीक कराते थे। कई बार वे प्रार्थना स्वयं कराते थे, कई बार प्रार्थना का अभ्यास करवाते थे—एक शिक्षक की तरह। यह कार्य वे सरसंघचालक का दायित्व निभाते समय भी करते रहे।

हर विषय में गहराई तक

यह श्री सुदर्शनजी की आदत में शामिल था कि बौद्धिक देने से पहले वे स्वयं उसकी तैयारी करते थे। वे बौद्धिक के सभी बिंदुओं को लिख लेते थे। उनकी विशेषता यह थी कि वे किसी भी विषय की सतही जानकारी स्वयंसेवकों को नहीं देना चाहते थे, बल्कि उसकी गहराई में उतरते थे। वे हरेक विषय को उसकी संपूर्ण गहराई के साथ

और बड़े ही स्पष्ट ढंग से समझाते थे। चाहे बौद्धिक हो या फिर शारीरिक, उनके विचार पारदर्शी होते थे। जो भी वे जानते थे, उन्होंने शाखाओं और प्रशिक्षण वर्गों में सभी को उससे लाभान्वित कराया और किसी भी स्वयंसेवक के मस्तिष्क में शक की कोई गुंजाइश नहीं छोड़ी। भगवान् ने श्री सुदर्शनजी को तीव्र स्मरण-शक्ति और चीजों को समझने की कला प्रदान की थी वरदान-स्वरूप। जब उन्हें लगा कि उनकी स्मरण-शक्ति उनका साथ नहीं दे रही और वे अपने दायित्व को सही ढंग से नहीं निभा पा रहे हैं, तब उन्होंने सरसंघचालक के दायित्व से मुक्त होने का निर्णय बिना किसी शिकवा-शिकायत के लिया। मगर बाद में जब संघ-कार्य को नुकसान होता लगा, तब वे संगठन के हित को ऊपर रखकर एक साधारण स्वयंसेवक के रूप में संघ को फिर अपनी सेवाएँ देने लगे, वह भी बिना किसी अपेक्षा के।

वे सभी के साथ मिलकर रहना और काम करना पसंद करते थे। वे संघ की अखिल भारतीय प्रतिनिधि सभा या अन्य कार्यक्रमों में दूसरों के साथ जमीन पर ही बैठते थे। उनके इस सद्‌गुण की चर्चा मीडिया में हमेशा रही। श्री सुदर्शनजी के काम करने के इस अंदाज को अखबारवाले उनके फोटो के साथ प्रकाशित किया करते थे, साथ ही समाचार चैनलों पर भी इसका प्रसारण किया जाता था कि देखो, श्री सुदर्शनजी दूसरों के साथ जमीन पर बैठे हुए हैं! मगर उन्हें काम करने के अपने इस ढंग को लेकर कभी कोई झिझक नहीं रही। इस प्रकार, उन्होंने सभी स्वयंसेवकों के सामने एक आदर्श प्रस्तुत किया है। आज के समय में उनके बताए इस मार्ग का बहुत महत्त्व है, जब हम देख रहे हैं कि हमारे देश के विभिन्न संगठनों में लोग अपने बड़े पदों का दुरुपयोग कर रहे हैं। ऐसे लोग अपनी सारी ताकत ऊँचे पद प्राप्त करने में लगाते हैं, ताकि वे हमेशा ही सर्वे-सर्वा बने रहें; जबकि ऐसे अनेक प्रतिभाशाली युवा हैं, जो बहुत क्षमतावान्, सक्रिय और संगठनों के लिए उपयोगी हैं। इस तरह माननीय श्री सुदर्शनजी एक सच्चे आदर्श हैं और उनका अनुसरण हम सभी को करना चाहिए, खासकर हमारे देश के सभी संगठनों के वरिष्ठ व्यक्तियों को।

□

ज्योति-पुंज सुदर्शनजी : एक निरहंकारी, ध्येयनिष्ठ सक्रिय जीवन

–डॉ. बजरंगलाल गुप्ता
उत्तर क्षेत्र संघचालक

एक सहज-सरल, सीधा-सादा, धोती-कुरता पहने सामान्य सा दिखनेवाला व्यक्ति कैसे असाधारण एवं बहुमुखी प्रतिभा-संपन्न व्यक्ति हो सकता है, इस पर विचार करते ही पूज्य श्री सुदर्शनजी के व्यक्तित्व का उदाहरण सामने साकार उपस्थित हो उठता है। अपने विद्यार्थी जीवन में ही वे राष्ट्रीय स्वयंसेवक संघ के स्वयंसेवक हो गए थे। संघ के प्राथमिक दायित्व से लेकर सरसंघचालक तक के सर्वोच्च दायित्व को उतनी ही सहजता, सरलता एवं कुशलता से निभाने का काम कोई विलक्षण व्यक्ति ही कर सकता है और उन्होंने यह कर दिखाया। वे कहा करते थे कि दायित्व कोई छोटा-बड़ा नहीं होता, दायित्व तो दायित्व होता है। दायित्व निभाने के लिए होता है, ढोने के लिए नहीं। इतना ही नहीं, उन्हें जब लगा कि उनका स्वास्थ्य निरंतर प्रवास के लिए अनुकूल नहीं रह गया है और स्मृति भी कमजोर पड़ती जा रही है, तब उन्होंने वर्ष 2009 में अपने को मुक्त कर माननीय श्री मोहनराव भागवत को सरसंघचालक का दायित्व सौंप दिया। दायित्व-परिवर्तन की इस घड़ी में उनकी निस्पृहता एवं निरहंकारिता के अनुपम उदाहरण का मैं साक्षी रहा हूँ। आज के पद-लिप्सा के घोर अंधकारमय वातावरण में वे ज्योति-पुंज बनकर उभरे थे। विशेषता तो यह रही कि वे सरसंघचालक के दायित्व से मुक्त हो जाने के बाद निष्क्रिय होकर बैठे नहीं रहे, अपितु एक साधारण, किंतु जिम्मेदार स्वयंसेवक के नाते जीवनपर्यंत सक्रियता से कार्य करते रहे। इसे ही कहते हैं ध्येयनिष्ठ सक्रिय जीवन!

स्वामी विवेकानंद कहा करते थे कि बलिष्ठ शरीर होने पर ही गहरा ज्ञानार्जन किया जा सकता है। 'गीता' समझने के लिए फुटबॉल खेलकर आओ। ऐसा लगता है कि स्वामीजी के इस संकेत को सुदर्शनजी ने अपने जीवन में प्रत्यक्ष उतारकर दिखाया

था। इसीलिए तो वे संघ के अखिल भारतीय शारीरिक प्रमुख भी रहे और बौद्धिक प्रमुख भी। शारीरिक शिक्षण के विभिन्न विषयों के वे पारंगत थे और उन विषयों की बहुत बारीकी से शिक्षण-प्रशिक्षण देने की कला में भी दक्ष थे। इसके साथ ही अपने सतत् अध्ययन-अध्यवसाय के द्वारा उन्होंने चर्चा-परिचर्चा एवं बौद्धिक के अनेक विषयों को बहुत गहरे से विकसित किया था। किसी भी विषय को मूलभूत रूप से उसके सब आयामों के साथ समझना-समझाना उनका स्वभाव ही था और विषय की प्रस्तुति एवं प्रतिपादन शैली देख-सुनकर तो बड़े-बड़े विद्वान्-मनीषी भी आश्चर्यचकित रह जाते थे। एक बार सुदर्शनजी और मैं तेरापंथ के आचार्य श्री महाप्रज्ञजी के दर्शन करने, उनसे भेंट करने गए थे। बातचीत के मध्य आचार्यश्री ने कहा कि आप संघ के लोग 'हिंदू' शब्द पर इतना जोर क्यों देते हो? क्या इसके स्थान पर अन्य शब्द का प्रयोग करने पर विचार कर सकते हो? ऐसा पूछने पर सुदर्शनजी 'हिंदू' शब्द की व्युत्पत्ति, अर्थ, भाव, इसके गुणवाचक स्वरूप, इसमें अंतर्भूत राष्ट्रीय व सांस्कृतिक दृष्टि आदि के बारे प्रमाण एवं संदर्भों सहित लगभग 10 मिनट तक धारा-प्रवाह अपनी बात रखते रहे। आचार्यश्री एकटक सुनते रहे और बाद में बोले, 'सुदर्शनजी, अभी तक तो आपके ज्ञान के बारे में सुना था, आज तो हम जान और मान गए कि आप तो चलते-फिरते विश्वकोश ही हो।' ऐसा था सुदर्शनजी का अथाह ज्ञान-भंडार! सुदर्शनजी अनेक भाषाओं के जानकार थे और जिस किसी भी प्रांत में जाते, वहाँ की भाषा को सीख लेते थे। उनका भाषा की वर्तनी और उच्चारण की शुद्धता पर भी बड़ा जोर रहता था। उनको जब भी लेख या पुस्तक की पांडुलिपि देखने के लिए दी जाती थी, वे अल्पविराम तक की छोटी गलती में भी सुधार कर देते थे।

सुदर्शनजी जहाँ ज्ञान, विद्वत्ता एवं संगठन की दृष्टि से शीर्ष स्थान पर थे, वहाँ अपने जीवन, जीवनचर्या एवं व्यवहार के मामले में उतने ही सहज एवं सरल थे। एक बार मैं दिल्ली के संघ कार्यालय 'केशव कुंज' में उनसे मिलने पहुँचा। तब वे अपनी दाढ़ी बना रहे थे। कुछ देर बाद मेरी ओर देखकर बोले, 'काफी देर से प्रयास कर रहा हूँ, पर दाढ़ी के एक-दो बाल ठीक से साफ नहीं हो रहे हैं।' यह सुनकर सहसा मेरे मुख से निकल पड़ा, 'कोई बात नहीं है सुदर्शनजी, आखिर वे भी तो आपके ही बाल हैं।' यह सुनकर वे मुसकराए और अपनी दाढ़ी बनाने का काम पूरा कर लिया।

इस घटना के कई वर्षों बाद संघ की अखिल भारतीय कार्यकारी मंडल की बैठक थी। मैं शीशे के सामने खड़े होकर अपनी दाढ़ी बना रहा था। पीछे परछाईं का आभास हुआ। मुड़कर देखा तो सुदर्शनजी खड़े थे। वे बोले, मैं तुम्हें देख रहा था कि क्या तुम भी दाढ़ी बनाते समय कुछ बालों को पूरा साफ करना छोड़ देते हो? मैं जब भी दाढ़ी बनाता हूँ, तुम्हारी कही हुई बात याद आ जाती है।' ऐसा था उनका सरल-सहज मन!

सुदर्शनजी संघ के विभिन्न बौद्धिक वर्गों, प्रवचन-सत्रों, परिसंवादों, वार्त्ताओं, प्रश्नोत्तर सत्रों एवं विभिन्न संगठनों/संस्थाओं द्वारा आयोजित कार्यक्रमों में व्याख्यानों के माध्यम से विकास की वर्तमान दृष्टि एवं दिशा तथा विकास की भारतीय संकल्पना के बारे में समय-समय पर महत्त्वपूर्ण विचार व्यक्त करते रहे हैं। उनकी विकास संकल्पना में हम सिद्धांत एवं व्यवहार का अद्‌भुत समन्वय पाते हैं। सुदर्शनजी का दृढ़ विश्वास था कि वर्तमान पश्चिमी विकास-दर्शन एवं विकास-पथ समस्याओं का समाधान प्रस्तुत करने की बजाय इन समस्याओं को और अधिक उलझा रहा है और नित नई समस्याएँ खड़ी कर रहा है। अत: सबसे पहले इस आत्मघाती विकास के दुश्चक्र से बाहर आने का साहस करना होगा और इसके साथ ही भारतीय चिंतन एवं भारतीय जीवन-शैली के आधार पर समयानुकूल नया विकास-दर्शन एवं नया विकास-पथ अपनाने की दिशा में भी आगे बढ़ना होगा। उनके अनुसार, पश्चिम का समूचा विकास-चिंतन कार्टेजियन न्यूटोनियन दर्शन पर आधारित खंडित यांत्रिक विश्व-दृष्टि की उपज है। इसके विपरीत, भारतीय चिंतन ने एकात्म विश्व-दृष्टि को स्वीकार किया है और व्यष्टि, समष्टि व सृष्टि के बीच सावयवी-अंगांगी अखंड मंडलाकार संबंध माना है। हमें इसे स्वीकार करके ही आगे बढ़ना होगा। इसी क्रम में सुदर्शनजी आग्रहपूर्वक यह प्रतिपादन करते थे कि आर्थिक मनुष्य के स्थान पर शरीर, मन, बुद्धि, आत्मा के समुच्चय के रूप में 'एकात्म मानव' की अवधारणा ही हमारी भावी आर्थिक-सामाजिक संरचना का आधार बननी चाहिए।

सुदर्शनजी प्रकृति को दासी मानकर अपनी सुख-सुविधा के लिए उसका अमर्यादित उपभोग व शोषण करने के दृष्टिकोण के सख्त खिलाफ थे। उनके अनुसार, इस प्रकार के चिंतन एवं व्यवहार के कारण ही आज समूचा संसार प्रदूषण एवं पर्यावरण ह्रास की समस्या से जूझ रहा है। अत: वे प्रकृति के प्रति सह-अस्तित्व, सामंजस्य और सौहार्द के साथ दैवी-मातृत्व भाव युक्त सम्मान-दृष्टि के विचार एवं व्यवहार में पूर्ण विश्वास करते थे। इसीलिए वे प्रदूषण-मुक्त, पर्यावरण-प्रेमी तकनीक-टेक्नोलॉजी एवं उत्पादन-तंत्र अपनाने पर जोर देते थे। इसके साथ ही वे कम ऊर्जा की खपत करनेवाली टेक्नोलॉजी के भी पक्षधर थे। इसी क्रम में उन्होंने लोहा गलानेवाली परंपरागत देशी भट्ठियों को खोज निकाला था।

सुदर्शनजी का मानना था कि अर्थ व काम-केंद्रित भोगवादी जीवन-शैली ही आज के अनेकविध संकटों का मूल कारण है। अत: हमें धर्म, अर्थ, काम, मोक्ष के पुरुषार्थ चतुष्ट्य के आधार पर ही अपना विकास-प्रारूप एवं अर्थ-व्यवहार सुनिश्चित करना होगा। इसलिए वे फिजूलखर्ची एवं अत्यधिक उपभोग के स्थान पर सीमित-संयमित, सदाचारी उपभोग-शैली व जीवन-शैली अपनाने पर जोर देते थे कि 'तेन त्यक्तेन

भुञ्जीथा' के आदर्श को जीवन में अपनाना होगा। वे स्वयं भी जीवन में इसका पालन करते थे। वे भोजन करते समय उतना ही पानी लेते थे, जितना पिया जा सके और अन्यों को भी ऐसा ही करने का आग्रह करते थे।

सुदर्शनजी अकसर कहा करते थे कि यदि भारत में गरीबी, विषमता एवं बेरोजगारी जैसी समस्याओं से छुटकारा पाना है तो इसके लिए हमें स्वदेशी, स्वावलंबी, विकेंद्रित अर्थतंत्र की रचना करनी होगी। अधिक ऊर्जा की खपत पर आश्रित एवं स्वचालित बड़ी-बड़ी मशीनोंवाले कारखाने भारत के लिए उपयुक्त नहीं हो सकते। हमें अपने देश की आवश्यकता एवं संसाधनों को ध्यान में रखकर ग्रामीण क्षेत्र एवं नगरीय क्षेत्र के लिए अलग-अलग प्रकार की समयानुकूल व्यावहारिक योजनाएँ बनानी होंगी। ग्रामीण क्षेत्र में दस-पंद्रह गाँवों को मिलाकर ग्राम-संकुल आधारित कार्ययोजना पर काम करना होगा। इस दृष्टि से गाँव के समग्र विकास पर ध्यान देना होगा। इसके लिए गाँवों में संस्कार-युक्त समाजोपयोगी शिक्षा, सब प्रकार के भेदभावों को दूर कर समरसता, सामाजिक स्वास्थ्य, ग्राम सुरक्षा तथा समृद्धि-स्वावलंबन जैसे सभी पहलुओं पर एक साथ ध्यान देना होगा। सिंचाई, परंपरागत जल-स्रोतों के संरक्षण, जैविक-परंपरागत-प्राकृतिक खेती की पद्धति, देशी बीजों एवं पशुओं की देशी नस्लों के संरक्षण, पंचगव्य के उत्पादों में वृद्धि, जैव-विविधता के संरक्षण व सदुपयोग, बायो-गैस, बायो-ऊर्जा जैसे कार्यों को तेजी से आगे बढ़ाने के ठोस उपाय करने होंगे। देश में प्रदूषण-मुक्त टेक्नोलॉजी पर आधारित उत्पादन-कुशल कुटीर व लघु उद्योगों की शृंखला को बल प्रदान करना होगा। कृषि एवं लघु उद्योगों की आवश्यकताओं को पूरा करने तथा अंतरराष्ट्रीय बाजार में भारत की क्षमता में वृद्धि करने की दृष्टि से देश में बड़े उद्योगों के विकास के बारे में भी सोचना होगा। छोटे-छोटे शिल्पकारों एवं अन्य कौशल के जानकार व्यक्तियों की क्षमता व प्रतिभा का पूर्ण उपयोग करते हुए देश के दस्तकारी उद्योगों का नए सिरे से पुनर्गठन किया जाना चाहिए। कुल मिलाकर हमें जल, जमीन, जंगल, जीव और जन के बीच समुचित संतुलन बनाते हुए अपनी रचना-योजना बनानी होगी।

वर्तमान मानवीय सभ्यता के सम्मुख उपस्थित संकट का मुख्य कारण यह है कि हमने हमारे विचारों और भावनाओं, मूल्यों और दृष्टिकोणों तथा सामाजिक एवं राजनीतिक संरचनाओं में असंतुलन की सृष्टि कर दी है। सुदर्शनजी का मानना था कि अब समय आ गया है, जब आत्मविनाशी विकास के स्थान पर विश्व के सामने समग्र सामाजिक सुख-आधारित विकास का एक अविनाशी हिंदू एजेंडा प्रस्तुत किया जाए। इसमें संग्रह की बजाय त्याग, स्वार्थ की बजाय सेवा, शोषण की बजाय पोषण, प्रतिस्पर्धा व संघर्ष की बजाय सहयोग, सहजीवन एवं परस्परावलंबन, घृणा की बजाय स्नेह, संपत्ति-संसाधनों पर पूर्ण निजी या सरकारी स्वामित्व की बजाय ईश्वरीय स्वामित्व व ट्रस्टीशिप की भावना

का पुट हो। इस संदर्भ में स्वामी विवेकानंद, श्रीअरविंद, महात्मा गांधी, श्रीगुरुजी और पं. दीनदयाल उपाध्याय जैसे चिंतकों के विचारों के प्रकाश में सबकी मूलभूत आवश्यकताओं की पूर्ति की गारंटी, सबको समग्र स्वास्थ्य, सबको संस्कारक्षम शिक्षा के समान अवसर और सबको रोजगार देनेवाले विकास–प्रारूप पर काम करना होगा। यह केवल भारत ही नहीं, समस्त विश्व के सार्वजनिक मंगल का मार्ग प्रस्तुत कर सकेगा।

□

तब प्रतिबिंब-सा बन जाए जीवन

–सुरेश सोनी
सह–सरकार्यवाह
राष्ट्रीय स्वयंसेवक संघ

महाकवि क्षेमेंद्र ने कहा है—

अहो कालसमुद्रस्य न लक्ष्यन्ते–तिसंतता।
मज्जन्तोत्तरस्य युगान्ताः पर्वता इव॥

'काल के समुद्र का कोई ओर-छोर नहीं। बड़े-बड़े युग पर्वतों की भाँति उसमें विलीन हो जाते हैं। इसलिए कहते हैं, समय का प्रवाह सभी स्मृतियों को विलुप्त कर देता है।'

उपर्युक्त बात सत्य होने पर भी कुछ स्मृतियाँ जल पर बनी रेखा के समान होती हैं, बनती हैं और मिटती हैं; परंतु कुछ स्मृतियाँ पत्थर पर बनी रेखा के समान स्थायी होती हैं। माननीय सुदर्शनजी की स्मृति भी वैसी ही है।

15 सितंबर को प्रातः जैसे ही यह अकल्पनीय समाचार आया कि सुदर्शनजी नहीं रहे, सहसा विश्वास नहीं हुआ। मन से न मानते हुए भी नियति ने जो कुछ घटित किया था, उसे मानना पड़ा।

उनका रायपुर से कुछ विशेष नाता रहा था। उन्होंने जीवन के 75 वर्ष पूरे होने पर अपने जीवन की स्मृतियों का अपनी पूज्य माँ का भावपूर्ण स्मरण करते हुए 'स्वान्तः सुखाय' अपनी माँ को समर्पित एक अप्रकाशित लेख 'अक्का, तुम्हारी बहुत याद आती है' लिखा था।

इस लेख में अपनी माँ के दिव्यलोक–गमन का वर्णन करते हुए उन्होंने लिखा—'यह भी कैसा संयोग था कि जिस रायपुर में तुमने मुझे इस धरती पर उतारा, उसी रायपुर में मैंने तुम्हें अंतिम विदाई दी।' और यह भी विधि का विचित्र विधान था कि उसी रायपुर में जहाँ उन्होंने जन्म पाया, वहीं पर अपनी देह छोड़ी। वे देह तो छोड़ गए, पर अनंत

लोगों के हृदय में अनंत स्मृतियाँ छोड़ गए। एक योगी की भाँति उन्होंने देह छोड़ी। जिस संघ कार्य को उन्होंने अपना जीवन-कार्य बनाया, उस कार्य के उद्‌गम स्थल नागपुर में उनकी देह के अग्नि-संस्कार के बाद भोपाल, जहाँ सुदर्शनजी का केंद्र था, के ज्येष्ठ प्रचारक अपरबलजी ने 'गीता' पढ़ने के लिए खोली तो जो श्लोक सामने आया, वह था—

प्रयाणकाले मनसा चलेन
भक्त्या युक्तो योगबलेन चैव।
भ्रुवोर्मध्ये प्राणामावेश्य सम्यक्
स तं परं पुरुष मुपैति दिव्यम्॥

—वह भक्ति-युक्त मनुष्य अंत समय में अचल मन से और योग बल के द्वारा भृकुटी के मध्य में प्राणों को प्रविष्ट करके शरीर छोड़ने पर उस परम दिव्य पुरुष को ही प्राप्त होता है।

संघ को समर्पित जीवन

उनके जाने के बाद जब स्मृतियों की शृंखला को देखता हूँ तो स्मरण आता है वर्ष 1967 का जनवरी मास। राजगढ़ में मकर संक्रांति उत्सव की तैयारी कर रहे थे कि पता लगा, उत्सव के एक दिन पूर्व सुदर्शनजी पास के शहर शाजापुर आए हैं। तार किया कि राजगढ़ में बड़ा कार्यक्रम है, उसमें आइए। और आश्चर्य, उनके आने की स्वीकृति मिली। उत्सव बहुत अच्छा हुआ। वे भी प्रसन्न हुए और बाद में कार्यालय आए तो मैंने कहा, 'सुना है, आप अच्छा गाते हैं। एक गीत सुनाइए।' उन्होंने कहा, 'गीत सुनोगे या गद्य गीत?' गद्य गीत मेरे लिए नया था, अतः उसी का आग्रह किया। तब उन्होंने अटलजी की अमर कविता 'अमर आग है' सुनाई। उसी दिन आगे के प्रवास पर एक दिन के लिए मुझे अपने साथ ले गए और तब से जुड़ा संबंध-सूत्र तब और दृढ़ हुआ, जब सन् 1971 में मैं एम.ए. की पढ़ाई के लिए इंदौर आया। इंदौर उस समय प्रांत केंद्र था। अतः मेरे निवास की व्यवस्था उनके कमरे में ही की गई। उसके बाद वर्ष 1977 तक, जब वे पूर्व क्षेत्र के प्रचारक के नाते कलकत्ता गए, उनके साथ रहा। इस कालावधि में उन्हें निकट से देखने का, सुनने का, प्रेरणा पाने का, स्वयं उनके मुख से उनके बारे में भी जानने का अवसर मिला।

संघ के उदात्त ध्येय व कार्य के प्रति आस्था उनके हृदय में इतनी दृढ़ हुई कि सन् 1953 में इंजीनियरिंग की पढ़ाई पूरी होने पर अपना संपूर्ण जीवन संघ कार्य हेतु समर्पित करने का निश्चय किया। यह वह समय था, जब देश-विभाजन, महात्माजी की हत्या और उसके झूठे आरोप में संघ पर प्रतिबंध एवं उस के बाद पुनः कार्यारंभ के समय की उथल-पुथल थी। अनेक प्रचारक वापस लौट रहे थे। उस समय वे कार्य हेतु निकले।

घर में बड़े थे, अतः उनके माता-पिता की इच्छा थी कि वे घर सँभालें। पर जब दृढ़ निश्चय कर घर से जाने लगे, तब पिताजी ने बड़े करुण स्वर में कहा, 'सुदर्शन, जिद मत करो।' पर हृदय पर उनकी करुण आवाज की अनुभूति होते हुए भी कर्तव्य की कठोरता के कारण वे चले गए और जीवन भर उसका निर्वाह किया।

संघ कार्य के विविध पहलुओं में उनकी विशेषज्ञता रही—शारीरिक, बौद्धिक, गीत आदि सभी में समान गति थी। अध्ययन की परिधि विशाल थी। उसमें सभी प्रकार के विषयों का समावेश था। शारीरिक अभ्यास अच्छा था और उसकी बारीकियाँ जानते थे और सिखाने में भी पारंगत थे। जब तक किसी को कोई भी प्रयोग शुद्ध न आ जाए, उसके पीछे लगे रहना, यह उनका स्वभाव था।

प्रेरणा रूप आचरण

बौद्धिक के विषय की पूर्व तैयारी व नोट्स लिखने के कारण विविध विषयों के बारे में सार रूप से अत्यंत उपयोगी संग्रह बन गया। जितनी गति गहरे विषयों में थी, उतनी ही हास्य-विनोद में भी थी। व्यंग्य-विनोद का विशाल खजाना उनके मन-मस्तिष्क में था। वे कार्यकर्ता को विकास के लिए प्रेरित करते और स्वयं उनका आचरण प्रेरणा रूप था।

आपातकाल में इंदौर जेल में संघ के साथ समाजवादी, सर्वोदयी, जमाते-इसलामी आदि के कार्यकर्ता भी थे और उस दीर्घकाल में सबके मन में उन्होंने जगह बनाई, सबको जोड़ा, जिसकी स्मृति आज भी सबके मन में है।

सबसे बड़ी मन की सरलता

मन की सरलता सबसे बड़ा गुण था, अतः कभी किसी के प्रति मन में गाँठ न रही। क्रोध भी कभी स्थायी नहीं रहा। सरलता के कारण विविध विचारधारा और प्रकृति के लोगों को अपनापन लगता था। इस कारण उनकी संपर्क की परिधि व्यापक थी।

संघ में प्रचार विभाग का विकास उनके आग्रह के ही कारण हुआ। जागरण पत्रों की श‍ृंखला तथा वैचारिक क्षेत्र में विविध मंच तथा वैचारिक क्षेत्र में हमें कुछ विशेष करना चाहिए, अतः 'प्रज्ञा प्रवाह' जैसा आंदोलन उनकी ही देन है।

पंजाब-समस्या के समय राष्ट्रीय एकता के लिए सिख बंधुओं का राष्ट्र के लिए योगदान और हमारी सांस्कृतिक एकता पर वे जोर देते रहे हैं। असम आंदोलन के समय वहाँ भी वास्तविकता के विश्लेषण-युक्त अनेक भाषणों ने देश को एक सही दृष्टि देने का काम किया।

उनका विश्वास था कि भारत के मुसलिम व ईसाई बाहर से नहीं आए, अतः उन्हें अल्पसंख्यक नहीं कहना चाहिए। परंतु व्यापक राष्ट्रीय एकता हेतु अपनी उपासना-पद्धति का पालन करते हुए इसलाम का भारतीयकरण तथा भारतीय चर्च की अवधारणा उन्होंने

रखी और देश में बहस हो, इस हेतु अनेक मुसलिम व ईसाई विद्वानों से संवाद भी किया तथा आधारभूत बातों पर चर्चा की। वास्तविक एकता हेतु आवश्यक है कि धरती, पूर्वज तथा किसी भी मार्ग से मुक्ति के बारे में भारत के ईसाई व मुसलिम बंधुओं की स्पष्टता के आधार पर ही आनेवाले समय में व्यापक राष्ट्रीय एकता की नींव हो सकती है।

भारतीय ज्ञान-परंपरा पर विश्वास और जीवन के सभी क्षेत्रों में उसका प्रकटीकरण हो, अत: विज्ञान, तकनीकी, ऊर्जा की आत्मनिर्भरता, कृषि के क्षेत्र में पाश्चात्य प्रभावों से मुक्त होकर देश आगे बढ़े, इस हेतु किसी भी व्यक्ति का कोई भी प्रयोग हो तो उसे प्रोत्साहित करने का वे प्रयत्न करते रहे। इन बातों के लिए उन्होंने विविध विचारधारा के राजनीतिक नेताओं से लेकर सामाजिक संगठनों के लोगों से संपर्क किया।

भारत का सूर्योदय होगा

संघ में सर्वोच्च स्थान पर रहते हुए भी सामान्य स्वयंसेवक से लेकर प्रतिष्ठित व्यक्ति तक उनका व्यवहार समान था। सभी की चिंता करना उनका स्वभाव रहा। सरसंघचालक के दायित्व से स्वयं मुक्त होने के बाद भोपाल उनका केंद्र रहा। यहाँ उन्होंने शहर की सभी सायं शाखाएँ देखीं। कार्यालय के पास के मकान में रहनेवाले नौकर के बेटे के विवाह में रात 12 बजे उसकी व्यवस्था में हाथ बँटाया, मालाएँ मँगवाईं और आशीर्वाद दिया।

भोपाल की महापौर को कहा, 'छोटे-छोटे लोगों को काम दो, ताकि अधिक लोगों को काम मिले।'

कार्यालय में कार्यरत सुरेंद्र व राहुल के पारिवारिक कष्टों को अपने कष्ट मान उन्होंने जो चिंता की, परिणामस्वरूप उनके न रहने पर कई दिनों तक वे शोक-मग्न रहे।

जीवन में उनकी कष्ट-सहिष्णुता आश्चर्यजनक थी। दाहिने पैर के घुटने की कटोरी टूटने पर उसे निकालना पड़ा; पर अपने निश्चय व कठोर प्रयत्न से उन्होंने डॉक्टरों को गलत साबित करते हुए सभी प्रकार का शारीरिक श्रम उस पैर से करने की क्षमता प्राप्त की। एग्जीमा पर होमियोपैथी दवाओं की प्रतिक्रिया से सारे शरीर में फुंसियाँ हो गईं। चार माह तक अपार कष्ट सहते हुए सारे निर्धारित कार्यक्रम करते रहे। मन के संतुलन के कारण कुछ लिखते थे तो शुरू से अंत तक अक्षर एक समान रहते थे।

जीवन के अंतिम वर्षों में वे बार-बार प्रतिपादन करते थे कि विश्व व्यापक परिवर्तन से गुजर रहा है और वर्ष 2011 उज्ज्वल दिशा की ओर जाने का मोड़ होगा। आनेवाले समय में भारत का सूर्योदय होगा।

आज वे नहीं रहे, पर उनकी प्रेरणा अजस्र रहेगी। 18 सितंबर को भोपाल में आयोजित श्रद्धांजलि सभा में समाजवादी विचारधारा के वाहक श्री रघु ठाकुर ने कहा

कि, 'वे दिखने में सुदर्शन थे, विचार में सुदर्शन थे, भाव से सुदर्शन थे, कर्म से सुदर्शन थे; जैसा जिए, वैसा जीवन भर रहे। प्रार्थना है कि मैं भी वैसा हो सकूँ।' यही भाव अनेक के मन में थे।

एक बार बौद्धिक में उन्होंने कहा था, 'पुरानी पीढ़ियाँ एक भव्य भारत देखने की लालसा मन में लिये हुए समर्पित हो गईं। आनेवाले समय में हमारी आँखों से वे महान् भारत के स्वप्न को साकार होते हुए देख सकेंगी।' परंतु सुदर्शनजी जाते समय नेत्रदान कर गए। आनेवाले समय में उनकी आँखें किसी भाग्यशाली को लगेंगी और तब आनेवाले समय के महान् भारत का चित्र वे अपनी आँखों से देख सकेंगे। अंत में, यही भगवान् से प्रार्थना—हम सभी का जन्म 'तब प्रतिबिंब-सा बन जाए' और अधूरी साधना की पूर्ति बस हो जाए।

□

उत्तर-पूर्वांचल की समस्याओं पर गहरी सुदर्शन-दृष्टि

–डॉ. कृष्ण गोपाल
सह–सरकार्यवाह
राष्ट्रीय स्वयंसेवक संघ

आपातकाल (1975–1977) समाप्त होने के साथ ही संघ के वरिष्ठ अधिकारी, जो कारागार में थे, बाहर आए। उसी समय देश की परिस्थिति पर गंभीरतापूर्वक विचार हुआ और यह बात ध्यान में आई कि देश के उत्तर–पूर्वांचल (North-East) का क्षेत्र अनेक प्रकार की समस्याओं के कारण बहुत संकट में है। अंग्रेजों के शासनकाल से लगातार यह क्षेत्र विदेशी शक्तियों के षड्यंत्रों का शिकार हुआ है। विश्व की बड़ी-बड़ी शक्तियाँ अपने गर्हित उद्देश्यों से भारत के इस क्षेत्र में अपने विपुल संसाधनों के साथ कार्यरत हैं। उस समय मा. बालासाहब तथा मा. रज्जू भैया के निर्देश पर आदरणीय सुदर्शनजी कलकत्ता आ गए और बंगाल के साथ–साथ संपूर्ण उत्तर–पूर्वांचल का कार्य वे (क्षेत्र प्रचारक के दायित्व से) देखने लगे। इसके साथ ही वे राष्ट्रीय स्वयंसेवक संघ के 'अखिल भारतीय शारीरिक शिक्षण' प्रमुख का कार्यभार भी सँभाल रहे थे।

श्री सुदर्शनजी ने कलकत्ता को अपना केंद्र बनाया और संपूर्ण उत्तर–पूर्वांचल क्षेत्र का व्यापक प्रवास प्रारंभ कर दिया। यद्यपि असम क्षेत्र में संघ का कार्य तुलनात्मक दृष्टि से कम था, फिर भी वे संघ के कार्यकर्ताओं को साथ लेकर समाज के प्रमुख लोगों से मिलने अवश्य जाते थे। धीरे–धीरे वे स्थानीय समस्याओं का गहन अध्ययन करने लगे और कुछ ही वर्षों के अंदर वहाँ का इतिहास–भूगोल–संस्कृति–स्वतंत्रता संग्राम–अंग्रेजी शासन तथा ईसाई मिशनरीज की विस्तृत भूमिकाएँ आदि बातें उनके ध्यान में आ गईं।

समस्या की जड़ में जाने की कोशिश

बँगलादेश से होनेवाली घुसपैठ तथा विभिन्न प्रकार के अलगाववादी आंदोलनों के पीछे कार्य करनेवाली शक्तियों को उन्होंने भलीभाँति पहचाना। ईसाई मतांतरण के कारण होनेवाले खतरे और स्वतंत्रता के पूर्व अंग्रेज अधिकारियों द्वारा बनाई गई दुर्नीतियों को भी उन्होंने खोलकर जनता के सम्मुख रखा। एक-एक घटना के पीछे होनेवाले गोपनीय षड्यंत्र को पहचानने में वे सिद्धहस्त हो गए थे। यह सबकुछ जानने के बाद उन्होंने यह आवश्यक समझा कि उत्तर-पूर्वांचल की इस बहुआयामी गंभीर समस्या के विविध पहलुओं को संपूर्ण देश को समझना चाहिए। श्री सुदर्शनजी ने देशव्यापी दौरा किया और उत्तर-पूर्वांचल का मानचित्र सामने रखकर इस क्षेत्र की समस्या को विस्तृत रूप में सैकड़ों स्थानों पर रखा। कभी-कभी तो वे लगातार 3-4 घंटे तक बोलते रहते थे। उन्होंने अपने व्याख्यानों में कहा कि 'आज भारत को जो बँगलादेश से भारत में प्रवेश करनेवाले घुसपैठियों की समस्या दिख रही है, उसकी नींव तो लॉर्ड कर्जन ने बंग-भंग के समय सन् 1905 में ही रख दी थी। कर्जन ने बहुत ही चतुराई के साथ उस समय बंगाल के मुसलिम बहुल पूर्वी भाग को बृहत्तर असम के साथ जोड़कर एक नया प्रांत बना दिया था और उसको नाम दिया था—'Province of East Bengal and Assam'। कर्जन चाहता था कि खाली पड़े विस्तृत उपजाऊ मैदानी भूभाग में पूर्वी बंगाल के मुसलमान जाकर बस जाएँ और उस क्षेत्र को वे मुसलिम-बहुल क्षेत्र में बदल दें। दूसरी ओर, असम के पहाड़ी क्षेत्रों को हम मतांतरण के द्वारा ईसाई-बहुल क्षेत्रों में परिवर्तित कर देंगे। उसी योजना के क्रियान्वयन के लिए सन् 1906 में नवाब सलीमुल्ला की अध्यक्षता में ढाका में 'मुसलिम लीग' की स्थापना भी की गई तथा पहाड़ी क्षेत्रों में शिक्षा आदि के माध्यम से मतांतरण के लिए अंग्रेज मिशनरीज ने अपनी पूरी ताकत झोंक दी। यद्यपि वर्ष 1911 में आकर बंग-भंग तो रद्द हो गया और असम पुनः अलग प्रांत बन गया, किंतु आश्चर्य की बात यह थी कि मुसलमानों का असम के मैदानी क्षेत्रों में आकर बसना तथा पहाड़ी क्षेत्रों में ईसाई मतांतरण का कार्य जारी रहा। मात्र 70-80 वर्ष बीतते ही असम के अधिकांश लोग इतिहास के इस कुत्सित षड्यंत्र को ही भूल गए। श्री सुदर्शनजी ने जब इतिहास के इस अध्याय को असमवासियों के सम्मुख रखा, तब अनेक लोग तो यह विश्वास ही नहीं करते थे कि असम भी कभी पूर्वी बंगाल के साथ रहा होगा! देश के अन्य क्षेत्रों के लोग तो इस घटनाक्रम से पूरी तरह अनजान ही थे। अंग्रेजों की इस कुटिल योजना के तहत पूर्वी बंगाल से असम के अंदर जो मुसलिम लोगों का अखंड प्रवाह प्रारंभ हुआ, उसने असम के संपूर्ण स्वरूप को ही बदलकर रख दिया। हम जानते हैं कि यह घुसपैठ आज भी जारी है।

हिंदुओं को कमजोर बनाने की कोशिश

ईसाई मिशनरीज ने ब्रिटिश शासन की सहायता से देश भर में हिंदू समाज को छोटे-छोटे टुकड़ों में विभाजित करने हेतु व्यापक षड्यंत्र किए थे। हिंदुओं में ही एक बड़े वर्ग को जनजाति (Tribe) कहकर हिंदुओं से दूर करने की एक व्यापक योजना बनी और उसके लिए सन् 1935 में अलग से एक कानून (Tribal Act-1935) बनाया गया। श्री सुदर्शनजी ने आँकड़े देकर यह स्पष्ट किया कि जैसे ही 'जनजाति' या 'ट्राइब' नाम से एक बड़े समूह को हिंदुओं से अलग किया गया, वैसे ही इस योजना का तुरंत दुष्परिणाम यह निकला कि जहाँ वर्ष 1931 की जनसंख्या के समय असम के अंदर हिंदू जनसंख्या 64.34 प्रतिशत थी, वह वर्ष 1941 में घटकर मात्र 43.53 प्रतिशत ही रह गई। लगभग 20 प्रतिशत लोग जनजाति (Tribe) के नाम पर हिंदुओं से अलग कर दिए गए थे। यह एक बड़ी साजिश थी। इस प्रकार जो असम हिंदू-बहुल प्रांत था, उस प्रांत को विभाजन के पूर्व 'हिंदू अल्पसंख्यक प्रांत' कहकर पाकिस्तान के साथ जोड़ने की योजना प्रारंभ हो गई। श्री गोपीनाथ बारदोलोई के संघर्ष के कारण असम को पाकिस्तान में जाने से बचाया जा सका। इस उदाहरण को प्रस्तुत करने के साथ श्री सुदर्शनजी ने यह स्पष्ट किया कि चतुराई भरा एक छोटा सा भी संवैधानिक निर्णय दूर तक कितना प्रभाव डालता है, यह हमको समझना चाहिए।

स्वतंत्र ईसाई राज्य बनाने के षड्यंत्र की कोशिश

श्री सुदर्शनजी ने ईसाइयों तथा अंग्रेजों की भारत के उत्तर-पूर्व में 'क्राउन कॉलोनी' की घृणित योजना को भी खुलकर सबके सामने रखा। उन्होंने कहा कि 'असम के गवर्नर रॉबर्ट रीड ने भारत के उत्तर-पूर्वांचल के पहाड़ी क्षेत्रों को भारत से अलग कर एक पृथक् स्वतंत्र सार्वभौम ईसाई राज्य बना देने की योजना का प्रस्ताव ब्रिटेन सरकार के सामने रखा था। इस 'क्राउन कॉलोनी' (Crown Colony) के प्रस्ताव के अंदर भारत के उत्तर-पूर्वांचल के सभी पहाड़ी क्षेत्रों को मिलाकर एक स्वतंत्र सार्वभौम ईसाई राष्ट्र की कल्पना सन्निहित थी। भारत को छोड़कर जाने के पूर्व भारत के पूर्वांचल में अंग्रेज ऐसा एक स्वतंत्र ईसाई राष्ट्र निर्माण कर देना चाहते थे, जिसका नियंत्रण ब्रिटेन के हाथों में ही रहने वाला था। ब्रिटेन के प्रधानमंत्री विंस्टन चर्चिल ने इस योजना पर कार्य करने को कहा था। उनके दुर्भाग्य से भारत से जाने की शीघ्रता में वे इस कार्य को नहीं कर सके। आज जो उत्तर-पूर्वांचल का उग्रवाद है, उसके पीछे उनकी स्वतंत्र सार्वभौम पृथक् ईसाई राष्ट्र की प्रेरणा भी कार्य कर रही है। नागालैंड, मिजोरम, अरुणाचल तथा मणिपुर आदि प्रांतों के पहाड़ी क्षेत्रों के उग्रवादियों के मन में वही गर्हित उद्देश्य छिपा दिखाई देता है। उत्तर-पूर्वांचल में आज भी ऐसे लोग हैं, जो स्वतंत्र ईसाई राज्य की स्थापना के

लिए संघर्षरत हैं और उग्रपंथियों का साथ देते हैं। अंग्रेज अधिकारी रॉबर्ट रीड की इस योजना को सुदर्शनजी ने देश भर में भली प्रकार उजागर किया।

बहिरागत कौन?

मंगलदेई लोकसभा क्षेत्र के सांसद श्री हीरालाल पटवारी की अचानक मृत्यु के कारण जब वहाँ पर उपचुनाव हेतु मतदाता सूचियाँ जारी हुईं, तब यह बात ध्यान में आई कि एक वर्ष के अंदर ही वहाँ 80 हजार मतदाता बढ़ गए हैं। आश्चर्य की बात यह थी कि इनमें अधिकांश मतदाता बँगलादेशी मुसलमान थे। इसी पृष्ठभूमि में वर्ष 1979 में असम में 'बाहरी' के विषय को लेकर एक बड़ा आंदोलन प्रारंभ हो गया था। असम के मुसलिम समाज ने बड़ी ही चतुराई के साथ आंदोलनकारियों को उकसाया कि असम में जो भी बाहर से आया है, वह 'बाहरी' है और उसको असम के बाहर जाना ही होगा। आंदोलनकारियों की परिभाषा में हिंदीभाषी, बँगलाभाषी, बिहारी आदि सभी लोग 'बाहरी' थे। सुदर्शनजी ने आंदोलनकारियों तथा असम के बुद्धिजीवियों को समझाया कि बँगलादेशी मुसलमान घुसपैठिया है, किंतु किसी भी भारतीय भाषा को बोलनेवाला भारतीय व्यक्ति असम के अंदर बाहरी नहीं माना जा सकता। इस विषय को लेकर असम में व्यापक चर्चा हुई तथा बहुत विवाद भी हुआ। आंदोलनकारी इस बात को आसानी से मानने को तैयार नहीं थे। सुदर्शनजी ने जिले-जिले में हिंदू सम्मेलनों की योजना बनवाई। संपूर्ण असम में हिंदू सम्मेलन बहुत सफल हुए। गुवाहाटी से प्रत्येक 15 दिन के बाद इस विषय को और अधिक स्पष्ट करनेवाला एक पत्रक निकालकर ग्राम-ग्राम में भेजा जाने लगा। इसके कारण व्यापक जन-प्रबोधन हुआ। यद्यपि असम में इस मुद्दे को लेकर व्यापक हिंसा भी हुई, किंतु (अंततोगत्वा) असम के जनमानस को यही स्वीकारना पड़ा कि किसी भी भारतीय भाषा को बोलनेवाला या किसी भी प्रांतवाला व्यक्ति असम में 'बाहरी' नहीं होगा; परंतु बँगलादेश से भारत के अंदर किसी भी प्रकार से प्रवेश करके आनेवाला मुसलमान अवैध घुसपैठिया ही माना जाएगा।

यह एक महत्त्वपूर्ण कार्य था। इस कार्य के लिए सुदर्शनजी ने 'असम साहित्य सभा' के अध्यक्ष श्रीमान रजनीकांत देव शर्मा (जो उन दिनों राष्ट्रीय स्वयंसेवक संघ के प्रांत संघचालक भी थे) को 'असम गण परिषद्' (AGP) में जाने का निवेदन किया। 'असम साहित्य सभा' ने तथा 'असम गण परिषद्' ने अलग-अलग प्रस्ताव पारित किए कि 'बाहरी' शब्द के स्थान पर 'बँगलादेशी घुसपैठिया' शब्द का ही प्रयोग किया जाए। सुदर्शनजी ने यह भी स्पष्ट किया कि बँगलादेश से आनेवाला मुसलमान घुसपैठिया है, किंतु वहाँ से आनेवाला हिंदू मुसीबत का मारा शरणार्थी है। इस दबाव के कारण AASU (All Assam Students Union) के कार्यकर्ताओं को भी यह बात स्वीकार

करनी पड़ी और 'बाहरी' शब्द को त्यागना पड़ा तथा 'बँगलादेशी घुसपैठिया' शब्द ही मान्य हुआ। इसके साथ ही अन्य भाषा-भाषियों के साथ द्वेषपूर्ण व्यवहार को समाप्त करने में सरलता हो गई।

हिंदू शरणार्थी : मुसलिम घुसपैठिया

बँगलादेश में मुसलमानों के अत्याचारों से पीड़ित होकर आनेवाले हिंदू और घुसपैठिया मुसलमानों को समान स्तर पर नहीं रखा जा सकता। बँगलादेश से आए शरणार्थी हिंदू को शरण देकर बसाने की जिम्मेदारी संपूर्ण देशवासियों की है और बँगलादेशी मुसलमान को ढूँढ़कर देश से बाहर निकालना होगा। यद्यपि यह एक कठिन कार्य था, किंतु श्री सुदर्शनजी के अथक प्रयत्नों से ऐसा वातावरण बना कि आज असमवासी ही नहीं, भारत सरकार भी इस मौलिक अंतर को स्वीकार करती है।

उन्हीं दिनों (1980 के दशक में) पत्रकारों को संबोधित करते समय सुदर्शनजी ने पहली बार भारत के सभी नागरिकों की एक 'राष्ट्रीय नागरिक पंजिका' NRC (National Register for Citizens) को व्यवस्थित करने की माँग की और उसके लिए वर्ष 1951 को ही नागरिकता का आधार मानने का आग्रह किया। उनके बोलने के बाद ही सारे देश में NRC (राष्ट्रीय नागरिक पंजिका) को तैयार करने की माँग उठने लगी।

हिंदू नागाओं में जागृति

श्री सुदर्शनजी के असम क्षेत्र में आने के पूर्व ही नागा समाज में बड़ी संख्या में लोग ईसाई हो गए थे। इसके बाद भी सुदर्शनजी हार माननेवाले नहीं थे। उन्होंने यह जानकारी एकत्रित की कि ऐसे भी कुछ लोग हैं क्या, जो अभी भी ईसाई नहीं हुए हैं? हाफलांग के श्रीराम कुईजी अभी भी हिंदू नागा थे और वे सुदर्शनजी को लेकर रानी माँ गाइडिन्ल्यू के पास गए। रानी माँ गाइडिन्ल्यू अपने आपको गैर-ईसाई नागा कहती थीं। श्री सुदर्शनजी के साथ उनका अच्छा परिचय हो गया और धीरे-धीरे रानी माँ ने अपने गैर-ईसाई नागा समाज में कार्य करना और अधिक तीव्र कर दिया। रानी माँ के प्रयत्नों से गैर-ईसाई नागा लोगों ने आज अपना एक व्यवस्थित संगठन खड़ा कर लिया है। रानी माँ अपने कार्यकर्ताओं तथा श्री सुदर्शनजी के निवेदन पर विश्व हिंदू परिषद् के कार्यक्रमों में भी आती रहीं। रानी माँ ने पूरे असम में प्रवास किया और वे स्थान-स्थान पर हिंदू सम्मेलनों में भी शामिल हुईं। यद्यपि प्रारंभ के दिनों में रानी माँ अपने आपको 'हिंदू' कहने में कुछ संकोच अनुभव करती थीं, किंतु स्थान-स्थान पर मिलनेवाले प्रेम और सम्मान से वे अभिभूत हो गईं और फिर उन्होंने अपने पुराने सनातन मत को हिंदू सनातन धर्म की एक शाखा के रूप में ही स्वीकार किया। आज सशक्त हिंदू नागा समूह 'हरक्का' के नाम से जो खड़ा हुआ है, उसके पीछे रानी माँ गाइडिन्ल्यू तथा श्री

सुदर्शनजी की एक दूरदृष्टि दिखाई देती है और हम सभी को सुदर्शनजी का स्मरण भी हो आता है। उन्हीं दिनों उनके संपर्क में अरुणाचल के श्री तालिम रुकबो तथा मेघालय के श्री एंडरसन बाऊरीजी भी आ गए। इन दोनों प्रांतों में भी ईसाई मतांतरण के विरोध में देशभक्त शक्तियाँ खड़ी हो गईं।

वर्ष 1978 के चुनावों में असम में कम्युनिस्ट पार्टी के कुछ विधायक चुनाव जीतकर आ गए थे। लगता था कि कम्युनिस्ट लोग योजनाबद्ध रीति से पैर फैला रहे हैं। सुदर्शनजी ने जिलानुसार बैठकें लेकर असम के बुद्धिजीवी वर्ग के सामने कम्युनिज्म की वास्तविकता को व्यापक रूप से रखा। कुछ ही वर्षों में असम के बुद्धिजीवी वर्ग को कम्युनिस्टों की असलियत समझ में आने लगी और देखते-ही-देखते कम्युनिस्ट पार्टी के विधायकों की संख्या कम होती गई। आज असम की विधानसभा में कम्युनिस्ट पार्टी का कोई भी विधायक नहीं है।

उत्तर-पूर्वांचल की सभी प्रमुख समस्याओं को लेकर सुदर्शनजी ने गहरा अध्ययन किया और विस्तृत और स्थान-स्थान से प्रामाणिक सामग्री एकत्रित करके श्री भानुप्रताप शुक्ल को दी, जिन्होंने इन सभी बातों को एक पुस्तक का रूप दिया तथा 'सुरुचि साहित्य' ने इसको 'What Ails India's North East' के नाम से प्रकाशित भी किया।

संक्षेप में कहा जाए तो आज से लगभग 30-35 वर्ष पूर्व उत्तर-पूर्वांचल की अनेकविध समस्याओं का गहन अध्ययन कर समयानुकूल समाधान निकालने के उनके प्रयास स्तुत्य हैं। इसी कारण राष्ट्रीय स्वयंसेवक संघ के साथ-साथ अनेक स्थानीय विद्वानों ने उत्तर-पूर्वांचल की इन गंभीर समस्याओं की वास्तविकता को गहराई से समझा तथा उनके समाधान हेतु वे स्वयं प्रस्तुत भी हुए। इन्हीं सब कारणों से इस क्षेत्र में विविध संगठनों के कार्य की विस्तृत भूमिका भी ध्यान में आई। इसी पृष्ठभूमि में विद्या भारती, विश्व हिंदू परिषद्, वनवासी कल्याण आश्रम, अखिल भारतीय विद्यार्थी परिषद् आदि संगठनों ने अपने-अपने कार्य को यहाँ आज एक व्यापक तथा सुदृढ़ स्वरूप दिया है। इन सभी संगठनों के कार्यकर्ताओं को विपरीत परिस्थितियों में हिम्मत बँधाना, उनका योग्य मार्गदर्शन करना तथा उनकी सभी कठिनाइयों को दूर करने हेतु गंभीरता से प्रयत्न करने का कार्य पूज्य सुदर्शनजी आजीवन करते रहे। किसी भी समस्या के मूल में जाकर उसका गहन अध्ययन एवं व्यापक विश्लेषण करने का उनका स्वभाव तथा उस समस्या के समाधान हेतु दीर्घकालीन योजना पर कार्य करने की उनकी अदम्य इच्छा-शक्ति ने असंभव से दिखनेवाले दुष्कर कार्यों को अत्यंत सरल व सहज बना दिया।

□

सुदर्शनजी की प्रेरणा से बना मुसलिम राष्ट्रीय मंच : एक नई राह

–इंद्रेश कुमार

सदस्य, अ.भा. कार्यकारी मंडल, रा.स्व. संघ

आज पूजनीय सुदर्शनजी हम सबके बीच शरीर से नहीं रहे हैं। उनके विचार, उनका आचरण, सभी के मन एवं मस्तिष्क में उनके महान् व्यक्तित्व की छवि, निर्मल व सरल भाव-भंगिमा के रूप में जीवंत हैं। वह मंच के कार्यकर्ताओं के लिए परिवार में बुजुर्ग पितामह के रूप में विराजते थे, ऐसा सैकड़ों अश्रुपूर्ण आँखों के साथ कार्यकर्ता कह रहे हैं। मो. अफजल (राष्ट्रीय संयोजक) एवं सलावत खान कहते हैं कि 'सुदर्शनजी का जीवन राष्ट्रधर्म की मूर्त मिसाल था, जो सदैव स्मरण रहेगा।' मो. उमेर इलियासी व अब्बास बोहरा ने कहा, 'हमारे तो घर व तहरीक (आंदोलन) का मुखिया चला गया।' अब्बू बकर नकवी एवं शाहजाद अली के साथ-साथ एस.के. मुद्दीन कहते हैं कि, 'उन्होंने हिंदुत्व की ऐसी सार्वभौमिक परिभाषा की, जिसके कारण मुसलमान को यह आभास होने लगा कि उसका इसलाम पूर्णतया सुरक्षित ही नहीं, बल्कि सम्मानित भी है।' डॉ. सलीम राज एवं ऍड. सिराज कुरैशी बोले, 'उन्होंने मुसलमानों में यह विश्वास पैदा किया कि वे न तो अल्पसंख्यक हैं और न ही विदेशी, बल्कि हिंदुस्थान का मुसलमान तो भारतीय हिंदू है।'

है समय नदी बाढ़ की, अकसर सब बह जाया करते हैं,
है समय बड़ा तूफान प्रबल, पर्वत भी झुक जाया करते हैं।
अकसर दुनिया के लोग, समय के चक्कर खाया करते हैं।
लेकिन कुछ ऐसे भी होते हैं, जो इतिहास बनाया करते हैं॥

स्व. सुदर्शनजी ने अपने श्रम, आस्था एवं संकल्प से सचमुच एक नई राह को बनाया है। उन्होंने सभी से संवाद, सब में संवाद की राह को खोजा है।

हमारी संस्कृति एक है

पूज्य सुदर्शनजी का मानना था कि हम किसी भी आस्था व मजहब (पंथ) के माननेवाले हो सकते हैं। हमारी आराधना और पूजा-पद्धति (इबादत) अलग-अलग हो सकती है; परंतु हम सभी एक मालिक(ईश्वर-खुदा) की संतान हैं। हमारे पुरखे साझे व समान हैं। हम सबका देश (वतन) एक है। हम सभी माँ भारती के लाल हैं। इस कारण हम सबकी विश्व की सबसे बड़ी व श्रेष्ठ मानवीय संस्कृति है, जिसे भारतीय यानी 'हिंदू संस्कृति' कहते हैं, जिस पर हमें गर्व है; क्योंकि वह विश्व के सभी प्राणियों की भलाई के बारे में सोचती व करती है तथा सभी को भाई व बहन मानती है। इन सब बातों से अजमेर शरीफ में हजरत मौलाना जमील इलियासी (तत्कालीन अखिल भारतीय अध्यक्ष, इमाम संगठन) ने एक कार्यक्रम में कहा कि वे राजा नाहर सिंह, भरतपुर के परिवार से हैं। हमारे दादा ने इसलाम मजहब अंगीकार कर लिया था। आज हम मजहब से मुसलमान हैं। एक मालिक की इबादत (पूजा) करते हैं, परंतु संस्कृति (तहजीब) से मैं हिंदू हूँ। मुझे सच्चे व पक्के मुसलमान के नाते अपने हिंदुत्व पर नाज है और प्रत्येक सच्चे मुसलमान की यही सोच होनी चाहिए। हिंदू और मुसलमान को दो कौम के रूप में भारत में नहीं रहना चाहिए। हम कौम यानी राष्ट्रीयता से एक ही कौम हैं। हमारे मजहब (पंथ), जाति, भाषा, खानपान आदि भिन्न-भिन्न हैं; परंतु हम एक ही हैं।

मैं जब जम्मू-कश्मीर व हिमाचल में संघ प्रचारक के नाते कार्य देख रहा था, उस समय जम्मू-कश्मीर आतंक की भट्ठी में झुलस रहा था। लोगों का उजड़ना व मरना जारी था शायद ही कोई सप्ताह खाली बचता होगा, जिसमें ये दर्दनाक घटनाएँ नहीं घटती होंगी। कश्मीर घाटी से 4 लाख सनातनी, सिख तथा अन्य पंथों एवं जाति, भाषा के लोगों के उजड़ने और हजारों के मरने के पश्चात् भी मेरा कश्मीर घाटी जाना होता रहता था। समय-समय पर सुदर्शनजी बातचीत के दौरान मुझसे पूछते थे कि क्या जम्मू क्षेत्र व कश्मीर घाटी में इसलाम को माननेवालों में सभी के मन-मस्तिष्क हिंदुस्थान-विरोधी व हिंसा से भरे हैं ? मैं कहता था कि नहीं, ऐसा नहीं है। मैं तो इन भयानक एवं क्रूर घटनाओं के बीच भी इन सब मुसलिम क्षेत्रों में जाता हूँ, उनसे मिलता हूँ, साथ ही उनके घरों में बैठता हूँ। मेरा अनुमान है कि अधिक संख्या अमन व भाईचारे की चाह रखनेवालों की है। परंतु सभी अपने को असहाय समझते हैं। सत्ता भी उन्हें न तो संरक्षण देती है और न ही प्रोत्साहन देती है; बल्कि सत्ता तथा मीडिया तो अलगाववादियों के साथ खड़े दिखाई देते हैं। परंतु सत्ता व मीडिया में भी ऐसे मुसलमान हैं, जो कट्टरपंथियों को पालने-पोसने के विरुद्ध हैं। सन् 1997 में मा. सुदर्शनजी (तत्कालीन सह-सरकार्यवाह) जम्मू व कश्मीर घाटी में दो दिन के लिए आए और दोनों ही स्थानों पर मुसलमानों की बैठकें हुईं, जिसमें मुसलमानों के भारतीय यानी राष्ट्रीयकरण के बीज को बोने की संभावनाओं

को पक्का विश्वास प्राप्त हुआ। उनकी व्यक्तिगत रूप से भी देश भर में अनेक मुसलमान विद्वानों से वार्त्ताएँ हो रही थीं। उन्हीं से प्रभावित होकर मुसलमानों द्वारा एक मुसलिम आंदोलन (तहरीक) शुरू करने का विचार हिलोरें लेने लगा—

'मुश्किलें हैं,
मुश्किलों से घबराना क्या?
दीवारों में ही तो दरवाजे
निकाले जाते हैं।'

वर्ष 2002 के 24 दिसंबर का दिन इस आंदोलन का शुभ दिन बना। दिल्ली के चाणक्यपुरी के बापूधाम में 'ईद मिलन' कार्यक्रम के शुभ अवसर पर भारतीय समाज के दोनों पंथों के प्रमुख प्रतिनिधियों का बड़ी संख्या में एकत्र होना हुआ। इस कार्यक्रम में सर्वश्री मौलाना जमील इलियासी, मौलाना वहीदुद्दीन, पीरजादा हसन सानी निजामी (निमामुद्दीन), हजरत मुफ्ती मुकर्रम (फतेहपुरी मसजिद के शाही इमाम), सरदार तिरलोचन सिंह, लालकृष्ण आडवाणी, सुषमा स्वराज, डॉ. मुरली मनोहर जोशी, बाबूराव वैद्य, मदनदास देवी, स्वयं मैं इंद्रेश कुमार, पत्रकार मुजफ्फर हुसैन, नफीसा बेगम (महिला आयोग सदस्य) आदि उपस्थित थे।

इसलाम का अर्थ है—सुरक्षा और शांति

उसमें सुदर्शनजी ने अपने भाषण में कहा कि 'इसलाम' का शाब्दिक अर्थ—'सलामती (सुरक्षा) एवं अमन (शांति)' है। परंतु आजकल इसलाम मजहब का चेहरा आतंकी, कट्टरता तथा बाहरवाला (विदेशी) प्रस्तुत किया जा रहा है। क्या हम इसकी कट्टरता की नकाब को उतारकर उसका अमन तथा भाईचारे का चेहरा उसे दें? मौलाना वहीदुद्दीन ने भी इस बात का समर्थन किया। समारोह के अंत में सभी ने सिवइयों के साथ-साथ अन्य स्वादिष्ट व्यंजनों का स्वाद चखा। यहाँ से अनेक मुसलमानों ने इस कठिन, परंतु बहुत आवश्यक एवं महत्त्वपूर्ण काम को करने का बीड़ा उठाया। समय-समय पर इस आंदोलन के नाम 'माई हिंदुस्थान', 'राष्ट्रीय मुसलिम आंदोलन' रहे। अब पाँच-छह वर्ष से इस आंदोलन का नामकरण पक्का हो गया—'मुसलिम राष्ट्रीय मंच, एक नई राह'। यह नाम सुदर्शनजी की उपस्थिति में ही इस संस्था के मुसलमानों ने रखा।

चूँकि मैं मुसलमानों के बीच राष्ट्रीयता की अलख जगाने का प्रयत्न कर ही रहा था, मेरे मसजिद व दरगाह व सभागारों में अनेक बार मुसलमान बंधुओं से वार्त्ता के लिए दौरे हुए। इसलिए मुझे यह दायित्व दिया गया कि संगठन खड़ा करवाने, कार्यक्रम व कार्यकर्ता तैयार करने में मंच के कार्यकर्ताओं को मैं सहयोग करूँ। समय-समय पर

अनेक विचारों तथा विषयों के विमर्श के दौरान राष्ट्रीयता एवं सही दृष्टिकोण स्पष्ट करते हुए मैं इस आंदोलन का हिस्सा बन गया।

इस मंच का संपर्क एक वर्ष में अनेक राज्यों में हो गया। वतनीतय (राष्ट्रीयता) से भरपूर आंदोलन की चर्चा तेज गति से मुसलमान समाज में फैलने लगी तथा वह प्रकट भी होने लगा। 30-31 अगस्त, 2003 को विश्व युवा केंद्र, दिल्ली में प्रथम अखिल भारतीय कार्यकर्ता सम्मेलन बुलाया गया, जिसमें 14-15 प्रांतों से 250 से अधिक प्रतिनिधि उपस्थित थे। इस सम्मेलन में दो प्रस्ताव पारित किए गए।

प्रस्ताव (1) आतंक व आतंकवादी का कोई मजहब नहीं होता। जेहाद को आतंकवाद का पर्याय बताना सरासर गलत है। आतंकवाद का इसलाम मजहब से कोई संबंध नहीं। क्लीयर शरीफ (रुड़की) के मौलाना छोटे मियाँ प्रतिनिधि के रूप में उपस्थित थे। कार्यकर्ता सम्मेलन, कार्यकर्ता अभ्यास वर्ग तथा अनेक बंधुओं के द्वारा इस मंच को जीवन में मिशन मान लेने के कारण मंच रूपी पौधे ने अत्यधिक कम समय में ही वृक्ष का रूप धारण कर लिया।

मुसलिम महिलाओं में भी जागृति

अप्रैल 2004 में विश्व युवा केंद्र, नई दिल्ली में मुसलिम महिलाओं का प्रथम अखिल भारतीय सम्मेलन संपन्न हुआ। सुदर्शनजी दोनों दिन सम्मेलन में दिन भर रहे। उन्होंने इस सम्मेलन में अपने विचार रखे, साथ ही मुसलिम महिलाओं के द्वारा व्यक्त विचार एवं उनकी वर्तमान स्थिति कैसी है, इस बात को भी सुना, समझा व जाना। उन्होंने अनेक बातें इस सम्मेलन में कहीं। उसे सार रूप में कहना हो तो—किसी भी परिवार व समाज के शिक्षित होने तथा सभ्य होने की नींव बेटी, बहन तथा माँ के द्वारा ही रखी जाती है। जिस समाज में बेटी शिक्षित, सुरक्षित व संस्कारित होती है, वह समाज सदैव उन्नति करता है। इसलिए सभी को अपने-अपने समाज की बेटियों को शिक्षित, स्वस्थ एवं संस्कारित करना चाहिए। इस सम्मेलन में 13 प्रांतों से 300 के लगभग महिलाओं ने भाग लिया, जिसमें वकील, प्राध्यापक, अध्यापक, छात्रा व समाज-सेवी महिलाओं की संख्या अधिक मात्रा में थी। इस सम्मेलन में शबनम शेख, सीमा मेमन, नाहीदा शेख, शहनाज अफल, इशरत खातून, रेशमा, शमा खान, सरोज खान, मदिना तांबोली, हलिया, अरमान बेगम, डॉ. सफैया, मेहरुन्निसा और मधु शर्मा प्रमुख रूप से उपस्थित थीं।

सलाम—1857

सन् 1857 की महान् जनक्रांति की 150वीं वर्षगाँठ का समय आया। मा. सुदर्शनजी ने मुसलिम राष्ट्रीय मंच के कार्यकर्ताओं के बीच अत्यंत वेदना-युक्त, परंतु चुनौतीपूर्ण शब्दों में कहा कि शहीदों के जीवन को शिक्षा के पाठ्यक्रम से हटाया जा रहा है, जो किसी

भी देश के लिए बहुत ही दुर्भाग्यपूर्ण है। इसलिए मंच के कार्यकर्ताओं ने निर्णय लिया कि वर्ष 2007-2008 में 1857 के स्वतंत्रता संग्राम की 150वीं वर्षगाँठ को 'सलाम 18 57' के रूप में मनाएँगे। 10 मई, 2007 को मावलंकर हॉल, दिल्ली में जाति, पंथ, भाषा से ऊपर उठकर 'सलाम 1857' के उद्घाटन का कार्यक्रम संपन्न हुआ। हॉल खचाखच भरा था। उसके उद्घाटन कार्यक्रम में पूजनीय सुदर्शनजी ने कहा, 'हमारे देश ने 2 करोड़, 72 लाख शहादतें देकर यह स्वतंत्रता प्राप्त की है। ये कुर्बानियाँ राष्ट्रधर्म के पालन के सर्वोत्तम उदाहरण हैं। जिन्होंने देश की स्वतंत्रता के लिए जान दी, वे सभी हमारे अपने हैं। जो कौम अपने शहीदों को भूल जाती है, उस कौम का अस्तित्व खतरे में पड़ जाता है। शहीद तो कौम का गीत तथा गौरव होता है।' देश भर में 100 से अधिक कार्यक्रम हुए। नागपुर में भी 2 जुलाई, 2007 को अनेक मुसलिम संगठनों ने मुसलिम मंच के तहत 'एक शाम, शहीदों के नाम' कार्यक्रम का आयोजन किया था। नागपुर विश्वविद्यालय के कुलपति डॉ. एस.एन. पठान इस कार्यक्रम के मुख्य अतिथि थे। पूजनीय सुदर्शनजी इस कार्यक्रम में समय पूर्व दर्शकों में उपस्थित थे। हजारों-लाखों मुसलमान इसमें सहभागी हुए थे। मेरठ में अखिल भारतीय सम्मेलन के साथ 'सलाम 1857' संपन्न हुआ। उससे प्रेरणा लेकर मंच ने स्थायी रूप से एक नई पहल की शुरुआत की कि शब्बे रात में कब्रों में जाकर जब अपने बुजुर्गों के लिए मालिक से दुआ करेंगे, तब इन सभी शहीदों के लिए भी दुआ करेंगे। अब मुसलिम समाज में मंच का यह स्थायी कार्यक्रम बनने लगा है।

लाल किले से लाल चौक तक यात्रा

जम्मू व कश्मीर की गंदी राजनीति के कारण जब अमरनाथ यात्रीगण असुविधाओं के शिकार हो रहे थे, उस समय 7 अगस्त, 2009 को मुसलिम राष्ट्रीय मंच की ओर से 'लाल किले (दिल्ली) से लाल चौक (श्रीनगर)' यानी 'हजरत निजामुद्दीन से हजरत बल' तक की यात्रा का आगाज किया। अमन व वतन से मोहब्बत का पैगाम लेकर इस यात्रा को सुदर्शनजी ने झंडी दिखाई। 10 अगस्त, 2009 को लगभग 172 यात्रियों ने लखनपुर बॉर्डर पर दस्तक दी। सरकार ने यात्रा को रोक दिया। फिर भी अलगावादियों की धमकी के बावजूद मो. अफजल, औरंजे, अब्बू बकर नकवी, सीराज कुरैशी, इमरान चौधरी, मधु बहन आदि 20 यात्री श्रीनगर पहुँच गए। जम्मू व कश्मीर के प्रशासनिक अधिकारियों का कहना था, 'अगर देश के मुसलमानों को यह भावना मुखर हो उठे तो हिंदुस्थान फिर से बुलंदियों पर पहुँच सकता है।' मा. सुदर्शनजी दूरभाष द्वारा प्रतिदिन उन यात्रियों की पूरी-पूरी जानकारी लेते थे। सफलता पर उन्होंने सभी की पीठ थपथपाई और कहा, 'अब भारत में 'बाँटो और राज करो' नहीं', बल्कि 'जोड़ो और राज करो' की आवाज बुलंद होगी।'

राम मंदिर पर मुसलिम समाज में विमर्श

पूज्य सुदर्शनजी ने कहा, 'क्या अयोध्या विषय पर मौलाना, इमामों व विद्वानों से सार्थक बात हो सकती है? सन् 2009 में मौलाना जमील इलियासी, विष्णु हरि डालमिया व सुदर्शनजी की उपस्थिति में देश भर से लगभग 200 मौलाना व इमाम दिल्ली में एक साथ आए। मैं स्वयं वहाँ उपस्थित था। इस बैठक में मौलाना बशीरुल हक कादरी, मौलाना वाहिद अली, खादिम छोटे मियाँ, मौलाना बुखारी (गाजियाबाद), मौलाना अयोध्यावासी (जयपुर) आदि उपस्थित थे। तीन घंटे की बैठक बड़ी प्रखरता से सौहार्दपूर्ण वातावरण में संपन्न हुई। निर्णय हुआ कि अयोध्या को, हमारे पूर्वजों के नबी को उसका अधिकार मिलना चाहिए। सच्चाई को जानने व मानने से ही रास्ता निकलेगा। इसके लिए अपने-अपने स्तर पर चर्चा प्रारंभ करें। न्यायपालिका के निर्णय के पश्चात् पुनः मिलने का विचार था, परंतु वह दौर प्रतीक्षारत है। इसके पूर्व ही सुदर्शनजी चले गए। मुझे विश्वास है कि यह वार्त्ता रूपी बीज आगे जाकर फलेगा, फूलेगा।

लखनऊ में मौलाना हामिद उल हसन और मौलाना कल्बे सादिक के साथ पूजनीय सुदर्शनजी ने देश की चुनाव प्रक्रिया को लेकर चर्चा की थी और प्रेस वार्त्ता में देश की चुनाव प्रक्रिया में सुधार होना चाहिए, ऐसा आग्रहपूर्वक कहा था। मौलाना कल्बे सादिक उस प्रेस वार्त्ता में उनके साथ थे।

हिंदुस्थान दारुल-अमन

मा. सुदर्शनजी का इसलामिक तथा अरब के इतिहास का गहरा अध्ययन था। इसलिए वह समय-समय पर कुछ आयतों व हदीसों के हवाले से भी बातों को मुसलमान बंधुओं को समझाते थे। जीवन में दोनों शिक्षा के साथ-साथ बुनियादी शिक्षा एवं वतन से मुहब्बत की शिक्षा से नेक मानव (इनसान) बनता है। इसके लिए स्वयं मोहम्मद नेक ने कहा है कि शिक्षा-प्राप्ति हेतु विश्व में कहीं भी जाना पड़े तो जाओ, पर शिक्षा प्राप्त करो। मोहम्मद साहब ने फरमाया है कि मुझे हिंदुस्थान से सुकून की ठंडी हवाएँ आती हैं। फिर वह देश दारुल-हरब कैसे हो सकता है? वह देश तो दारुल-अमन होना चाहिए। इसलिए सुदर्शनजी कहते थे कि हिंदुस्थान ही सच्चा दारुल-अमन का देश है। अपना प्यारा वतन दुनिया का सबसे पवित्र देश है, जिसमें विश्व के सभी पंथों के माननेवाले मिलकर रहते हैं।

तिरंगा यात्रा

इसलिए मा. सुदर्शनजी की इच्छा थी कि देश सांप्रदायिकता व आतंकवाद से मुक्त हो। इसके लिए उन्होंने मंच से कार्यकर्ताओं को प्रेरित किया और मुंबई में आतंकी हमले के पश्चात् मंच ने देश भर के मुसलमानों को 'मुंबई चलो' का आह्वान करते हुए

'तिरंगा यात्रा' निकाली। 'देश में भारतीय निर्दोष मरें नहीं, आतंकी व विदेशी हत्यारे देश में पलें नहीं'—इन उद्घोषों के साथ हजारों मुसलमान मुंबई के चौपाटी पर ताज होटल के सामने तिरंगा हाथ में लेकर खड़े हुए तथा उन सभी ने 'हत्यारों को फाँसी दो' की आवाज बुलंद की। मुसलमान इस देश में विदेशी नहीं, मतांतरित हैं तथा वे अल्पसंख्य नहीं हैं, बल्कि उनके पूर्वज भी इसी देश के वासी थे—इसकी व्यापक व स्पष्ट परिभाषा ने मुसलमानों को सौतेले व्यवहार से मुक्ति का मार्ग दिखाया। आज मुसलमानों में यह बहस छिड़ी है कि उन्हें अल्पसंख्यक के विदेशीपन से मुक्त होना चाहिए।

पाकिस्तान, चीन व अमेरिका अपने-अपने उद्देश्य से कश्मीर की जनता को भड़काकर आतंकवाद एवं अलगाववाद की भट्ठी में झुलसा रहे हैं। इसलिए सुदर्शनजी के आशीर्वाद से मंच ने 'हम हिंदुस्थानी, कश्मीर हिंदुस्थान का' के संकल्प के साथ एक राष्ट्रवादी कार्यक्रम को वर्ष 2010 में प्रारंभ किया है। 'कश्मीर की आवाज' के नाम पर सैकड़ों मुसलमान, जोकि कश्मीर घाटी से थे, दिल्ली आए और उन्होंने 16-17 देशों के राजनयिकों व ठसाठस भरे मावलंकर सभागार में स्पष्ट किया कि कश्मीरी शांति चाहता है। वह रक्त की प्रत्येक बूँद से भारतीय (हिंदुस्थानी) है। दिसंबर 2011 में जंतर-मंतर पर कई राज्यों से हजारों लोग एकत्र हुए जो धारा 370, जो भाई-भाई में बँटवारा व वैर पैदा करती है, को हटाने की पुरजोर माँग कर रहे थे।

चंद राजनीतिक कश्मीरी नेताओं से कश्मीर को पहचानना भारी भूल है। वार्त्ता अलगाववादियों से नहीं बल्कि देशभक्तों व अमनपरस्तों से करो। भारत की केंद्रीय सरकार भय व खुशामद से निकलकर समस्या का समाधान करे तो हल निकल आएगा। मंच की यह माँग भी है कि पाकिस्तान व चीन ने जो अवैध रूप से जम्मू व कश्मीर तथा लद्दाख का भू-भाग कब्जे में किया हुआ है, वह उनसे खाली करवाया जाए। नानाविध कार्यक्रमों के द्वारा इस वतन से मुहब्बत की मशाल को मंच उठाए हुए चल रहा है।

20 अक्तूबर, 2012 से देश भर में वार्त्ताकारों की जो अलगाववादी एवं विभाजनकारी रिपोर्ट प्रस्तुत की गई, उसे खत्म करो, धारा 370 हटाओ, पाक व चीन के अवैध कब्जेवाले भू-भाग को खाली कराना है। लाखों की संख्या में हस्ताक्षर होंगे।

26-27 जुलाई, 2012 को पुष्कर में राष्ट्रीय परिषद् की अखिल भारतीय बैठक में सुदर्शनजी ने अनेक बातें कहीं, जिसमें उन्होंने कहा कि हमारा भारत में जन्म लेना सौभाग्य की बात है। पड़ोसियों के कब्जे में चले गए भू-भाग को खाली करवाना है। अब देश को मजहब के नाम पर बँटने नहीं देना है।

पुष्कर में राष्ट्रीय परिषद् के समापन कार्यक्रम पर अजमेर शरीफ के गद्दीनशीन पीरजादा उपस्थित रहे।

भारत सरकार ने वर्ष 2004 में मेरे ऊपर आतंकी, हत्यारा आदि के आरोप लगाते

हुए मुझे फँसाने व मारने तथा मरवाने की कोशिश की थी। उस समय मंच ने देश भर में जन-जागरण करते हुए स्पष्ट किया कि सरकार षड्यंत्रकारी है। इंद्रेशजी साफ-सुथरे इनसान हैं। मुझसे सी.बी.आई. द्वारा दिल्ली में पूछताछ के समय सैकड़ों मुसलमानों ने सीबीआई के दफ्तर को अपने घेरे में ले लिया था और मेरे निर्दोष होने की बात रखते हुए रिहाई के लिए खुदा से दुआ की।

सुदर्शनजी की गरम चादर

मौलाना जमील इलियासी सुदर्शनजी को अपना बड़ा भाई मानते थे। जब मौलाना साहब का निधन हुआ तो सुदर्शनजी ने उनके घर के सबसे बड़े भाई के नाते मसजिद के प्रांगण में कब्र खुदवाई तथा सबसे पहले अपनी गरम चादर कब्र में बिछाते हुए कहा कि 'हे मेरे भाई, यह चादर तुम्हें गरमाहट देगी।' वहाँ उपस्थित मौलाना, इमाम व जनता इस दृश्य को आश्चर्यचकित होकर देख रही थी।

इन दस वर्षों में मंच ने पच्चीस वर्ष के पश्चात् वाले स्वरूप को इतनी जल्दी प्राप्त कर लिया है। इस समय देश के स्तर पर 21 बंधुओं की राष्ट्रीय समिति, 75 बंधुओं की राष्ट्रीय कार्यकारिणी, 162 महिला व पुरुषों की राष्ट्रीय परिषद् का गठन हो गया है। देश के 23 प्रांतों में 200 से अधिक इकाइयों में कार्य हो रहा है। इस वर्ष रमजान के मौके पर पेड़ भी लगाए। इस कार्यक्रम का नारा था—'रोजा रखो ताकि जेहन साफ हो; पेड़ लगाओ, ताकि जहाँ साफ हो।' इस अभियान के द्वारा 25,567 पेड़ लगाए गए। वर्ष 2008 में पहली बार सुदर्शनजी ने ईद के अवसर पर मंच के कार्यकर्ताओं को बधाई हेतु फोन किया। उनके बधाई संदेशों को फोन के द्वारा सुनकर सभी को आश्चर्य हुआ और सबको लगा कि मैं साधारण सा कार्यकर्ता और बधाई दे रहे हैं इतने बड़े आदमी! बातें व विषय बहुत हैं, परंतु यह आंदोलन नफरतें व खुशामदें मिटाकर भाईचारा व मुहब्बत पैदा कर रहा है। एक नए हिंदुस्थान का आगाज इस आंदोलन से स्पष्ट दिखाई दे रहा है—

'मुश्किले हैं, मुश्किलों से
घबराना क्या?
दीवारों में ही तो
दरवाजे निकाले जाते हैं।
आँखें कह रही हैं कि
आप दूर जा रहे हैं,
परंतु दिल कह रहा है कि
आप दिल में समा रहे हैं।'

□

अदनों को बड़ा बना देनेवाला एक पारिवारिक संन्यासी

–मृदुला सिन्हा
सुप्रसिद्ध लेखिका

जो व्यक्ति अपना परिवार नहीं बसाकर किसी बड़े संगठन से जुड़ जाता है, वह भी एक पारिवारिक प्राणी ही होता है। संगठन का परिवार ही उसका अपना परिवार बन जाता है। यदि वह बृहत्तर परिवार के सर्वोच्च पद पर आसीन मुखिया की भूमिका निभाता हुआ भी सहज, सरल और संवेदनशील ही रहता है तो उस पद की गरिमा और भी बढ़ जाती है। संगठन मजबूत होता है। पद से प्रधान और प्रधान के व्यक्तित्व से पद होता है। पूज्य सुदर्शनजी युवावस्था में ही राष्ट्रीय स्वयंसेवक संघ के स्वयंसेवक बने। प्रचारक जीवन जीते हुए उन्होंने पारिवारिक समस्याओं को भी समझा, परखा और अनुभव किया। भोगवादी समाज से राष्ट्र के लिए स्वयंसेवक बनना, उसके पद में स्थायित्व लाना आसान काम नहीं होता। स्वयंसेवकों को प्रचारक व विस्तारक बनाने के लिए भी कठिनतम प्रयास करने पड़ते हैं, उस युवक के परिवारवालों का भी कोप-भाजक बनना पड़ता है।

राष्ट्र के समग्र विकास के लिए ऐसे समर्पित स्वयंसेवकों की आवश्यकता तो डॉ. हेडगेवारजी ने संस्था की स्थापना, 1925 के समय ही समझ ली होगी। उन्हें भी यह कार्य कठिन ही लगा होगा। लेकिन कभी-कभी दूर से कठिन लगनेवाला कार्य हाथ में आने पर सरल हो जाता है। यह नहीं कहा जा सकता है कि 88 वर्ष बाद आज स्वयंसेवकों में से प्रचारक बनाना सहज हो गया है। आज भी प्रचारक बनते हैं तो इसका श्रेय निश्चय ही सुदर्शनजी जैसे जीवनदानियों के सहज व सरल जीवन का ही प्रभाव होता है।

सामान्य होने की अनुभूति देता महान् व्यक्तित्व

कहा और सुना जाता है कि पहाड़ के नजदीक जाने पर पहाड़ अधिक ऊँचा लगने

लगता है; लेकिन किसी सच्चे, बड़े और महान् व्यक्ति के पास जाने पर वह अत्यंत सामान्य (हमारे जैसा) अनुभूति देता है। पहाड़ और आदमी का यह अंतर उसकी संवेदनशीलता और सज्ञानता के कारण ही होता है। बड़े व्यक्ति को अपने बड़प्पन का ढकोसला नहीं करना पड़ता। इसलिए तो दूर से देखनेवाला सामान्य जन जब अपनी ही तरह हाड़-मांस और संवेदना से युक्त व्यक्ति से मिलता है तो उसे निराशा नहीं होती, वरन् उसकी आस्था और बढ़ जाती है। उसका एक-एक शब्द अनुकरणीय लगता है, क्योंकि वह भी तो हमारे ही जैसा है।

पूज्य सुदर्शनजी सभी स्वयंसेवकों के लिए ऐसे ही प्रेरणा-स्रोत थे। उनसे मिलकर थोड़ी देर बातें करनेवाला स्वयंसेवक अधिक उत्प्रेरित होकर बाहर आता था। वे स्वयंसेवकों के अंदर छुपे छोटे-छोटे गुणों को अपने स्नेह और विश्वास से सींचकर बीज से वृक्ष तक पहुँचा देने की क्षमता रखते थे। ऐसे व्यक्तियों की उपलब्धियों का खूब प्रचार-प्रसार करते थे। साहित्य, कला, विज्ञान, कृषि से लेकर अंतरिक्ष पर हुई किसी व्यक्ति की उपलब्धि उनके लिए राष्ट्रीय उपलब्धि होती थी। वे ऐसे कितने आविष्कारकों और प्रयोगधर्मियों के गुणों को प्रचारित-विस्तारित कर उन्हें राष्ट्रीय महत्त्व के व्यक्ति के रूप में प्रस्थापित करवा देते थे। वे प्रचारक जो थे।

पारिवारिक व्यक्तित्व

सुदर्शनजी भी चिड़िया की भूमिका में थे। एक खेत का पुष्ट दाना उठाकर दूसरे खेत में डालना। निरंतर प्रवास पर रहते व्यक्ति को राष्ट्र के चतुर्दिक् विकास के दाने व्यक्ति या विचार के रूप में मिलते ही रहते थे। एक खेत (कश्मीर) में मिले दाने को दूसरे खेत (कन्याकुमारी) में डाल आते थे। इस प्रकार राष्ट्रीय एकता और अखंडता के सूत्र ढूँढ़ते, उन सूत्रों में व्यक्ति को पिरोते रहने का उनका अभ्यास मानते थे।

वे व्यक्ति के निर्माण के लिए शाखाओं, प्रशिक्षणों और प्रबोधन-उद्बोधनों से भी अधिक उसके परिवार के परिवेश को महत्त्व देते थे। प्रवास में रहने पर स्वयंसेवकों के साथ अन्य परिवारों में भी उनका भोजन होता था। वह जिस परिवार में प्रवेश करते, उतनी देर के लिए उस परिवार के मुखिया बन जाते। जितनी देर वहाँ रहते, घर के बुजुर्ग, महिलाएँ, नौजवान-नवयुवतियों और बच्चों से खुलकर बातें करते। हर आयु के व्यक्ति के साथ बातें करते हुए उसकी आयु के बन जाते। परिवार में बसते विभिन्न आयु वर्गों के लिए उनके अनुभवों की संचित झोली में ढेर सारी जानकारियाँ और सुझाव होते। परिवार के सभी सदस्य प्रसन्न! बच्चों से बातें करते हुए बिना किसी बोझिलता के उनके मन पर संस्कार का बीज बो देते। उनके उस घर से प्रस्थान करने पर एक-एक सदस्य को अपना एक मित्र मिल जाने की अनुभूति होती।

भाषा की शुद्धता के आग्रही

भाषा की शुद्धता के आग्रही थे सुदर्शनजी। हिंदी बोलते समय बीच-बीच में आंग्ल भाषा का प्रयोग उन्हें भाषा का शृंगार नहीं, मुँह के भात में कंकड़ जैसी अनुभूति दे जाता। वह उस व्यक्ति को वहीं रोककर कहते, 'आप हिंदी बोल रहे हो न!' बोलनेवाला व्यक्ति उस वक्त तो सचेत हो ही जाता, उनकी अनुपस्थिति में भी हिंदी बोलते समय सतर्क रहता।

व्यक्ति और परिवार-जीवन में मूल्य-स्थापना के वह दुराग्रही नहीं थे। वह जीवन-मूल्य थोपने के नहीं, संस्कारित करने के पक्षधर थे। इसीलिए तो किसी से बातें करते हुए वह उसके मानसिक स्तर की पहचानकर अनुकूल बीज डालते थे। पारिवारिक जीवन की शुचिता, एकता और संवेदनशीलता पर उनका विशेष ध्यान रहता था। परिवार की धुरी महिला को मानकर उसके विकास की ओर उनका विशेष ध्यान था। इसलिए वे महिलाओं से भी बातें करते थे। युवा महिलाओं को जीवन के हर क्षेत्र में अपनी योग्यता और रुचि के अनुसार विकास करने की प्रेरणा देते थे।

सुधी पाठक

वह सुधी पाठक थे। कोई भी साहित्यकार उन्हें अपनी रचना भेंट करे तो वह अवश्य चखते, चबाते या हजम कर लेते थे। उस रचना की विशिष्ट बातों को स्थान-स्थान पर सुनाते। मूलतः राष्ट्रीय स्वयंसेवक संघ के प्रचारक होने के कारण उनका धर्म ही प्रचारक का हो गया था। उनके इस भाव और व्यवहार का लाभ बहुतों को मिला। उनकी उपलब्धियों का लाभ समाज को भी मिला।

वे प्रयोगधर्मी थे; शब्दों, विचारों और अनुसंधानों का प्रयोग व्यक्ति और परिवार-जीवन पर करते ही थे, कृषि और विज्ञान के क्षेत्र में व्यक्तिगत अनुसंधान और खोज का प्रयोग भी करते। सरकारों को सुझाव दिया करते। अन्यों की तरह मुझे भी उनके संपर्क और सान्निध्य में रहने के अनेक अवसर मिले। वह कभी भी अपना सिद्धांत किसी पर थोपते नहीं थे। सामनेवाले को अपने कथन का अहसास करा देते थे। मेरी सभी रचनाओं को उन्होंने पढ़ा, उनकी कमियों से मुझे अवगत कराया। सीता की आत्मकथा के रूप में 'सीता पुनि बोली' का लोकार्पण किया। पूरी पुस्तक पढ़कर आए थे। उनके संबोधन ने श्रोताओं को भाव-विभोर कर दिया। मेरे द्वारा लिखित राजमाता विजया राजे सिंधिया की आत्मकथा 'राजपथ से लोकपथ पर' के लोकार्पण के अवसर पर उन्होंने कहा था, 'इस पुस्तक में आत्मकथा पाठन की बोझिलता बिल्कुल नहीं थी। यह पुस्तक तो एक उपन्यास की तरह आनंद देती रही।'

लिखने की प्रेरणा

'सीता पुनि बोली' के बाद उन्होंने 'सती सावित्री' की आत्मकथा लिखने का

सुझाव दिया था। मैंने लिखी भी। मुझे इस बात की पीड़ा है कि उस उपन्यास के छपने में प्रकाशक के कारण देर हो गई। वे बीच में ही चल बसे।

मेरी तरह घनेरों स्त्री-पुरुष होंगे, जिन्हें मा. सुदर्शनजी ने उनके कर्मक्षेत्र में कुछ अभिनव करने के सुझाव दिए होंगे। वे अवश्य उन्हें पूरा कर रहे होंगे, लेकिन उनकी उपलब्धियाँ देखने-सुनने के पूर्व ही सुदर्शनजी अपने बृहत्तर परिवार को छोड़ गए हैं। लाखों लोग अपनी-अपनी तरह से उन्हें स्मरण करते हैं, करते रहेंगे। दादा-दादी बनकर भी वे अपने पोते-पोतियों को मा. सुदर्शनजी का स्मरण सुनाते रहेंगे; क्योंकि वे दुनिया के सबसे बड़े संगठन के शीर्ष पद पर आसीन ही नहीं रहे, जिनसे मिले, उनके हो लिये।

बड़ा वह है, जो…

उनसे मिलकर आनेवाले प्रत्येक स्त्री-पुरुष को लगता था कि वही उनके लिए विशेष थी या था।

मेरी कविता की पंक्तियाँ हैं—

'बड़ा वह है जो
अपने पास आए
अदने से व्यक्ति को
बड़ा बना जाए,
दूजे को बढ़ाने में स्वयं
इंच-इंच भर बढ़ता जाए।
बड़ा आदमी वही
जो यह अहसास करा जाए
बड़ी कुरसी में आदमी
बड़ा न खोज,
बड़े आदमियों से कुरसियाँ
बड़ी होती देख,
निकट से भी आदमी
बड़ा मिल सकता है,
यदि तू कुरसी नहीं,
आदमी खोजता है।'

संभवत: उन्हें देखकर ही ये पंक्तियाँ नि:सरित हुई होंगी!

□

निर्मल मन सुदर्शनजी, जिनसे हर मुलाकात में कुछ सीखना सुलभ था

–रामबहादुर राय
वरिष्ठ पत्रकार
संपादक—'यथावत्' पाक्षिक

सुदर्शनजी ने जितना लिखा है, उससे कहीं ज्यादा बोला है। वह जब बोलते थे तो आधुनिक शब्दों में वह एक विद्वान् का व्याख्यान होता था। जब बात करते थे तो उनमें एक ऋषि की आभा टपकती थी। उनका व्यक्तित्व सरल था। इतना सरल कि उससे पारदर्शी की हर परिभाषा लघुतम हो जाती थी। किसी व्यक्ति को ऐसा ही होने का आदर्श पालना चाहिए। लेकिन राष्ट्रीय स्वयंसेवक संघ के सरसंघचालक को कैसा होना चाहिए, यह उनके ही जीवन में एक अकथ कथा बन गई। उनसे निजी तौर पर मिलना गुवाहाटी में हुआ। यह एक संयोग ही था कि उन्हीं दिनों वह पूर्वांचल क्षेत्र के क्षेत्रीय प्रचारक बनाए गए थे। उनके दायित्व में उत्तर-पूर्वी राज्य, असम और उड़ीसा आए। केंद्र बना कोलकाता। वहीं से वे आते-जाते और यात्राएँ करते थे।

पहली भेंट गुवाहाटी में

एक दिन गुवाहाटी के संघ कार्यालय में कृष्णराव सप्रे से मिलने गया था। रहता तब इटानगर में था। 'हिंदुस्थान समाचार' में था। कृष्णराव सप्रे उन थोड़े से लोगों में एक थे, जो चलते-फिरते विश्वकोश थे। राष्ट्रीय एकता और राष्ट्रीयता पर मँडराते खतरे को भाँपने की उनमें गजब की क्षमता थी। वह कल्पना लोक में विचरण नहीं करते थे। यह बात वर्ष 1980 की है। उस समय सूचना क्रांति बहुत दूर की बात थी। फिर भी, दुनिया का ऐसा कोई कोना नहीं था, जहाँ कृष्णराव सप्रे की नजर न पहुँचती हो। वह हर जगह नजर रखते थे, घटनाओं की जानकारी रखते थे। उसके प्रमाण जुटाते थे। वे

प्रमाण अकाट्य होते थे, उनकी यह विशेषता इतनी आकर्षक और लुभावनी थी कि हर कष्ट सहकर उनसे मिलने के लिए पाँच-छह सौ किलोमीटर का सफर पूरा कर गुवाहाटी पहुँचता था। ऐसी ही एक मुलाकात और लंबी बातचीत के बाद कृष्णराव सप्रे ने मुझे सुदर्शनजी से मिलवाया। उनका नाम सुना था, भेंट पहली बार हो रही थी। उनके और मेरे बीच आयु की और अपरिचय की दूरी बहुत थी। ये दूरियाँ एक औपचारिकता का निर्माण करती हैं। कई बार अनिवार्य बना देती हैं। मुझे याद है कि दोपहर बाद वह भेंट हुई थी। मुझे लगा कि एक विनम्र निजता में अचानक उनसे मैं जुड़ गया हूँ। बातचीत सहज रही। जैसाकि पहली बार की भेंट में अकसर होता है, वह सिलसिला चलता रहा और मैंने पाया कि हमारे सरोकार ज्यादा अलग नहीं हैं; कहें तो एक ही हैं। हर बार उनसे कुछ सीखना सुलभ हो जाता था।

असम आंदोलन को नई दृष्टि

वे दिन असम में छात्र आंदोलन के थे। आंदोलन उभार पर था। उसकी व्यापकता को सबने देखा और अनुभव किया। सुदर्शनजी से पहली बातचीत का प्रसंग भी असम आंदोलन ही था। तब असमिया समाज में जबरदस्त बहस थी विदेशी नागरिकों को लेकर। घुसपैठिए कौन हैं? उनकी पहचान कैसे हो? इसका आधार क्या हो? ऐसे तमाम सवाल हवा में तैर रहे थे। उसे कांग्रेस के पूर्व अध्यक्ष और ऊटपटाँग बयान देने के लिए कुख्यात देवकांत बरुआ ने अधिक उलझा दिया, यह कहकर कि घुसपैठ 500 साल से जारी है। उनका बयान था तो नासमझी का, लेकिन उससे मुद्दे की पहचान का प्रश्न उलझ गया। इस पर भी सुदर्शनजी से बातचीत हुई। उससे न केवल मेरी समझ बढ़ी, बल्कि असम के आंदोलनकारी नेतृत्व को भी नई दृष्टि मिली। उन्होंने बहुत ही सरल तरीके से बताया कि असम में जो बँगलादेशी नागरिक हैं, उनके दो हिस्से करने चाहिए। वहाँ जिनका रहना दूभर हो गया है और जो भारत में आकर शरण ले रहे हैं, वे शरणार्थी माने जाएँगे। जो बँगलादेशी भारत में जिन भी कारणों से चोरी-छिपे आते रहे हैं और आ रहे हैं, वे घुसपैठिए हैं। उनकी पहचान होनी चाहिए और उन्हें वापस भेज देना चाहिए। इससे असम आंदोलन में एक वैचारिक स्पष्टता आई। इसी लाइन पर बहस चल पड़ी।

जब मैं दिल्ली आकर रहने लगा, तब कई सालों बाद उनसे फिर मिलना-जुलना शुरू हुआ। उनका केंद्र भी दिल्ली ही हो गया था। वह दौर राजनीतिक उथल-पुथल का था। उसी दौर में उनके दायित्व में भाजपा का प्रभार भी आया। भाजपा के सांसदों को एक दिन उन्होंने संबोधित किया। संसद् के अनेक्सी सभागार में सांसद एकत्र हुए। उस समय भाजपा आरोहण पर थी। उसकी संख्या लोकसभा में 86 थी और राज्यसभा में 25 थी; लेकिन उस सभा में भाजपा के पदाधिकारी भी थे, जो राष्ट्रीय स्तर पर जिम्मेदारी

सँभाल रहे थे। मेरी उत्सुकता थी कि सुदर्शनजी के भाषण का भाजपा सांसदों पर कैसा प्रभाव पड़ा है। यह जानने के लिए मैंने एक अपरंपरागत तरीका अपनाया।

सुदर्शनजी के सभी कायल थे

ऐसे सांसद को खोजा, जो संघ और भाजपा के संबंधों से इतर थे। उनका नाम देना यहाँ उचित नहीं है। उनके यहाँ गया। पूछा और जानना चाहा कि वे सुदर्शनजी को कितना जानते हैं? उन्हें क्या पहली बार सुना? उन्होंने जो कुछ बताया, वह यह जानने के लिए काफी है कि उनका संबंध कांग्रेस से रहा है। आजीवन कांग्रेस की राजनीति में ही रहे। अयोध्या आंदोलन ने उन्हें भाजपा से जोड़ा। ऐसे व्यक्ति से जब मैंने सुदर्शनजी के भाषण की सराहना सुनी तो लगा कि राजनीति को सही पटरी पर लाने में वे समर्थ साबित होंगे। यह विश्वास पैदा हुआ। कुछ दिनों बाद लालमुनि चौबे से भेंट हुई। वह अगली लोकसभा में बक्सर से चुनकर आए थे। उन्होंने अपना राजनीतिक जीवन जनसंघ से शुरू किया था; लेकिन छात्र राजनीति में उनकी सोहबत समाजवादी और वामपंथी छात्र नेताओं से थी। वह उनके थिंक टैंक माने जाते थे। वह बिहार विधानसभा के लिए पहली बार वर्ष 1967 में चुनाव लड़े। बनारस में जो उनकी छवि थी, वह जब पटना पहुँची तो उन्हें जनसंघ से निलंबित कर दिया गया। यह बात वर्ष 1968 की होगी। अटल बिहारी वाजपेयी जनसंघ के अध्यक्ष हो गए थे। उनके हस्तक्षेप से लालमुनि चौबे की सदस्यता बहाल हुई। ऐसे लालमुनि चौबे जब पहली बार लोकसभा में जीतकर आए, तो समय-समय पर वह जिनकी भाषण कला और उसमें निहित तथ्य व तर्क के कायल थे, वे और कोई नहीं, सुदर्शनजी ही थे।

लगा, अब भाऊराव देवरस की कमी पूरी होगी

अकसर वे नेता किसी को अपने सामने नहीं लगाते, जो सीधे चुनाव जीतकर आते हैं। ऐसे लोग जब सुदर्शनजी की प्रशंसा करते थे तो मन में यह भाव स्वाभाविक रूप से पैदा होता था कि संघ ने अपनी व्यवस्था में एक ऐसे व्यक्ति को राजनीति सँभालने का जिम्मा दिया है, जो सही मायने में भाऊराव देवरस की कमी को पूरा कर सकता है। भाऊराव देवरस संघ की पहली पीढ़ी के थे। जनसंघ और भाजपा के नेताओं में उनका स्थान ऊँचा तो था ही, आदर का भी था। उनके कामकाज का तरीका अपना था। उनके निर्णयों पर असहमति उठती थी, पर सवाल नहीं उठते थे। यह गुरुतर दायित्व सुदर्शनजी पर आया। इससे पहले उन्होंने अनेक बड़े काम किए। दिल्ली उनका केंद्र था। बौद्धिक चेतना में उनकी रुचि थी। इसके लिए उन्होंने शोध और कर्म के समन्वय का एक केंद्र बनवाया। यह बात अलग है कि वह ज्यादा गति नहीं पकड़ सका।

पंजाब समस्या का रास्ता निकाला

जो लोग पंजाब में आतंकवाद से बहुत विचलित थे, वे यह जानते हैं कि सुदर्शनजी ने उस समस्या के मूल में पहुँचकर एक रास्ता निकाला। उसी रास्ते को देश और सरकार ने अपनाया। तब लगता था कि हिंदू और सिख दो जातीय समुदाय हो जाएँगे। उनकी राष्ट्रीयता अलग-अलग होगी। इस विभ्रम को उन्होंने तोड़ा, समझाया कि आतंकवाद पाकिस्तान-प्रेरित है। वह खालिस्तान लेने के लिए नहीं है। खालिस्तान का झुनझुना दिखाकर कश्मीर को हड़पने की मात्र यह उसकी चाल है। यह इतिहास-संगत समझ जैसे ही सतह पर उभरकर आई कि उसका प्रभाव पड़ने लगा। यह बात सरकार को भी समझ में आई और समाज को भी। उनको भी, जिन्होंने खालिस्तान के खोखले नारे की मृग-मरीचिका में बंदूक उठा ली थी। उस समय संसद् में जो बहस होती थी, वह एकतरफा होती थी। सरकार आतंकवादियों को दोषी ठहराती थी और कड़े संदेश देने का दावा करती थी। विपक्ष ने एक ही सूत्र पकड़ा हुआ था कि पंजाब में अपने राजनीतिक फायदे के लिए कांग्रेस ने आतंकवाद को बढ़ावा दिया। इससे परे जाकर सुदर्शनजी ने जो सूझ-बूझ समझ के स्तर पर दी, वह रामबाण साबित हुई। यह ऐसा अज्ञात-सा अध्याय है, जो उनके साथ ही संभवतः चला गया है। अगर यह इतिहास लिखा जा सके तो वह बड़ा समाजोपयोगी होगा।

स्वदेशी और संघ

यह बात उस समय की है, जब पी.वी. नरसिम्हाराव प्रधानमंत्री बने थे। देश दिवालिया हो गया बताया गया था। मनमोहन सिंह ने नई आर्थिक नीति घोषित की थी। यह कम लोग जानते हैं कि उस नीति को देश-विरोधी अगर किसी ने सबसे पहले घोषित किया तो वे बालासाहब देवरस थे। वे तब संघ के सरसंघचालक थे। बंबई में उन्होंने एक बयान दिया। वह बयान टहलते हुए दिल्ली कैसे पहुँचा और पूर्व प्रधानमंत्री चंद्रशेखर ने उसे एक मुद्दा बना दिया, यह अचर्चित विषय है। हुआ यह कि उस बयान को पढ़ने के बाद चंद्रशेखर ने एक प्रेस कॉन्फ्रेंस बुलाई। उन्होंने भूमिका में कहा कि मैं आज आप लोगों को चकित करनेवाला हूँ। संघ के सरसंघचालक का बयान आया है। उसका मुझे समर्थन करना है। इस घटना के बाद संघ की पहल पर 'स्वदेशी जागरण मंच' बना। इसकी खबर छपने पर एक दिन मधु लिमये ने मुझे बुलाया। वे जानना चाहते थे कि संघ इस नई संस्था के बारे में कितना गंभीर है? उनका ऐसे प्रश्नों पर अपना एक पैमाना होता था। उसी से वे आँकते और गुणा-भाग करते थे। उन्होंने पूछा कि 'स्वदेशी जागरण मंच' में कौन-कौन हैं? उन्हें मैंने दत्तोपंत ठेंगड़ी, कुप्प. सी. सुदर्शन, मदनदास देवी, के.एन. गोविंदाचार्य, एस. गुरुमूर्ति आदि के नाम बताए। उस बातचीत में मधु

लिमये ने मुझे अपना फॉर्मूला बताया। वह यह था कि संघ जिस नई संस्था का निर्माण करता है, उसको वह कितना महत्त्व देता है, यह इससे तय होता है कि उसका संयोजन कौन कर रहा है और उसमें कौन-कौन लगे हैं। इन सारे नामों से वे परिचित थे; लेकिन जिस नाम का उनपर ज्यादा प्रभाव पड़ा, वह सुदर्शनजी का था। इसका एक कारण यह भी हो सकता है कि वे इमरजेंसी के दिनों में सुदर्शनजी के साथ बंदी जीवन में रहे थे।

राजग पर नैतिक प्रभाव

मधु लिमये ने माना कि 'स्वदेशी जागरण मंच' को संघ अपनी पहली वरीयता में रखे हुए है। सचमुच उन दिनों 'स्वदेशी जागरण मंच' ने नई धारा बहाई, जो आजादी के बाद लुप्त-सी हो गई थी। मान लिया गया था कि अब जो हो रहा है, वह स्वदेशी ही है; हालाँकि ऐसा मानना न तो इतिहास-संगत था और न ही किसी उचित कसौटी पर खरा ही उतरता था। मनमोहन सिंह की आर्थिक नीतियाँ ही इसकी गवाही दे रही थीं, जिसे असल में शुरू तो इंदिरा गांधी के जमाने में ही कर दिया गया था। वर्ष 1995 आते-आते 'स्वदेशी जागरण मंच' का प्रवाह कम हुआ। वह बिल्कुल दिशाभ्रम को पहुँचा, जब राजग की सरकार आई। इससे पहले के तीन सालों में सुदर्शनजी अपनी मर्यादाओं में रहते हुए नैतिक प्रभाव से प्रयास करते रहे कि भाजपा स्वदेशी के रास्ते पर चले। उन्हें बहुत जद्दोजहद करनी पड़ रही थी। राजग की सरकार जब सन् 1998 में बनी, उन्हें जैसे ही शपथ-ग्रहण की सूचना मिली, जिसमें यह जानकारी थी कि जसवंत सिंह वित्त मंत्री बनाए जा रहे हैं, तो उन्होंने संदेश भिजवाया कि वह उस समारोह में उपस्थित नहीं रहेंगे, विरोधस्वरूप। इससे वह निर्णय बदला। यशवंत सिन्हा वित्तमंत्री बनाए गए। उनका चयन 'स्वदेशी जागरण मंच' के शिखर समूह ने किया था। कारण यह था कि वर्ष 1993 में भाजपा में शामिल होने के बाद यशवंत सिन्हा ने ज्यादा समय स्वदेशी अभियान में लगाया। उनके दौरे हुए। देश भर में वह जहाँ भी बुलाए गए, वहाँ गए। उनके बारे में संघ और 'स्वदेशी जागरण मंच' में एक सराहना का भाव पैदा हुआ। लेकिन वित्तमंत्री यशवंत सिन्हा ने जो नीतियाँ चली आ रही थीं, उन्हें ही बढ़ाया। इसीलिए प्रतीक्षा के बाद दत्तोपंत ठेंगड़ी ने उन्हें 'अनर्थ मंत्री' बताकर सबकुछ कह दिया।

बात का बतंगड़

राजग के शासनकाल में ही अपनी अस्वस्थतावश रज्जू भैया (प्रो. राजेंद्र सिंह) ने सरसंघचालक का पद छोड़ा। उस पर वर्ष 2000 में सुदर्शनजी आए। इन चार सालों में सुदर्शनजी के कई बयान बहुत बड़े राजनीतिक चक्रवात के कारण बने। वे बोलते तो सँभलकर थे, पर मीडिया उसे उठा लेता था और बात का बतंगड़ बना देता था। ऐसा भी नहीं था कि वे जो बोलते थे, वह निराधार होता था। उन्हीं दिनों 'जनसत्ता' अखबार

में अपने साप्ताहिक 'पड़ताल' कॉलम में मैंने सुदर्शनजी के बयानों पर सवाल उठाए। वे उचित थे, पर तीखे थे। मैंने सवाल उठाया कि सरसंघचालक सुदर्शनजी यह बताएँ कि राजग के शासन में ब्रजेश मिश्र के अधीन अटल बिहारी वाजपेयी हैं या प्रधानमंत्री अटल बिहारी वाजपेयी के अधीन ब्रजेश मिश्र हैं? ब्रजेश मिश्र उस समय सरकार में सबसे महत्त्वपूर्ण अफसर थे। वे प्रधानमंत्री के खास थे। सुदर्शनजी के बयानों से लगता था कि गड़बड़ जो हो रही है, वह ब्रजेश मिश्र के कारण है। इस पर मेरा कहना था कि सरसंघचालक अगर बोलते हैं तो उन्हें प्रधानमंत्री पर सवाल उठाना चाहिए, न कि उनके मातहत पर। एक संयोग ही था कि उन्हीं दिनों एक प्रेस कॉन्फ्रेंस हुई, जिसे मा.गो. वैद्य और सुदर्शनजी ने संबोधित किया। उस प्रेस कॉन्फ्रेंस में भी मैंने सीधे सवाल पूछा। इस पर मा.गो. वैद्य आपे से बाहर हो गए। परंतु देखा कि सुदर्शनजी ने अपना पक्ष बिना धैर्य और संतुलन खोए रखा। आप सहमत हों या नहीं, यह सुननेवाले पर छोड़ दिया। उस अवधि में मेरी उनसे बातचीत नहीं होती थी।

वे कभी गाँठ नहीं बाँधते थे

कई सालों बाद जयपुर में भेंट हुई। पूर्व सांसद महेश शर्मा ने राजस्थान के मीसा बंदियों की इमरजेंसी लगने के दिन सभा रखी थी। उसमें सुदर्शनजी और मुझे बोलना था। दोपहर में महेशजी ने कहा कि जहाँ सुदर्शनजी ठहराए गए हैं, वहीं मुझे भी भोजन के लिए चलना है। यह सुनने के बाद मुझे कुछ अटपटा लगा। सोचा कि इतने दिनों बाद भेंट होगी। हो सकता है, उनको मेरा लिखा हुआ चुभा हो और उस ग्रंथि से वे न उबर पाए हों! फिर भी गया। महेश शर्मा साथ में थे। हम वहाँ पहुँचे। सूचना जैसे ही मिली, सुदर्शनजी अपने कमरे से बाहर आए। उनके हाथ में 'आपातकालीन संघर्ष गाथा' पुस्तक थी। उसे लिये हुए वे निकले। गले मिले, जैसे बहुत दिनों से बिछड़े हुए हों! कहा कि 'देखो, क्या संयोग है। जहाँ पुस्तक में तुम्हारा जिक्र है, वही पन्ना अभी पढ़ रहा था।' उनकी आत्मीयता ने मेरे मन के संकोच को धो दिया। यह वही कर सकता है, जो निर्मल मन का हो। ऐसे उदाहरण कम मिलते हैं। मुझे सुदर्शनजी दूसरे व्यक्ति मिले, जो विरोध को गाँठ बाँधकर नहीं रखते थे। पहले व्यक्ति विनोबा भावे थे। उनके मौनव्रत के विरोध में मैंने मई 1974 में पवनार आश्रम के उनके निवास के सामने 12 घंटे का उपवास रखा था। उपवास के बाद विनोबाजी ने हम सबको स्वयं अपने हाथों से भोजन परोसकर खिलाया। आश्रम का पपीता उन्होंने खुद काटा। कोई राजनीतिक व्यक्ति क्या ऐसा व्यवहार करता? सुदर्शनजी ने जयपुर में जो आत्मीयता दिखाई, वह उनके स्वभाव की सहज अभिव्यक्ति थी।

उसके बाद खबरें आती रहीं कि वे सरसंघचालक का पद छोड़ रहे हैं। सच कहें

तो खबर यह मिलती थी कि उन्हें पद छोड़ने के लिए कहा जा रहा है। सरसंघचालक पद छोड़ते हुए उन्होंने जो भाषण दिया, वह संघ के इतिहास में मील का पत्थर बन गया है। उस भाषण ने सबका मन जीता। पद छोड़ने के बाद वे निष्क्रिय नहीं हुए। समाज-परिवर्तन के उन विषयों पर ध्यान दिया, जो मूलगामी हैं; जैसे—गो-संवर्धन, जैविक खेती, पर्यावरण और स्वदेशी समाज-रचना, संविधान आदि। ऐसे थे सुदर्शनजी!

□

हे प्रभु! यदि सुदर्शनजी का पुनर्जन्म हो तो मुझे फिर अनुज ही बनाना

–कुप्प्. सी. रमेश
सुदर्शनजी के अनुज

जब भी मैं श्री सुदर्शनजी के विषय में सोचता हूँ, तब मुझे संस्कृत के एक सुभाषित की पंक्तियाँ याद आ जाती हैं, जो मैंने सन् 1956 में श्रीगुरुजी की 50वीं वर्षगाँठ के समय प्रकाशित उनके एक चित्र के नीचे देखी थीं—

'मानुष्येसति दुर्लभा पुरुषता
पुंसत्वे पुनर्विप्रता।
विप्रत्वे बहुविद्यताति गुणता,
विद्यावतोर्थज्ञता।
अर्थज्ञस्य विचित्र वाकपटुता
तत्रापि लोकज्ञता।
लोकज्ञस्य समस्त
शास्त्रविदुषो धर्मेमतिर्दुर्लभा॥''

अर्थात् 'मनुष्यों में 'पुरुष' को पाना बहुत दुर्लभ है (यहाँ पुरुष का अर्थ है वह व्यक्ति, जो स्थिरता, दृढता, धीरता, वीरता और गंभीरता आदि गुणों से युक्त हो)।'

यदि कुछ ऐसे मनुष्य मिल भी गए तो उनमें 'विप्र' का मिलना बहुत दुर्लभ है (यहाँ 'विप्र' का अर्थ सात्त्विक गुणों से युक्त व्यक्ति है—उदार, दयालु, मृदुभाषी, आत्म-नियंत्रित व्यक्ति)।

इनमें भी ऐसे व्यक्ति का मिलना दुर्लभ है, जो 'बहुविद्य' हों, अर्थात् अनेक विद्याओं में पारंगत हों, चाहे वह विज्ञान हो, कला हो, तकनीकी ज्ञान हो, पर्यावरण विज्ञान हो, राजनीति हो, इतिहास हो आदि। ऐसे व्यक्तियों में भी, जो इन विद्याओं का अर्थ जानते

हों (केवल पुस्तकीय ज्ञान नहीं), ऐसे लोग मिलना कठिन हैं।

फिर इन लोगों में, उस ज्ञान को जन भाषा में समझाने की योग्यता रखनेवाले, ऐसे वाक्-चातुर्यवाले व्यक्ति मिलना दुर्लभ है।

यदि कुछ ऐसे व्यक्ति मिल भी गए तो उनमें ऐसे व्यक्ति विरले हैं, जो लोगों को समझ सकते हैं। उनकी भावनाएँ, उनकी इच्छाएँ, उनकी योग्यताएँ, उनकी कठिनाइयाँ, कमजोरियाँ, शक्तियाँ—इन सबका जिन्हें भलीभाँति ज्ञान हो।

ऐसे व्यक्तियों के बीच उन व्यक्तियों को पाना दुर्लभ है, जो समस्त शास्त्रों में पारंगत हों।

और अंत में, यदि कुछ ऐसे व्यक्ति मिल भी जाएँ तो उनमें उन व्यक्तियों का पाना कठिन है, जिनकी मति सदा धर्म में स्थित हो; जिनके सारे क्रिया-कलाप—उठना, बैठना, खाना, पीना, सोना, सोचना—सब धर्म पर आधारित हों।

श्री सुदर्शनजी एक ऐसे विरले व्यक्ति थे, जिनमें ये सारे गुण विद्यमान थे। श्री सुदर्शनजी के जीवन-कर्म का मूल्यांकन मेरे जैसे एक अकिंचन व्यक्ति के लिए संभव नहीं। इसलिए मैं उस दिशा में प्रयास भी नहीं करूँगा। यह कार्य मैं अन्य महानुभावों पर छोड़ देता हूँ, जो स्वयं सुदर्शनजी जैसा ही अपना जीवन तिल-तिल जलाकर राष्ट्र-कार्य में कर्मयोगी की तरह जुटे हुए हैं। मैं यहाँ श्री सुदर्शनजी के केवल कुछ संस्मरण उद्धृत कर रहा हूँ।

क्या हमें उनकी महानता का आभास था?

गत कुछ वर्षों से एक विचार सतत् मेरे मन में आता रहा है—यदि सुदर्शनजी इतने महान् व्यक्ति हुए, तो क्या हमें इसका तिल मात्र भी आभास उनके बालपन में नहीं हुआ? कहते हैं, 'होनहार बिरवान के होत चीकने पात।'

एक विशाल वृक्ष के पत्ते छोटी अवस्था में चिकने होते हैं। क्या सुदर्शनजी के महान् व्यक्तित्व के चिकने पत्ते उनकी बाल्यावस्था में नहीं दिखे? हाँ, यह बात हो सकती है कि मैं उनसे आयु में 5 वर्ष छोटा हूँ और मेरी बहन वत्सला 7 वर्ष छोटी है। इसलिए कौन सी घटना महान् है अथवा कौन से गुण महान् हैं, इसका कदाचित् हमें बोध न हो; पर क्या हमारे माता-पिता को भी उसका आभास नहीं हुआ? कहते हैं—

'यू डू नॉट सी द इंटायर ट्री,
व्हेन यू आर टू क्लोज टू द फॉरेस्ट।'

क्या हम सुदर्शनजी की समीपता के कारण उनके पूरे व्यक्तित्व को नहीं देख पाए? सुदर्शनजी के प्रचारक निकलने के कई दिनों बाद एक बार वह घर आए थे। यहाँ पर मैं थोड़ा विषयांतर कर एक टिप्पणी करना चाहता हूँ। यह राष्ट्रीय स्वयंसेवक संघ

की एक विशेषता है कि परिवार को संघ कार्य का आधार और अविभाज्य अंग मानते हैं। संघ के संस्थापक पूजनीय डॉ. हेडगेवार कहा करते थे, 'संघ चूल्हे-चूल्हे तक पहुँचना चाहिए, पर चूल्हे में नहीं।' वास्तव में, एक प्रचारक संन्यासी जैसा ही होता है, जो अपना घर-बार छोड़कर बाहर निकलता है। अंतर केवल इतना ही है कि संन्यासी फिर अपने परिवार से कभी संबंध नहीं रखता, परंतु एक संघ प्रचारक अपने परिवार से सदा संबंध बनाए रखता है; क्योंकि उसके बाहर निकलने से परिवारवालों को भी बहुत मानसिक, शारीरिक और आर्थिक कष्ट होता है और संबंध बनाए रखने से उनके घावों पर मलहम-पट्टी हो जाती है। यदि परिवार में समाधान रहा तो प्रचारक भी अपना कार्य समाधान से कर सकता है।

तू सरसंघचालक कब बनेगा?

इसी प्रकार एक बार सुदर्शनजी जब घर आए थे तो पिताजी ने पूछा, 'सुदर्शन, तू सरसंघचालक कब बनेगा?' सुदर्शनजी इस प्रश्न पर अवाक् रह गए और उन्होंने कहा, 'मुझे कौन सरसंघचालक बनाएगा? उसके लिए वैसी योग्यता चाहिए।' तब पिताजी ने कहा, 'सुदर्शन, एक हाई।' इस घटना से ऐसा प्रतीत होता है कि कदाचित् पिताजी को तब तक उनकी महानता का कुछ-कुछ आभास हो गया था।

अब जब मैं पीछे मुड़कर देखता हूँ तो कुछ घटनाओं का स्मरण हो आता है, जो यह दरशाती हैं कि सुदर्शनजी में औरों से कुछ भिन्नता अवश्य थी।

संघ से अलग दूसरा संघ

कई वर्ष पूर्व मंडला में, जब मेरी उम्र 10 वर्ष की थी, हमारे मँझले भाई सुरेश की उम्र 13 वर्ष और सुदर्शनजी की उम्र 15 की थी, तब किसी बात पर सुरेश और मैं संघ से नाराज होकर बाहर आ गए और हमने अपना ही एक नया संघ चलाने का निर्णय लिया। उसका नाम हमने 'देशभक्त संघ' दिया। उसका एक कागज का ध्वज बनाया और एक छोटी सी प्रार्थना भी लिखी। 7-8 साथियों को जुटाकर बिल्कुल राष्ट्रीय स्वयंसेवक संघ की प्रणाली पर ही शाखा शुरू की। लगभग 1 मास के अंदर गरमी की छुट्टियाँ आ गईं और सब बच्चे अपने माता-पिता के साथ भिन्न-भिन्न शहरों में जाने लगे। हमने सब लोगों से कहा कि वे जहाँ-जहाँ जाएँ, वहाँ 'देशभक्त संस्था' की शाखाएँ शुरू कर दें। कलकत्ता में एक शाखा खुल भी गई। हम लोग माता-पिता के साथ, पिताजी के तबादले के कारण चाँदा (चंद्रपुर) आए। जब हम वहाँ शाखा खोलने का विचार करने लगे तो सुदर्शनजी को उसकी भनक लग गई। उन्होंने बच्चों का खेल समझकर अनदेखी नहीं की, बल्कि बड़ी गंभीरता से हमारे साथ बैठकर समझाना शुरू किया कि किस प्रकार हमारा हिंदू समाज विघटित हो गया है और सदियों से विदेशियों की गुलामी कर रहा

है। हिंदू समाज के हिंदुओं का संगठन कर भारत को उन्नति के शिखर पर ले जाने के लिए संघ कटिबद्ध है। उस संघ कार्य में योगदान देने के बदले हम किस प्रकार फूट डाल रहे हैं, इत्यादि। हमने सब लोगों को लिख दिया कि 'देशभक्त संघ' को राष्ट्रीय स्वयंसेवक संघ में विलीन कर दें।

15 वर्ष के एक बालक की सोच देखिए कि किस प्रकार वह समाज और राष्ट्र के विषय में सोचने लगा था। उस समय सुदर्शनजी को संघ में आए केवल 6 वर्ष हुए थे। ऐसा लगता था कि अल्प समय में ही वे संघमय हो गए थे।

मेरे 'रोल मॉडल'

उक्त घटना के लगभग 1 वर्ष बाद सुदर्शनजी कॉलेज की पढ़ाई के लिए जबलपुर गए और छुट्टियों में चाँदा में हमारे घर आए थे। उस समय उनकी आयु केवल 16 वर्ष की थी। मैं 11 वर्ष की आयु में एक वक्तृत्व प्रतियोगिता में भाग ले रहा था, जिसका विषय था—'मैं बड़ा होकर क्या बनूँगा?' बचपन से मेरे बिना पता चले ही सुदर्शनजी मेरे 'रोल मॉडल' (आदर्श) थे। यदि उन्होंने तय किया कि चाय-कॉफी पीना छोड़ देना चाहिए, क्योंकि वह स्वास्थ्य के लिए हानिकारक है तो मैंने भी चाय-कॉफी छोड़ दी। यदि उन्होंने तय किया कि सिनेमा के प्रचलित गाने अपने चारित्र्य के लिए ठीक नहीं और नहीं गाने चाहिए, तो मैंने भी ऐसे गाने गाना छोड़ दिया। वह शाला में सदा भाषण स्पर्धा, वाद-विवाद स्पर्धा, नाटक, खेल-कूद स्पर्धा में भाग लेते थे, इसलिए मैंने भी भाग लेना शुरू कर दिया; तो यह स्वाभाविक था कि मैं उनके पास जाऊँ और अपने भाषण के विषय में उनसे राय लूँ। पहले उन्होंने सुझाव दिया कि मैं कहूँ कि मैं डॉक्टर बनना चाहता हूँ, क्योंकि इस माध्यम से मैं समाज की सेवा कर सकूँगा। जब मैंने उनके कहे अनुसार भाषण लिखना शुरू किया तो वह कुछ देर में आए और कहा कि डॉक्टर के बदले में यह कहूँ कि मैं समाज-सुधारक बनना चाहता हूँ (ध्यान दीजिए, उन्होंने समाज-सेवक नहीं कहा)। हमारे समाज में इतनी विकृतियाँ और कमियाँ आ गई हैं कि आज उसे समाज-सुधारकों की आवश्यकता है। उनके बताए अनुसार मैंने यही विषय अपने भाषण में रखा और प्रथम पुरस्कार प्राप्त किया।

विचार की बात है कि विचारों की इतनी परिपक्वता 16 वर्ष की आयु में बहुत विरले ही दिखाई देती है। सुदर्शनजी को कदाचित् जीवन-दिशा मिल चुकी थी।

जब उन्होंने अमरूद बेचे

सुदर्शनजी की कार्य-निष्ठा, लगन, हठ और सातत्य के उदाहरण बचपन से ही दिखने लगे थे। एक बार लगभग 12 वर्ष की उम्र में माताजी के कहने पर वह घर में किसी पूजा के लिए बाजार जाकर कुछ अमरूद ले आए। माताजी उन गले हुए अमरूदों

को देखकर नाराज हो गईं और उन्होंने सुदर्शनजी को अमरूद वापस करने फिर बाजार भेजा। तब तक जिस महिला से उन्होंने अमरूद खरीदे थे, वह घर चली गई थी। सुदर्शनजी शाम तक भूखे-प्यासे वहीं बैठकर अमरूद बेचने का प्रयत्न करते रहे। अंत में अँधेरा होने लगा और एक वृद्ध सज्जन ने आकर उनसे वे अमरूद खरीद लिये और उन्होंने पैसे लाकर माताजी को दे दिए। माताजी सारे दिन चिंतित थीं और स्वयं को उन्हें झिड़कने के लिए कोस रही थीं। सुदर्शनजी को देखकर उनकी आँखों में आँसू भर आए।

आयु के चौदहवें वर्ष में नौवीं कक्षा में सुदर्शनजी और उनके एक पड़ोसी मित्र केशव ने मंडला शहर के बाहर महारानी दुर्गावती के किले के खँडहरों के पास एक नई शाखा खोलने और चलाने का निर्णय लिया। डॉ. हेडगेवार का अनुकरण कर किले की दीवार के पास की भूमि, जो झाड़-झंखाड़ और साँपों से भरी हुई थी, दोनों ने साफ की और वहाँ शाखा शुरू कर दी। प्रतिदिन स्कूल के बाद दोनों वहाँ जाते और शाखा समाप्त होने पर पूरा मंडला पैदल पार कर शहर के दूसरे छोर पर स्थित हमारे घर घोर अँधेरे में वापस आते थे। पिताजी के रेंज क्वार्टर और सिविल लाइंस के अतिरिक्त वहाँ और कोई घर नहीं था। घर के सामने एक कच्ची सड़क थी, जिसके दोनों ओर घनी झाड़ियाँ थीं। वर्षा ऋतु में बहुत साँप वहाँ रास्ते पर आ जाते थे। उन दिनों मंडला में बिजली नहीं थी और घर के रास्ते पर मिट्टी के तेल की बत्तियाँ भी नहीं थीं।

ऐसे अंधकार में एक दिन सुदर्शनजी और केशव के शाखा से घर लौटते समय रास्ते में केशव को एक साँप ने काट लिया और वह जोर से चिल्लाया। 14 वर्ष का एक बालक इस समय क्या कर सकता था? या डर के मारे वहीं ठिठककर खड़ा हो जाता या चिल्लाकर घर भाग जाता; परंतु सुदर्शनजी ने सामयिक सूझ-बूझ से अपना संघ का कमरपट्टा निकाला और केशव की जाँघ पर कसके बाँध दिया, ताकि विष शरीर में न फैले। केशव को यह कहकर कि किसी भी हालत में वह उस कमरपट्टे को ढीला न करे, वे दौड़ते हुए आए और केशव के घरवालों को साथ में घटनास्थल पर ले गए। तब तक, दर्द सहन न होने के कारण केशव ने पट्टे को ढीला कर दिया था और विष सारे शरीर में फैल गया था, जिससे मुँह से झाग निकल रहा था। उसे तुरंत अस्पताल में ले जाकर भरती किया गया और योग्य उपचार से वह कुछ दिनों में ही स्वस्थ हो गया। इस दौरान केशव ने शाखा जाना बंद कर दिया और सुदर्शनजी अकेले ही पूर्वानुसार, माताजी के रोकने पर भी, शाखा जाते रहे। उनके साहस, समय की सूझ-बूझ और सातत्य की यह कहानी है।

संघ की नेकर पहनकर ही कॉलेज

लोग क्या कहेंगे या सोचेंगे, इस विषय में सुदर्शनजी ने कभी चिंता नहीं की। उन्हें

जो मन को ठीक लगा, वही करते थे। फुल पैंट नहीं पहननी है। इसलिए वे इंजीनियरिंग कॉलेज में भी कमीज और पाजामा या धोती में जाते थे। परंतु इंजीनियरिंग वर्कशॉप में ढीले-ढाले कपड़े पहनकर जाना मना था, इसलिए उस दिन वे कमीज और संघ की हाफ पैंट पहनकर जाते थे। इंजीनियरिंग कॉलेज के अंतिम वर्ष में विदाई का समारोह था। उस समय कई लोगों ने फिल्मी गाने गाए। जब सुदर्शनजी से गाने के लिए कहा गया तो उन्होंने 'जाग उठा है आज देश का, वह सोया अभिमान' गीत गाया था। कार्यक्रम के बाद एक प्राध्यापक ने टिप्पणी की, 'सिंपल लिविंग, हाई थिंकिंग।' इसे उन्होंने अपना जीवन-मंत्र बना लिया था। किसी भी तरह संघ का उनपर प्रचारक के नाते खर्च किया हुआ पैसा फिजूल नहीं होना चाहिए, यह उनका सदा आग्रह रहता था।

जब चप्पल चोरी हो गई

एक बार जब वह घर आए तो माताजी ने देखा कि उनके पैरों में चप्पल नहीं थी। सुदर्शनजी से पूछने पर उन्होंने बताया कि उनके पास अच्छी चप्पलें थीं, जो एक बार एक मंदिर में चोरी हो गईं। संघ के पैसे से ली हुई चप्पलों का इस प्रकार खो जाना उन्हें बहुत बुरा लगा, इसलिए वह बिना दूसरी चप्पलें खरीदे ही रह गए। माताजी ने उन्हें नई चप्पल खरीदने के लिए 10 रुपए दिए। उस समय 10 रुपए बहुत बड़ी राशि थी। सुदर्शनजी ने उसमें 1 रुपए की साइकिल के टायर से बनी चप्पल खरीदी और बाकी के 9 रुपए माताजी को यह कहकर वापस कर दिए कि यदि ये चप्पलें चोरी हो जाएँगी तो उन्हें अधिक दुःख नहीं होगा।

माताजी की मृत्यु के डेढ़ महीने पहले जब वह घर आए तो मैंने उनकी घिसी हुई चप्पलों को देखकर नई चप्पलें खरीदने का आग्रह किया; परंतु उन्होंने बिल्कुल इनकार कर दिया, यह कहकर कि वह उन्हीं चप्पलों को फिर सुधरवा लेंगे। अंत तक वह उन्हीं चप्पलों में रहे।

एक बार यदि सुदर्शनजी ने कोई बात ठान ली तो उससे वह टस-से-मस नहीं होते थे, चाहे उसमें कितनी भी कठिनाइयाँ आ जाएँ।

सही बात : समझौता नहीं

लगभग दो-ढाई वर्ष पूर्व मैं सुदर्शनजी के साथ अपनी भतीजी की कन्या के भरतनाट्यम के रंग-प्रवेश कार्यक्रम में सम्मिलित होने के लिए अमेरिका गया था। लॉस एंजिलिस के पास पहुँचते समय डिजएंबर्केशन कार्ड सबको भरना पड़ा। सुदर्शनजी ने भी भरा। उसमें उन्होंने भारत का पता भरते समय अंत में 'भारत' लिखा। मैंने सलाह दी कि वह या तो उसे बदलकर 'इंडिया' लिखे दें या 'भारत' के बाजू में ही 'इंडिया' लिख दें, क्योंकि अमेरिकन लोगों को 'भारत' नाम से परिचय नहीं है। उन्होंने साफ इनकार

कर दिया, यह कहकर कि उन्हें यह मालूम होना चाहिए। नहीं मालूम हो तो सीखना चाहिए। आखिर हुआ वही, जिसका मुझे डर था। कस्टमवालों ने काफी हंगामा मचाया। सुदर्शनजी ने दलील दी कि 'भारत' हमारे संविधान में दिया हुआ नाम है, इसलिए उन्हें इसका उपयोग करने का पूरा अधिकार है। काफी बहस के बाद कस्टम ऑफिसर ने चिढ़कर दुबारा उनके सामान की जाँच कराने उन्हें भेजा और उस सारी झिकझिक के चलते 45-60 मिनट के बाद सुदर्शनजी को बाहर आने दिया।

काम पूरा हुए बिना बीच में उठना उन्हें बचपन से ही बिल्कुल पसंद नहीं था। माताजी भोजन परोसकर सुदर्शनजी को बुलाती रहती थीं। पर वे उस समय यदि गणित का कठिन सवाल सुलझा रहे हों तो उसके पूरे सुलझने तक वह उठते नहीं थे, चाहे रात के 10 बज जाएँ।

माँ की इच्छा पर रेडियो बनाया

सुदर्शनजी के प्रचारक निकलते समय एक-दो बार माताजी ने कहा था, 'तुम्हारी टेलीकम्युनिकेशन इंजीनियरिंग की डिग्री से हमें तो कोई लाभ नहीं हुआ। कम-से-कम घर के लिए एक रेडियो सेट ही बना दो।' इसलिए एक बार वह 3-4 दिन की छुट्टी लेकर इसी काम के लिए घर आए। एक रेडियो स्टोर के मालिक की देखरेख में उनकी ही दुकान में रेडियो सेट बनाना प्रारंभ कर दिया। उन्होंने रात-दिन एक कर दिया। मैं भोजन का डिब्बा उन्हें साइकिल से ले जाकर दिया करता था; पर वह डिब्बा शाम तक वैसा-का-वैसा ही रहता था। आखिर उन्होंने वह सेट पूरा कर ही दिया। हमारे घर में इस प्रकार पहली बार रेडियो सेट आया।

इंदौर में जब वह मध्य भारत के प्रांत प्रचारक के नाते नियुक्त हुए थे, तब उनकी प्रेरणा से एक हिंदी समाचार-पत्र प्रारंभ हुआ। एक पुरानी प्रिंटिंग मशीन से काम चल रहा था। एक दिन उस मशीन में कुछ खराबी आ गई और कदाचित् कोई सुधारनेवाला नहीं मिला। सुदर्शनजी रात भर मशीन सुधारने में जुटे रहे और बड़े सवेरे का समाचार-पत्र समय पर सबके घर पहुँचाया।

कार्य ने महान् बनाया

पता नहीं सुदर्शनजी को अपनी ही गुणवत्ता और महानता का आभास था या नहीं। सतत् कार्य में रत रहना, बिना किसी स्वार्थ और वैयक्तिक महत्त्वाकांक्षा के, यही उनका स्वभाव था। उन्होंने महान् बनने के लिए कार्य नहीं किया, बल्कि उनके कार्य ने उन्हें महान् बना दिया।

एक बार वह एक गाँव में रात को बहुत देर से पहुँचे और इतनी रात को किसी को उठाना उचित न समझकर वह गाँव के एक मंदिर के बाहर चबूतरे पर ही सो गए। सुबह

जब वह जागे तो देखा कि कुछ अपरिचित लोग उन्हें उनका नाम लेकर जगा रहे हैं। उन लोगों ने कहा, 'सुदर्शनजी, हम कांग्रेस के कार्यकर्ता हैं। हम आपको काफी दिनों से देख रहे हैं। आप बहुत सुशिक्षित हैं। आपके ज्ञान और आपकी लगन से हम बहुत प्रभावित हुए हैं। मगर इसके बदले संघ ने आपको क्या दिया? इस प्रकार का जीवन कि आपको खुले आकाश के नीचे सोना पड़े! आप कांग्रेस में आ जाइए। आपकी बुद्धिमत्ता और लगन से आप आसमान को छू सकते हैं। हम आपको पं. नेहरूजी से मिलवाएँगे।' तब सुदर्शनजी ने कहा कि यदि उन्हें कोई व्यक्तिगत महत्त्वाकांक्षा होती तो वह ऑल इंडिया रेडियो, न्यू देहली केंद्र में असिस्टेंट डायरेक्टर के पद को ठुकराकर प्रचारक बनने नहीं जाते। संघ कार्य उनका जीवन-कार्य है और वह उसे जीवनपर्यंत निभाएँगे।

प्रचारक का कठिन व्रत

एक बार जब वे 5 वर्ष तक प्रचारक कार्य करते हुए घर आए थे तो पिताजी ने उन्हें बैठाया और कहा, 'सुदर्शन, जब तुम प्रचारक होकर निकले तो उस समय तुमने कहा था कि तुम 5 वर्ष कार्य करके वापस घर आकर गृहस्थी बसाओगे और हम सबकी देखभाल करोगे। कई लड़कियों की ओर से तुम्हारे लिए रिश्ते आ रहे हैं। उन्हें मैं क्या जवाब दूँ?' तब सुदर्शनजी ने कहा, 'मैंने कभी किसी से नहीं कहा कि मैं 5 वर्ष तक ही प्रचारक का कार्य करूँगा। संघ कार्य तो मेरा जीवनोद्‌देश्य है और मैं अंत तक उसे निभाऊँगा।'

इस पर पिताजी बहुत आगबबूला हो गए और कहा, 'अरे श्रीमान, तुमने ऐसा जीवन चुना है कि बुढ़ापे में तुम्हारी देखभाल करनेवाला भी तुम्हारे आसपास नहीं रहेगा।' तब सुदर्शनजी ने कहा, 'जब मैंने प्रचारक का कार्य लिया तो मैंने उस दिन की कल्पना की थी कि मई महीने में एक धूल से भरे रास्ते पर झुलसती हुई धूप में पैदल जा रहा हूँ और थककर नीचे गिर पड़ा हूँ, प्यास के मारे तड़प रहा हूँ और मुझे पानी की एक बूँद देनेवाला भी आसपास कोई नहीं है और मुझे मृत्यु आ जाती है। मैं इसके लिए भी तैयार हूँ।'

हाल ही में सुदर्शनजी की मृत्यु के पश्चात् कुछ लोगों ने मेरे पास आकर बतलाया कि सुदर्शनजी मेरे विषय में हमेशा बहुत गर्व से बात करते थे। यह सुनकर मुझे बहुत आश्चर्य हुआ। उनकी मेरे और मेरे बड़े भाई सुरेश तथा छोटी बहन के प्रति बहुत आत्मीयता व प्रेम था; पर गर्व से मेरे बारे में कुछ बातें करने के लिए मुझमें क्या गुण था, यह मेरी समझ में नहीं आया। यह उनकी ही महानता का द्योतक है कि वे मेरे जैसे साधारण व्यक्ति में भी कुछ गर्व करने योग्य गुण देखते थे। यह सुनकर मेरा तो हृदय भर आया।

निर्मल मन

सुदर्शनजी का स्वभाव बहुत ही निर्मल था, जिसमें कपट लेश मात्र भी नहीं था। जो है, वह सीधा-सादा बोल देते थे, चाहे वह वैयक्तिक स्तर पर हो या राजनीतिक स्तर

पर। केवल राजनीतिक या सामाजिक व्यक्तियों को छोड़ दिया जाए तो मैंने उनके मुँह से कभी भी किसी के बारे में निंदा नहीं सुनी।

साधारणत: कर्तव्य-कठोर व्यक्ति अपने अनुशासन और नियम पालते-पालते स्वयं कठोर बन जाता है और ऐसे व्यक्ति का साथ निभाना बहुत कठिन हो जाता है। सुदर्शनजी कर्तव्य-कठोर और वर्षों से अपने नियम व अनुशासन बहुत कठोरता से पालते रहे। यहाँ तक कि पूजनीय श्रीगुरुजी ने भी एक बार मेरी माताजी से कहा था, 'सुदर्शन के स्वास्थ्य को कुछ नहीं हुआ है। जो बीमारियाँ उसे हैं, वे उसने अपने पर नियम और अनुशासन के जो कई बंधन लगाए हैं, उसी के कारण हैं।' उससे बस एक ही प्रश्न पूछना बाकी है, 'तुम्हें यह नियम और अनुशासन का पालन करना है या संघ का काम करना है?' परंतु इन सबके कारण उनका स्वभाव बिल्कुल भी कठोर नहीं हुआ, बल्कि वह मक्खन जैसा मृदु था। बूढ़ों से लेकर बच्चों तक सबसे वे हिल-मिल जाते थे।

अद्‌भुत संकल्प-शक्ति

मैं यहाँ निश्चित कह सकता हूँ कि एक स्कूटर अपघात में जब उनके घुटने की हड्डी पूर्णत: चकनाचूर हो गई थी और डॉक्टरों ने कहा था कि शल्य-क्रिया के बाद घुटने और पैर के व्यायाम करने से उन्हें केवल 60 प्रतिशत लाभ होगा। तब उन्होंने कठोर अनुशासन का पालन करते हुए रेलगाड़ी में प्रवास के समय भी अपना व्यायाम जारी रखा और 95 प्रतिशत अपने घुटने की कार्यक्षमता को वापस लाए। इस बात से उनके डॉक्टर भी आश्चर्यचकित रह गए। मैंने जैसा पहले कहा, सुदर्शनजी ने महान् बनने के लिए कार्य नहीं किया, अपितु उनके कार्य ने उन्हें महान् बना दिया।

भक्त स्वयं भगवान् बन गया

सुदर्शनजी को अटलजी की कविताएँ बहुत पसंद थीं। श्री अटलबिहारी वाजपेयी ने डॉ. हेडगेवार के विषय में अपनी एक कविता में लिखा है, जो सुदर्शनजी और सब महान् व्यक्तियों पर भी लागू होता है—

'पथ पर चलते-चलते ही
वह राह बन गया,
तिल-तिल जलते-जलते ही
वह दाह बन गया।
कैसा था वह भक्त स्वयं
भगवान् बन गया,
कुंभकार की कृति होकर
निर्माण बन गया।'

आज सुदर्शनजी हमारे बीच नहीं रहे; पर ऐसे महान् व्यक्ति अपना व्यक्तित्व, अपने विचार और अपना ध्येय केवल अपने तक ही सीमित नहीं रखते, बल्कि उसे असंख्य लोगों में फैला देते हैं। श्री अटलजी आगे कहते हैं—

'आज नहीं वह, किंतु पंथ पर
चरण-चिह्न अंकित हैं,
मनु के वंशज प्रलय काल से
क्यों शंकित हैं,
यदि रामकृष्ण गए
तो विवेकानंद शेष हैं...।'

जब मैं शिशु स्वयंसेवक से प्रौढ़ स्वयंसेवकों को देखता हूँ तो श्री सुदर्शनजी का ही प्रतिबिंब उनमें दिखता है। इसलिए निराशा का कोई कारण ही नहीं है। अंत में श्री अटलजी कहते हैं—

'कोटि दीप जल रहे
तमिस्रा चीर-चीरकर,
कोटि चरण बढ़ रहे
ध्येय की ओर निरंतर।।'

यह मेरा परम सौभाग्य है कि मैं सुदर्शनजी का छोटा भाई होकर जनमा। सुदर्शनजी तो मोक्ष के योग्य हैं; परंतु ईश्वर से यही प्रार्थना है कि यदि सुदर्शनजी का पुनर्जन्म हुआ तो मुझे फिर उनका अनुज बनाकर इस पृथ्वी पर भेजें।

□

सुदर्शनजी : संघ विचार-प्रवाह का पूरक व्यक्तित्व

–प्रो. राकेश सिन्हा
मानद निदेशक

वैचारिक यात्रा में अर्ध-विराम तो होता है, परंतु पूर्ण विराम नहीं होता है। जिस विचारधारा में पूर्ण विराम लगता है, वह जड़ता का शिकार होती है और उसका दु:खद अंत हो जाता है। रोम की महान् सभ्यता भी तभी समाप्त हुई, जब विचार पर भौतिकवादी दृष्टि हावी हो गई थी। पश्चिम में उपजी अनेक विचारधाराओं ने कुछ दशकों की यात्रा में जड़ता के कारण समय से पूर्व दम तोड़ दिया है। तभी तो पश्चिम से ही यह बात निकली कि विचारधारा का अंत हो गया; लेकिन पश्चिम का अनुभव, साक्षात्कार और निष्कर्ष विचार की बुनियादी अवधारणा का तिरस्कार है। विचार सिर्फ संघर्ष के लिए ही नहीं होता है, संवाद, सदाचार और सहवास के लिए भी होता है। यही दूसरा पक्ष सभ्यता को संबल देता है, उसे कालजयी बनाता है। पश्चिम ने धर्मयुद्ध, साम्यवाद, पूँजीवाद, सामंतवाद के संघर्षों को देखा है। आधिपत्य, वर्चस्व और समर्पण कराना इस वैचारिक यात्रा के लक्ष्य रहे हैं। इसलिए विचार-प्रवाह से गत्यात्मकता लुप्त होती रही और अंतत: वे इस निष्कर्ष पर ही पहुँच गए कि विचारधारा अप्रासंगिक है। संघ की विचार-यात्रा ने इस वैचारिक जड़ता को अस्वीकार किया है। यह परिवर्तन को परिप्रेक्ष्य के अनुसार परिणाममूलक ढंग से परिभाषित करने की सतत् और अनंत यात्रा है। विचार की उत्पत्ति, विचार का फैलाव, विचार में उप-विचारों की उपस्थिति आदि मान्यताओं के कारण वर्ष 1925 से लेकर समकालीन युग तक संघ ने विचार-प्रवाह में पूर्ण विराम नहीं लगने दिया। यही कारण है कि इसके सभी यात्री प्रवाह के अभिन्न अंग तो होते हैं, परंतु अपूरणीय नहीं होते हैं।

संघ : एक अविरल विचार-प्रवाह

ये बातें मेरे और सुदर्शनजी के बीच एक लघु संवाद से उपजी थीं। 5 सितंबर, 1997 को दिल्ली से प्रकाशित 'हिंदुस्तान टाइम्स' में स्वतंत्रता आंदोलन में संघ की भूमिका पर एक लेख प्रकाशित हुआ था। लेख का शीर्षक था—'नॉट निगेटिव रोल'। सुबह-सुबह दिल्ली संघ कार्यालय से उनका उत्साहवर्धक फोन आया और मिलने पर मैंने कहा कि लेख का शीर्षक नकारात्मक है, तो उन्होंने जो उत्तर दिया, वह अनेक बातों को अभिव्यक्त करता है। चूँकि वामपंथियों ने नकारात्मक भूमिका निभाई थी, अत: उनको संदेश दिया गया कि संघ की भूमिका नकारात्मक नहीं थी। यह तो सकारात्मक शीर्षक से कहीं अधिक प्रभावी शीर्षक है। उनके साथ घंटे भर के वार्त्तालाप में विचारों की भूमिका पर उन्होंने पश्चिम की वैचारिक यात्रा के पराभव की बात कही। उन्होंने कहा था कि अगर भारत में संघ के विचारों से मतांतर रखनेवाले सभी विचार समाप्त हो जाएँगे, तब भी संघ की विचार-यात्रा में उतनी ही चुनौतियाँ होंगी, जितनी पहले थीं और अब हैं। संघ तात्कालिक परिस्थितियों एवं प्रश्नों के लिए नहीं बना है। यह तो हिंदू सभ्यता के बुनियादी तत्त्वों को युग और समय के अनुकूल स्थापित करने की अविरल धारा है। इसीलिए संघ किसी को अपना स्थायी शत्रु नहीं मानता है।

वे संवाद के पर्याय थे

सुदर्शनजी संघ की इसी परंपरा के सार्थक सारथि थे। वे संवाद के पर्याय बन गए थे। वैचारिक विमर्श को वह हार या जीत के संदर्भ में नहीं, विचारों के उत्तरोत्तर विकास के संदर्भ में देखते और समझते थे। यही कारण है कि घोषित संघ-विरोधी विचार या व्यक्तियों को वे विचार के महाभारत में सहृदयता के साथ विमर्श एवं सहवास के लिए आमंत्रित करने में आगे रहते थे। कौन पहल करे? यह प्रश्न कतई उनके सामने नहीं होता था। स्वभाव में लचीलापन एवं विमर्श में तत्परता उनका अद्‌भुत गुण था। एक रोचक दृष्टांत का उल्लेख 'खाकी शर्ट्स एंड सैफ्रन फ्लैग' के वामपंथी लेखकों के पुस्तक परिचय में किया गया है। वे (वामपंथी लेखक) बिना समय निश्चित किए संघ कार्यालय में श्री सुदर्शनजी से मिलने पहुँच गए। तब सुदर्शनजी सह-सरकार्यवाह थे। उन्होंने उन वामपंथी आलोचकों को सम्मानपूर्वक बुलाकर सहजता से उनके प्रश्नों का समाधान किया। वैचारिक यात्रा में लचीलापन तो आवश्यक है, परंतु निडरता भी होनी चाहिए। कौन क्या सोचता है, इसके लिए हम उत्तरदायी नहीं होते हैं। पश्चिम के राजनीतिक चिंतक अरस्तू का मानना है कि कोई हमारे बारे में क्यों ऐसा सोचता है, इसके लिए हम जिम्मेदार होते हैं। धारणा की राजनीति का प्रयोग मार्क्सवादी-नेहरूवादी राजनीतिज्ञों एवं विचारकों ने किया। यह नेहरू-पटेल के बीच पत्राचार के एक उद्धरण से समझा जा सकता है। नेहरू

यूरोप की यात्रा पर थे। पेरिस से 27 अक्तूबर, 1948 को उन्होंने सरदार पटेल के नाम पत्र लिखा। संघ पर प्रतिबंध जिन कारणों से लगाया गया था, वे आधारहीन, तथ्यहीन और बेबुनियाद साबित हुए थे। अतः संघ के प्रति दृष्टिकोण में परिवर्तन की लड़ाई नेहरू सरकार के भीतर चल रही थी। इसी संदर्भ में नेहरू ने लिखा कि इंग्लैंड में यह धारणा है कि संघ फासिस्ट एवं सांप्रदायिक संगठन है। अगर हम संघ से प्रतिबंध हटा लेते हैं तो यह बात मान ली जाएगी कि हम फासिस्टवादी तत्त्वों को बढ़ावा दे रहे हैं।

तथ्य और तर्क-आधारित विचारधारा ही मान्य

सुदर्शनजी को मैंने जब यह उद्धरण एक बार सुनाया तो एक मिनट के मौन के बाद उन्होंने कहा कि दुनिया में तथ्य और तर्क ही विचारधारा को मान्य बनाते हैं। धारणा की राजनीति वे करते हैं, जो कमजोर धरातल पर खड़े होते हैं। उन्हें परास्त करने का तरीका आक्रामक वैचारिक पहल है। उन्होंने कहा कि गैलीलियो के एक तथ्यात्मक अन्वेषण ने ईसाई सभ्यता के द्वारा सैकड़ों वर्षों से बनाई गई अवधारणा को ध्वस्त कर दिया। उनका अभिप्राय स्पष्ट था। भावनात्मक पहल, कार्य, लेखनी की सीमाएँ हैं। वैचारिक महाभारत को पैनेपन, प्रतिबद्धता के साथ-साथ प्रमाण-युक्त लेखनी की आवश्यकता होती है।

संवाद के प्रति मन, वचन एवं कर्म-निष्ठा ने उन्हें विचारों की सीमाओं के पार बुद्धिजीवियों में लोकप्रिय बना दिया था।

वैचारिक विमर्श के पक्षधर

वह विमर्श में बराबर के भागीदारों की खोज करते थे। सिर्फ सुननेवाला या सिर्फ सुनानेवाले व्यक्ति से विचार-प्रवाह नहीं होता है। महात्मा गांधी भी वैचारिक पहल में बड़े-छोटे, मत-सम्मत, पक्ष-विपक्ष को महत्त्व नहीं देकर प्रवाह को प्राथमिकता देते और अनर्गल प्रश्नों को नकारने की जगह अपने उत्तरों में प्रश्नों का महत्त्व बढ़ा देते हैं। डॉ. आंबेडकर ने 'जातियों का अंत' नामक एक लेख लिखा, तो इस महत्त्व के विषय को गांधीजी ने ओझल नहीं होने दिया। वह इस विमर्श में कूद पड़े। एक और प्रसंग उल्लेखनीय है और वह सुदर्शनजी के संदर्भ में अधिक प्रासंगिक है। महात्मा गांधी के बड़े पुत्र हरिलाल गांधी ने इसलाम स्वीकार किया तो गांधी ने अपने द्वारा प्रकाशित एवं संपादित पत्रिका 'हरिजन' में इस कृत्य की भर्त्सना करते हुए उसके पीछे की सांप्रदायिक एवं षड्यंत्रकारी मनोवृत्ति का पर्दाफाश किया।

गांधीजी के पुत्र का मुसलमान होना

गांधीजी ने लिखा कि धर्म-परिवर्तन हृदय का विषय होता है, परंतु उनके पुत्र में हृदय-परिवर्तन नहीं हुआ है। उसमें शराब पीने की एवं चरित्रगत बुराई है, जिसके लिए

वह पठानों के कर्ज के नीचे दब गया और उसकी कीमत में उसका धर्म-परिवर्तन कराया गया। हरिलाल गांधी के धर्म-परिवर्तन के बाद एक मुसलिम ने महात्मा गांधी को पत्र लिखकर उन्हें भी अपने बेटे का अनुकरण कर धर्म-परिवर्तन की सलाह दी। गांधीजी ने इस पत्र एवं उनके द्वारा दिया गया उसका उत्तर 'हरिजन' में प्रकाशित किया। उन्होंने 'असंख्य मुसलिम मित्रों' को संबोधित करते हुए लिखा कि वह सनातनी हिंदू हैं और धर्म-परिवर्तन करना हृदय की भावना होती है। उन्होंने इस संवाद को व्यक्ति के उत्थान और सभ्यता के विकास के लिए आवश्यक माना।

सुदर्शनजी भारतीय राष्ट्रीयता की समस्या से सुपरिचित थे। मुसलिमों के मन में बौद्धिक जड़ता और मध्य युगीन सोच उन्हें मुख्यधारा से जुड़ने से रोकने का काम करती है। अत: उन्होंने इसलाम का अध्ययन कर मुसलमानों को संवाद के लिए आमंत्रित किया। वे मानते थे कि मुसलिमों के पूर्वज हिंदू थे, उनकी संस्कृति हिंदू है। अत: उनकी मनोवृत्ति में पुनर्जागरण की आवश्यकता है। जटिल, कठिन और संवेदनशील कार्य होते हुए भी वह निडरता से पहल करते रहे। इसी पहल पर जमायते-इसलामी की पत्रिका 'दावत' के संपादक ने वह किया, जो एक मुसलिम ने गांधी के साथ किया था। सिर्फ अंतर यह है कि उस पहले प्रकरण में गांधीजी उत्तर देने के लिए जीवित थे। दूसरे प्रकरण में सुदर्शनजी हमारे बीच नहीं थे। पहला प्रकरण ओछापन था, तो दूसरा मर्यादाहीनता की पराकाष्ठा है, जो वैचारिक जेहादी मानसिकता का द्योतक है। भारतीय सभ्यता संवाद की सभ्यता है। इसी ने लगातार नए-नए संप्रदायों, मतों, विचारों एवं दर्शनों को जन्म दिया। यह सनातन प्रक्रिया है। जो इस प्रक्रिया को नहीं समझते हैं, वे या तो अज्ञानी हैं या विचारों के कमजोर धरातल पर खड़े हैं।

वैचारिक संवाद का माध्यम

श्री सुदर्शनजी वैचारिक संवाद के द्वारा भारतीय पक्ष को उभारना चाहते थे। इसीलिए उन्होंने अपरिवर्तनशील मस्तिष्कों को भी टटोलने की कोशिश की। ऐसा ही प्रयास महात्मा गांधी ने भी किया था। लेकिन जिस विचारधारा में संवाद का स्थान ही न हो, उसमें बहुत परिवर्तन की अपेक्षा नहीं की जा सकती है। इसलिए जब गांधीजी या सुदर्शनजी इसलाम के अनुयायियों से मौलिक विषयों पर संवाद की कोशिश करते हैं तो उसका प्रत्युत्तर दोनों में यही होता है कि आप इसलाम की श्रेष्ठता को स्वीकार करते हुए इसलाम धर्म को स्वीकार कर लें। यह स्पष्ट करता है कि इसलाम जब तक एक वैचारिक पुनर्जागरण और वैचारिक संघर्ष की प्रक्रिया से नहीं गुजरेगा, तब तक उसके साथ संवाद अस्थायी परिणामवाला और निराशाजनक ही रहेगा। बुनियादी प्रश्नों पर इसलाम को आधुनिकता के साथ विमर्श करना होगा। लेकिन दुर्भाग्य से सभ्यता की

अन्य ताकतों को, अन्य सांस्कृतिक तत्त्वों को जिस तरह से इसलाम खारिज करता है, उससे यह दिनोदिन कट्टरता की ओर बढ़ रहा है। इसका संकेत 1920 के दशक में भी मिल रहा था और वर्तमान सदी में इस प्रवृत्ति में और भी वृद्धि हुई है। भारतीय परिवेश इसलाम को आत्मालोचन करने का स्वतंत्र एवं स्वायत्त अवसर प्रदान करता है। सुदर्शनजी का मानना था कि सांस्कृतिक विरासत व सांस्कृतिक परंपराएँ और राष्ट्रीय प्रवृत्तियों के साथ भारतीय इसलाम को तालमेल बैठाना चाहिए और उन तत्त्वों से अपने आपको मुक्त करना चाहिए, जो इसे राष्ट्र की मुख्य धारा में आने से रोकते हैं।

प्रयोगधर्मी भारतीय परिवेश

भारतीय परिवेश प्रयोगधर्मी है। यहाँ नई संभावनाओं, पुरातन व आधुनिकता के बीच निरंतर संवाद और निरंतर परिवर्तनशीलता को सामाजिक-सांस्कृतिक प्रवाह का अभिन्न अंग माना गया है। इसीलिए नए दर्शनों की उत्पत्ति, नए संप्रदायों व धर्मों का जन्म एवं विस्तार आदि को सनातन संस्कृति और धर्म पर आघात नहीं, बल्कि उसका ही प्रगतिशील विस्तार माना जाता है। हमारी प्रयोगधर्मिता में अतिरेक को भी स्थान दिया गया है। अत: यह पूरी सभ्यताई सोच आशावादी है और आशावादिता हमें वैचारिक क्षेत्र में भी नाग पंचमी मनाने के लिए उत्प्रेरित करती है। सुदर्शनजी वैचारिक आंदोलन में श्रेष्ठता के प्रतिनिधि हैं और इसी प्रतिनिधि के नाते उन्होंने सतत् संवाद को अपने जीवन का अभिन्न अंग बनाया।

सुदर्शनजी : संघ की वैचारिक परंपरा के प्रतीक

सुदर्शनजी संघ की वैचारिक परंपरा के असामान्य नहीं, एक सामान्य उदाहरण थे। डॉ. हेडगेवार तथा श्रीगुरुजी ने असहमत को सहमत में बदलने के लिए संवाद को जीवंत उपकरण बनाने की मजबूत आधारशिला रखी थी। सुदर्शनजी उसी परंपरा के आदर्श वाहक थे। इसीलिए जब रेशमबाग से गंगाबाई घाट तक की उनकी अंतिम-यात्रा में सम्मिलित लोगों में व्यक्तिनिष्ठ भावना नहीं दिखाई पड़ी, वैचारिक तत्त्व उस यात्रा पर हावी था, तभी मैंने एक शोकाकुल स्वयंसेवक से परम पूज्य सरसंघचालक मोहन भागवतजी के उद्धरण को रखते हुए कहा कि संघ में कुछ भी अपूरणीय नहीं है; असांत्वनीय जरूर है। कहा कि 'द मॉमेंट ऑफ सॉरो इज आल्सो द मॉमेंट ऑफ रियलाइजिंग आवर स्ट्रेंथ एंड मिशन ऑफ द आर.एस.एस.।' परम पूज्य डॉ. हेडगेवारजी के निधन के बाद मासिक श्राद्ध पर परम पूज्य श्रीगुरुजी ने भी संघ कार्य में व्यक्तिवाद नहीं होने के अधिष्ठान को रखकर दु:खी मन को विक्षोभ में जाने से रोका था। श्री सुदर्शनजी द्वारा अभिव्यक्त विचार और पहल संघ कार्य की अमूल्य निधि है।

□

श्रद्धेय सुदर्शनजी, जो सबको ही अपने लगते थे

–बल्देव भाई शर्मा
पूर्व संपादक, पाञ्चजन्य

पूज्य सुदर्शनजी का स्मरण किसी धार्मिक ग्रंथ का पारायण करने जैसा है, जिससे मन को संस्कार मिलता है, शुभ संकल्प भी दृढ़ होते हैं। 50 के दशक में इंजीनियरिंग का स्नातक होना बड़ी बात थी। ऐसे युवक के सपनों की उड़ान और परिजनों की उससे बँधी उम्मीदों के आसमान का सीना चीरकर नई इबारत लिखने की आतुरता समझना कठिन नहीं है; लेकिन कठिन है तो यह समझना कि कैसे एक युवक अपनी लालसाओं और सुनहरे भविष्य की चाह को ठुकराकर भारतमाता को परम वैभव के सिंहासन पर अभिसिक्त करने और अपने देशवासियों की सेवा का संकल्प ग्रहण कर लेता है! सुदर्शनजी ने अपने युवा स्वप्नों को राष्ट्र और समाज के उत्कर्ष के सपने में विलीन कर दिया। वे राष्ट्रीय स्वयंसेवक संघ के प्रचारक के रूप में ध्येय पथ के पथिक बन गए और भौतिक आकांक्षाएँ कहीं पीछे छूट गईं। संघ अपनी संस्कार परंपरा से जिन अनगिनत व्यक्तियों को गढ़कर मातृभूमि के गलहार में मुक्तामणि के रूप में जड़ता जा रहा है, सुदर्शनजी का व्यक्तित्व उस शृंखला के सबसे तेजस्वी मणिकों की पंक्ति में देदीप्यमान है। एक साधारण से स्वयंसेवक से सरसंघसंचालक बनने तक की उनकी यात्रा हम सबके लिए प्रेरणास्पद है।

सुदर्शनजी के संपर्क में जो आया, उसे यही लगा कि वही उनका सबसे प्रिय है। ऐसी अनुभूतिवाले न जाने कितने कार्यकर्ता हैं, जिन्हें सुदर्शनजी अपने लगते थे। यह उनके स्नेहिल व्यक्तित्व और मधुर मुसकान का ही जादू था। वास्तव में, संघ का पूरा ताना-बाना इसी स्नेह-सूत्र में गुंफित है। हम सब गाते भी हैं—'शुद्ध सात्त्विक प्रेम अपने कार्य का आधार है।' सुदर्शनजी के व्यक्तित्व और व्यवहार में यह भाव मूर्तिमंत था।

मैंने उनके साथ लंबे संपर्क में कहीं नहीं देखा कि वे अपनी वाक्पटुता से किसी को संघ समझा रहे हों। उनके स्नेह से अभिभूत व्यक्ति की मनोभूमि में मानो संघ गहरे उतर जाता था, हालाँकि उनका बौद्धिक कौशल अपार था और शारीरिक चपलता अद्भुत। इस दुर्लभ संयोग के कारण ही शायद वह एकमात्र व्यक्ति थे, जो संघ के अखिल भारतीय बौद्धिक प्रमुख और शारीरिक प्रमुख, दोनों प्रमुख दायित्वों को यशस्वितापूर्वक निभा सके। उनके सान्निध्य की कितनी ही यादें स्मृति में घुमड़ रही हैं। मैं उनका स्नेह- भाजन बन सका, यह मेरा अनंत सौभाग्य है। सुदर्शनजी से मेरी पहली भेंट सन् 1974 में हापुड़ संघ शिक्षा वर्ग में हुई। तब मैं अलीगढ़ जिले की सिकंदराबाद तहसील का प्रचारक था और अपने विभाग प्रचारक श्री शरद महरोत्रा के आग्रह पर द्वितीय वर्ष के प्रशिक्षण के लिए हापुड़ वर्ग में गया था। एक दिन वर्ग के मुख्य शिक्षक श्री श्याम गुप्त ने कहा कि मध्याह्न भोजन के बाद माननीय सुदर्शनजी से उनके कक्ष में मिल लो। मैं अचकचा गया कि क्या बात हो गई? सुदर्शनजी अखिल भारतीय अधिकारी थे, शायद बौद्धिक प्रमुख। एक दिन पहले ही वह वर्ग में प्रवास पर आए थे।

मैंने श्यामजी से पूछा कि क्या बात है? उन्होंने बताया कि समापन समारोह के लिए वह एक गीत लाए हैं। उसके लिए उन्होंने किसी अच्छे स्वरवाले कार्यकर्ता के लिए पूछा, मैंने तुम्हारा नाम बता दिया। संयोग से उन दिनों पश्चिमी उत्तर प्रदेश के अच्छे गीत कहनेवालों में मेरी भी गिनती थी। शरदजी ने बड़े जतन से मुझे स्वर साधना और लय पकड़ना सिखाया था। मैं थोड़े संकोच के साथ सुदर्शनजी से मिलने पहुँचा। उन्होंने हाल-चाल पूछा, जैसे पुराने परिचित हों! मुझे लगा ही नहीं कि उनसे पहली बार मिल रहा हूँ। बोले, 'श्यामजी तुम्हारी बड़ी तारीफ कर रहे थे। देखो, मैं तुम्हारे लिए एक गीत लाया हूँ। इसे तैयार करो।' जेब में से एक पर्चा निकालकर दिया। थोड़ी अस्पष्ट-सी लिखावट में गीत था—'साधक बन हम आज जा रहे, मन में ऐसा भाव रहे। माँ का व्रत हम पूर्ण करेंगे, जीवन की यह साध रहे।' नीचे लिखा था—दत्ता उननगाँवकर। सुदर्शनजी ने बताया कि दत्ताजी मध्य भारत में प्रचारक हैं, अच्छे कवि हैं। उन्होंने ही यह गीत लिखा है।

कालांतर में दैनिक 'स्वदेश' में काम करते समय कई वर्षों तक मध्य प्रदेश में रहते हुए माननीय दत्ताजी से भेंट हुई तो उनके संपर्क में आने पर जाना कि वर्षों पहले उनके लिखे उस गीत में वास्तव में दत्ताजी के जीवन की साधना ही मूर्तिमंत हो उठी थी। आज भी उस गीत को अकेले में कभी गुनगुनाता हूँ तो उसके शब्द, उसकी लय मन को ऊर्जा, प्रेरणा और संकल्प से भर देती है। शब्द दत्ताजी के थे और मुझे लय सिखाई सुदर्शनजी ने। बड़े मनोयोग से बार-बार दुहराकर एक घंटे के अभ्यास के बाद जब मैंने उनको गीत सुनाया तो बोले, 'तुमने ठीक पकड़ा। तुम्हारा स्वर अच्छा है, इसे

और निखारो।' मैंने देखा कि वह स्वयं बहुत अच्छा गाते थे। उन्होंने भोजन के बाद विश्राम का पूरा समय मुझे गीत सिखाने में खपा दिया। अपने बड़े दायित्व की व्यस्तता के बीच भी कार्यकर्ताओं के गुण को तराशने की ऐसी लगन थी उनमें। यही है संघ की व्यक्ति-निर्माण प्रक्रिया, जो माटी को भी सोना बना देती है। देश भर में फैले लक्षावधि कार्यकर्ता इसकी मिसाल हैं।

बाद में मा. शरदजी के मध्य भारत का सह-प्रांत प्रचारक होने पर उनकी प्रेरणा से जब मैं ग्वालियर 'स्वदेश' में एक पत्रकार के रूप में श्री राजेंद्र शर्मा के मार्गदर्शन में कार्य करने गया तो राजेंद्रजी से पत्रकारिता के गुर सीखने के साथ-साथ अनेक बार चर्चा में सुदर्शनजी के प्रसंग भी सुनने को मिले कि सुदर्शनजी ने मध्य भारत का प्रांत प्रचारक रहते हुए किस तरह 'स्वदेश' की संकल्पना गढ़ी और एक दैनिक समाचार-पत्र के रूप में राष्ट्रवादी पत्रकारिता को रूपाकार दिया। वास्तव में, सुदर्शनजी के राष्ट्रवादी बौद्धिक चिंतन की धारा के रूप में ही 'स्वदेश' का आविर्भाव हुआ, जो इंदौर से शुरू होकर पूरे मध्य प्रदेश और छत्तीसगढ़ तक फैल गई। 'स्वदेश' ने सर्वश्री आलोक तोमर, हरीश पाठक, जयकिशन शर्मा, प्रभात झा, हरिमोहन शर्मा सहित कितने ही युवा पत्रकारों की पौध रोपी, जो कालांतर में यशस्वी पत्रकारिता के प्रतीक बनकर उभरे। माणिक चंद वाजपेयी (मामाजी) और राजेंद्र शर्मा के नेतृत्व में 'स्वदेश' ने उस दौर में एक लोकप्रिय दैनिक समाचार-पत्र के रूप में नए आयाम गढ़े। यह सुदर्शनजी की संघ-दृष्टि का ही नए रूप में विस्तार था। संघ शाखा से परे राष्ट्रवादी विचारों और बौद्धिक संस्कारों को सामान्य जनमानस में समाचार-पत्र के माध्यम से रोपने और सामाजिक व राष्ट्रीय मुद्दों को समझने की राष्ट्रवादी दृष्टि व समझ विकसित करने की सुदर्शनजी की सोच '60 के दशक में ही सामने आ गई थी, जो आज के तेजी से बढ़ते वैचारिक संघर्ष के दौर में महती आवश्यकता लगती है। यह सुदर्शनजी के समय से आगे सोचने के कौशल को दरशाता है।

'स्वदेश' में कार्य के दौरान हापुड़ के वर्षों बाद एक दिन जब ग्वालियर के संघ कार्यालय 'राष्ट्रोत्थान भवन' में सुदर्शनजी से भेंट हुई तो ऐसे मिले, जैसे इस बीच निरंतर मिलते रहे हों! हाल-चाल पूछकर इस बात पर प्रसन्नता भी व्यक्त की कि मैं 'स्वदेश' से जुड़ गया और अपने विचारों को विस्तार देने का यह एक सशक्त माध्यम है। अपने ग्वालियर प्रवास में वह समय निकालकर 'स्वदेश' अवश्य आते। सबसे व्यक्तिशः मिलना व सामूहिक चर्चा कर साधारण सी बातचीत में भी नई दिशा और समझ विकसित कर देना उनकी सहज विशेषता थी। अखबार के बारे में प्रिंटिंग से लेकर दूसरी तकनीकी जानकारी और पत्रकारिता की बारीकियाँ जब वह समझाते तो आश्चर्य होता कि यह उन्होंने कहाँ से और क्यों सीखा? लेकिन समाज कार्य करते समय स्वयं को हर क्षेत्र और हर विद्या का जानकार बनाते जाना कितना और क्यों जरूरी है, यह सुदर्शनजी के

बहुआयामी व्यक्तित्व को देखकर समझ में आता था। संघ कार्य और विचार से हर वर्ग को जोड़ना है तो सब सीखना ही पड़ेगा, ताकि उस वर्ग के निकट पहुँच सकें। दूसरों को सिखाते-बताते समय उनमें अपने ज्ञान का कहीं कोई अहंकार नहीं देखा। ग्वालियर 'स्वदेश' में कंपोजीटर ईदे मियाँ तो जैसे उनके मुरीद थे। हैंड कंपोजिंग का जमाना था—खाँचे में अक्षर सेट करते हुए हाथ-कपड़े सब काले हो जाते थे। लेकिन सुदर्शनजी 'स्वदेश' आने पर ईदे मियाँ से मिलने जरूर जाते और 'ईदे क्या हाल हैं?' पीठ पर हाथ रखकर जब सुदर्शनजी बोलते, तो ईदे मियाँ गद्‌गद! ईदे मियाँ बड़े भावुक होकर अकसर हम लोगों को बताते रहते। ईदे मियाँ स्वयंसेवक नहीं थे, मुसलिम थे; लेकिन सुदर्शनजी का अपने प्रति अपनापन देख समझ में आता था कि यही संघ है, जो जाति-पाँति से परे मानवता का पाठ पढ़ाता है। संघ पर सांप्रदायिकता का आरोप लगानेवाले काश, सुदर्शनजी और ईदे मियाँ के आत्मीय संबंध को जान पाते! ईदे मियाँ ग्वालियर में 'स्वदेश' के प्रारंभ से उससे ऐसे जुड़े कि उसके ही होकर रह गए।

'स्वदेश' में कार्य करते हुए ग्वालियर से रायपुर की यात्रा में उनके साथ मेरा संबंध और दृढ़ होता गया। राजेंद्रजी ने अक्तूबर 1989 में रायपुर संस्करण प्रारंभ किया तो मुझे वहाँ स्थानीय संपादक का दायित्व सौंपा। यह मेरे प्रति राजेंद्रजी का विश्वास ही था, अन्यथा तब मेरा पत्रकारिता का अनुभव कुल जमा आठ साल का था। 'स्वदेश' के विस्तार, उसकी आर्थिक स्थिति, गुणवत्ता आदि सब बातों की सुदर्शनजी ऐसी चिंता करते थे, मानो वह उनका मानस-पुत्र हो! उसके सहयोग के लिए आत्मनिर्भर बनाने के लिए जगह-जगह अपने प्रवास में, बैठक में कार्यकर्ताओं से चर्चा जरूर करते। अपने रायपुर प्रवास में समय निकालकर संघ कार्यालय 'जागृति भवन' से बिना सूचना दिए रिक्शा कर अचानक 'स्वदेश' आ जाते और मेरे कक्ष के दरवाजे पर खड़े होकर बोलते, 'और पत्रकारजी, क्या हाल हैं?' काम में लगा होने पर जब सामने देखता तो सुदर्शनजी खड़े हैं। कितनी ही बार ऐसा हुआ। मैं हर बार कहता, 'भाई साहब, आप बता देते, मैं ले आता जाकर।' 'क्यों, मैं अपने आप नहीं आ सकता? 'स्वदेश' के क्या हालचाल हैं तुम सब कैसे हो? यह जानने की मेरी इच्छा रहती है।' संघ कार्य की अखिल भारतीय व्यस्तताओं के बीच यह चिंता वाकई मायने रखती थी, एक संरक्षक की तरह, वह भी इतनी सहजता से! बड़े अधिकारी होने का कोई भान नहीं। कभी-कभी आकर बोलते, 'कोई खास काम न हो तो चलो, भिलाई चलते हैं बहन से मिलने। 2-3 घंटे में लौट आएँगे।' मैं कहता, टैक्सी मँगवा लेते हैं, तो बोलते कि तुम्हारे पास स्कूटर है तो उसी से चलेंगे। पीछे सुदर्शनजी को बिठाकर स्कूटर चलाने में मुझे बड़ा संकोच होता, लेकिन वे बड़ी मस्ती में कोई गीत गुनगुनाते बैठे रहते। कभी-कभी मुझे कहते, 'कोई गीत सुनाते चलो।' रायपुर से 32 कि.मी. भिलाई, शायद दो-तीन बार ऐसा हुआ। हर बार मेरी वह

यात्रा अविस्मरणीय बन गई। सोचता हूँ, मैं धन्यता अनुभव करता हूँ कि कितनों को सुदर्शनजी का ऐसा सान्निध्य मिला होगा? उनके बहनोई भिलाई स्टील प्लांट में शायद मुख्य अभियंता थे। बहन के घर जाकर घर-परिवार की खूब बातें करते। कहते, 'डोसा बनाकर खिलाओ।' खूब सारे घर के निकले ताजा मक्खन के साथ डोसा खाकर वापस लौटते। शायद मई का महीना था। एक दिन अचानक फिर उसी तरह पसीने से लथ-पथ सुदर्शनजी दरवाजे पर खड़े थे। अंदर बैठकर पसीना पोंछा, पानी पिया तो मैंने पूछा, 'इस हालत में कहाँ से आ रहे हैं?' बोले, 'बहन के बेटे की शादी है। वह चाहती है कि निमंत्रण-पत्र कन्नड़ में छपे। रिक्शे से पूरे रायपुर का चक्कर लगा लिया, लेकिन कन्नड़ में छापनेवाला नहीं मिला। तुम देखो, क्या हो सकता है? कल तक यहाँ हूँ, जल्दी करो। इसका प्रूफ देखकर जाऊँगा, ताकि गलती न रहे। फिर तुम छपवा लेना।' राजेश मूणत (अब छत्तीसगढ़ सरकार में मंत्री) तब प्रिंटिंग प्रेस चलाते थे। मैंने फोन कर उन्हें बुलाया और बड़ा प्रयास करके उन्होंने शाम तक कन्नड़ में कार्ड का प्रूफ लाकर दिया। मैं 'जागृति भवन' जाकर रात में सुदर्शनजी से उसे चेक कराके चलने लगा तो बोले, 'कल दोपहर बाद मैं जाऊँगा, उससे पहले अगर अशुद्धियाँ ठीक कर फाइनल प्रूफ देख लूँ तो ठीक रहेगा। कार्ड में कोई अशुद्धि नहीं रहनी चाहिए।'

अगले दिन कार्ड का डिजाइन और प्रूफ फाइनल करके ही वह निश्चिंत हुए। ऐसा था उनका स्वभाव! हर छोटी-छोटी बात की चिंता करना, दूसरे के लिए समय निकालना, अपनों की खुशी की परवाह में यह नहीं सोचना कि मैं तो राष्ट्र कार्य में लगा हूँ, मुझे इतनी फुरसत कहाँ? अपने आसपास के लोगों को अपनी महानता का अहसास भी न होने देना कि कहीं वे असहज होकर दूर न हो जाएँ! रायपुर में प्रवास के दौरान दो बार मेरे निवास पर भी वह रुके। मेरे दोनों बच्चों के साथ उनका बाल सुलभ व्यवहार देखकर मैं अचंभित था। मेरे बेटे को अस्थमा था। वर्षों तक मिलने, पर उसके स्वास्थ्य को लेकर चिंतित रहते। बैंगलोर, केरल में उसके उपचार के लिए पते और नाम उन्होंने मुझे दिए।

वर्ष 2004 में उसकी मृत्यु के बाद कहीं से सूचना मिलने पर उन्होंने मुझे जो पत्र लिखा, वह आज भी मुझे प्रेरणा और संबल देता है। रायपुर के वर्षों बाद दिल्ली में एक दिन रतन दा (उत्तर प्रदेश के वरिष्ठ प्रचारक) के मासिक श्राद्ध पर जब मैं गया तो बेटी साथ थी। मिलने पर देखते ही बोले—'अरे नंदिनी, इतनी बड़ी हो गई?' मैंने कहा, 'आपने तो बहुत छोटा देखा था इसे, कैसे पहचान लिया?' तो बोले, 'छवियाँ दिमाग में नहीं, मन में बसी होती हैं। अपनों को कोई भूलता है?' ऐसा था उनका पारिवारिक भाव, जो राष्ट्र जीवन की अहर्निश व्यस्तता के बाद भी उन्हें छोटे कार्यकर्ताओं के साथ भी जोड़े रखता कि सबको वह 'अपने' लगते थे। परस्पर का ऐसा संबंध ही संघ शक्ति का निर्माण करता है।

□

जब सात मुसलिम देशों के राजदूत उनसे मिले और भारत से जुड़े

–श्याम परांडे

बुधवार 2 अक्तूबर, 2002 का वह दिन था। पश्चिम एशिया के सात देशों के सात राजदूत दिल्ली के 'केशव कुंज' कार्यालय में पूज्य सुदर्शनजी के साथ वार्त्तालाप करने के लिए पधारे थे। बड़ा ही रोचक दृश्य था वह। वे सभी राजदूत पूज्य सुदर्शनजी की बातें सुनने के लिए दो घंटे तक जमीन पर बैठे रहे। सभी महानुभाव उनकी बातें बड़ी गंभीरता से सुन रहे थे। उस प्रतिनिधिमंडल का नेतृत्व कोई दूसरा नहीं, बल्कि इराक के राजदूत सलेह मुख्तार कर रहे थे और उसका आयोजन एक ऐसे स्वयंसेवक की पहल पर हुआ था, जो मूलत: उत्तर प्रदेश के निवासी थे और हाल ही में मध्य-पूर्व में रहने आए थे। इस बैठक में सीरिया, लीबिया, सूडान, ईरान तथा संयुक्त अरब अमीरात के राजदूत मौजूद थे। सऊदी अरब दूतावास के प्रथम श्रेणी सचिव भी उपस्थित थे। विश्व में हो रही घटनाएँ तथा अरब राष्ट्रों में जो भी समस्याएँ हैं, उस पर सुदर्शनजी के विचार सुनने में उनकी रुचि थी। अपने चिर-परिचित अंदाज में सहजतापूर्वक सुदर्शनजी ने हिंदू दर्शनशास्त्र तथा संघ की विचार-शैली का विश्लेषण करते हुए मुसलिम जगत् से नाता जोड़ा। भारत सरकार की वर्तमान 'सेक्युलर' नीति तथा भूमंडलीकरण के कारण प्राकृतिक एवं आर्थिक असंतुलन की स्थिति पैदा करनेवाले पाश्चात्य और नेतृत्व विषयों पर भी उन्होंने अपने विचार रखे।

सीरिया तथा सऊदी अरब के राजदूत ने मजाकिया अंदाज में कहा, 'सुदर्शनजी, आप इतना स्वादिष्ट (वैचारिक) भोजन नियमित रूप से इतने सारे लोगों को कैसे बाँटते हैं ?'

सुदर्शनजी सबसे पवित्र व्यक्ति लगे

श्री सलेह मुख्तार एक बार फिर 'केशव कुंज' में आए थे। यह फरवरी का तीसरा

सप्ताह था। इराक पर अमेरिका के आक्रमण के एक मास पूर्व का समय। मुख्तार साहब तथा सुदर्शनजी के इस वार्त्तालाप के दौरान सहभागी होने का सौभाग्य प्रस्तुत लेखक तथा श्री विक्रम लेले को प्राप्त हुआ। इसके बाद उन दोनों ने व्यक्तिगत रूप से 45 मिनट आपस में बातचीत की। तब तक अमेरिका इराक पर हमला करने वाला है, यह स्पष्ट हो गया था। उस चर्चा का ब्योरा तो हमें मालूम नहीं, लेकिन बैठक के पश्चात् जब मैं मुख्तार साहब को उनकी कार तक छोड़ने गया तो वे सुदर्शनजी के कक्ष की ओर देखकर बोले, 'सचमुच, बहुत ही बुद्धिमान व्यक्ति हैं सुदर्शनजी।' वह मुझसे कहने लगे, 'आज तक जितने भी लोगों से मेरी भेंट हुई, सुदर्शनजी उनमें सबसे पवित्र व्यक्ति हैं।' इराक की पराजय के पश्चात् श्री मुख्तार ने अब दूसरे देश में आश्रय लिया है।

मुक्त संवाद का सिलसिला

मुसलिम देशों को भारत के निकट लाने की दृष्टि से ही उन देशों के राजदूतों से की गई इस चर्चा का अनन्य साधारण महत्त्व है। इस मुक्त संवाद के माध्यम से पूजनीय सुदर्शनजी ऐसे संबंध स्थापित कर सके। भविष्य में उनके मन में एक नई आशा को जाग्रत् करके उन्होंने हिंदू धर्म का स्वरूप भी उनके सामने रखा। इतना ही नहीं, आपसी सामंजस्य के कुछ विषयों को भी उनके सामने प्रस्तुत किया, जिसे बैठक में सम्मिलित प्रतिनिधियों ने मान्य किया।

जब भी दिल्ली में सुदर्शनजी का निवास होता, तब राजनीतिक क्षेत्र के विद्वानों से उनकी चर्चा एक वैचारिक आनंद की अनुभूति कराती। राष्ट्रभक्ति से ओत-प्रोत उनकी वैश्विक दृष्टि से अभिभूत होकर सभी स्तब्ध रह जाते। फिर चाहे वह हिंदू अर्थशास्त्र संबंधी विचार हो या वर्तमान अर्थनीति, विकास का भारतीय मॉडल हो या हिंदू अथवा पाश्चात्य दर्शनशास्त्र। पर्यावरण के बारे में तो नित्य रूप से कुछ-न-कुछ अवश्य बताते। उनके ज्ञान को देख सभी नतमस्तक होते थे। अमेरिका के एक वरिष्ठ राजनयिक के साथ उनकी चर्चा का यहाँ उल्लेख करना महत्त्वपूर्ण होगा। चर्चा के दौरान राजनयिक ने विकास के भारतीय मॉडल पर बहुत प्रश्न पूछे और सवाल किया कि क्या इस प्रारूप को वास्तव में अमल में लाया जा सकता है? पूजनीय सुदर्शनजी ने तत्काल इसका उत्तर दिया और संतोषप्रद उत्तर पाकर राजनयिक को समाधान भी मिला। भारत के अनेक क्षेत्रों में अपनाए जा रहे विकास मॉडल की उन्होंने तुरंत जानकारी दी और उनको बताया कि उन्होंने स्वयं उन स्थलों को जाकर देखा है। विकास के भारतीय प्रारूप में पूजनीय सुदर्शनजी को कितनी रुचि है, इस बात का अनुभव उस राजनयिक को हुआ होगा।

स्वादिष्ट भोजन, स्वादिष्ट चर्चा

'केशव कुंज' कार्यालय में भोजन के समय होनेवाली चर्चा का आनंद विदेश के

स्वयंसेवकों ने बहुत बार लिया है। इस बात को ध्यान में रखते हुए स्वयंसेवक भोजन के समय का हमेशा ध्यान रखते हैं। ऐसे ही एक भोजन के दौरान चर्चा में सम्मिलित स्वयंसेवक की प्रतिक्रिया थी, 'भोजन तो स्वादिष्ट था ही, लेकिन चर्चा उससे भी अधिक रोचक। उसे हम कभी नहीं भूलेंगे।' पूजनीय सुदर्शनजी जब भी विदेश जाते तो उनका स्वागत बड़े उत्साह के साथ होता था। वहाँ के स्वयंसेवकों की अपेक्षा रहती थी कि सुदर्शनजी के माध्यम से नवीन, किंतु जिनमें भारतीय परंपरा की सुगंध हो, ऐसे विचार सुनने को मिलेंगे। इस दृष्टि से पूज्य सुदर्शनजी का वाचन अद्‌भुत था। हिंदू धर्म के दर्शनशास्त्र से लेकर अन्य कई विषयों से संबंधित अनेक चुनौतियों और उनके समाधान विषयक उनका चिंतन सागर जैसा विशाल और गहरा था कि बच्चे, युवा, प्रबुद्ध जन तथा महिलाएँ सभी आश्चर्यचकित रह जाते हैं। उन्हें सुनने आए प्रत्येक श्रोता को सहजता से विषय समझ आए, इस पद्धति से ही वे भाषा का प्रयोग करते। प्रत्येक विषय को वे बिना थके विस्तारपूर्वक समझाते। उनके उद्‌बोधन की शैली युवकों को इस प्रकार मंत्रमुग्ध कर देती कि भाषण के पश्चात् उनसे संवाद करने के लिए सभी युवा झुंड-के-झुंड एकत्र हो जाते।

अमेरिका-यात्रा

सर्वधर्म परिषद् में स्वामी विवेकानंदजी के लोकप्रिय भाषण के शताब्दी वर्ष के उपलक्ष्य में सन् 1993 में एक समारोह का आयोजन किया गया, जिसमें सहभागी होने के लिए सुदर्शनजी अमेरिका गए थे। इस अवसर पर उनके भाषण ने वहाँ उपस्थित सभी श्रोताओं को उत्साह से भर दिया। सुदर्शनजी ने कहा कि स्वामीजी ने सौ वर्ष पूर्व जो ध्येय हम सबके सामने रखा था, उसकी पूर्ति के लिए हमें अब सामूहिक प्रयत्नों की आवश्यकता है। अध्यात्म के आधार पर एक नए सामाजिक, राजनीतिक और आर्थिक व्यवस्था से युक्त हिंदुओं के वैश्विक दृष्टिकोण का मॉडल विश्व के सामने रखने का समय आ गया है। इसकी पूर्णता के लिए हिंदुओं को ही आगे आना होगा। स्वामी विवेकानंद ने सौ साल पहले यही जीवित ध्येय हम सबके सामने रखा था। स्वामीजी ने कहा था—हम सबको अपनी संकुचितता से बाहर निकलना होगा और दूसरों से हमें जो कुछ भी ग्रहण करना है, उसे प्राप्त करते हुए हमें अपने अध्यात्म की शिक्षा उनको देनी चाहिए। हर बार हम विद्या के याचक की भूमिका में न रहें। हमें विद्यादान भी करना आना चाहिए। समानता के बिना मित्रता नहीं हो सकती। एक पक्ष हमेशा विद्या बाँट रहा हो और दूसरा हमेशा उसके चरणों के पास बैठा रहे तो कभी समानता नहीं आएगी। हमें अमेरिकी मनुष्य के स्तर की समानता प्राप्त करनी हो तो हमें उनको ज्ञान देने की क्षमता अर्जित करनी ही होगी। समूचे विश्व को अनेक शताब्दियों तक ज्ञान प्रदान करने का सामर्थ्य आपके पास विपुल परिमाण में है।

संसार के सौ देशों में हिंदू हैं

श्री सुदर्शनजी ने आगे कहा, 'आज सौ से भी अधिक देशों में हिंदू रहते हैं। हम सब हिंदू, हमारे समक्ष जो तेजस्वी जीवन-ध्येय है, उसे स्वीकारने के लिए क्या हम तत्पर हैं ? सादा जीवन और उच्च विचार के आदर्श को यदि हम चरितार्थ करते हैं तो निश्चित ही आगामी शती हिंदुओं की होगी। इस संबंध में किसी के मन में तनिक भी शंका नहीं है। आओ, स्वामी विवेकानंदजी के सौ वर्ष पूर्व देखे हुए इस स्वप्न को साकार करने के लिए हम सब अपनी कमर कस लें। स्वामीजी ने कहा था, 'मैं कभी भविष्य को नहीं देखता, न ही उसे जानने की आवश्यकता महसूस करता हूँ; किंतु एक दृश्य मैं अपने मनश्चक्षुओं से स्पष्ट देख रहा हूँ कि यह प्राचीन मातृभूमि पुनः जाग गई है और अपने सिंहासन पर आसीन है—पहले से कहीं अधिक गौरव एवं वैभव से प्रदीप्त। शांति और मंगलमय स्वर में उनकी पुनः प्रतिष्ठा की घोषणा समस्त विश्व में कर दो।'

विश्व धर्म सम्मेलन में स्वामीजी ने 'मेरे अमेरिका निवासी बहनो और भाइयो', इन शब्दों से जब अपने भाषण की शुरुआत की तो लगभग 7,000 विद्वानों से भरी सभा ने तत्काल खड़े होकर उनका अभिवादन किया। इस अभिवादन के कारणों का विश्लेषण करते हुए पूज्य सुदर्शनजी ने कहा कि, 'उन्हें अनुभूति हो गई थी। इस कारण स्वामीजी के मुख से आत्मीयता-युक्त जो शब्द प्रकट हुए थे, उसके स्पंदनों ने सभी के हृदय को झंकृत कर दिया था, जिसके प्रभाव से सभी भाव-विभोर हो उठे।'

भारत और पश्चिम के चिंतन में अंतर

पाश्चात्य तथा हिंदू दर्शनशास्त्र के अंतर का बड़ी गंभीरता से चिंतन करके सुदर्शनजी अपना विषय रखते थे। अनेक वर्षों से उनके भाषणों में इस विषय की प्रधानता रही। सन् 1990 में बैंगलोर में संपन्न हुए 'विश्व संघ शिविर' के शिविरार्थियों के समक्ष एक बार उन्होंने इस विषय पर प्रभावी व गंभीर व्याख्यान दिया था। उन्होंने कहा था, 'हिंदू धर्म यह मानता है कि मनुष्य की तर्क बुद्धि और श्रद्धा परस्पर एक-दूसरे के पूरक हैं। तर्क रहित श्रद्धा मनुष्य को अज्ञानी तथा असहिष्णु बनाती है। श्रद्धा-रहित तर्क केवल बौद्धिक कसरत है।'

शिविर के स्वयंसेवकों को किसी तरह का मॉडल तैयार करने का आग्रह करते हुए उन्होंने कहा कि 'हिंदू धर्म में श्रद्धा और तर्क परस्पर पूरक हैं तथा ये एक-दूसरे के लिए बल-प्रदायक हैं। यदि हम प्रयत्नपूर्वक कोई भव्य व महान् प्रतिमान बनाने में सफल हो सके तो अगली शताब्दी निश्चित ही हिंदुओं की होगी। उन्होंने स्वयंसेवकों को हिंदू धर्म पर श्रद्धा रखने का आह्वान किया, क्योंकि विश्व के उज्ज्वल भविष्य के निर्माण के

लिए आवश्यक प्रतिमान केवल हिंदू धर्म ही विश्व को दे सकता है। यह भावी रचना सामाजिक, राजनीतिक तथा आर्थिक तो होगी ही, साथ ही मनुष्य, समाज और परमात्मा के मध्य सौहार्दपूर्ण संबंध स्थापित करेगी। इतना ही नहीं, यह सभी को भौतिक, बौद्धिक तथा आध्यात्मिक आनंद की अनुभूति प्रदान करनेवाली भी होगी।'

□

श्री सुदर्शनजी : शिखर पर पहुँचकर भी जो नींव के पत्थर ही बने रहे

–प्रो. राजकुमार भाटिया
पूर्व राष्ट्रीय अध्यक्ष,
अखिल भारतीय विद्यार्थी परिषद्

मैं नहीं जानता कि विश्व या भारत के इतिहास में राष्ट्रीय स्वयंसेवक संघ जैसा कोई सामाजिक संगठन पहले कभी हुआ या नहीं कि जिसने देश के लिए मरने-जीनेवाले असंख्य स्वयंसेवक तैयार किए हों। वे भी ऐसे प्रतिभावान् एवं क्षमतावान् स्वयंसेवक, जो यदि अपने निजी, पारिवारिक एवं व्यावसायिक जीवन तक सीमित रहें तो बहुत आगे तक जा सकते हैं; पर जो देशभक्ति का कर्तव्य निभाने के लिए या तो गुमनामी का जीवन चुनते हैं अथवा यदि उन्हें थोड़ी-बहुत प्रसिद्धि मिलती भी है तो न तो वे उसके लिए प्रयास करते हैं और न ही वह प्रसिद्धि उनके सिर पर चढ़ती है।

वे सदैव नींव के पत्थर ही रहे

थोड़ी-बहुत प्रसिद्धि पानेवाले राष्ट्रीय स्वयंसेवक संघ के स्वयंसेवकों में से एक थे मा. सुदर्शनजी। यह प्रसिद्धि उन्हें इसलिए मिली, क्योंकि वे संघ के सरसंघचालक बने; पर न तो उन्होंने सरसंघचालक बनने का प्रयास किया और न ही प्रसिद्धि पाने का। सरसंघचालक रहते हुए भी उन्होंने उसी नींव के पत्थर की भूमिका निभाई, जिसे उन्होंने संघ प्रचारक बनने के समय अंगीकार किया था। संघ के स्वयंसेवकों के जीवन में प्रचारक (अविवाहित रहकर पूरा समय संघ कार्य करनेवाला) बनना और वह भी आजीवन प्रचारक बनना, वह भूमिका होती है, जिसे नींव के पत्थर के रूप में निभाने के लिए व्यक्ति संकल्पपूर्वक अपनाता है। वैसे तो संघ के असंख्य गृहस्थ कार्यकर्ता भी नींव के पत्थर की भूमिका ही निभाते हैं, परंतु प्रचारक बननेवाला कार्यकर्ता यह भूमिका संकल्पपूर्वक अपनाता है।

मा. सुदर्शनजी से मेरा परिचय बहुत वर्षों से था। यह परिचय और अधिक हुआ, जब संघ के सह-सरकार्यवाह के नाते दिल्ली उनका केंद्र बना। उनके निकट आने का विशेष कारण तब बना, जब संघ में अखिल भारतीय विद्यार्थी परिषद् से संपर्क रखने का दायित्व उनके पास आया। उनके इसी दायित्व काल में मैं विद्यार्थी परिषद् का राष्ट्रीय अध्यक्ष और दिल्ली निवासी था। दिल्ली में एक-दो बार वह मेरे घर पर भी आए।

विशाल ज्ञान भंडार से युक्त सरल व्यक्तित्व

सुदर्शनजी एक ओर अति सरल, सादे, निश्छल और बाल हृदय के व्यक्ति थे तो दूसरी ओर उनका ज्ञान भंडार बहुत बड़ा था। विविध विषयों के उनके ज्ञान ने ही मुझे सबसे अधिक प्रभावित किया। उनके ज्ञान का निजी लाभ मैंने तब लिया, जब वर्ष 1994 में मुझे अमेरिका जाना पड़ा। तब मैं अखिल भारतीय विद्यार्थी परिषद् का राष्ट्रीय अध्यक्ष था तथा अमेरिका सरकार की एक जन-संपर्क योजना के अंतर्गत मुझे चार सप्ताह की यात्रा का निमंत्रण मिला था। यात्रा में मुझे एक विषय दिया गया था, जिसके कारण राष्ट्र, सांस्कृतिक राष्ट्रवाद और राष्ट्रों के निर्माण जैसे विषयों पर वहाँ चर्चा होने की संभावना थी। उन विषयों पर अपनी समझ बढ़ाने हेतु मैं सुदर्शनजी से मिला और डेढ़-दो घंटे उनसे इन विषयों पर चर्चा की।

उनसे मिला एक बोध मंत्र

ऐसे ही किसी अवसर पर उनके द्वारा बोला गया एक बोध मंत्र 'अमंत्रं अक्षरं नास्ति, नास्ति मूलं अनौषधम् अयोग्यः पुरुषो नास्ति, योजकस्तत्र दुर्लभः', जिसका अर्थ है कि न तो कोई अक्षर बेकार होता है और न ही कोई जड़ी-बूटी। इसी प्रकार कोई भी पुरुष (व्यक्ति) अयोग्य नहीं होता, केवल उनकी उपयोगिता और योग्यता को पहचाननेवाला योजक (संगठक) ही दुर्लभ होता है। यह जीवन भर के लिए मेरे ज्ञान भंडार की निधि बन गया।

सुदर्शनजी के सरल स्वभाव का निजी अनुभव मुझे तब मिला, जब वर्ष 1993 में अखिल भारतीय विद्यार्थी परिषद् का राष्ट्रीय अधिवेशन भुवनेश्वर में हुआ। उस अधिवेशन में मेरी पत्नी एवं 12 वर्षीय बेटी भी गई थीं। सुदर्शनजी भी उस अधिवेशन में सहभागी हुए थे। अधिवेशन काल में मेरी बेटी के साथ बातें करने में सुदर्शनजी ने अच्छा-खासा समय व्यतीत किया।

वर्ष 1998 में जब केंद्र में भाजपा के नेतृत्व की सरकार बनी, तब संघ अधिकारी के नाते सुदर्शनजी को भाजपा एवं सरकार के साथ संपर्क का दायित्व भी निभाना पड़ा। अनेक विषयों के साथ-साथ शिक्षा के विषय में भी सुदर्शनजी की विशेष रुचि थी। उन्होंने दिल्ली में एक टोली बनाई और उसे यह काम सौंपा कि शिक्षा के मामले में वह

मानव संसाधन विकास मंत्री मुरली मनोहर जोशी को उपयोगी सुझाव दें। मुझे भी उस टोली में सम्मिलित किया गया था।

सरसंघचालक के पद से मुक्त होने के पश्चात् कैसे उन्होंने एक सामान्य स्वयंसेवक के नाते जीवन जिया, यह तो सभी को ज्ञात है।

□

क्या महाप्रयाण का पूर्वाभास था उन्हें? 'रक्षाबंधन' के पहले ही अंतिम बार राखी बँधाई थी उन्होंने

–प्रमिला ताई मेढ़े
पूर्व प्रमुख संचालिका
राष्ट्र सेविका समिति

कालचक्र गतिमान होता है, चाहने पर भी किसी के लिए थमता नहीं। देखते देखते मा. सुदर्शनजी के महाप्रयाण को एक साल हो रहा है। वे हमारे बीच अभी हैं, ऐसा अहसास कई बार होता है, परंतु ऐसा नहीं है; इस कठोर सत्य को स्वीकार करना ही पड़ता है।

मा. सुदर्शनजी का परिचय कब, कैसे हुआ, इससे महत्त्वपूर्ण बात यह है कि वह औपचारिक रहा ही नहीं। अपने प्रचारक जीवन की एक-एक सीढ़ी पर चढ़ते गए, वैसा-वैसा परिचय भी। वैसे वह थे तो दूरसंचार विषय के उपाधिपात्र। एक यांत्रिक, वैज्ञानिक विषय के अध्येता और जीवन समर्पित किया संघ जैसे एक सांस्कृतिक-राष्ट्रीय हिंदू संगठन को। बाह्यत: विसंगत लग सकता है, परंतु इस शब्द का वास्तविक अर्थ है कि दूर से या दूर तक संचार करना। कम्युनिकेशन का अर्थ संवाद भी है। दूर-दूर के क्षेत्रों से, संस्थाओं से, व्यक्तियों से उन्होंने संवाद स्थापित किया। मन से दूर हुए लोगों से, समाज से संवाद स्थापित किया। विवाद समाप्त करने की योजना बनाई और अपनी टेलिकम्युनिकेशन की उपाधि सार्थक की।

सहज संवाद

संवाद साधने की दृढ़ प्रकृति के कारण शिशु, बाल स्वयंसेवक, समिति की बाल शिशु सेविकाएँ, देवी अहिल्या मंदिर के छात्रावास की अबोध बालिकाएँ या अत्युच्च

पदस्थ किसी महानुभाव से सरलता से, सहजता से वे बातचीत कर सकते थे। शाखा में या सहज बातचीत में शारीरिक या वैचारिक विषयों पर बात कर सकते थे। देवी अहिल्या मंदिर के छात्रावास की शिशु बालिकाओं को क्या पता उनके बड़े दायित्व का! वे आराम से उनकी गोद में बैठकर बातचीत करती थीं। एक छुटकी ने पूछा (उस समय श्री विनय आप्टे की छत्रपति शिवाजी से संबंधित मालिका दूरदर्शन पर चल रही थी)। उस दिन प्रवीण वर्ग में बौद्धिक के लिए आए थे। भोजन करके जाना है, ऐसा तय था। बीच के समय में छात्रावास की बालिकाओं से बातचीत चल रही थी। एक ने पूछा, 'आप जानते हैं शिवाजी महाराज के बारे में', दूसरा प्रश्न था—'क्या-क्या जानते हैं?'

'हाँ-हाँ जानता हूँ थोड़ा-बहुत', मा. सुदर्शनजी ने कहा। इतने में एक ने पूछा, 'आप शाखा में जाते हैं रोज?'

'रोज जाते हैं।'

'आपकी शाखा का नाम क्या है?'

'हमारी शाखा का नाम पद्मिनी शाखा है।' एक के बाद एक प्रश्नों की झड़ी। इतने सारे प्रश्न एक साथ पत्रकारों के अतिरिक्त किसी ने भी शायद पूछे नहीं होंगे। मा. सुदर्शनजी ने कहा, 'रोज जाता हूँ शाखा में, पर जहाँ ले जाते हैं, वहाँ जाता हूँ।'

'हम तो अपने आप जाते हैं शाखा में। आपको ले जाना पड़ता है?' यह क्रम कितनी देर तक चलेगा, नहीं पता, इसलिए बीच में रोका। फिर बालिकाओं ने एक गीत सुनाया। मा. सुदर्शनजी ने भी एक गीत सिखाया। बाद में उन्होंने कहा, 'ये बालिकाएँ अहिल्या मंदिर का चैतन्य हैं। इस दृष्टि से देवी अहिल्या मंदिर डॉ. हेडगेवार भवन से एक कदम आगे है, ऐसा मानना पड़ेगा। सचमुच हमारी बालिकाएँ बहुत भाग्यवान् हैं।' अनेक बार परम पूजनीय सरसंघचालक का ऐसा सहज सान्निध्य उन्हें प्राप्त होता है। कथाएँ व गीत सुनने-सुनाने में उन्हें कोई दिक्कत नहीं होती है।

उस दिन प्रवीण वर्ग में भी सामूहिक गीत कैसे गाए जाते हैं, इसके बारे में मा. सुदर्शनजी बता रहे थे। गीत कंठस्थ नहीं होने पर पंक्ति के प्रारंभ के शब्द धीमी आवाज में और वह सही है, यह पता होने पर आवाज बढ़ती जाती है। यह कैसे होता है, स्वयं गाकर दिखाया भी।

गीत के आधार पर योगचाप सिखाओ

प. बंगाल के तांतिबेडिया स्थान के समिति शिक्षा वर्ग में कविता शिक्षिका के नाते नागपुर से गई थी। उसी समय सुदर्शनजी वर्ग पर बौद्धिक के हेतु आए थे। सायं शाखा के लिए भी रुके। शिक्षिकाएँ गण कैसे लेती हैं, उसका निरीक्षण कर रहे थे। कविता योगचाप के गण में अष्टताल एवं कूदना सिखा रही थीं। शिक्षार्थी बहनों को जो समझाते, वह समझने

में कठिनाई हो रही थी। शाखा के पश्चात् सुदर्शनजी ने कविता को बुलाया और कहा कि यहाँ की बालिकाओं की नृत्य एवं संगीत में जन्मजात रुचि होती है, इसलिए गीत एवं नृत्य की ताल पर उनको योगचाप सिखाने से वे जल्दी सीख पाएँगी। बाद में कूदना सिखाओ। कविता की प्रश्नार्थक मुद्रा देखकर सुदर्शनजी ने योगचाप मँगवाया और 'चंदन है इस देश की माटी', इस गीत के आधार पर गति, कूदन आदि स्वयं करके दिखाया। कविता से भी करवाया। इतने ज्येष्ठ अधिकारी की सरलता एवं कुशलता से वह प्रभावित हुई। सुदर्शनजी की सूचनाओं के अनुसार उसने योगचाप सिखाया। समापन कार्यक्रम में अच्छा प्रदर्शन हुआ। लोगों ने बहुत सराहा। कविता ने भी मा. सुदर्शनजी को कृतज्ञतापूर्वक यह सूचित किया।

सन् 1975 के आपातकाल में उनको भी कारावास में रहना पड़ा। अध्ययन एवं कम्युनिकेशन का एक अवसर प्राप्त हुआ। उसका पूरा उपयोग किया उन्होंने। वह केवल पुस्तक पढ़ते थे, ऐसा नहीं। उनको जो वाक्य महत्त्व के लगते थे, वे अपनी नोटबुक में लिख लेते थे। हम जब उनसे मिलने जाते थे, तब वह नोटबुक या पुस्तक का पृष्ठ क्रमांक बताते नहीं थे। स्वयं वह पुस्तक/नोटबुक पढ़कर बताते थे उनकी टिप्पणी के साथ। उनको लगता कि हम लोगों को कुछ बातें पता होना आवश्यक है। हिंदू महिलाओं के बारे में बेटी क्रीडन की पुस्तक उन्होंने दी थी, 'सेकंड स्टेज'। ऐसी पुस्तकें देते थे पढ़ने हेतु, पर वापस करने की शर्त पर।

बाल-सुलभ सरलता

बाल–सुलभ सरलता उनका वैशिष्ट्य रहा। वर्ष 1980 के आसपास का समय। देवी अहिल्या मंदिर में उनको विशेष रूप से आमंत्रित किया था कुछ विषयों पर विचार–विनिमय के लिए—1. हिंदुत्व 2. स्वदेशी 3. ईशान्य राज्यों की समस्याएँ : तथ्य एवं उपाय। बातचीत में समय बीतता गया। लगभग 1.30 बजे होंगे। अब संघ कार्यालय में भोजन का समय समाप्त हो गया था, इसलिए उन्होंने देवी अहिल्या मंदिर में ही भोजन किया। हाथ धोने के लिए बेसिन के पास गए तो एक विदेशी कंपनी का साबुन देखा। वैसे तो स्वदेशी विषय एक आंदोलन के रूप में उस समय उभरकर नहीं आया था, परंतु उन्होंने कहा, 'प्रमिला ताई, यह साबुन विदेशी कंपनी का है। हमको नहीं लाना चाहिए।' और बाद में पूरा विषय समझाया। कौन सा विषय विस्तार से समझाना, उनकी विशेषता थी। कभी–कभी समय–सीमा नहीं रख पाते, इतनी जानकारी उनके पास रहती थी।

हिंदुत्व के विषय पर गहरे अध्ययन–चिंतन के कारण वर्ष 1983 में समिति के कर्णावती के अखिल भारतीय सम्मेलन में उन्हें इसी विषय पर बौद्धिक हेतु आमंत्रित किया गया था। पश्चिमी एवं हिंदू जीवन–चिंतन में कितना मूलभूत अंतर है, यह उन्होंने सोदाहरण स्पष्ट किया। उनका सरल कथन सभी को भाया।

शीघ्र कार्रवाई

कोई भी प्रश्न उनके पास लेकर जाने से तुरंत ध्यान दिया जाता था। वाराणसी में संघ कार्यकारिणी की बैठक थी। 1857 के स्वतंत्रता आंदोलन के 150 वर्ष पूर्ण होने के उपलक्ष्य में कुछ कार्यक्रम की चर्चा चल रही थी। एक दायित्ववान् अधिकारी व्यक्ति ने हमें कहा, 'क्यों आप रानी लक्ष्मीबाई को सिर पर चढ़ाए बैठे हो? झाँसी पर आक्रमण हुआ, इसलिए वह खड़ी हुई और बाद में तो झाँसी के किले में अंग्रेजों का ध्वज मिला है।' आदि-आदि। इस संदर्भ में एक मराठी पुस्तक भी उस समय प्रकाशित हुई थी। हम समिति की कुछ बहनें नागपुर में मा. सुदर्शनजी से मिलीं और बताया कि रानी लक्ष्मीबाई के बारे में किसी जिम्मेदार व्यक्ति द्वारा इस प्रकार टिप्पणी करने से हमें बहुत दुःख हुआ है। हम देवी अहिल्या मंदिर में वापस आए। मा. सुदर्शनजी ने उस संघ बंधु से और लेखक से संपर्क किया और ऐतिहासिक घटनाओं के संदर्भ तथा तथ्य का अध्ययन व औचित्य ध्यान में रखकर टिप्पणी करें, ऐसा उनसे आग्रह किया।

आपकी बात कैसे नहीं मानूँगा?

समिति के साहित्य के बारे में उनको आस्था थी। वर्ष 2000 में मुंबई में विश्व संघ शिविर संपन्न होने वाला था। समिति द्वारा 'वंदे मातर्म' गीत के शब्दों पर चित्र प्रदर्शनी आयोजित की जाने वाली थी। सभी के मन में संदेह था, शब्द कैसे चित्रित करेंगे? पर प्रदर्शनी तैयार हुई सोलापुर के चित्रकार श्री दास की साधना से। उनको भी कई लोगों ने कहा कि ये लोग कुछ भी सोचते हैं और आप भी उनके झाँसे में आ जाते हो। प्रदर्शनी के चित्रों को स्पष्ट करने हेतु एक छोटी पुस्तिका भी आवश्यक थी। मा. चित्रा ताई ने वह तैयार की। मा. सुदर्शनजी ने उसे आशीर्वाद दिया और प्रदर्शनी के उद्घाटन हेतु आने का आश्वासन दिया। उसके अनुसार, उनको सूचना देने हेतु शिविर में उनके निवास-स्थान पर जाने के पश्चात् प्रबंधवाले बंधुओं ने बताया कि सुदर्शनजी व्यस्त होने के कारण नहीं आ पाएँगे। मैं वापस आई। मा. शेषाद्रिजी श्रीमती जयवंतीबेन मेहता को लेकर कार्यक्रम स्थान पर गए। वे दोनों मंच पर आसीन थे। उनको दीप प्रज्वलित करने हेतु निवेदन होने वाला ही था कि मा. सुदर्शनजी वहाँ पहुँचे और पूछा, 'क्या मुझे विलंब हो गया?' शेषाद्रिजी की भी विशेषता कि सुदर्शनजी को देखकर वे तुरंत मंच से उतरकर नीचे आए। कारण, स्थान इतना कम था कि और एक कुरसी रखना संभव नहीं था। विधिवत् कार्यक्रम संपन्न हुआ। बाद में उन्होंने पूछा तो यह कहना पड़ा कि व्यवस्थावालों ने मना किया था आपकी व्यस्तता के कारण, इसलिए कार्यक्रम प्रारंभ किया। ऐसा ही अनुभव वर्ष 2003 में वंदनीय मौसीजी के जीवन पर आधारित चित्र प्रदर्शनी के उद्घाटन के

समय पर कानपुर में हुआ। समिति के बारे में ऐसी सद्‌भावना थी, कभी मजाक में कहते, 'आपकी बात कैसे नहीं मानूँगा ?'

रक्षा का यह बंधन बाँधें

एक परंपरा-सी बनी है कि परम पूजनीय सरसंघचालकजी देवी अहिल्या मंदिर में रक्षाबंधन पर्व पर आते हैं। नागपुर के 'तरुण भारत' से संदेश आया कि 'रक्षाबंधन' शीर्षक से कुछ चित्रावली प्रसिद्ध करने वाले हैं तो ऐसा कोई छायाचित्र भेज दें। यह कार्यक्रम इतना पारिवारिक होता था कि उसका छायाचित्र लेना चाहिए, ऐसा कभी विचार नहीं किया था; पर गलती को सुधार हेतु मा. सुदर्शनजी को राखी बाँधते हुए छायाचित्र लेने का विचार किया, तो उन्होंने भी कहा कि यह घर का कार्यक्रम है। ये बातें छोड़ दो। दायित्व-परिवर्तन के बाद उनका रक्षाबंधन के समय अहिल्या मंदिर में आने का यह क्रम खंडित हुआ। परंतु जुलाई 2012 के अंतिम सप्ताह में नागपुर आए थे, तब उनको स्मरण आया और देवी अहिल्या मंदिर में पहुँच गए। मा. उषाताईजी से कहा, 'आजकल मेरा यहाँ रक्षाबंधन के समय नहीं आना होता है, इसलिए आज आया हूँ। न जाने फिर कब आऊँगा ? आज ही राखी बाँधेंगे।' तुरंत आरती की तैयारी की। उषाताईजी ने उनको राखी बाँधी। उन्होंने आरती की थाली में 100 रुपए का नोट रखा और कहा, 'यही मेरी सदिच्छाओं का प्रतीक है बहनों के कार्य के प्रति। मेरी सदैव शुभकामनाएँ रहेंगी।' और अचानक 15 सितंबर को उनके स्वर्गवास का समाचार आया। अब रक्षाबंधन हेतु वह कभी नहीं आ पाएँगे, ऐसा अहसास उनको हुआ होगा, इसीलिए वह अचानक देवी अहिल्या मंदिर में पहुँचे थे क्या ? माननीय भारती ताई बंबावाले समिति की केंद्रीय निधि प्रमुख के पति श्री दिवाकरजी सुदर्शनजी के सहपाठी थे। भारतीबाई यहाँ हैं, ऐसा पता चला तो उनसे संपर्क किया। उनको 'वहिनी' नाम से संबोधित किया करते थे और वह रिश्ता निभाया भी।

अनुभव बड़ी चीज होती है

वर्ष 2005 में समिति के अखिल भारतीय सम्मेलन का स्थान था खापरी। भूमि-पूजन माननीय मोहनजी ने किया। बाद में माननीय सुदर्शनजी वहाँ आए और हर एक विभाग की व्यवस्था देखी तथा कुछ सूचनाएँ दीं।

प्रचारक जीवन का उन्होंने एक अनुभव बताया। एक शिविर था। व्यवस्था के समय तय किया कि सब लोग नदी पर स्नान करेंगे। अत: शिविर स्थान पर स्नान की कुछ व्यवस्था नहीं करनी पड़ेगी और ऐसा सोचकर समय-सारिणी बना दी है। यह ध्यान में नहीं आया कि नदी पर आने-जाने का समय भी ध्यान में लेना चाहिए। पहले ही दिन गड़बड़ हो गई। फिर सुधार किया—'अनुभव बड़ी चीज होती है। केवल सिद्धांत जानने से काम नहीं होता है', ऐसा कहते थे।

वे पहले सतना में प्रचारक थे। इस सम्मेलन से पूर्व अपने पूर्व कार्यक्षेत्र में बहनों के सम्मेलन में आने का आग्रह उन्होंने योजनापूर्वक किया। सम्मेलन स्थान पर ही उनका निवास था। सुबह जल्दी उठकर मध्य प्रदेश के नगर में पैदल जाकर कौन-कौन बहनें आई हैं, इसकी पूछताछ की और उनसे मिलकर बातचीत की।

उनके नित्यक्रम के अनुसार सम्मेलन स्थल पर भी वे जल्दी उठे। स्नान के लिए गरम पानी ले जाने लगे। एक प्रबंधिका दौड़कर आईं। उन्होंने बताया, 'तुम भी गरम पानी नहीं ले जाओगी, न प्रबंधक को जगाओगी। वे देर रात तक जागते रहे हैं', और स्वयं ही पानी की बालटी लेकर गए।

स्त्री और पुरुष दोनों पंखों का बलवान् होना आवश्यक

समिति के बारे में उनकी भावना वर्ष 2005 की स्मारिका 'राष्ट्रपिता' में उनके लेख में व्यक्त हुई है—'स्वामी विवेकानंदजी बोले—गरुड़ पक्षी कितना भी बलवान् क्यों न हो, उसे उड़ने के लिए दो सशक्त पंखों की आवश्यकता होती है। वह एक पंख के सहारे उड़ नहीं सकता है। अत: भारत रूपी गरुड़ पक्षी को यदि उड़ान भरनी है तो स्त्री और पुरुष दोनों पंखों का बलवान् होना आवश्यक है।

'यह कोई सहज संयोग नहीं हो सकता कि उस सिंह पुरुष के सबल, सक्षम, समुन्नत भारत के स्वप्न को पूरा करने के लिए दो महान् आत्माओं ने जन्म लिया, जिन्होंने पुरुष और स्त्री—इन दोनों पंखों को सशक्त बनाने के लिए दो प्रभावी संगठनों को जन्म दिया। एक थे नागपुर के डॉ. केशव बलिराम हेडगेवार, जिन्होंने सन् 1936 में विजयादशमी के दिन राष्ट्र सेविका की स्वराज्य एवं स्वदेशी की अवधारणाओं को लोकमान्य तिलक को आत्मसात किया। दोनों ही 'केसरी' के नियमित पाठक थे। दोनों ने ही महात्मा गांधी के असहयोग आंदोलन में भाग लिया था।'

इस पर टिप्पणी की आवश्यकता नहीं। वह पूरा लेख ही इस दृष्टि से वाचनीय एवं मननीय है। हम सभी बहनों का उनकी पुण्य स्मृति में सादर प्रणाम।

□

वे सुदर्शन भी थे, सुवचन भी थे

–रघु ठाकुर
प्रख्यात समाजवादी चिंतक

सुदर्शनजी नाम से भी सुदर्शन थे और चेहरे से भी। मैं जब अक्तूबर 1975 में जबलपुर जेल से स्थानांतरित होकर इंदौर सी.आई. जेल पहुँचा, तब सुदर्शनजी भी इंदौर जेल में ही थे। समाजवादी नेता मामा बालेश्वर दयाल, ओम प्रकाश रावल, कन्हैयालाल डूँगरवाल, मंदसौर के पूर्व सांसद श्री लक्ष्मी नारायण पांडेय, भगीरथ भँवर, श्री सुंदरलाल पटवा, श्री कैलाश जोशी, शील कुमार निगम, राजेंद्र धाकड़, उमाशंकर त्रिवेदी, नीमच, शास्त्रीजी, इंदौर, कामरेड मोतीलाल शर्मा ग्वालियर, काका दौलत सिंह, संतोष गावड़े, उमराव सिंह बागी, शंकर कानूनगो, हिंदू सिंह, परमार, तेजसिंह सैंधव, विमल चंद्र, रमेश शर्मा, सनावद, महाजन, बंकिमचंद्र जोशी, खरगौन आदि इसी सी.आई. जेल में थे। कुछ दिनों के पश्चात् श्री लक्ष्मी नारायण नायक, निवाड़ी, जगदंबा निगम, छतरपुर, मातादीन चौरसिया, महाराजपुर आदि भी स्थानांतरित होकर इंदौर जेल में आए थे।

इंदौर की सी.आई. जेल लगभग पूरी मीसाबंदियों से भरी थी। केवल जेल की ओर से काम करनेवाले कर्मचारी एवं कुछ बंदी ही वहाँ प्रवेश करते थे।

सुदर्शनजी की दिनचर्या बहुत ही नियमित और संयमित थी। उस समय वे संघ के राष्ट्रीय बौद्धिक प्रमुख थे। सुबह उठकर प्रात: नियमित शाखा लगाना, फिर कुछ स्वाध्याय उनका नियमित अभ्यास था। वे नियमित सभी मीसाबंदियों से संपर्क रखते थे और किसको क्या परेशानी है या उनके परिवार में क्या परेशानी है, इसकी भी जानकारी प्राप्त करते थे। वे परिवारवाले मीसाबंदियों को तसल्ली दिलाते थे और अपने नियमित संपर्कों तथा बातचीत से उन्हें मजबूत बनाते थे।

वे एक निस्पृह इनसान थे, जिनके मन में किसी प्रकार की कोई लालसा या महत्त्वाकांक्षा नहीं थी। उनकी जरूरतें बहुत ही सीमित थीं। इंदौर जेल में तीन लोग

अमूमन लुंगी और बनियान में अधिकांश समय गुजारते थे। उनमें सुदर्शनजी, मैं और बड़वानी के पंड्याजी थे। वे मितभाषी व मृदुभाषी थे। उन्हें विचारधाराओं से परहेज नहीं था, बल्कि उनके रिश्ते जितने संघ परिवार के लोगों से मधुर थे, उतने ही समाजवादियों से भी, और यहाँ तक कि जेल में बंद जमाते-इसलामी के लोगों से भी। बावजूद इसके कि उनका वैचारिक आधार हिंदुत्व का था और जमाते-इसलामी इसलाम के माननेवालों का मजहबी संगठन था, परंतु उनके मन में विचार-भिन्नता के बावजूद कोई वैयक्तिक भेदभाव नहीं था।

वे एक कुशल वक्ता थे और संघ दर्शन के व्याख्याकार थे। जेल में उन्होंने संघ दर्शन और राष्ट्रवाद की अपनी कल्पना व विचार को लेकर लगातार तीन दिनों तक प्रतिदिन लगभग एक घंटे के हिसाब से भाषण दिया था। हम लोग अपने-अपने अनुभवों और विचारों के आधार पर बात रखते थे तथा रोज शाम को 4 से 6 बजे के बीच मीसाबंदियों की सभा आयोजित होती थी। उनकी भाषण शैली तार्किक और प्रभावित करनेवाली थी। जेल में लोग जेल की अनिश्चित अवधि से घबरा न जाएँ, इसलिए कुछ लोग 'पुड़िया मंत्र' का इस्तेमाल करते थे, यानी सुनियोजित ढंग से कभी मुलाकात से लौटने के बाद और कभी प्राप्त पत्रों के आधार पर, कभी रेडियो के समाचारों के आधार पर योजनापूर्वक यह खबर फैलाते थे कि अब जल्दी रिहाई होने वाली है, ताकि घबरानेवाले मीसाबंदियों को कुछ समय के लिए ऑक्सीजन और मिल जाए। हम लोग इस 'पुड़िया मंत्र' के खिलाफ थे और लोगों को झूठी तसल्ली देने के खिलाफ थे। हम कभी-कभी अपने इस हठ पर कटु भी हो जाते थे; परंतु सुदर्शनजी की शैली कटुता को बचाकर चलने की थी। वह न निराश होते थे और न हताश और न ही आक्रामक होते थे; बल्कि वह सदैव परिवार के बुजुर्ग या शिक्षक के समान घबरानेवालों को तसल्ली देते थे।

जब कुछ लोगों ने माफीनामे लिखकर पैरोल माँगना शुरू किया तो हम लोगों को यह बहुत आपत्तिजनक एवं अपमानजनक लगता था। कई बार हम ऐसे मित्रों की जमकर आलोचना भी करते थे, परंतु सुदर्शनजी ने उनके बचाव में एक बड़ा मजबूत तर्क दिया, जिसका उत्तर मैं न तब खोज पाया था और न अभी तक खोज पाया। उन्होंने कहा कि जिसकी जितनी क्षमता है, उसने उतना दे दिया। अगर कोई व्यक्ति सौ रुपए दान करना चाहे तो वह सौ रुपए दान करे, पचास रुपए दान करना चाहे तो पचास रुपए दान करे, पच्चीस रुपए दान करना चाहे तो पच्चीस रुपए दान करे। आखिर वह अपनी क्षमता के अनुसार दे ही तो रहा है। हम किसी से उसकी क्षमता से अधिक अपेक्षा क्यों करें? उनके इस तर्क से मेरा मन और विचार सहमत नहीं थे; परंतु उनका तर्क अकाट्य था और उनके इस तर्क ने संघ परिवार के लोगों में आपसी एकता और सद्भाव को कायम रखा। उनके ये तर्क मुझे उस समय ठीक नहीं लगते थे। हो सकता है कि मेरी उस समय

की उम्र, संगठनात्मक अनुभव की कमी और डॉ. राममनोहर लोहिया के विचारों की प्रखरता भी इसका कारण रही हो; परंतु मैं उनके इस तर्क का उत्तर आज तक नहीं खोज सका, बल्कि पिछले दो दशकों में मैंने उनके तर्क की प्रासंगिकता को गहराई से महसूस किया। समाजवादी विचारधारा का यही आधार रहा है कि अपनी क्षमता भर समाज को दो और अपनी जरूरत के अनुसार समाज से लो।

सुदर्शनजी मनसा-वाचा-कर्मणा मुझे समाजवादी जैसे ही लगते थे। केवल उनकी हिंदू राष्ट्र की रेखा हमारे बीच की विभाजक रेखा थी। हालाँकि उनकी परिभाषा के अनुसार वे किसी भी कट्टरपंथ के खिलाफ थे और यही कारण था कि जमाते-इसलामी के बंदियों से भी उनके वैसे ही आत्मिक संबंध थे, जैसे संघ परिवार के लोगों से या समाजवादियों से थे।

निजी बातचीत में हम लोग उनसे काफी तर्क करते थे और कभी-कभी वैचारिक आलोचना भी करते थे; परंतु उन्होंने कभी भी कोई भेदभाव या द्वेष न पाला, न प्रकट किया।

वे स्वदेशी की अवधारणा के प्रबल समर्थक थे और डॉ. लोहिया की कल्पना के अनुसार भाषा, भूषा एवं भवन के उपयोग में पूर्णतः स्वदेशी थे। जब वे संघ के सरसंघचालक बने, तब भी उन्होंने अपने स्वदेशी आग्रह को कभी नहीं छोड़ा, यहाँ तक कि जब एन.डी.ए. की सरकार बनी, श्री अटल बिहारी वाजपेयी प्रधानमंत्री बने और एन.डी.ए. की सरकार ने प्रतिबंधित वस्तुओं के आयात को समाप्त करना शुरू किया, तब भी उन्होंने और दत्तोपंत ठेंगड़ी ने अपनी असहमति व्यक्त की और सरकार की आलोचना भी की। जेल में हमने उन्हें कुछ पुस्तकें डॉ. लोहिया की पढ़ने को दी थीं। हो सकता है कि उन्होंने उनके अलावा भी लोहिया को पढ़ा हो और जाना हो, क्योंकि हमारे पास जेल में स्वतः बहुत कम पुस्तकें थीं; परंतु अपने भाषणों और काम से वे हमें लोहिया के विचारों से प्रभावित और करीब नजर आते थे। राष्ट्रीयता और राष्ट्रवाद भी हम लोगों के बीच एकता का प्रमुख केंद्र-बिंदु था। यद्यपि वे समाजवाद और साम्यवाद को परकीय विचारधारा मानते थे, परंतु जब हम लोहिया की कल्पना के भारतीय समाजवाद की चर्चा करते थे तो उसे वह संपूर्णतः राष्ट्रीय ही मानते थे। छोटी मशीन, देशज चिकित्सा, प्राकृतिक चिकित्सा आदि पर भी हमारे विचारों में बहुत साम्य था। उनका स्वभाव समन्वयवादी था और वे निरंतर जोड़ने के बिंदु देखते थे। यद्यपि वे जनमना कन्नड़ भाषी थे, परंतु हिंदी पर उनका एकाधिकार था तथा वे हिंदी के प्रबल समर्थक और प्रयोगकर्ता भी थे।

यद्यपि कुछ सवाल मेरे लिए अनुत्तरित रहे और किन्हीं कारणोंवश हम उनसे निजी तौर पर वह प्रश्न नहीं पूछ सके। म.प्र. में पंचायतों में सीमित परिवार के लिए चुनाव

लड़नेवालों को दो बच्चों की सीमा निर्धारित की गई थी। सुदर्शनजी ने इसे विधानसभा, लोकसभा और अन्यत्र बढ़ाने के बजाय इस सीमा को हटाने की बात की और म.प्र. से हटवाया भी। मेरे मन में यह जिज्ञासा तब भी थी कि उन्होंने यह क्यों किया? हो सकता है कि उनके पास कोई तार्किक उत्तर होता, परंतु फिलहाल मेरा प्रश्न अनुत्तरित है और मैं परिवार नियोजन के पक्ष में हूँ और वे परिवार नियोजन के उस प्रतिबंध को हटाने के। उनका विश्वास पुनर्जन्म में था, मेरा नहीं है। अगर उनका विश्वास सही सिद्ध हुआ तो हो सकता है कि भविष्य में इसका उत्तर उनसे मिले और या वे मेरी बात से सहमत हों और अगर मेरा विश्वास सही सिद्ध हुआ तो इस प्रश्न का निराकरण और कौन सा तर्क सही था, का निर्णय भावी समाज करेगा।

वह जीवन-शैली में गांधी के, विचारों में लोहिया एवं दीनदयाल उपाध्याय के करीब थे तथा संगठन शैली में संघ परिवार के तो थे ही। कुल मिलाकर वे सभी के थे। सच्चे भारतीय, समूचे भारत के।

□

एक साधारण स्वयंसेवक, जो सचमुच असाधारण था

–अनुपम

क्षेत्रीय संगठन मंत्री, भारतीय मजदूर संघ, उ.प्र.,

(श्री सुदर्शनजी के पूर्व निजी सहायक)

यदि बाहर कहीं प्रवास नहीं है तो वह भोपाल समिधा कार्यालय में ही रहते थे। प्रात: 10–12 बजे तक लोगों से मिलने–जुलने में या साहित्य अध्ययन में बीतता था। भोपाल में काफी लोगों को समय देना पड़ता था। भोजन (दोप.) के पूर्व और बाद में सभी से मिलने का समय मिलता था, परंतु सायं शाखा का समय होने पर यदि किसी से वार्त्ता हो रही है तो उससे कहते कि अब शाखा पर चलकर बात करेंगे। कई बार तो वह सायं शाखा पर ही बात करते–करते बीच में ही उठकर स्वयं गण का कार्यक्रम लेने लगते थे। छोटी–छोटी बातों को सिखाना, एक आनंद–मस्ती का वातावरण रहता था। बाल स्वयंसेवक तो उनके साथ इतने समरस हो चुके थे कि मानो सभी दूरी–भेद समाप्त हो गए हों। बाल स्वयंसेवकों की मस्ती उनके साथ देखते बनती थी। एक–एक स्वयंसेवक की व्यक्तिगत चिंता करते, प्रत्येक के घर जाकर उसका हाल–चाल लेते थे। शाखा के सामने अपना एक नेपाली स्वयंसेवक था। उसके माता–पिता से मिलने उसके छोटे से कमरे में, जहाँ वह उन्हें ले जाने में संकोच कर रहा था, फिर भी उनसे वहाँ जाकर मिले। उन सभी का संकोच दूर हुआ।

सेवा बस्तियों में

सेवा बस्ती से आनेवाले स्वयंसेवकों के उस सेवा बस्ती की झोंपड़–पट्टी में, गंदे नाले के रास्ते से अँधेरे में ही उनके घरों में संपर्क के लिए चल पड़ते थे। उनकी विशेष जेड सुरक्षा होने के कारण सभी सुरक्षा अधिकारी अचानक उन बस्तियों में जाने से बहुत ही

परेशान हो जाते थे। पूजनीय सुदर्शनजी पैदल ही चल पड़ते थे, बाकी अमला पीछे-पीछे दौड़ता था। उन सँकरी व गंदी नालियों के रास्तों के बीच चलकर उन सेवा बस्ती के बीच स्वयंसेवकों के घर में जाकर संपर्क करते थे। स्वयंसेवकों से पूछते कि आज शाखा क्यों नहीं आए? उस समय क्या कर रहे थे? इस पूछताछ में वे शाखा की विशेषता सरल शब्दों में बताते थे। कई बार स्वाभाविक यही अनुभव आता था कि सेवा बस्ती के स्वयंसेवकों में उतनी गंभीरता नहीं होती थी, फिर भी सुदर्शनजी उन्हें छोटी-छोटी कथा बताते, संघ के गण गीत सिखाते थे। कई बार उनके बीच में आधा या एक घंटे तक उस सेवा बस्ती में ही रहते थे। उनके माता-पिता के लिए भी यह सौभाग्य था, गौरव की बात थी; परंतु शायद वह भी इस गंभीरता को नहीं समझ सकते थे। उन्हें पता नहीं था, यह महामानव कौन है?

जब उन्होंने सेवा बस्ती में चाय पी

एक बार श्री शोभितजी, जो अपने ही शोभित विश्वविद्यालय (मानद वि.वि.) के कुलाधिपति हैं, वह भी सायं शाखा में संपर्क के लिए आए थे। शाखा विकिर होने के पश्चात् उन्हें लेकर पूज्य सुदर्शनजी उसी समिधा सायं शाखा की सेवा बस्ती में गए। एक स्वयंसेवक के घर पर जाकर बैठकर आस-पास के सभी स्वयंसेवकों को बुलाया और फिर श्री शोभितजी का परिचय कराया। सभी को स्वयं गीत सिखाने लगे। बाद में स्वयंसेवक की माँ ने सभी के लिए चाय बनाई, स्वयं चाय लेकर आईं। सुदर्शनजी चाय नहीं पीते थे, परंतु मैंने देखा कि स्वयं उन्होंने चाय पी और शोभितजी को भी उनकी अनिच्छा के बावजूद चाय पिलाई। शोभितजी यह दृश्य देखर अचंभित थे, क्योंकि यह उनकी कल्पना के बिल्कुल बाहर की बात थी, जिसकी चर्चा उन्होंने बाद में मिलने पर की।

सर्वथा अभेद दृष्टि

पूज्य सुदर्शनजी के मन में शायद 'भेद' शब्द का कोई स्थान न था। पहले का तो मैं नहीं जानता, परंतु उनके निजी सहायक की जिम्मेदारी मुझे जुलाई 2009 में मेरठ बैठक में प्राप्त हुई और धीरे-धीरे मैंने अनुभव किया कि उनके मन में सभी के प्रति समदृष्टि थी। जो भी उनके पास किसी कार्य के लिए आता था, यदि उनके पास तक पहुँच गया तो वे उसकी सहायता के लिए हर संभव प्रयत्न करते थे।

जब स्वामी लोधी को उन्होंने भोजन कराया

साध्वी उमा भारती के भाई, जो शायद उनके राजनीतिक विरोधी माने जाते थे, श्री स्वामी प्रसाद लोधी का फोन बार-बार आता कि मुझे पूज्य सुदर्शनजी से मिलना है। परंतु उनके बारे में जन-धारणा सहीं नहीं होने से मैं उन्हें टालता रहा। बहुत ज्यादा आग्रह होने पर भी मैं उन्हें नहीं बुला पाया। फिर अचानक दूरभाष पर ही उनकी वार्त्ता सुदर्शनजी से

हो गई। फिर उन्हें समय मिल ही गया और वे समिधा कार्यालय आ गए। फिर तो मुझे सुदर्शनजी से मिलाना पड़ा। वह उन्हें पहले से जानते थे। बड़ी ही आतुरता का समय हो गया। सुदर्शनजी ने उनसे भोजन के लिए आग्रह किया। वे तो संकोच कर रहे थे, परंतु पूज्य सुदर्शनजी के आग्रह को टालना उनके वश में नहीं था। अत: भोजन के लिए रसोई में उन्हें अपने बगल में बिठाकर बहुत प्रेम से अपने साथ भोजन करवाया। वह बहुत ही अभिभूत थे। वह दृश्य देखकर मैं आश्चर्यचकित था। यह इसीलिए संभव हुआ, क्योंकि मानव-मानव में भेद समाप्त था। सभी उनके लिए बराबर थे। इतना होने पर भी मैंने अपना कर्तव्य-बोध मानकर उनके जाने के बाद सुदर्शनजी से उनके कमरे में जाकर कहा कि उनके विषय में धारणा अच्छी नहीं है। इन पर विश्वास नहीं है। इसके बाद सुदर्शनजी ने कहा कि 'अरे भाई, मेरा काम व्यक्ति जोड़ने का है और मुझे अपना काम करना चाहिए। जो भी हमारे संपर्क में आएगा, उसे प्रयत्नपूर्वक अपने से जोड़ना ही चाहिए, व्यक्ति चाहे कोई भी हो।' उनका बड़ा मन, विशाल हृदय देखकर मैं बहुत प्रसन्न था।

चप्पलें बदलवाना बड़ा कठिन काम

बड़ी मुश्किल से मैं उनकी चप्पलें बदलने में सफल हुआ। ऐसा कि उनकी पुरानी चप्पल काफी खराब हो चुकी थी। उसे मेरे बदलने का आग्रह करने पर उन्होंने मना कर दिया। फिर अनेक प्रवास उसी से हुए। फिर से प्रयत्न शुरू हुआ। समिधा कार्यालय में पुराने ज्येष्ठ प्रचारक श्री अपरबल सिंहजी की बात वह अकसर मान लिया करते थे, सो मैंने उनसे आग्रह किया कि वह पूज्य सुदर्शनजी को उस पुरानी चप्पल को बदलने के लिए तैयार करें, क्योंकि कई बार पैदल चलने में पुरानी पड़ी कील भी कभी-कभी पैर में चुभ जाती थी। फिर अपरबलजी ने उनसे आग्रह किया कि अब सभी की इच्छा है कि इस चप्पल को बदल दिया जाए। उनके उस आग्रह को वह टाल न सके। कई चप्पलें मँगाई गईं, पर उन्हें पसंद नहीं आईं। फिर उन्होंने स्वयं दुकान पर चलकर ही चप्पल खरीदने का तय किया। जिस दुकान पर हम लोग गए, वह दुकानदार भी बहुत प्रसन्न था कि स्वयं पूज्य सुदर्शनजी उसकी दुकान पर थे, जिनसे मिलने के लिए शायद उसे बहुत परिश्रम करना पड़ता। अपनी पसंद की साधारण चप्पल लेकर हम लोग वापस आ गए। अपनी चप्पल में लाल रंग का एक फीता बाँधकर रखते, जिससे कि कहीं भी चप्पलों की भीड़ में वह दूर से ही पहचान में आ जाती थी। इन छोटी-छोटी बातों में भी उनकी अपनी एक दृष्टि होती थी।

साधारण स्वयंसेवक

'मैं एक साधारण स्वयंसेवक हूँ।' परमपूज्य श्रीगुरुजी का यह ध्येय वाक्य जीवन की साध में उन्होंने स्वयं पर सिद्ध किया। इस वाक्य को जीना कोई आसान काम नहीं।

निश्चित ही यह साधना का काम है और ऐसे ही सच्चे साधक थे अपने सुदर्शनजी। अनौपचारिक चर्चा तथा कई बार अपने बौद्धिक में भी उन्होंने उल्लेख किया कि 'मेरे पिताजी कई बार पूछते थे कि सुदर्शन, तुम सरसंघचालक कब बनोगे? तो मैंने कहा कि नहीं, यह बहुत बड़ी जिम्मेदारी है। मैं भला कहाँ बन पाऊँगा।'' किंतु जब मुझे सरसंघचालक का दायित्व मिला, तब पिताजी जीवित नहीं थे।' ऐसी भावनात्मक बातें उनके मन में चलती रहती थीं। किसी संगठन के सर्वोच्च पद पर पहुँचने के बाद और फिर उसके एक साधारण सदस्य (स्वयंसेवक) के नाते जिम्मेदारी वहन करना और उसी का व्यवहार करना, यह असामान्य है। सुदर्शनजी सरसंघचालक के दायित्व से निवृत्त होने के बाद एक साधारण स्वयंसेवक की तरह सभी अखिल भारतीय बैठकों में पूर्व में निर्धारित विशेष अधिकारियों की अग्रिम पंक्ति की कुरसियों पर कभी नहीं बैठे। स्वयंसेवकों की ही पंक्ति में अग्रसर के स्थान पर जमीन पर बैठते थे। बड़ी मुश्किल से उनके पास एक मसनद रख पाया। उन बड़ी बैठकों में अपनी बात माननीय सरकार्यवाह की अनुमति लेकर ही सभी के बीच में रखते थे, क्योंकि मैंने इससे पहले देखा था, पूर्व निवृत्त अधिकारियों के लिए अलग कुरसी और यदा-कदा माइक भी लगा रहता था। सुदर्शनजी ने इन सभी व्यवस्थाओं पर विराम लगा दिया था। उनके आचरण का शायद यही संदेश भी था कि मैं एक साधारण स्वयंसेवक हूँ।

□

तिब्बत के सच्चे मित्र और समर्थक थे सुदर्शनजी

–डॉ. कुलदीप चंद्र अग्निहोत्री
वरिष्ठ पत्रकार
हिमाचल प्रदेश

तिब्बत का प्रश्न राष्ट्रीय स्वयंसेवक संघ के लिए प्रारंभ से ही महत्त्वपूर्ण रहा है। तिब्बत भारत का मित्र ही नहीं, बल्कि भारत का भाई है। तिब्बत में ऐसा भी माना जाता है कि कुरुक्षेत्र के महाभारत युद्ध के बाद यहाँ से गए एक राजा रूपति ने ही तिब्बत को व्यवस्थित किया था। जिन देवी-देवताओं की पूजा तिब्बत में होती है, उन्हीं देवी-देवताओं की पूजा भारत में भी होती है। भारत की उत्तरी सीमाओं की सुरक्षा के लिए भी तिब्बत की महत्त्वपूर्ण भूमिका रही है। चीन और भारत के बीच विशाल तिब्बती क्षेत्र होने के कारण ही चीन भारत पर आक्रमण नहीं कर पाया। जिस समय तिब्बत का स्वतंत्र अस्तित्व समाप्त हुआ, उसी समय चीन ने सन् 1962 में भारत पर आक्रमण कर दिया। शायद भारत और तिब्बत के इन्हीं रिश्तों को देखते हुए सन् 1962 में राष्ट्रीय स्वयंसेवक संघ के द्वितीय सरसंघचालक श्रीगुरुजी गोलवलकर ने कहा था कि चीन ने भारत पर आक्रमण करके भारत के साथ कोई विश्वासघात नहीं किया, क्योंकि भारत के लोगों को कभी चीन पर विश्वास था ही नहीं। असली विश्वासघात तो भारत सरकार ने तिब्बत के साथ किया है; क्योंकि तिब्बत के लोगों को सदा से यह विश्वास रहा है कि यदि चीन की तरफ से कभी तिब्बत पर संकट आया तो भारत उनकी सहायता करेगा। लेकिन भारत सरकार ने संकट की घड़ी में तिब्बत का साथ न देकर उनके साथ विश्वासघात किया है। उसके बाद श्रीगुरुजी ने एक और महत्त्वपूर्ण बात कही। उनका कहना था कि इस विश्वासघात का प्रायश्चित्त भी भारत को ही करना होगा।

श्रीगुरुजी शताब्दी वर्ष में दलाई लामा से भेंट

वर्ष 2006 में श्रीगुरुजी का जन्म-शताब्दी वर्ष सारे देश में मनाया जा रहा था। जन्म-शताब्दी यानी उन्हें पैदा हुए 100 साल हो गए थे। इस संसार को छोड़े हुए भी 33 वर्ष हो गए थे, परंतु श्रीगुरुजी मरकर भी जिंदा हैं। तिब्बत के पठारों से उतर रहे दलाई लामा को कहीं-न-कहीं भारत में ऐसे महापुरुष की तलाश रही होगी, जो मरकर भी जिंदा रहे। इसी जन्म-शताब्दी वर्ष में यदि श्रीगुरुजी की व्यासपीठ पर बैठे श्री सुदर्शनजी धर्मशाला जाकर दलाई लामा से न मिलते तो क्या जन्म-शताब्दी वर्ष पूरा हो सकता था? सुदर्शनजी 25 अक्तूबर, 2006 को दलाई लामा से मिलने के लिए धर्मशाला पहुँचे थे। सन् 1962 में जब चीन ने भारत पर आक्रमण कर दिया था, श्रीगुरुजी ने दिल्ली के ऐतिहासिक रामलीला मैदान में लाखों स्वयंसेवकों को संबोधित करते हुए तिब्बत की मुक्ति का आह्वान किया था और भारत सरकार से गुजारिश की थी कि तिब्बत की निर्वासित सरकार को मान्यता दी जाए। उसके बहुत वर्षों बाद सुदर्शनजी ने निर्वासित तिब्बती सरकार के प्रधानमंत्री प्रो. सामदौंग रिम्पोछे को नागपुर में संघ के विजयादशमी कार्यक्रम की अध्यक्षता करने के लिए आमंत्रित किया था। प्रो. सामदौंग रिम्पोछे को दिया गया निमंत्रण ही प्रकारांतर से भारतीय जनता द्वारा निर्वासित तिब्बत सरकार को मान्यता का प्रतीक था। प्रो. रिम्पोछे इस अवसर पर अभिभूत थे। धर्मशाला में 'भारत-तिब्बत सहयोग मंच' के राष्ट्रीय प्रतिनिधि सभा के सम्मेलन के अवसर पर जब सुदर्शनजी पधारे तो उनका स्वागत करनेवालों में सबसे पहले प्रो. रिम्पोछे ही उपस्थित थे। यह किसी एहसान का बदला नहीं था। एक समान सांस्कृतिक प्रवाह से ओत-प्रोत दो देशों के प्रतिनिधियों का मर्मस्पर्शी मिलन था। उसके बाद सुदर्शनजी दलाई लामा से मुलाकात करने के लिए उनके निवास-स्थान पर गए। दलाई लामाजी सुदर्शनजी का स्वागत करने के लिए बाहर ही उपस्थित थे। सुदर्शनजी ने उन्हें हिमाचल की टोपी पहनाई। दलाई लामाजी ने सुदर्शनजी को तिब्बत की पावनता तथा आतिथ्य का प्रतीक खड्ग भेंट किया। इस रेशमी उत्तरीय से मानो श्रीगुरुजी के समय से तिब्बत के साथ संघ का जो हिमालयी संबंध जुड़ गया था, उसकी पुनः पुष्टि हुई। सुदर्शनजी पहले सरसंघचालक थे, जिन्होंने तिब्बत की समस्या पर विभिन्न दृष्टिकोणों से दलाई लामा से लंबी वार्त्ता की। दूसरे दिन अखबारों में लिखा कि दलाई लामा और सुदर्शनजी की इस ऐतिहासिक भेंट ने तिब्बत के प्रश्न को एक नया आयाम दिया है।

भारत-तिब्बत सहयोग मंच

'भारत-तिब्बत सहयोग मंच' के गठन की कथा भी अत्यंत रोचक है और इसमें भी सुदर्शनजी की ही मुख्य भूमिका रही थी। राष्ट्रीय स्वयंसेवक संघ तिब्बत-मुक्ति को

भारत के साथ जोड़कर ही देखता रहा है। चौथे सरसंघचालक प्रो. राजेंद्र सिंह भी दलाई लामा से मिलने के लिए धर्मशाला आए थे। प्रो. राजेंद्र सिंह के बाद श्री सुदर्शनजी संघ के सरसंघचालक बने; लेकिन इस मुकाम तक आते-आते देश में तिब्बत को लेकर उदासीनता की भावना जगने लगी थी। आम जनता की छोड़िए, नीति-निर्धारक भी तिब्बत के प्रश्न को इतना महत्त्वपूर्ण नहीं मान रहे थे और चीन की कुचालों को छिपाने का प्रयास किया जा रहा था। इसके लिए जरूरी था कि तिब्बत को देश की जनता से ओझल किया जाए।

सुदर्शनजी इस स्थिति के प्रति चिंतित तो थे ही, इसका समाधान भी ढूँढ़ रहे थे। श्री इंद्रेश कुमार ने उन दिनों जम्मू-कश्मीर और हिमाचल को एक करने का सुझाव दिया, जो इस प्रश्न पर देश भर में जनमत तैयार कर सके। एक दिन मुझे इंद्रेश कुमारजी का जम्मू से फोन आया कि श्री सुदर्शनजी जम्मू आने वाले हैं और तिब्बत के प्रश्न पर चर्चा करने के लिए आप कल जम्मू पहुँच जाएँ। यह शायद वर्ष 1999 के आरंभ की बात है।

भारत से निराश, चीन से भय

सुदर्शनजी उस समय सरसंघचालक नहीं थे। मैं जम्मू पहुँचा। सुदर्शनजी और इंद्रेश कुमारजी दोनों संघ कार्यालय में ही थे। तिब्बत के प्रश्न पर उनसे लंबी बातचीत हुई। सुदर्शनजी का मानना था कि भारत और तिब्बत सांस्कृतिक दृष्टि से एक ही अंतर्धारा से जुड़े हुए हैं। तिब्बत पर चीनी आक्रमण के समय भारत सरकार ने जो उदासीनता दिखाई, उससे दक्षिण-पूर्व एशिया के उन सभी देशों में, जो भारतीय संस्कृति से अनुप्राणित हैं, एक प्रकार से निराशा का वातावरण छा गया। भारत की स्वतंत्रता के उपरांत ये सभी देश भारत की ओर अत्यंत आशा भरी नजरों से देख रहे थे और इनकी इच्छा थी कि भारत इस पूरे क्षेत्र में नेतृत्व देने की स्थिति में आए। दक्षिण-पूर्व एशिया के अधिकांश देश चीन से भयभीत रहते हैं, क्योंकि चीन इनमें से अधिकांश को हड़प करने की हवस दिखाता रहता है।

सुदर्शनजी का यह भी कहना था कि इसलाम और ईसाइयत जैसे संप्रदायों ने किसी-न-किसी प्रकार से दुनिया के अधिकांश देशों को मतांतरित कर दिया है और वहाँ की स्थानीय संस्कृति व पूजा-पद्धति को समाप्त कर दिया है। उनका मत था कि बौद्ध मत को माननेवाले कुछ छोटे-मोटे देशों और भारत को छोड़कर अधिकांश देश मतांतरित हो चुके हैं। इसलिए हिंदुओं और बौद्धों को मिलकर समय रहते संस्कृति संरक्षण का कार्य करना चाहिए। दलाई लामाजी की इसमें महत्त्वपूर्ण भूमिका हो सकती है। सुदर्शनजी का कहना था कि तिब्बत के प्रश्न पर बौद्धिक चर्चा करने के साथ-साथ जनमत जाग्रत् करना भी अत्यंत आवश्यक है। इस लंबे विचार-विमर्श के बाद यह निर्णय किया गया कि 'भारत-तिब्बत सहयोग मंच' के नाम से कार्य शुरू किया जाए। 5 मई, 1999 को हिमाचल प्रदेश के धर्मशाला में 'भारत-तिब्बत सहयोग मंच' की स्थापना की गई।

विजयादशमी उत्सव में तिब्बत का प्रश्न

तीन-चार वर्षों में 'भारत-तिब्बत सहयोग मंच' का कार्य देश के अनेक हिस्सों में फैल गया। सुदर्शनजी बीच-बीच में इसकी गतिविधियों की खबर लेते रहते थे। राष्ट्रीय स्वयंसेवक संघ जिन छह उत्सवों को आधिकारिक तौर पर मनाता है, उसमें विजयादशमी का उत्सव सर्वाधिक महत्त्वपूर्ण है। विजयादशमी के दिन ही संघ की स्थापना हुई थी। विजयादशमी के दिन नागपुर में संघ की ओर से उत्सव आयोजित किया जाता है, जिसमें सरसंघचालक का उद्बोधन होता है। विश्व के सभी देशों की नजरें इस उद्बोधन पर लगी रहती हैं, क्योंकि इससे संघ की योजना और नीति के संकेत निकाले जाते हैं। वर्ष 2002 में इस उत्सव में मुख्य अतिथि के तौर पर निर्वासित तिब्बती सरकार के प्रधानमंत्री प्रो. सामदौंग रिम्पोछे को सुदर्शनजी ने आमंत्रित किया। अपने उद्बोधन में सुदर्शनजी ने तिब्बत के संबंध में अनेक मुद्दों पर संघ का मत स्पष्ट किया।

दलाई लामा का धैर्यपूर्ण अभियान

उन्होंने तिब्बत समस्या के समाधान के लिए दलाई लामा द्वारा किए जा रहे प्रयत्नों की प्रशंसा की और उनकी दिशा को उचित ठहराया। उन्होंने कहा कि तिब्बत की निर्वासित सरकार परम पावन दलाई लामा के आध्यात्मिक नेतृत्व में चल रही है। पूज्य दलाई लामा अहिंसात्मक मार्ग से चीनियों के मत-परिवर्तन के लिए अत्यंत धैर्य के साथ प्रयत्नशील हैं। उनका प्रयत्न उसी श्रेणी में आता है, जैसा संत एकनाथ का।

संत एकनाथ स्नान करके नदी से वापस आ रहे थे। सड़क पर एक हवेली के छज्जे पर बैठे पठान ने उनपर थूक दिया। संत एकनाथ बिना कुछ बोले नदी की ओर मुड़ गए और फिर स्नान किया। वापस आते वक्त फिर ऐसा ही कुछ हुआ। ऐसा 108 बार हुआ और संत एकनाथ ने 108 बार स्नान किया। अंत में पठान को ही लज्जा आई और उसने उनके पास जाकर क्षमा माँगी। परम पावन दलाई लामा ने संत का वही मार्ग अपनाया है। पर संत एकनाथ के साथ घटी घटना का एक दूसरा पहलू भी है। जब राग-द्वेष से परे संत एकनाथ पर वह पठान थूक रहा था तो बाकी का सारा समाज क्या कर रहा था? चुप रहकर दुष्ट का ही साहस बढ़ा रहा था। तिब्बत जैसे पूर्णत: अहिंसा के पुजारी देश पर अत्याचार हो रहे थे, तो बाकी दुनिया क्या कर रही थी?

भारत की पहल जरूरी

दुर्भाग्य से पठान यानी चीन क्षमा माँगेगा, ऐसा भी दिखाई नहीं देता। अलबत्ता छज्जा टूटने के आसार अवश्य बन सकते हैं। ऐसी स्थिति में सुदर्शनजी का मानना था कि भारत को आगे आकर तिब्बत के संतोषजनक समाधान के लिए नेतृत्व प्रदान करना चाहिए। दलाई लामा अपने बलबूते जितना कर सकते हैं, उतना कर रहे हैं; परंतु चीन पर

विश्व जनमत का दबाव आवश्यक है। सुदर्शनजी ने अपने उद्‌बोधन में फिर स्पष्ट किया कि परम पावन दलाई लामा के शांत व अहिंसक मार्ग ने विश्व जनमत को अपनी ओर मोड़ने में बड़ी भूमिका निभाई है।

अमेरिका के 43 सांसदों ने अपनी सरकार के सामने प्रस्ताव रखा है कि यदि चीन सरकार कुछ वर्ष ऐसा ही रवैया रखती है और दलाई लामा के साथ बातचीत के रास्ते तिब्बत समस्या का हल नहीं निकालती तो दलाई लामा के नेतृत्व में चलनेवाली तिब्बत की निर्वासित सरकार को वास्तविक सरकार के रूप में मान्यता दे देनी चाहिए। ठीक ऐसा ही एक प्रस्ताव कुछ समय पहले यूरोपीय संसद् अपनी सदस्य सरकारों के नाम पारित कर चुकी है। यह अनुकूल अवसर है, जब भारत को भी स्वराज्य के प्रश्न पर विश्व के समस्त देशों का समर्थन जुटाकर चीन सरकार पर दबाव बनाना चाहिए। सुदर्शनजी का यह संपूर्ण भाषण इसी अंक में 'विजयादशमी उद्‌बोधन' खंड में प्रकाशित है।

तिब्बत भारत का विस्तार

सुदर्शनजी ने अपने उद्‌बोधन में भारत और चीन के बीच चल रही वार्त्ता की ओर भी संकेत किया। लेकिन उन्होंने इन वार्त्ताओं में तिब्बत के प्रश्न को भी शामिल किए जाने की बात कही। उनके अनुसार, 'चीन और भारत यदि प्रतिस्पर्धा और संघर्ष का मार्ग छोड़कर सहयोग और समन्वय का मार्ग अपनाते हैं तो पाश्चात्य संस्कृति के स्थान पर पौर्वात्य संस्कृति को अपनाकर विश्व को नेतृत्व प्रदान कर सकते हैं; परंतु इसकी कसौटी होगी चीन के द्वारा अधिकृत भारतीय भू-भाग की मुक्ति और तिब्बत को स्वराज्य का अधिकार दिया जाना।'

तिब्बत के प्रश्न पर सुदर्शनजी भावात्मक रूप से कितना जुड़े हुए थे, यह इसी से सिद्ध होता है कि 25-26 अक्तूबर, 2006 को जब 'भारत-तिब्बत सहयोग मंच' ने अपना दो दिवसीय राष्ट्रीय सम्मेलन शुरू किया तो सुदर्शनजी उसमें दोनों दिन ही उपस्थित रहे। 25 अक्तूबर को सुदर्शनजी और दलाई लामा की भेंट धर्मशाला में उनके निवास-स्थान पर ही हुई। दलाई लामाजी ने उस भेंट में कहा कि, 'तिब्बत कोई वस्तु नहीं है। हम तो इसे भारत का ही विस्तार मानते हैं। भारतीय संस्कृति अध्यात्मवादी है। भारत गुरु है और तिब्बत शिष्य। आपकी सत्य और अहिंसा एवं प्रेम की संस्कृति हमारे लिए पूज्य है। श्री मोरारजी देसाई ने भारत और तिब्बत को एक ही वृक्ष की दो शाखाएँ बताया था। संघ परिवार सदा ही हमारे साथ रहा। हम आपका धन्यवाद करते हैं। अनेक दबाव आए, परंतु संघ सदैव साथ खड़ा रहा। परमपूज्य रज्जू भैयाजी के साथ मुलाकात में भी हमने यही अनुभव किया था और आज भी यही अनुभव कर रहे हैं।'

सुदर्शनजी ने दलाई लामा का आभार जताते हुए कहा कि चार आसुरी शक्तियाँ

विश्व भर में अव्यवस्था पैदा कर रही है और विश्व को तृतीय विश्व युद्ध की ओर धकेल रही हैं। ये शक्तियाँ हैं—चर्चनीति, जेहादी इसलाम, साम्यवाद-माओवाद और अमेरिका का उपभोक्तावाद।

भारत के उत्कर्ष का काल प्रारंभ

वर्ष 2011 से भारत का उत्कर्ष होगा और उसी समय विश्व भर की आध्यात्मिक शक्तियाँ विश्व में शांति-स्थापना का प्रयास करेंगी। इन शक्तियों में भारत और तिब्बत शामिल होंगे और परिणामस्वरूप फिर से विश्व में शांति की स्थापना होगी। सुदर्शनजी ने यह भी कहा कि हम तिब्बत की स्वाधीनता और सार्वभौमिकता के महत्त्व को समझते हैं। भारत की उस समय की सरकार ने काश, श्रीगुरुजी द्वारा दी गई चेतावनी पर ध्यान दिया होता! चीन के बाद सुदर्शनजी करमापा लामा से मिलने के लिए उनके मठ में गए। वहाँ उन्होंने अतिथि पुस्तिका में लिखा—'भारत और तिब्बत की आध्यात्मिक शक्तियों को दृढ़ विश्वास है कि आसुरी शक्तियाँ आपस में ही एक-दूसरे का नाश करेंगी एवं शीघ्र ही शांति और मांगल्य का विश्व में प्रसार होगा। पूज्य करमापा लामा को भी यही विश्वास है, जिसे उन्होंने व्यक्त भी किया है।

शक्ति-संग्रह जरूरी

दूसरे दिन धर्मशाला में मंच द्वारा आयोजित सार्वजनिक सभा को संबोधित करते हुए सुदर्शनजी ने कहा कि आज फिर से समय आ गया है कि एक ही कर्मभूमि, एक ही धर्मभूमि के अंदर रहनेवाले भारत और तिब्बत के लोग और आस-पास के जो अन्य पड़ोसी देश हैं—यहाँ पर इसी प्रकार के लोग हैं, जो धर्म में आस्था रखते हैं, जो अध्यात्म में आस्था रखते हैं—ऐसे सब लोगों को फिर से संगठित और बल-संपन्न होना पड़ेगा। शक्ति संगृहीत करनी पड़ेगी। कब मौका आएगा, नहीं आएगा, यह परिस्थिति पर निर्भर करता है। तैयारी हमारी चाहिए। तैयारी हो तो मौके का लाभ हम उठा सकते हैं।

जिन दिनों द्वितीय सरसंघचालक परमपूज्य श्रीगुरुजी का जन्म-शताब्दी वर्ष चल रहा था, उन दिनों मंच के संरक्षक श्री इंद्रेश कुमारजी ने मुझे 'श्रीगुरुजी और तिब्बत' नाम से पुस्तक लिखने के लिए कहा, जिसमें तिब्बत समस्या को रेखांकित करते हुए इस विषय पर राष्ट्रीय स्वयंसेवक संघ के वैचारिक अवदान को चिह्नित किया जा सके। पुस्तक की पांडुलिपि तैयार कर मैं उसे दिखाने के लिए श्री सुदर्शनजी के पास लेकर गया। उन्होंने मुझे कुछ दिन बाद इस पर चर्चा करने के लिए बुलाया, ताकि इस बीच वह पुस्तक को पढ़ सकें।

जब मैं पुनः उनके पास गया तो उन्होंने पुस्तक के बारे में कुछ स्थानों पर सुधार करने के लिए महत्त्वपूर्ण सुझाव दिए और अपनी ओर से पुस्तक की भूमिका भी लिखकर

दी। पुस्तक की भूमिका में उन्होंने लिखा था—'अपनी अवास्तविक आदर्शवादिता और अवांछनीय उदारता में सांस्कृतिक एवं भावनात्मक जिह्वा के साथ उसने भारत को भी ग्रसना प्रारंभ कर दिया और संसद् के दोनों सदनों के सर्वसम्मत प्रस्ताव के बाद भी आज तक हम अपनी भूमि पर हुए अतिक्रमण को भी जब हटा नहीं पाए तो उसके उदर में कसमसा रहे तिब्बत को, जिसे पचाने के लाख प्रयत्न करने के बाद भी आज तक चीन पचा नहीं पाया है, हम क्या स्वतंत्र करवा पाते ? जबकि भारत की सुरक्षा के लिए तिब्बत का स्वतंत्र होना अनिवार्य है, इसे भी हमारे सत्ताधारी आज तक नहीं समझ पाए हैं। और तो और, चीनी दानवासुर की अशमनीय भूख का आकलन भी हमारे नेता आज तक नहीं कर पाए, जिसके कारण आज नेपाल को भी उसके उदर में जाते हुए हम देख रहे हैं।'

भारत की सुरक्षा के लिए तिब्बत की आजादी जरूरी

'भारत-तिब्बत सहयोग मंच' के कार्यक्रमों में उनकी रुचि अंतिम क्षण तक बनी रही। बीच-बीच में जब भी कभी उनसे मिलना होता था तो मंच की गतिविधियों के बारे में रुचि लेकर पूछताछ करते रहते थे। यह उन्हीं के प्रयासों का फल था कि तिब्बत के प्रश्न को लेकर देश भर में एक बार फिर से चर्चा होने लगी। उनके देहावसान पर निर्वासित तिब्बती संसद् ने सर्वसम्मति से उनको श्रद्धांजलि देते हुए प्रस्ताव पारित किया और तिब्बती क्षेत्रों में भी उनके स्वर्गवास की खबर सुनकर गहरा शोक छा गया। निर्वासित तिब्बती सरकार की गृहमंत्री श्रीमती डोलमा गेयरी ने कहा कि तिब्बत ने अपना एक सच्चा समर्थक खो दिया है।

□

व्यक्तियों के विलक्षण पारखी थे सुदर्शनजी

–रोशनलाल सक्सेना
संरक्षक एवं मार्गदर्शक,
विद्या भारती, मध्य क्षेत्र, भोपाल

मैं राष्ट्रीय स्वयंसेवक संघ का स्वयंसेवक सन् 1943 में रीवा में बना। वहीं गटनायक से लेकर रीवा तहसील के कार्यवाह का दायित्व सँभाला। सन् 1954 में एम.एस–सी. करने के बाद रीवा में ही शासकीय कृषि महाविद्यालय में अध्यापन का कार्य करने लगा। सन् 1956–57 में पूज्य सुदर्शनजी रीवा विभाग के राष्ट्रीय स्वयंसेवक संघ के प्रचारक बनकर आए। मेरा संघ से संपर्क होने के कारण तथा हमउम्र होने के कारण दोनों का मित्रवत् व्यवहार रहा। विभाग के प्रवास से सुदर्शनजी रीवा जब भी रहते थे, मेरा उनके साथ अधिकतर समय व्यतीत होता था। हम एक–दूसरे के गुणों से धीरे–धीरे परिचित होने लगे। रीवा विभाग के 7 जिलों में कभी–कभी छुट्टियों में संघ के हर प्रकार के कार्यक्रमों में मुझे भेजते रहते थे। धीरे–धीरे मैं उनकी प्रतिभा से परिचित होने लगा। वे गीत, बौद्धिक, शारीरिक कार्यक्रमों में एवं हर प्रकार के कार्यक्रमों में दक्ष थे। उनका अध्ययन बहुत गहन था। संघ के हर कार्यक्रम में वे सबसे ऊपर दिखाई पड़ते थे। मित्रभाव धीरे–धीरे श्रद्धा में बदल गया। उनकी हर बात का मैं अक्षरश: पालन करने लगा। उन्होंने भी मेरे बदलते हुए भाव को परख लिया और अनेक कार्यभार देना प्रारंभ कर दिया।

शिशु मंदिर प्रारंभ करने की प्रेरणा

सन् 1952 में उत्तर प्रदेश में सरस्वती शिशु मंदिर (विद्यालय) प्रारंभ हो चुके थे। उस समय तक पुराने मध्य प्रदेश (आज का मध्य भारत, महाकौशल और छत्तीसगढ़) में कोई सरस्वती शिशु मंदिर नहीं था। निजी विद्यालय भी बहुत ही कम थे। पूज्य सुदर्शनजी ने मुझे शिशु मंदिर प्रारंभ करने का निर्देश दिया। मैंने यह काम सहर्ष स्वीकार किया, क्योंकि मैं शिक्षा से संबंधित था। उस समय से कॉलेज के पहले और कॉलेज के बाद

मैं सरस्वती शिशु मंदिर का काम करने लगा। कॉलेज का अध्यापन कार्य छोड़कर मैं घर से लगभग स्वतंत्र ही था।

धीरे-धीरे उन्होंने मुझे प्रचारक के रूप में ढालना शुरू कर दिया। आखिर 10 वर्ष की कॉलेज की सेवा करने के बाद कॉलेज से त्यागपत्र देकर मैं प्रचारक हो गया।

अक्तूबर 1964 से मुझे प्रचारक बना दिया गया और रीवा विभाग का संघ का कार्य तथा सरस्वती शिशु मंदिर का दायित्व दिया गया (पूज्य सुदर्शनजी को इसके पहले ही मध्य भारत प्रांत के प्रचारक का दायित्व दे दिया गया था।)

शिशु मंदिरों का विस्तार

रीवा विभाग में मैं संघ का काम करता था और साथ-ही-साथ सरस्वती शिशु मंदिर का भी विस्तार कर रहा था। सरस्वती शिशु मंदिर के लगभग 35 विद्यालय विंध्य क्षेत्र में हो गए थे। सरस्वती शिशु मंदिर की प्रसिद्धि सारे मध्य प्रदेश में हो रही थी, अत: मुझको सारे मध्य प्रदेश से सरस्वती शिशु मंदिर खोलने के लिए निमंत्रण आने लगे। रीवा विभाग से दूसरे क्षेत्र में जाकर सरस्वती शिशु मंदिर खोलने में भी मैं मदद करने लगा। इस तरह से पुराने मध्य प्रदेश (मध्य भारत, महाकौशल एवं छत्तीसगढ़) में सरस्वती शिशु मंदिर का विस्तार होने लगा।

सन् 1966 तक शिशु मंदिरों की संख्या काफी बढ़ जाने के कारण मुझे सरस्वती शिशु मंदिर का पुराने मध्य प्रदेश का पूरा दायित्व दे दिया गया तथा संघ कार्य से मुक्त कर दिया गया।

पूरे मध्य प्रदेश में लगातार 30 वर्ष प्रवास करने तथा आपातकाल में जेल जाने के कारण मुझे दिल की बीमारी हो गई। माननीय सुदर्शनजी ने मुझे लौकी के रस का प्रयोग करना बताया।

माननीय सुदर्शनजी का प्रांत प्रचारक से क्रमश: अखिल भारतीय दायित्व बढ़ता गया और वर्ष 2000 में वे सरसंघचालक हो गए। अखिल भारतीय प्रवास करते-करते उनको भी हार्टअटैक हुआ। पूज्य सुदर्शनजी हार्टअटैक से मुक्ति पाने के लिए लौकी के रस का तथा पिरामिड का प्रयोग करते रहे।

सन् 2008 में मुझे जबरदस्त हार्टअटैक हुआ। तब डॉक्टरों ने मुझे सलाह दी कि ऑपरेशन करना बहुत जरूरी है, अन्यथा बचना संभव नहीं होगा। मेरा ऑपरेशन हो गया, परंतु पूज्य सुदर्शनजी का लौकी के रस एवं पिरामिड का प्रयोग चलता रहा।

पहले तो बैठकों में मिलना होता रहा, परंतु सन् 2009 में सरसंघचालक के पद से स्वेच्छा से निवृत्त होकर उन्होंने एक साधारण स्वयंसेवक बनकर भोपाल में केंद्र बनाकर रहना प्रारंभ किया। मैं उनका वंदनीय जीवन होने के कारण भोपाल में अकसर उनके दर्शन करने जाता रहा।

संयोग से अंतिम दर्शन

ठीक होने के बाद मैं धीरे-धीरे प्रवास करने लगा। सितंबर 2012 में मैं बस्तर संभाग के सरस्वती शिशु मंदिरों को देखने गया। वहाँ से प्रवास पूरा कर रायपुर (छत्तीसगढ़) 15 सितंबर को लौटा तो पता चला कि पूज्य सुदर्शनजी रायपुर संघ कार्यालय में हार्टअटैक से स्वर्गवासी हो गए। मन को अत्यधिक पीड़ा हुई; परंतु विधि के विधान पर किसी का वश नहीं है। पार्थिव शरीर के दर्शन हुए। अपनी आँखें वे पहले ही दान देकर गए थे। पता नहीं, उनकी दृष्टि किस भाग्यवान् को मिली होगी!

□

वे परिपूर्णतावादी थे और सबको परिपूर्ण बनाने का सतत् प्रयत्न करते रहे

–प्रो. सदानंद दामोदर सप्रे
राष्ट्रीय सह संयोजक,
प्रज्ञा प्रवाह

संघ के कारण इस युग के जिन महापुरुषों से निकट का संबंध होने का सौभाग्य प्राप्त हुआ, परमपूज्य सुदर्शनजी उन्हीं में से एक हैं। उनके उद्बोधन सुनने का, उनकी बैठकों में उपस्थित रहने का और विभिन्न दायित्वों का निर्वहन करते समय अनेक अवसरों पर उनके साथ प्रवास में रहने का सौभाग्य तो प्राप्त हुआ ही था। सरसंघचालक के इस दायित्व से निवृत्त होने के पश्चात् उनका मुख्यालय भोपाल का प्रांतीय संघ कार्यालय 'समिधा' निर्धारित होने के बाद उसी कार्यालय में उनके साथ दो वर्ष से अधिक समय तक रहने का परम सौभाग्य भी मिला। प्रवास और निवास के कारण उन्हें निकट से देखने-समझने का अवसर मिला। उनकी जो असंख्य बातें याद हैं, उनमें से ही कुछ यहाँ प्रस्तुत हैं।

अन्य देशों में 'हिंदू' का व्यवहार

श्रीगुरुजी जन्म-शताब्दी के निमित्त सरसंघचालक के रूप में सुदर्शनजी का 2007 की मकर संक्रांति के अवसर पर केन्या में प्रवास हुआ था। उस समय वहाँ की राजधानी नैरोबी में हिंदू समाज की भव्य शोभायात्रा का आयोजन किया गया था, जिसमें पंथ-संप्रदाय और भाषा आधारित 30 से अधिक संगठनों व संस्थाओं ने बड़े उत्साह से भाग लिया। उसके समापन के अवसर पर हजारों की संख्या में उपस्थित जन-समुदाय को संबोधित करते हुए उन्होंने कहा कि अपने पंथ-संप्रदाय और भाषा का अभिमान रखने के साथ ही हमें अपनी 'हिंदू' पहचान को भी सदैव स्मरण रखना चाहिए और वर्ष में

कुछ अवसरों पर 'हिंदू' इस रूप में इकट्ठे होने चाहिए।

नैरोबी के मंदिर व्यवस्था से जुड़े लोगों के साथ वार्त्तालाप के समय उन्होंने कहा कि मंदिरों में वैभव का अत्यधिक प्रदर्शन ठीक नहीं। हिंदू की विशेषता विलासिता नहीं, सादगी है। साथ ही उन्होंने कहा कि स्थानीय अफ्रीकी समाज में अत्यधिक गरीबी है, अत: उनकी भलाई के कुछ काम प्रत्येक मंदिर समिति द्वारा हाथ में लेने चाहिए। संघ के कार्यकर्ताओं की बैठकों में भी उन्होंने स्थानीय समाज के लिए सेवा कार्य बढ़ाने पर बल दिया।

कार्यकर्ताओं के साथ हुए एक अनौपचारिक वार्त्तालाप में उन्होंने कहा कि भारत में बच्चों के लिए यत्र-तत्र और हितोपदेश जैसी जो संस्कारप्रद पुस्तकें हैं, उनका अफ्रीकी बच्चों के लिए उनकी भाषा 'स्वाहिली' में भाषांतर होना चाहिए या इसी प्रकार की नई पुस्तकें लिखी जानी चाहिए। इन पुस्तकों में अफ्रीका में पाए जानेवाले जानवर और पक्षियों के स्वभावों को ध्यान में रखकर लिखी कथाएँ भी सम्मिलित हों तो बहुत अच्छा रहेगा।

विक्टोरिया नहीं, लोलवा लेक

दूसरे देशों के स्थानीय समाज के लिए उनके मन में अपनेपन के भाव से उनका कितना अच्छा प्रभाव उन लोगों के मनों पर होता था, इसका प्रत्यक्ष दर्शन किसुमू नामक नगर में हुआ। उस नगर की महापौर, जो एक अफ्रीकी महिला थीं, से उनकी सौजन्य भेंट आयोजित की गई थी। उस भेंट के दौरान प्रारंभ में महापौर के नाते वे एकदम औपचारिक स्वरूप की थीं।

वार्त्तालाप के दौरान सुदर्शनजी ने वहाँ के अति विशाल सरोवर के सौंदर्य की प्रशंसा की और कहा कि इसका 'विक्टोरिया लेक' नाम तो अंग्रेजों का दिया हुआ है, इसका मूल नाम क्या है ? वहाँ बैठे हुए किसी को भी मालूम नहीं था। तब पीछे खड़े एक बुजुर्ग अफ्रीकी ने कहा कि उसका मूल नाम 'लोलवा' है। इस पर सुदर्शनजी ने कहा कि तब तो यह सरोवर इसी नाम से पहचाना जाना चाहिए, क्योंकि अंग्रेजों का दिया नाम तो गुलामी का परिचायक है। किसी दूसरे देश का व्यक्ति मेरे देश के राष्ट्रीय स्वाभिमान के बारे में इतना सोचता है, यह बात महापौर के हृदय को छू गई और उस समय तक केवल औपचारिकता के नाते बातें करनेवाली वह महिला अब हिंदू अफ्रीकी संस्कृतियों में समानता, भारत-केन्या में अच्छे संबंधों की आवश्यकता व संभावना जैसे विषयों पर खुलकर बातें करने लगीं और वहाँ बैठे अन्य अफ्रीकी अधिकारी भी, जो अब तक चुप थे, वार्त्तालाप में भाग लेने लगे। सौजन्य भेंट के लिए निर्धारित समयावधि समाप्त होने के उपरांत भी लंबे समय तक वार्त्तालाप होता रहा।

इस तरह उस केन्या प्रवास के दौरान परमपूज्य श्रीगुरुजी का कथन 'विश्व में कहीं भी जो हिंदू है, वह हिंदुत्व का सांस्कृतिक राजदूत है' सुदर्शनजी की वाणी और व्यवहार

में साकार रूप लिये हुए दिख रहा था।

अध्ययनशील एवं परिपूर्णतावादी

सुदर्शनजी की एक प्रमुख विशेषता थी उनकी अध्ययनशीलता। '60 के दशक में जबलपुर में वाद-विवाद का एक बहुत बड़ा आयोजन हुआ था, जिसे लेकर सारे शहर में उत्सुकता का वातावरण बन गया था और ऐसा क्यों न होता? क्योंकि जहाँ एक ओर सुदर्शनजी और महाकौशल प्रांत प्रचारक रामशंकर अग्निहोत्री थे तो दूसरी ओर थे जबलपुर के कुछ वरिष्ठ साम्यवादी विचारक।

हमारी शाखा संघ कार्यालय के पास होने के कारण हममें से अनेक बाल स्वयंसेवक प्राय: वहाँ जाते थे। उस आयोजन के कई दिन पहले से हमारा प्रतिदिन नित्य देखा हुआ एक दृश्य था—कार्यालय के एक कमरे में वे दोनों दरी पर बैठे हुए हैं। आस-पास पुस्तकें बिखरी हुई हैं और उनके पन्ने पलटते हुए वे कुछ लिख रहे हैं। कहने की आवश्यकता नहीं कि वाद-विवाद में दूसरे पक्ष की धज्जियाँ उड़ गईं।

कुछ-कुछ ऐसा ही अनुभव भोपाल के अध्यापक लक्ष्मणराव जोशी का है। भोपाल में आयोजित एक प्रांतीय बैठक में अखिल भारतीय अधिकारी के नाते सुदर्शनजी आए थे और उनका निवास जोशीजी के घर पर था। उन्होंने सोचा कि सुदर्शनजी से वार्त्तालाप करने का यह अच्छा अवसर है। परंतु ऐसा न के बराबर ही हो सका, क्योंकि जिस समय वे घर में होते, अध्ययन/लेखन में जुटे रहते थे।

उनकी इस अध्ययनशीलता के कारण वे सिख इतिहास, असम समस्या, इसलाम, ईसाइयत, धर्म, विकास-पथ आदि अनेक विषयों के ज्ञाता बने।

सुदर्शनजी की एक और विशेषता थी—उनका परिपूर्णतावादी होना। तृतीय वर्ष में जब मुझ पर बौद्धिक विभाग का दायित्व था, तब वर्ग में उनका आगमन हुआ। उनके कार्यक्रम लिखित रूप में उन्हें देने के लिए मैं उनके पास गया और थोड़ा रुका, तब उन्होंने मेरा हेतु समझकर कहा कि मेरा बौद्धिक हो जाने दो, फिर आराम से बैठकर बातें करेंगे। आगे दो दिनों तक उन्हें बौद्धिक की तैयारी (विभिन्न पुस्तकों में से बौद्धिक के लिए बिंदु और टिप्पणियाँ निकालना, उनका पुनर्लेखन करना इत्यादि) करते हुए ही देखा। उनका कहना था कि बौद्धिक के विषय को पूरी तैयारी के साथ सर्वोत्तम रीति से प्रस्तुत करना चाहिए।

परिपूर्णता के प्रति उनके आग्रह का एक प्रत्यक्ष अनुभव भी है। एक बार एक अंग्रेजी शब्द के लिए सटीक हिंदी प्रतिशब्द नहीं मिल रहा था। सुदर्शनजी के पास गया। उन्होंने दो-तीन मोटे-मोटे शब्दकोशों में खोजा, परंतु समाधानकारक शब्द नहीं मिल रहा था। अधिक समय लगता देख मैंने उनसे कहा कि निकटतम सही प्रतिशब्द से काम हो जाएगा; परंतु वे नहीं माने। फिर मुझे किसी कार्यवश जाना है, यह देखकर बोले, 'ठीक

है, तुम हो आओ, बाद में देखेंगे।' मैंने सोचा कि विषय समाप्त हो गया। परंतु दोपहर लगभग 2:50 बजे उनका बुलावा आया। उनके पास गया तो वे प्रसन्न मुद्रा में थे। मुझे देखते ही बोले, 'मिल गया तुम्हारा शब्द', फिर एक नया शब्दकोश खोलकर वह शब्द दिखाया और समझाया। भोजन के बाद विश्राम न करते हुए वह मेरे लिए एक शब्द खोज रहे थे। यह जानकर मैं अपना अपराध-बोध प्रकट करने लगा तो वे बोले, 'अरे, कोई बात नहीं। तुम्हारा शब्द तो मिल गया न!'

काम अधूरा नहीं छोड़ते

संघ की अखिल भारतीय बैठक में एक प्रस्ताव का प्रारूप हर बार की तरह उनके पास भेजा गया। रात को लगभग 10 बजे उन्होंने प्रस्ताव टोली को बुलाया और कहा कि अंग्रेजी प्रारूप ठीक नहीं है। फिर वह उसका एक-एक वाक्य ठीक करने लगे। इसमें तो बहुत समय लगने वाला था। अतः पूज्य सरसंघचालकजी को देर रात तक जागना न पड़े, इस विचार से उनसे कहा गया कि आप कृपया त्रुटियाँ बता दीजिए, सुधारित प्रस्ताव प्रारूप कल प्रातः आपको दिखा दिया जाएगा। परंतु वह बोले कि 'अभी ठीक हो जाएगा।' और एक-एक वाक्य में सुधार करते रहे। संपूर्ण प्रस्ताव ठीक हुआ, तब तक रात के 12 बज चुके थे।

शाखा में होनेवाले कार्यक्रमों की ओर वे बारीकी से ध्यान देते थे और प्रार्थना उच्चारण, आज्ञाएँ, आचार-पद्धति, शारीरिक-बौद्धिक कार्यक्रम इत्यादि में होनेवाली त्रुटियों को दूर करने का प्रयास करते थे। ऐसा करने का कारण स्पष्ट है। 'चलता है', ऐसा कहने का स्वभाव ही नहीं था उनका। वे परिपूर्णतावादी थे और चाहते थे कि अन्य लोग भी वैसे ही बनें।

अपने वरिष्ठों के प्रति आदर का भाव

सरसंघचालक बनने के बाद जब वह पहली बार भोपाल आए, तब उन्होंने आग्रहपूर्वक उस प्रवास में निजी भेंट का कार्यक्रम रखवाया। वह था श्री ओमप्रकाश कुंद्रा और श्री अयोध्या प्रसाद गुप्ता के घर जाना। कारण यह था कि जब सुदर्शनजी जबलपुर से प्रचारक के रूप में निकले, तब कुंद्राजी और गुप्ताजी वहाँ के प्रचारक थे। अतः उन दोनों के घर जाकर सुदर्शनजी ने उन्हें शॉल-श्रीफल प्रदान कर प्रणाम किया और उनका आशीर्वाद लिया।

सहज-सरल शिशु हृदय

सुदर्शनजी बहुत बड़े अधिकारी और उच्च कोटि के विद्वान् होते हुए भी व्यवहार में अत्यंत सहज व सरल थे। एकदम शिशु हृदय था उनका। केन्या प्रवास में जिस 'लोलवा' सरोवर का उल्लेख है, उसमें उनके नौका-विहार का कार्यक्रम रखा गया। आधे घंटे से

अधिक समय के नौका-विहार में सुदर्शनजी किसी शिशु की भाँति अपना आनंद प्रकट कर रहे थे। लग ही नहीं रहा था कि यही व्यक्ति संघ जैसे विश्व के सबसे बड़े स्वयंसेवी संगठन का प्रमुख भी है। किसुमु नगर से कुछ ही दूरी पर भूमध्य रेखा है, यह ज्ञात होने पर उन्होंने वहाँ जाने की इच्छा प्रकट की। वहाँ के कार्यकर्ता भी उन्हें वहाँ ले जाना चाहते थे; परंतु यह सोचकर बोले नहीं कि मालूम नहीं सुदर्शनजी को अच्छा लगेगा या नहीं! परंतु जब उन्होंने ही इच्छा प्रकट की तो तुरंत वैसा कार्यक्रम बना। उस स्थान पर जाने के बाद सुदर्शनजी का उत्साह देखते ही बनता था। भूमध्य रेखा को पार करते हुए वे कह रहे थे कि 'देखो, मैं एक ही पग में एक गोलार्ध से दूसरे गोलार्ध में जा रहा हूँ! लगता है कि मेरा पग वामन का पग बन गया है।'

मधुरम्-मधुरम्

मध्य भारत में प्रवास के समय एक कार्यकर्ता के घर उनका भोजन निर्धारित था। संघ के किसी बड़े अधिकारी द्वारा उनके घर भोजन करने का यह प्रथम ही अवसर था। अत: परिवार के सदस्यों के चेहरों पर आदर और धन्यता के भाव के साथ 'हमसे कहीं कोई चूक न हो जाए', ऐसे विचारवाला तनाव भी दिख रहा था। भोजन के बाद काटे हुए आम प्रस्तुत किए गए। सुदर्शनजी ने पूछा कि 'बिना कटे आम हैं क्या? आम का असली आनंद तो चूसकर खाने में है।' तुरंत वैसे आम लाए गए और सुदर्शनजी उन्हें आनंदपूर्वक चूसकर खाने लगे। देखते-ही-देखते परिवार के सदस्यों के चेहरों का तनाव चला गया और सब लोग आम के साथ सुदर्शनजी की मधुर बातों का भी रसास्वादन करने लगे।

सन् 2011 में मैसूर में उनके खो जाने की घटना के बाद 'समिधा' में उस विषय की चर्चा निकलने पर वह हँसते हुए कहते थे कि बिना कुछ किए हमें कितनी प्रसिद्धि मिल गई!

महाविद्यालयीन स्मृतियाँ

सुदर्शनजी व्यस्त न हों, ऐसे अवसर कम ही आते थे और प्रसन्नचित्त हों, तब उनसे सब प्रकार की बातें हो सकती थीं। इसी तरह के एक अवसर पर मैंने उनसे कहा कि अभियांत्रिकी महाविद्यालय के दूरसंचार विभाग में सन् 1953 के छात्रगण की कक्षा में जो छायाचित्र लगा है, उसमें उनकी संघ की नेकर और पट्टा स्पष्ट रूप से दिख रहा है। इस पर वह बोले कि 'मैं महाविद्यालय में एक दिन भी फुल पैंट पहनकर नहीं गया। नेकर या पाजामा पहनकर ही जाता था।' फिर मैंने कहा कि वहाँ तो सन् 1951 के छात्रगण से लेकर सभी वर्षों के छायाचित्र लगे हुए हैं। इस पर वह बोले कि पता नहीं मेरे परिचय में प्रथम छात्रगण स्वर्ण-पदक विजेता हुए, ऐसा क्यों कहा जाता है? मैं तो तीसरे छात्रगण से हूँ और स्वर्ण-पदक विजेता नहीं हूँ (उनके विस्तृत परिचय की

यह त्रुटि बाद में सुधार दी गई)। उनके महाविद्यालयीन जीवन के बारे में जानने का यह अच्छा अवसर है, ऐसा देखकर किसी भी ज्ञान के व्यावहारिक उपयोग में उनकी रुचि को देखते हुए मैंने उनसे पूछा कि आपके समय में व्यावहारिक प्रशिक्षण हुआ करता था क्या? वे बोले, 'हाँ, होता था। मैं उसके अंतर्गत मुंबई गया था। प्रशिक्षण आज के जैसा ही होता था। खाली समय बहुत मिलता था। मैं जहाँ रहता था, वहाँ शाम की शाखाओं में जाता था। संघ स्थान लगभग कचरे के मैदान जैसा था और शाखा में कम संख्या रहती थी। फिर मैंने शाखा के समय से पहले जाकर संघ स्थान की सफाई और पानी का छिड़काव करना प्रारंभ कर दिया। अब शाखा के कार्यक्रमों में अधिक आनंद आने लगा और उसकी संख्या बढ़ने लगी।'

सरसंघचालक बनने के बाद भोपाल में एक बार जबलपुर अभियांत्रिकी महाविद्यालय के पूर्व छात्रों के संघ ने उनका सत्कार करने के लिए एक कार्यक्रम आयोजित किया था, क्योंकि सुदर्शनजी भी वहाँ के पूर्व छात्र थे। उसमें 15 मिनट के अपने संक्षिप्त उद्‌बोधन में (चूँकि अन्य लोग भी उनसे पहले बोल चुके थे) उन्होंने अपने छात्र जीवन की कुछ स्मृतियाँ बताईं और देश के विकास में अभियंताओं की क्या भूमिका हो सकती है, इस पर अपने विचार रखे। सब लोग उस उद्‌बोधन से अत्यंत प्रभावित हुए। मेरे कुछ परिचितों ने तो बाद में यहाँ तक कहा कि उन्हें लग रहा था कि संघ के सरसंघचालक को पूर्व छात्र संघ के कार्यक्रम में बुलाया जाना ठीक था या नहीं, परंतु उनका उद्‌बोधन सुनने के बाद अब लग रहा है कि उन्हें बुलाना बहुत ही अच्छा रहा। उनके भाषण में हमें सोचने और करने के लिए बहुत कुछ मिला।

आदर्श स्वयंसेवक का अनुपम उदाहरण

सरसंघचालक के इस सर्वोच्च दायित्व से स्वयं निवृत्ति लेने के बाद सुदर्शनजी ने आदर्श स्वयंसेवक का अनुपम उदाहरण प्रस्तुत किया है। आवश्यकता और अखिल भारतीय/प्रांतीय योजना के अनुसार प्रवास करना (संयोग ऐसा है कि उनके जीवन का अंतिम संघ प्रवास, जहाँ से उन्होंने अपनी इस जीवन-यात्रा का प्रारंभ किया, उसी रायपुर में दिनांक 14.09.2012 की शाम को संपन्न हुआ और दूसरे ही दिन प्रातः वह इस जीवन के अंतिम प्रवास के रूप में बैकुंठ धाम की ओर चल दिए), भोपाल में तब महानगर की योजनानुसार विभिन्न शाखाओं में जाना (अधिकतर विद्यार्थी शाखा), किसी अन्य शाखा में जाना निर्धारित न हुआ हो तो कार्यालय के पास लगनेवाली सायंकालीन विद्यार्थी शाखा में जाना (उसे वे 'मेरी शाखा' कहते थे) और शाखा के बाद स्वयंसेवकों के घरों में संपर्क करना, भोपाल के अन्यान्य लोगों से मिलना (कभी उनके घर जाकर और कभी उन्हें कार्यालय में बुलाकर), कार्यालय में रहनेवाले बड़े-छोटे सबसे बात

करना, अध्ययन-लेखन करना, सुरुचिपूर्ण कार्यक्रमों को उनमें रस लेते हुए देखना तथा उनपर चर्चा करना इत्यादि बातों में वे व्यस्त रहते थे। निजी स्वास्थ्य से संबंधित बातों को उन्होंने कभी शिकायत के रूप में नहीं रखा। हाँ, कभी-कभी वह उन्हें विनोद के रूप में अवश्य रखते थे। कुल मिलाकर वे जहाँ भी होते, वहाँ उनके कारण आनंद और उत्साह का वातावरण बना रहता था और सीखनेवालों को उनसे बहुत सी बातें सीखने को मिलती थीं। परमपूज्य सुदर्शनजी जैसे महापुरुष द्वारा कही गई और की हुई बातों को अपने जीवन में जीते रहने का प्रामाणिक प्रयत्न करते रहने में ही उनके पुण्य स्मरण की सार्थकता है।

□

उनमें नवाचार और परंपरा का अद्‌भुत समन्वय था

–डॉ. सच्चिदानंद जोशी

कुलपति, कुशाभाऊ ठाकरे पत्रकारिता विश्वविद्यालय, रायपुर (छ.ग.)

सुबह का समय था, अखबार खोलकर पढ़ रहा था। श्री श्रीगोपाल व्यासजी की पुस्तक के लोकार्पण का समाचार था। कार्यक्रम में जा नहीं पाया किसी कारण से। सोचा, समाचार पढ़कर उस कार्यक्रम की पूरी रपट जान लूँ। नजरें टिकीं सुदर्शनजी के वक्तव्य पर। वह उस कार्यक्रम के मुख्य अतिथि थे। उन्हीं के कथन से उस समाचार का शीर्षक बना था। भाषण का सार पढ़कर मन में विचार आया कि सुदर्शनजी चुप बैठनेवालों में से नहीं हैं। मन की बात सार्वजनिक रूप से कहने में कोई गुरेज नहीं करते। आज जाकर जागृति मंडल में मिलूँगा उनसे तो पूछूँगा कि वह अपनी बात कहने में कोई भी संकोच क्यों नहीं बरतते? कई बार लोग उस बात की मूल भावना को समझे बिना उसका बतंगड़ बना देते हैं।…

विचार मन में ही था कि मोबाइल फोन बजा। देखा, एसएमएस पर सूचना थी—'सुदर्शनजी नहीं रहे'। एक तरफ समाचार-पत्र था, जिसमें कल के ही कार्यक्रम का समाचार था और दूसरी तरफ मोबाइल फोन का एसएमएस, जिसमें उनके अवसान का समाचार था। दोनों समाचार सुदर्शनजी से संबंधित थे। समझ में नहीं आ रहा था कि किसे सच माना जाए! जागृति मंडल फोन करने पर मालूम हुआ कि आज सुबह ही उनका देहावसान हो गया—शाखा से लौटने के बाद।

ऐसे जीवन को प्रणाम

किसी तरह अपने आपको सँभालते हुए जागृति मंडल पहुँचा। वहाँ पर हलचल

प्रारंभ हो गई थी। मैंने भी उनकी पार्थिव देह पर अपने श्रद्धा सुमन चढ़ाए और वहीं जागृति मंडल में एक कोने में बैठकर सोचने लगा, 'कैसा संयोग है! रायपुर के साथ उनका कैसा अद्भुत नाता था, जो उनके जीवन के हर महत्त्वपूर्ण क्षण में उन्हें यहाँ खींच लाता था, और संघ के प्रति समर्पण भी कैसा कि अंतिम समय तक संघ के स्वयंसेवक बने रहने का व्रत निभाया! ऐसे जीवन और ऐसे व्रती को प्रणाम।'

वर्ष 1972 या 1973 का समय था, जब पहली बार उन्हें देखा था। पिताजी ने सुदर्शनजी से भोपाल में मिलवाया था, तब मेरी उम्र रही होगी दस वर्ष। मैंने प्रणाम किया तो उन्होंने मेरे बारे में पिताजी से पूछा और मुझसे यह भी पूछा कि बड़े होकर क्या बनोगे? कुछ गोल-मोल सा जवाब दे दिया और छुटकारा पा लिया। दरअसल उस कच्ची उम्र में भी मैं उनकी अद्भुत वक्तृता और आभामंडल से इतना प्रभावित हो गया था कि उनके सामने कुछ न बोलना ही उचित समझा। उस पर से पिताजी ने बताया कि वे टेलीकम्युनिकेशन इंजीनियर थे और उसे छोड़कर वह संघ के प्रचारक बने तो उनसे बात करने में और भी घबराहट होने लगी थी। उनकी वाणी का प्रभाव कानों में गूँज रहा था और व्यक्तित्व की अमिट छाप मन पर अंकित हो चुकी थी। बचपन की उस अवस्था में यह आकर्षण घर कर चुका था कि इस व्यक्ति से एक बार और मिलना चाहिए, बार-बार मिलना चाहिए।

मित्रवत् व्यवहार

अगली बार जब वह मिले तो उन्होंने मेरे भय और संकोच को तोड़ते हुए मुझसे ऐसे बात की, जैसे वह मेरे समवयस्क मेरे मित्र हों और मुझे बरसों से जानते हों। इतने ज्ञानी और बड़े व्यक्ति को अपने से मित्र की तरह बात करते हुए देखकर मेरे मन का संकोच दूर हुआ और मैंने भी खुलकर उनसे बात की। तब मेरी उम्र ग्यारह-बारह वर्ष की रही होगी।

उसके बाद सुदर्शनजी से भोपाल में ही एक-दो बार भेंट करने का अवसर आया। हर बार पिताजी के साथ भेंट होती थी, इसलिए उनसे अलग से कभी बात करने का अवसर मिला नहीं; लेकिन हर बार लगता था कि इनसे लंबी बातचीत होनी चाहिए। बहुत सारी बातें, जो इनके ज्ञान कोष में हैं, उन्हें अधिक-से-अधिक बटोरना चाहिए। लेकिन ऐसा योग उस समय बना नहीं।

वर्ष 2005 या 2006 में दुर्ग में संघ का वर्ग लगा था और सुदर्शनजी तब सरसंघचालक थे। मैंने कुशाभाऊ ठाकरे पत्रकारिता एवं जनसंचार विश्वविद्यालय, रायपुर के कुलपति के रूप में कार्य करना प्रारंभ ही किया था। तब उनसे एक प्रदीर्घ

अंतराल के बाद भेंट का अवसर मिला। अपना परिचय सोमनाथ जोशीजी के पुत्र के रूप में दिया तो वह बोले—'पता है कि तुम सोमनाथ जोशीजी के बेटे हो।' फिर उन्होंने शारदा विहार प्रकल्प की बात की, पिताजी के बारे में बात की, आई के बारे में पूछा। फिर विश्वविद्यालय की परिकल्पना और अब तक की प्रगति की जानकारी ली। उसी समय उन्होंने एक महत्त्वपूर्ण मंत्र भी दिया, 'तकनीकी अवश्य सिखाओ, लेकिन उसके साथ अपने भारतीय मूल्यों की बात भी उतने ही जोरदार तरीके से सिखाओ। इसे विचारों का केंद्र बनाओ, उपाधियों का नहीं।' उनके ये शब्द कहीं घर कर गए और उसी मंत्र से विश्वविद्यालय का विकास करना प्रारंभ कर दिया।

विश्वविद्यालय में

सुदर्शनजी का उसके बाद आगमन हुआ हमारे विश्वविद्यालय के एक सेमिनार के निमित्त वर्ष 2009 में। उसमें सुदर्शनजी ने उद्घाटन वक्तव्य दिया था। सेमिनार आदिवासियों की दशा और दिशा पर था। सुदर्शनजी ने अपनी अद्भुत वक्तृता और ज्ञान से उस सेमिनार में होनेवाली चर्चा के लिए आधार-भूमि तैयार कर दी। बाद के सभी सत्रों में कहीं-न-कहीं, किसी-न-किसी रूप से सुदर्शनजी द्वारा दिए गए दिशा-दर्शन का प्रभाव स्पष्ट रूप से देखने को मिलता था। उसी सेमिनार के लिए एक दिन पूर्व हम सुदर्शनजी को कार्यक्रम का विवरण देने गए। राज्यपालजी का आगमन होना था, इसलिए पल-प्रतिपल का कार्यक्रम निर्धारित था। उस निमित्त हम सुदर्शनजी को यह भी संकेत करना चाहते थे कि उन्हें कितनी देर बोलना है। कार्यक्रम पढ़ते हुए उन्होंने पूछा, ''राष्ट्रगान कितने स्टेंजा का होगा? हम सकपका गए। हमारी ऊहापोह भाँपते हुए उन्होंने कहा, 'आपको मालूम है न कि 'जन-गण-मन अधिनायक जय हे' गीत के भी चार स्टेंजा हैं।' हमने कहा, 'लेकिन राष्ट्रगान के रूप में एक ही मान्य है। इसलिए एक ही स्टेंजा होगा।' 'वह ठीक है, लेकिन चारों गाए जाने चाहिए।' उन्होंने कहा और हमारा असमंजस देखकर बोले, 'नहीं, अभी की बात नहीं कर रहा हूँ। आगे कभी इस पर विचार करना।' हमने 'हाँ' कहा और राहत की साँस ली।

भाषण के बारे में समय का संकेत करने पर श्रीरंगजी बोले, 'आप चिंता न करें। उन्हें जितना बोलना है, उतना ही बोलेंगे। उन्हें कौन सीमाओं में बाँध सकता है?' सुदर्शनजी शायद 40 मिनट से भी ज्यादा बोले थे; लेकिन वह इतना प्रभावी था कि समय का किसी को पता नहीं चला।

सन् 2011 में भोपाल में एक कॉन्फ्रेंस माखनलाल चतुर्वेदी राष्ट्रीय पत्रकारिता विश्वविद्यालय ने की थी, जिसमें हमारे विश्वविद्यालय ने भी सहभागिता की थी।

उसके समापन में तिब्बत की निर्वासित सरकार के प्रधानमंत्री प्रो. सामदौंग रिम्पोछे का भाषण था। सुदर्शनजी उसे सुनने आए थे। भाषण के पूर्व चर्चा में उन्होंने सीधे रिम्पोछेजी से पूछा, 'आप भाषण अंग्रेजी में देंगे या हिंदी में?'

उन्होंने सकुचाते हुए कहा, 'अंग्रेजी में।'

'लेकिन आप तो हिंदी अच्छे से बोल लेते हैं। भाषण आप हिंदी में ही दीजिए। सबको अच्छा लगेगा।' सुदर्शनजी ने कहा। उनके प्रोत्साहन से उन्होंने अपने भाषण की शुरुआत हिंदी में ही की, जो चर्चा और प्रशंसा का विषय बना।

ज्यादा आराम नहीं चाहिए

स्वामी विवेकानंद सार्धशती समारोह समिति के कार्यक्रम के अवसर पर उनका एक बार रायपुर आगमन हुआ। कार्यक्रम के बाद वे निरंजन धर्मशाला में ही विश्राम के लिए रुक गए। उस दौरान उनसे कुछ बातें करने का अवसर मिला। तब उनके मैसूर में रास्ता भूल जाने का समाचार चर्चा में था। उनसे पूछा कि मामला क्या था? तो अपना ही मजाक बनाते हुए वे बोले, 'अरे, मुझे समझ नहीं पड़ा, कौन सी लाइन है, तो जरा चूक हो गई। बस, फिर क्या था, प्रेसवालों ने तिल का ताड़ बना दिया।' हमने कहा कि 'अब आपको थोड़ा आराम करना चाहिए' तो तड़ से बोले, 'जितना जरूरी है; उतना आराम करता हूँ, पर उससे ज्यादा आराम की जरूरत नहीं। शाखा जाने का नियम बना रखा है। उसे हर हाल में पूरा करता हूँ। उसी से शरीर और मन दोनों स्वस्थ रहते हैं, ठिकाने पर रहते हैं।'

शाखा जाना और पुराने कार्यकर्ताओं से मिलना, उनके घर जाना सुदर्शनजी ने अंतिम समय तक जारी रखा था। वे लोग सचमुच उनके अवसान पर भौचक ही होंगे, जिनके घर वह दो-चार दिन पहले गए होंगे, भोजन किया होगा या अल्पाहार किया होगा। जितना जीवंत उनका संपर्क था, उतने ही जीवंत वे स्वयं थे।

नवाचार और परंपरा के पोषक

वे संघ में कई नई परंपराओं के जनक थे और नई दृष्टि देने के लिए कटिबद्ध थे। वे नवाचार और परंपरा का अद्भुत समन्वय थे। सामाजिक समरसता के जो सूत्र उन्होंने संघ को दिए, वे भविष्य के लिए पाथेय हैं। उन्हें गए एक वर्ष पूरा हो रहा है, लेकिन उनकी स्मृति में कुछ भी लिखने के लिए कलम उठ ही नहीं रही है; क्योंकि अभी भी विश्वास करना कठिन है कि वे हमारे बीच नहीं हैं।

'श्रीमद्भगवद्गीता' के बारहवें अध्याय के चौदहवें श्लोक में कहा गया है—

संतुष्टः सततं योगी यतात्मा दृढ़निश्चयः।
मय्यर्पित मनो बुद्धिर्योमद्भक्तः स मे प्रियः॥

अर्थात् 'जो योगी निरंतर संतुष्ट है, मन व इंद्रियों सहित शरीर को वश में किए हुए है और मुझमें दृढ़ निश्चयवाला है, वह मुझमें अर्पण किए हुए मन-बुद्धिवाला मेरा भक्त मुझको प्रिय है।'

सुदर्शनजी ऐसे ही एक संतुष्ट, सतत् योगी थे, जिनका संपूर्ण जीवन हम सबके लिए एक प्रेरणा है।

□

सुदर्शनजी : गहरी बौद्धिक चेतना से युक्त अति संवेदनशील व्यक्तित्व

–असीम कुमार मित्र
वरिष्ठ पत्रकार, कोलकाता

वर्ष 1977 के अंत में या 1978 के प्रथम चरण में परम पूज्य कुप्पहल्ली सीतारामय्या सुदर्शनजी राष्ट्रीय स्वयंसेवक संघ के पूर्वांचलीय प्रचारक के नाते कलकत्ता में पधारे थे। उस समय पूर्वांचल की सीमा संघ की दृष्टि से बड़ी थी—बिहार, बंगाल, असम, त्रिपुरा, सिक्किम, अंडमान-निकोबार तथा उड़ीसा—सब इसके अंतर्गत था। संपूर्ण पूर्वांचल ही राजनीतिक, सामाजिक व आर्थिक समस्याओं से उलझा हुआ था। सही रूप से काम कर पाना बहुत सरल काम नहीं था। शायद यही कारण था कि सुदर्शनजी को ही इस जटिल तथा कठिन परिस्थितियों में काम करने के लिए भेजा गया था। उल्लेखनीय है कि उनके पहले माननीय भाऊराव देवरस एवं रज्जू भैया सरीखे संघ के वरिष्ठ तथा योग्य कार्यकर्ताओं को इस इलाके का दायित्व देकर भेजा गया था।

सुदर्शनजी मेरे गण शिक्षक

सुदर्शनजी मेरे लिए कोई नए अधिकारी नहीं थे। मैं उन्हें सन् 1959 से जानता था, क्योंकि उस वर्ष मैं संघ शिक्षा वर्ग की तृतीय वर्ष की शिक्षा लेने के लिए नागपुर पहुँचा था और उस वर्ग में सुदर्शनजी को मैंने गण शिक्षक के रूप में पाया। इसलिए संघ के अधिकारी से अधिक सुदर्शनजी मुझे एक सहयोगी मित्र प्रतीत हुए थे। यह उनका बड़प्पन था कि उन्होंने मुझे कई बार जरूरत से ज्यादा महत्त्व व स्नेह दिया।

समस्या के मूल में जाने का स्वभाव

शारीरिक व बौद्धिक दोनों ही विषयों में सुदर्शनजी बहुत ही पटु थे। संघ के अखिल भारतीय शारीरिक प्रमुख व अखिल भारतीय बौद्धिक प्रमुख तो थे ही, उनके अथाह ज्ञान

की तुलना कुछ इने-गिने लोगों से ही हो सकती थी। किसी भी विषय के मूल तक जाने का प्रयास करना, यह उनका स्वभाव था। इसीलिए हम देखते हैं कि असम में नारे लगाकर जब असम गण परिषद् (अ.ग.प.) ने आंदोलन शुरू किया तो मुसलमानों ने इसको मूल उद्देश्य से अलग केवल 'बंगाल खेदा' आंदोलन में रूपांतरित कर दिया। इसका दूरगामी परिणाम राष्ट्रीय हित की दृष्टि से बहुत ही खतरनाक था, क्योंकि असम से बंगाली हट जाना, यानी हिंदुओं की संख्या कम हो जाना और बँगलादेशी घुसपैठियों के सहारे असम को थोड़े ही समय के अंदर मुसलिम बहुसंख्यक राज्य बना देना कोई कठिन काम नहीं था।

असम को हिंदी-विहीन करने का मुसलिम षड्यंत्र

उस समय सुदर्शनजी ने आम असमिया लोगों को मुसलमानों द्वारा रचे गए षड्यंत्र का पर्दाफाश करते हुए इस सतर्क वाणी का उच्चारण किया, 'हिंदू-संगठन ही इस षड्यंत्र का सही जवाब है' इस षड्यंत्र के चलते हुए कुछ असमी लोगों को गुमराह करते हुए नया नारा दिया गया, 'अली, कुली, बंगाली—इन तीनों को असम से मार निकालो।' इसमें 'अली' यानी मुसलमान 'कुली' यानी बिहारी तथा बंगालियों को असम से खदेड़ने की बात कही गई थी। इसके पीछे भी मुसलमान ही था। कैसे था और क्यों था, इसका खुलासा भी सुदर्शनजी ने समझाया था।

पंजाब में उन दिनों चलनेवाले आतंकवादी तथा अलगाववादी आंदोलन के बारे में भी गहन अध्ययन करके पीछे की बात सबके सामने लाए तथा सबको इस विषय की सही जानकारी दी थी। एक-एक करके उत्तर-पूर्व सीमांचल के सभी राज्यों के बारे में सही दृष्टिकोण क्या होना चाहिए, इस विषय में उन्होंने अपनी सोच व्यक्त की थी।

दक्षिण कोलकाता कार्यालय में निवास

संघ के बौद्धिक विभाग की बैठकों में भी शारीरिक कार्यक्रम करवाने के विषय में सुदर्शनजी बहुत ही आग्रह करते थे। किसी भी बैठक में अपेक्षित संख्या तथा वास्तव में उपस्थित स्वयंसेवकों की संख्या में क्या अंतर है, इसका हिसाब वे जरूर लेते थे। पूर्वांचल के प्रमुख प्रचारक रहते समय उनका निवास था दक्षिण कलकत्ता स्थित कार्यालय। उत्तर कलकत्ता स्थित मूल कार्यालय में न रहने का एकमात्र कारण था कि वहाँ भीड़-भड़क्का बहुत था। वैसे, दक्षिण कलकत्ता का कार्यालय उनके लिए ठीक होने पर भी असुविधाएँ बहुत थीं। कई बार उनको नीचे से बालटी भरकर पानी ऊपर लाना पड़ता था। शौच व स्नान के बाद खाना भी कई बार खुद बना लेते थे। यह जानकारी डॉ. सुजित धर (जो उस समय महानगर के संघचालक थे) को प्राप्त होने पर उन्होंने केंद्रीय कार्यालय प्रमुख और अन्य कार्यकर्ताओं को बहुत डाँटा। फिर सुदर्शनजी को अपने ही घर पर रहने के लिए अनुरोध किया। सुदर्शनजी राजी नहीं हुए, परंतु दोनों समय डॉ. सुजित के घर पर

खाना खाने के लिए राजी हो गए। राजी होने का एक विशेष कारण यह था कि सुजित दा भी बुद्धिजीवी थे और उनके पास किताबें बहुत होती थीं। सुदर्शनजी उन पुस्तकों को पढ़ने के लिए वहाँ पहुँच जाते थे। भाभीजी सुदर्शनजी को बँगला सिखाती थीं। सुदर्शनजी धीरे-धीरे बँगला में बोलना और लिखना दोनों ही सीख गए।

संघचालक का वादा

वर्ष 2000 में सुदर्शनजी राष्ट्रीय स्वयंसेवक संघ के सरसंघचालक चुने गए थे। सरसंघचालक बनने के बाद उनका पहला कार्यक्रम कलकत्ता में था। सुबह महानगर के तरुण स्वयंसेवकों का सम्मेलन था। वहाँ कई बड़े दैनिक पत्रों के पत्रकार पहुँच गए थे, हालाँकि वहाँ किसी को प्रवेश नहीं दिया गया। मैं प्रचार प्रमुख था। पहले से ही यह मनाही थी कि कोई भी पत्रकार सुदर्शनजी से भेंटवार्त्ता नहीं करेगा। परंतु संघचालक डॉ. सुजित धर 'टाइम्स ऑफ इंडिया' के एक पत्रकार को पाँच मिनट के लिए सुदर्शनजी के साथ भेंटवार्त्ता करवाने का वायदा कर चुके थे। अब संघचालक की बात को सरसंघचालक न मानें, ऐसा भी तो नहीं हो सकता।

कितनी सरलता?

यह जब होना ही था, मैंने सुदर्शनजी से कहा कि पत्रकार सबसे पहले प्रोफेशनल होते हैं, इसलिए उनसे बहुत ही सावधानीपूर्वक बात करें। फिर मैंने यकायक उनको बताया, 'आप तो सबको संभावित स्वयंसेवक समझकर बात करते हैं। इसलिए कई बार जरूरत से ज्यादा बोलते भी हैं। पत्रकारों के साथ बात करते समय इसकी कोई गुंजाइश नहीं होनी चाहिए।' फिर मैंने यह भी कह दिया कि 'अधिकतर बातचीत 'यस' और 'नो' में होनी चाहिए।'

इतने में सुदर्शनजी बोले, 'वह पत्रकार जब आएगा, तुम मेरे पास ही रहना। बातचीत के दौरान तुमको अगर लगे कि मैं पटरी से उतर रहा हूँ तो तुरंत मुझे इशारा कर देना।'

ज्योति बसु को चुनौती

सरसंघचालक बनने के बाद कलकत्ता में दिए गए पहले ही भाषण में उन्होंने राज्य के मार्क्सवादी मुख्यमंत्री ज्योति बसु को चुनौती देते हुए कहा था, 'आपने संघ को गांधी-हत्या का दोषी कहकर आर.एस.एस. को बदनाम किया है। या तो आप इस वक्तव्य को वापस लें, नहीं तो हम अदालत में आपके विरुद्ध कार्रवाई करेंगे।' किसी पत्रकार द्वारा ज्योति बसु को यह जानकारी देते ही उन्होंने भरी पत्रकार सभा में कहा, 'मैंने ऐसा कुछ भी नहीं कहा। अगर किसी पत्र में यह छपा है तो यह मीडिया द्वारा प्रचारित है और सरासर गलत है।'

'जन-गण-मन' जॉर्ज पंचम के लिए नहीं लिखा

उन दिनों नई दिल्ली में साप्ताहिक 'पाञ्चजन्य' ने एक गोष्ठी का आयोजन किया था। वहाँ मैं भी आमंत्रित था। एक सत्र समाप्त होते ही चाय पर पत्रकारों से बातचीत हो रही थी। इतने में अंग्रेजी साप्ताहिक 'ऑर्गेनाइजर' के संपादक के.आर. मलकानी ने कहा, 'तुम चाहे कुछ भी कहो, मेरे पास इसका प्रमाण है कि रवींद्रनाथ टैगोर ने जन-गण-मन गीत अंग्रेज सम्राट् जॉर्ज पंचम के भारत-आगमन पर उनके स्वागत में ही लिखा था।' मैंने इसका प्रतिवाद किया। लेकिन मलकानीजी मानने के लिए तैयार नहीं थे। मैं अपनी बात बोलने के लिए प्रयास तो कर रहा था, परंतु उसकी सुनवाई नहीं हो रही थी। इतने में सुदर्शनजी वहाँ पहुँचे। उन्होंने मलकानीजी से कहा, 'यही सत्य है, यानी 'रायटर' द्वारा प्रसारित समाचार में जब यह कहा गया था कि रवींद्रनाथ ने जॉर्ज पंचम के स्वागत के लिए यह कविता लिखी थी तो स्वयं रवींद्रनाथ ने एक बहुत बड़ा जवाबी पत्र लेखक के दफ्तर में भेजा था। परंतु वह प्रतिवादी पत्र छापा नहीं गया। इस विषय पर लेखक श्री पी.आर. सेन ने एक छोटी सी पुस्तक भी लिखी थी, वह 'विश्व भारती' द्वारा प्रकाशित की गई थी।'

फिर सुदर्शनजी ने मुझसे कहा, 'देखो, इस विषय को लेकर सारे उत्तर भारत में काफी गलतफहमियाँ हैं। इसलिए जितना जल्दी हो सके, तुम साप्ताहिक 'पाञ्चजन्य' में एक लेख लिखो, जिससे कि सदा के लिए यह भ्रांति दूर हो जाए।' मैंने वह लेख लिखा था, जोकि 'जन-गण-मन का सच' शीर्षक के साथ वहाँ छपा भी था।

इस तरह के एक-एक विषय को लेकर सुदर्शनजी के साथ जब बातचीत करने का मौका आता था तो मैं यह देखकर दंग रह जाता था कि सुदर्शनजी इन सब विषयों पर कैसे इतनी सारी जानकारी प्राप्त कर लेते थे। सरसंघचालक बनने से पहले सुदर्शनजी जब कभी कलकत्ता आते थे तो अनायास ही मेरे घर पहुँच जाते थे। कभी-कभी उसकी सूचना भी पहले से नहीं होती थी। उसी दौरान एक बार सुदर्शनजी अपने आप मेरे घर पर चले आए और बात-बात में उन्होंने कहा, 'जानते हो, महात्मा गांधी को नाथूराम गोडसे ने नहीं मारा था।' मैं तो सुनते ही आश्चर्यचकित हो गया। पूछा, 'यह आप कैसे कह सकते हैं?'

मेरे इस प्रश्न का उत्तर देने से पहले उन्होंने अपने थैले से एक छोटी सी पुस्तक निकाली, जिसका शीर्षक था—'हू किल्ड गांधी, नॉट गोडसे, हू देन?'

'Who killed Gandhi Not Godsay, Who Then?' B.G. Keskar, B.A. LL.B./ Diploma in Gowrilla Fighting/Freedom Fighter and Chief of Forensic Social Services, 4 Ameteur Detective corps of 3 crime Resiapation bhavan.

लेखक बी.जी. केसकर बी.ए. एल-एल.बी. को 'डिप्लोमा इन गुरिल्ला फाइटिंग'

पुस्तिका में उन्होंने जिन प्रश्नों का उल्लेख किया था, वे ऐसे हैं। 30 जनवरी, 1948 को प्रार्थना सभा मंच से गांधीजी के नीचे आते ही नाथूराम गोडसे उनके निकट गए और 'नमस्ते' कहा और पिस्तौल निकालने ही वाले थे, इतने में एक मिलिटरी जवान ने उनको पकड़ लिया और दूसरे एक जवान ने उनको लाठी मारकर गिरा दिया तथा सात-की-सात गोलियों के सहित वह पिस्तौल छीन ली। बाद में जब गोडसे से पूछा गया था कि आपके पिस्तौल से जब गोली ही नहीं चली थी तो जाहिर है कि आपने महात्माजी को नहीं मारा था। फिर आपने गांधीजी की हत्या का उत्तरदायित्व अपने ऊपर क्यों लिया? गोडसे इस बात को टाल गए।

लेखक बी.जी. केसकर ने खुद एक क्रिमिनल लॉयर होने के कारण और भी कई महत्त्वपूर्ण प्रश्न इस विषय में उठाए थे, जिनका उत्तर आज भी नहीं मिला। सरदार वल्लभभाई पटेल की बेटी तथा गांधीजी की दत्तक पुत्री उस घटना के समय गांधीजी के साथ थीं। उन दोनों में से एक ने पुलिस जाँच के समय बताया था, जोकि दूसरे दिन समाचार-पत्रों में छपा भी था। उन्होंने कहा था, 'This person, whom you call Godsay was doing NAMASTE to Gandhiji, when one hand came out from under the right armpit of Godsay and fired three rounds and Gandhiji collapsed, the other girl, on the other hand of Gandhi ji said, This person whom call Godsay was saying Namaste to Gandhiji with folded hands, when one tall and learn person wearing Khadi kurta and payjama came behind Godsay with long strides and fired from under the right of Nathuram.' आश्चर्य की बात तो यह है कि उन दोनों लड़कियों को सरकारी गवाह भी नहीं बनाया गया था! क्यों?

उस सनसनीखेज पुस्तिका की एक कॉपी मैंने सुदर्शनजी से माँगी थी। उन्होंने कहा, 'मेरे पास उसकी एक ही कॉपी है। वह तो मैं तुम्हें नहीं दे सकता; परंतु हाँ, तुम चाहो तो केवल 11 पन्ने की इस पुस्तिका को तुम फोटोकॉपी करके अपने पास रख सकते हो।' मैंने वैसा ही किया और वह फोटोकॉपी आज भी मेरे पास है।

चुनाव में ई.वी.एम. के उपयोग पर संदेह

बीच में देश के आम चुनावों को लेकर काफी चर्चा शुरू हो गई थी; क्योंकि चुनाव में वोटिंग के लिए इलेक्ट्रॉनिक वोटिंग मशीन इस्तेमाल करना बहुत बड़ा मुद्दा बन गया था। भारतीय चुनाव आयोग ने चुनाव को स्वच्छ बनाने के लिए भारत में इलेक्ट्रॉनिक वोटिंग चालू किया। यह मशीन पहले से ही अमेरिका तथा यूरोप के कई देशों में चालू कर दी गई थी; परंतु उन देशों से खबर आने लगी कि ई.वी.एम. भी रिंगिंग प्रूफ नहीं है। यही कारण है कि इसकी काफी आलोचना होने लगी। कई देशों की चुनाव प्रक्रिया में से रिंगिंग रद्द कर दिए गए। अमेरिका में तो यह खुलेआम आरोप लगाया गया।

प्रेसीडेंट जॉर्ज बुश भी दूसरी पारी के प्रेसिडेंट चुनाव में ई.वी.एम. का गलत इस्तेमाल करके चुनाव जीते थे। इस विषय पर माइकेल मूर ने 'स्टूपिड व्हाइट मैन' नाम से एक पुस्तक लिखी थी, जिसमें उन्होंने 'स्टूपिड व्हाइट मैन' जॉर्ज बुश ने किस तरह से चुनाव में घपला किया, उसका कच्चा चिट्ठा सबके सामने ला दिया था। यह पुस्तक सन् 2003 में अमेरिका के 'बेस्ट सेलर' के रूप में स्वीकृत हुई थी। उसी दौरान सुदर्शनजी को यह विश्वास हो गया था कि ई.वी.एम. को किसी एक के पक्ष में प्रभावित किया जा सकता है।

वोट किसी को भी, मिलेगा एक को

उत्तर बंगाल के कूचबिहार जिलांतर्गत शाखा के एक सॉफ्टवेयर इंजीनियर ने सुदर्शनजी के आग्रह पर एक ऐसा ई.वी.एम. बनाकर सुदर्शनजी को दिखाया, जिसमें आप किसी भी 'बटन' को दबाकर वोट तो कर सकते हैं, परंतु वह वोट दर्ज होगा एक ही पार्टी के नाम पर, जिस पर पहले से ही मॉनीटर किया हुआ होगा। इस ई.वी.एम. का कार्य सुदर्शनजी को करके दिखाया गया। यहाँ के काफी लोग इसका एडवांटेज लेने के लिए उत्साहित हो गए थे। परंतु सुदर्शनजी को लगा था कि यह गणतंत्र के खिलाफ है, अत: उस इंजीनियर को दिल्ली जाकर भाजपा के एक नेता के साथ भेंट करके ई.वी.एम. कैसे किसी एक के पक्ष में प्रभावित किया जा सकता है, दिखाया।

सुदर्शनजी के कथनानुसार, वोटिंग मशीन का Loophole दिखाया गया। वह नेता इस विषय में सहमत तो हुए, परंतु बताया कि चुनाव आयोग इसकी प्रामाणिकता को स्वीकार नहीं करेगा। इसलिए आयोग यह चाहता था कि प. बंगाल में आयोग द्वारा व्यवहृत ई.वी.एम. पर यह एक्सपेरीमेंट करके दिखाया जाना संभव होता है तो चुनाव आयोग इस आरोप को मान भी सकता है, तब सुदर्शनजी ने मेरे पास खबर भेजी कि इस विषय में कुछ करो। इस राज्य के लिए ई.वी.एम. बनाने का काम WEBEL को दिया गया था। यह एक सरकारी उद्योग था और याद रहे कि उस समय प. बंगाल में वाम मोर्चा की सरकार थी। उसके चलते उस मशीन का एक भी नमूना मिलना नामुमकिन था। इस तरह से अंततोगत्वा वह काम हो नहीं पाया था।

ईसाई संसार : काला चिट्ठा

19 मई, 2006 को सारे संसार में एक साथ अमेरिकी उपन्यासकार डान ब्राउन द्वारा लिखी गई पुस्तक 'The original' नामक उपन्यास को लेकर जो फिल्म बनी थी, वह रिलीज हुई थी। उस पुस्तक का अनुवाद संसार की 88 भाषाओं में किया गया था तथा उपन्यास 4 करोड़ से अधिक लोगों ने खरीदा था। इस पुस्तक पर काफी विवाद था, क्योंकि इसमें लिखा गया था कि ईसा मसीह क्रॉस पर चढ़ाने के बाद भी मरे नहीं थे। उन्होंने उस नए जीवन में अपनी ही एक शिष्या से विवाह किया था और एक संतान को

जन्म भी दिया गया था। इस पुस्तक को लेकर ईसाई दुनिया में काफी हलचल मच गई थी।

मैंने ये सारी बातें जब सुदर्शनजी को बताईं तो उन्होंने मुझे कहा कि ईसाई दुनिया को लेकर अभी हजारों पुस्तकें प्रकाशित हो रही हैं, जिनमें अधिकतम पुस्तकों में उनकी माफिया वृत्ति के साथ अवैध संबंधों और उसके परिणामस्वरूप कुमारी माताओं की संख्या में बढ़ोतरी तथा गर्भपात की संख्या में वृद्धि आदि विषयों पर विस्तार से चर्चा हो रही है।

अमेरिका का घिनौना चेहरा

सुदर्शनजी की बौद्धिक चेतना इतनी गहराई तक पहुँची थी कि हम कल्पना तक नहीं कर पाते थे। व्यक्तिगत रूप से मैं बहुत ही भाग्यशाली था, क्योंकि पढ़ाई के विषय में वह अकसर मुझे सलाह दिया करते थे। कई बार उन्होंने मुझे किताबें भी दीं। उनमें से एक उल्लेखनीय पुस्तक थी 'इन्फेक्शन ऑफ एन इकोनॉमिक हिट-मैन'। इसके लेखक थे जॉन पार्किंस। इस पुस्तक के विज्ञापन में जो कुछ लिखा गया था, उसमें से थोड़ा सा उद्धरण देने से ही सबकी समझ में आ जाएगा कि अंतराष्ट्रीय स्तर पर अमेरिकी बदमाशी किस हद तक जा सकती है! उस विज्ञापन में लिखा गया था—"ECONOMIC HIT MEN are highly paid professionals who cheat countries around the globe out of trillions of dollars, their tools include fraudulent financial reports, rigged elections, payoffs, extortion, sex and murder. They play a game as old as Empire, but one that has taken on terrifying dimensions during this time of globalization.

Confession of AN ECONOMIC Hit MAN is the story of Man's experiences inside the intrigue, greed, corruption and little-known government and corporate activities that the U.S. have been involved in, since World War-II. The message is clear, unless these clandestine activities are stopped, they will have dire consequences for our future".

यह पुस्तक विश्व के हर एक व्यक्ति को पढ़नी चाहिए, ताकि उसकी समझ में यह बात आ सके कि अमेरिका विश्व के छोटे-छोटे देशों के लिए कितना खतरनाक है। यह तो संपूर्ण विश्व को ही ध्वंस करने पर तुला हुआ है। सन् 1988 में मैं पहली बार अमेरिका गया था। लौटने के बाद जब सुदर्शनजी के साथ पहली बार भेंट हुई तो उन्होंने पूछा, 'तुम्हारा विदेश भ्रमण का अनुभव कैसा रहा?' और मैंने अपने जवाब में केवल दो ही बातों का उल्लेख किया था, 'एक, हर एक भारतवासी को सही रूप से 'देश-प्रेमी' बनने के लिए एक-न-एक बार विदेश जाना ही चाहिए और दो, अमेरिका की आम जनता और अमेरिकी सरकार की सोच में जमीन-आसमान का फर्क है। अमेरिकी जनता जहाँ बहुत ही उदार तथा प्रेम व आदर का संबंध रखने में विश्वास रखती है, वहीं अमेरिकी सरकार इसके बिल्कुल विपरीत है।' मेरे साथ इस विषय में बातचीत के बाद सुदर्शनजी ने संघ के सरसंघचालक के नाते कई बार अमेरिका सहित अन्य देशों का

सफर किया। मुझे इस बात का बहुत ही आनंद है कि अमेरिका के बारे में मेरी प्रतिक्रिया उनसे मिलती थी; परंतु इसके अलावा अमेरिका संबंधी उनकी प्रतिक्रिया उस देश के दूरगामी भविष्य के मद्देनजर ही व्यक्त की गई थी, जो हूबहू सही निकली। विशेष करके अमेरिकी अर्थनीति के खोखलेपन के बारे में उनका कथन शत-प्रतिशत सही निकला।

14 दिसंबर, 2008 को डॉ. सुजित धर के बेटे की शादी थी। सुदर्शनजी उन दिनों काफी अस्वस्थ थे। एक्जिमा या उस तरह की कोई बीमारी का होम्योपैथी इलाज चल रहा था। काफी कष्टदायक था वह इलाज। पूरे शरीर में रस फुंसियाँ निकल आई थीं। संपूर्ण शरीर मानो आग से जलता था। हर आधे घंटे में उनको स्नान करना पड़ता था। आम आदमी होता तो दर्द से छटपटाता, चीखता-चिल्लाता, परंतु सुदर्शनजी चुपचाप बिस्तर पर पड़े रहते थे।

उस दौरान तीन दिन वे मेरे घर पर रहे। उनकी सेवा करने का सौभाग्य मेरे परिवार को मिला था। कारण यह था कि विवाह के समय सुजित दा के घर पर अलग से उनके प्रति ध्यान देना थोड़ा कठिन होता, परंतु हमारे घर रहकर भी सुदर्शनजी इस बात पर बहुत ही ध्यान देते थे कि कहीं वह हम पर बोझ न बन जाएँ। शुभेद सरकार नाम से एक तरुण प्रचारक को संघ की ओर से हमारे घर पर रात को डयूटी पर लगा दिया गया था। हर आधे घंटे में स्नान करने की प्रक्रिया रात को भी चलती थी। उसका पूरा दायित्व शुभेद ने ले लिया था।

शाखा जरूर जाएँगे

पहले दिन घर आते ही सुदर्शनजी ने पता लगाया कि अगल-बगल में कहीं संघ की शाखा है या नहीं। मैंने बताया कि मेरे घर के बिल्कुल निकट एक प्रभात शाखा है। सुदर्शनजी ने कहा, 'कल फिर उस शाखा में हम प्रार्थना करने के लिए जाएँगे।' मैंने कहने की कोशिश की कि प्रार्थना की व्यवस्था हम घर पर ही करने की सोच रहे थे। सुदर्शनजी माने नहीं, एक घंटे से ज्यादा संघ स्थान पर रहे। मैंने हर आधे घंटे में उनके स्नान की याद दिलाई तो उन्होंने तुरंत जवाब दिया, 'शाखा समाप्त होने के पहले स्नान कैसा ?'

केवल यही नहीं, संघ स्थान से कई वरिष्ठ स्वयंसेवक घर पर आए। उनके लिए चाय वगैरह की व्यवस्था भी थी। सुदर्शनजी ने उनके साथ भी घंटे भर बात की। उन्होंने कहा, 'स्वयंसेवकों के साथ होता हूँ तो दर्द भी भूल जाता हूँ।, मेरे लिए तो यही सबसे अच्छी दवाई है।'

स्वयंसेवक की चिंता

संध्या के समय विवाह का मुहूर्त था। सुदर्शनजी ने कहा, 'मैं थोड़ा पहले ही घर से निकलना चाहता हूँ।' कारण यह कि उनको पता चला था कि कलकत्ता महानगर के

संघचालक स्क्वॉड्रन लीडर मनोज घोष कैंसर से पीड़ित होने के कारण कमांड अस्पताल में थे और वह अस्पताल मेरे घर से नजदीक ही था। अत: सुदर्शनजी पहले उनको देखकर फिर विवाह में जाना चाहते थे। उनको हम अस्पताल ले गए। वहाँ 15–20 मिनट रहने के बाद सुदर्शनजी जब जाने के लिए उठे तो मनोज दा भी अपनी अस्वस्थता को भूलकर उनको लिफ्ट तक पहुँचाने के लिए उनके साथ आए। इसके कुछ ही दिनों बाद मनोज दा स्वर्गवासी हो गए थे।

दायित्व छोड़ने की खबर पर भरोसा नहीं हुआ

इसके बाद सन् 2009 में नागपुर में अखिल भारतीय प्रतिनिधि सभा की बैठक थी। पूर्व क्षेत्रीय बौद्धिक प्रमुख के नाते मैं भी वहाँ पहुँचा था। उस बैठक में नागपुर के एक परिचित पत्रकार से भेंट हुई तो मैंने पूछा, 'संघ को लेकर अब क्या कहानी बनाने का इरादा है?' उत्तर में उन्होंने कहा, 'कहानी नहीं, इस बार तो हकीकत में आर.एस.एस. के अंदर बहुत बड़ा समाचार बनने जा रहा है। हमारे पास तो खबर यह है कि इस बार संघ के सरसंघचालक के रूप में नए कार्यकर्ता आ रहे हैं।'

'क्या बकवास कर रहे हैं आप? आप लोग तो बेबुनियाद खबर बनाने में ही ज्यादा दिलचस्पी लेते हैं।'

इसके बाद मैं तुरंत सुदर्शनजी के पास गया, पूछा, 'बात क्या है?' सुदर्शनजी बात टाल गए। फिर भी मुझे विश्वास नहीं हो रहा था। बाद में यह घोषित किया गया कि क्यों सुदर्शनजी सरसंघचालक पद छोड़ रहे हैं—शारीरिक अस्वस्थता ही उसका कारण था।

□

श्री सुदर्शनजी : एक दूरदर्शी चिंतक एवं कुशल मार्गदर्शक

–विराग श्रीकृष्ण पाचपोर
वरिष्ठ पत्रकार, पूर्व संगठन मंत्री, नागपुर

राष्ट्रीय स्वयंसेवक संघ के पाँचवें पूर्व सरसंघचालक पूज्य कुप्प.सी. सुदर्शनजी वर्ष 1979 से असम तथा पूर्वोत्तर भारत की ओर अधिक ध्यान देते थे। उस समय उनका केंद्र कलकत्ता हुआ करता था, पर अधिकतम समय वे पूर्वोत्तर भारत में संघ तथा आनुषंगिक संगठनों के काम किस प्रकार प्रभावी ढंग से बढ़ाए जा सकते हैं, इसका प्रयास करते थे। इसलिए गुवाहाटी, इंफाल, दीमापुर, अगरतला, शिलांग, कोहिमा इत्यादि स्थानों पर उनका प्रवास होता था।

सन् 1975 से चार साल अरुणाचल प्रदेश में विवेकानंद केंद्र के कार्य में बिताने के पश्चात् मुझे असम प्रदेश में विद्या भारती के संगठन मंत्री का दायित्व मिला। उस समय असम के गण्यमान्य शिक्षाविदों के मार्गदर्शन में हमने शिशु शिक्षा समिति, असम का गठन कर असम के महाप्रभु वैष्णव संत श्री श्री शंकर देवजी के नाम पर 'श्री शंकर देव शिशु निकेतन विद्यालय' प्रारंभ किए थे। सन् 1979 में प्रथम विद्यालय गुवाहाटी के अंबिकागिरी नगर में प्रारंभ हुआ था। उसमें छह बालक-बालिकाओं ने प्रवेश लिया था। दूसरा विद्यालय मणिपुर के इंफाल नगर में सर्वश्री मधुमंगल शर्मा, भास्करजी, वीर मंगल शर्मा, मध्ये सिंह, नीलमणि शर्मा के प्रयत्नों से प्रारंभ हुआ, जिसका नाम 'बाल विद्या मंदिर' रखा गया। कुछ समय के अंतराल के बाद त्रिपुरा के धर्मनगर में, बराक उपत्यका में सिल्चर में सरस्वती शिशु मंदिर और असम के नौगाँव, शिवसागर, तेजपुर, नलबारी, और जनजातीय क्षेत्र व हाफलोंग में विद्यालय प्रारंभ हो चुके थे।

कार्य-विस्तार का नेतृत्व

सन् 1979, यह असम तथा संघ के कार्य की दृष्टि से महत्त्वपूर्ण वर्ष रहा। 1978 में आपातकाल हटने के बाद तत्कालीन सरसंघचालक बालासाहेब देवरस के निर्देशन में संघ के जितने प्रमुख आनुषंगिक संगठन थे, उनके अखिल भारतीय विस्तार का प्रारंभ उसी वर्ष हुआ। असम के पिछड़े तथा वनवासी बहुल क्षेत्र में, जहाँ ईसाई मिशनरी गतिविधियाँ जोरों से शुरू थीं, वहाँ वनवासी कल्याण आश्रम, चाय बागान क्षेत्र में भारतीय मजदूर संघ, शिक्षा के क्षेत्र में विद्या भारती, विद्यार्थी परिषद्, विश्व हिंदू परिषद् के कामों को अधिक गति प्रदान करने का काम भी इसी समय शुरू हुआ था। इन सब कार्यों को गति देना, समय-समय पर उचित मार्गदर्शन देना और वैचारिक संदेश देना जैसा बहुविध प्रकार का दायित्व सुदर्शनजी निभाते थे। उसी वर्ष संघ के अखिल भारतीय बौद्धिक प्रमुख के नाते उनपर दायित्व था और विशेष रूप से पूर्वोत्तर भारत को देखने की भी उनकी जिम्मेदारी थी।

वर्ष 1979 में असम में अखिल असम छात्र संघ (आसू) तथा अखिल असम गण संग्राम परिषद् के तत्त्वावधान में असम में अवैध रूप से रह रहे बँगलादेशी नागरिकों के खिलाफ व्यापक जनांदोलन प्रारंभ हुआ था। इस आंदोलन ने असम का सारा जन-जीवन अस्त-व्यस्त कर दिया था। जनता का समर्थन भी इस आंदोलन को प्राप्त था। ऐसी विपरीत स्थिति में असम में 'विद्या भारती' का कार्य प्रारंभ हुआ था। आए दिन 'बंद' हड़ताल से सारा प्रदेश बेहाल था। ऐसी विपरीत और प्रतिकूल परिस्थिति में कार्य कैसे करना है, इसका उत्कृष्ट मार्गदर्शन हमें श्री सुदर्शनजी से मिलता था। उन्हीं की अगुआई में कृष्णराव सप्रेजी ने पूर्वोत्तर भारत की प्रमुख जनजातियों के नेताओं को साथ लेकर आई.टी.सी.एफ. (ITCF) की स्थापना की थी और गैर-ईसाई जनजातियों में अपने धर्म-संस्कृति के प्रति श्रद्धा-जागरण का महत्त्वपूर्ण कार्य सफलतापूर्वक संपन्न किया था।

सौ वर्षों से ईसाई मिशनरी सक्रिय

पूर्वोत्तर भारत एक संवेदनशील क्षेत्र है। विविध जनजातीय समूह इसमें निवास करते हैं। उनके अंदर पिछली एक शताब्दी से अधिक काल से केवल ईसाई मिशनरी जा सके और उनका धर्म-परिवर्तन कर उनके मन में भारत-विरोध का, हिंदू और हिंदुत्व के प्रति घोर प्रतिरोध का और उनमें अपने धर्म-संस्कृति के बारे में ग्लानि तथा हीनता का भाव भरने का काम इन मिशनरियों ने किया था। असम, जो हिंदू-बहुल है, वहाँ बँगलादेश से लाखों की संख्या में मुसलमान अवैध रूप से आकर बस गए थे और स्थानीय कांग्रेसी नेताओं ने उन्हें वोट बैंक के लालच में आने दिया था। इससे ग्रामीण असम में जनसंख्या संतुलन बिगड़ गया था। यही वजह थी कि सन् 1979 से असम में विदेशी नागरिकों के खिलाफ आंदोलन प्रारंभ हो गया था।

ऐसे नाजुक दौर में हिंदू और हिंदुत्व का भाव जगाने का काम करना बहुत ही कठिन था; परंतु समर्पित कार्यकर्ता श्रीकांतजी जोशी, जो उस समय असम के प्रांत प्रचारक थे, के नेतृत्व में और सुदर्शनजी के कुशल मार्गदर्शन में यह दुष्कर कार्य आसान-सा हो गया। सभी संगठनों के कार्य में परस्पर सामंजस्य रहे, इसका ध्यान वे बराबर रखते थे और उस प्रकार से मार्गदर्शन भी करते थे। उन्हीं के प्रयास से भिन्न-भिन्न क्षेत्रों में काम करनेवाले कार्यकर्ताओं की समय-समय पर समन्वय बैठकें होती थीं, जिनमें वे स्वयं उपस्थित होकर मार्गदर्शन करते थे। उनके आते ही ऐसी समन्वय बैठकें प्रारंभ हुईं।

दीर्घकालीन योजना से काम

पूर्वोत्तर भारत के बारे में उनका गहन अध्ययन था। प्रदेश की विविध समस्याओं का अपने कार्यकर्ता को अध्ययन करते रहना चाहिए, इस पर भी उनका आग्रह रहता था। अरुणाचल प्रदेश के चार साल के प्रवास में मैंने वहाँ की कुछ जनजातियों का अध्ययन कर मराठी में 200 पृष्ठ लिखे थे। वह सारा लेखन उन्होंने पढ़ा और उसके बारे में उपयुक्त सूचनाएँ भी मुझे दी थीं। सन् 1982 में ऐसी एक समन्वय बैठक को संबोधित करते हुए उन्होंने कहा था, 'पूर्वोत्तर भारत का समूचा क्षेत्र समस्याग्रस्त है। यहाँ सब प्रकार की समस्याएँ हैं। इसलिए हम भिन्न-भिन्न क्षेत्रों में काम कर रहे हैं। हमारा दीर्घकालीन लक्ष्य है। उस लक्ष्य की ओर हमारा ध्यान रहे। हम सब मिल-जुलकर अपने लक्ष्य की ओर सफलता पाने का निश्चय कर बढ़ें। हम एक व्यापक योजना के अंतर्गत काम कर रहे हैं, अत: एक-दूसरे के काम में सहायक बनकर काम करें।'

हाफलोंग में जनजातीय विद्यालय

हाफलोंग में जब जनजातीय बच्चों के लिए विद्यालय प्रारंभ करने की योजना बनी तो उसमें स्व. सुदर्शनजी का मार्गदर्शन तो स्वाभाविक ही था, परंतु उसके पूर्व एक घटना हुई।

वर्ष 1980-81 के बीच 'विद्या भारती' के माध्यम से अरुणाचल प्रदेश में विद्यालय प्रारंभ हो सकते हैं, ऐसी अनुकूल स्थिति बन गई थी। अत: मैं, श्री कृष्ण चंद्र गांधी और लज्जाराम तोमर, जो उस समय 'विद्या भारती' के संगठन मंत्री थे, के साथ ईटानगर पहुँचा। वहाँ पर तत्कालीन मुख्यमंत्री श्री गेगोंग अपांग और पूर्व मुख्यमंत्री श्री प्रेम खंडू थुंगन के साथ विस्तार से चर्चा हुई। दोनों नेताओं ने यह आश्वासन दिया कि अरुणाचल सरकार 'विद्या भारती' को सब प्रकार से सहायता देगी। विद्यालय के लिए जमीन, भवन आदि तथा वार्षिक अनुदान की भी व्यवस्था सरकार करेगी। विद्यालय का संपूर्ण व्यवस्थापन 'विद्या भारती' का होगा; परंतु एक शर्त थी कि विद्यालय में शिक्षा का माध्यम अंग्रेजी होगा।

गुवाहाटी आकर हमने यह सारा वृत्तांत श्री सुदर्शनजी को सुनाया। अंग्रेजी माध्यम

का जैसे ही विषय आया, उन्होंने तुरंत मना कर दिया और कहा, 'जनजाति पुनरुत्थान के लिए उन्हीं की भाषा में शिक्षा देना उचित होगा; परंतु आज यह संभव नहीं है तो हिंदी ही सबसे उपयुक्त भाषा है, जो शिक्षा का माध्यम हो सकती है। अरुणाचल प्रदेश के मुख्यमंत्री, जो स्वयं विद्यार्थी परिषद् के 'भारत मेरा घर' प्रकल्प के अंतर्गत सहभागी हुए थे, नहीं समझ सकते तो हम अपने प्रयास से ऐसा विद्यालय प्रारंभ करेंगे।'

अनोखा प्रयोग

और फिर प्रारंभ हुआ हाफलोंग का सरस्वती विद्या मंदिर।

यह एक अनोखा प्रयोग था। हाफलोंग असम, मणिपुर और नागालैंड की सीमा पर असम में स्थित है। दिमासा, रोंग्मे नागा और जेमी नागा जैसे जनजातीय समूह इसके आस-पास रहते हैं। हाफलोंग में विश्व हिंदू परिषद् का एक छात्रावास पहले से ही चल रहा था। इसलिए जब स्थानीय ग्राम प्रमुख के सामने यह बात रखी गई, उन्होंने सहर्ष इस प्रकल्प को अपनी मान्यता ही नहीं दी, बल्कि विद्यालय के लिए जमीन और कच्चे भवन का भी बंदोबस्त कर दिया।

कृष्ण चंद्र गांधीजी भी अंग्रेजी माध्यम के विरुद्ध ही थे। उन्होंने प्रयास कर इस हाफलोंग प्रकल्प को शुरू किया और बढ़ाया भी। कृष्ण राव सप्रेजी और महीपति उपाख्य बालुभैया चिकटे, जो ग्वालियर से असम आए थे, भाषा-विज्ञान के जानकार थे और नागा नेता श्री रामकुईजी ने मिलकर दिमासा भाषा में एक प्राथमिक पुस्तक तैयार की, जो वहाँ के स्थानीय नेताओं को बहुत पसंद आई और अपने विद्यालय में ही नहीं, अन्य सरकारी विद्यालयों में भी पाठ्य-पुस्तक के तौर पर स्वीकृत हुई और अन्य जनजातियों के नेताओं ने भी उनकी जाति के लिए उस प्रकार की पुस्तक तैयार करने की माँग की।

एक ही जीवन का मूल्य

पूज्य सुदर्शनजी कहते थे, 'पूर्वोत्तर में मिशनरियों ने इन जनजातियों को रोमन लिपि देकर भारत की भाषाओं के साथ उनको तोड़ दिया है। इस गलत शिक्षा नीति के कारण ही यह समाज हमसे कट गया है। इनके बीच हिंदुत्व का प्रखर अभिमान और गौरव भाव जाग्रत् करना है तो हमें अपने अंदर भी उसको लाना होगा। इन मिशनरियों ने जनजाति को अलग पहचान दी है और 'तुम्हारी यह पहचान खतरे में है', ऐसा हौवा खड़ा कर दिया है। लेकिन सभी की पहचान की रक्षा केवल हिंदुत्व के दायरे में ही हो सकती है, इस सत्य को स्वयं समझकर औरों को भी समझाने का काम हमें करना है। हम सबकी संस्कृति एक है, इसलिए भाषा, रहन-सहन, खान-पान अलग होकर भी हम एकत्व भाव का अनुभव कर सकेंगे, क्योंकि हमारे जीवन-मूल्य एक हैं।'

शिक्षा का उद्देश्य व्यक्ति और राष्ट्र-निर्माण

शिक्षा के मूल उद्बोधन को लेकर उनके मन में स्पष्ट धारणा थी। 'विद्या भारती' के सन् 1984 में कुरुक्षेत्र में संपन्न प्रधानाचार्य सम्मेलन में अपने उद्बोधन में उन्होंने कहा, 'नर को नारायण पथ पर अग्रसर करना, यही हमारे यहाँ शिक्षा का उद्देश्य है। अपने स्वार्थ से ऊपर उठकर व्यापकता की ओर अग्रसर होना ही शिक्षा है। हमारे यहाँ स्वाभाविक रूप से जीवन के व्यवहार से लोक-शिक्षण की व्यवस्था थी। हमारे विद्यालयों से निकलनेवाले छात्र समाज-अभिमुख हों, यही आवश्यक है। हिंदू चिंतन को आधार मानकर शिक्षा की रचना करना आवश्यक है। आत्मविहीन चिंतन और चिंतन-विहीन आत्मा के बीच पश्चिमी जगत् उलझा हुआ है। आत्मा और चिंतन के योग्य समन्वय पर शिक्षा की रचना करने की आज आवश्यकता है। इसी से व्यक्ति-निर्माण और ऐसे व्यक्ति से राष्ट्र-निर्माण होगा।'

सुदर्शनजी ने अपने चिंतन में पूर्वोत्तर भारत जैसे पिछड़े और भारत की मूल सांस्कृतिक धारा से कटे हुए प्रदेश को वरीयता दी थी। उनके ही प्रयास से अंडमान-निकोबार द्वीप समूह में संघ का कार्य प्रारंभ हो सका था। आज उस क्षेत्र में जो भारतीयता दिखाई देती है, उसका श्रेय पूज्य सुदर्शनजी के इस चिंतन को देना उचित होगा।

□

सुदर्शनजी, जिन्होंने संघ-दर्शन को जीवन में आत्मसात् किया

–विमल कुमार चौरड़िया
एडवोकेट
पूर्व सांसद एवं पूर्व प्रांत संघचालक, म.भा.
भानपुरा, जिला मंदसौर

आदरणीय श्री सुदर्शनजी के दिवंगत होने का समाचार मिलने पर बहुत दु:ख हुआ। उनके साथ बिताए समय के कुछ प्रसंगों की छवि चलचित्र की तरह मस्तिष्क में घूम गई। 89 वर्ष की आयु के इस पड़ाव पर उनके साथ बीते क्षणों के कुछ ही प्रसंग याद रहे, जो उनके जीवन की महानता को प्रकट करते हैं।

जेल-योग आज भी जारी

वर्षों पहले, जब मुझे जिला संघचालक का दायित्व दे रखा था, मैं जावद में उनके साथ एक कार्यक्रम में गया था। कार्यक्रम की भोजन की व्यवस्था में भूल से लड्डू के चूरमे में शक्कर की थैली की जगह नमक की थैली गिर गई और उसके लड्डू बना दिए। वे ही लड्डू भोजन में परोस दिए गए। माननीय सुदर्शनजी ने खारा लड्डू पूरा ही उपयोग में ले लिया और जूठा नहीं छोड़ा। किंतु मेरे लिए जूठा न छोड़ने का नियम था, फिर भी मैंने उस लड्डू को जूठा छोड़ा। उनके इस विशिष्ट गुण को आज भी नहीं भुला पाया हूँ।

संघ के स्वयंसेवक के लिए चमड़े के जूते और बेल्ट आवश्यक थे। मैंने सन् 1952 से ही चमड़े का उपयोग छोड़ रखा था। जब उन्हें यह बात बताई तो उन्होंने मेरे लिए उस रंग के कपड़े का बेल्ट और प्लास्टिक के जूतों की अनुमति दी। आपातकाल में मुझे भी उनके साथ इंदौर जेल में रहने का अवसर मिला। जेल में भी संघ शाखा नियमित चलती थी। शाखा में संघ व जनसंघ के सदस्यों के अतिरिक्त अन्य दलों के बंधुओं को

भी अपने अच्छे व्यवहार से आकर्षित कर उन्हें जोड़ा और संस्कारित किया। जेल में भी वे हमेशा व्यस्त रहते थे और अन्य बंधुओं को भी व्यस्त रखते थे। उस समय उनके द्वारा कराए गए योग के अंश आज भी मेरे जीवन के क्रम में बने हुए हैं। उन्हीं योग आदि का परिणाम है कि 89 वर्ष की आयु में भी इतनी अधिक अस्वस्थता महसूस नहीं करता हूँ।

'सुदर्शन' नाम सार्थक किया

कुछ समय पूर्व मुझे मीसा बंधुओं के भोपाल में आयोजित कार्यक्रम में जाने का अवसर मिला। समय निकालकर मैं संघ कार्यालय 'समिधा' में गया। वहाँ पर मा. अपरबल सिंहजी ने कार्यालय में हुए परिवर्तन व परिवर्धन बताए, मान. सुदर्शनजी का कक्ष भी बताया। उस कक्ष के बारे में बताया गया कि मान. सुदर्शनजी ने कक्ष में आधुनिक सुविधाएँ नहीं ली हैं, जबकि अन्य अधिकारी देशकाल के कारण आधुनिक सुविधाएँ ले रहे हैं। यह सुनकर मैं उनकी सादगी और महानता के प्रति नतमस्तक हो गया।

ऐसे तपस्वी, ज्ञानी, चरित्रवान् जीवनवाले, सिद्धांतवादी, सरल व्यवहारवाले, किंतु सिद्धांतों का कठोरता से पालन करनेवाले, राष्ट्रीय स्वयंसेवक संघ के दर्शन को अपने जीवन में आत्मसात् कर अपने 'सुदर्शन' नाम को सार्थक करनेवाले मा. सुदर्शन को शत-शत नमन।

परमात्मा से प्रार्थना है कि उनकी आत्मा को शांति प्रदान करे तथा उनका अभाव सहन करने की हमें शक्ति प्रदान करे।

□

उनके नेतृत्व में संघ द्रुत गति से आगे बढ़ा

–मधुकर राव चितले

पूर्व अध्यक्ष,

श्री रेवा प्रकाशन लि.,

इंदौर

श्री सुदर्शनजी के पिताजी मध्य प्रदेश शासन के वन विभाग में नौकरी करते थे। स्वाभाविक ही उनका तबादला अलग-अलग स्थानों पर होता रहता था। गरमी की छुट्टियों में सुदर्शनजी घर पर आते थे और सहज रूप से वहाँ की संघ शाखा में जाते थे। संघ के लिए उस स्थान पर अपना क्या उपयोग होगा, इसका विचार उनके मन में आता था और उन्होंने अपने लिए काम ढूँढ़ लिया। वह काम था शाखा प्रारंभ होने से पहले 15 मिनट पूर्व संघ स्थान पर आना और उस स्थान की साफ-सफाई तथा पानी का छिड़काव करना, ताकि शाखा में आनेवाले स्वयंसेवकों को एक प्रसन्नता भरा वातावरण मिल सके। स्वयंसेवकों को अपनी कार्यक्षमता बढ़ाने के लिए वह हमेशा ही प्रेरणा देते थे। खंडवा के एक कार्यकर्ता श्री वीरसिंह हिंडोन को कविता करने का शौक है। पर एक बार जब मैं सुदर्शनजी से मिलने गया, तब देखा कि वे एक फुल-स्केप पेपर पर कुछ अशुद्धियाँ ठीक कर रहे हैं। तब मैंने उनसे सहज ही पूछा कि यह आप क्या कर रहे हैं? उन्होंने बताया कि इस कविता में छंद, वृत-मात्रा आदि की गलतियाँ हैं। यह गलतियाँ आगे न हों, इसलिए इसको ठीक कर रहा हूँ और वीरसिंह को आगे के लिए मार्गदर्शन हो, इसलिए इसको दुरुस्त कर वापस उसको भेज रहा हूँ।

उनका आग्रह रहता था कि संघ का काम स्थानीय कार्यकर्ताओं के भरोसे पर चलना चाहिए और समयाभाव के कारण जो काम वे करने में असमर्थ हों, ऐसे सभी काम प्रचारक के जिम्मे होने चाहिए। प्रचारक की भूमिका रासायनिक प्रक्रिया में केटलिस्ट जैसी होनी चाहिए, यानी रासायनिक प्रक्रिया प्रारंभ करे और उसमें से अपने को अलग कर ले।

स्वयंसेवकों की व्यक्तिगत समस्याओं की चिंता

स्वयंसेवकों की व्यक्तिगत समस्याओं को सुलझाने में वह काफी रुचि रखते थे। ऐसा ही एक उदाहरण मेरा ही है। मुझे कमर दर्द की तकलीफ कई वर्षों से है। होशंगाबाद के एक ज्येष्ठ कार्यकर्ता माननीय अण्णा साहेब हर्णे, जो होमियोपैथी इलाज के लिए काफी प्रसिद्ध थे, माननीय श्री सुदर्शनजी मुझे एक बार उनके यहाँ पर उपचार के लिए ले गए थे। हम इंदौर से बिलासपुर एक्सप्रेस से होशंगाबाद के लिए रवाना हुए थे और मध्य रात्रि के समय होशंगाबाद पहुँचे। पूरे प्रवास में माननीय सुदर्शनजी संघ गीतों को याद कर-करके मुझे सुना रहे थे। मेरे जीवन का वह एक अविस्मरणीय अनुभव है।

एक बार मैं और सुदर्शनजी टेलीफोन के एक बड़े इंजीनियर श्री शामा भैया से मिलने गए। वे कन्नड़भाषी थे, इसलिए वे माननीय सुदर्शनजी से मिलना चाहते थे। उनसे करीब आधा घंटा बातचीत होती रही। इस बीच उनकी पत्नी चाय लेकर आईं और उनके सामने टेबल पर रखकर गईं। श्री सुदर्शनजी मेरी तरफ देखने लगे; क्योंकि वह चाय, दूध, कॉफी आदि कुछ भी नहीं लेते थे। मैंने सोचा, चाय को मना करेंगे तो वे कॉफी का आग्रह करेंगे और उसके बाद दूध, छाछ आदि का। मैंने सुदर्शनजी से कहा कि इस समय चाय पी लेना ठीक होगा। सुदर्शनजी भी मेरी इस बात पर सहमत हो गए और चाय पी ली। उस समय वह प्रसंग सहज रूप से समाप्त हुआ। वास्तव में वह इतने बड़े हैं कि उनके चाय भी नहीं पीने पर अड़े रहते तो भी लोगों ने उनकी तारीफ ही की होती। मुझे और श्री शामा भैया को भी चाय नहीं पीने का कोई बुरा नहीं लगता।

संघ के ऑल इंडिया कैडर में

श्री मित्रा, लोक स्वास्थ्य विभाग के चीफ इंजीनियर, जबलपुर इंजीनियरिंग कॉलेज में माननीय सुदर्शनजी के सहपाठी थे। मेरा संघ से संबंध है, यह श्री मित्रा को मालूम था। एक बार मेरा उनसे सहज मिलना होने पर उनको मा. सुदर्शनजी की याद आई और उन्होंने मुझसे पूछा, 'मि. चितले, हमारे साथ में एक बहुत होशियार लड़का था। उसका नाम सुदर्शन था। वह आजकल कहाँ पर है? किसी अखिल भारतीय सर्विस में होगा?' तब मैंने उन्हें बताया, 'हाँ, वह आर.एस.एस. के अखिल भारतीय कैडर में ऊँचे स्थान पर हैं।'

स्वदेश के जन्मदाता

माननीय सुदर्शनजी मध्य भारत के प्रांत प्रचारक बनकर वर्ष 1964 में आए। उन्होंने मा. केशवरावजी गोरे से प्रांत का कार्यभार ग्रहण किया। इंदौर के संघ कार्यालय 'अर्चना' का प्रारंभ वर्ष 1965 के दशहरे पर हुआ। 1966 के दशहरे को 'स्वदेश' प्रारंभ हुआ। 'स्वदेश' के निर्माण और संवर्धन में मा. सुदर्शनजी की महत्त्वपूर्ण भूमिका थी। वे हर

बात का बहुत बारीकी से निरीक्षण करते थे और संबंधित कार्यकर्ता को योग्य सूचना देते थे। प्रवास से आने के बाद और यात्रा में वे 'स्वदेश' को प्रवास के बीच अवश्य पढ़ते थे और संपादक मंडल के कार्यकर्ताओं को योग्य मार्गदर्शन करते थे। प्रमुख कार्यकर्ताओं के बीच किसी प्रकार का मन-मुटाव न रहे, इसकी वह विशेष चिंता करते थे। ग्वालियर 'स्वदेश' के प्रमुखों को रात के 2 बजे तक समझाते हुए मैंने कई बार देखा है।

इंदौर महानगर की गुरुदक्षिणा वर्ष 1948 के बाद साधारणतया 3,000 के आस-पास हुआ करती थी। वर्ष 1964 तक यही स्थिति रही। मा. सुदर्शनजी ने प्रथम वर्ष ही कार्यकर्ताओं को 7,000 का लक्ष्य दिया और उनके प्रेरणादायी नेतृत्व के कारण वह पूरा भी हुआ। इतना ही नहीं, उन्होंने उसके बाद के वर्ष के लिए 15,000 का लक्ष्य निर्धारित किया और वह भी पूरा हुआ। आज ये आँकड़े बहुत मामूली लगते होंगे, लेकिन उस समय यह राशि बहुत प्रतीत होती थी। सन् 1956 में पूजनीय गुरुजी का 50वाँ जन्मदिवस आता था, उस समय उनको एक लाख की थैली पूरे मध्य भारत से देने के लिए कार्यकर्ताओं को बहुत अधिक कष्ट उठाने पड़े थे। यह बात आज के स्वयंसेवकों को स्मरण करनी चाहिए।

दृढ़ इच्छा-शक्ति

स्वामी विवेकानंद जन्म-शताब्दी के प्रसंग पर कन्याकुमारी में एक भव्य स्मारक निर्माण करने का निर्णय हुआ था। उस काम के लिए माननीय एकनाथजी को संघ के अन्य दायित्वों से मुक्त किया गया था और केवल विवेकानंद शिला स्मारक का ही काम करने को कहा गया था। करोड़ों की योजना थी। उसमें मध्य प्रदेश को भी अपने हिस्से का कोटा पूरा करना था। मा. सुदर्शनजी उस समिति के मंत्री थे। मध्य प्रदेश में स्कूल, कॉलेज एवं अन्य सार्वजनिक संस्थाओं के माध्यम से लगभग 12 लाख निधि एकत्रित हुई और विवेकानंद स्मारक का निर्माण हुआ। संकल्प के अनुसार, एक निश्चित समय में एक भव्य स्मारक का निर्माण पहली बार हुआ होगा।

सुदर्शनजी ने नया-नया स्कूटर चलाना सीखा था। एक दिन कार्यालय के गेट के बाहर निकलते समय कुछ गफलत हो गई और स्कूटर कार्यालय के सामने के मकान से जा टकराया। सुदर्शनजी के घुटने की कटोरी के दो टुकड़े हो गए। ऑपरेशन करना पड़ा। डॉ. बापट ने ऑपरेशन किया था। लगभग दो माह तक विश्राम और डॉक्टर के निर्देशानुसार व्यायाम करना पड़ा। हड्डी तो निकाल दी थी, सुदर्शनजी ने व्यायाम नियमपूर्वक किया। उन्होंने डॉक्टर की सूचनाओं का पालन अक्षरशः किया। दो माह बाद डॉक्टर ने सर्टिफिकेट दिया कि सुधार मेरी अपेक्षा से भी अधिक हुआ है। जेल में हम सबने अनुभव किया कि सब प्रकार के संधि व्यायाम वे अच्छी तरह से कर लेते थे और दौड़-धूप के खेल भी उत्साह से खेलते थे। यह उनकी दृढ़ इच्छा-शक्ति का ही परिणाम था।

जेल में कप्तान साहब

मीसा में संघ के सैकड़ों कार्यकर्ताओं के साथ मा. सुदर्शनजी भी निरुद्ध थे। संघ के कार्यकर्ताओं को बाहर की दुनिया कम ही पहचानती है। राजनीतिक क्षेत्र में काम करनेवाले काफी लोग मीसा में बंदी थे। जेल में सामूहिक निर्णय लेकर काम करने के लिए कई प्रसंग आते थे। जब इस प्रकार के निर्णय की कोई चर्चा होती तो जनसंघ के नेता, चाहे श्री पटवा हों या सकलेचा हों या कैलाश जोशीजी, एक स्वर से कह देते थे कि आप सुदर्शनजी से चर्चा कर लो। वे जो निर्णय देंगे, हमें स्वीकार है। अन्य राजनीतिक दलों के कार्यकर्ताओं को यह समझ में नहीं आता था। धीरे-धीरे सुदर्शनजी कौन हैं, राष्ट्रीय स्वयंसेवक संघ क्या है, इन बातों की जानकारी उन्हें होने लगी और प्रत्यक्ष परिचय होने पर उन्होंने सुदर्शनजी के नेतृत्व को स्वीकारा। मामा बालेश्वर दयाल उनको 'कप्तान साहब' कहकर ही पुकारते थे।

मध्य भारत से मा. सुदर्शनजी उत्तर-पूर्वांचल के प्रचारक के नाते कलकत्ता गए। वहाँ पर उन्होंने असम, नगालैंड, मिजोरम आदि प्रांतों की समस्या का गहन अध्ययन किया। साल भर बाद वह जब इंदौर आए तो नारायण बाग में संघ स्थान पर उत्तर-पूर्वांचल पर उनका एक बौद्धिक रखा गया था। उन्होंने समस्या की गंभीरता स्वयंसेवकों एवं अन्य विशिष्ट जनों के सामने ऐसे प्रभावी, लेकिन रोचक ढंग से रखी कि भाषण समाप्त कर वह जब नीचे बैठे, तभी लोगों को स्थान और समय का भान हुआ। मा. सुदर्शनजी लगभग एक-डेढ़ घंटा बोले और श्रोतागण मंत्रमुग्ध होकर उन्हें सुनते रहे। ऐसा प्रभावी था उनका वक्तव्य! उनके नेतृत्व में राष्ट्रीय स्वयंसेवक संघ द्रुत गति से अपने गंतव्य की ओर बढ़ा, इसमें कोई शक नहीं है।

□

जब उन्होंने जेल को भी संघमय कर दिया था

–कृष्णकुमार अष्ठाना
प्रधान संपादक,
'देवपुत्र', इंदौर

मन अभी यह स्वीकार ही नहीं कर रहा कि सुदर्शनजी से अब कभी भेंट ही नहीं होगी। सामान्य से विषयों पर भी बहुत गहराई से जो मार्गदर्शन पिछली आधी शताब्दी से मिल रहा था, वह अब कभी नहीं मिलेगा। मोतियों जैसे अक्षरों में लिखे हुए वे पत्र, जो समय-समय पर दिशा देते रहे, अब कभी नहीं मिलेंगे।

जबलपुर में सन् 1958 के संघ शिक्षा वर्ग में उनसे पहली भेंट हुई थी। मुरैना से द्वितीय वर्ष का प्रशिक्षण प्राप्त करने वहाँ गया था। उसके बाद सन् 1959 में अपने तृतीय वर्ष के शिक्षण में, फिर 1963 में जबलपुर के शिक्षण वर्ग में शिक्षक के रूप में साथ रहकर मा. सुदर्शनजी का सान्निध्य-लाभ मिला। सन् 1964 में उनके मध्य भारत में प्रांत प्रचारक बनकर आने के बाद तो सान्निध्य के खूब अवसर रहे ही।

सन् 1973 में उनके आदेश पर ही मैं ग्वालियर से इंदौर आकर 'स्वदेश' की व्यवस्थाओं से जुड़ा। इस हेतु ग्वालियर से इंदौर के साथ हुए प्रवास में ही उन्होंने मुझे समाचार-पत्र की इतनी बारीकियों से परिचित करा दिया कि वह मेरे लिए वहाँ के प्रवास में सदा मार्गदर्शक बने रहे। व्यवस्था, संपादन और मुद्रण जैसे विषयों पर वे घंटों बैठकर इस प्रकार मार्गदर्शन करते, मानो वे उन सबके विशेषज्ञ हों।

जेल में चला संघ

लगभग डेढ़ ही वर्ष हुआ था 'स्वदेश' की व्यवस्थाओं को देखते हुए कि आपातकाल लग गया। संयोग से मैं भी इंदौर संघ कार्यालय 'अर्चना' से उनके साथ चर्चा करते-करते

ही गिरफ्तार हुआ और जिला जेल की एक ही बैरक में 20 माह से अधिक समय साथ-साथ बीता। जेल की चाहरदीवारी में 24 घंटे साथ रहकर एक-दूसरे को अत्यंत निकट से देखने, समझने और परखने के जो अवसर मिलते हैं, वह सब हमको इतने लंबे समय तक मिले। मैंने पाया कि वह अनेक विषयों के मर्मज्ञ थे। संकल्प के धनी और धुन के पक्के होने के कारण उन्होंने जेल के वातावरण को भी हम सबके लिए संघमय बना दिया था। जेल में प्रात: और सायं बौद्धिक के कार्यक्रम और उत्सव आदि भी संपन्न होते थे। आपातकाल, प्रेस पर सेंसर, चाटुकारिता की बढ़ रही प्रवृत्ति से लेकर देश के स्वाधीनता आंदोलन, सशस्त्र क्रांतिकारियों का स्वतंत्रता संग्राम में योगदान और एकात्म मानववाद जैसे विषयों पर गंभीर व विस्तृत चर्चाएँ उनके मार्गदर्शन में होती थीं।

संघ के सैकड़ों कार्यकर्ताओं के साथ वहीं निरुद्ध समाजवादी रघु ठाकुर, शरद यादव, कामरेड मोतीलाल शर्मा और कांग्रेस के के.के. मिश्रा, के.के. यादव तथा मुसलिम समाज के तनवीर अहमद, खुरासान पठान जैसे वरिष्ठ सदस्यों के साथ अपनी विशिष्ट प्रतिभा और आत्मीयता के कारण उनके घनिष्ठ संबंध बने थे। राष्ट्रवादी मुसलमानों को संगठित करने का शुभारंभ उन्होंने यहीं से प्रारंभ कर दिया था। बाद में उसके सुखद परिणाम देखने को मिले। अभी भी वह काम मा. इंद्रेशजी के मार्गदर्शन में तेजी से बढ़ रहा है।

गंभीर अध्येता

एक समय पंजाब की समस्या भी गंभीर चुनौती थी। सिख समाज से घनिष्ठता, 'गुरु ग्रंथ साहिब' और सिख साहित्य के अनुशीलन से सिख समाज ने अनुभव किया कि सुदर्शनजी का अध्ययन उनसे भी कहीं अधिक है। यहीं से 'राष्ट्रीय सिख संगत' की योजना ने मूर्त रूप लिया। पूर्वोत्तर क्षेत्र में प्रवास करते-करते वे वहाँ की समस्याओं के भी गंभीर अध्येता बन गए थे और समस्या के हल के लिए उन्होंने गंभीर प्रयास किए।

इसी बीच उनके पास अखिल भारतीय शारीरिक प्रमुख और अखिल भारतीय बौद्धिक प्रमुख के दायित्व भी रहे। मुझे अनेक बार आश्चर्य होता था कि सन् 1965 के प्रारंभ में स्कूटर के कारण हुई दुर्घटना में जिस व्यक्ति के एक घुटने की कटोरी के टुकड़े-टुकड़े हो गए थे और शल्य-क्रिया के बाद घुटने को बिना कटोरी के ही जोड़ दिया गया था, उस व्यक्ति ने अपनी संकल्प-शक्ति के बल पर अपने को न केवल शारीरिक दृष्टि से सक्षम बना लिया, अपितु संघ का अखिल भारतीय शारीरिक प्रमुख बनकर शारीरिक में सब प्रकार के मार्गदर्शन के योग्य भी अपने को सिद्ध कर दिया। वह अखिल भारतीय बौद्धिक प्रमुख भी रहे। सामान्य लोगों के लिए यह आश्यर्च की ही बात है कि शारीरिक और बौद्धिक क्षमताएँ एक ही व्यक्ति में चरम कोटि की हो सकती हैं, परंतु मा. सुदर्शनजी इसके प्रत्यक्ष उदाहरण थे। वे घंटों अपने बौद्धिक चिंतन और

वक्तव्य के कारण अपने श्रोताओं को बाँधकर रख सकते थे, ठीक उसी प्रकार संघ स्थान पर शारीरिक में छोटी सी भी गलती आँखों से ओझल नहीं हो सकती थी। सरसंघचालक बनने के बाद उनके ये दोनों स्वरूप यथावत् थे। छोटी-छोटी गलतियों को स्वयं जाकर ठीक करवाने में उन्हें कोई संकोच नहीं होता था।

संघ कार्य को नए आयाम

सरसंघचालक के पद से निवृत्त होने के बाद भी उनका आग्रह प्रवास के समय शाखाओं पर ऐसी गलती ठीक करने का रहता ही था। सह-सरकार्यवाह और सरसंघचालक के रूप में तो उनका कार्यकाल अनेक दृष्टियों से उल्लेखनीय बन गया। 10 मार्च, 2000 को परम पूजनीय रज्जू भैया ने सरसंघचालक का अपना दायित्व जिस भावना के साथ उन्हें सौंपा, उसे अपनी संपूर्ण सामर्थ्य भर निर्वाह कर उन्होंने 'ज्यों-की-त्यों धर दीन्ही चदरिया' की कहावत को चरितार्थ कर संघ कार्य को अनेक नए आयाम दिए।

भारत में जहाँ संघ की योजना से अनेक नए कार्य खड़े हुए, वहीं विदेशों में उनके प्रवास ने कार्यकर्ताओं में नई प्रेरणा फूँकी। इस बीच अनेक सामाजिक विषयों पर उनके मार्गदर्शन, तात्कालिक समस्याओं से निपटने के लिए कार्यकर्ताओं की क्षमता वृद्धि तो उल्लेखनीय ही है। मलेशिया, थाईलैंड, हांगकांग, अमेरिका, कनाडा, त्रिनिदाद, टुबैगो, गयाना के उनके प्रवास ने वहाँ संघ कार्य को तीव्र गति दी।

आत्मीयता से सराबोर था उनका हृदय। पहली ही भेंट में किसी को अपना बना लेने की उनकी अपनी क्षमता थी। कार्यक्षेत्र में अनेक घर उनके अपने बन गए थे।

कहीं से कुछ भी नया सीखने की उनकी तत्परता रहती थी। इसलिए गंभीर अध्ययन के साथ जैविक कृषि, गौ उत्पाद, जैविक खाद और स्वदेशी पर उनसे चर्चा अनेक प्रकार की जानकारी देती थी। परिवारों में पहुँचकर परिवार-प्रबोधन तो होता ही था, रसोई की व्यवस्था, बैठकर खाना बनाना, खाना खाने जैसे विषयों पर भी परिवार की महिलाओं का प्रबोधन करने में उन्हें कोई संकोच नहीं होता था।

सरसंघचालक के रूप में इंदौर के एक प्रवास में वे 'देवपुत्र' के कार्यालय में भी पधारे थे। 'देवपुत्र' के एक अंक में वर्तनी की समस्त गलतियों की चर्चा करते-करते उन्होंने 45 मिनट का एक पूरा कालखंड ही ले डाला और वह भी श्यामपट पर शिक्षक की भाँति समझा-समझाकर। उनका आग्रह था कि बच्चों की कच्ची उम्र में वर्तनी का कोई दोष उनके मन पर स्थायी अधिकार न जमा ले, इसलिए सावधानी चाहिए ही। सामान्य बातचीत में अंग्रेजी शब्दों के उपयोग के वे विरोधी थे। मातृभाषा का स्वाभिमान अपेक्षित था उन्हें। इसी वर्ष 'देवपुत्र गौरव सम्मान' के प्रमुख अतिथि के नाते उनके प्रबोधन और भेंट का अंतिम अवसर सिद्ध हुआ मेरे लिए।

मनोरंजन के क्षण भी उनके साथ अत्यंत आह्लादकारी होते थे। घंटों विविध प्रकार के चुटकुलों, कहानी-किस्सों के साथ बिताने के अवसर जेल या बाहर फुरसत के क्षणों में मुझे मिले हैं। नित्य की शाखा का आग्रह उनमें अद्‌भुत था। उज्जैन में एक दिन शाखा जल्दी छूट जाने के कारण प्रार्थना नहीं होने से उन्होंने उस दिन भोजन नहीं किया था, यह मैंने देखा है।

उनके अभाव की पूर्ति कैसी होगी, यह तो समय ही बताएगा; किंतु उन्होंने अपने कर्तव्य के प्रकाश की जो किरणें छोड़ी हैं, उसमें हम अपना रास्ता तय करें और नित्य बढ़ रहे संघ कार्य में अपना योगदान सुनिश्चित कर भव्य भारत के निर्माण में सहयोगी बनें, यह हमारी श्रद्धांजलि होगी उस महापुरुष को।

□

राष्ट्र-चैतन्य के अप्रतिम द्रष्टा

–डॉ. ब्रह्मदत्त अवस्थी

राष्ट्र अपनी धरती के चैतन्य का समग्रता में पूर्ण प्रकटन है। ये करोड़ों चरण हैं। करोड़ों इसके कर हैं, करोड़ों इसके नेत्र हैं; किंतु गति एक, कृति एक है। दृष्टि एक सनातन है। यह अखंड है, यह प्रभु-प्रदत्त लक्ष्य की ओर सतत् गतिमान है।

राजनीतिक रेखाओं से बँधा केवल राज्य ही नहीं है। यह भौगोलिक सीमाओं से साधा केवल देश नहीं है। यह तो सतत् चैतन्य संचरित को कण-कण से बाँधता, क्षण-क्षण को जोड़ता अपना अनूठा वैशिष्ट्य लिये विश्व-कल्याण के पथ पर विराट् स्वरूप है। हमने इसे माँ के रूप में पूजा है, बंकिमचंद्र ने इसे 'वंदे मातरम्' कह आराधा है और इसी स्वरूप को स्वामी विवेकानंद ने साधा है। कहा है, 'हम 50 वर्षों के लिए सभी देवी-देवताओं को भूलकर भारत राष्ट्र, इस जगत् देवता की भक्ति और पूजा में लग जाएँ।' संघ का आधार इसी भारत माँ की भक्ति है।

संघ की साधना

राष्ट्र के माँ स्वरूप को राम ने, कृष्ण ने, चाणक्य ने, शिव ने, सुभाष और सावरकर ने, भगत सिंह और आजाद ने समझा है। अनुभव किया है और इसके लिए गले हैं। राष्ट्र की संतान को इसे जानना, समझना, अनुभव करना और इसके लिए समर्पित होना चाहिए। संघ इसी ध्येय-साधना में रत है।

आँखों के सामने तैरती हुई भौतिक तस्वीर। ये पर्वत, ये सागर, ये पठार, ये मैदान, ये सरोवर, ये सरिताएँ, ये पेड़, ये लताएँ, ये पशु, ये पक्षी, ये लोग और इन लोगों से बनी संस्थाएँ तो हैं; परंतु इन सब में समान रूप से संचरित वह चेतना है, जो इस भू की पहचान है और वह हिंदुत्व है। आज कहीं यह खो गई है; कहीं यह पैदा ही नहीं हुई। कहीं दबोच ली गई है। कहीं विकृति के हाथों पड़ ध्वस्त हुई है। राष्ट्र को साधना है,

राष्ट्र को समझना है, राष्ट्र को एक अखंड, एकात्म और सनातन प्रवाही बनाना है तो इस चेतना को समझना और साधना होगा।

परमपूज्य सुदर्शनजी ने इस चेतना के फैले स्वरूप को, चैतन्य के इस विराट् अस्तित्व को भली प्रकार देखा व समझा है। वे क्षेत्र देखे, जहाँ राष्ट्र का चैतन्य हटा और विदेशी चैतन्य का परचम फहराया। वे चैतन्य भी देखे, जहाँ रोटी की भूख ने राष्ट्र-चैतन्य को बाहर निकाल फेंका और वे क्षेत्र भी देखे, जहाँ विदेशी शिकंजे में फँसे लोगों ने देश की चेतना निकालकर विदेशी चैतन्य को बसा लिया। देश के कोने-कोने में बसे लोगों को, पंथों और संप्रदायों को, रिलीजन और मजहब को, कबीलों और जत्थों को, संस्थाओं और संगठनों को भलीभाँति सुदर्शनजी ने समझा और उनका अध्ययन किया। उन्होंने पाया कि परचम विदेशी होगा, तरीका गैरों का होगा, भाषा औरों की होगी, आलस्य होगा, निद्रा होगी, रोटी और पैसे का आकर्षण होगा, सत्ता की अंधी दौड़ होगी; पर रक्त एक होगा, दृष्टि एक होगी।

राष्ट्र-साधक

सुदर्शनजी राष्ट्र-भक्त ही नहीं, राष्ट्र-साधक थे। राष्ट्र-चेतना के हर कण को विराट् अस्तित्व से बाँधना उनका धर्म था। डगमगाते चैतन्य को साधना उनका दायित्व था। विकृत चैतन्य को साधना उनका संकल्प था। अपनेपन के साथ वह इसमें जुट गए। उन्हें अपना पूर्वज और भारत को अपनी मातृभूमि मानिए। उन्होंने इंद्रेशजी द्वारा 'राष्ट्रवादी मुसलिम संगठन' खड़ा करवाया। आपातकाल में 'कुरआन' का अध्ययन किया। मुसलिम बंदियों के साथ उनके अच्छे संबंध हुए। उन्होंने स्वयंसेवकों से कहा, 'मुसलिम बंधुओं के घरों में जाकर उनके बालकों को अभाव में जो कष्ट हैं, उन्हें दूर करो।' इस कदम ने अनेक मुसलिम बंधुओं का हृदय जीत लिया।

सन् 1990 में खालिस्तान का आतंक छाया था। लगभग 400 संतों ने सद्भावना यात्रा निकाली। सुदर्शनजी को गुरुवाणी का इतना अध्ययन था कि बड़े-बड़े अलगाववादी सामने नहीं ठहरते थे।

सुदर्शनजी ने 'बाइबिल' का अच्छी तरह अध्ययन किया। भारत में हिंदुओं से ईसाई बने समाज का भी भरपूर अध्ययन किया। चर्च को समझा और उसकी व्यवस्था को भी। असम के चर्च का और चर्च की मुक्ति सेनाओं का गंभीरता से अध्ययन किया, प्रत्येक जानकारी जुटाई। विदेशी शक्तियों के षड्यंत्र को खुलकर उजागर किया। वहाँ की समस्या का विकराल रूप देखा और उसे सँभालने के लिए देश भर के पूर्ण सहयोग देनेवाले प्रचारकों को भेजा। वहाँ की जनजातियों को समझा। उनकी भाषा, उनकी उपासना, उनकी दिनचर्या, उनके व्यवहार को गहराइयों से समझा। उनकी पहचान और

संस्कृति की रक्षा के लिए उपाय बताए। उन पर अमल भी कराया। छात्रावास खुले, विद्यालय प्रारंभ हुए। पूरा पूर्वांचल क्षेत्र राष्ट्र-जागरण से जागने लगा।

राष्ट्रीय मुद्दों पर परिवर्तन

देश भर में उनकी योजना का परिणाम दिखाई देने लगा। राम मंदिर का प्रकरण हो या राम सेतु का, गो-हत्या बंदी का प्रश्न हो या मतांतरण का, कश्मीर की समस्या हो या असम की, घुसपैठियों की बात हो या आतंकवाद की, बड़ी संख्या में ईसाई और मुसलमान, साम्यवादी और प्रगतिशील इस राष्ट्रधारा का समर्थन करने लगे। सुदर्शनजी के सोच से चला प्रज्ञा-प्रवाह वैचारिक परिवर्तन लाने लगा। राष्ट्रवाद की दृष्टि बढ़ने लगी।

राष्ट्र-चैतन्य की चल रही साधना को कहीं अधिक सशक्त और जीवंत बनाने के लिए नए-नए प्रयोग में वे हिचके नहीं। प्रात:-स्मरण के स्थान पर एकात्मता स्तोत्र और एकात्मता मंत्र प्रारंभ करा दिए। शारीरिक शिक्षण में योगचाप पर नए प्रयोग किए। उसका मौलिक स्वरूप ही बदल गया। गीत, सुभाषित, अमृत वचन, कहानी, चर्चा, प्रार्थना अभ्यास, समाचार समीक्षा, जिज्ञासा समाधान आदि सभी का स्वरूप ही बदल गया। स्वयंसेवक समाज के पूरेपन में खुलकर चला और समाज के पूरेपन को साधने के लिए खुलकर सामने आ गया।

संकट का कारण

विश्व-पटल पर राष्ट्र-चैतन्य का सर्वहितकारी स्वरूप सुदर्शनजी ने बेहिचक रखा। उन्होंने वाशिंगटन में मुख्य वक्ता के रूप में संबोधित करते हुए कहा कि पश्चिम का अस्तित्व के लिए संघर्ष, विश्व का सबसे अधिक शक्तिमान बनने का संकल्प, प्रकृति का शोषण और व्यक्तिगत अधिकार का सोच सभी संकटों का कारण है। हमारे अनुसार, परम तत्त्व सभी में व्याप्त है और इसलिए सभी में सहयोग और सामंजस्य हो सकता है। सर्वोत्तम बनने की नहीं, सभी के हित के लिए, सभी का बनने की बात योग्य है। शोषण नहीं, पोषण और व्यक्तिगत अधिकार नहीं, व्यक्ति धर्म पर चलना ही श्रेयस्कर है। खुद कमाना और खुद खाना है प्रकृति, दूसरों से छीनना और खाना है विकृति, खुद कमाना और दूसरों को खिलाना है संस्कृति। विश्व में राष्ट्र-चेतना की गूँज गई। पूरे संसार में भारत राष्ट्र की वाणी पहुँची। सुदर्शनजी ने निर्भयता से भारतीयों को झकझोरा कि भारतीय संविधान में मौलिक चैतन्य के निर्माण का अभाव रहा। यह सन् 1935 के गवर्नमेंट ऑफ इंडिया ऐक्ट का ही परिवर्तित रूप है। भारत की वास्तविकताएँ, यहाँ समाज की रचना के मूल तत्त्व, इसी देश की परंपराओं और यहाँ की आवश्यकताएँ ध्यान में भी नहीं लाई गई हैं। विदेशों की नकल है यह। यहाँ के सांस्कृतिक राष्ट्रवाद के आधार पर संविधान चाहिए।

ऐसा मार्गदर्शक कहाँ मिलेगा?

राष्ट्र-चैतन्य के प्रकाश को पूरेपन से वह अपने में भरना चाहते थे। उसी के बल पर जन-जन को राष्ट्र-चैतन्य का जलता हुआ दीप बनाना चाहते थे। भारत की एक-दो नहीं, अनेक भाषाओं के वह मर्मज्ञ बने। लिखने-बोलने दोनों में समान अधिकार। केवल चलाऊ ज्ञान नहीं, शब्द का, वाक्य का, विराम का, ध्वनि का, शक्ति का, भाव-प्रवाह का पूर्ण सशक्त ज्ञान। मेरे लिखे लेख वह पढ़ते थे; किंतु जब मेरे सुपुत्र प्रभाकर अवस्थी ने मेरी पुस्तक 'जाग उठो' की कंप्यूटर से निकाली पांडुलिपि उन्हें पढ़ने और पढ़कर कुछ लिखने के लिए दी तो उन्होंने केवल पुस्तक को उलट-पुलटकर नहीं देखा; उसका एक-एक शब्द पढ़ा, हर विराम चिह्न देखा, हर विचार परखा, हर भाव समझा। कुछ मौलिक निबंध, जैसे—'स्वयंसेवक तत्त्व', 'भारत अखंड तो होगा ही', 'अमेरिका को ध्वस्त होने से भारत भी नहीं बचा सकता', को पढ़कर वह अति प्रसन्न हुए। जब पूरी पढ़ डाली, तब मेरे सुपुत्र को हरियाणा में लगे एक शिविर में बात करने के लिए बुलाया और उसे एक-एक बात समझाई। इतना जागरूक, इतना सशक्त और इतना राष्ट्र-भाव से भरा मार्गदर्शक कहीं खोजे न मिलेगा।

सबके इतने अपने

वे कार्यकर्ता की कोर-कोर भाँपते और सँभालते थे। कहीं चूक न हो जाए, वे पूरा ध्यान रखते थे। गीत को, श्लोक को, भाषण को, संवाद को, व्यवहार को, दैनिक क्रिया को अति सजग रहते हुए निकट से सुनते, देखते, गुनते और समझते थे। उसे ठीक करते थे—कहकर और करके तथा बताकर भी। मेरे तो वह न जाने किस कृपा से इतने अपने बन गए थे कि हर क्षण मुझे सँभालते ही दिखाई पड़ते। मेरे अमृत महोत्सव 'राष्ट्र-चेतना के चरण' पर वह प्रसन्नतापूर्वक आए। घर भोजन हुआ, रुके और कार्यक्रम में भरपूर बोले।

मंच अधिकारियों से भरा था तो प्रांगण श्रोताओं से खचाखच भरा था। पूर्ण अनुशासन और पूर्ण व्यवस्था। कार्यक्रम चार घंटे तक चला और कोई भी हिला भी नहीं। श्रोता सभी प्रबुद्ध और सभी सुधी। सुदर्शनजी गद्‌गद थे। देखकर और खुलकर इसलिए बोले थे कि देश को पश्चिम की अंधी नकल नहीं करनी है। स्व को पहचानना और स्व को जीना है, स्व भाषा को पहचानना और उस पर गर्व करना है। आज की प्रगति—प्रगति नहीं, दुर्गति है। पर्यावरण को नष्ट करते हुए प्रगति के नाम पर यह औद्योगिकीकरण विनाशक है। व्यक्ति को अपने परिवार और अपने परिवेश तथा अपनी परंपराओं से जुड़कर ही प्रगति की बारह खड़ी रटनी चाहिए।

कभी न भुलानेवाली निजता

वे प्रकांड विद्वान् और महान् वक्ता तो थे ही, कितने भावुक थे, कितने सहज, कितने अपने और कार्यकर्ता को संरक्षण देने में कितने मातृत्व-विह्वल, महान् व्यक्तित्व थे वे कि शब्द कह नहीं सकते। मंच पर मैंने उनसे निवेदन किया कि आप बोलें तो, लेकिन मुझे नमन न करें। उन्होंने मुझे प्यार से झिड़कते हुए नकार दिया। माल्यार्पण किया और मंच पर सभी के सामने गद्गद हो नमन भी किया। कभी भूल न सकूँगा निजता और संरक्षकत्व का वह मधुर क्षण!

कहीं भी रहें, उनकी दृष्टि राष्ट्र-चैतन्य को बाँधने और सशक्त बनाने की रहती थी। मेरे कार्यक्रम 'राष्ट्र-चेतना के चरण' का संचालन देश के माने हुए कवि और संचालक मेरे पुत्रवत् प्रिय डॉ. शिवओम अंबर कर रहे थे। पूज्य सुदर्शनजी को वह भा गए। उन्हें कई बार बुलाया और उनसे कहा कि भारत के अमूल्य ग्रंथ और साहित्य खोखले कर्मकांड में बदल गए हैं। विकृत व्याख्या का शिकार हैं। उन्हें पढ़ो, समझो, उनके तत्त्वार्थ का चिंतन करो। उचित दृष्टि से, कर्मकांड से अलग हटकर उनको समाज के सामने प्रस्तुत करो। राष्ट्र-चैतन्य को सर्वत्र साधने के लिए वह सचेत थे। वह राष्ट्र चैतन्य के अप्रतिम साधक थे। स्वयं में राष्ट्र-चैतन्य को साधा और प्रकाश से सर्वत्र बिखरे पड़े राष्ट्र-चैतन्य के कणों को समेटा। सभी में एक ही विराट् को उकेरा और राष्ट्र को राज्य नहीं, राष्ट्र आलोक में बढ़ाने का सशक्त प्रयास किया।

□

नव दधीच सुदर्शनजी राष्ट्रार्पित परिपूर्ण व्यक्तित्व

–डॉ. शत्रुघ्न प्रसाद
प्रांत संघचालक, पटना, बिहार

नवदधीच परंपरा में स्व. सुदर्शनजी पाँचवें हैं। माँ के मंदिर में पूर्ण विकसित जवाकुसुम ही अर्पित किए जाते हैं, तभी माँ प्रसन्न होती हैं। इसीलिए तो बीसवीं सदी में नवदधीच परंपरा का श्रीगणेश हुआ है। भारत और भारतीयता तथा राष्ट्र के अस्तित्व एवं अस्मिता की विध्वंसक शक्तियाँ प्रबल हैं। इसलिए एक दधीच नहीं, अनेक नव दधीचों की शृंखला आगे बढ़ रही है। नव दधीचों की शृंखला की पाँचवीं कड़ी भी आत्माहुति देकर छठी कड़ी में विलीन हो गई है; परंतु भारत का मीडिया जगत् केवल सत्तालोलुप राजनेताओं, कामाकर्षणमय फिल्मी अभिनेता-अभिनेत्रियों, क्रिकेट खिलाड़ियों और बहुराष्ट्रीय कंपनियों के विज्ञापनों को ही महत्त्व देने की मस्ती में मग्न रहता है। इन्हें ही प्रकाशित-प्रसारित कर धर्म, अर्थ व काम—तीनों को प्राप्त कर तृप्ति की डकार लेता है; परंतु इसने सुदर्शनजी के अनेक आयामी सुदर्शन चरित को प्रकाशित-प्रसारित करने का कष्ट नहीं किया। एक अखिल भारतीय संगठन के पूर्व प्रधान तथा अनेक अवदानों पर वह मौन ही रहा। आरंभ से ही राष्ट्रीय स्वयंसेवक संघ के संबंध में कम-से-कम लिखना-बोलना मीडिया का जड़ नियम बन गया है। पता नहीं किस राजनीतिक दबाव में मीडिया साँस लेता है! वामपंथी और सेकुलर पाखंडियों की संघ-आलोचना को अवश्य छाप देता है, परंतु हम इसकी चिंता नहीं करते।

भारत माँ की उपासना का युग

स्वामी विवेकानंद ने आह्वान किया था कि 'इस युग में केवल भारत माँ की उपासना हो। यह एकमात्र देवता है। यही दुर्गा दशप्रहरणधारिणी है।' स्वामी रामतीर्थ ने कहा था

कि मैं भारतवर्ष हूँ। मेरा शीश हिमालय है···' आदि। यह सांस्कृतिक राष्ट्र चेतना ही राष्ट्रीय स्वयंसेवक संघ की सिद्धांत चेतना है। अत: सुदर्शनजी भारतवर्ष की एकात्मता तथा अखंडता के मूर्तिमान स्वरूप थे। संघ संस्थापक डॉ. केशव बलिराम हेडगेवार, द्वितीय सरसंघचालक माधव सदाशिव गोलवलकर और चतुर्थ सरसंघचालक प्रो. राजेंद्र सिंह के समान विज्ञान के ही विद्यार्थी थे। इन्हीं से हिंदू राष्ट्र ने चेतना की दीक्षा प्राप्त की थी। तृतीय श्री देवरस सरसंघचालक की दृष्टि में ऐसे राष्ट्रार्पित कार्यकर्ता देव-दुर्लभ कार्यकर्ता माने गए। निस्संदेह सुदर्शनजी में डॉ. हेडगेवारजी के समान संगठन-कौशल था, पूजनीय गुरुजी के सदृश चतुरायामी व्यक्तित्व था और रज्जू भैया के समान साहित्य एवं संगीत के प्रति गहरी रुचि थी। सुदर्शनजी को मैं उत्तर भारत, हिंदी क्षेत्र का ही समझ रहा था। वह मात्र 'सुदर्शनजी' के प्रिय नाम से संबोधित होते थे। कारण था कि वे धारा-प्रवाह हिंदी बोलते थे। उनके उच्चारण में दक्षिण की भाषा का प्रभाव नहीं दिखता था। वैसे भी वह अनेक भाषाओं के ज्ञाता थे। अनेक भाषाओं के साहित्य के वे अध्येता थे। पश्चिम के ज्ञान-विज्ञान से सुपरिचित थे। हिंदी, संस्कृत, अंग्रेजी, कन्नड़, मराठी, बँगला और पंजाबी का उन्होंने विशिष्ट ज्ञान उपलब्ध किया था। वैसे, वे मूलत: कर्नाटक के थे, कन्नड़ भाषी थे, पर हिंदी क्षेत्र में उनका परिवार रह रहा था।

हिंदू-सिख एकात्मता

उन्होंने कोलकाता में बँगला में व्याख्यान देकर सबको मुग्ध कर दिया था। वे उधर क्षेत्र प्रचारक रह चुके थे। उन्होंने गुरुवाणी के आधार पर पंजाब में भारतीयता यानी हिंदू और सिख की एकात्म चेतना—सांस्कृतिक चेतना को सप्रमाण प्रस्तुत कर सबके हृदय को जोड़ देने का प्रयत्न किया था। सत्तावादी सेकुलर और वाम राजनीति दोनों को तोड़ने का लगातार प्रयत्न करते रहे हैं। यह स्मरणीय है कि उन्होंने 'बाइबिल' के गंभीर अध्ययन तथा व्यापक दृष्टि के आधार पर भारतीय चर्च के प्रमुख बिशप से वार्त्ता की थी। चर्च भी उनसे चर्चा करने के लिए तैयार रहता था। परंतु यह भी सत्य है कि अंतरराष्ट्रीय चर्च के द्वारा भारत के ईसाईकरण की महायोजना और विभिन्न ईसाई देशों द्वारा वित्त-पोषित संस्थाओं के मतांतरण के बढ़ते षड्यंत्र से वे पूरी तरह परिचित थे और इस देश को ईसाईकरण की महायोजना से सावधान कर रहे थे। इटली से आयातित कट्टर कैथोलिक एवं फासिस्ट परिवार की मैडम माइनो (सोनिया गांधी) की राजनीति और कूटनीति को वे निर्भीक शब्दों में उद्घाटित करते रहते थे, जिससे माइनो दरबार के मेरुदंडहीन तथा कथित भारतीय दरबारी भी क्षुब्ध होकर उछलते रहे हैं।

राष्ट्रीय मुसलिम चेतना

सुदर्शनजी ने 'कुरान शरीफ' के अध्ययन द्वारा भारतीय मुसलमानों को निकट ला

दिया। मौलाना वहीदुद्दीन खाँ जैसे विद्वान् से उनकी वार्त्ता प्रसिद्ध रही है। इन दोनों ने ही फिर से भारतीयता से, राष्ट्रीयता से जुड़ने के लिए मुसलिम बंधुओं को प्रेरित किया। इसी का परिणाम है 'मुसलिम राष्ट्रीय मंच', जो माननीय इंद्रेशजी द्वारा संचालित हो रहा है। यह देखकर ही पाखंडी सेकुलर कांग्रेस ने एक ओर मुसलिम समाज में कट्टरता एवं अलगाववाद को प्रोत्साहित किया है तो दूसरी ओर राष्ट्रीय मुसलिम चेतना के दमन का प्रयत्न किया है; जबकि ऐतिहासिक सत्य है कि स्वाधीनता के पूर्व भारत में गांधीजी के नेतृत्व में सक्रिय कांग्रेस से जुड़े राष्ट्रीय मुसलिम नेताओं का समर्थन मुसलिम समाज में नहीं था। मुसलिम लीग और उसके नेताओं ने कांग्रेस और कांग्रेस से जुड़े मुसलिमों की सर्वथा उपेक्षा की। मुसलिम लीग ने अंग्रेजी साम्राज्यवाद से दुरभिसंधि कर और वामपंथ से समर्थन पाकर, साथ ही सन् 1946 के चुनाव में मुसलिम समाज में भारी बहुमत हासिल कर भारत के विभाजन के लिए कांग्रेसी नेतृत्व को विवश कर दिया। हिंदू-मुसलिम एकता की लाश पर देश का बँटवारा हुआ। यह राष्ट्रीय त्रासदी सबके समक्ष रही है। सुदर्शनजी इस सत्य के आधार पर भारतीय जीवन के यथार्थ को सबके समक्ष रखते रहे हैं। इसलिए संघ का स्वयंसेवक अपने राष्ट्र के गौरवपूर्ण अध्यायों के साथ इस विभाजनकारी यथार्थ के प्रति पूर्णतः जागरूक रहता है।

माननीय सुदर्शनजी ने पश्चिम के जड़वादी दर्शन और इस जड़वादी दर्शन से प्रसूत उपभोक्तावादी भोगवादी जीवन-दृष्टि का गहराई से अध्ययन-मनन किया था। औद्योगिक विकास की द्रुत गति और उपभोक्तावादी जनजीवन की विनाशकारी दौड़ के कारण पर्यावरण का विनाश प्रत्यक्ष दिखाई पड़ रहा है। प्रकृति क्रुद्ध है, मौसम बदल रहा है, भारत में भी पर्यावरण संकटग्रस्त हो चुका है। कारण स्पष्ट है कि जंगल कट रहे हैं— देवभूमि हिमालय में नदियों पर बड़े-बड़े बाँध बन रहे हैं। नगरों का प्रदूषण नदियों के जल को विषाक्त कर रहा है। नगरीकरण ने वायु को प्रदूषित कर दिया है। मा. सुदर्शनजी ने वैश्विक दृष्टि से इस गंभीर समस्या पर विचार किया था और सप्रमाण सिद्ध किया कि पश्चिम का जड़वादी दर्शन ही इस पर्यावरण विनाश और प्रकृति के क्रोध का उत्तरदायी है। उन्होंने पश्चिम के जड़वाद और पूर्व की प्रकृति संबंधी जीवन-दृष्टि के अंतर को अपने व्याख्यानों के द्वारा सबके समक्ष स्पष्ट किया है। मुझे स्मरण है कि उन्होंने बिहार प्रदेश के मुंगेर नगर के एक विशिष्ट कार्यक्रम में पश्चिम के प्रकृति संबंधी दृष्टिकोण का विस्तार से विवेचन किया था। उन्होंने बताया था कि पश्चिम ने प्रकृति को जड़ यंत्र माना है। अचेतन मशीन मानकर पश्चिम के वैज्ञानिकों ने प्रकृति के विभिन्न अंगों का अलग-अलग अध्ययन कर उसके पूर्ण उपयोग-उपभोग के सिद्धांत को प्रस्तुत किया है। इसी के अनुसार प्रकृति-पर्यावरण का दोहन नहीं, विनाशकारी शोषण हो रहा है। पेड़, पशु, पंछी, जल, वायु, मिट्टी और आकाश—ये सब प्रकृति पर्यावरण

के अंग हैं। इन सबका उपयोग औद्योगिक उत्पादन में बड़े स्तर पर हो रहा है। विनाश का चक्र चलने लगा है। इसका दुष्परिणाम सामने है।

भारतीय जीवन-दृष्टि

उन्होंने भारतीय जीवन-दृष्टि को सबके समक्ष रखा। भारतीय दर्शन-संस्कृति के अनुसार प्रकृति चैतन्य है। वह जड़ नहीं है। वह तो चैतन्य माँ है। प्रकृति के प्रत्येक तत्त्व, प्रत्येक अंग में इस चैतन्य के आधार पर भारतीयों ने देवत्व की अनुभूति की। यह दृष्टि वेदों से लेकर पुराणों तक विकसित होती गई है। तभी तो धरती माँ है, 'माताभूमिः पुत्रोऽहं पृथिव्याः'। अथर्ववेद की पृथ्वीसूक्त की घोषणा है। जल धारा गंगा, यमुना आदि माँ हैं।

हिमालय देवात्मा है, शिव का निवास है। पेड़-पौधों में किसी-न-किसी देवता या देवी का वास है, यह वैज्ञानिक दृष्टि का संस्कृतीकरण है। इनके विनाश की बात की हिंदू कल्पना भी नहीं कर सकता। पुत्र से बढ़कर पौधे का महत्त्व है। तात्पर्य यह है कि भारतीय जीवन-दर्शन व हिंदू जीवन-दर्शन में पर्यावरण की रक्षा सांस्कृतिक मूल्य के रूप में अंतर्ग्रथित है। यही तो भारत की विशिष्ट संस्कृति की पहचान है। इस प्रकार सुदर्शनजी ने पश्चिम और भारत की सांस्कृतिक दृष्टि के अंतर को स्पष्ट करते हुए पश्चिम की दृष्टि एवं जीवन शैली को विश्व के लिए भयावह सिद्ध किया और यह भी सिद्ध कर दिया कि संघ का ग्राम विकास प्रकल्प पर्यावरण की रक्षा पर आधारित है।

जैविक कृषि और गो-पालन व संवर्धन

जैविक कृषि, प्राकृतिक कृषि तथा भारतीय प्रजाति की गायों के विकास के लिए वे निरंतर विचार करते रहे, पर्यवेक्षण एवं अनुसंधान करते रहे, जैविक कृषि तथा प्राकृतिक कृषि के वैयक्तिक प्रयोगों को निकट से देखकर समझते रहे। उनके संकल्प के अनुसार संघ ने जैविक कृषि तथा भारतीय प्रजाति की गायों के विकास के प्रकल्प को स्वीकार कर लिया। अनेक प्रांतों में ये प्रकल्प चलने लगे हैं। किसान गो-पालन का प्रशिक्षण ले रहे हैं। शासन का भी ध्यान गया है। सारे देश में चर्चा हो रही है। जैविक कृषि के लिए गोबर से ही उत्पादित कृषि/चारा खाद तथा गोमूत्र से कीटनाशक की विधियों को प्रोत्साहन मिलने लगा है। सुदर्शनजी ने प्राकृतिक कृषि के प्रयोग को भी देखा, जो वन क्षेत्र के नैसर्गिक विकास पर आधारित है। अतः उन्होंने भोपाल स्थित संघ कार्यालय की छत पर इसका सफल प्रयोग किया। जो भी उनसे मिलने जाता, उन्हें वे इस प्रयोग को सिखाते थे। प्रक्रिया भी समझाते थे। ऐसी थी उनकी कृषि एवं गो-पालन संबंधी भारतीय-दृष्टि, जिससे पर्यावरण की रक्षा संभव है, साथ ही कृषि उत्पादन भी प्रभावी हो सकता है। भारतीय प्रजाति की गायों का संवर्धन और रक्षा दोनों की संभावना बढ़ गई है, परंतु देश का मीडिया इस सत्य एवं तथ्य से अनभिज्ञ रहना चाहता है। यह दुर्भाग्य का विषय है।

साहित्य पर सर्जक दृष्टि

सुदर्शनजी का व्यक्तित्व पूर्णत्व की ओर बढ़ता गया है। वे संघ के अखिल भारतीय शारीरिक प्रमुख रहे। बाद में वे बौद्धिक प्रमुख भी हुए। उनकी बौद्धिकता में प्राचीन एवं नवीन ज्ञान-विज्ञान के साथ साहित्य एवं संगीत का भी समावेश था। मेरा तो व्यक्तिगत अनुभव रहा है। मैंने अपने तीन-चार ऐतिहासिक उपन्यासों को उन्हें समर्पित किया था। 'तुंगभद्रा पर सूर्योदय' को पढ़कर वे बहुत प्रसन्न हुए थे। उन्होंने विजयनगर की प्रतिष्ठा पर आधारित इस उपन्यास का गंभीरता से अध्ययन किया था। मुझे स्मरण है कि कई वर्ष पहले नागपुर में संपन्न अखिल भारतीय प्रतिनिधि सभा की बैठक की समाप्ति पर भोजनोपरांत उन्होंने मुझे बुलाया, साथ में बैठाया। इस उपन्यास में आंध्र व कर्नाटक की स्वाधीनता के लिए हुए भीषण संघर्ष के बाद आचार्य माधव (स्वामी विद्यारण्य) के मार्गदर्शन एवं आशीष से प्राप्त विजय का चित्रण हुआ है। नायक बंधु हरिहर-बुक्का के साथ अन्य नारी पात्रों के चरित्र का उत्थान भी वर्णित हुआ है। उन्होंने कथानक तथा चरित्रों पर चर्चा की। चौदहवीं सदी के इस स्वातंत्र्य संघर्ष पर लिखित उपन्यास के लिए मुझे मंगल कामना प्रदान की। 'अनेगोन्दी के दुर्गपति' से संबद्ध एक त्रुटि की ओर ध्यान आकृष्ट किया। इस त्रुटि को दो इतिहास ग्रंथों के आधार पर उन्होंने स्पष्ट किया था। मैं उनके गंभीर अध्ययन को देखकर चकित रह गया था।

सुहेल देव पर लिखने की प्रेरणा

अंत में उन्होंने कहा कि ग्यारहवीं सदी की श्रावस्ती के विजयी हिंदू शासक सुहेल देव के संघर्ष एवं विजय पर आपको उपन्यास लिखना है। हिंदू तो ग्यारहवीं सदी के इस महत्त्वपूर्ण ऐतिहासिक प्रसंग को भूल चुके थे। फारसी में लिखित किसी ग्रंथ में इस युद्ध एवं तुर्क-पराजय की स्वीकृति मिली है।

तुर्क तवारीख नवीस ने अपनी इस हार को कबूल किया है। इसी से सुहेल देव की विजय की जानकारी प्राप्त हुई और चर्चा आरंभ हो गई। प्राचीन श्रावस्ती में सहेदमहेट के खँडहर को भी हम विस्मृत कर चुके थे। मैंने राजा सुहेलदेव और सालार मसूद के युद्ध से संबंधित ऐतिहासिक सामग्री की अनुपलब्धता की चर्चा की। उन्होंने प्रयाग के एक सज्जन का नाम लिया। मैंने स्वीकार किया, पर मैं उस सामग्री को प्राप्त नहीं कर सका। उपन्यास-लेखन रुका रहा। मैंने अनुभव किया कि मुझसे अपराध हुआ है और मैंने स्वर्गीय सुदर्शनजी की स्मृति में इस उपन्यास के लेखन का संकल्प कर लिया है। माननीय दत्तात्रेयजी ने इसकी ऐतिहासिक सामग्री के लिए आश्वासन दे दिया है। मुझे लगता है कि आचार्य चतुरसेन शास्त्री ने 'सोमनाथ' तथा डॉ. शिवप्रसाद सिंह ने 'नीला चाँद' नामक उपन्यासों को लिखकर ग्यारहवीं सदी के भारतीय इतिहास के यथार्थ को

प्रस्तुत कर दिया है। परंतु श्रावस्ती के सुहेल देव के संघर्ष एवं विजय पर आधारित उपन्यास के बिना ग्यारहवीं सदी का इतिहास एवं ऐतिहासिक उपन्यास अधूरे रहेंगे।

सुदर्शनजी गीत-संगीत व ललित कलाओं के प्रति सुरुचि-संपन्न एवं मर्मज्ञ थे। वे संघ में प्रचलित प्रतिवर्ष नए व्यक्तिगत तथा सामूहिक गीत की धुन की रचना करते थे। गायक स्वयंसेवकों को प्रशिक्षण देते थे। उसी गीत का पूरे भारत में अभ्यास होता और पूरे वर्ष गायन होता। फिर कविता उनसे कैसे दूर रहती? मैं तो सातवें दशक से मुक्त छंद की रचनाएँ कर रहा था। छंदोबद्ध तथा नवगीत का भी प्रयास करता रहा हूँ। एक बार मैंने एक गीत की रचना का प्रयास किया। मैंने उन्हें दिखाया। कुरुक्षेत्र के विद्यालय में बैठक चल रही थी। उन्होंने दूसरे दिन उसे संशोधित करके दिया। निर्देश भी दिए। मैंने पटना पहुँचकर उस गीत को पुनः उनके पास भेजा। उन्होंने पुनः थोड़ा संशोधन किया। सांस्कृतिक राष्ट्रीय भाव की वह कविता मुझे अच्छी लगी और मैंने उस गीत को 'पाञ्चजन्य' में भेज दिया। 17 नवंबर, 2002 के अंक में वह गीत प्रकाशित हुआ। मैं हर्षित हो उठा।

दूसरे 'महाभारत' की स्थिति

तात्पर्य यह कि नव दधीच परंपरा के पाँचवें दधीच का जीवन पूर्णत्व को प्राप्त करता हुआ स्वातंत्र्योत्तर भारत की दिशा-दृष्टिहीनता की विषम स्थिति में निर्भीकता के साथ सांस्कृतिक राष्ट्र-चेतना को अभिव्यक्त करके उन्होंने समुचित दिशा की ओर इंगित किया है। हिंदुत्व के धीरोदत्त के रूप से नया भारत अनुप्राणित हो रहा है। अपने छठे सरसंघचालक के मार्गदर्शन में देश की नई पीढ़ी संकल्पित हो रही है। अब हिमालय के उच्चतम श्रृंग से लेकर दक्षिण के विवेकानंद शिला स्मारक के शिखर तक नया सूर्योदय होगा। सुदर्शनजी के शब्दों में, दूसरे महाभारत की स्थिति बन चुकी है।

□

संस्कृति, संस्कार और लोक-व्यवहार के अप्रतिम भाष्यकार

–डॉ. शिवओम अंबर

जीवन में दो बार पूज्य सुदर्शनजी से भेंट का सौभाग्य प्राप्त हुआ और उनके सौम्य व्यक्तित्व तथा उदात्त चिंतन की अमिट छाप मन पर अंकित हो गई। दोनों बार उन्होंने श्रद्धा–समन्वित प्रबुद्ध जनों के समक्ष धीर–गंभीर उद्‌बोधन प्रस्तुत किया। उस समय वह संस्कृति, संस्कार तथा लोक–व्यवहार के अप्रतिम भाष्यकार की भूमिका में थे। वह भारतीय संस्कृति की महत्ता, जीवन में विविध संस्कारों की गुणवत्ता और लोक–व्यवहार की भास्वरता को निरूपित करते रहे और सहज वार्त्तालाप–सा करते हुए युवा पीढ़ी को दिशा–बोध देते रहे, स्वराष्ट्र और स्वधर्म के प्रति स्वाभिमान को जगाते रहे और भारत माता के परम वैभव से मंडित स्वरूप का एक बिंब सबके मानस में अवतरित कराने की चेष्टा करते रहे।

पहला अवसर था फतेहगढ़ में प्रखर राष्ट्रवादी चिंतक डॉ. ब्रह्मदत्त अवस्थी के अमृत महोत्सव पर 'राष्ट्र–चेतना के चरण' नामक ग्रंथ के लोकार्पण का। अपने वक्तव्य का शुभारंभ करते हुए सुदर्शनजी ने सबसे पहले उन व्यावहारिक कठिनाइयों का उल्लेख किया, जो एक लोकार्पित जीवन जीनेवाले नैष्ठिक साधक के पथ में आती हैं। फिर डॉ. अवस्थी के ऐसे ही व्यक्तित्व का विश्लेषण करते हुए उन्होंने विषमताओं के मध्य बड़ी ही कुशलता से गृहस्थी चलानेवाली और अपने पति के राष्ट्र–चेतन चरणों की गति के लिए व्यवधान न बननेवाली उनकी पत्नी श्रीमती शारदा देवी अवस्थी की मूक आराधना के भाव का हार्दिक अभिनंदन किया तथा उनके माध्यम से पुरुष को मंगलमय स्वास्तिक में बदल देनेवाली भारतीय नारी की गरिमा का गान किया।

तत्पश्चात् अपने हिंदी के शुद्ध रूप के प्रयोग की आवश्यकता पर बल दिया और

उसकी महत्ता तथा प्रभविष्णुता को रेखांकित करते हुए हिंदी के लिए तपस्या करने की सबको प्रेरणा दी। फतेहगढ़ में मंच पर पृष्ठभूमि में युग-पुरुष श्री गुरुजी का यज्ञ में हवि अर्पित करनेवाला चित्र था तो परिवेश में 'इदं न मम, इदं राष्ट्राय' की पवित्र भावना गंधवलय-सी परिव्याप्त हो रही थी। सुदर्शनजी ने समझाया कि जब तक अतीत की वेदना, वर्तमान की सही समझ और भविष्य के स्वप्न नहीं होंगे, तब तक देश उन्नति के सोपानों पर संचरण करने में असमर्थ रहेगा। उन्होंने स्पष्ट किया कि हमने विकास की जिस पश्चिमी दृष्टि को स्वीकार किया है, उसके केंद्र में नगर है; जबकि भारतवर्ष की विकास-यात्रा ग्राम को केंद्र-बिंदु बनाकर होनी चाहिए।

प्रकृति के साथ आत्मीयता का सूत्र

प्रकृति का शोषण कर सुख-संधान करनेवाली दृष्टि राक्षसी दृष्टि है। हमें प्रकृति के साथ आत्मीयता के अंत:सूत्रों का अनुभव करना चाहिए, अपनी चेतना का उसके साथ तादात्म्य करके प्रगति की राह पर बढ़ना चाहिए। हमारी जीवन-पद्धति ऐसी हो, जो प्रकृति का पोषण करे, पर्यावरण को प्रदूषित न करे और जीवन को जगत् के संतुलन में रखे। हमारी संस्कृति सदा से प्रकृति-पोषक रही है। पश्चिमी जीवन-दृष्टि अपनाना हमारे लिए घातक सिद्ध होगा। उन्होंने अपने वक्तव्य का समापन पूर्व प्रधानमंत्री और सुकवि अटल बिहारी वाजपेयी की कविता-पंक्तियों के साथ किया और समय की वह घड़ी जैसे सकारात्मकता के तीर्थ-जल से अभिषिक्त हो गई।

फतेहगढ़ की सभा के मंच पर संचालन का दायित्व मुझे दिया गया था। श्रद्धेय सुदर्शनजी ने अपने वक्तव्य में मेरी भूमिका के प्रति हार्दिक संतोष व्यक्त किया। उस दिन उनसे अधिक बात नहीं हो सकी थी। किंतु कुछ अंतराल के बाद जब छोटी खाटू (राजस्थान) की सभा में एक बार पुन: उनसे भेंट हुई, उनकी दृष्टि में मेरे प्रति सहज वात्सल्य की छलकन थी और उनके उद्‌बोधन में मेरे प्रति अनुग्रह का ज्वार-सा था। 'राष्ट्रधर्म' द्वारा प्रवर्तित 'भानुप्रताप शुक्ल स्मृति सम्मान' 'राष्ट्रधर्म' के संपादक श्री आनंद मिश्र 'अभय' की सन्निधि में मुझे देते हुए वे शुभाशीषों के श्री-विग्रह बन गए थे।

भाषा में संस्कृति की अनुगूँज

इस कार्यक्रम में, कांग्रेस द्वारा खिलाफत आंदोलन का समर्थन पहली बड़ी गलती थी। फिर लोक-मानस से अलग हटकर सरदार पटेल के स्थान पर पं. नेहरू को प्रधानमंत्री पद सौंप देना दूसरी बड़ी गलती थी। नेहरूजी की अव्यावहारिक राजनीति के कारण कश्मीर समस्या एक स्थायी उलझन बनकर रह गई है, का उन्होंने प्रतिपादन किया।

सरल-तरल ग्राम्य संस्कृति के स्थान पर नेहरूजी के नेतृत्व में यह देश संवेदना-विहीन शहरी अपसंस्कृति के शिकंजे में कसता गया। ऊँची अट्टालिकाओं के बगल

में झुग्गी-झोंपड़ियों की कतारें बढ़ती गईं। इस नए भारत की भाषा अंग्रेजी होती जा रही है। सुदर्शनजी ने सावधान किया कि हर भाषा अपनी-अपनी संस्कृति की अनुगूँज लेकर चलती है।

तुर्की का अनुसरण करें

उन्होंने प्रश्न किया कि सारे रिश्तों को 'अंकल' और 'आंटी' में समेट देनेवाले हमारे बच्चे कैसे जान पाएँगे कि ताऊ-चाचा-मामा-मौसा-फूफा-बुआ-चाची-ताई-मौसी आदि शब्दों की अर्थ-ध्वनियाँ क्या हैं? उन्होंने मातृभाषा के प्रश्न पर तुर्की के मुस्तफा कमाल पाशा के प्रसंग का प्रशंसापूर्वक उल्लेख किया। देश के स्वतंत्र होने के अवसर पर जब उसने राजभाषा के संदर्भ में मंत्रियों की राय जाननी चाही तो उन्होंने कहा कि तुर्की को इस पद के योग्य होने में अभी दस वर्ष का समय लगेगा। उसने कहा कि ठीक है, लेकिन ध्यान रहे कि उन दस वर्षों की आखिरी रात आज की रात के साथ समाप्त हो जाएगी। और अगले सवेरे से तुर्की राजभाषा हो गई।

यहाँ भी अपने उद्‌बोधन का समापन सुदर्शनजी ने अटलजी की ही कविता की पंक्तियाँ सुनाते हुए किया, 'गगन में फहरता है भगवा हमारा।' कार्यक्रम के बाद भोजन ग्रहण करते समय हम दोनों पास-पास बैठे और पूज्य सुदर्शनजी पर्याप्त समय तक बड़ी ही आत्मीयता के साथ मुझसे वार्त्तालाप करते रहे। उधर, मीडियाकर्मी उनकी बेसब्री से प्रतीक्षा कर रहे थे और इधर वे बड़े इत्मीनान के साथ मुझसे अपने अनुभव बाँट रहे थे, चिंतन के सूत्र दे रहे थे, अपनी राष्ट्रीय चिंताओं से मुझे जोड़ रहे थे, अपनी अपेक्षाएँ मुझसे प्रकट कर रहे थे और मैं उनकी उदार आत्मीयता से वलयित होकर अभिभूत हो रहा था, उनके शब्द-शब्द को आत्मसात् करने का प्रयास कर रहा था, उनका शुभाशीष पाकर अपनी अकिंचनता पर भी गर्व कर रहा था। मेरे लिए उस दिन समय-चक्र कुछ ठहर-सा गया था। उनका जाना हम सभी को एकाकी छत्र-विहीन कर गया। उनके संस्मरण मुझे हमेशा याद रहेंगे।

□

जब अपनी कविताएँ सुदर्शनजी से सुनकर अटलजी आश्चर्यचकित हुए

–रामभाऊ शौचे
संपादक 'देवपुत्र',
(मराठी)

स्वयंसेवकों के एक माह के प्रशिक्षण का निर्धारित बौद्धिक कालांश का समय, प्रांत संघचालक मा. पंडित रामनारायण शास्त्रीजी शिक्षार्थी स्वयंसेवकों के साथ, प्रांत के आमंत्रित कार्यकर्ता बंधु श्री गुरुजी के बौद्धिक को ध्यानमग्न सुन रहे थे कि ध्वनि मुद्रित (टेप) करनेवाली मशीन अचानक बंद हुई। क्षण भर रुककर पूज्य गुरुजी हँसते हुए बोले, 'देखो, इस मशीन को दुरुस्त करनेवाला कोई साधारण कारीगर नहीं है : महाकौशल प्रांत से आए इस मध्य भारत प्रांत के प्रांत प्रचारक का दायित्व लेनेवाले उत्कृष्ट इंजीनियर श्री कुप्पहल्ली सीतारामय्या सुदर्शनजी हैं।

सन् 1960 में सागर में संपन्न संघ शिक्षा वर्ग में द्वितीय वर्ष की वाहिनी के प्रमुख सुदर्शनजी रीवा विभाग प्रचारक थे। उस समय शारीरिक शिक्षण-पद्धति में दंड युद्ध और वेत्रचर्म युद्धकाल में एक सिद्ध प्रशिक्षण रूप में उनसे प्राप्त सीख अभी भी ध्यान में है। वे समझाते थे कि जीवन में न डरते हुए आक्रामक बनने का मन इसी युद्ध से बनता है। वर्ष 1964 में श्रीकृष्ण जन्माष्टमी के अवसर पर प्रांत प्रचारक के नाते मा. सुदर्शनजी का रतलाम में प्रथम बौद्धिक कार्यक्रम आयोजित था। हनुमानरुंडी संघ स्थान पर निवर्तमान प्रचारक मा. केशवराव गोरे, तत्कालीन विभाग प्रचारक मा. बाबासाहेब नातू और जिला प्रचारक अरविंद मोघे की उपस्थिति में विशाल संख्या में गणवेशधारी स्वयंसेवक थे। जन्माष्टमी पर्व का आधार लेकर श्री सुदर्शनजी ने अपने उद्‌बोधन में राष्ट्रभक्ति, धर्मनिष्ठा और पवित्र ध्वजा पर जो विचार प्रस्तुत किए थे, पश्चात् उन्हीं पर एक संघ गीत बना, जिसे प्रयाग के विश्व हिंदू परिषद् के विराट् सम्मेलन में सामूहिक रूप से गाया था। श्री सुदर्शनजी ने उसे सराहा था।

सन् 1965 के सीहोर में संपन्न संघ शिक्षा वर्ग में एक समय भोजन में आम रस था। प्रथम और द्वितीय पंगत में ही आम रस समाप्त हो चुका था। शिक्षकों की अंतिम पंगत में सुदर्शनजी भी बैठे थे। रतलाम से आए रसोइया भी कहने लगे, 'नंद किशोरजी, हमें परोसा गया यह गरमागरम बेसन तो उस आम रस से भी अधिक मीठा लग रहा है। वह आमरस तो हमें मिला नहीं, फिर भी इस बढ़िया बेसन से तो आनंद आ गया है। क्यों मित्रो, ठीक कहा न मैंने?' उस कर्मठ स्वर में उल्लास था और मिठास भी।

प्रचारक भी आप जैसा ही व्यक्ति है

'प्रचारक किसे कहा जाए? प्रचारक को कितना समय देना चाहिए?' एक चिंतन शिविर में उन्होंने प्रश्न किया। प्रत्युत्तर में एक ने कहा कि पूरा जीवन, किसी ने कहा कि 20 घंटे, 15 घंटे, सुबह से रात्रि तक। हँसते हुए सुदर्शनजी ने समझाया, 'अरे भाई, एक प्रचारक बना बंधु आप जैसा ही व्यक्ति है न! दैनिक स्नान, भोजन, शयन, पढ़ना आदि निजी कार्यों में भी समय तो लगता ही है न! यानी दिन के 24 घंटों में से शेष रहते हैं 10-12 घंटे। आप भी तो नौकरी, व्यवस्था के कार्यों में समय व्यतीत करने पर भी अपनी गृहस्थी और पारिवारिक कार्य करते हैं न! तो फिर आप भी दिन के 3-4 घंटे संघ कार्य हेतु दे सकते हैं। सप्ताह में अधिक समय और महीने में एक रात, एक दिन सहजता से निकाल सकते हैं। इतनी ही आपसे अपेक्षा है। इसी से 'प्रचारक वृत्ति' बनेगी। समझ गए न?'...लग रहा था कि कितनी सरलता से उन्होंने उक्त प्रश्नों का हल बताया था।

संघ क्या स्थापित करना चाहता था?

वह अवसर था प्रांत के जिला प्रमुखों की बैठक का। सुदर्शनजी ने पूछा कि, 'अच्छा, यह बताओ केवल एक शब्द में कि अपना संघ समाज में क्या स्थापित करना चाहता है? बताओ तो जल्दी से' हम सभी सोचने लगे उस एक शब्द को। फिर उत्तर मिले—अनुशासन, संगठन, राष्ट्र-प्रेम, सेवाभाव, समरसता, शौर्य इत्यादि। सुनकर सुदर्शनजी प्रसन्न नहीं हुए। उसी समय हममें से एक का स्वर गूँजा—'हिंदुत्व'। सुनते ही आनंदित होकर प्रांत प्रचारकजी ने कहा, 'अरे वाह अण्णाजी, शाबाश। भाइयो! हम कहाँ रहते हैं—भारत देश में, देश किसका है, हिंदू का। यही विचार समाज में फैलाना है; हिंदुत्व का भाव जगाना है। बस, समझ गए न?'

दोनों में पारंगत

श्रद्धेय सुदर्शनजी संघ के एकमेव ऐसे अधिकारी रहे, जो अखिल भारतीय शारीरिक शिक्षण प्रमुख थे और अखिल भारतीय बौद्धिक प्रमुख भी। दोनों ही दायित्वों में वे सर्वोत्तम थे। कई भाषाओं पर उनका प्रभुत्व था। अमेरिका, इंग्लैंड, अफ्रीका, केन्या

आदि में जाकर वहाँ के भारतीय मानस के लिए भारतीय परंपरा, संस्कृति एवं मातृभूमि के उत्थान हेतु मार्गदर्शक के रूप में स्थापित हुए।

मेधावी स्मरण-शक्ति और निरंतर वाचन-मनन-श्रवण से उन्हें असंख्य संदर्भ कंठस्थ थे और उनके रसपूर्ण वचनों से श्रोतागण प्रेरणा पाते थे। 'राष्ट्रीय सिख संगत' में एकत्र समुदाय को 'गुरु ग्रंथ साहिब' के अमृत अवतरण सुनाते समय वे तल्लीन हो जाते थे। कुरान व बाइबिल आदि ग्रंथों के वचनों का आधार लेकर उनके धर्मगुरुओं से वह गंभीर चर्चा करते थे। धर्म या पंथ कोई सा भी हो, यदि उनका योग्य अर्थ लगाया जाए तो अपने सुदर्शनजी कई ग्रंथों से उद्धरण प्रस्तुत करते थे। इसी के साथ देश की अनेक समस्याओं पर उनकी सुस्पष्ट टिप्पणियाँ रहती थीं।

एक समय पर मुंबई में श्री अटलजी के सत्कार समारोह पर सुदर्शनजी ने अटलजी द्वारा लिखी अनेक कविताओं का गायन किया। बिना कागज देखे, कंठस्थ किए अनेक छंद और कविताएँ सुनकर मंच पर आसीन श्री वाजपेयीजी भी आश्चर्यचकित हुए थे।

मँजे हुए कलाकार

पूज्य श्री गुरुजी रतलाम मार्ग से प्रवास करते समय अपनी बहन से मिलने अवश्य घर पर आते थे। एक प्रसंग पर उन्होंने कहा, 'अरे, उस कमरे में वायलिन कौन बजा रहा है?' जब मैंने कहा कि बालक संजय है। इस पर तुरंत उन्होंने कहा, 'नहीं-नहीं, कोई मँजा हुआ कलाकार बजा रहा है। देखो तो, सुदर्शनजी तो नहीं हैं?' और हम सभी को आश्चर्य हुआ, यह देखकर कि माननीय सुदर्शनजी के हाथों में वायलिन था।

वह फरवरी 1997 का दिन था। मेरी पत्नी के स्वर्गवास होने पर परिवार से मिलने श्री सुदर्शनजी रतलाम आए थे। कहने लगे, 'इंदौर से दिल्ली जाना है। तुम सभी से मिलकर अब यहाँ से दो घंटे बाद की ट्रेन से दिल्ली जाऊँगा।' मेरे पूछने पर उन्होंने कहा, 'मैं अपनी माताजी के क्रिया-कर्म समाप्त करके प्रवास पर निकला हूँ।'

सुनकर हम सभी दंग रह गए।

तो हो जाओ तैयार

मेरे घर से प्रस्थान करते समय माननीय सुदर्शनजी ने कहा था, 'अब बच्चों पर घर-गृहस्थी का भार तुमने सौंप दिया ही है। कल ही प्रांत प्रचारक सुरेशजी सोनी से जाकर मिलना। जैसा कहा जाए, वैसा करते रहना। वानप्रस्थ में कार्यरत होने पर जीवन में अधिक संतोष मिलता है। तो...हो जाओ तैयार।'

□

श्री सुदर्शनजी का शिव रूप

–सतीश पिंपलीकर
प्रांत संघचालक, मध्य भारत, भोपाल

अपने यहाँ कहा गया है कि सार्थक उपदेश वह होता है, जो वाणी से नहीं, कृति से दिया जाता है। पूज्य सुदर्शनजी की एक स्मृति इसी संदर्भ में आज भी तरोताजा है।

सन् 1971 का संघ शिक्षा वर्ग लोकमान्य नगर, इंदौर में चल रहा था। मई के उस महीने में भी बरसते पानी ने स्वयंसेवकों की कई बार परीक्षा ली।

वर्ग स्थान पर बौद्धिक मंडप कपड़े का बना हुआ था। एक दिन जब बौद्धिक वर्ग चल रहा था, अचानक घनघोर वर्षा प्रारंभ हो गई। मंडप के चार खँभों के बीच कपड़े की छत में से पानी की अच्छी-खासी धार नीचे बहने लगी। बौद्धिक सुनने पंक्तिबद्ध बैठे स्वयंसेवक इधर-उधर खिसककर स्वयं को बचाने लगे। सुदर्शनजी, जो उस समय मध्य भारत प्रांत के प्रांत प्रचारक थे, पीछे बैठकर बौद्धिक सुन रहे थे। वे तुरंत अपने स्थान से उठकर ठीक पानी की उस धार के नीचे बैठ गए। वहीं बैठकर शांत चित्त से बौद्धिक सुनते रहे। एक शब्द भी कहे बिना 'डरो न आँधी-पानी से' का संदेश सभी कार्यकर्ताओं को दे गए।

गंगा की प्रबल धारा अपने सिर पर लेते हुए शिव शंकर के समान पूज्य सुदर्शनजी की मूर्ति 40 वर्षों के बाद मैं आज भी आँखों के सामने देखता हूँ।

□

सुदर्शनजी चिरंजीवी हैं

–राजेंद्र शर्मा

भोपाल

राष्ट्रीय स्वयंसेवक संघ के पूर्व सरसंघचालक श्री सुदर्शनजी ने शनिवार प्रातः, पुरुषोत्तम मास के अंतिम दिन अपनी जन्मस्थली रायपुर में ही अंतिम साँस ली। एक कर्मयोगी की तरह अपने प्रातःकालीन सभी कार्यक्रमों जैसे—प्रातः-स्मरण, प्रातः-भ्रमण, संघ शाखा आदि में सम्मिलित होने के उपरांत योगासन-प्राणायाम आदि में रत थे कि भीषण हृदयाघात से वे चल बसे। कल ही रायपुर में एक पुस्तक के विमोचन समारोह में उन्होंने भाग लिया था। उसमें उन्होंने अपनी वैचारिक प्रखरता के अनुरूप चेतावनी दी थी कि देश का नेतृत्व जिन हाथों में है, वे विदेशी दबाव में ऐसी आर्थिक नीतियाँ अपना रहे हैं कि देश की आजादी ही खतरे में पड़ रही है। जब वे चेतावनी दे रहे थे, उसी दिन, उसी समय केंद्र की सरकार ऐसे फैसले ले रही थी, जो उनकी आशंका और चेतावनी को सही सिद्ध कर रहे थे। राष्ट्र पर आनेवाले खतरे को समय से पहले पहचानकर देश को आगाह करने का काम वही व्यक्ति कर सकता है, जिसका देश और समाज की नब्ज पर हाथ हो और उनसे तादात्म्य हो।

श्री सुदर्शनजी का संपूर्ण जीवन एक प्रखर राष्ट्रभक्त का जीवन था। उनकी 81 वर्ष की जीवन-यात्रा एक सर्वतोमुखी प्रतिभा के धनी व्यक्ति द्वारा अपनी समस्त निजी इच्छा-आकांक्षाओं का बलिदान कर अपने जीवन-पुष्प को भारत माता के चरणों में समर्पित कर देने की प्रणम्य यश-गाथा है। वे माँ सरस्वती के वरद्-पुत्र थे। समाज-जीवन का कोई ऐसा क्षेत्र नहीं था, जिसमें अपनी गहन अंतर्दृष्टि और दूरदृष्टि का परिचय उन्होंने नहीं दिया हो। वे श्रेष्ठ वक्ता थे, उत्कृष्ट गायक थे, परिष्कृत वादक थे। संघ के विभिन्न दायित्वों के साथ वे अखिल भारतीय शारीरिक प्रमुख रहे तो बौद्धिक प्रमुख भी। कैसी सिद्धहस्तता ? शुद्ध मन, बुद्धि और शरीर के साथ एक पवित्र आत्मा का भी उनमें निवास

था। इसलिए वे किसी भी पद पर रहे हों—सरलता एवं निश्छलता ने उनका साथ कभी नहीं छोड़ा। निरभिमानता अंत समय तक उनका वैशिष्ट्य रही, अन्यथा सरसंघचालक के पद से स्वयं ही निवृत्त होने के पश्चात् वे इतनी सहजता के साथ विभिन्न छोटे-बड़े कार्यक्रमों में सम्मिलित कैसे होते ? ऐसा एक संतुलित बुद्धि-विवेकवाला महान् व्यक्तित्व ही कर सकता है।

हम मध्य प्रदेश, छत्तीसगढ़ के लोग सौभाग्यशाली हैं कि ये प्रदेश उनकी जन्मभूमि और कर्मभूमि दोनों रहे हैं। छत्तीसगढ़ में उनका जन्म हुआ तो महाकौशल में उनकी शिक्षा-दीक्षा। वहीं से वह संघ के प्रचारक भी बने। सन् 1964 में मध्य भारत में वे प्रांत प्रचारक बनकर आए। इस प्रदेश में 'स्वदेश' के तो वह वास्तविक जन्मदाता ही हैं। श्री सुदर्शनजी, तत्कालीन प्रांत संघचालक श्री रामनारायण शास्त्री और श्री कुशाभाऊ ठाकरे—संगठन मंत्री जनसंघ की त्रिमूर्ति ने ही 'स्वदेश' प्रकाशन के विचार को साकार रूप दिया तथा सन् 1966 में इंदौर से 'स्वदेश' के पहले संस्करण का जन्म हुआ।

उनका परिवार कन्नड़भाषी था। हिंदी प्रदेश में वे जनमे और पले-बढ़े, कोलकाता और गुवाहाटी उनके कार्यक्षेत्र रहे, नागपुर एवं दिल्ली सह-सरकार्यवाह और सरसंघचालक के रूप में उनके केंद्र रहे। इस तरह लगभग पूरे देश से वे परिचित थे। देश की अनेक भाषाओं पर उनका अधिकार था, जो संघ में उन्हें अद्वितीय बनाता है। लगभग पूरा भारत उन्होंने देखा, जाना एवं समझा था। वे मूलत: एक चिंतक एवं विचारक थे। वैचारिक दृढ़ता उनका वैशिष्ट्य थी; पर उनकी कर्मठता सोने में सुहागे जैसी और निस्पृहता सोने की सुगंध थी। आज भले ही उनका शरीर हमारा साथ छोड़ गया है, किंतु उनके विचारों का प्रेरणा-पुंज, उनके आचरण की आभा और उनके जीवन की साधना हमारे सामने साक्षात् रूप में सदैव रहेगी। रायपुर में उनके देहांत पर मुख्यमंत्री डॉ. रमन सिंह ने बड़ी सार्थक भावना अभिव्यक्त की कि 'श्री सुदर्शनजी ने रायपुर में ही जन्म लिया था और यहीं प्राण भी छोड़े, ताकि पुन: इसी भूमि पर जन्म ले सकें।' श्री सुदर्शनजी ने देश के सबसे बड़े एवं शक्तिशाली संगठन के सरसंघचालक का पद उस समय छोड़ा, जब उन्हें लगा कि इस पद की आवश्यकता के अनुरूप उनका स्वास्थ्य साथ नहीं दे रहा है। स्मरण-शक्ति अपेक्षित सहयोग नहीं कर रही है। ऐसा उदाहरण सिर्फ संघ और सुदर्शनजी जैसे वीतरागी ही प्रस्तुत कर सकते हैं। पर पद से मुक्त होने के बाद भी गत तीन वर्षों में वह निरंतर सक्रिय रहे और चलते-फिरते ही शरीर छोड़ा, वह भी शायद इसलिए कि इसके पहले कि शरीर काम करना छोड़े, हम शरीर को ही छोड़ दें, ताकि भारत माता की सेवा के लिए शीघ्र ही नया जन्म लेकर अधूरे काम को पूरा कर सकें।

राष्ट्रीय स्वयंसेवक संघ इस सनातन हिंदू राष्ट्र में इस देश में रहनेवाले इसलाम और ईसाइयत या अन्य किसी भी पंथ के अनुयायियों के प्रति कैसा आत्मीय भाव रखता

है और उन्हें कैसे देश के साथ जोड़ना चाहता है, उन विचारों को उन सब तक पहुँचाने के उद्‌देश्य को ध्यान में रखकर वह राष्ट्रीय सौहार्द के दूत बन गए थे। जैविक खेती, स्वदेशी का आग्रह और व्यवहार एवं समाचार-पत्रों में हिंदी के शुद्ध रूप की रक्षा को उन्होंने अपना ध्येय बना लिया था। इसके लिए गत वर्ष उन्होंने 'स्वदेश' के पूर्व प्रधान संपादक श्री माणिकचंद्र वाजपेयी की पुण्यतिथि पर भोपाल के समस्त समाचार-पत्र संचालकों-संपादकों से सीधी बात की। मध्य प्रदेश शासन को हिंदी विश्वविद्यालय की स्थापना की प्रेरणा उनके द्वारा ही दी गई थी। वस्तुत: यह विश्वविद्यालय मध्य प्रदेश में उनका 'स्मृति मंदिर' ही होगा। इसका नामकरण भी उनके नाम पर किया जा सके तो यह उनके प्रति मध्य प्रदेश शासन की विनम्र श्रद्धांजलि होगी। वे अगस्त माह के अंत में स्वयं ही अपने सचिव ब्रजकांतजी के माध्यम से सूचना देकर मेरे निवास पर भोजन के लिए आए थे। परिवार में सबसे मिले, देवघर में जाकर दर्शन कर प्रणाम किया; पर तब क्या पता था कि हमारे लिए यह उनका अंतिम दर्शन होगा! शायद वह हम सबसे विदा लेने और हमें अपना शाश्वत आशीर्वाद प्रदान करने ही आए थे। उस महामानव की पावन स्मृति को शत-शत प्रणाम।

□

उद्‌बोधन खंड

निडर हैं हम सभी, अमर हैं हम सभी

हिंदू समाज के संगठन का लक्ष्य होकर संघ गंगा के भगीरथ डॉ. केशव बलिराम हेडगेवारजी ने संघ की गंगोत्री की नागपुर से जो धारा बहाई थी, वह सदियों से सगर-पुत्रों के समान मृतप्राय पड़े भरत-पुत्रों को जीवनदान देती हुई आज विजयादशमी के दिन अपने 75 वर्ष पूर्ण कर रही है:—

केशव के आजीवन तप की यह पवित्रतम धारा।
साठ सहस्र ही नहीं, तरेगा इससे भारत सारा॥
यह जनगंगा तोड़ चली है बाधाओं की कारा।
एक जह्नु क्या, पूर्ण पशुबल ने यहाँ सिर दे मारा॥
भू पर नहीं, कोटि हृदयों में इसकी धार प्रबल है।
इसे बाँध रखने का पापी यत्न हुआ निष्फल है॥
तोड़ हिमालय, चीर जटाएँ चली सिंधु की ओर।
नगर-ग्राम पुर-डगर डुबाती जिसका ओर न छोर॥

इस संघ गंगा ने न केवल भारत के सभी प्रांतों, सभी जिलों, प्राय: सभी तहसीलों व प्रखंडों तथा उसके अंतर्गत अनेक ग्रामों तक के निवासियों को संजीवनी प्रदान की, अपितु भारत की सीमाओं को लाँघकर लगभग 35 देशों के हिंदुओं को भी अपनी पावनता का स्पर्श कराकर उन्हें अपनी अस्मिता का बोध कराया, अपनी विशिष्ट पहचान के प्रति उन्हें सजग बनाया और उनपर होनेवाले आघातों के निवारणार्थ कटिबद्ध होने के लिए उन्हें प्रेरित किया।

जीवात्मा का विश्वात्मा से तादात्म्य

हाल ही में मुझे ऐसे ही कुछ देशों में जाने का सौभाग्य प्राप्त हुआ। निमित्त था—कैरीबियन द्वीप समूह के ट्रिनिडाड-टुबैगो में आयोजित विश्व हिंदू सम्मेलन-2000 में सम्मिलित होना। अपनी सनातन प्रकृति के अनुरूप वहाँ के हिंदुओं ने सम्मेलन का

दिशा-निर्देशक विषय रखा था—'आत्मनो मोक्षार्थ जगद्धिताय च', अर्थात् अपना मोक्ष साधते हुए जगत् का हित साधना। ये दोनों ही अवधारणाएँ परस्पर संबद्ध हैं, क्योंकि हिंदू चिंतन के निष्कर्ष के अनुसार प्रत्येक व्यक्ति की आत्मा विश्वात्मा का ही अंश होने के कारण माया अथवा अज्ञान के घेरे से मुक्त हो, विश्वात्मा के साथ तादात्म्य स्थापित किए बिना, उसके द्वारा जगत् के हित की बात सोचना ही बेमानी है। जीवात्मा व विश्वात्मा में भेद ही यह है कि जीवात्मा अज्ञान के कारण अपने आपको संकुचित व सीमित मानता है और विश्वात्मा विशाल व व्यापक है। जैसे-जैसे जीवात्मा अपनी संकुचितता को छोड़कर विशालता और व्यापकता ग्रहण करता जाता है, वैसे-वैसे यह विश्वात्मा की ओर अग्रसर होता जाता है और क्रमशः परिवार, समाज, राष्ट्र, मानवता व प्रकृति के साथ एकरूप होता हुआ अंत में विश्वात्मा के साथ तदाकार हो जाता है। इस यात्रा में जिस इकाई के साथ वह एकरूप होता है, उसी का हित उसका अपना हित बन जाता है। उसे अपना समझकर उसके दुःख-निवारण के लिए यह सचेष्ट हो जाता है। व्यक्ति, परिवार से विश्व परिवार तक की इस यात्रा को ही 'वसुधैव कुटुम्बकम्' के लक्ष्य के रूप में हमने सबके सामने प्रस्तुत किया गया है।

ट्रिनिडाड के हिंदू सम्मेलन में 20 देशों के लगभग 700 प्रतिनिधि शामिल हुए थे, जिसका उद्घाटन वहाँ के प्रधानमंत्री श्री वासुदेव पांडे ने किया और यहाँ उपस्थित समस्त हिंदू जनता को यह सुनकर आनंद होगा कि उद्घाटन भाषण के तुरंत बाद उनके ही द्वारा 8 दिन पूर्व 40 हजार हिंदू जनता के समक्ष पाठ किए गए 'हनुमान चालीसा' के वीडियो कैसेट के प्रदर्शन से इस हिंदू सम्मेलन का उद्घाटन सत्र पूर्ण हुआ।

हनुमान चालीसा और मानस

उन देशों में बसे हिंदुओं के लिए 'हनुमान चालीसा' और 'रामचरित मानस' का विशेष महत्त्व है, क्योंकि 150 वर्षों पूर्व जब उनके पूर्वजों को भारत के उत्तर प्रदेश व बिहार से श्रमिकों के रूप में जबरन ले जाया गया था, तब अत्यंत विपरीत परिस्थितियों में अमानवीय जीवन बिताते हुए इन्हीं दो के सहारे उन्होंने अपनी अस्मिता को बनाए रखा। उनकी तुलना जब हम अपने उन बंधुओं से करते हैं, जो स्वतंत्रता के बाद उच्च्व शिक्षा के लिए अमेरिका आदि देशों में गए और वहीं बस गए, किंतु अधिकांश अपने संस्कारों से च्युत हो गए तो हमारे इन बंधुओं का पराक्रम शत गुना अभिनंदनीय सिद्ध होता है। श्रमिक के नाते उन देशों में ले जाए गए इन बंधुओं ने उन देशों को ही अपना देश समझकर पीढ़ी-दर-पीढ़ी कठोर परिश्रम किया और उन देशों की समृद्धि में योगदान दिया। इस प्रक्रिया में उन्होंने अपने स्वयं का भी विकास किया तथा सूरीनाम, गुयाना, ट्रिनिडाड आदि देशों में सामाजिक-राजनैतिक जीवन में महत्त्व का स्थान भी प्राप्त किया

है। गुयाना के राष्ट्रपति श्री भरत जगदेश हिंदू हैं तथा तीनों देशों के मंत्रिमंडलों में अनेक मंत्री भारतीय मूल के हिंदू हैं। किंतु भारत के हिंदू समाज के समान ही उन देशों में भी असंगठितता और आत्मकेंद्रितता हिंदू समाज में विद्यमान है, जिसके कारण उन्हें कई बार संकटों का सामना करना पड़ता है। फिजी में हिंदू समाज के साथ जो कुछ घटा, उसकी याद अभी ताजा ही है।

संगठित और बल-संपन्न होना जरूरी

संगठित और बल-संपन्न अवस्था ही समाज की सहज-स्वाभाविक अवस्था हुआ करती है। उस अवस्था से समाज जब ढलता है तो अनेक रोगों का शिकार होकर दुर्बल बनता है और अन्यों के आक्रमण का सामना करने में असमर्थ हो जाता है। अत: भारत के बाहर बसे हिंदू भी संगठित हों, बल-संपन्न हों तथा अपने ऊपर होनेवाले आक्रमणों का सामना करने में समर्थ हों, इसलिए उन देशों में भी भारत से विभिन्न कारणों से गए अपने स्वयंसेवकों ने 'हिंदू स्वयंसेवक संघ' के नाम से संगठन खड़ा किया। आज सूरीनाम में 11, गुयाना में 4 तथा ट्रिनिडाड में 18 शाखाएँ चल रही हैं। तथैव अमेरिका में 60, इंग्लैंड में 70 तथा हॉलैंड में 11 शाखाएँ हैं। इन सभी देशों में 'विश्व हिंदू परिषद्' तथा 'हिंदू सेविका समिति' की शाखाएँ हैं। इनके अतिरिक्त अमेरिका और इंग्लैंड में सेवा इंटरनेशनल, फ्रेंड्स ऑफ सोसाइटी इंटरनेशनल, हिंदू मैराथन, भारत विकास परिषद् इंटरनेशनल आदि संस्थाएँ सक्रिय हैं। तत्रस्थ हिंदू समाज की चेतना को जगाने में रामकृष्ण मिशन, आर्यसमाज, श्री स्वामीनारायण संप्रदाय, गायत्री परिवार, अंतरराष्ट्रीय कृष्ण चेतना समिति, महर्षि महेश योगी का भावातीत ध्यान योग आदि का महती योगदान है। सर्वश्री मुरारी बापू, स्वामी दयानंद सरस्वती, स्वामी सत्यमित्रानंद, स्वामी सत्यानंद, श्री प्रणव पंड्याजी आदि का नियमित प्रवास उन देशों में चल रहा है।

भारत के हिंदुओं से सीधा संबंध

किंतु विदेशों में निवास करनेवाले हिंदुओं की स्थिति का भारत के हिंदुओं की स्थिति से सीधा संबंध है; क्योंकि दुनिया भर के हिंदुओं के लिए भारत प्रेरणाभूमि है। भारत में हिंदू समाज जितना संगठित, सबल, आत्मसंरक्षणक्षम एवं स्वाभिमानी होगा, उतने ही परिमाण में विदेशस्थ हिंदू भी आत्मविश्वास एवं स्वाभिमान से पूर्ण होकर सीना तानकर चलेगा। भारत में हुए नाभिकीय विस्फोट, उपग्रह प्रेषण, प्रक्षेपास्त्र, सुपर कंप्यूटर और क्रायोजेनिक इंजन का निर्माण, सूचना व प्रौद्योगिकी का विकास आदि हर उपलब्धि ने भारत के साथ-साथ दुनिया भर के हिंदुओं को आनंदित किया है, संप्रेरित किया है।

दुनिया भर के हिंदुओं के लिए भारत ही तो ऐसा देश है, जिसे वह अपना देश कह सकते हैं, जहाँ से अपनापन पा सकते हैं और जिसकी ओर संकट की घड़ी में ताक

सकते हैं। पूज्य श्रीगुरुजी से एक पत्रकार परिषद् में एक संवाददाता ने प्रश्न पूछा, 'क्या हिंदुस्थान केवल हिंदुओं के लिए है?' तो उन्होंने उत्तर दिया था, 'केवल हिंदुस्थान ही हिंदुओं के लिए है।' अत: अपने देश को सुखी, स्वस्थ, समृद्ध एवं शक्ति-संपन्न बनाने का गुरुतर दायित्व हिंदुओं का ही है। उसके इसी दायित्व का बोध कराने के लिए राष्ट्रीय स्वयंसेवक संघ पिछले 90 वर्षों से कार्यरत है। संघ का हर वयस्क स्वयंसेवक प्रतिज्ञा ग्रहण करता है कि 'अपने पवित्र हिंदू धर्म, हिंदू संस्कृति तथा हिंदू समाज का संरक्षण कर हिंदू राष्ट्र की सर्वांगीण उन्नति करने के लिए मैं संघ का घटक बना हूँ।' देश के सर्वांगीण विकास की बात तो सभी राजनीतिक दल भी करते हैं, किंतु संघ को पूर्व शर्त के रूप में (कंडीशन प्रेसेडेंट) हिंदू धर्म, हिंदू संस्कृति और इनके आधारभूत हिंदू समाज की रक्षा करना अभिप्रेत है। यदि आज कोई अरब देश कहे कि हिंदुस्थान के विकास का सारा दायित्व हम लेते हैं, पर आप लोगों को इसलाम स्वीकार करना होगा, तो यह हमें स्वीकार नहीं। आज यदि अमेरिका कहे कि भारत के विकास का सारा खर्च हम वहन करते हैं, केवल आप सबको ईसाइयत स्वीकार करनी होगी, तो यह हमें मंजूर नहीं। भारत हिंदू ही रहेगा, इसका चरित्र हिंदू रहेगा और हिंदू रहकर ही हिंदू चिंतन के आधार पर इस देश का सर्वांगीण विकास होगा। यही हमें अभिप्रेत है, यही हम करेंगे।

यूरो इंडियन—बड़ी बीमारी

पर पिछले 50 वर्षों में ऐसे हर प्रयास का एक वर्ग विशेष द्वारा विरोध होता आया है। इस वर्ग में हैं मैकालेवंशी और मार्क्सवंशी। लखनऊ में मेरे एक मित्र मुझसे बहुत दिनों से आग्रह कर रहे थे कि इन लोगों ने तो हमारे लिए दकियानूसी, पुराणपंथी, प्रतिगामी, प्रतिक्रियावादी, फंडामेंटलिस्ट, सांप्रदायिक आदि न जाने कितने विशेषण गढ़ रखे हैं और हर हिंदू उभार के लिए इनमें से एक या दो विशेषण चिपकाकर वह हमें बदनाम करने की चेष्टा करते रहते हैं। हम भी क्यों नहीं इनके लिए कोई अच्छा चुभता-सा विशेषण गढ़ते? बहुत सोचा, पर ध्यान नहीं आया। किंतु वाराणसी के गांधी प्रतिष्ठान से जुड़े और लोहिया के विचारों में पले-बढ़े एक प्रोफेसर ने अपनी शीघ्र प्रकाशित होनेवाली एक पुस्तक में एक सार्थक विशेषण खोज निकाला है। वह है 'यूरंडपंथी'। भारत में रहते हुए भी यूरोपीय चश्मे से भारत को देखनेवाले इस वर्ग को उन्होंने 'यूरो इंडियन' और उनके पंथ को 'यूरंडपंथ' कहा है।

हिंदू अभिधान ही जोड़नेवाला

इन लोगों ने अंग्रेजों द्वारा प्रचारित उन सारे मिथकों को जीवित रखा है, जिनके आधार पर इस देश के लोगों का मनोबल तोड़कर, उनमें आत्महीनता का भाव जगाकर, इस देश के राष्ट्रीय समाज को विभिन्न वर्गों में विभाजित कर वे डेढ़ सौ वर्षों तक इस

देश पर राज करते रहे। अपनी चौकस चाणाक्ष बुद्धि से उन्होंने ताड़ लिया था कि जाति-पंथ-भाषा की अनेक प्रकार की विविधताओं वाले इस देश में हिंदू का अभिधान ही सबको जोड़ने वाली कड़ी है। असम हो या गुजरात, कश्मीर हो या कन्याकुमारी—इन विविधताओं के होते हुए भी सब अपने आपको 'हिंदू' कहते हैं। यहाँ तक कि भारत के मुसलमानों को भी अरब देशों में 'हिंदू' ही कहा जाता रहा है। सन् 1867 में लखनऊ से छपे—'मसनवी मौरूम' नामक ग्रंथ के संस्करण में एक छंद आया है—

चार हिंदू दरयके मसजिद खंद।
बहदे ताउ तरायके वो साजिद शूदंद।।

अर्थात् 'चार हिंदू मक्का में काबा में सजदा करने गए।' अब आज प्रचलित 'हिंदू' की परिभाषा ली जाए तो कोई हिंदू भला नमाज पढ़ने क्यों जाएगा? वे चारों मुसलिम ही थे; किंतु हिंदुस्थान से गए थे, इसलिए उन्हें 'हिंदू' कहा गया।

अंग्रेजों ने फूट डालनेवाले सिद्धांत गढ़े

सन् 1857 की लड़ाई भी सबने मिलकर ही लड़ी थी; किंतु उसके बाद से ही अंग्रेजों की 'फूट डालो और राज करो' की नीति पूरे वेग से काम करने लगी। उन्होंने एक से बढ़कर एक सिद्धांत गढ़े, जैसे—

हिंदू मजहब नहीं

1. इसलाम और ईसाइयत के समान ही हिंदू भी एक मजहब है। सच पूछा जाए तो उनके पास धर्म के लिए कोई शब्द ही नहीं था। श्रीमती एनी बेसेंट ने स्वयं कहा है कि, 'अंग्रेजी में धर्म के लिए कोई पर्यायवाची शब्द नहीं है। चूँकि धर्म के एक भाग के रूप में उपासना-पद्धति भी आती है, इसलिए मोक्षधर्म के नाते उसे भी धर्म कह देते हैं। पर उतना मात्र धर्म नहीं है। वे सामाजिक, आर्थिक और राजनीतिक संरचनाएँ भी धर्म के अंतर्गत आती हैं, जो समाज को जोड़ने का, धारण करने का कार्य करती हैं।' किंतु 'हिंदू' शब्द को केवल उपासना-पद्धति से जोड़ देने से उसकी सामाजिक, आर्थिक, राजनीतिक रचनाएँ आँखों से ओझल कर दी गईं या सांप्रदायिक करार दी गईं। हमारी पाठ्य-पुस्तकों में भी समाजनीति, अर्थनीति व राजनीति से संबंधित भारतीय ग्रंथों एवं चिंतकों की पूरी तरह उपेक्षा की गई। आज भी वह जारी है। हर हिंदू बात को सांप्रदायिक कहना आज फैशन हो गया है।

'हिंदू' प्राचीन शब्द

2. दूसरी बात प्रचारित की गई 'हिंदू' शब्द का अर्थ तो गुलाम है, जो मुसलिम आक्रमणकारियों ने यहाँ के हिंदू समाज के लिए प्रयुक्त किया था; किंतु यह भी असत्य

है। 'हिंदू' शब्द ईरानी सम्राट् दारयावहु या डेरियस के 2,500 वर्ष पुराने शिलालेख में इस देश के निवासियों के लिए प्रयुक्त हुआ था। तब तो इसलाम का जन्म भी नहीं हुआ था।

आर्य भारत के ही

3. तीसरी बात कही गई कि आज के हिंदू मध्य एशिया से भारत आए उन बर्बर आक्रमणकारियों की संतानें हैं, जिन्होंने यहाँ कब्जा जमाए द्रविड़ों को दक्षिण में खदेड़कर इस देश पर कब्जा जमा लिया। द्रविड़ भी सुमेरिया से आए थे, जिन्होंने यहाँ के आदिवासियों को खदेड़कर वनों और पर्वतों पर भेज दिया था या उन्हें गुलाम बना लिया था। आज के आदिवासी और दलित उन्हीं की संतानें हैं। इस गढ़े हुए सिद्धांत ने देश में कितने विवादों को जन्म दिया—आर्य-द्रविड़ विवाद, आदिवासी-गैर आदिवासी विवाद, दलित-सवर्ण विवाद, ब्राह्मण-अब्राह्मण विवाद आदि सब इसी मिथक की उपज हैं; पर अनेक देशी और विदेशी विद्वानों ने इस आर्य-आक्रमण व आर्य वंश के सिद्धांत को पूर्णतः कपोल-कल्पित घोषित कर दिया है। अभी-अभी यूरोप के दो विद्वानों डिसोटेल और किविसिल्ड ने ब्रिटेन की 'करेंट बायोलॉजी' नामक पत्रिका में एक लेख में यह सिद्ध किया है कि यूरोप और भारत के निवासियों का डी.एन.ए. गुणसूत्र सर्वथा भिन्न है। भारतवासियों में यूरोपीय गुणसूत्र केवल 5.2 प्रतिशत पाए जाते हैं, जबकि यूरोप में यह 70 प्रतिशत है। यदि आर्य वहाँ से आए होते तो भारत में भी यह अत्यधिक होना चाहिए था। यही नहीं, उत्तर और दक्षिण भारत में यूरोपीय गुणसूत्रों का प्रमाण समान ही होने से आर्य-द्रविड़ विभाजन का सिद्धांत ही ध्वस्त हो जाता है; पर हमारे यूरंडपंथी विद्वान् अपनी पुरानी रट ही लगाए जा रहे हैं। पाठ्य-पुस्तकों में एक वाक्य भी जोड़ दिया जाए कि 'आधुनिक अनुसंधानों ने आर्यवंश व उसके आक्रमण के सिद्धांत को अमान्य कर दिया है', तो यूरंडपंथी ऐसे टूट पड़ते हैं, मानो कुफ्र हो गया हो! तुरंत चीख-पुकार शुरू हो जाती है—इतिहास का भगवाकरण हो रहा है, सेफ्रोनाइजेशन हो रहा है, उसे विकृत किया जा रहा है आदि; और संयोग से गत 45 वर्षों में ये यूरंडपंथी अनुकूल राजनीतिक माहौल पाकर अनेक विद्वत् संस्थानों, शोध संस्थानों, संवाद माध्यमों में मौके के स्थानों पर सुप्रतिष्ठित हो गए हैं और अपनी सेक्युलरवादी सांप्रदायिकता को जबरन लोगों पर थोपते चले आ रहे हैं।

हिंदुस्थान उपमहाद्वीप नहीं

4. चौथी बात यह प्रचारित हो गई कि हिंदुस्थान तो एक उपमहाद्वीप है। वह कभी एक राष्ट्र नहीं रहा। अंग्रेज ही पहले-पहल उसे एक प्रशासन तंत्र के अंतर्गत लाए। इसलिए अब यहाँ के हिंदू, मुसलिम, पारसी, ईसाई, यहूदी—सबको जोड़कर एक मिला-जुला राष्ट्र और उसकी एक मिली-जुली संस्कृति का विकास किया जाना चाहिए। आज

भी यूरंडपंथियों की मान्यता है कि 'हम एक राष्ट्र बन रहे हैं' (वी आर अ नेशन इन द मेकिंग)। इन सारी मान्यताओं का अनेक श्रेष्ठ विद्वानों ने सप्रमाण खंडन कर दिया है; किंतु यहाँ उनका विवरण देने की आवश्यकता नहीं। 'अथर्ववेद' की केवल एक ही ऋचा मात्र का उल्लेख करना पर्याप्त होगा—

'भद्रमिच्छन्त ऋषयः स्वर्विदः तपो दीक्षामुपासेदुरग्रे।
ततो राष्ट्रं बलमोजश्च जातं तस्मै देवा उपसन्नमन्तु॥'

अर्थात्—लोक-कल्याण की इच्छा से प्रेरित हो आत्मज्ञानी ऋषियों ने दीक्षा लेकर तप किया और उस तप में से बल ओज से युक्त राष्ट्र-देवता की उत्पत्ति हुई। इस राष्ट्र-देवता की हम उपासना करें।

संघ मुसलिम या ईसाई-विरोधी नहीं

5. पाँचवीं बात फैलाई गई कि संघ का हिंदुत्व मुसलिम-विरोधी, ईसाई-विरोधी है। अब तक संघ और उसके समविचारी संगठनों को केवल मुसलिम-विरोधी ही चित्रित किया जाता था, पर पिछले वर्षों से दुनिया भर में उसे ईसाई-विरोधी चित्रित करने का भी प्रयास हो रहा है। जिन घटनाओं को आधार बनाकर इन हिंदू संस्थाओं को ईसाई-विरोधी चित्रित किया जा रहा है, उनमें से अनेक, यथा—राजकोट में 'बाइबिल' जलाने की घटना, केरल के वायनाड में चर्च से बाइबिल के चोरी हो जाने की घटना, इलाहाबाद में तथाकथित अमेरिकी मिशनरी दंपती को बजरंग दल द्वारा धमकाए जाने की घटना, बिहार व उड़ीसा में नन के साथ बलात्कार की घटनाएँ आदि कभी घटीं ही नहीं। जो घटी थीं—जैसे झाबुआ में नन-बलात्कार की घटना, उड़ीसा में स्टेन्स हत्याकांड की घटना, आगरा के पास मिशन स्कूलों में घटी घटनाएँ आदि में उनमें जाँच होने पर कहीं भी हिंदू संस्थाओं का हाथ नहीं पाया गया। विशेषकर आंध्र, कर्नाटक व गोवा में हुए बम विस्फोटों की घटनाओं के पीछे 'दीनदार अंजुमन' नामक संगठन, जिसका प्रमुख पाकिस्तान में रहता है, का हाथ होने की बात उजागर होने के बाद तो उन सारे तथाकथित राष्ट्रीय अंग्रेजी अखबारों की पोलें खुल गईं, जिन्होंने बड़े-बड़े शीर्षक देकर न केवल खबरें छापीं, अपितु संघ परिवार को कोसते हुए तीखे संपादकीय भी लिखे। किंतु इन लोगों का हिंदुत्व-विरोध इतना अंधा है कि सही बात सामने आने के बाद भी उनके द्वारा किए गए असत्य प्रचार के लिए क्षमा-याचना का सौजन्य तक उन्होंने नहीं दिखाया। हिंदुत्व पर गाली-गलौज करने पर ही जिनकी रोजी-रोटी निर्भर है, उन असहिष्णु यूरंडपंथियों से ऐसी सभ्यता की आशा करना ही निरर्थक है। संघ का कार्य किसी के विरोध पर नहीं, हिंदुत्व के शुद्ध भावात्मक आधार पर आधारित है और इस हिंदुत्व की आधारभूमि भारत की सुरक्षा तथा उसके लिए सर्वोपरि आस्था का विषय है।

इस सुरक्षा को संकट में डालनेवाला फिर हिंदू हो या मुसलमान या ईसाई या कोई और, संघ उसका विरोध अवश्य करेगा और भारत की जनता को जाग्रत् करेगा।

सर्वोपरिता का दंभ

6. यहीं इस बात पर ध्यान देना आवश्यक है। ईसाइयत और इसलाम ऐसे पंथ हैं, जो ईश्वर को एक मानते हैं, पर मानवता को दो भागों में विभक्त करते हैं—ईसाई और हीदन, मोमिन और काफिर। इनमें से हीदन और काफिर के विलोप को वह विश्व की एकता के लिए आवश्यक मानते हैं। अभी-अभी न्यूयॉर्क में दुनिया भर के विभिन्न पंथों के प्रतिनिधियों का शांति के लिए सहस्राब्दी शीर्ष सम्मेलन आयोजित हुआ। उसमें तीन दिनों के विचार-विमर्श के पश्चात् एक प्रस्ताव पर लगभग 1,000 प्रतिनिधियों ने हस्ताक्षर किए, जिसमें कहा गया था कि दुनिया के सभी उपासना पंथ समान हैं तथा मजहब के नाम पर हिंसा निंदनीय है। समस्त पंथ अंतिम सत्य की प्राप्ति के विभिन्न मार्ग मात्र हैं। यह प्रस्ताव 'एकं सद् विप्राः बहुधा वदन्ति' के हिंदू सिद्धांत का ही परिपोषण है और विश्व-शांति का सही मार्ग है। किंतु अभी उस प्रस्ताव की स्याही सूख भी न पाई थी कि वेटिकन के बिशपों की तत्त्वज्ञान संबंधी समिति ने पोप महोदय द्वारा अनुमोदित 36 पृष्ठों का एक प्रतिवेदन जारी किया, जिसमें कहा गया कि गैर- ईसाई मजहब मोक्ष की दृष्टि से अत्यंत अपूर्ण हैं, क्योंकि वे जीसस क्राइस्ट को ईश्वर का एकमात्र पुत्र नहीं मानते। साथ ही अन्य ईसाई चर्चों में भी एक भारी दोष है कि वे पोप की सर्वोपरिता को स्वीकार नहीं करते। सब पंथों की समानता का विचार कैथोलिक चर्च को सर्वथा अमान्य है। पत्रकारों के सामने उस प्रतिवेदन को प्रस्तुत करते हुए वेटिकन के तत्त्वज्ञान विभाग के प्रमुख कार्डिनल जोसेफ रेटजिंगर ने कहा कि जो विचारक सब उपासना-पद्धतियों को एक धरातल पर रखते हैं, वे सहिष्णुता की सीमा लाँघ रहे हैं। अर्थात् उनकी बराबरी का विचार किया कि उनकी सहिष्णुता समाप्त! पर मजेदार बात यह है कि यह सब कहते हुए भी तुर्रा यह कि अन्य मजहबों के प्रति हमारे सच्चे आदर में कोई कमी नहीं आई है। जैसे मानो कह रहे हों कि आप हैं तो बेवकूफ, पर हम आपका परम आदर करते हैं!

गुप्त सेना की गुप्त शपथ

अच्छा हुआ, पोप ने सच्ची बात उगल दी। इससे उनके सफेद कपड़ों व कार्यों के पीछे छिपा हुआ रोमन कैथोलिक चर्च का असली चेहरा जनता के सामने आ गया और हम यदि जीसस व पोप की गुप्त सेना के सैनिकों को दिलाई जानेवाली गुप्त शपथ का एक अंश भी लें तो यह भारत के लिए कितना बड़ा खतरा है, यह ध्यान में आ जाएगा—

'मैं यह भी प्रतिज्ञा व घोषणा करता हूँ कि जब भी अवसर आएगा, मैं प्रत्यक्ष या परोक्ष रूप में पंथद्रोहियों से, फिर प्रोटेस्टेंट हों या उदार मतवादी, प्रदत्त आदेशानुसार

अविरत युद्ध करूँगा और दुनिया के पटल से उन्हें उखाड़ फेंकूँगा। इस संबंध में मैं न उनकी आयु का विचार करूँगा, न लिंग-भेद का और न उनकी स्थिति का। मैं उन दुष्ट पंथद्रोहियों को फाँसी पर लटकाऊँगा, बरबाद कर दूँगा। उबालूँगा, उनकी खाल खींचूँगा, गला घोंटूँगा और जिंदा गाड़ दूँगा, उनकी स्त्रियों के पेट और गर्भाशयों को फाड़कर उनके बच्चों का सिर दीवार से टकराऊँगा, जिससे उनके अधम वंश का सदा के लिए नाश हो जाए और जब खुलेआम ऐसा करना संभव नहीं होगा तो गुप्त रूप से विष के प्याले, दमघोंटू गलफाँस, कटार या सीसे की गोलियों का प्रयोग करूँगा और ऐसा करते समय मैं संबंधित व्यक्ति या व्यक्तियों के पद-प्रतिष्ठा, अधिकार या निजी या सार्वजनिक जीवन में उनकी स्थिति का विचार नहीं करूँगा। पोप या उसके किसी एजेंट या जीसस विश्वासी बिरादरी के किसी वरिष्ठ का जब, जैसा भी निर्देश होगा, उसका मैं पालन करूँगा।'

ध्यान रहे, इस शपथ को 12 अक्तूबर, 1999 तक अभिपुष्ट किया गया है। दिल्ली में सन् 1961 में आयोजित 'वर्ल्ड काउंसिल ऑफ चर्चेस' के तीसरे अधिवेशन में मत-स्वातंत्र्य की परिभाषा में एक संशोधन प्रस्तावित किया गया था, जो इस प्रकार है—

8 (सी) 'इसमें अपने मत या आस्था के पालन की स्वतंत्रता सम्मिलित है, जो या तो दयाजनित कृतियों के द्वारा अभिव्यक्त हो सकती है या राष्ट्रीय व अंतरराष्ट्रीय दोनों क्षेत्रों में ऐसे उद्गारों या कृतियों से प्रकट हो सकती है, जो सामाजिक, आर्थिक व राजनीतिक क्षेत्र में उस आस्था के सहज रूप में प्रकट होते हों।'

यह परिभाषा अपने संविधान में दी गई मत स्वातंत्र्य की परिभाषा से एक कदम आगे जाती है और इन पंथों को राष्ट्रीय व अंतरराष्ट्रीय राजनीति में अपनी नाक घुसेड़ने का अवसर प्रदान करती है। उत्तर-पूर्वांचल आज उसका जीता-जागता उदाहरण है।

यह कैसी ईसाइयत?

बैप्टिस्ट मिशन की प्रेरणा से ईसाई बने जनजातीय बंधुओं ने त्रिपुरा स्वायत्तशासी जिले में से अजनजातीय हिंदुओं को आतंकित कर बाहर खदेड़ना प्रारंभ कर दिया है और जनजातीय हिंदुओं को डरा-धमकाकर उन्हें दुर्गा-पूजा, सरस्वती-पूजा आदि हिंदू त्योहार मनाने, महिलाओं को माथे पर बिंदी लगाने, घर में हिंदू देवी-देवताओं के चित्रादि लगाने से मना किया जा रहा है। अभी कल ही समाचार मिला है कि कुछ जनजातीय नेताओं ने इसे अमान्य कर घोषणा की है कि वे ये त्योहार अवश्य मनाएँगे। संघ के चार कार्यकर्ताओं के अपहरण, एक हिंदू संत शांतिकाली बाबा की हत्या तथा आनंद बाजार स्थित विश्व हिंदू परिषद् के जनजातीय बालकों के छात्रावास को रात्रि के समय जला देने की घटनाओं के पीछे भी इन्हीं चर्च-प्रेरित ईसाइयों का हाथ है। यही नहीं, त्रिपुरा के समस्त पर्वतीय अंचल को एक स्वतंत्र-सार्वभौम राष्ट्र के रूप में अलग करने का उनका प्रयास है। इन्हीं चर्चों

के कहने पर संयुक्त राष्ट्र संघ ने 'इंडिजिनस पीपुल्स राइट्स' कमेटी बनाई है। उसकी बैठकों में 'वनवासी कल्याण आश्रम' व भारत सरकार ने भी यह भूमिका ली कि भारत में 'इंडिजिनस पीपुल' कोई नहीं है, केवल 'इंडिजिला पॉपुलेशन' है, क्योंकि 'पीपुल' मानने का अर्थ है—उन्हें एक अलग राष्ट्र मानना। भारत में तो जनजातियाँ हिंदू समाज का अभिन्न अंग रही हैं, किंतु उन्हें अलग करने के षड्यंत्र में चर्च लगे हुए हैं। भारत के सर्वपंथ समादर के सिद्धांत को न माननेवाले और विघटनकारी राजनीतिक षड्यंत्रों में लिप्त इन विदेशी चर्चों को भारत में कार्य करने की अनुमति ही क्यों दी जाए? चीन में तो चीन के प्रति निष्ठा रखनेवाले ईसाइयों ने एक अलग राष्ट्रीय चर्च बना लिया है। शेष सारे विदेशी चर्चों को चीन से निकाल बाहर कर दिया गया है। भारत के ईसाइयों का बहुत बड़ा भाग भारतनिष्ठ है। वे अपने एक स्वदेशी चर्च की स्थापना कर इन विदेशी चर्चों की राजनीति-प्रेरित राष्ट्र-विघातक गतिविधियों से अपने आपको मुक्त रखें, जैसा केरल के मारथोमा चर्च और आर्थोडॉक्स सीरियन चर्च ने किया है। शेष समस्त विदेशी चर्चों को भारत से निष्कासित कर देना राष्ट्र-हित में होगा।

गांधीजी ने कहा था—हिंदुस्थान में आपका कोई स्थान नहीं

महात्मा गांधी ने 7 जनवरी, 1939 के 'हरिजन' में लिखा था—'आप यदि यह मानते हैं कि अंधकार में भटक रहे लोगों को सच्ची धर्मकथा सुनानेवाले केवल आप ही प्रबोधक हैं, तो जहाँ तक मेरी मान्यता है, हिंदुस्थान में आपका कोई स्थान नहीं है।'

भारत के 98 प्रतिशत मुसलमान भी कहीं बाहर से नहीं आए। केवल मुट्ठी भर आक्रांता बाहर से आए थे। शेष ने केवल मजहब बदला है। मजहब बदलने से न मातृभूमि बदलनी चाहिए, न ही पूर्वज। तुर्की, ईरान, अफगानिस्तान, इंडोनेशिया आदि ने न अपनी मातृभूमि के प्रति निष्ठा बदली है और न ही अपने पूर्वजों को छोड़ा है। इसलाम-पूर्व के कई त्योहार भी नहीं छोड़े। पर भारत में अनेक कारणों से इसका उलटा हुआ। आज भारत के मुसलमानों का नेतृत्व करनेवाला मुल्ला वर्ग उन्हें न इसलाम-पूर्व के पूर्वजों से जुड़ने देता है और न ही मातृभूमि के प्रति निष्ठा रखने देता है। वे चाहते हैं कि भारत का मुसलमान राम और कृष्ण से जुड़ने के बजाय महमूद गजनवी, तैमूरलंग, बाबर, औरंगजेब जैसे आक्रमणकारियों के साथ अपने आपको जोड़े।

क्यों हुआ 6 दिसंबर

6 दिसंबर, 1992 के दिन अयोध्या में ढाँचे का ढहना इसी मनोवृत्ति का परिणाम है। शिया संप्रदाय के नेता प्रिंस अंजुम कादर तो इस बात के लिए तैयार थे कि उस ढाँचे को, जिसे मीर बाकी ने बनवाया था, स्थानांतरित कर सहनवा ले जाएँगे, जहाँ मीर बाकी की मजार है और हिंदू नेताओं ने इसका स्वागत भी किया था। एक हिंदू ने तो अपनी

जमीन भी तदर्थ देने की तत्परता दिखाई थी। किंतु स्वयंभू नेता बने सैयद शहाबुद्दीन ने 4 जुलाई, 1987 को उन्हें पत्र लिखकर कहा—

'यदि किसी फिक्ह के अंतर्गत इस प्रकार का स्थलांतर जायज भी हो तो भी उस समाधान को स्वीकार करने का कोई कारण नहीं है; क्योंकि एक जगह से भी हमने हटाया तो सर्वत्र ऐसी माँगें होने लगेंगी। आर.एस.एस. द्वारा सुझाए गए स्थलांतर के सुझाव का, जिसे आप स्वीकार करने का मानस दिखा रहे हैं, मैं पूरी तरह विरोध करता हूँ। कृपया आप पुनर्विचार करें।'

उस ढाँचे के ढहने का दोष भी संघ, विश्व हिंदू परिषद्, शिवसेना आदि पर थोपकर उन्हें प्रतिबंधित किया गया। किंतु 10 दिसंबर, 1992 को महाराष्ट्र के एक अग्रणी कांग्रेस नेता ने प्रधानमंत्री श्री नरसिम्हा राव को मराठी में फैक्स भेजा। उसकी प्रति मैंने देखी है। उसमें लिखा था—

'आमच्या किचन केबिनेटमधे काय चालंल असतं याची मला माहिती असते है आपल्याला माहीत आहे सहा डिसेंबरला अयोध्येतजी घटना घडली त्यांत शिवसेना आणि बजरंग दलाचा हात असेल पण आमच्या किचेन केबिनेटचा पण हात होता आज त्याच्यासाठी जवाबदार म्हणून जर शिवसेना आणि बजरंग दलावर कार्रवाई केली गेली तर जनतेत त्याची विरूप प्रतिक्रिया होणार नाहीं, पण राष्ट्रीय स्वंयसेवक संघाचे नाव पण घेतले जात आहे, बालासाहेब देवरस आगवे विरोधी नाहीत, आमचं सरकार पाँच वर्ष चालावं अरो त्यांना वाटते म्हणून राष्ट्रीय स्वयंसेवक रांघवार जर का कार्रवाई केली गेली तर आपल्याला अनुकूल असलेलला हा र्व आमचा विरोधी होऊन जाणार, म्हणून संघावर बंदी आणू नये।'

पढ़े-लिखे मुसलमान मुल्लाओं से असहमत

भारत में पढ़े-लिखे मुसलमानों का एक बहुत बड़ा वर्ग ऐसा है, जो मुल्ला-मौलवियों के इस मत से सहमत नहीं है; क्योंकि उसे मालूम है कि केवल मुसलमान होने मात्र से अन्य मुसलिम देशों के लोग उन्हें अपनाएँगे नहीं। क्या कारण है कि सऊदी अरब ने 22 हजार बँगलादेशी मुसलमानों को अपने देश से निकाल बाहर किया? यही क्यों, उत्तर प्रदेश और बिहार में गोलियों से भूने जा रहे हैं। इसीलिए अभी-अभी कौमी मुहाजिर आंदोलन के अध्यक्ष श्री अल्ताफ हुसैन, जो अपनी सुरक्षा के लिए इस समय इंग्लैंड में हैं, ने कहा कि 'पाकिस्तान का निर्माण इतिहास की एक बहुत बड़ी भूल थी।' लंदन के एक्शन टाउन हॉल में हुई एक सभा में उनके साथ बलूच, पख्तून और सिंधी नेता भी शामिल थे। इस अवसर पर एक पार्टी की भी स्थापना की गई, जिसका नाम 'पोनम', यानी 'पाकिस्तान ऑप्रेस्ड नेशंस मूवमेंट' दिया गया। इसके सर्वसम्मत नेता

बलूचिस्तान के सरदार अताउल्ला मेंगल नियुक्त किए गए। उन्होंने सभा को संबोधित करते हुए कहा, 'मुझे विश्वास नहीं कि पाकिस्तान को बचाया जा सकता है। हमें यदि पाकिस्तान में अपने अधिकार मिल जाते हैं तो ठीक, वरना इससे आगे हमें बड़ी आजादी की माँग करनी पड़े तो इसके लिए केवल फौजी शासन ही जिम्मेदार रहेगा।' बँगलादेश की स्वाधीनता में भारत की जैसी भूमिका रही, क्या वैसी कुछ संभव है?

इसलाम का भारतीयकरण

दुनिया भर के मुसलमानों की एक इसलामी मिल्लत की अवधारणा अव्यावहारिक सिद्ध हुई है। अत: भारत के मुसलमानों को चाहिए कि 'इसलाम का भारतीयकरण' कर उसे इस देश की धरती और यहाँ के पूर्वजों के साथ जोड़ें, जिससे भारत का मुसलमान भी इस देश की सांस्कृतिक धारा का अंग बनकर उस पर गर्व कर सके और पूरी निष्ठा व निर्भयता के साथ सबके साथ कंधे से कंधा मिलाकर चले। विभाजन की विभीषिका के तुरंत बाद 24 जनवरी, 1948 के अलीगढ़ मुसलिम विश्वविद्यालय में दीक्षांत भाषण देते हुए पं. जवाहरलाल नेहरू ने यह बात कही थी। उन्होंने कहा था, 'मुझे अपनी विरासत और उन पूर्वजों पर गर्व है, जिन्होंने हमें बौद्धिक और सांस्कृतिक श्रेष्ठता प्रदान की। आपको उसके संबंध में कैसा लगता है?' क्या आपको ऐसा लगता है कि आप भी उसके सहभागी और उत्तराधिकारी हो और इसलिए उसके बारे में उतना ही गर्व करते हो, जितना मैं; क्योंकि वह आपकी भी उतनी ही है, जितनी मेरी, या आप उसे पराया मानकर बिना समझे और बिना उस पुलक का अनुभव किए, जो इस अनुभूति में से आती है कि उस विशाल खजाने के हम उत्तराधिकारी और ट्रस्टी हैं, उसे यूँ ही गुजर जाने देते हो? आप मुसलमान हैं, मैं हिंदू हूँ। हमारे मजहब अलग-अलग हो सकते हैं या हम बिना किसी मजहब के भी हो सकते हैं; किंतु उसके कारण वह सांस्कृतिक विरासत तो हमसे अलग नहीं हो जाती, जो उतनी ही आपकी है, जितनी मेरी। इंडोनेशिया का मुसलमान यदि राम और कृष्ण को अपने पूर्वज मान सकता है, रामायण और महाभारत को अपने सांस्कृतिक ग्रंथ कह सकता है, गंगाजल को पवित्र मान सकता है, सुकर्ण, सुहृद, मेघवती, लक्ष्मी, सरस्वती जैसे नाम रख सकता है; 'गीता' का उपदेश करते हुए कृष्णार्जुन का रथ चौरस्ते पर लगा सकता है और फिर भी मुसलमान बना रह सकता है, तो भारत का मुसलमान ऐसा क्यों नहीं कर सकता है? अभी-अभी वहाँ के नोटों पर गणेश का चित्र छपा है। यदि हिंदुस्थान में कहीं ऐसा हो गया तो यूरंडपंथी तो कोहराम मचा देंगे!

जेहादियों का भारतीय मुसलमानों पर भी जुल्म

आज भारत में पाकिस्तान की गुप्तचर संस्था आई.एस.आई. की गतिविधियाँ बहुत बढ़ गई हैं। स्थान-स्थान पर अस्त्र-शस्त्रों के जखीरे और आर.डी.एक्स. इकट्ठे

किए जा रहे हैं, बम-विस्फोट किए जा रहे हैं, मादक द्रव्यों की तस्करी की जा रही है। सभी निष्ठावान् नागरिकों के समान भारतनिष्ठ नागरिकों से भी यही अपेक्षा है कि उनकी गतिविधियों पर नजर रखकर योग्य अधिकारियों तक उनकी सूचनाएँ पहुँचाएँ। इनके द्वारा प्रेरित तथाकथित जेहादियों को भारत के मुसलमानों से भी कोई प्रेम नहीं है। अभी-अभी जम्मू के डोडा क्षेत्र में उन्होंने मासूम मुसलमानों की आँखों में गरम सलाखें डालकर उन्हें अंधा बनाने का प्रयत्न किया।

क्या कसूर था उन मासूमों का? यही न कि कुछ पंजाबी-उर्दू बोलनेवाले आतंकियों ने उस गाँव में शरण माँगी, जिसे देने से गाँववालों ने इनकार कर दिया। फिर क्या था! शुरू हो गए उनके अत्याचार! सभी गाँववालों के हाथों को ऊपर बाँध दिया गया और ऐसी पिटाई व अत्याचार किए गए कि सुनकर रोंगटे खड़े हो जाएँ। उसी में गरम सलाखों से आँखें दागनेवाला मामला भी था।

बटोत के अस्पताल में भरती 20 वर्षीय अब्दुल्ला ने कहा, 'उनकी नजर में शायद इसी का नाम जेहाद होगा कि दूसरों की आँखों की रोशनी छीन ली जाए!' अब तक गला रेतकर हत्या करना, फाँसी पर लटका देना, अंग-भंग करना आदि क्रूर कृत्य किए जाते थे। अब अंधा बनाकर उन्हें पराश्रित बना देने की दानवीयता पर वे उतर आए हैं। अब्दुल्ला के साथ उसके परिवार की दो महिलाएँ भी थीं।

इस अत्याचार पर चुप क्यों?

किंतु इन अत्याचारों के विरुद्ध यूरंडपंथी मानवाधिकार संगठनों ने एक शब्द भी नहीं निकाला; पर ऐसे दानवों के विरुद्ध जब सुरक्षा बल कार्रवाई करते हैं तो इनका मानव-प्रेम जाग्रत् हो जाता है। इन यूरंडपंथियों के लिए इस देश में द्रोह करनेवाले ही मानव हैं, देश की रक्षा करनेवाले दानव। ऐसे लोगों को संस्कृत साहित्य में 'अरिनंदन' कहा गया, अर्थात् शत्रुओं को आनंद देनेवाले। आज तक के इतिहास में ऐसे ही अरिनंदनों के कारण भारत को पराजय झेलनी पड़ी है। प्रकट शत्रुओं की तुलना में छुपे शत्रु अधिक खतरनाक हैं। जनता को उनसे सावधान रहना चाहिए। मजहब के नाम पर किए जा रहे इन आक्रमणों में सामाजिक, सांस्कृतिक व राजनीतिक, तीनों प्रकार के आक्रमण समाए हुए हैं।

आर्थिक आक्रमण

5. और एक आक्रमण है आर्थिक आक्रमण। पश्चिम का विकास-पथ शोषण पथ पर आधारित है। इस पद्धति से विकास के लिए तीन बातें होना आवश्यक है—(1) विपुल पूँजी, (2) अत्यधिक सस्ती दरों में कच्चा माल, और (3) पक्के माल के लिए बाजार। ये तीनों ही चीजें पाश्चात्य साम्राज्यवादी देशों को अपने उपनिवेशों से प्राप्त होती थीं। इसलिए उपनिवेश गरीब हुए और साम्राज्यवादी देश समृद्ध। इंग्लैंड की समृद्धि का

परिणाम भारत की गरीबी में हुआ। आज की भीषण बेरोजगारी के सूत्र इंग्लैंड के लगभग 200 वर्षों के आधिपत्य में छुपे हैं। साम्राज्यवाद की समाप्ति के बाद उन देशों के सामने समस्या आई कि अपनी समृद्धि को बनाए रखने के लिए सस्ता कच्चा माल और बड़ा बाजार कैसे उपलब्ध हो ? आज स्थिति यह है कि दुनिया की 20 प्रतिशत जनसंख्यावाले समृद्ध देश विश्व के 80 प्रतिशत संसाधनों का उपभोग कर रहे हैं और 80 प्रतिशत जनसंख्यावाले विकासशील देशों के लिए केवल 20 प्रतिशत संसाधन बचे रहते हैं। यदि एक समता-युक्त विश्व का निर्माण करना हो तो विकसित देशों को अपनी समृद्धि का स्तर नीचे लाना होगा, जिसके लिए वे तैयार नहीं हैं और कच्चे माल और बाजार पर कब्जा जमाने के लिए उन्होंने विश्व बैंक, अंतरराष्ट्रीय मुद्रा कोष तथा विश्व व्यापार संगठन खड़े किए हैं। विश्व व्यापार संगठन के नियम इतने पेचीदे हैं कि सरकार में बैठे अधिकारियों में शायद ही कुछ लोग ऐसे होंगे, जिन्होंने उन सारी पेचीदगियों को समझा हो। मंत्रियों में तो इक्के-दुक्के ही होंगे। विश्व व्यापार संगठन की जब बैठकें होती हैं, तब समृद्ध देश तो विशेषज्ञों के दल-बल सहित आते हैं और यह तय करके आते हैं कि विकासशील देशों से क्या मनवाना है। हमारे यहाँ से जानेवाले अच्छी तैयारी करके जाते हों, ऐसा अभी तक का अनुभव नहीं है। भारत सरीखा विशाल देश अन्य विकासशील देशों को साथ ले विश्व व्यापार संगठन को समृद्ध देशों के हाथ की कठपुतली बनने से रोक सकता है। वैसे भी, जापान को छोड़ दिया तो वर्ल्ड ट्रेड ऑर्गेनाइजेशन को वेस्टर्न ट्रेड ऑर्गेनाइजेशन कहना ही उपयुक्त लगता है। विकासशील देश आज कसमसा रहे हैं। उनको साथ लेने का आज बहुत अच्छा अवसर है। भारत को इस दिशा में और अधिक पहल करनी चाहिए।

तेल का हथियार

अभी-अभी तेल की समस्या खड़ी हो गई है। उसके भाव अचानक 11 डॉलर प्रति बैरल के हिसाब से बढ़कर 30 डॉलर प्रति बैरल हो गए हैं। सभी पेट्रोल आयातक देशों की अर्थव्यवस्था गड़बड़ा गई है। भारत का घाटा 12,000 करोड़ रुपए से बढ़कर 23,500 करोड़ रुपए हो गया है। उससे जूझने में सरकार लगी है; किंतु सरकार की बातों पर लोगों को तब विश्वास होगा, जब सबसे पहले वह पेट्रोल के खर्चे में कमी करे। पेट्रोलियम पदार्थों का सर्वाधिक उपयोग तो सरकारें ही कर रही हैं। मंत्रियों की संख्या कई प्रांतों में एक-तिहाई से भी अधिक है। हर मंत्री को तो कार चाहिए ही; पर अधिकांश मंत्रियों को उसी जनता से सुरक्षा चाहिए, जिसका प्रतिनिधि होने का वे दावा करते हैं। अत: सुरक्षा बलों की कारें भी साथ में दौड़ेंगी। कुछ के लिए तो सुरक्षा बलों की कारों का साथ चलना प्रतिष्ठा का प्रतीक बन गया है। जहाँ पहुँचेंगे, उस जिले के सारे

सरकारी अधिकारी और पुलिस अफसर अपनी-अपनी गाड़ियाँ लेकर वहाँ पहुँचेंगे और फिर सारा काफिला चलेगा। सबके आने की आवश्यकता क्या है? एक-दो अधिकारी मंत्री की अगवानी करें और उनके साथ रहें। शेष अपने-अपने कामों में क्यों न लगें? पर तब मंत्री महोदय का रोब कैसे पड़ेगा? यदि मंत्रियों में पेट्रोल संकट का यत्किंचित् भी दर्द है और वे अपना स्वयं का उदाहरण प्रस्तुत कर अफसरों को भी प्रेरित करें तो 10 प्रतिशत ही क्यों, 25 प्रतिशत खर्च बचाया जा सकता है। पर अधिक गंभीर प्रश्न है कि प्राकृतिक तेल या गैस का भंडार चलेगा कब तक? और 15-20 वर्ष। अत: अभी से वैकल्पिक उपाय क्यों न खोजे जाएँ? पर वह गंभीरता हमारे यहाँ अभी नहीं दिखाई देती। मेरे एक मित्र लगभग 7-8 वर्षों से सरकारी कार्यालयों के चक्कर काट रहे हैं कि गन्ना उत्पादक प्रांतों में शक्कर की राबड़ी, गन्ने के छिलके आदि से एथेनॉल बनाया जा सकता है, जिससे गाड़ियाँ चल सकती हैं। ब्राजील में एथेनॉल से ही गाड़ियाँ चल रही हैं और अभी-अभी थाईलैंड ने तय किया है कि वह भी एथेनॉल से गाड़ियाँ चलाएगा। आज जितनी राबड़ी या गन्ने के खेत का कचरा उपलब्ध है, उससे एथेनॉल बनाया जाए तो 5,000 करोड़ की विदेशी मुद्रा की बचत हो सकती है। हमारे पास 44 करोड़ हेक्टेयर जमीन पड़ी है। उसमें से 14 करोड़ हेक्टेयर जमीन में ही तेल-युक्त पौधों का उत्पादन किया जाए तो हमें बाहर से तेल मँगाने की आवश्यकता ही नहीं पड़ेगी और हमारे पास प्रतिवर्ष उत्पन्न होनेवाला हमारा अपना ईंधन होगा। वर्तमान सरकार को भी तीन साल पहले यह सुझाव दिया गया था; किंतु अफसरशाही के जाल में से निकलते-निकलते इस अवधि में केवल दो संयंत्र महाराष्ट्र में और दो उत्तर प्रदेश में चालू करने की अनुमति मिली है। प्रत्यक्ष चालू होने में अभी और कितनी देर लगेगी, पता नहीं।

स्वाभिमान-शून्यता क्यों?

जब तक समग्र समाज में प्रबल आत्मविश्वास नहीं जगता कि हम अपना काम स्वयं कर सकते हैं, करेंगे, दूसरों पर निर्भर नहीं रहेंगे, तब तक ऐसे अफसर, जिनको विभिन्न बहुराष्ट्रीय कंपनियों ने भिन्न-भिन्न प्रकार से उपकृत कर रखा है, आत्मनिर्भरता के मामले में सदैव अड़ंगा डालते रहेंगे। बिना विदेशी पूँजी लिये हमारा काम ही नहीं चल सकता, यह विचार स्वाभिमान-शून्यता में से ही उपजा है। अभी-अभी अमेरिका का अरबपति बिल गेट्स भारत आया था। वह केवल एक अति कुशल व्यापारी मात्र है; किंतु जिन अनैतिक पद्धतियों का उपयोग कर वह अपना व्यापार करता है, उसके लिए वहाँ की अदालत ने उस पर करोड़ों डॉलर का जुर्माना किया है। किंतु जिस प्रकार से हमारे यहाँ के दस राज्यों के मुख्यमंत्रियों ने उसे सलामी दागी और उसके पीछे-पीछे घूमते रहे, उसे देखकर प्रत्येक स्वाभिमानी भारतीय का सिर शर्म से झुक जाता है। लघुवर

यानी सॉफ्टवेयर के मामले में भारतीयों की दुनिया में तूती बोल रही है। अमेरिका में कोई एक लघुवर कंपनी खोजने की अनुमति लेने गया तो उसे सुझाव दिया गया कि अपना नाम 'क्रिस्टोफर' से 'कृष्णपद' कर लो तो तुरंत अनुमति मिल जाएगी। लघुवर के विशेषज्ञों को आकर्षित करने के लिए बिल गेट्स आया था और हमारे मुख्यमंत्री उसकी गोरी चमड़ी की प्रभावली में अपने को चमकाने का प्रयास कर रहे थे।

अपना सामर्थ्य

आज स्थिति यह है कि हमें किसी देश की ओर ताकने की आवश्यकता नहीं। अपने संसाधन, अपनी प्रतिभा, अपनी आवश्यकता और अपनी प्रकृति के अनुरूप हम अपना स्वयं का विकास कर सकते हैं। यही स्वाभिमान जगाने की आवश्यकता है। हम अमेरिका की नकल क्यों करें? अमेरिका के पास हमसे तीन गुना जमीन है और एक-चौथाई जनसंख्या। इसलिए वह अपने नागरिकों को इतनी अधिक समृद्धि दे पा रहा है। यदि वहाँ भी भारत जैसा जनसंख्या का घनत्व हो जाए तो वहाँ की जनसंख्या 300 करोड़ होगी। तब अमेरिका सबको आज जैसी समृद्धि दे पाएगा? आज की तो स्थिति यह है कि वह अपने उत्पादनों को खपाने के लिए दूसरों के बाजारों पर कब्जा जमाना चाहता है, पर अपने बाजार में किसी के घुसने पर नाना प्रकार के प्रतिबंध लगाता है। अभी हाल ही में अमेरिका के अखबारों में एक बहुत बड़ा विज्ञापन निकला, जिसमें माँग की गई थी कि अमेरिकी सरकार अमेरिकी इस्पात कारखानों को बचाने के लिए कठोर कानून बनाए और उन कानूनों को विश्व व्यापार संगठन में आक्रामक होकर लागू करवाए।

रासायनिक खाद या जहर?

दूसरा उदाहरण खाद का लिया जा सकता है। आज हम 2,000 करोड़ की रासायनिक खाद का आयात कर रहे हैं और देश में पैदा हो रही 8,000 करोड़ की रासायनिक खाद और कीटनाशकों से जमीन की उर्वरता कम हो रही है। पाश्चात्य जगत् आज जैविक खाद की ओर बढ़ रहा है और हम हैं कि जैविक खाद के अटूट भंडार के रूप में जो पशुधन हमारे पास उपलब्ध है, उसे बूचड़खाने में कटने भेज रहे हैं! एक गाय या बैल जब कटता है, तब लगभग 8,000 रुपए का मांस एक बार दे देता है। पर यदि उसे जीवित रखा तो उसके गोबर और गोमूत्र से उससे जीवन भर प्रतिवर्ष 20-25 हजार रुपए की जैविक खाद व कीटनाशक प्राप्त हो सकता है। 'गावो लक्ष्म्याः सदा मूलं, गोषु पाप्मा न विद्यते' यानी गोबर में लक्ष्मी का निवास होता है। यह हमारे पुरखों ने यूँ ही नहीं कहा है। इससे न केवल हमारी जमीन की उर्वरा शक्ति बनी रहेगी, अपितु उन अनेक घातक बीमारियों से भी हम बच सकेंगे, जो रासायनिक खादों के परिणामस्वरूप हो रही हैं।

बुनियादी ढाँचा

तीसरा उदाहरण है बुनियादी ढाँचे को खड़ा करने के लिए, जिसमें हर गाँव को अच्छी टिकाऊ सड़कों द्वारा बड़ी सड़कों से जोड़ने की बात आती है, पूँजी जुटाने को। अंतरराष्ट्रीय वित्तीय संस्थाओं के सामने हमारे मंत्री जब हाथ पसारकर खड़े होते हैं तो बड़ा दुःख होता है। क्या अपने देश में धनवानों की कोई कमी है? महाराष्ट्र के एक पूर्व मंत्री ने मुंबई से पुणे तक एक अष्टपथीय अंतरराष्ट्रीय स्तर का मार्ग रिकॉर्ड समय में 1,600 करोड़ में बनवाया, जबकि उद्योगपति उसके लिए 3,200 करोड़ रुपए माँग रहे थे। इस प्रक्रिया में सरकार का कोई पैसा खर्च नहीं हुआ। उनका कहना है कि छोटे-छोटे ठेकेदारों ने अपने-अपने हिस्से की सड़क बनाई। किंतु भुगतान की स्थिति यह रही कि उसे चक्कर नहीं लगाने पड़ते थे। उनका यह भी कहना है कि बंगाल ने इस पद्धति को अपनाने का निश्चय किया है और इसी पद्धति से सारे भारत में शीघ्रगामी मार्ग बनाए जा सकते हैं।

5. विदेशी बहुराष्ट्रीय कंपनियाँ और उनकी देखा-देखी कुछ भारतीय कंपनियाँ भी अनियंत्रित उपभोग को बढ़ावा देने में लगी हैं। हमारे यहाँ हमने सदा-सर्वदा सीमित उपभोग की बात कही है। प्रकृति के पास हमारी उचित आवश्यकताओं की पूर्ति के साधन तो हैं, पर हमारे लोभ को पूरा करने की ताकत उसमें नहीं है। सीमित संसाधनों में असीमित उपयोग संभव नहीं है तो एक ओर जहाँ पश्चिम में पर्यावरण को बचाने के नाम पर आंदोलन चल रहे हैं, वहाँ हम पश्चिमी उपभोग-वृत्ति के चक्कर में पड़कर अपने परंपरागत संयम को तिलांजलि दे रहे हैं। विज्ञापन के क्षेत्र में लोगों की भोग-वासना को बढ़ाने हेतु उत्तेजक विज्ञापनों की सहायता ली जा रही है। विवाहेतर संबंधों को महिमामंडित करनेवाले धारावाहिक दिखाए जा रहे हैं। इन सबका हमारे सांस्कृतिक जीवनादर्शों पर होनेवाले असर को अनेक लोग देख नहीं पा रहे हैं; पर पश्चिम के विचारकों को इस उपभोग-प्रधान सभ्यता के दुष्परिणाम दिख रहे हैं और वे उसके लिए चिंतित भी हैं।

हमारा मंत्र और तंत्र हो स्वदेशी

इन सब आक्रमणों से रक्षा के लिए एकमात्र उपाय है अपने इस राष्ट्रीय समाज में प्रबल स्वाभिमान जगाकर उसे बल-संपन्न सामर्थ्य-संपन्न बनाना और इस भाव को पुष्ट करना कि हम अपने विकास के लिए मंत्र स्वदेशी, तंत्र स्वदेशी, भाव स्वदेशी का अवलंबन करेंगे। एक युगानुकूल सामाजिक, आर्थिक, राजनीतिक व्यवस्था का विकास करना है, जो व्यक्ति-समाज-प्रकृति और परमात्मा के बीच योग्य सामंजस्य बनाए रखते हुए मनुष्य को शरीर, मन, बुद्धि और आत्मा का सुख प्रदान करा सके। इसी को हमारे

यहाँ 'धर्म' कहा गया है। समाज में इसी धर्म के आधार पर राष्ट्र को परम वैभव के शिखर पर ले जाने का संकल्प जगाने हेतु ही संघ कार्य कर रहा है। यह कार्य केवल अपने देश के लिए ही नहीं, अपितु अन्य समस्त विकासशील देशों के लिए भी दिशा-निर्देशक बन सकेगा।

डॉक्टर साहब तो अकेले थे। आज हम इतने हैं—

लिया हाथ में ध्वज कभी न झुकेगा,
कदम बढ़ रहा है कभी न रुकेगा।
न सूरज के सम्मुख अँधेरा टिकेगा,
निडर हैं सभी हम, अमर हैं सभी हम॥
कि सिर पर हमारे वरदहस्तकर्ता
गगन में लहरता ये भगवा हमारा॥

□

सत्ता, संपत्ति, मान और यश मर्यादा में रहें तो दैवी होते हैं

आज से 90 वर्ष पूर्व विजयादशमी के पावन पर्व पर राष्ट्रीय स्वयंसेवक संघ की स्थापना हुई थी। हम सब मानते हैं कि विजयादशमी आसुरी शक्तियों पर दैवी शक्तियों की विजय का पर्व है। ये दोनों ही मानवीय प्रवृत्तियाँ हैं, जो हर काल में रही हैं। 'श्रीमद्भगवद्गीता' में इनका विस्तार से वर्णन हुआ है। आसुरी प्रवृत्ति के संबंध में भगवान् कृष्ण वर्णन करते हैं—

इदमद्य मया लब्धं इमं प्राप्स्ये मनोरथम्।
इदमस्तीदमपि मे भविष्यति पुनर्धनम्।

'आज मैंने इसे प्राप्त कर लिया, कल उसे प्राप्त करने की इच्छा है। यह धन तो मेरा हो ही गया, कल वह भी मेरा हो जाएगा।'

असौ मया हतः शत्रुः हनिष्ये चापरानपि।
ईश्वरोयऽहमहं भोगी सिद्धाऽहं बलवान सुखी॥

'इस शत्रु को मैंने मार दिया, कल अन्य को मारूँगा। मैं ईश्वर हूँ, भोगी हूँ, सिद्ध हूँ, बलवान हूँ, सुखी हूँ।'

सत्ता, संपत्ति, मान और यश की चाह मनुष्य की नैसर्गिक प्रवृत्तियाँ हैं। यदि वे मर्यादा में रहीं तो दैवीभाव का प्रकटीकरण होता है और यदि अमर्यादित हो गईं तो वे ही आसुरी भाव में बदलकर मानव सभ्यता के लिए अभिशाप बन जाती हैं। 'सुर' का अर्थ ही होता है—नियंत्रण में रहनेवाला और असुर का अर्थ है—नियंत्रण-विहीन। नियंत्रण करनेवाला तत्त्व है धर्म और धर्म का अर्थ है—व्यक्ति, समाज, प्रकृति और परमात्मा के बीच विद्यमान नैसर्गिक संतुलन को ध्यान में रखकर बननेवाले समाज-धारणा के नियम। मनुष्य के अंदर काम यानी कामनाएँ होती हैं, जिनकी पूर्ति के लिए लगनेवाले संसाधन अर्थ के अंतर्गत आते हैं। ये दोनों ही बातें यदि धर्म के आधार पर होती हैं तो समाज की

योग्य धारणा व प्रगति होती है। इसीलिए वेदव्यासजी ने कहा, 'धर्मादर्थश्च कामश्च स किमर्थ न सेव्यते'। इस प्रकार धर्म के नियंत्रण में रहकर व्यवहार करनेवाले व्यक्ति को गीता में 'ज्ञानयोग व्यवस्थिति:' कहा गया है, जो दैवी संपत्ति का एक प्रमुख लक्षण है।

वर्तमान विश्व में आसुरी प्रवृत्तियाँ

वर्तमान विश्व में ये आसुरी प्रवृत्तियाँ आतंकवाद के रूप में प्रकट हो रही हैं। 11 सितंबर, 2001 को यात्री विमानों को न्यूयॉर्क के विश्व व्यापार केंद्र और वाशिंगटन में अमेरिका के सैन्य शक्ति केंद्र पेंटागन की इमारतों से टकराकर आतंकवाद ने अपना जो बीभत्सतम रूप प्रकट किया है, उसने संपूर्ण सभ्य जगत् को थर्रा दिया। 7,000 के लगभग निर्दोष लोग जब घर से चले होंगे तो उन्हें यह भान नहीं रहा होगा कि उन गगनचुंबी अट्टालिकाओं या उड़ते विमानों से उनके प्राण-पखेरू सीधे ऊपर-ही-ऊपर चले जाएँगे और धरती पर रह जाएँगे उनके चेतना-शून्य शरीर। कितने लोग अपंग हुए और कितने मानसिक दृष्टि से असंतुलित, इसका तो पूरा हिसाब लगाना मुश्किल है।

आज अमेरिका आतंकवाद के विरुद्ध खम ठोंककर खड़ा दिखता है, किंतु जरा गहराई से विचार कर देखें तो दिखाई देगा कि जिस भस्मासुर को उसने वरदान दिया था, उसी ने उसके सिर पर हाथ रख दिया। अफगानिस्तान में रूस को पराजित करने के लिए पाकिस्तान की सहायता से उसी ने तालिबान को खड़ा किया था, उसे आधुनिकतम अस्त्र-शस्त्रों से संपन्न किया था। उसी प्रकार श्रीमती इंदिरा गांधी ने भिंडरावाले और राजीव गांधी ने लिट्टे को वरदान दिया था, जिन्होंने आगे उन्हीं की बलि ले ली। अपने तात्कालिक राजनीतिक उद्देश्यों के लिए जब आसुरी शक्तियों को बढ़ावा दिया जाता है, तब उनके ऐसे ही दुष्परिणाम निकलते हैं।

भारत आतंकवाद का शिकार

भारत आतंकवाद से दशकों से जूझ रहा है। कश्मीर में ही सन् 1990 से जुलाई 2001 तक लगभग 21,000 निर्दोष नागरिक मारे गए और 26,000 घायल हुए। इसी अवधि में 3,050 पुलिसवाले व सुरक्षाकर्मी तथा 13,400 आतंकवादी मारे गए। 1 अक्तूबर, 2001 की ताजा घटना में सीधे विधानसभा व सचिवालय पर धावा बोलकर जम्मू व कश्मीर सरकार के प्रमुखों को ही समाप्त करने का भीषण षड्यंत्र रचा गया। विडंबना यह कि जिस खूँखार आतंकवादी अजहर मसूद को इंडियन एयरलाइंस के काठमांडू से दिल्ली आनेवाले अपहृत विमान के बंधक यात्रियों को छुड़वाने के लिए अन्य दो आतंकवादियों के साथ कंधार ले जाकर मुक्त किया गया था, उसी ने पाकिस्तान की सहायता से 'जैश-ए-मोहम्मद' नाम का आतंकवादी संगठन खड़ा किया और यह संगठन 1 अक्तूबर की घटना के लिए जिम्मेदार निकला। यही नहीं, उसके साथ का

दूसरा आतंकवादी शेख उमर 11 सितंबर, 2001 को अमेरिका में घटी घटना में लिप्त पाया गया। भारत आज तक आतंकवाद के विरुद्ध चीखता-चिल्लाता रहा और माँग करता रहा कि पाकिस्तानी सत्ता को आसुरी शक्ति घोषित किया जाए; किंतु उसकी आवाज नक्कारखाने में तूती साबित होती रही। आज जब आतंकवाद के विरुद्ध एक वैश्विक मोरचा बनाने का प्रयास हो रहा है, उसमें भी भारत को आतंकवाद से मुक्ति दिलाने का मुद्दा प्राथमिकता में नहीं आता। स्वाभाविक भी है कि अमेरिका को अपना राष्ट्रीय हित देखना है, अपने राष्ट्रीय अपमान का बदला चुकाना है और उसमें उसे पाकिस्तान की सहायता लेनी है। यह आवश्यक बात हमें समझ लेनी चाहिए कि भारत को अपनी लड़ाई स्वयं लड़नी होगी। कोई दूसरा उसके लिए लड़ने आने वाला नहीं है। तदर्थ भारत को क्या तैयारी करनी होगी, इसका विचार करने के पूर्व आतंकवाद के एक पहलू पर विचार करना आवश्यक है।

आसुरी प्रवृत्तिवाले व्यक्ति अपनी वैधानिकता और सार्थकता सिद्ध करने के लिए किसी-न-किसी विचारधारा का आश्रय लेते हैं। इस विचारधारा का आधार आर्थिक, पांथिक, वांशिक आदि कुछ भी हो सकता है। 70 वर्षों तक सर्वहारा को संगठित कर विश्व भर में समता-युक्त, शोषण-मुक्त कम्युनिस्ट समाज की स्थापना का आदर्श लेकर चलनेवाले रूस और चीन ने 10 करोड़ से अधिक लोगों को मौत के घाट उतार दिया। उसके पूर्व जर्मनी में हिटलर ने वांशिक शुद्धि के नाम पर 60 लाख तथाकथित अशुद्ध यहूदियों को यम-यातनाएँ देकर संसार से विदा कर दिया। स्वयं अमेरिका ने 400 साल पहले वहाँ के लगभग 11 करोड़ मूल निवासियों को मरवा डाला था। तिब्बत में 60 लाख के तिब्बती वंश को ही समाप्त कर देने के उद्देश्य से चीन ने नर-संहार तो किया ही, तिब्बती बालाओं का चीन के हानवंशीय युवकों से बलात् विवाह करवाकर इस वंश नाश को बढ़ावा दिया। आज चीन तिब्बत की जनसंख्या के अनुपात को बदलने में लगा है। ल्हासा में चीनियों की संख्या 85 प्रतिशत हो गई है और अगले 30 वर्षों में तिब्बत में 2 करोड़ लोगों को बसाने की योजना है। भारत का पूर्वोत्तर चर्च-प्रेरित आतंकवाद से जूझ रहा है, जिसका ताजा उदाहरण है 'गुवाहाटी एक्सप्रेस' में किया गया बम-विस्फोट। बिहार, मध्य प्रदेश, महाराष्ट्र, आंध्र-प्रदेश, नक्सली आतंकवाद से ग्रस्त हैं और कश्मीर व देश के कुछ अन्य भागों में जिहाद का नारा देकर मजहबी जुनून को भड़काया जा रहा है। वहाँ ओसामा-बिन-लादेन व तालिबान के समर्थन में जुलूस निकाले गए। सीमावर्ती प्रदेशों में मदरसों की संख्या तीव्र गति से बढ़ी है, जहाँ कट्टरपंथी तैयार किए जा रहे हैं।

मुसलिम नेतृत्व शांतिकामी चाहिए

हर समाज में सत्प्रवृत्त लोग होते हैं, जो इस प्रकार के आतंकवाद और निर्दोषों

के खून बहाने का समर्थन नहीं करते। कुछ का कहना है कि जिहाद का गलत अर्थ लगाया जा रहा है। इसलाम तो शांति और भाईचारे का मजहब है। किंतु ऐसा कहनेवाले शांतिकामी लोगों का मुसलिम समाज में नेतृत्व नहीं है। जिनका है, उसमें से अच्छी-खासी संख्या जामा मसजिद के इमाम के स्वर में स्वर मिलानेवाले लोगों की है, जो ओसामा-बिन-लादेन के समर्थन में वक्तव्य निकालकर उसकी निर्दोषिता का प्रमाण-पत्र दे रहे हैं। उधर कई चर्च नेताओं का कहना है कि वे मतांतर में विश्वास नहीं करते। पर दूसरी ओर अन्य चर्चों से प्रेरित आतंकवादी त्रिपुरा, मेघालय, नागालैंड आदि में निरीह हिंदुओं को धमकाते हैं कि वे दुर्गा-पूजा न करें, सरस्वती-पूजा न करें, अपने परंपरागत उपासना पंथ को न मानें।

क्या कहती है कुरान-बाइबिल?

मुख्य प्रश्न यह कि जिस बाइबिल या कुरान के आदेशों का अनुपालन बताकर ये बातें की जा रही हैं, क्या उनमें ये बातें हैं? पांथिक ग्रंथों में भिन्न-भिन्न संदर्भों में भिन्न-भिन्न प्रकार की बातें कही गई हैं। प्रश्न है कि आप किन आदेशों को महत्त्व देते हैं और उनकी कैसी व्याख्या करते हैं? बाइबिल के नए सुसमाचार में आया है-z.vv "Believe me that I am in Father and the Father in me..." (John 14/11) (मैं पिता में और पिता मुझमें है) या 30. I and my Father are one (John 10/30) (मैं और मेरे पिता एक ही हैं।) इससे अपने उपनिषदों के 'अहं ब्रह्मास्मि' अथवा 'गीता' के 'मयि ते तेषु चाप्यहम्' की समानता बताकर कोई समन्वय और सामंजस्य की भूमि ले सकता है, पर उसी 'बाइबिल' में ये वाक्य भी आते हैं, जिनसे असहिष्णुता व संघर्ष का अर्थ लिया जा सकता है। जैसे—अविश्वासियों के संबंध में एक वाक्य आता है—

235, 'वे भूख से तड़पेंगे और प्रज्वलित अग्नि में जलकर महाविनाश को प्राप्त होंगे। मैं उनके लिए जानवरों के पैने दाँतों या मिट्टी में रहनेवाले सर्पों का विष भेजूँगा।'

ड्यूटरोनॉमी-32/24

16. 'यह मत सोचो कि मैं पृथ्वी पर शांति-स्थापना के लिए आया हूँ। मैं शांति-स्थापना के लिए नहीं, वरन् खड्ग लेकर आया हूँ। मैं व्यक्ति को उसके बाप के विरुद्ध, पुत्री को माँ के विरुद्ध और पुत्रवधू को सास के विरुद्ध खड़ा करने आया हूँ।'—मैथ्यू, 10/34-35

उसी प्रकार कुरान शरीफ के वाक्य, 'तुम्हें तुम्हारा दीन और मुझे मेरा दीन'—(सूरा 109, आ. 6) या 'दीन के बारे में किसी पर जवाबदारी नहीं होनी चाहिए'—(सूरा 2, आ. 256) को उद्धृत कर कुछ लोग सामंजस्य की भूमिका ले सकते हैं तो दूसरे लोग आठवें सूरा की आयत—

'और तुम लोग इनसे बराबर लड़े जाओ, यहाँ तक कि फितना (उपद्रव) बाकी न रहे और दीन का कुल हिस्सा अल्लाह ही के लिए कायम हो जाए।' (सूरा 8-39) अथवा नौवें सूरा की तलवार की आयत—'बस, जब अदबवाले महीने, जिनमें लड़ाई मना हुई, गुजर जाएँ तो जहाँ जाओ, मुश्रिक लोगों का कत्ल करो और गिरफ्तार करो और उनको घेर लो और हर दांव-घात लगाकर बैठो। फिर अगर तौबा करें और नमाज कायम करने को तैयार हों और जकात देने लगें, तब उनका रास्ता छोड़ दो। कुछ शक नहीं, अल्लाह बड़ा क्षमाशील है, दयावान् है।' (सूरा 9-5) की ओर अँगुली दिखाकर असहिष्णुता व संघर्ष की भूमि को ले सकते हैं। अब तक के इतिहास में अधिकांश लोगों ने असहिष्णुता व संघर्ष की भूमिका निभाई है और इसीलिए ईसाइयत व इसलाम का इतिहास रक्तरंजित ही रहा है और आज भी इन्हीं अर्थों को आधार बनाकर आतंक फैलाया जा रहा है। अभी-अभी बँगलादेश में चुनाव के बाद अवामी लीग को मत देने का बहाना बनाकर हिंदुओं को आक्रमण, लूटपाट एवं हत्या का शिकार बनाया जा रहा है। माता-पिता के सामने लड़कियों के साथ बलात्कार किया जा रहा है, जिसके फलस्वरूप हिंदू घर छोड़ने को मजबूर हो रहे हैं। कई परिवार त्रिपुरा, सिल्चर, बंगाल एवं उड़ीसा आ रहे हैं। कल ही ढाका से समाचार मिला है कि बँगलादेश में लगभग 1 लाख हिंदू गृह-हीन हो गए हैं। बँगलादेश में हो रही इस कार्रवाई को शत्रुतापूर्ण ही माना जाना चाहिए। शायद बँगलादेश भूल गया कि जब उस पर पश्चिम पाकिस्तान की सेना के बर्बर अत्याचार हो रहे थे, तब मानवतावादी भारत ही था, जिसने उसे बचाया था और बँगलादेश को मुक्ति दिलाने में योगदान दिया था। उस समय सारे भारत में आनंद मनाया गया था और सोचा था कि यह सदा भारत के साथ मैत्रीपूर्ण संबंध रखेगा। केवल परमपूज्य गुरुजी ने चेतावनी देते हुए कहा था कि आज बँगलादेश की मुक्ति के कारण सब आनंद मना रहे हैं, किंतु शीघ्र ही वह हमारे लिए सिरदर्द बनेगा। देश के दोनों ओर दो सार्वभौम शत्रु राज्य खड़े हो गए हैं।

मजहबी ग्रंथों की युगानुकूल व्याख्या हो

वैसे सेमेटिक मजहब ईश्वर को तो एक मानते हैं, पर मानवता को दो भागों में विभक्त करते हैं—क्रिश्चियन और हीदन, मुसलमान व काफिर। कम्युनिज्म सर्वहारा और शोषक तथा पूँजीवादी सक्षम और अक्षम में मानवता को बाँटते हैं और विश्व में शांति व एकता स्थापित करने के लिए हीदन, काफिर, शोषक व अक्षम की समाप्ति आवश्यक मानते हैं। कम्युनिज्म तो समाप्त हो गया, पूँजीवाद भी समाप्ति के निकट है। ये तो आर्थिक विचारधाराएँ रही हैं; किंतु पांथिक विचारधाराओं की पकड़ अधिक गहरी और मजबूत होती है। उन समाजों के सत्प्रवृत्त लोग यदि अब तक के इतिहास को बदलकर

एक नए इतिहास की रचना करना चाहते हैं तो उन्हें आगे आना होगा, कट्टरपंथियों को हटाकर समाज को सुयोग्य नेतृत्व देना होगा और तदर्थ अपने पांथिक ग्रंथों की युगानुकूल व्याख्या करनी होगी, जो सही अर्थों में एक शांतिपूर्ण, समन्वय-युक्त विश्व की स्थापना का मार्ग प्रशस्त कर सकें। अस्तु!

भारत के विकास का मार्ग

भारत को अपना विकास स्वयं करना होगा। कोई दूसरा इसे करनेवाला नहीं। तदर्थ दो बातों की आवश्यकता है—

1. आधुनिकतम प्रहारक शस्त्रास्त्रों से युक्त सैन्य बल।
2. प्रखर राष्ट्र-भावना से युक्त राष्ट्रीय समाज।

गत लगभग 1,000 वर्षों का इतिहास अगर देखें तो यही दिखाई देता है कि शस्त्रों के मामले में हम प्राय: उदासीन ही रहते आए हैं। 'महाभारत' की उस घटना के समान, जब दुर्योधन को हस्तिनापुर में एक भी सज्जन नहीं दिखा और युधिष्ठिर को एक भी दुष्ट नहीं दिखा, हम भी युधिष्ठिर के समान ही मानकर चलते हैं कि हम अगर शांतिकामी हैं तो दूसरे भी शांतिकामी होंगे और इसका प्रमाण तब मिला, जब देश स्वतंत्र होने के पश्चात् भारत की तीनों सेनाओं के प्रमुख प्रधानमंत्री पं. जवाहरलाल नेहरू के पास गए और सेना की आगामी दस वर्ष की आवश्यकता उनके समक्ष रखी, तो मेजर जनरल अजीत रुद्र के कथनानुसार नेहरूजी ने कहा, 'हमें सेना की क्या आवश्यकता है, क्योंकि हमें तो किसी पर आक्रमण नहीं करना है? सेना को भंग कर दो। आंतरिक व्यवस्था हम पुलिस के बलबूते पर कर लेंगे।' सुनकर तीनों सेनानायक हतप्रभ रह गए। शीघ्र ही पाकिस्तान के कश्मीर पर आक्रमण के कारण सेना तो भंग होने से बच गई, पर उसके सशक्तीकरण पर ध्यान नहीं दिया गया। किंतु इस उपेक्षा की हमें बहुत बड़ी कीमत चुकानी पड़ी, जब सन् 1962 में चीनी आक्रमण के सामने लज्जाजनक हार देखनी पड़ी। तब पं. नेहरू के मुँह से हताशा के ये उद्गार निकले, 'My heart goes with the pepole of Assam.' अर्थात् मेरा हृदय असमवासियों के लिए तड़प रहा है। आज भी असम निवासी उस घटना को भूल नहीं पाए हैं। ऐसी बात पं. नेहरू के समय में ही प्रथम बार हुई हो, ऐसा नहीं है। यह तो हमारे राष्ट्रीय स्वभाव का अंग रहा है। अरबों और तुर्कों का जब आक्रमण हुआ, तब उनके पास निरंतर पत्थर बरसानेवाले यंत्र थे और हम केवल तलवारों से ही लड़ रहे थे। जब वे चलते हुए घोड़ों पर बैठकर बाण चलाते थे और धनुर्विद्या के कौशल्य के साथ गतिमयता जोड़कर उसे अधिक घातक बना देते थे, तब हमारे यहाँ धनुर्विद्या का लोप ही हो चुका था। जब अकबर की सेना बंदूकों का प्रयोग कर रही थी, तब महाराणा प्रताप के पास केवल खड्गधारी सैनिक और पहाड़ों

र बैठकर बाण चलानेवाले हमारे भील बंधु ही थे। आज भी जब आतंकवादी एके-47 ौर एके-56 जैसे घातक अस्त्रों से लैस हैं, तब हमारे पुलिस और अर्द्धसैनिक बलों के ास वही परंपरागत बंदूकें व राइफलें हैं।

ोनी आक्रमण का कटु अनुभव

चीनी आक्रमण के इस कटु अनुभव के पश्चात् हमने कुछ सीख ली, जिसके रिणामस्वरूप सन् 1965 में पाकिस्तानी आक्रमण का हम सफलता से सामना कर सके। ाद में सन् 1971 में पाकिस्तान को फिर से मुँह की खानी पड़ी और बँगलादेश उससे छटककर अलग हो गया। किंतु पाकिस्तान ने सन् 1998 में पुनः भारत पर आक्रमण ारने की हिमाकत की। लाहौर बस-यात्रा और उस समय हस्ताक्षरित हुए घोषणा-पत्र ; आनंद में सुरक्षा मोरचे पर जो थोड़ी अनदेखी हुई, उसके कारण पाकिस्तान को फिर राने में हमें कीमत चुकानी पड़ी।

पाकिस्तान का निर्माण ही भारत के साथ विद्वेष में से हुआ है और जब तक यह ग्द्वेष विद्यमान है, तब तक ही पाकिस्तान का अस्तित्व भी है। अतः भारत के प्रति ग्द्वेष बनाए रखना पाकिस्तान की मजबूरी है। विद्वेष को समाप्त करने के लिए भारत की ोर से प्रयास भले ही किए जाएँ, किंतु अपने सैन्य बल तथा अधुनातन शस्त्रास्त्रों की ोर किंचित भी दुर्लक्ष अपेक्षित नहीं है। सन् 1974 में आणविक विस्फोट के पश्चात् ाण्वास्त्रों का उचित भंडार संगृहीत करने में हम चूके और 1998 के द्वितीय पोखरण ; विस्फोट के पश्चात् भी इस दिशा में पर्याप्त प्रगति हम कर रहे हैं, ऐसा नहीं लगता। ub-critical test करने के मामले में सी.टी.बी.टी. बाधक नहीं है; किंतु उनके द्वारा म अधिक सक्षम आणविक अस्त्र बनाने में सिद्ध हो सकते हैं। चीन और अमेरिका सी.टी.बी.टी. और एन.पी.टी. पर भले ही हस्ताक्षर किए हों, किंतु अपने आणविक ास्त्रों की मारक क्षमता बढ़ाने में वे सदैव लगे रहते हैं।

जहाँ तक प्रक्षेपास्त्रों का सवाल है, पाकिस्तान से निपटने लायक प्रक्षेपास्त्र तो हमने ना लिये, किंतु भारत के उत्तर में जो दूसरा शत्रुभावापन्न देश चीन बैठा है, उससे सुरक्षा तु आवश्यक तैयारी का हममें अभाव है। तिब्बत के ऊपर चीन का आधिपत्य मानकर म पहले ही गलती कर चुके हैं।

चीन प्रारंभ से ही विस्तारवादी रहा है और एशिया की एकच्छत्र शक्ति के रूप में भरने की उसकी महत्त्वाकांक्षा तेजी से प्रकट हो रही है। अमेरिका से भी दो-दो हाथ रने के लिए वह अपनी तैयारियों में जुटा है। ऐसे समय उसे सहज मित्र मानने की ूल न करते हुए, जबकि उसने अरुणाचल और लद्दाख में 50 हजार वर्ग कि.मी. की मारी जमीन दबाकर रखी हुई है, उसके द्वारा संभावित आक्रमण से बचाव की तैयारी

भी हमको करनी होगी। तदर्थ 5,000 से लेकर 12,000 कि.मी. तक मार करनेवा प्रक्षेपास्त्रों का विकास हमारी प्राथमिकता होनी चाहिए।

राष्ट्र-भाव के जागरण को प्राथमिकता

दूसरी आवश्यकता है प्रखर राष्ट्र-भावना से ओत-प्रोत समाज की। राष्ट्र-भाव का आधार है मातृभूमि के कण-कण से अनन्य प्रेम, उसके अंदर पुत्र-रूप में रहनेवा समाज के प्रति आत्मीयता तथा उन सबको जोड़नेवाली सांस्कृतिक कड़ियों की मजबू तथा इस संस्कृति के संवर्धन एवं संरक्षण के लिए जिन महापुरुषों एवं वीर पुरुषों तपस्या की एवं आत्माहुतियाँ दीं, उन सबके प्रति प्रखर श्रद्धा। मातृभूमि के कण-कण प्रति पूज्य भाव जगाने के लिए हमारे संस्कार-स्वामियों ने अनेक उपाय किए थे। उन्हे आसेतु-हिमाचल इस देश को मातृभूमि, पितृभूमि और धर्मभूमि तो कहा ही, किंतु इ कर्मभूमि भी कहा, जैसा दुनिया में अन्यत्र कहीं नहीं हुआ है।

इसी बात को स्वामी विवेकानंद इन शब्दों में कहते हैं, 'यदि पृथ्वी तल पर ऐ कोई देश है, जो मंगलमयी पुण्यभूमि कहलाने का अधिकारी है; ऐसा देश, जहाँ संस के समस्त जीवों को अपना कर्मफल भोगने के लिए आना ही होगा; ऐसा देश, ज ईश्वरोन्मुख प्रत्येक आत्मा को अपने लक्ष्य की पूर्ति हेतु अपना अंतिम पड़ाव डाल ही होगा; ऐसा देश, जहाँ मानवता ने ऋजुता, उदारता, शुचिता एवं शांति का चरम स्प किया है तथा इन सबसे आगे बढ़कर भी जो देश अंतर्दृष्टि एवं आध्यात्मिकता का हो, तो वह देश भारत ही है।'

मातृभूमि के प्रति अपनी भक्ति अभिव्यक्त करने के दो मार्ग हैं। एक तो औपचारि है, जिसमें पुष्पार्चन, आरती एवं स्तुति-प्रार्थना आदि से पूजन किया जाता है। धार्मि भक्ति-भावना से लोग आज भी यह करते हैं। वे संपूर्ण देश में तीर्थयात्रा करने जाते धार्मिक विधि-विधानों का अनुसरण करते हैं, स्तुति-अर्चना करते हैं, फूल चढ़ाते तथा विभिन्न नदियों में स्नान करते हैं। यह एक प्रकार से भक्ति का ही रूप है; किंतु य निष्क्रिय भक्ति है। यह सब हम हजारों सालों से करते आए हैं, फिर भी हमें लगभग 8 वर्षों का पारतंत्र्य भोगना पड़ा। अतः भक्ति का सक्रिय रूप जगाने की आवश्यकता

भक्ति का सक्रिय रूप जगाएँ

भक्ति का सक्रिय रूप है व्यावहारिक राष्ट्र-जीवन में इस मातृभूमि के प्रत्येक क के स्वातंत्र्य और सम्मान की रक्षा के लिए अपना सर्वस्व समर्पण करने का सिद्धांत। इ ठोस वास्तविक संसार में इस सक्रिय अभिव्यक्ति का ही महत्त्व है। ऐसी सक्रिय भत्ति जब हृदय में विद्यमान होती है, तब मातृभूमि के प्रति छोटी-से-छोटी अवज्ञा भी सह नहीं होती। ऐसा भक्त रौद्र रूप धारण कर लेता है। तब तक चैन से नहीं बैठता, जब त

पमान करनेवाले आक्रामक तत्त्वों को ऐसा सबक नहीं सिखा दे कि वे पुनः दूसरी बार सी प्रकार का पाप करने की हिम्मत न कर सकें। ऐसी भक्ति का उद्रेक तभी संभव है, ब अपने गौरवपूर्ण इतिहास, अपने महापुरुष एवं उनके द्वारा किए गए श्रेष्ठ कार्यों का मको ज्ञान हो। आधुनिकतम उत्तमोत्तम शस्त्रास्त्र रखना जहाँ एक महत्त्वपूर्ण बात है, हाँ उससे भी अधिक महत्त्वपूर्ण वह व्यक्ति है, जो इन शस्त्रास्त्रों का उपयोग करता है। ना के विभिन्न पदों पर यदि ढीले चरित्रवाले लोग रहे तो इससे देश की सुरक्षा और धिक खतरे में पड़ सकती है। छद्म नाम धारण कर सेना के उच्च पदस्थ अफसरों क पहुँचा जा सकता है और कामिनी-कांचन का प्रलोभन देकर उनसे सैन्य संबंधी गुप्त चनाएँ प्राप्त की जा सकती हैं। यह सचमुच ही चिंता का विषय है। प्रबल राष्ट्र-भक्ति ा भाव ही ऐसे संकटों को मात कर सकता है। किंतु सेना में भी वह भाव तभी आएगा, ब सर्वसाधारण समाज में वह कूट-कूटकर भरा होगा। अतः शालेय शिक्षण और लोक क्षण दोनों ही स्तरों पर तदर्थ व्यापक योजना बनाने की आवश्यकता है।

जारों वर्षों के संस्कार

सहस्राब्दियों के संस्कारों के परिणामस्वरूप लोक-मानस में भारत के एक देश, क जन और संस्कृति होने का भाव सुप्तावस्था में ही क्यों न हो, विद्यमान है। हर युद्ध समय यह प्रकर्ष से प्रकट हो जाता है; पर शांतिकाल में वह पुनः सो जाता है और ोगों के व्यक्तिगत, दलगत, जातिगत एवं भाषागत भाव अधिक प्रबल हो जाते हैं। उसे दा जाग्रत् रखने के लिए अतीत के गौरव का बोध कराना पहली आवश्यकता है। ऋषि रविंद का एक प्रसिद्ध वाक्य है—'अतीत का गौरव, वर्तमान की पीड़ा और भविष्य के नहरे सपने जिस देश के नौजवानों में रहते हैं, वही देश प्रगति के पथ पर आगे बढ़ता ।' यह तो सब लोग जानते हैं कि अंग्रेजों ने अपनी शिक्षा-पद्धति के माध्यम से इस देश स्वाभिमान को नष्ट करने का प्रयत्न किया। कविवर रवींद्रनाथ ठाकुर एक जगह लिखते कि, 'एक अंग्रेज का बच्चा यह अच्छी तरह जानता है कि उसके पुरखों ने कौन-कौन पराक्रम किए, कहाँ-कहाँ अपने साम्राज्य का विस्तार किया और अपने वाणिज्य व यवसाय को बढ़ाकर अपने देश को समृद्ध करने का प्रयत्न किया। इसलिए उन बच्चों में ी वैसा ही रण-गौरव, धन-गौरव और वाणिज्य-गौरव हस्तगत करने की इच्छा जाग्रत् ोती है, किंतु हमारे बच्चों को सिखाया जाता है कि तुमने कभी कोई साम्राज्य स्थापित हीं किया। ठीक है, नहीं किया; किंतु किया क्या? यह बताया नहीं जाता और इसलिए मारे यहाँ का बच्चा परानुकरण करने के अतिरिक्त और कुछ सोच ही नहीं पाता।'

दुर्भाग्य अपने देश का यह रहा कि स्वतंत्रता-प्राप्ति के पश्चात् भी वही शिक्षा-पद्धति यों-की-त्यों चल रही है और इसलिए नौजवानों में जैसा तेज, स्वाभिमान व पराक्रम

का भाव दिखना चाहिए, उसका काफी अभाव दिखता है। उसमें भी जो प्रतिभा-संप लोग हैं, वे अपनी प्रतिभा का उपयोग विदेशों में जाकर सेवा करने में अधिक सचेष्ट है

शिक्षा से संस्कार

इसका कारण ही यह रहा है कि हमने अपनी शिक्षा-पद्धति के एक भाग या जानकारी देनेवाली शिक्षा पर तो ध्यान दिया, पर दूसरे भाग यानी संस्कारों पर ध्यान न दिया। जानकारी देनेवाली शिक्षा हमारे सुख संसाधनों व जीवन की भौतिक आवश्यकता को पूरा करती है। उद्यमी, डॉक्टर, विज्ञानी, प्रशासक, वकील, व्यवसायी आदि इ जानकारी देनेवाली शिक्षा से तैयार होते हैं। किंतु शिक्षा के दूसरे भाग यानी संस्कार प्रदायिनी शिक्षा की उपेक्षा की गई। इसलिए पं. नेहरू ने अपनी मृत्यु के कुछ ही दि पूर्व श्रीमन्नारायण की एक पुस्तक 'सोशलिज्म इन इंडियन प्लानिंग' की प्रस्तावना लिखा था—'हमारी सारी योजनाएँ एवं कार्यक्रम अस्त-व्यस्त हो गए; क्योंकि हमें य नहीं भूलना चाहिए था कि जिस महत्त्वपूर्ण लक्ष्य पर हमें ध्यान देना चाहिए, वह व्यक्ति की गुणवत्ता, जिसके मूल में विद्यमान है धर्म की अवधारणा।'

संस्कार-प्रदायिनी शिक्षा की उपेक्षा

अपने देश में शिक्षा की दुर्दशा क्यों हुई? पं. नेहरू और उनके पश्चात् श्रीम इंदिरा गांधी के समय उनके सोवियत रूस के प्रति झुकाव या निर्भरता का लाभ उठा हुए भारत के कम्युनिस्टों ने धीरे-धीरे समस्त विद्वत् संस्थानों, प्रमुख विश्वविद्यालयों संवाद माध्यमों में, विशेषकर अंग्रेजी में अपनी पकड़ जमा ली और शिक्षा के पाठ्यक्रम एवं इतिहास-अनुसंधान आदि क्षेत्रों में हर उस बात को निकाल देने या विकृत कर का प्रयास किया, जो देश के नवयुवकों में देशभक्ति, स्वाभिमान व पराक्रम का भा जगा सके। मैकाले-पुत्र तो उसकी परंपरा को आगे बढ़ा ही रहे थे, उनके साथ जुड़ ग मार्क्स-पुत्र भी, जो अपनी देश-बाह्य निष्ठा के कारण इस देश की मूल हिंदू अस्मित को उभरने न देने के लिए कृत संकल्प थे, क्योंकि उसी में उन्हें भारत को लाल बनाने स्वप्न को साकार करने का मार्ग दिखाई दे रहा था। सन् 1942 के आंदोलन में जिन्हों अंग्रेजों का साथ देकर भारत की स्वतंत्रता के लिए लड़नेवाले महात्मा गांधी और उनक कांग्रेस को ब्रिटिश साम्राज्यवाद का दलाल कहा था, ब्रिटिश दासता के विरुद्ध भूमिग आंदोलन का नेतृत्व कर रहे जयप्रकाश नारायण, राममनोहर लोहिया, अच्युत पटवर्ध जैसे देशभक्तों को 'देशद्रोही' का ठप्पा लगाकर तथा नेताजी सुभाष बोस को 'जापान जनरल तोजो का कुत्ता' और उनकी 'फॉरवर्ड ब्लॉक' को 'जापानियों का एजेंट' घोषि किया था, मुसलिम लीग के प्रचार तंत्र को पाकिस्तान के पक्ष में नए-नए बौद्धिक तर्क गढ़कर दिए थे, मुसलिम रजाकारों की मदद से स्वतंत्र तेलंगाना बनाने की कोशिश क

थी और बंगाल में काकद्वीप को स्वतंत्र करने हेतु सशस्त्र क्रांति का प्रयत्न किया था, सन् 1962 में भारत पर चीनी आक्रमण के समय चीन का समर्थन किया था, वे ही लोग इन् महत्त्वपूर्ण पदों पर बैठकर अपनी कलुष कथा को छिपाने के लिए भारतीय इतिहास के विकृतीकरण में जुट गए, भारतीय साहित्य व कला को प्रगतिशीलता के नाम पर लाल रंग में रँगने में लग गए।

इस प्रक्रिया में हर क्षेत्र में अपने गिरोह का वर्चस्व स्थापित कर अन्य सारी चिंतनधाराओं को पुराणपंथी, दकियानूसी, प्रतिगामी, प्रगति-विरोधी, सांप्रदायिक, संकुचित आदि विशेषण लगाकर उन्हें किनारे करते रहे, आज भी कर रहे हैं। उनके द्वारा संपादित 'राष्ट्रीय शैक्षिक अनुसंधान परिषद्' की पुस्तकों के माध्यम से बच्चों के मस्तिष्क में क्या-क्या ठूँसने का प्रयत्न किया गया, इसकी पोल संसद् में राष्ट्रीय शिक्षा नीति संबंधी बहस के समय सामने आई।

कुछ नमूने देखिए–

- आर्य भारत के बाहर से, संभवतया उत्तरी ईरान और कास्पियन सागर के इर्द-गिर्द के क्षेत्र से आए थे। आर्य खानाबदोश चरवाहों के रूप में आए। वे पशुओं के झुंड पालते थे। यह उनकी जीविका का साधन था।...वास्तव में तो विशेष अतिथियों के सम्मान के तौर पर गोमांस परोसा जाता था। यद्यपि बाद की शताब्दियों में ब्राह्मणों के लिए गोमांस वर्जित किया गया।
- आठवीं कक्षा के लिए प्रस्तावित 'आधुनिक भारत का इतिहास' पुस्तक के बाहरवें पृष्ठ पर पूर्ण पृष्ठ का एक चित्र दिया गया है। कल्पना कीजिए, वह चित्र किसका होगा? महात्मा गांधी का, सरदार भगत सिंह का, सुभाष चंद्र बोस या लोकमान्य तिलक अथवा अरविंद घोष का? इनमें से किसी का नहीं। वह चित्र है लेनिन का। आधुनिक भारत के इतिहास से लेनिन का क्या संबंध?
- वामपंथी प्रो. सतीश चंद्र द्वारा संपादित ग्यारहवीं की इतिहास की पुस्तक में संत कबीर, गुरु नानक देव आदि के लिए एक वचनी प्रयोग किए गए हैं—संत कबीर के बारे में, 'उसकी सहानुभूति निश्चित रूप से गरीबों के प्रति थी, जिसके साथ उसने अपनापन स्थापित किया; परंतु वह कोई समाज-सुधारक नहीं था।' गुरु नानक के बारे में, 'उसका विवाह कम उम्र में हो गया था। वह अपने पिता के लेखा कार्य में लग गया।'
- 'गुरु तेग बहादुर को अपने पाँच अनुयायियों के साथ दिल्ली लाया गया और मौत के घाट उतार दिया गया। कुछ फारसी स्रोतों में दिए गए स्पष्टीकरण के

अनुसार, गुरु तेग बहादुर ने असम से लौटने के बाद शेख अहमद सरहिंदी के अनुयायी हाफिज आदम के साथ मिलकर लूटपाट व डाकेजनी मचाई और पूरे पंजाब को उजाड़ डाला।'

- 'सिख परंपरा के अनुसार गुरु तेग बहादुर की हत्या उसके ही परिवार के कुछ सदस्यों के पड्यंत्रों के कारण हुई, जो उसके उत्तराधिकार को चुनौती दे रहे थे और जिसमें अन्य लोगों ने भी साथ दिया।'

गत 22 वर्षों से पश्चिम बंगाल में सत्ताधिष्ठित कम्युनिस्टों ने इतिहास की पाठ्य-पुस्तकों के साथ खिलवाड़ किया है। शासकीय आदेश के द्वारा जहाँ-जहाँ मुसलिम आक्रमणकारियों के अत्याचारों, बलात् मतांतर या मंदिरों के ध्वंस का उल्लेख था, उसे हटाकर पाठ को शुद्ध किया गया, यथा—हिंदू मंदिरों को नष्ट करने के लिए शक्ति का उपयोग करना भी आक्रमण की ही अभिव्यक्ति थी। हिंदू महिलाओं के साथ जबरदस्ती विवाह कर उन्हें विवाह के पूर्व मुसलमान बनाना उलेमाओं की कट्टरता के प्रचार का दूसरा तरीका था।

कर्नल टॉड के अनुसार, अलाउद्दीन के चित्तौड़ अभियान का उद्देश्य राणा रतनसिंह की अनिंद्य सुंदरी पत्नी पद्मिनी को प्राप्त करना था। इसे निकाल दिया जाए।

कक्षा पाँच की पुस्तक में आया है—

'रूस, चीन, वियतनाम, क्यूबा और अन्य पूर्वी यूरोपीय देशों में सत्ता पाने के बाद मजदूरों व किसानों ने राज करना प्रारंभ किया; जबकि इंग्लैंड, फ्रांस, जर्मनी व अमेरिका में कारखानों के मालिक राज्य कर रहे थे।'

'क्रांति के बाद रूस में पहला शोषण-मुक्त समाज स्थापित हुआ।'

'इसलाम और ईसाइयत ही मात्र ऐसे मजहब हैं, जो मनुष्य के साथ सम्मान और बराबरी का व्यवहार करते हैं।' और यही लोग हैं, जो आज शिक्षा के विकृतीकरण का सर्वाधिक शोर मचा रहे हैं।

सन् 1986 और 1992 में घोषित शिक्षा नीति के अनुसार, राष्ट्रीय शैक्षिक अनुसंधान परिषद् ने जब गत 8 वर्षों से रुकी पुनरीक्षण की प्रक्रिया को चालू कर इस अवधि में हुए नवीनतम शोधों के आधार पर सुधारित पाठ्यक्रम प्रस्तुत किया तो इन यूरंडपंथियों ने 'भगवाकरण' के शोर में उसे डुबो देने का प्रयत्न किया। भगवा जैसे त्याग, पराक्रम और शुचिता के प्रतीक शब्द को अपनी आज तक की रणनीति के अनुसार इस ढंग से चित्रित करने का प्रयत्न किया, मानो इससे बढ़कर भयंकर शब्द और दूसरा नहीं। उन्होंने सोचा कि इस विशेषण को चिपका देने मात्र से फिर तर्क की कोई आवश्यकता ही नहीं पड़ेगी, पर हुआ उलटा। संसद् में हुई बहस में उनके ही हमराहियों द्वारा तैयार की गई

पुस्तकों में से उनके षड्यंत्र का जब भंडाफोड़ किया गया था तो उनके पास कोई उत्तर ही नहीं था। सबसे बड़ी विडंबना तो यह कि इस काम में उन लोगों ने सर्वोच्च न्यायालय के सेवानिवृत्त न्यायाधीश न्यायमूर्ति कृष्ण अय्यर को भी लपेटने का प्रयत्न किया। उनकी अध्यक्षता में 'अखिल भारतीय शिक्षा बचाओ समिति' बनाई गई। पत्र लिखे गए, भित्तिपत्र लगे व पत्रक बँटे, किंतु जब न्यायमूर्ति अय्यर के सामने सारे तथ्य रखे गए तो उन्होंने स्वीकार किया कि वे गलती पर थे और डॉ. मुरली मनोहर जोशी को पत्र लिखकर कहा, 'राष्ट्रीय शैक्षिक अनुसंधान परिषद् ने जो स्पष्टीकरण किया है, उससे मैं संतुष्ट हूँ। मुझे उस पर संदेह करने का कोई कारण नहीं दिखता। मैं उसे स्वीकार करता हूँ और परिषद् की भूमिका की मेरे द्वारा की गई आलोचना को वापस लेता हूँ।'

ये हिंदुत्व-द्वेषी

इन यूरंडपंथी हिंदुत्व-द्वेषियों को हर उस बात से चिढ़ लगती है, जो अपने देश के उज्ज्वल एवं गौरवशाली अतीत से जुड़ी हो। उन्हें वैदिक गणित से चिढ़ है। उन्हें संस्कृत से चिढ़ है। उन्हें योग-शिक्षा से चिढ़ है। उन्हें ज्योतिष से चिढ़ है। उन्हें नैतिक शिक्षा से चिढ़ है। उन्हें कोई यह बता दे कि जब दुनिया में राइट ब्रदर्स को कोई जानता नहीं था, तब शिवपद तलपड़े नाम के व्यक्ति ने मुंबई में चौपाटी पर महाराजा गायकवाड़ की उपस्थिति में पहला विमान उड़ाया था तो वे चीख पड़ेंगे कि यह सब चंडूखाने की गप्पें हैं और यह स्वीकार करना तो उनके लिए एकदम असंभव होगा कि भरद्वाज के विमान-शास्त्र और भोज, परमार के विमान-शास्त्र में न केवल विमानों के निर्माण का, अपितु किस-किस प्रकार के विमान पृथ्वी के ऊपर कितनी ऊँचाई पर उड़ सकते हैं, उनके सामने कौन-कौन सी कठिनाइयाँ आएँगी, उन कठिनाइयों से उनको कैसे पार पाना है, आदि का विस्तृत वर्णन मिलता है। ऐसे ही वास्तु-शास्त्र में धार के भोज राजा परमार द्वारा विरचित 11वीं शताब्दी के 'समरांगण सूत्रधार', उसी के आस-पास पाराशर द्वारा लिखित 'कृषि पाराशर' ग्रंथ, ईसा पूर्व पहली शताब्दी में 'वृक्षायुर्वेद' ग्रंथ आदि में विस्तार से उन-उन विषयों का वर्णन आता है। 'मुंडकोपनिषद्' में नाभिकीय ऊर्जा का वर्णन, 'बृहदारण्यकोपनिषद्' में पौधों की मनुष्य शरीर से तुलना। उसी प्रकार विष्णुपुराण, भागवतपुराण, मत्स्यपुराण आदि में अनेक पौधों का वर्णन मिलता है। ये सारी बातें हमारे बच्चे जानेंगे तो उनमें एक आत्म-गौरव का भाव जागेगा। यही नहीं, उस ज्ञान में से अनेक बातों का उपयोग वर्तमान समय में भी किया जा सकता है। हमारी इस सारी धरोहर को यदि हमें जानना है तो संस्कृत का अध्ययन हमारी प्राथमिकता बननी चाहिए। अंग्रेजों को मालूम था कि हमारा सारा ज्ञान संस्कृत के ग्रंथों में भरा पड़ा है और इसलिए उन्होंने संस्कृत को मृतभाषा कहकर हमारा संबंध ही उससे तोड़ दिया। स्व. डॉ. बोकरे

आज हमारे बीच नहीं रहे, किंतु उन्होंने भी कम्युनिज्म और कैपिटलिज्म जैसी पाश्चात्य अर्थव्यवस्थाओं की व्यर्थता अनुभव करते हुए वेद से लेकर कौटिल्य तक के ग्रंथों में अनुस्यूत आर्थिक सिद्धांतों को संकलित कर 'हिंदू अर्थशास्त्र' नामक पुस्तक लिखी, जो मार्क्सवाद से लेकर हिंदुत्व तक की उनकी विचार-यात्रा का एक अनूठा दस्तावेज है।

स्वदेशी विकास-पथ की आवश्यकता

और भी एक विषय है, जो सजग नागरिकों को व्यथित करता है। वह है देश में बिगड़ती अर्थव्यवस्था, रुपए का गिरता मूल्य और निरंतर बढ़ रही बेरोजगारी। इसका कारण यह है कि राजनीतिक स्वतंत्रता प्राप्त करने के बाद भी आर्थिक क्षेत्र में हम अंग्रेजों की उन्हीं नीतियों का अनुसरण करते रहे, जो उन्होंने अपने उपनिवेशों का सर्वाधिक शोषण करने के लिए अपनाई थीं।

अर्थशास्त्र के पाश्चात्य सिद्धांतों में दीक्षित अर्थशास्त्रियों का दिमाग यह सोच भी नहीं सकता था कि भारत का अपना भी कोई विकास-पथ हो सकता है, जो भारतीय समाज की प्रकृति, उसकी विशेषताओं, आवश्यकताओं और यहाँ उपलब्ध संसाधनों के अनुरूप हो। इसलिए महात्मा गांधी उन्हें दकियानूसी, पुराणपंथी, प्रतिगामी लगते हैं और हर पाश्चात्य विचार—फिर चाहे वह पूँजीवाद से संबंधित हो या कम्यूनवाद से—उन्हें आधुनिक, नवीन व पुरोगामी लगता है। पं. नेहरू ने पहले सन् 1928 व बाद में 1945 में गांधीजी को लिखा—'पश्चिमी सभ्यता भारत पर छा जाएगी और यदि वैसा हुआ तो कोई बुरी बात नहीं होगी।' जब महात्मा गांधी ने इस पर सार्वजनिक बहस की बात कही, तो पं. नेहरू ने कहा कि निर्वाचित प्रतिनिधि ही ऐसी बहस कर आगे का मार्ग निश्चित करेंगे। इस प्रकार अपना देश कौन से पक्ष पर चले, इस पर बहस टाल दी गई और स्वतंत्र भारत में फिर यह बहस कभी हुई ही नहीं।

थोपा गया समाजवाद

आवड़ी कांग्रेस में बिना बहस के समाजवादी ढंग की समाज रचना देश पर थोप दी गई और अगले 35 वर्षों तक सरकार की नीति का आधार समाजवाद ही रहा; पर जब समाजवाद वैश्विक स्तर पर असफल हो गया, तब हमने रातोरात बिना किसी बहस के मुक्त बाजार व्यवस्था व वैश्वीकरण को स्वीकार कर लिया। आज वैश्वीकरण के भी दुष्परिणाम सामने आने लगे हैं और विश्व व्यापार संगठन, अंतरराष्ट्रीय मुद्रा कोष, विश्व बैंक और जी-7 देशों की बैठकें बिना विरोध-प्रदर्शन के हो ही नहीं पा रही हैं, फिर वह सिएटल में हो या वाशिंगटन में या जिनेवा में। यह बात अब ध्यान में आती जा रही है कि संपूर्ण विश्व के लिए कोई एक व्यवस्था संभव नहीं है, क्योंकि उसके लिए आवश्यक भय और संघर्ष से मुक्त विश्व आज कहीं भी दिखाई नहीं दे रहा है।

वैश्विक आतंकवाद और वैश्वीकरण साथ-साथ नहीं चल सकते। वास्तव में, सन् 1993 में ही, जब पश्चिम एक नई वैश्विक व्यवस्था की रूपरेखा बना रहा था, जापान के सोनी कॉरपोरेशन के अध्यक्ष अकियो मोरेटा ने जी-7 देशों को लिखा था कि बिना किसी प्रकार की वैश्विक सरकार के वैश्वीकरण संभव नहीं है और 11 सितंबर के बाद तो सारे हालात ही पूर्णतः बदल गए हैं। अब यह समझ में आ गया है कि विश्व कभी भी राजनीतिक, आर्थिक या सैन्य दृष्टि से एक ध्रुवीय नहीं हो सकता।

आज तक तो ही ऐसा हुआ है—जहँ-जहँ चरण पड़े संतन के, तहँ-तहँ बंटाढार। पूर्वी एशियाई देशों जैसे थाईलैंड, मलेशिया, इंडोनेशिया आदि की अर्थव्यवस्थाएँ सुदृढ़ थीं। आमदनी में बढ़ोतरी हुई थी, जन-स्वास्थ में सुधार हुआ था, गरीबी में तेजी से कमी आई थी। यही नहीं, शिक्षा सर्वजन सुलभ हो गई थी और विज्ञान व गणित की अंतरराष्ट्रीय प्रतियोगिताओं में इन देशों ने अमेरिका को पीछे छोड़ दिया था। कुछ देशों ने तो गत 30 वर्षों में एक बार भी मंदी का अनुभव नहीं किया था; पर उनकी अर्थव्यवस्था कैसे चरमराई, इसके बारे में स्टेनफोर्ड विश्वविद्यालय के अर्थशास्त्र के प्रोफेसर और सन् 1997 से 2000 तक विश्व बैंक के प्रमुख अर्थशास्त्री व उपाध्यक्ष रहे जोसेफ स्टिगलिट्ज ने अपने लेख में उजागर किया है और तदर्थ अंतरराष्ट्रीय मुद्रा कोष को दोषी ठहराया है।

पुराना खेल है

उन्होंने लिखा है कि इन देशों में संकट के बीज गत शताब्दी के '90 के बाद के दशक में बो दिए गए थे, जब पूर्वी एशियाई देशों में अपनी मुद्रा को पूर्ण परिवर्तनीय बनाकर अपने वित्तीय और पूँजीगत बाजार का उदारीकरण कर दिया। इसलिए नहीं कि उन्हें अधिक पूँजी आमंत्रित करनी थी—उनकी बचत की दर तो 30 प्रतिशत या उससे भी अधिक थी ही—पर इसलिए कि उनके ऊपर अंतरराष्ट्रीय दबाव पड़ा, जिसमें अमेरिका का कोषागार विभाग भी शामिल था। इसके परिणामस्वरूप अल्पावधि पूँजी की भरमार हो गई, जिसका उद्‌देश्य थोड़े से समय में अत्यधिक लाभ कमाना रहता है। थाईलैंड में इस पूँजी का उपयोग भू-संपत्ति व्यवसाय में हुआ, जिसके कारण भूमि की कीमतें बहुत बढ़ गईं; पर यह बात अधिक समय तक टिकने वाली नहीं थी। ज्यों ही इसमें मंदी शुरू हुई, अल्पावधि पूँजी खींच ली गई, जिसके परिणामस्वरूप आर्थिक संकट आ खड़ा हुआ। निजी क्षेत्र के बैंकरों व उधार लेनेवालों ने भू-सम्पत्ति के मामले में जुआ खेला और वहाँ की अर्थव्यवस्था चरमरा गई।

अंतरराष्ट्रीय मुद्रा कोष ने सरकारी खर्चों में कटौती करने, नया कर्ज लेकर अर्थव्यवस्था की पुनर्रचना करने तथा ब्याज की दर बढ़ाने का उपाय सुझाया। स्टिगलिट्ज ने इसका विरोध किया, पर उनकी बात सुनी नहीं गई। जीवन की मूलभूत आवश्यकताओं

तथा खाद्य और ईंधन पर दी जानेवाली आर्थिक रियायत बंद कर दी गई, ठीक उस समय जब बढ़ती कीमतों के कारण उसकी सर्वाधिक आवश्यकता थी। वर्ष 1998 के प्रारंभ में स्थिति अत्यधिक बिगड़ गई और घोर मंदी का दौर प्रारंभ हो गया। उत्पादन में 16 प्रतिशत से अधिक की गिरावट आ गई। इंडोनेशिया के आधे व्यवसाय या तो दिवालिए हो गए या उसके निकट पहुँच गए। बेकारी लगभग दस गुना बढ़ गई और वास्तविक मजदूरी कम हो गई। अंतरराष्ट्रीय मुद्रा कोष की नीतियाँ असफल हो गईं; पर उसने अपना रवैया नहीं बदला और अन्य पूर्वी एशियाई देशों को वही दवा पिलाई। केवल मलेशिया ने उसे नहीं माना और वह बच गया। भारत ने भी अपनी मुद्रा को पूर्ण परिवर्तनीय नहीं बनाया, इसलिए उस पर भी कम असर हुआ।

रूस का खस्ता हाल

सन् 1998 की ग्रीष्म ऋतु में यह बीमारी रूस पहुँच गई। नियंत्रित अर्थव्यवस्था से मुक्त बाजार की अर्थव्यवस्था में परिवर्तन की जो प्रक्रिया अंतरराष्ट्रीय मुद्रा कोष ने सुझाई—अर्थात् 70 अरब डॉलर का ऋण स्वीकार कर अपनी अर्थव्यवस्था की पुनर्रचना करना, सरकारी खर्चे कम करना आदि-आदि—उसके कारण रूस की स्थिति और बिगड़ गई। उत्पादन आधे पर आ गया। सुधार कार्यक्रम लागू होने के पूर्व खस्ता हालत में भी रूस की केवल 2 प्रतिशत जनसंख्या गरीबी की रेखा के नीचे थी। सुधारों के बाद वह 50 प्रतिशत तक पहुँच गई। आज भी रूस उससे उबर नहीं पाया है।

कम्युनिस्ट व्यवस्था की समाप्ति के बाद यूगोस्लाविया में भी मुद्रास्फीति 1 लाख अंकों तक बढ़ गई थी और पत्र मुद्रा कागज का टुकड़ा मात्र रह गई। पर यूगोस्लाविया ने अंतरराष्ट्रीय मुद्रा कोष का उपाय स्वीकार न कर एक रूसी अर्थशास्त्री द्वारा सुझाए गए उपाय को स्वीकार किया, जिसे रूस ने ठुकरा दिया था। उस उपाय के अंतर्गत दूसरी पत्र मुद्रा जारी की गई और उस समय की विदेशी मुद्रा के भंडार के आधार पर उसका मूल्य निर्धारित किया गया। एक सप्ताह के अंदर मुद्रास्फीति 10 के नीचे पहुँच गई और बिना ऋण का बोझ उठाए यूगोस्लाविया ने अपनी समस्या हल कर पश्चिमी अर्थशास्त्रियों को चकित कर दिया।

पश्चिम के मोह-जाल से निकलें

आज समय आ गया है, जब हम पश्चिमी विकास-पथ के मोह-जाल से बाहर निकलें और भारत के स्वयं के विकास-पथ के बारे में गंभीरता से सोचना प्रारंभ करें। इस दृष्टि से जब विचार करने जाएँगे तो अपने यहाँ के आर्थिक क्षेत्र की कुछ विशेषताएँ हमारे ध्यान में आएँगी। हमारी 66 प्रतिशत अर्थव्यवस्था संगठित क्षेत्र के बाहर है और परंपरा से चली आ रही अर्थसत्ताओं के हाथों में है। आधुनिक अर्थशास्त्रियों को यह

समझने की आवश्यकता है कि भारतीय अर्थव्यवस्था का इतना बड़ा हिस्सा कैसे काम कर रहा है। आज वास्तव में बड़ी कंपनियों का निगमित क्षेत्र (Corporate sector) और सरकारी क्षेत्र ही लड़खड़ा रहे हैं। अर्थव्यवस्था का परंपरागत क्षेत्र जहाँ 93 प्रतिशत रोजगार प्रदान करता है, वहाँ संगठित क्षेत्र केवल 7 प्रतिशत। सुधार लागू होने के बाद के काल में संगठित क्षेत्र की रोजगार क्षमता घटी है। परंपरागत क्षेत्र में 54 प्रतिशत निर्माण उद्योग, 85 प्रतिशत थोक व फुटकर व्यापार, 65 प्रतिशत होटल व रेस्त्राँ, 75 प्रतिशत सड़क यातायात, 53 प्रतिशत भंडारण, 87 प्रतिशत भू-संपत्ति व आवासों का स्वामित्व और 32 प्रतिशत अन्य सेवाओं का समावेश है। उत्पादन क्षेत्र का 60 प्रतिशत भी इसमें सम्मिलित है। राष्ट्रीय पूँजी का लगभग 80 प्रतिशत परिवारों की बचत से आता है।

परिवार संस्था

परिवार संस्था हमारी सांस्कृतिक परंपरा का आधारभूत अंग है। सरकार के सामाजिक सुरक्षा व्यय का बहुत बड़ा भाग इस संस्था ने अपने ऊपर ले लिया है; जबकि पश्चिम में वहाँ की सरकारों को इसे स्वयं वहन करना पड़ता है। अमेरिका में राष्ट्रीय आमदनी का 29 प्रतिशत, ब्रिटेन में 48 प्रतिशत, फ्रांस में 49 प्रतिशत, जर्मनी में 56 प्रतिशत और स्वीडन में 65 प्रतिशत सामाजिक सुरक्षा पर व्यय होता है। इस अर्थ में सामाजिक सुरक्षा हमारे यहाँ की सर्वाधिक निजीकृत व्यवस्था है। भिन्न-भिन्न समुदायों और ग्रामीण जीवन की व्यवस्था ने सरकार के कानून व व्यवस्था के बहुत बड़े खर्च को काफी कम कर दिया है। इस प्रकार भारतीय अर्थव्यवस्था में इस सामाजिक पूँजी का बहुत बड़ा योगदान है; जबकि पश्चिम में आत्यंतिक व्यक्तिवाद के कारण यह सारा भार सरकार को उठाना पड़ता है। पाश्चात्य अर्थशास्त्रियों ने भी इस सामाजिक पूँजी के बारे में बोलना शुरू कर दिया है। आज पश्चिम में इस बात पर ही सबसे अधिक बहस हो रही है कि सामाजिक सुरक्षा का निजीकरण कैसे किया जाए? पर पश्चिम के ही एक विचारक ने कहा है कि कानून के द्वारा सेना या बैंक का निर्माण तो हो सकता है, पर समाज और परिवार कानून के द्वारा नहीं बनाए जा सकते हैं। क्या यह आवश्यक नहीं है कि अपने समाज का यह जो गुणात्मक पक्ष है, उस पर अर्थव्यवस्था की बहस में गंभीरता से विचार किया जाए? पर यह तभी होगा, जब हम पश्चिम के अंधानुकरण के मोह-जाल से मुक्त हों, दास मनोवृत्ति को त्यागें और आत्मविश्वास से भरकर अपनी समस्याओं का समाधान खोजने के लिए स्वयं प्रस्तुत हों।

गरीबी का मूल कारण गलत नीतियाँ

आज की बेरोजगारी और तज्जन्य गरीबी का मूल कारण भी हमारे द्वारा पाश्चात्य विकास-पथ का अंधानुकरण ही है। पाश्चात्य विकास-पथ का वर्णन यदि एक वाक्य में

करना हो तो कहा जा सकता है कि वह केंद्रीयभूत, शहर-आधारित, विपुल ऊर्जाभक्षी, पूँजी-बहुल, बेरोजगारी बढ़ानेवाला तथा प्रकृति-विनाशक है। उसके स्थान पर जिस अर्थव्यवस्था का हमें विकास करना है, वह विकेंद्रित, ग्रामाधारित, अल्प ऊर्जाभक्षी, कम पूँजी पर चलनेवाली, रोजगार-प्रदायक तथा प्रकृति से सुसंगत हो। ग्राम विकास की ओर हमने आज तक दुर्लक्ष्य ही किया है; पर इस दृष्टि से आज देश में नाना प्रकार के सफल प्रयोग लोग स्वप्रेरणा से कर रहे हैं। अपने गोधन के द्वारा हमारे जैविक खाद की पूर्ति तो संभव है ही, बल्कि उत्तम हानि-रहित जैविक कीटनाशक भी उससे पाए जा सकते हैं। नदी-नालों पर छोटे-छोटे बाँध बनाकर भू-जल स्तर ऊँचा किया जा सकता है तथा अल्प व्यय में सिंचाई के साधन खड़े किए जा सकते हैं। यह भी लोगों ने सिद्ध किया है। उद्यमियों ने बैल-चालित ट्रैक्टर का विकास किया है, जो डीजल-चालित ट्रैक्टर से दस गुना सस्ता है और छोटे खेतों के लिए सर्वाधिक उपयुक्त है। ये ट्रैक्टर महिलाएँ भी चला सकती हैं, क्योंकि इसमें पैदल नहीं चलना पड़ता। बिजली से चलनेवाली तेल घानियाँ प्रत्येक ग्राम संकुल में लगाने से तिलहन से जहाँ सीधा तेल निकाला जा सकता है, वहीं मवेशियों के लिए उत्तम खली भी प्राप्त हो सकती है।

आज शहरों के तेल कारखानों में पद्धति से जो तेल बनाया जाता है, उसमें ओमेगा 3 और ओमेगा 6 तत्त्वों के बीच का अनुपात बिगड़कर अनेक रोगों का कारण तो बनता ही है, खली भी विदेशों में निर्यातित होकर हमारे अपने पशु उत्तम पोषाहार से वंचित हो जाते हैं। कृषि-आधारित अनेक उद्योग ग्रामों में रोजगार के अवसर प्रदान कर ग्रामीण नवयुवकों का शहरों की ओर पलायन रोक सकते हैं; किंतु इन उद्योगों को बड़े उद्योगों की प्रतियोगिता से बचाना होगा। इस सबसे एथेनॉल बनाया गया तो जहाँ पेट्रोल के आयात में कमी होगी, वहीं गन्ना उत्पादक किसानों को आय का ऐसा स्रोत मिल जाएगा, जिससे शक्कर एक सह-उत्पाद का रूप धारण कर लेगी। आयुर्वेदीय जड़ी-बूटियों के जितने प्रकार भारत में हैं, उतने विश्व के किसी अन्य देश में नहीं हैं और आज विश्व में वानस्पतिक औषधियों की माँग तेजी से बढ़ रही है। चीन में लगभग 15-20 ही मुख्य जड़ी-बूटियाँ हैं, जिनके बल पर वह 22,500 करोड़ रुपए का वानस्पतिक औषधियों का निर्यात करता है; जबकि हमारे यहाँ 5,000 से अधिक जड़ी-बूटियाँ हैं, जिनमें 250 से अधिक प्रमुख हैं, किंतु भारत का निर्यात 1,500 करोड़ के आस-पास लटक रहा है। इन जड़ी-बूटियों के उत्पादन को यदि बढ़ावा दिया जाए तो अपने देश के वनवासी क्षेत्र के विकास में बड़ी मदद मिलेगी। गाँवों के लिए सस्ती सौर ऊर्जा उपलब्ध कराई जा सकती है।

गाँवों पर ध्यान केंद्रित करें

इस प्रकार की अनेक बातें हैं, जो हमारे ग्रामों में समृद्धि ला सकती हैं और देश के ग्रामों का विकास हुआ तो वहाँ रहनेवाली 75 प्रतिशत जनसंख्या का अपने आप विकास हो जाएगा। वैश्वीकरण और विदेशी कर्ज के मोह-जाल में न फँसते हुए उपलब्ध संसाधनों के बल पर हम ग्राम विकास को प्राथमिकता दें। विज्ञान और प्रौद्यागिकी के अन्य प्रगत क्षेत्र साथ-साथ चल सकते हैं। उनमें अनेक क्षेत्रों में हम आगे हैं। अभी-अभी पी.एस.एल.वी.-3 की सफल उड़ान द्वारा भारत ने दूसरे देशों के लिए उपग्रह भी कक्षाओं में स्थापित करने में सफलता पाई है। इस प्रगति को हमें बनाए रखना है।

आज आवश्यकता है कि हम अपनी मोह-निद्रा को त्यागकर उठें, अपने गौरवशाली अतीत को पहचानें और उससे भी अधिक उज्ज्वल भविष्य के निर्माण में संलग्न हो जाएँ। राष्ट्रीय स्वयंसेवक संघ यही चेतना समाज में निर्माण करना चाहता है। यह प्रखर राष्ट्रभक्ति एक बार जाग गई तो राष्ट्र के शत्रुओं को पहचानने और उनका सामना करने की शक्ति अपने आप प्रकट होगी। गत वर्ष के अंत और इस वर्ष के प्रारंभ में संघ ने जो राष्ट्र-जागरण अभियान चलाया, उसके अंतर्गत देश के 6,35,000 गाँवों से 4,05,000 गाँवों तक संघ के स्वयंसेवकों ने संपर्क किया और प्राय: सर्वत्र संघ कार्य का स्वागत ही हुआ है। हम सब लोग संघ कार्य के विस्तार में अपना तन, मन, धन समर्पित करने का संकल्प करें, ताकि निकट भविष्य में ही भारत को विश्व गुरु के स्थान पर पुन: सुप्रतिष्ठित कर सकें।

□

स्वदेशी विकास पथ पर चलकर भारत विश्व के विकासशील देशों का मार्गदर्शन और नेतृत्व करे

इस बार का शस्त्र-पूजन यहाँ के कार्यकर्ताओं ने दुर्गाष्टमी के दिन मनाने का निश्चय किया। माँ दुर्गा शक्ति की अधिष्ठात्री देवी हैं। देवताओं ने अपनी-अपनी शक्तियों का अंश उन्हें प्रदान कर आसुरी शक्तियों से संघर्ष करने के लिए उनकी आराधना की थी। आधिभौतिक दृष्टि से देवता यानी समाज का सज्जन वर्ग और दुर्गा यानी उनकी संगठित शक्ति। शक्ति के अधिष्ठान के बिना सज्जन दुष्टों का भक्ष्य बनने से नहीं बच सकते; पर इस संगठित शक्ति को अध्यात्म का अधिष्ठान चाहिए। समर्थ रामदास ने कहा है—

महत्त्व आहे चलवलीचे, जो जो करील तयाचे।
पण तेथे भगवन्ताचे अधिष्ठान पाहिजे॥

अर्थात्, आंदोलन का महत्त्व है। उनका भी महत्त्व है, जो आंदोलन चलाते हैं; किंतु वहाँ ईश्वर के अधिष्ठान चाहिए। ईश्वर के अधिष्ठान के बिना शक्ति आसुरी बन सकती है।

इसीलिए संघ की प्रार्थना में कहा गया है—

त्वदीयाय कार्याय बद्धा कटीयं शुभामाशिषं देहि तत्पूर्तये।

अर्थात्—तेरे ही कार्य के लिए हमने कमर कसी है। उसकी पूर्ति के लिए शुभाशीर्वाद दें।

यह हम सबका सौभाग्य है कि तिब्बत की निर्वासित सरकार की मंत्रिपरिषद् के प्रधान श्री सामदोंग रिम्पोछे मुख्य अतिथि के नाते अपने शस्त्र-पूजन उत्सव में पधारे हैं। परमपावन दलाई लामा ने तिब्बती राजनीति के प्रजातंत्रीकरण की प्रक्रिया को सन् 1960 में प्रारंभ किया था। उसे क्रमशः आगे बढ़ाते हुए उन्होंने गत वर्ष पहल की कि मंत्रिपरिषद् के प्रधान का निर्वाचन भारत में रह रहे समस्त तिब्बती करें। तदनुसार गत अगस्त महीने में तिब्बत के इतिहास में पहली बार निर्वासन में भारत में रह रहे तिब्बतियों ने 84 प्रतिशत

के बहुमत से श्री सामदोंग रिम्पोछे को कालोन-ट्रीपा यानी मंत्रिपरिषद् का प्रधान चुना।

मुख्य अतिथि के नाते अपने संक्षिप्त, किंतु सारगर्भित भाषण में उन्होंने बिलकुल सही कहा कि ब्राह्मण एवं श्रमण—ये दो मुख्य धाराएँ गंगा-यमुना की तरह कभी समानांतर तो कभी संगम के रूप में प्रवाहित होती रही हैं और उन्होंने भारतीय अस्मिता को कभी विलुप्त नहीं होने दिया। उन्होंने हमें यह भी बताया कि अंतिम सत्य अकाल्पनिक, निर्विकल्प व अनिर्वचनीय है; किंतु इस सत्य को अभिव्यक्ति देने के लिए जब शब्दों का सहारा लेते हैं तो अंतर आना स्वाभाविक व अनिवार्य है। हमारे महर्षियों ने भी 'एकं सद् विप्राः बहुधा वदन्ति' (अर्थात् सत्य एक है और विद्वान् लोग भिन्न-भिन्न प्रकार से उसका वर्णन करते हैं) कहकर इसी सत्य को प्रतिपादित किया है। दूसरी बात हमारे मनीषियों ने कही है कि उस सत्य तक पहुँचने के अनेक मार्ग हैं और सभी सच्चे हैं। सन् 1893 में शिकागो में आयोजित धर्म संसद् में भाषण देते हुए यही सर्व-समन्वय का भाव स्वामी विवेकानंदजी ने इस श्लोक से उद्धृत किया था—

रुचीनां वैचित्र्याद् ऋजुकुटिल नानापथजुषाम्।
नृणामेको गम्यस्त्वमसि पयसामर्णवैव॥

(—जैसे विभिन्न नदियाँ कभी सीधे तो कभी टेढ़े-मेढ़े मार्गों से अंत में एक ही समुद्र में जाकर मिलती हैं, वैसे ही रुचियों की विविधता के कारण उत्पन्न होनेवाले विविध पंथों का गंतव्य स्थान एकमात्र तुम ही हो।)

इसलिए हमारे यहाँ विभिन्न पंथों में कभी झगड़ा नहीं रहा। सारे वाद-विवाद दार्शनिक व वैचारिक धरातल पर ही होते थे। चार्वाक सरीखे विशुद्ध भौतिकवादी चिंतक भी हमारे यहाँ हुए, जिन्होंने कहा—

यावत् जीवेत् सुखं जीवेत् ऋणं कृत्वा घृतं पिबेत्।
भस्मीभूतस्य देहस्य पुनरागमनं कुतः॥

(जब तक जियो, सुख से जियो, उधार ले-ले के घी पियो; क्योंकि इस देह के भस्म हो जाने पर दुबारा उसका आना नहीं होने वाला है।) उनको भी हमारे यहाँ दार्शनिक का दर्जा दिया गया। हालाँकि उस दर्शन को हमारे यहाँ के अध्यात्म-प्रवण मानस ने स्वीकार नहीं किया। जहाँ तक भगवान् बुद्ध का प्रश्न है, उन्हें तो हम परमात्मा का अवतार मानते हैं। तिब्बत के साथ भारत के हजारों वर्षों से सांस्कृतिक संबंध रहे हैं। हमारे यहाँ तिब्बत को 'त्रिविष्टप' कहा गया है और उसे स्वर्गलोक की संज्ञा दी गई है। तिब्बत हमारे लिए देवताओं की भूमि है। हमारे कैलास-मानसरोवर तिब्बत में हैं। सिंधु, ब्रह्मपुत्र व पतितपावनी गंगा का उद्गम तिब्बत में है। भगवान् शंकर का वह वास-स्थान है। माँ तारा, महाकाली व मंजुश्री आदि देवी-देवताओं की वहाँ पूजा होती है। भारत भूमि के सुपुत्र भगवान् बुद्ध के मार्ग पर अग्रसर बड़े-बड़े साधक-तपस्वियों का धाम है। आचार्य

पद्मसंभव ने तो तिब्बत को ही अपनी कर्मभूमि बनाया और बौद्ध मत को श्रेष्ठ दार्शनिक पृष्ठभूमि प्रदान की; पर आज तिब्बत हम सबके हृदय में बसा हुआ होने के बाद भी हम सबसे दूर है, क्योंकि हमारा वहाँ पहले जैसा निर्बाध आवागमन नहीं है। बिना चीन की अनुमति के हम शंकर के वास–स्थान कैलास नहीं जा सकते।

नेहरू ने धोखा खाया

सन् 1949 में जब भारत के पहले प्रधानमंत्री पं. जवाहरलाल नेहरू ने अपनी असमय अनुचित उदारता का परिचय देते हुए, जिसे स्वातंत्र्यवीर सावरकर ने 'सद्गुण विकृति' कहा है, तिब्बत पर चीन का अधिकार मान लिया, तब से गत बावन वर्षों में चीन ने तिब्बती जनता पर अनगिनत अत्याचार ढाए, जिसकी दुनिया के विभिन्न देशों व मंचों पर तीखी प्रतिक्रिया होती रही। पं. नेहरू की आँखें तब खुलीं, जब उनकी इस उदारता का परिणाम भारत को भोगना पड़ा और भारत के लद्दाख व अरुणाचल प्रदेश में बहुत बड़े भूभाग को चीन ने अपने कब्जे में ले लिया। तब उन्होंने आहत मन से कहा कि 'मुझे यह स्वीकार करने में कोई हिचक नहीं है कि सच को झूठ और झूठ को सच बनाने के चीनी प्रयासों ने मुझे अचंभे में डाल दिया है। उन्होंने ऐसे क्षेत्र का अतिक्रमण किया है, जो गत दस हजार वर्षों के इतिहास में कभी भी उनका नहीं रहा। यह कहना कि हमने चीनी भूभाग का अतिक्रमण किया है, ऐसी दोमुँही बातें हैं, जो मुझ जैसे सरल दिमाग के व्यक्ति की समझ के परे हैं।' क्या हम स्वयं पर आक्रमण करेंगे, अपनी ही भूमि का अतिक्रमण करेंगे? नेहरूजी व्यक्ति के अच्छे पारखी नहीं थे। न उन्होंने चीनियों को समझा और न शेख अब्दुल्ला को। दोनों से उन्होंने धोखा खाया, भोग रहा है देश।

हमने तिब्बत को धोखा दिया

कुछ लोगों ने इसे चीन के द्वारा भारत के साथ किया गया विश्वासघात कहा, किंतु परमपूज्य श्रीगुरुजी ने कहा, 'वास्तव में चीन ने हमारे साथ विश्वासघात नहीं किया, क्योंकि उसने कभी हमें यह विश्वास दिलाया ही नहीं था कि वह हम पर आक्रमण नहीं करेगा; बल्कि इससे उलटा ही उसका व्यवहार रहा है।...इसके विपरीत, तिब्बत ने हम पर जो विश्वास रखा था, उसे हमने अवश्य तोड़ा है। हमने एक भीषण पाप किया है। भगवान् ही जाने कि उसका प्रायश्चित्त कैसे होगा?'

तब से अब तक चीन ने अपने शिकंजे और अधिक कस लिये हैं। चीन की सरकार ने तिब्बत के जंगलों से 2,80,000 हजार करोड़ से ज्यादा की लकड़ी काटकर विदेशी और अपने देशी बाजारों में बेच दी है। इस कारण तिब्बत से आनेवाली नदियाँ भारत, बँगलादेश और नेपाल में हर समय तबाही मचा रही हैं। चीन इन दिनों तिब्बत को चीन से जोड़नेवाला रेलमार्ग बना रहा है, जिसके पूरा होने पर वह किसी भी समय भारत की

ीमा तक बड़े-से-बड़े हथियार और भारी संख्या में सैनिक ला सकेगा। वैसे ही आज ारत-नेपाल की सीमा के निकट चीन ने तिब्बत में बारहमासी सड़क बना ली है, जिस ार उसने परमाणु अस्त्रों से लैस प्रक्षेपास्त्र तैयार रखे हैं, जिसकी मार से हमारे देश का ोई भी बड़ा नगर अछूता नहीं है। गत वर्ष ही इस मंच से कहा गया था कि भारत को ी 10-12 हजार किलोमीटर तक की मारक क्षमतावाले प्रक्षेपास्त्र विकसित करने चाहिए और अण्वास्त्रों की क्षमता को बढ़ाना चाहिए। परम पावन दलाई लामा ने ठीक ही कहा ै, 'अगर भारत के पड़ोसी देश तिब्बत, नेपाल, म्याँमार, श्रीलंका हैं तो सीमाओं पर दस-दस सिपाहियों से भी काम चल जाएगा। पर अगर चीन व पाकिस्तान भारत के पड़ोसी ैं तो हजारों की फौज एवं करोड़ों रुपए प्रतिदिन व्यय होने पर भी सुरक्षा और शांति को खतरा बना रहेगा।' यह चीनी व पाकिस्तानी मनोवृत्ति पर बड़ी सटीक टिप्पणी है।

दलाई लामा और संत एकनाथ

तिब्बत की निर्वासित सरकार परमपावन दलाई लामा के आध्यात्मिक नेतृत्व में चल रही है। पूज्य दलाई लामा अहिंसात्मक मार्ग से ही चीनियों के मन-परिवर्तन के लिए अत्यंत धैर्य के साथ प्रयत्नशील हैं। उनका प्रयत्न उसी श्रेणी में आता है, जैसा संत एकनाथ का। संत एकनाथ स्नान करके नदी से वापस आ रहे थे। सड़क पर एक हवेली के छज्जे पर बैठे पठान ने उनपर थूक दिया। संत एकनाथ बिना कुछ बोले नदी की ओर मुड़ गए और फिर स्नान किया। वापस आते समय फिर वैसा ही हुआ। ऐसा 108 बार हुआ और संत एकनाथ ने 108 बार स्नान किया। अंत में पठान को ही लज्जा आई और उसने उनके पास जाकर क्षमा माँगी। परमपावन दलाई लामा ने संत का वही मार्ग अपनाया है।

पर संत एकनाथ के साथ घटी घटना का एक दूसरा पहलू भी है। जब राग-द्वेष से परे संत एकनाथ पर वह पठान थूक रहा था तो बाकी का सारा समाज यानी 'लोकनाथ' क्या कर रहा था? चुप रहकर दुष्ट का ही साहस बढ़ा रहा था। तिब्बत जैसे पूर्णतः अहिंसा के पुजारी देश पर जब अत्याचार हो रहे थे, तब बाकी की दुनिया क्या कर रही थी? भारत ने तो अपना दायित्व छोड़ ही दिया था। 24 मई, 1964 के अपने अंतिम पत्र में पं. नेहरू ने डॉ. गोपाल सिंह को लिखा—'मुझे सूझ नहीं रहा है कि हम वर्तमान परिस्थिति में तिब्बत के लिए क्या कर सकते हैं? संयुक्त राष्ट्र संघ में तिब्बत के बारे में प्रस्ताव रखने के कोई मायने नहीं हैं, क्योंकि तिब्बत उसका सदस्य नहीं है। तिब्बत के बारे में हम उदासीन नहीं हैं; किंतु उसके संबंध में कुछ भी प्रभावी ढंग से करने में असमर्थ हैं।' अन्य राष्ट्रों ने भी मौखिक सहानुभूति दिखाई। अतः संत मार्ग को छोड़कर पूज्य दलाई लामा के पास और कौन सा मार्ग था?

अतः चीनियों द्वारा गत 50 वर्षों में किए गए अमानवीय अत्याचारों के पश्चात् भी उन्होंने अपने मन का संतुलन नहीं खोया। इसी वर्ष 10 मार्च के अपने संदेश में अपना मत प्रकट करते हुए उन्होंने कहा, 'मैं पूर्ण स्वतंत्रता की माँग नहीं कर रहा हूँ। जैसा कि मैंने पहले भी कई बार कहा है कि मैं तिब्बत की जनता के लिए विशुद्ध स्वराज का अवसर दिए जाने की माँग करता हूँ, ताकि अपनी विशिष्ट तिब्बती संस्कृति, धर्म, भाषा और जीवन-पद्धति को विकसित व समृद्ध करने के लिए वह अपनी सभ्यता का संरक्षण कर सके। इसके लिए यह अत्यंत आवश्यक है कि तिब्बती जनता अपने आंतरिक मामले स्वयं चलाए तथा स्वतंत्र रूप से अपने सामाजिक, आर्थिक और सांस्कृतिक मार्ग का निर्णय करे।'

तिब्बत पर चीनी रवैया सभ्य समाज को चुनौती

चीन के आज तक के इतिहास को देखते हुए वह देश स्वराज की माँग को स्वीकार करेगा, इस पर सहसा विश्वास नहीं होता; किंतु चीन यदि सचमुच शांति का इच्छुक है, जैसाकि वह दावा करता है, तो उसे परमपावन दलाई लामा की, जिन्हें आज तक वह 'सामन्तवादी सरदार, गुलाम व्यवस्था का पैरोकार, चीन को तोड़ने में व्यस्त एक गैर-धार्मिक नेता' जैसी कॉमरेडी गालियों से विभूषित करता आया है, इस ताजा पहल का स्वागत करते हुए अपनी सदिच्छा का परिचय देना चाहिए। उसे उनसे ऐसा सम्मानजनक समझौता करना चाहिए, जिससे चीन का अंग बने रहते हुए भी अपनी विशिष्ट तिब्बती पहचान को बनाए रखने के लिए अपने सामाजिक, आर्थिक व सांस्कृतिक मामलों में निर्णय लेने की स्वतंत्रता पा सके।

अभी 10-12 दिन पूर्व ही श्री सामदोंग रिम्पोछेजी ने अमेरिका में बसे तिब्बतियों को सूचना भेजी है कि चीन के प्रधानमंत्री की अमेरिका-यात्रा के समय विरोध-प्रदर्शन न करें, जिससे दलाई लामा के प्रतिनिधियों के साथ चीनी सरकार के प्रतिनिधियों ने जो बातचीत की पहल की है, उसके लिए अनुकूल वातावरण बनाया जा सके। समस्त सभ्य जगत् के लिए यह एक चुनौती है कि अहिंसा और शांति के पुजारी तिब्बत को स्वराज का अधिकार दिलाया जाए।

विश्व जनमत और दलाई लामा

परमपावन दलाई लामा के शांत व अहिंसक मार्ग ने विश्व जनमत को अपनी ओर मोड़ने में बड़ी भूमिका निभाई है। अमेरिका के 43 सांसदों ने अपनी सरकार के सामने एक प्रस्ताव रखा है कि अगर चीन सरकार एक-दो साल तक ऐसा ही रवैया रखती है और दलाई लामा के साथ बातचीत के रास्ते तिब्बत-समस्या का हल नहीं निकालती तो दलाई लामा के नेतृत्व में चलनेवाली तिब्बत की निर्वासित सरकार को वास्तविक

सरकार के रूप में मान्यता दे दे। ठीक ऐसा ही एक प्रस्ताव कुछ समय पहले यूरोपीय संसद् अपनी सदस्य सरकारों के नाम पारित कर चुकी है। यह अनुकूल अवसर है, जब भारत को भी तिब्बत के स्वराज्य के प्रश्न पर विश्व के समस्त देशों का समर्थन जुटाकर चीन सरकार पर दबाव बनाना चाहिए, अन्यथा अटलजी के ही शब्दों में, जो उन्होंने सन् 1989 में राज्यसभा में व्यक्त किए थे, 'आप तिब्बत के बारे में मौन धारण किए बैठे रहेंगे तो न तो तिब्बत के साथ न्याय करेंगे और न अपने साथ न्याय करेंगे।'

इसी अवसर पर यदि चीन के ध्यान में यह बात लाई जा सके कि चीन और भारत दुनिया की लगभग एक–तिहाई जनसंख्या का प्रतिनिधित्व करते हैं, दोनों की ही प्राचीनतम सभ्यताएँ हैं, अतः दोनों प्रतिस्पर्धा और संघर्ष का मार्ग छोड़कर यदि सहयोग और समन्वय का मार्ग अपनाते हैं तो पाश्चात्य संस्कृति के स्थान पर पौर्वात्य संस्कृति के आधार पर विश्व को नेतृत्व प्रदान कर सकते हैं। इसकी कसौटी होगी चीन के द्वारा अधिकृत भारतीय भूभाग की मुक्ति और तिब्बत को स्वराज का अधिकार दिया जाना। आशा है, चीन इस कसौटी पर खरा उतरेगा।

हमें स्वराज मिला, पर स्वतंत्रता नहीं

तिब्बत स्वतंत्रता के स्थान पर आज केवल स्वराज की माँग कर रहा है; किंतु सन् 1947 में हमें स्वराज मिल जाने के बाद भी आज तक देश में हम 'स्वतंत्रता' नहीं ला सके। हमारा अपना तंत्र कहाँ है? अंग्रेजों के जाने के बाद अपने देश में क्या बदला? गोरों की जगह काले आ गए, किंतु सारा तंत्र तो वही है, जो अंग्रेजों ने अपने साम्राज्यवाद को पुष्ट करने हेतु बनाया था। हमारा आज का संविधान भी सन् 1935 के उस भारत प्रशासन कानून का परिवर्धित संस्करण मात्र है, जिसके बारे में गांधीजी ने सन् 1936 में कुमारी अगाथा हैरीसन को लिखे अपने पत्र में कहा था, 'यदि मेरा वश चले तो इस नए संविधान को आज ही नष्ट कर दूँ। इसमें शायद ही ऐसा कुछ है, जो मुझे पसंद है; पर जवाहरलाल का रास्ता मेरा रास्ता नहीं है।' सन् 1946–47 में रक्तिम संघर्ष एवं लाखों लोगों के देशांतरण एवं उनके पुनर्वास संबंधी कामों में व्यस्तता के कारण हमने अपने लिए शीघ्रातिशीघ्र एक संविधान बना डाला और ब्रिटेन द्वारा स्थापित सारी राजनीतिक, प्रशासनिक, आर्थिक, शैक्षिक आदि व्यवस्थाओं को ज्यों–का–त्यों बनाए रखा, आज भी वे जारी हैं। इसका कारण क्या रहा? कारण था, अंग्रेजों को अपनी शिक्षा–पद्धति के माध्यम से गुलाम मानसिकतावाला एक पढ़ा–लिखा वर्ग तैयार करने में मिली सफलता।

अंतिम अंग्रेज नेहरू

अपने कार्यकाल में ही अंग्रेज ऐसे लोगों की एक बड़ी फौज खड़ी कर पाने में सफल हुए और उन्हीं के बलबूते उन्होंने अपना राज चलाया। उनमें सिरमौर थे पं.

जवाहरलाल नेहरू, जिनकी पाँच वर्ष की उम्र से ही सारी पढ़ाई इंग्लैंड में हुई थी औ उनका लालन-पालन भी एक अंग्रेज आया की देखरेख में हुआ था। यही कारण था वि वे अपने आपको अंग्रेज समझने लगे थे और भारत में राजदूत रहे जॉन गैलब्रेथ से उन्हों कहा था, 'इस देश पर शासन करनेवाला मैं अंतिम अंग्रेज हूँ।'

और इसीलिए उन्होंने अंग्रेजों द्वारा स्थापित व्यवस्था में कोई परिवर्तन नहीं कि और स्वराज्य के बाद अंग्रेज-प्रणीत तंत्र को ही इस देश में चलाते रहे। 'फूट डालो औ राज करो' की अपनी नीति के अंतर्गत अंग्रेजों ने भारत संबंधी जो भी सिद्धांत गढ़े, सब-के-सब आज तक पढ़ाए जाते रहे; जैसे—भारत एक राष्ट्र था ही नहीं, हिंदू ए संप्रदाय है और हिंदू की बात बोलना सांप्रदायिक है, विज्ञान यूरोप की देन है, भारत विज्ञान की कोई परंपरा ही नहीं थी, आदि-आदि।

हिंदू और सर्वोच्च न्यायालय

सर्वोच्च न्यायालय के दो निर्णय इस संभ्रम को छाँटने में काफी हद तक सफ हुए हैं। 11 दिसंबर, 1995 को हिंदू के संबंध में अपना निर्णय देते हुए न्यायमूर्ति जे.एस वर्मा की अध्यक्षता में गठित तीन सदस्यीय खंडपीठ ने अपना निर्णय सुनाते हुए कह 'हिंदू धर्म विश्व के अन्य पंथों से भिन्न है, क्योंकि इसमें कोई पंथ प्रवर्तक (पैगंबर स्वीकार नहीं किया गया। इसमें किसी एक ईश्वर की पूजा नहीं की जाती। इसमें कि एक मत को स्वीकार नहीं किया गया और न ही इसमें एक ही प्रकार के कर्मकांड औ संस्कार-पद्धति को स्वीकार किया गया है। वास्तव में, इसके द्वारा किसी पंथ या संप्रदा की संकुचित प्रकृति को तुष्ट करने का प्रयत्न नहीं किया गया। मोटे तौर पर इसे जीवन पद्धति कहा जा सकता है, और कुछ नहीं।'

अभी हाल ही में राष्ट्रीय शैक्षिक अनुसंधान परिषद् द्वारा विद्यालयों के लि प्रस्तुत संशोधित पाठ्यक्रम पर भगवाकरण का आरोप लगाते हुए उसके विरुद्ध सर्वोच न्यायालय में एक जनहित याचिका प्रस्तुत की गई। उस पर मुख्य न्यायाधीश न्यायमू बी.एन. किरपाल की अध्यक्षता में गठित 11 सदस्यीय पीठ ने जो निर्णय दिया, उस भगवाकरण के आरोप को तो निरस्त किया ही, मूल्याधारित शिक्षा की वकालत करते हु श्री शंकरराव चह्वाण संसदीय समिति की अनुशंसाओं को व्यापक रूप से उद्धृत कि है। इस समिति ने फरवरी 1999 में अपना प्रतिवेदन संसद् में प्रस्तुत किया था, जि संसद् ने बिना किसी आपत्ति के स्वीकार करते हुए राष्ट्रीय शैक्षिक अनुसंधान परि को उसे लागू करने का दायित्व सौंपा था। उसमें कहा गया है कि, 'हमारी नौजवा पीढ़ी पाश्चात्य सभ्यता के बढ़ते प्रभावों के कारण आज चौरस्ते पर खड़ी है और य निर्णय नहीं कर पा रही है कि किस दिशा में जाना है।' इससे अपनी सहमति व्य

करते हुए सर्वोच्च न्यायालय ने अपने निर्णय में कहा है, 'हम अपनी समस्त मूल्याधारित समाज-व्यवस्था को नकारते हुए भौतिकतावादी समाज की ओर अग्रसर हो रहे हैं। एक 'सेक्यूलर' समाज में नैतिक मूल्यों की महत्ता सर्वोपरि है। इसे कोई अमान्य नहीं कर सकता। जिस समाज में नैतिक मूल्य नहीं होते, वहाँ न तो कोई सामाजिक व्यवस्था रह सकती है और न ही सेक्युलरिज्म। इन मूल्यों का यदि ह्रास होता है तो उसके कारण परिवार, समाज और समग्र राष्ट्र के टूटने की प्रक्रिया तेज हो जाती है।'

अज्ञान ही विद्वेष का जनक

आगे कहा गया है, 'मनुष्यों में विद्यमान पशु-भाव को नियंत्रित कर सभ्य व सुसंस्कृत समाज की निर्मिति के लिए ही धर्म अस्तित्व में आया है। धर्म वह आधार है, जिस पर एक सभ्य समाज में मानव का मूल्याधारित अस्तित्व निर्भर करता है। दुनिया में सबके साथ सह-अस्तित्व—केवल मनुष्यों के साथ ही नहीं अपितु पृथ्वी पर के समस्त जीवधारियों के साथ—फिर वे प्राणी हों, वनस्पतियाँ हों या वायु और जल सहित पर्यावरण हो, कैसे किया जाए, इस पर संतों व दुनिया भर के नेताओं ने विचार-विमर्श किया है और यही विभिन्न धर्म व मतों में प्रतिबिंबित हुआ है। इसे यदि पढ़ाया जाता है तो उस पर आपत्ति नहीं की जा सकती; क्योंकि वह न तो संविधान या किसी विधि का उल्लंघन करता है और न ही किन्हीं नैतिक मूल्यों का अवरोध करता है। यह धारणा पूरी तरह गलत लगती है कि विभिन्न उपासना-पद्धतियों के ज्ञान से समाज में असामंजस्य उत्पन्न होगा। उलटे विभिन्न धर्म-दर्शनों का ज्ञान समुदायों के बीच सद्भाव के लिए आवश्यक है; क्योंकि अज्ञान ही विद्वेष का जनक है, जो पथभ्रष्ट स्वार्थी तत्त्वों द्वारा फैलाई गई गलत धारणाओं, अनुमानों, प्रतिपादनों व प्रचार के कारण उत्पन्न होता है।'

हमारा घर सनातन

'रिलीजन' व 'धर्म' के बीच अंतर बताने के लिए न्यायमूर्ति हंसारिया के एक निर्णय को उद्धृत किया गया है, जिसमें कहा गया है, 'हमारे धर्म को 'सनातन' कहा गया है, अर्थात् जिसके मूल्य शाश्वत हैं। वह देश-काल से आबद्ध नहीं है। 'धर्म' की अवधारणा हम लोगों के साथ अनादि काल से विद्यमान रही है। यह शब्द 'धृ' धातु से बना है, जिसका अर्थ है—धारण करना, पोषण करना, जोड़कर रखना, आधान देना। इसीलिए 'महाभारत' के 'कर्णपर्व' में (अध्याय 59, श्लोक 58) में कहा गया है—

धारणात् धर्ममित्याहुः धर्मो धारयते प्रजाः।
यः स्यात् धारण संयुक्तः स धर्म इति मे मतिः॥

(—जो समाज की धारणा करता है, वह धर्म है। जो-जो बातें समाज-व्यवस्था को बनाए रखने के लिए आवश्यक हैं, वे सब धर्म हैं, ऐसा मेरा मत है।)

'इसलिए धर्म की पवित्रता को पांथिक संकीर्णता के साथ नहीं जोड़ा जा सकता। मत-पंथ सीमित लोगों के गुट के लिए होता है, जबकि 'धर्म' सर्वसमावेशक है, किसी का भी त्याग नहीं करता। यह हमारे धर्म का केंद्र-बिंदु है, हमारी अस्मिता है।'

'इसलिए हमारा मत है कि 'धर्म' शब्द को गलत अर्थ में नहीं समझा जाना चाहिए और न ही यह आपत्ति की जानी चाहिए कि राष्ट्रीय शिक्षा नीति में उसके उपयोग से 'सेक्युलरिज्म' को कोई खतरा पैदा हो जाएगा।'

हिंदुत्व और धर्म के संबंध में सर्वोच्च न्यायालय के इन निर्णयों ने इन शब्दों के संबंध में फैलाए गए कुहासे को बहुत हद तक छाँट दिया है। 'धर्म-मतों के अध्ययन' और 'धर्म-मतों के अनुदेशों' के बीच अंतर करते हुए सर्वोच्च न्यायालय ने जहाँ धर्म-मतों के सार तत्त्वों के अध्ययन को विद्यार्थी के व्यापक दृष्टिकोण के विकास के लिए आवश्यक माना है, वहाँ धर्म-मतों के अनुदेशों, जिनमें उनकी विशिष्ट मान्यताओं, प्रार्थना एवं पूजा की पद्धतियों एवं कर्मकांड का समावेश होता है, केवल उस पंथ विशेष के विद्यार्थियों को छोड़कर अन्यों के लिए अनावश्यक माना है; किंतु हिंदू धर्म का विरोध ही जिनके अस्तित्व का आधार है, उन मैकाले-पुत्रों एवं मार्क्स-पुत्रों की 'कौआ काँव-काँव' बंद होने वाली नहीं है। वे तो चिल्लाने ही लगे हैं कि सर्वोच्च न्यायालय की खंडपीठ के इस निर्णय पर पूर्ण पीठ में विचार होना चाहिए। यह तो जनता को समझना है कि उच्छिष्ट पर पलनेवाले इन कौओं की असलियत क्या है ?

'कुरान' की आयतें

प्रत्येक धर्म-मत जिन ग्रंथों पर विश्वास रखता है और जिनसे प्रेरणा पाता है, उनका आविर्भाव एक ऐतिहासिक प्रक्रिया के अंतर्गत होता है और उनमें ऐसी अनेक बातों का समावेश होता है, जो तात्कालिक संदर्भों में महत्त्वपूर्ण होने के कारण धर्मग्रंथों में तो स्थान पाती हैं, किंतु उनका सार्वकालिक महत्त्व नहीं होता। उन बातों की या तो नए संदर्भों में नई व्याख्या की जाती है और उन्हें काल-सुसंगत बनाया जाता है या ऐतिहासिक संदर्भों में ही उनकी सार्थकता है, ऐसा समझकर उन्हें वैसे ही रहने दिया जाता है। किंतु इसमें एक खतरा यह रहता है कि निहित स्वार्थवाले लोग उनके ऐतिहासिक संदर्भ के अर्थ को ही सही मानकर अपने गलत व्यवहारों का समर्थन करते हैं। आज 'कुरआन शरीफ' की अनेक आयतों के ऐसे ही मनमाने अर्थ लगाकर तालिबान और अल-कायदा अपनी दुष्कृतियों को उचित बताते हैं। आज अनेक मदरसों में, जिनमें कुछ अधिकृत और बहुत बड़ी संख्या में अनधिकृत हैं, आयतों के वैसे काल-बाह्य अर्थ पढ़ाए जाते हैं, जिनमें अन्य मतावलंबियों को मारने को ही इसलाम की गौरव-वृद्धि का मापदंड मान लिया जाता है। 'कुरआन शरीफ' में 3,500 से अधिक आयतें ऐसी हैं, जो प्रत्यक्ष या

परोक्ष रूप से काफिरों से संबंधित हैं। अब इनमें से कौन शाश्वत हैं और कौन केवल ऐतिहासिक महत्त्व की हैं, इसके बारे में मुल्ला-मौलवियों में ही मतैक्य न होने के कारण कट्टरपंथियों को अपना खेल खेलने का मौका मिल जाता है।

न्यायमूर्ति सैयद अमीर अली ने अपनी सुप्रसिद्ध पुस्तक 'द स्प्रिट ऑफ इसलाम' में एक हदीस का उल्लेख किया है, जिसमें हजरत मोहम्मद को यह कहते हुए बताया गया है, 'आज मैं जो कुछ बता रहा हूँ, उसका दसवाँ हिस्सा भी छोड़ दोगे तो तुम नष्ट हो जाओगे; किंतु एक समय ऐसा आएगा, जब दसवाँ हिस्सा भी बचाकर रखोगे तो निहाल हो जाओगे।' स्पष्ट है कि हजरत मोहम्मद जानते थे कि सातवीं शताब्दी में जो बातें बताई जा रही हैं, वे इक्कसवीं शताब्दी में भी सब-की-सब सुसंगत ही होंगी, ऐसा नहीं है। इसलिए उन्होंने उस दसवें हिस्से को बचाकर रखने की बात कही थी, जो शाश्वत महत्त्व का है।

आज मुसलिम देशों में भी यह अनुभव किया जाने लगा है कि यदि मदरसों की पाठ्य-पुस्तकों में से ऐसी आयतों को अलग नहीं किया जाता, जो अन्य समुदायों के प्रति घृणा पैदा कर आतंकवादी मनोवृत्ति को जन्म देती हैं, तो तालिबानी मनोवृत्ति को पैदा होने से नहीं रोका जा सकता और इसकी पहल की है मिस्त्र देश, यानी इजिप्ट ने। सन् 1973 में अरब-इजराइल युद्ध में हार के पश्चात् इजिप्ट 'अरब लीग' के देशों से अलग हो गया और उसने इजराइल से अमेरिका में कैंप डेविड नामक स्थान पर संधि कर ली।

25 अगस्त, 1981 को इजराइली प्रधानमंत्री बेगिन इजिप्ट की यात्रा पर गए। बातचीत में बेगिन ने अनवर सादात से कहा, 'मैं आपकी इस बात पर कैसे विश्वास कर लूँ कि आप वास्तव में हमारे साथ मैत्री चाहते हैं; जबकि आपके यहाँ विद्यार्थियों को अब भी 'कुरान' की आयतों की शिक्षा दी जाती है, जिसमें यहूदियों के प्रति घृणा की बातें हैं?' राष्ट्रपति सादात ने अपने शिक्षा मंत्री को बुलाया और आदेश दिया कि ऐसी सभी आयतों को पाठ्यक्रम में से खारिज कर दिया जाए, जिनमें यहूदियों के प्रति शत्रुता का भाव हो।

6 जुलाई, 2002 के दैनिक अखबार 'अल शरकुल वस्ता' में, जो अरबी का सबसे बड़ा दैनिक माना जाता है, इजिप्ट के पूर्व प्रधानमंत्री मुस्तफा खलील ने यह स्पष्ट किया है कि, 'मेरे नेतृत्व में एक कमेटी नियुक्त की गई, जिसने सामाजिक, आर्थिक व राजनीतिक सुधार के लिए बहुत सारे सुझाव पेश किए, जिन्हें चरणबद्ध ढंग से लागू किया गया।'

पिरामिडों के लिए प्रसिद्ध मिस्र देश में इसलामी साहित्य और संस्कृति का एक बड़ा विश्वविद्यालय है, जिसे 'जामेआ अजहर' या 'अल अजहर' विश्वविद्यालय के नाम से जाना जाता है। इस विश्वविद्यालय से इसलाम संबंधी अनेक पुस्तकें प्रकाशित हुईं और

यहाँ से असंख्य इसलामी विद्वान् पढ़-लिखकर निकले हैं। इसी विश्वविद्यालय की शैली पर अनेक मुसलिम राष्ट्रों ने अपने यहाँ विश्वविद्यालय खोले हैं और इसी विश्वविद्यालय की पुस्तकें हमारे देश के मुसलिम विद्यालयों के पाठ्यक्रमों में भी स्वीकार की गई हैं।

जिहाद, काफिर, दुश्मनी जैसी आयतें हटाईं

किंतु पिछले दिनों मिस्र की सरकार ने इस-विश्व प्रसिद्ध विश्वविद्यालय की स्वायत्तता समाप्त कर उसे शिक्षा मंत्रालय के अधीन कर लिया। विश्वविद्यालय की अनेक पुस्तकें पाठ्यक्रम से निकाल दी गईं और जो पाठ्यक्रम स्वीकार किया गया, उनमें से ऐसे उद्धरण, विवरण और प्रसंगों को खारिज कर दिया, जो यहूदियों और ईसाइयों के विरुद्ध थे। 'कुरान' की जिन आयतों और हदीसों को अभ्यास-क्रम से निकाला गया है, वे जिहाद, यहूदियों से मुसलिम दुश्मनी, काफिरों से प्रेम और दोस्ती से इनकार तथा परदे से संबंधित हैं। आखिरत का भय दिखानेवाली आयतें भी निकाल दी गईं। 11 सितंबर, 2001 के बाद जिस पहलू पर अधिक ध्यान दिया जा रहा है, वह है शिक्षा। पाकिस्तान, सऊदी अरब और यमन पर इस कार्य के लिए विशेष कृपा की जा रही है। इस बात को खुल्लम-खुल्ला कहा जा रहा है कि इन देशों में चलनेवाले मदरसों के कारण आतंकवाद को खाद-पानी मिल रहा है। पाकिस्तान के मदरसों से तालिबान और सऊदी अरब के मदरसों से अल-कायदा और उनके सहायक जन्म लेते हैं। इन सुधारों के लिए इन देशों को 10 करोड़ की तत्काल सहायता दी गई है।

भारत के मुसलिम नेतृत्व को चुनौती

किंतु जिस प्रकार का मुसलमानों का नेतृत्व आज भारत में है, वह अन्य मुसलिम देशों में उठाए जा रहे ऐसे स्वागत-योग्य कदमों को लागू करने के लिए राजी होगा या नहीं, कहा नहीं जा सकता। पर यदि वे ऐसा कदम उठाने के लिए राजी होते हैं तो विभिन्न समुदायों के बीच सौहार्द और भाईचारा स्थापित करने की दिशा में महत्त्वपूर्ण पहल होगी। इसलाम की अवधारणाओं की युगानुकूल व्याख्या करने के लिए प्राचीन व अर्वाचीन का ज्ञान रखनेवाले इसलामी विद्वान् आगे आ सकते हैं। भरतीय दर्शन के आलोक में इसलाम की अनेक आयतों की नए सिरे से व्याख्या की जा सकती है। सन् 1905 में स्वामी रामतीर्थ की लखनऊ के मौलवियों से दो दिन तक बातचीत चली, जिसमें स्वामीजी ने मौलवियों से पूछा कि हर सूरा के पूर्व 'कुरान शरीफ' में जो 'अलिफ, लाम व मीम' है, उन अक्षरों का अर्थ क्या है? तो उन्होंने बताया कि अल्लाह ने उसे हमसे गुप्त रखा है। तब स्वामीजी बोले, 'सारी कुरान उन्होंने बताई, केवल इसको ही गुप्त क्यों रखा? वास्तव में वह 'ओम्' ही है।' तब मौलवियों ने प्रश्न किया कि बीच में 'लाम' यानी 'ल' है तो 'ओम्' कैसे होगा? तब स्वामीजी ने कहा कि अरबी व्याकरण

के अनुसार जब एक स्वर और एक व्यंजन के बीच में 'ल' आता है तो उसका उच्चारण 'उ होता है, जैसे—शम्सउद्दीन। अत: वह अ, उ, म ही है, जो 'ओम्' है।

स्वामी रामतीर्थ की व्याख्या

स्वामीजी ने यह भी बताया कि कलमा में 'या इलाही इल्लिल्लाह' का अर्थ है कि दुनिया में जो कुछ है, वह अल्लाह ही है, उसके सिवा और कुछ नहीं है। मोहम्मद रसूलिल्लाह तो बाद के लोगों ने जोड़ा है, क्योंकि हजरत मोहम्मद कैसे कह सकते थे कि उसको छोड़कर भी कोई है! बाद में उन्होंने कुफ्र, काफिर, जेहाद आदि की भी वेदांतिक व्याख्याएँ प्रस्तुत कीं।

अभी-अभी श्री जावेद खान की एक पुस्तक पढ़ने में आई, जिसका शीर्षक है 'इसलाम इन लाइटेंड' अर्थात् 'इसलाम : ज्ञानालोक में'। श्री जावेद खान ताइक्वांडो, किक बॉक्सिंग आदि नि:शस्त्र प्रतिकार की विधाओं में एक जाना-माना नाम है। उन्होंने माता निर्मला देवी के संपर्क में आकर उनके द्वारा बताए गए सहज ध्यान का अभ्यास किया और इसलाम को एक नई रोशनी में देखा। वे कहते हैं कि मुसलमान वह व्यक्ति होता है, जिसने अपनी इच्छाओं को ईश्वर की इच्छा में पूर्ण रूप से विलीन कर दिया होता है। उसके लिए सबसे महत्त्वपूर्ण बात यह है कि वह 'मेराज' यानी ऊपर उठने के लिए प्रयास करें। दुर्भाग्य से स्वयं के उत्थान की बात को मुसलमानों ने पूरी तरह दरकिनार कर दिया है। वे गलती से सतही चीजों को ही आध्यात्मिक मान बैठे हैं और इन बहसों में उलझे रहते हैं कि दाढ़ी कितनी लंबी रहनी चाहिए या नमाज के समय उन्हें कैसे खड़े होना चाहिए और उनका हाथ कहाँ रहना चाहिए। वे कट्टरपंथी बन गए हैं और सारी दुनिया को इसलाम के अंतर्गत लाने की बात करते हैं; जबकि स्वयं वे इसलाम के सही अर्थों से भटक गए हैं। हजरत मोहम्मद ने कहा है, 'सलाह के मायने हैं, ईमानवाले का मेराज', यानी यदि ठीक ढंग से की जाए तो 'सलाह' या प्रार्थना मेराज यानी उत्थान की ओर ले जाएगी।' (सलाह का वास्तव में अर्थ होता है—'ध्यान'।)

हमें सीधा रास्ता बता

कुरान का 'सूरा फातिहा', 'जिसे मुसलमान दिन में 48 बार नमाजों में दोहराता है कहा गया है, 'हमें सीधा रास्ता बता, वह रास्ता जिस पर तूने अपनी कृपा बिखेरी है। उनका रास्ता न बता, जिन्होंने तेरी नाराजी मोल ली है और खुद भटक गए हैं।' सीधे-सही रास्ते को आयत में कहा गया है—'सिरात अल मुस्तकीम'। श्री जावेद खान कहते हैं कि उसका मतलब है 'सुषुम्ना नाड़ी', जिस पर मूलाधार से लेकर सहस्त्राधार तक के सारे सात चक्र विद्यमान हैं। एक बार कुंडलिनी जाग्रत् हो जाती है तो उत्थान शुरू हो जाता है। सातवाँ चक्र ही सातवाँ आसमान है, जो अल्लाह-तआला का घर यानी

'अर्श-ए-मोहल्ला' है। माना जाता है कि हजरत मोहम्मद 'बुराक' पर बैठकर सातवें आसमान गए। बुराक के संबंध में मुसलमान मानते हैं कि पंखवाला सफेद घोड़ा है, जिसका मुँह एक स्त्री का मुँह है। जावेद खान के अनुसार, 'वह वास्तव में कुंडलिनी है, ईश्वर की माया शक्ति, जो हम सब में है और हमें इन स्वर्गों या चक्रों में से ऊपर ले जाकर आत्म-साक्षात्कार तक ले जाती हैं। अपनी पूरी पुस्तक में इसी के आधार पर उन्होंने वुदु, तय्यमुम, जेहाद, कयामत आदि की अवधारणाओं को समझाया है।

बाइबिल के वचन

बाइबिल में भी ऐतिहासिक संदर्भ में आए ऐसे अनेक वचन हैं, जिनके आधार पर यूरोप, अमेरिका, अफ्रीका आदि देशों में एक रक्तरंजित इतिहास रचा गया। गत वर्ष नई दिल्ली में स्वामी दयानंद सरस्वती द्वारा आयोजित एक अंतरराष्ट्रीय संगोष्ठी हुई, जिसका विषय था—'पांथिक विविधता और मतांतर', इसमें अमेरिका, कनाडा, अफ्रीका आदि अनेक देशों के मूल निवासियों के प्रतिनिधियों ने भाग लिया। उन्होंने अपने समाजों पर यूरोप के ईसाइयों द्वारा ढाए गए बर्बर अत्याचारों का रोंगटे खड़े कर देनेवाला वर्णन किया। उसे सुनकर स्टेनफोर्ड विश्वविद्यालय, अमेरिका के पांथिक अध्ययन विभाग के प्रमुख रेवरेंड फादर ग्रेगरी केमेल्ला ने आहत मन से कहा, 'आज के प्रभात का अनुभव मेरे लिए सुखद नहीं रहा। मैं स्वामीजी का कृतज्ञ हूँ कि उन्होंने मुझे इस स्पष्ट सत्य का साक्षात्कार कराया कि मतांतर हिंसा है। मैं एक रोमन कैथेलिक पादरी हूँ। मैं स्वीकार करता हूँ कि मैं उस परंपरा का अंग हूँ, जिसने अन्य सभ्यताओं को माननेवालों पर भयंकर अत्याचार किए हैं और उन्हें पीड़ित व अपमानित किया है। यद्यपि मैं उस परंपरा का एक व्यक्ति मात्र हूँ, किंतु उस परंपरा की ओर से मैं क्षमा-याचना करता हूँ।'

मतांतरण बंद हो

'रोमन कैथेलिक चर्च में 'अपराध स्वीकृति' की एक रस्म है। पर पूर्व में किए गए किसी गलत कार्य की स्वीकृति मात्र से न तो मुक्ति मिलती है और न ही मेल-मिलाप हो जाता है। पूरा मेल-मिलाप तो तभी होगा, जब वह समुदाय, जिसने चोट पहुँचाई है, यह तय करे कि वह पूरी तरह अपने में बदलाव लाएगा और अधिक धार्मिक तथा अन्य समाजों को चोट न पहुँचानेवाला जीवन व्यतीत करेगा और इसलिए गहरे खेद का अनुभव करते हुए मैं अपने जीवन में पूर्ण परिवर्तन लाने का निश्चय करते हुए घोषणा करता हूँ कि शेष जीवन में मुझसे जहाँ तक हो सकेगा, वहाँ तक मैं यही प्रयत्न करूँगा कि छल-कपट से युक्त मतांतर पूरी तरह बंद हो।' यह कहते हुए वे रो दिए।

दूसरे दिन उन्होंने जो भाषण दिया, उसमें बाइबिल में से पाँच प्रसंग ऐसे गिनाए, जिनके अनुसार चलने से मतांतर की आवश्यकता ही नहीं रहती। पहले तीन प्रसंगों

में ईसा मसीह ने ईसाइयों को उपदेश देते हुए क्रमशः कहा है कि वे अन्य समाजों में खमीर, प्रकाश व नमक बनकर रहें। ये वस्तुएँ ऐसी हैं, जो किसी वस्तु के मूल स्वरूप को नहीं बदलतीं, केवल उन्हें क्रमशः फुसफुसा, अधिक स्पष्ट और स्वादिष्ट बना देती हैं। कोमेल्ला ने ईसाई चर्चों के सामने प्रश्न रखा है कि क्या वे खमीर, प्रकाश या नमक के समान अन्य समाजों का मतांतर न करते हुए उनमें विद्यमान दिव्यत्व को प्रकट कर सकते हैं ? चौथा प्रसंग अंतिम निर्णय के दिन का है, जब यीशु स्वर्गलोक में एक व्यक्ति का स्वागत करते हुए कहते हैं कि जब मैं भूखा था, तब तुमने मुझे भोजन दिया; जब प्यासा था, तब पानी दिया; जब बेसहारा था, तब सहारा दिया; जब बीमार था, तब मेरी सेवा की; जब अजनबी था, तब अपनाया। अतः तुम स्वर्गलोक में प्रवेश करो। तब वह व्यक्ति कहता है, 'प्रभु, मैंने आपके लिए यह सबकुछ नहीं किया।' तो प्रभु कहते हैं, 'आओ, इस स्वर्गलोक में प्रवेश करो, जो काल के प्रारंभ से विद्यमान है। जब भी जिस किसी के साथ तुमने यह व्यवहार किया, उस समय मैं वहाँ था। तुमने वह सब मेरे लिए किया।' कोमेल्ला पूछते हैं, 'इसमें मतांतर की बात कहाँ से आई ?'

पाँचवें प्रसंग में जब ईसा मसीह इजराइल के बाहर फिनीशिया चले जाते हैं तो वहाँ एक महिला अपनी बीमार बच्ची को ठीक करने का उनसे आग्रह करती हैं। चूँकि तब तक ईसा मसीह यही मानते थे कि उनका मिशन केवल इजराइल तक सीमित है, अतः उन्होंने इनकार कर दिया और कहा कि वह कुत्तों को ठीक नहीं करते। किंतु उस महिला की उनपर इतनी निष्ठा थी कि उसने कहा कि कुत्तों को भी तो टेबल पर से कुछ टुकड़े मिल जाते हैं। उसकी असीम निष्ठा से वे प्रभावित हुए और उन्होंने जाना कि उनका कार्य केवल इजराइल के लिए नहीं, मानवमात्र के लिए है। उस महिला की निष्ठा के कारण बच्ची ठीक हो गई और शिक्षक को भी सीख मिल गई। श्री कोमेल्ला मिशनरियों से पूछते हैं कि कैसा हो, यदि वे बोलने के पूर्व सीखें और जिनके बीच वे कार्य करने गए हैं, उनको अपना शिक्षक बनाएँ? 20 अगस्त को केरल के पाला नामक स्थान पर ईसाई समाज के चर्चेतर नेताओं से हुए संघ के विमर्श के समय भी सर्वोच्च न्यायालय के निवृत्त न्यायाधीश न्यायमूर्ति के.टी. थॉमस ने अपने उद्घाटन भाषण में कहा, 'जहाँ भारत में अपने मत का प्रचार व्यक्ति का मौलिक अधिकार है, दूसरे व्यक्ति का मतांतर करना उसका अधिकार नहीं है। पर जो लोग अन्यों के मतांतर को अपना अधिकार मानते हैं, वे इस धारणा पर चलते हैं कि उनका मत ही सही है, दूसरे का गलत। यह सोच ही मूलतः गलत है।' बैठक के अंत में उन्होंने जोर देकर कहा कि मतांतर पूरी तरह बंद होना चाहिए।

राजनीतिक उद्देश्य से किया गया मतांतर खतरनाक

स्वामी दयानंद, स्वामी विवेकानंद, स्वामी रामतीर्थ, महर्षि अरविंद, महात्मा गांधी

आदि सबने चर्च द्वारा किए जा रहे मतांतर तथा उनके तौर-तरीकों की तीखी आलोचना की है और जब इस मतांतर के पीछे राजनीतिक उद्देश्य हों तो मतांतर राष्ट्र की एकता व अखंडता के लिए खतरा बन जाता है। मतांतर संविधान-सम्मत न होते हुए भी विदेश-पोषित ईसाई चर्च संशयास्पद तरीकों से व्यापक मतांतर में लगे हुए हैं। अभी-अभी छत्तीसगढ़ में सिखों के मतांतर के समाचार प्रकाशित हुए, जिनके कारण अल्पसंख्यक आयोग भी बड़ा चिंतित हुआ। तमिलनाडु में भी सामूहिक मतांतर हुआ। इसीलिए तमिलनाडु की जयललिता सरकार ने मध्य प्रदेश, उड़ीसा व अरुणाचल प्रदेश के कानूनों के समान ही तमिलनाडु में भी मतांतर-विरोधी अध्यादेश जारी कर उचित कार्य किया है। इस पर चर्च के नेताओं ने तीखी प्रतिक्रिया व्यक्त करते हुए आंदोलन की धमकी दी है। वास्तव में, जब चर्च के नेता कहते हैं कि वे लोभ-लालच या जोर-जबरदस्ती से मतांतर में विश्वास नहीं करते तो फिर ऐसे अध्यादेश पर उन्हें उत्तेजित होने की क्या आवश्यकता है ? यदि विदेश-पोषित चर्च संविधान की मंशा के विरुद्ध प्रचार के अधिकार में मतांतर का अधिकार भी अनुस्यूत मानते हैं तो भारत सरकार को भी चाहिए कि वह सारे भारत के लिए ऐसा कानून बनाए। विदेशी धन को भारतीय समाज में फूट डालने की अनुमति नहीं दी जा सकती। इस हेतु पुरस्सर किया जानेवाला मतांतर ही विभिन्न समाजों के बीच मन-मुटाव का एकमात्र कारण है। यदि ईसाई और मुसलमान यह मान लेते हैं कि अन्य पंथों पर चलनेवाले भी मोक्ष के भागी बन सकते हैं तो हिंदू परंपरा के अन्य पंथों के समान वे भी इस देश की जीवन-पद्धति का अंग बनकर सबके साथ कंधे से कंधा मिलाकर अपनी मातृभूमि का मान दुनिया में सबसे ऊँचा करने के काम में लग सकते हैं।

नौजवानों की बेरोजगारी समस्याओं की जड़

राजनीति से प्रेरित विदेश-पोषित चर्चों द्वारा किया जा रहा व्यापक मतांतरण हो या मजहबी कट्टरता से प्रेरित आतंकवाद—दोनों का कारण है देश में व्याप्त भीषण बेकारी। एक कहावत है—'खाली दिमाग, शैतान का घर'। देश के दस करोड़ नौजवान यदि बेकारी और अर्ध-बेकारी के शिकार हैं तो वे शैतानी की ओर नहीं बढ़ेंगे तो क्या करेंगे ? और इसका कारण है हमारे मन में पाश्चात्य विकास-पथ का मोह। अमेरिका हमारे देश के आर्थिक नीति-निर्धारकों को आदर्श के नाते दिखाई देता है; किंतु अमेरिका की अर्थनीति का थोड़ा गहराई से अध्ययन करेंगे तो दिखाई देगा कि वह चार्वाक् के उधार ले-ले के घी पियो के रास्ते पर चल रहा है। अमेरिका ने दुनिया से 2,50,000 हजार करोड़ रुपए का कर्जा ले रखा है। अमेरिका बचाता कम है, खर्च ज्यादा करता है। निर्यात की तुलना में उसका आयात अधिक है। वहाँ बचाना ही गुनाह माना जाता है। अमेरिकी जनता ने अगले दो वर्षों की आमदनी क्रेडिट कार्ड के माध्यम से आज

ही खर्च कर डाली है। पर इस रईसी के लिए उसके पास पैसा कहाँ से आता है? उन देशों से, जहाँ की जनता का स्वभाव ही बचत का है। जापान, चीन और भारत बचाते हैं, खर्च अमेरिका करता है। दुनिया के देशों की बचत का निवेश डॉलरों में अमेरिका में होता है। भारत के 58 अरब डॉलर अमेरिकी बैंकों में हैं। चीन के 160 अरब डॉलर और जापान के खरबों डॉलर अमेरिका में निवेशित है। हमारे यदि 58 अरब डॉलर अमेरिका में लगे हैं तो अमेरिका का केवल 20 अरब डॉलर ही भारत में लगा है। अमेरिकी बैंक में जमा पैसे पर हमें केवल 1–1.5 प्रतिशत ब्याज मिलता है और उसी पैसे को भारत में लगाकर वह 5 प्रतिशत ब्याज हमसे लेता है, अर्थात् मियाँ की जूती मियाँ के सिर! दुर्भाग्य यह है कि अमेरिकी अर्थव्यवस्था को आदर्श माननेवाले हमारे लोग भी हमारी इस बचत की आदत की आलोचना करते हैं। भारतीय मूल के अमेरिकी अर्थशास्त्री डॉ. जगदीश भगवती ने डॉ. मनमोहन सिंह से कहा, 'भारतीय लोग फालतू बचाने में लगे हैं। उनसे कहो कि वे खर्च करें, भले ही उन्हें आयातित कारें या सौंदर्य प्रसाधन ही क्यों न खरीदना पड़े। इससे भारत विकास के मार्ग पर आगे बढ़ेगा।'

भारत ने ठुकराया, अमेरिका ने अपनाया

चार्वाक् के जिस दर्शन को हमारे पुरखों ने अनिष्ट-परिणामी मानकर नकार दिया था, आज उसी को अपनाने की सीख चीन, जापान व भारत को दी जा रही है। कबीरदासजी ने कहा, 'तेते पाँव पसारिए जेती लाँबी सौर'—जितनी चादर है, उतने ही पाँव पसारिए। पर आज न केवल हमें अनावश्यक वस्तुओं पर खर्च करने के लिए कहा जा रहा है, अपितु विदेशों से मुक्त-हस्त उधार लेने की सलाह दी जा रही है। अपने देश के योजना आयोग में दो धाराएँ आज हमें स्पष्ट देखने को मिल रही हैं। उसकी एक समिति जहाँ हमें देशी संसाधनों पर निर्भय रहकर ग्राम विकास व रोजगार बढ़ाने पर जोर दे रही है, वहीं दूसरी समिति यह कहकर कि बिना विदेशी पूँजी निवेश के आए हमारा विकास ही संभव नहीं है, हर क्षेत्र में शत-प्रतिशत विदेशी पूँजी निवेश की वकालत कर रही है। यहाँ तक कि फुटकर व्यापार के क्षेत्र में बहुराष्ट्रीय कंपनियों को लाने का बार-बार प्रयास किया जा रहा है, जिससे हमारे छोटे-मोटे व्यापारी भी विदेशी कंपनियों के एजेंट बनकर अपनी स्वतंत्रता खो बैठें। अमेरिका के समान खेती के निगमीकरण (Corporatisation) की भी वकालत की जा रही है। सरकार को चाहिए कि विकास के लिए विदेशी निर्भरता की अनिवार्यता की वकालत कर देश के मनोबल को गिरानेवालों से योजना आयोग को मुक्त रखा जाए। अमेरिका में किसी को बचत की प्रेरणा नहीं मिलती। इसका कारण ही यह है कि अमेरिका में हर व्यक्ति केवल अपने लिए जीता है। उसका कोई दायित्व-बोध ही नहीं है; क्योंकि न तो वहाँ परिवार बचे हैं, न पास-पड़ोस

और न नैसर्गिक मानव समुदाय। इसलिए किसके लिए बचाएँ? माँ-बाप की सेवा करनी नहीं है। बच्चे अपना दायित्व सँभाल लेंगे। न सँभालें तो अपनी बला से! सारा दायित्व सरकार सँभालेगी। इसलिए सामाजिक सुरक्षा का खर्च उन देशों में 29 प्रतिशत से 65 प्रतिशत तक है। इसलिए वहाँ माँग खड़ी हो रही है कि उसका निजीकरण किया जाना चाहिए। घर, परिवार, समुदाय आदि कानून से नहीं बनते। वे नैसर्गिक इकाइयाँ हैं, जो एक लंबी ऐतिहासिक प्रक्रिया से विकसित होती हैं। चीन, जापान, भारत आदि पौर्वात्य देशों में यह सामाजिक पूँजी आज भी टूटी नहीं है। पर पश्चिमी देश चाहते हैं कि उनके समान यहाँ भी समाज का आाणविकीकरण हो जाए।

भारत में परिवार, सगे-संबंधी, पास-पड़ोस, ग्राम परिवार, व्यावसायिक गुट, प्रांत आदि उत्तरोत्तर बढ़ते दायित्व का बोध करनेवाली इकाइयाँ हैं, जो आगे देश व 'वसुधैव कुटुंबकम्' तक ले जाती हैं। यही दायित्व-बोध बचत की प्रेरणा देता है।

व्यवसाय-आधारित जातियाँ

आज अनेक प्रांतों में महिलाओं के स्व-सहायक समूह पैदा हुए हैं, जो लाखों रुपए बचाते हैं और उससे उत्पादक रोजगार पैदा करते हैं। यह सच है कि एक समय जातियाँ व्यवसायाधारित थीं और इस व्यवस्था ने विदेशी आधिपत्य के काल में समाज को बाँधकर रखा, टूटने या मतांतरित होने नहीं दिया; पर इस अवधि में उसी जाति व्यवस्था में विकृतियाँ भी आ गईं और छुआछूत तथा ऊँच-नीच का भाव घर कर गया। वह पुरानी जाति व्यवस्था आज काल-बाह्य हो गई और उसका संबंध व्यवसाय से टूट गया। आज एक चर्मकार का बालक भी उच्च शिक्षा ग्रहण कर प्राध्यापक बन जाता है और ब्राह्मण का बेटा जूते की दुकान लगाता है या क्षत्रिय का बेटा मशीन शॉप चलाता है। आज जाति सामाजिक अभिसरण में बाधक नहीं रही है।

धर्माचार्यों का आदेश

दूसरी ओर द्वितीय सरसंघचालक पूज्य गुरुजी के प्रयत्नों से विश्व हिंदू परिषद् की स्थापना हुई और उसके मंच से कर्नाटक के सम्मेलन में धर्माचार्यों ने एक ऐतिहासिक व्यवस्था दी कि अस्पृश्यता को धर्म का कोई समर्थन नहीं है और नारा दिया—

'हिन्दवः सोदराः सर्वे न हिन्दू पतितो भवेत्।
हिन्दू रक्षा मम दीक्षा, मम मन्त्रः समानता।।'

उसके बाद हमारे धर्माचार्यों ने समाज को स्वयं के उदाहरण से उचित मार्गदर्शन किया। काशी में डोम राजा के यहाँ प्रसाद ग्रहण, नागपुर दीक्षाभूमि में शंकराचार्य, मध्वाचार्य, रामानुजाचार्य आदि द्वारा डॉ. आंबेडकर की प्रतिमा को माल्यार्पण, सन् 1989 में रामजन्मभूमि के शिलान्यास के समय पहला पत्थर कामेश्वर चौपाल नाम के अनुसूचित

जाति के कार्यकर्ता द्वारा समस्त धर्माचार्यों की उपस्थिति में रखवाया जाना इसी दिशा में सकारात्मक संकेत हैं। यही नहीं, धर्माचार्यों ने अपने-अपने क्षेत्रों में यात्रा कर समाज की इस बुराई को दूर करने हेतु पहल की। काँची कामकोटि के जगद्गुरु शंकराचार्य पूज्य जयेंद्र सरस्वती द्वारा अनुसूचित जाति एवं पिछड़ी जाति के 40,000 अर्चकों को मंदिर में अर्चना हेतु प्रमाण-पत्र दिए गए। अतः जाति-व्यवस्था की आलोचना के दो बिंदु—सामाजिक अभिसरण का अभाव व स्पृश्यास्पृश्यता तथा ऊँच-नीच दोनों आज निष्प्रभ हो गए हैं। एक मार्क्सवादी विद्वान् श्री दीपंकर गुप्ता ने अपनी पुस्तक 'इंटरोगेटिंग कास्ट' में लिखा है कि कोई भी जाति अपने आपको निचले दर्जे का नहीं मानती, लेकिन दूसरों को निचले स्तर पर रखती है। उनके अनुसार, यह कहना वास्तविकता के अधिक निकट होगा कि जितनी जातियाँ हैं, उतने ही सोपान-क्रम हैं। ब्राह्मणों से लेकर अस्पृश्यों तक एक ही सोपान-क्रम मान लेना जमीनी वास्तविकता से असंगत होगा।

जाति का उपयोग

संविधान निर्माताओं ने जाति-विहीन समाज की कल्पना करके सारी व्यवस्थाएँ बनाईं, किंतु 50 वर्ष बाद जातिगत भावनाएँ और अधिक दृढ़मूल हुई हैं। सारे चुनावी-संघर्ष तथा उनके विश्लेषण जातिगत आधार पर ही किए जा रहे हैं। पर इसी के द्वारा यह भी स्पष्ट होता जा रहा है कि कोई जाति अकेले अपने बल पर सत्ता हस्तगत नहीं कर सकती। 'तिलक, तराजू और तलवार, इनको मारो जूते चार' के नारे से शुरू हुई बहुजन समाज पार्टी आज उ.प्र. में सभी जाति के लोगों को टिकट देकर क्रमांक दो पर आई और भाजपा के साथ मिलकर सत्तारूढ़ रही। यह अवश्य है कि चुनावी माहौल में अलग-अलग जातियों के बीच वैमनस्य घटता-बढ़ता रहता है, पर कुछ जातियाँ ऐसी भी हैं, जिन्होंने इस जातिगत पहचान का उपयोग आर्थिक उन्नति के लिए किया। तमिलनाडु में एक अध्ययन में देखा गया कि नाडार, गौडर और नायडू—इन तीन जातियों ने व्यापार-उद्योगों में प्रवेश कर न केवल समृद्धि प्राप्त की, अपितु उच्च शिक्षित होकर व्यावसायिक शिक्षा में भी अग्रसर हुए। उन्होंने जातिगत बैंक बनाए, संसाधनों को एकत्र कर बड़े-बड़े शैक्षिक संस्थान खड़े किए और अपनी जाति के लोगों के साथ-साथ सब जाति के लोगों को शिक्षा में आगे बढ़ाया। वे अपनी उन्नति के लिए सरकार पर निर्भर नहीं रहे। आर्थिक प्रगति के साथ सामाजिक प्रतिष्ठा भी अर्जित की और व्यवसाय-उद्योगों में अन्य जातियों का सहयोग आवश्यक होने से आपसी सौहार्द भी बढ़ाया।

सुरक्षा और समृद्धि देनेवाली बिरादरी

दूसरी ओर मुक्कलतोर, वन्नियार और दलित—ये तीन जातियाँ, जिन्होंने जातिगत राजनीति का आधार लिया, प्रगति व शिक्षा में अपेक्षाकृत पीछे रहे। सरकार से सुविधाओं

की माँग करते रहते हैं। सरकार निर्भर हो गए हैं। सबसे मजेदार अनुभव शिवकाशी का है, जहाँ अनुसूचित जाति के लोगों ने पहले माचिस के कारखानों में काम कर फिर अपने-अपने छोटे कारखाने लगा लिये। वे समृद्ध हुए, उन्हें सामाजिक प्रतिष्ठा मिली और अन्य समाजों के साथ सहयोग बढ़ा। पिछले चुनावों में एक तेज-तर्रार अन्य जातियों के प्रति तीखा बोलनेवाले नेता उनके गाँव आए, तब गाँववालों ने गाँव के बाहर आकर उन्हें 5,000 रुपए की थैली दी और प्रार्थना की कि वे कृपया वहाँ भाषण न दें और सामाजिक सौहार्द को न बिगाड़ें। पुरानी निश्चित व्यवसायाधारित जाति व्यवस्था समाप्त होकर आज वह एक तरह की पहचान बन गई और उसने विस्तृत परिवार या बिरादरी का रूप ले लिया है। परिवार इस बिरादरी की छाया में पलते-पनपते हैं। जन्म, विवाह, मृत्यु आदि सभी प्रसंगों पर बिरादरी उन्हें सहारा देती है। यह उन्हें सामाजिक सुरक्षा प्रदान करती है, जो कोई सरकार नहीं दे सकती।

जातिवादी नेता बिरादरी की सेवा भी करें

चुनावों में जाति का सहारा लेनेवाले राजनीतिक नेता जाति-बिरादरी में विद्यमान सहयोग की भावना के आधार पर उन्हें उद्योग-धंधों में लगाकर यदि उनका आर्थिक विकास करते हैं तो यह बहुत बड़ी सेवा होगी। इससे अन्य जातियों के बीच सौहार्द और सहयोग भी बढ़ेगा। पंजाब के रामगढ़िया, गुजरात के पटेल, आंध्र के कम्मा, केरल के एलवा भी जाति-भावना का सकारात्मक उपयोग करने के उत्तम उदाहरण हैं। दक्षिण बिहार में, जहाँ जातिगत सेनाओं के संघर्ष का परिणाम सर्वसाधारण जनता को भुगतना पड़ता है। वहाँ ग्राम-गौरव आंदोलन ग्राम-देवता के माध्यम से ग्राम समाज को एक व्यापक परिवार के रूप में देखने की प्रेरणा दे रहा है। इस आंदोलन की प्रेरणा स्वामीनाथ तिवारी नाम के एक राजनीतिक कार्यकर्ता को जेल में मिली, जहाँ दो गाँवों के अपराधी आपस में एक-दूसरे से संघर्ष पर उतारू हो गए; क्योंकि एक ने दूसरे के गाँव को गाली दे दी थी। तिवारीजी जब झगड़ा शांत कराने गए तो उन्होंने कहा कि हम अपराधी भले हों, पर अपने गाँव का अपमान सहन नहीं कर सकते। परिवार, जाति-बिरादरी व ग्राम समाज—इन तीनों के बीच विद्यमान भावात्मक संबंध का उपयोग ग्राम विकास में किया जा सकता है।

ग्राम देवता, ग्राम समाज

सितंबर मास में दिल्ली में दो सम्मेलन हुए, जिन्होंने भावी ग्राम विकास के लिए पर्याप्त प्रेरणा दी। 6 से 8 सितंबर तक पंचगव्य सम्मेलन तथा 16 से 18 सितंबर तक एथेनॉल व बायो-डीजल सम्मेलन। गत वर्ष विजयादशमी पर गन्ने के सीरे से एथेनॉल निर्मिति का उल्लेख हुआ था। इस वर्ष भारत सरकार ने देश भर में 1 जनवरी, 2003 से

5 प्रतिशत एथेनॉल को पेट्रोल में मिलाना प्रारंभ कर उसे 10 प्रतिशत तक ले जाने की घोषणा की है। इससे आयातित पेट्रोल की मात्रा कम होकर करोड़ों रुपए की विदेशी मुद्रा की बचत होगी और शक्कर सह-उत्पाद के रूप में अत्यंत सस्ती हो जाएगी। गन्ना उत्पादकों को एथेनॉल से लाभ मिलेगा।

जैविक डीजल

पर इससे भी महत्त्व की बात है जैविक डीजल की। निंबोली, एरंडी, करंज, महुआ आदि से प्राप्त अखाद्य तेलों में एथेनॉल मिलाने से जैविक डीजल तैयार हो जाता है। ये सारे वृक्ष और पौधे बंजर जमीन में पैदा हो सकते हैं। देश में 7 लाख हेक्टेयर जमीन बंजर मानी गई है, जिससे किसानों को आज कोई आय नहीं है। उनमें से 3 करोड़ हेक्टेयर को भी इन पेड़-पौधों को लगाकर विकसित किया गया तो हमें बाहर से खनिज तेल मँगाना ही नहीं पड़ेगा। आज लाभ में चलनेवाली सरकारी कंपनियों का भी विनिवेश कर पैसा जुटाने की जो मुहिम चली है, उसकी आवश्यकता भी नहीं रहेगी और हर साल उत्पन्न होनेवाला हरा तेल हमें मिलने लगेगा। इनसे ग्रामों में रोजगार के अवसर बढ़ेंगे और बेकारी क्रमशः कम होगी।

पंचगव्य

पंचगव्य सम्मेलन में लगभग 600 प्रतिनिधियों ने भाग लिया, जिन्होंने पंचगव्य उत्पादों के अत्यंत सफल प्रयोग किए हैं। पंचगव्य से दूध, दही, घी की उपयोगिता तो सर्वश्रुत है, पर गोमय और गोमूत्र के बहुआयामी प्रयोग ग्रामीण कृषि एवं अर्थव्यवस्था में क्रांति लाने में सक्षम हैं। गोबर-गोमूत्र से जहाँ भिन्न-भिन्न पद्धतियों से निर्मित जैविक खाद भूमि की उर्वरता एवं शुद्धता को बढ़ाने में कारणीभूत होते हैं, सब्जी, फल, अनाज आदि को विष-रहित व स्वादिष्ट बनाते हैं, वहाँ उनसे फसल रक्षक कीट नियंत्रक भी तैयार होते हैं। गोमय और गोमूत्र से निर्मित औषधियों के आश्चर्यजनक परिणाम सामने आ रहे हैं। गोमूत्र को अंतरराष्ट्रीय पेटेंट भी प्राप्त हुआ है और मधुमेह, कैंसर आदि रोगों पर उसके प्रभावों का वैज्ञानिक अध्ययन भी हो रहा है।

संपूर्ण गोवंश की रक्षा

गोवंश पर सरकार द्वारा नियुक्त आयोग ने अपने 1,500 पृष्ठों के अपने विस्तृत प्रतिवेदन में अनुशंसा की है कि संपूर्ण गोवंश की रक्षा का प्रश्न मौलिक अधिकारों में या संवैधानिक आदेश के रूप में अन्यत्र कहीं सम्मिलित किया जाए। केंद्र सरकार कानून बनाकर संपूर्ण देश में गोवंश हत्या पर प्रतिबंध लगाए। 'राष्ट्रीय गो-सेवा आयोग' बनाकर पशु धन के विकास के लिए प्रतिवर्ष 100 करोड़ रुपयों का प्रावधान करे। सरकार को

आयोग के प्रतिवेदन को स्वीकार कर तुरंत गोवंश-हत्या पर पूर्ण प्रतिबंध लगाना चाहिए। गोवंश-रक्षा का प्रश्न केवल भावनात्मक नहीं है। भारत की कृषि व्यवस्था, भूमि-रक्षा एवं ग्राम विकास से सीधा जुड़ा हुआ है। गोरक्षा का प्रश्न स्वराज्य आंदोलन का महत्त्वपूर्ण प्रश्न रहा है। लोकमान्य तिलक, महात्मा गांधी, आचार्य विनोबा भावे आदि सबने इसे सर्वाधिक महत्त्व दिया है। कांग्रेस का यह विषय रहा है। मेरा कांग्रेस के नेताओं से अनुरोध है कि वे संपूर्ण गोवंश की रक्षा के लिए संसद् में गैर-सरकारी विधेयक लाएँ और सत्तारूढ़ दल उसका समर्थन करे तो कोटि-कोटि जनता की चिर पुरातन आकांक्षा की पूर्ति का श्रेय सबको मिलेगा।

यहाँ पुनः केंद्र सरकार में बैठे विदेशी मानसिकतावाले तत्त्व अड़ंगेबाजी करेंगे। वैसे भी, कृषि विभाग के एक आयोग ने मांस का निर्यात बढ़ाने हेतु हर तहसील में बूचड़खाने खोलने की अनुशंसा की है। क्या सरकार को मालूम भी है कि उसका एक हाथ जो करता है, उसे दूसरा हाथ निरस्त कर देता है? भारत की व्यष्टि, समष्टि, सृष्टि और परमेष्टि के बीच एकात्मक धर्माधारित समाज-रचना के अनुरूप स्वदेशी विकास-पथ का अवलंबन आज आवश्यक है। विनाशोन्मुखी विदेशी विकास-पथ की चकाचौंध में न आते हुए, जिस पर आज पश्चिम में ही उँगली उठाई जा रही है, हम अपना स्वदेशी विकास-पथ निर्धारित कर सभी विकासशील देशों का मार्गदर्शन करने का अपना दायित्व निभाएँ। तदर्थ जन-जन में राष्ट्र के प्रति निस्सीम निष्ठा व तज्जन्य कर्तव्य-बोध जगाने के कार्य में अपने आपको जुटाना आज की महती आवश्यकता है। राष्ट्रीय स्वयंसेवक संघ इसी कार्य में जुटा है। आप सबका सक्रिय सहयोग अपेक्षित है।

□

हिंदुओं का मतांतरण जारी रहा तो देश की एकता और अखंडता को गंभीर खतरा

अपना यह प्रतिवार्षिक उत्सव है। आज नवमी का दिन है, जोकि शस्त्र-पूजन एवं शक्ति-पूजन के नाते प्राचीनकाल से मनाया जा रहा है। यदि कोई प्रश्न उठाए कि देश में शक्ति का निर्माण करने की क्या आवश्यकता है, तो ऐसे व्यर्थ प्रश्न का उत्तर देने की आवश्यकता नहीं है।

समाज-धारणा के लिए शक्ति की आवश्यकता स्वयंसिद्ध है। हर कोई इस स्पष्ट सत्य को अच्छी तरह जानता है। रावण जैसे महापराक्रमी व महाबलशाली राक्षस पर— जो ब्राह्मण था—भगवान् रामचंद्र ने विजय पाई थी, जिसके उपलक्ष्य में विजयदशमी मनाई जाती है। सारी संहारक शक्ति रावण के पास थी और उसने सारे मानव, देव-दानवों को अपने वश में कर रखा था; पर उसे किसने हराया? लोग जिन्हें दुर्भाग्य से जंगली कहते हैं, जिनके पास सिवा पेड़-पत्थरों के कुछ भी अस्त्र-शस्त्र नहीं थे, ऐसे वानरों को संगठित कर उन्हीं के द्वारा प्रभु रामचंद्र ने रावण को हराया। रावण की भौतिक शक्ति इस संगठित शक्ति का सामना नहीं कर सकी। नाश रावण का हुआ, भारतीय समाज, धर्म और सभ्यता का नहीं। भगवान् राम के जीवन में वे सारे जीवनादर्श और जीवन-मूल्य प्रकर्ष के साथ प्रकट हुए हैं, जो भारतीय समाज, धर्म एवं सभ्यता का आधार हैं और इस आदर्श रामचरित को सर्वप्रथम अमर किया आदि कवि महर्षि वाल्मीकि ने 'रामायण' लिखकर। उनका जीवन स्वयं इस बात का जीता-जागता प्रमाण है कि एक सामान्य व्यक्ति किस प्रकार राम-नाम के प्रभाव से समस्त मानवता का पथ-प्रदर्शक बन गया! पर इसे विडंबना ही कहना होगा कि उन्हीं से जो अपना उद्‌गम मानते हैं, वह हमारा वाल्मीकि समाज आज अस्पृश्य वर्ग की श्रेणी में ढकेल दिया गया है। ऐसा कैसे हो गया? किसी प्राचीन सभ्यता के अवशेष, जैसे मोहनजोदड़ो, लोथल, कालीबंगान आदि

मिलने पर वहाँ के स्नानागार, क्रीड़ा-स्थान व अन्य अवशेष तो मिलते हैं, पर शौचालय का अवशेष आज तक नहीं मिला है। स्पष्ट है कि उस काल में लोग दिशा-मैदान जाया करते थे। यह प्रथा मुसलिम शासनकाल में शुरू हुई, जिनकी स्त्रियाँ परदे में रहती थीं।

वीरों ने मैला साफ करना स्वीकार किया, पर धर्म त्यागा नहीं

वास्तव में तो ये सब वीर योद्धा वर्ग के थे। इसलामी आक्रांताओं के द्वारा पराजित हिंदू समाज के योद्धाओं के सामने यह विकल्प रखा जाता था कि या तो इसलाम स्वीकार करें या मुगलों के रनिवास का मैला साफ करें। तब जहाँ अनेक तथाकथित उच्च वर्ण के लोगों ने इसलाम को अंगीकार कर लिया, वहाँ उन योद्धाओं की धर्मनिष्ठा इतनी प्रबल थी कि उन्होंने मल-परिष्कार का कार्य स्वीकार किया, किंतु अपना धर्म नहीं छोड़ा। जहाँ उन्हें समाज में अत्यंत सम्मान का स्थान प्राप्त होना चाहिए, वहाँ उन्हें हिंदू समाज ने सबसे निकृष्ट स्थान पर रख छोड़ा है। इसे अपने समाज का दुर्भाग्य न कहें तो क्या कहें? वाल्मीकि समाज में तथाकथित सवर्ण जाति के गोत्र आज भी पाए जाते हैं; जैसे—चौहान, राजपूत, गहलोत, कछवाय राजपूत, चंदेल, पवार, वैद्य। आज इस नासूर को दूर करने के लिए सफाई उद्योग का मशीनीकरण तथा सफाई कर्मियों को तकनीशियन का दर्जा देने की आवश्यकता है।

रामानुज का आदर्श

एक अति प्रेरक घटना वैष्णव पंथ-प्रवर्तक आचार्य श्री रामानुज की युवावस्था की है। तमिल भाषा का दिव्य मधुर भजन गाते हुए वे मंदिर की परिक्रमा कर रहे थे। उसी समय एक चमारिन उनके सामने आ गई। रामानुज आगबबूला हो गए। उन्होंने कहा, 'दूर हट, मेरे पवित्र मार्ग को अपवित्र मत कर।' चमारिन हटी नहीं; किंतु अत्यंत विनम्रता से कहा, 'पूजनीय, चारों दिशाओं में पवित्रता भरी हुई है। मैं अपनी अपवित्र काया लेकर कहाँ जाऊँ?' सीधे=सरल वाक्य सुनकर आचार्य को ज्ञानोदय हुआ। बोले, 'माँ, मुझे क्षमा करो। तुम ही पवित्र हो। जिस मनुष्य में कल्मष भरा हुआ है, उसे बाहर भी सर्वत्र कल्मष ही दिखाई देता है। तुम्हारी अंतर्दृष्टि निर्मल होने से तुम्हें बाहर का दृश्य भी परमपावन ही दिखाई देता है।'

इस उपदेश को उन्होंने पूरा आत्मसात् किया। बुढ़ापे की दुर्बलता के कारण प्रातः नदी-स्नान के लिए जाते समय ब्राह्मणों के कंधों का सहारा लेते थे और आते समय चमारों के कंधों का। तब कुछ व्यक्तियों ने क्षुब्ध होकर पूछा, 'प्रभो, स्नान करने के बाद शूद्रों का सहारा! फिर स्नान से क्या लाभ?' आचार्यश्री बोले, 'मुमुक्षुओ, अहंकार-दमन का उपदेश देनेवाले को स्वयं अहंकार शून्य होना चाहिए। स्नान करने से शरीर तो अवश्य पवित्र हो जाता है, किंतु मन का मैल यानी अहंकार तो छोटों से तदाकार

होने पर ही जाता है। अत: तन-शुद्धि के बाद मन-मार्जन के लिए ही मैं हमेशा शूद्रों के सहारे चला करता हूँ।'

राष्ट्रीय स्वयंसेवक संघ प्रारंभ से ही समस्त हिंदू समाज को जाति-पांति, पंथ, भाषा आदि सब भेदों से ऊपर उठाकर उसे एकरस संगठित समाज के रूप में खड़ा करने के लिए प्रयत्नशील रहा है। संघ का मानना है कि जैसे किसी शृंखला की शक्ति उतनी ही होती है, जितनी उसकी दुर्बलतम कड़ी की, वैसे ही समाज की शक्ति भी उतनी ही होती है, जितनी उसके दुर्बलतम घटक की; क्योंकि समाज यदि टूटेगा तो वहीं से टूटेगा। वैसे प्रयत्न भी मतांतर में विश्वास करनेवाले मजहब, जो अभी तक इस देश की सांस्कृतिक धारा के अंग नहीं बन पाए हैं, कर रहे हैं। दुर्भाग्य से अनेक राजनीतिक दल अपने वोट बैंक को ध्यान में रखते हुए इस मतांतर से देश की एकता और अखंडता पर होनेवाले खतरे की ओर दुर्लक्ष करते हुए इस अलगाव को प्रोत्साहन दे रहे हैं। अपने माननीय मुख्य अतिथि ने भी इस ओर हम सबका ध्यान दिलाया है।

सरासर हिंदू-द्रोह

गत वर्ष मध्य प्रदेश शासन द्वारा इक्कसवीं सदी के लिए 'दलितों के भविष्य-निर्माण की नई रणनीति' शीर्षक से 'भोपाल दस्तावेज' प्रकाशित किया गया, जिसमें वहाँ के मुख्यमंत्री की प्रस्तावना है। उसमें वे कहते हैं, 'दलितों का कोई लिखित इतिहास नहीं है। अस्पृश्य और आदिवासियों को मिलाकर करीब 25 करोड़ लोग अपने इतिहास की खोज में हैं।' मध्य प्रदेश के होने के कारण कम-से-कम उन्हें तो यह मालूम होना चाहिए था कि रानी दुर्गावती ने मुगलों के साथ किस प्रकार लोहा लिया था और कैसे वह वीरगति को प्राप्त हुईं? टाँटिया भील का इतिहास उन्हें क्यों नहीं याद आया? केरल में पलशी राजा, नागालैंड में जादोनांग और रानी गाइडिन्ल्यू, मेघालय में तीरथ सिंह, झारखंड में बिरसा मुंडा, विदर्भ में बाबूराव सडमेक, महाराष्ट्र में वासुदेव बलवंत फड़के के नेतृत्व में रामोशी लोग आदि ने अंग्रेजों से युद्ध किया। स्वातंत्र्य-संघर्ष के इतिहास के ये उज्ज्वल पृष्ठ हैं; पर उन सबने जो संघर्ष किया, वह व्यापक हिंदू समाज के अंग के रूप में ही किया। किंतु मुख्यमंत्री उनको हिंदू समाज के अंग के रूप में नहीं देखना चाहते। जिस 'भोपाल दस्तावेज' की उन्होंने प्रस्तावना लिखी है, उसी में उनके द्वारा नियोजित लेखक ने लिखा है, 'जब तक दलित हिंदू धर्म के दायरे से पूरी तरह बाहर नहीं आते, मुक्ति का कोई प्रमुख युद्ध नहीं जीता जा सकता। संपूर्ण दलितों को हिंदू समाज के दायरे से मुक्त करने का सपना हो। यह दलित आंदोलन का आदर्श होना चाहिए' और यह भी लिखा है, 'दलितों का आंदोलन ईसाइयों के नेतृत्व में ही होना आवश्यक है।' चर्च-प्रेरित एवं पोषित कुछ लोग, जिन्होंने 12-13 जनवरी, 2002 के भोपाल के दलित

सम्मेलन में भाग लिया, उपर्युक्त प्रचार पहले से करते आ रहे हैं और उनका उद्‌देश्य ही रहा है कि तथाकथित दलित को हिंदू समाज से काटकर उन्हें ईसाई बनाने का मार्ग प्रशस्त किया जाए; किंतु इन प्रयत्नों को राज्य सरकार का प्रत्यक्ष समर्थन प्राप्त होना, इस बात का संकेत है कि अपने तात्कालिक चुनावी स्वार्थ के आगे समाज को किस भीषण खतरे में डाल रहे हैं, इसकी उन्हें यत्किंचित् भी चिंता नहीं।

कांग्रेस और चर्च की मिली-भगत

मध्य प्रदेश की कांग्रेस सरकार की चर्च के साथ मिली–भगत कोई छुपी हुई चीज नहीं है। गत वर्ष ही 17 जनवरी को झाबुआ में धार और झाबुआ जिले की जनजातियों का एक विराट् हिंदू सम्मेलन हुआ, जिसमें 2 लाख जनजातीय बंधुओं ने भाग लिया। इस सम्मेलन की तैयारी के लिए 'सेवा भारती' उसके पूर्व तीन वर्षों से प्रयत्नशील थी और 242 एकल विद्यालय खड़े कर, 3,00,000 जनजातीय परिवारों से प्रत्यक्ष संपर्क कर तथा 28 लाख जनजातीय बंधुओं के गले में शिवजी व हनुमानजी के चित्रवाले गंडे पहनाकर विशाल धर्म जागरण का कार्य किया था। झाबुआ जिला कांग्रेस का गढ़ होने से मुख्यमंत्री ने हर संभव प्रयास किया कि इस सम्मेलन में लोग न जाएँ। किंतु जनजातीय बंधुओं ने स्पष्ट कहा कि यह हमारे धर्म का मामला है, हम अवश्य जाएँगे। सम्मेलन शानदार हुआ, किंतु उसके बाद सेवा भारती के कार्यकर्ताओं पर झूठे मुकदमे चलाकर आतंक निर्माण करने का प्रयत्न किया गया। किंतु अदालत से सभी ससम्मान बरी हुए। यह भी साफ है कि जनजातीय बंधुओं में हुए धर्म जागरण के कारण कांग्रेस को लगा कि अपने वोट बैंक का गढ़ हिल गया है और इसको दबाने के लिए ही कांग्रेस ने ये सारे हथकंडे अपनाए।

मतांतर के दुष्परिणाम क्या हो सकते हैं, इस संबंध में 'सेंटर ऑफ पॉलिसी स्टडीज', चेन्नई ने 26–27 वर्षों के परिश्रम से एक तथ्यपरक ग्रंथ का निर्माण किया है, जिसका शीर्षक है—'रिलीजस डेमोग्रेफी ऑफ इंडिया', अर्थात् 'भारत की धर्ममत जनसांख्यिकी'। उसमें सन् 1881 से लेकर, जब देश में पहली जनगणना हुई, 1991 तक के 110 वर्षों में धर्ममतों के अनुसार जनसंख्या में हुए आनुपातिक परिवर्तनों का अध्ययन किया गया है। इसमें दरशाया गया है कि भारत, पाकिस्तान और बँगलादेश का एक साथ विचार करने पर हिंदुओं की संख्या में 79.32 प्रतिशत से 68.03 प्रतिशत तक अर्थात् 11 प्रतिशत की गिरावट आई है और मुसलमानों की जनसंख्या में 20 प्रतिशत से 30 प्रतिशत तक यानी 10 प्रतिशत की वृद्धि हुई है। ईसाइयों की जनसंख्या में 0.7 प्रतिशत से 2 प्रतिशत तक वृद्धि हुई है। अध्ययन का निष्कर्ष है कि जनसंख्या में आनुपातिक परिवर्तन यदि इसी प्रकार से चलता रहा तो वर्ष 2060 तक हिंदू अपनी ही भूमि में अल्पमत में आ जाएगा।

निवर्तमान सरसंघचालक प्रो. राजेंद्र सिंह उपाख्य रज्जूभैयाजी के साथ सुदर्शनजी।

राज्यपाल श्री सुंदरसिंह भंडारी, श्री एच.वी. शेषाद्रि एवं सुदर्शनजी गुजरात में।

आत्मीय संबंधों की मिठास : श्री सुदर्शनजी एवं श्री मोहनराव भागवत।

निवर्तमान एवं वर्तमान सरसंघचालक संघ-प्रार्थना करते।

संघ के वर्तमान सरकार्यवाह श्री भैयाजी जोशी के साथ श्री सुदर्शनजी।

श्री सुदर्शनजी एवं श्री अशोकजी सिंघल एक पुस्तक का विमोचन करते हुए।

ध्वजारोहण करते हुए श्री सुदर्शनजी।

बाबासाहेब अंबेडकर की प्रतिमा को माल्यार्पण कर नमन करते सरसंघचालक श्री सुदर्शनजी।

घोष पथक का अवलोकन करते हुए पूर्ण गणवेश में श्री सुदर्शनजी।

स्वामी सत्यमित्रानंदजी एवं सरसंघचालक श्री सुदर्शनजी
श्रीगुरुजी शताब्दी समारोह, कोलकाता में।

शाखा के शिशु स्वयंसेवकों के साथ श्री सुदर्शनजी।

सरसंघचालक पद से निवृत्ति के बाद वरिष्ठ स्वयंसेवकों की पंक्ति में श्री सुदर्शनजी।

हरिद्वार में प्रबुद्ध नागरिकों की संगोष्ठी में महंत मानदासजी, बाबा रामदेव और डॉ. नेगी के साथ श्री सुदर्शनजी (श्रीगुरुजी शताब्दी वर्ष में)

पुट्टपर्ती में सत्य साईं बाबा के सान्निध्य में संघ के वरिष्ठ अधिकारियों के साथ श्री सुदर्शनजी एवं श्री अशोक सिंघलजी।

पूज्य बौद्ध संत दलाई लामा सरसंघचालकजी का स्वागत करते हुए।

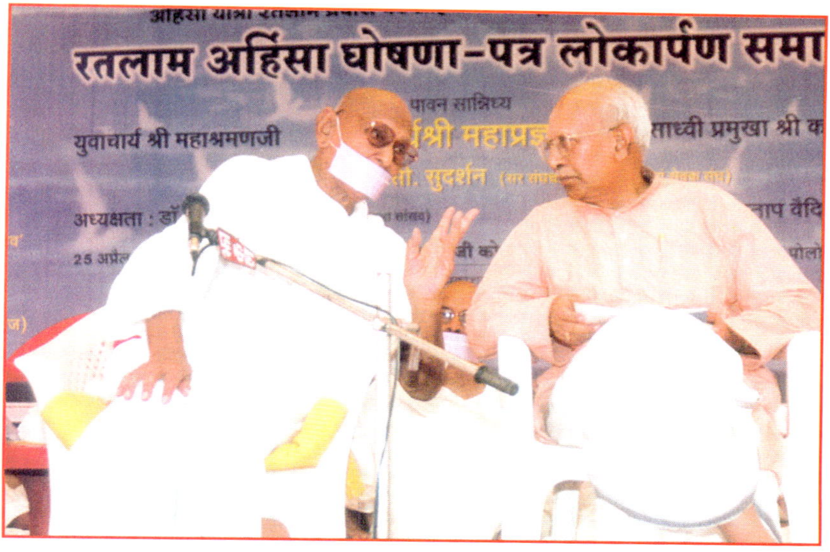

पूज्य जैनसंत श्री महाप्रज्ञजी के साथ श्री सुदर्शनजी (रतलाम में एक कार्यक्रम में)।

पूज्य करमापा लामा को उपहार प्रदान करते श्री सुदर्शनजी।

प्रसिद्ध मुसलिम नेता कलबे सादिक के साथ श्री सुदर्शनजी।

श्रीगुरुजी शताब्दी समारोह में हरिद्वार में बाबा रामदेव के साथ श्री सुदर्शनजी।

नर्मदा कुंभ में श्री सुदर्शनजी, स्वामी सत्यमित्रानंदजी, श्री नरेंद्र मोदी एवं अन्य।

सेवा संगम कार्यक्रम में संबोधित करते श्री श्री रविशंकरजी, मंच पर श्री सुदर्शनजी।

'स्वदेश' के प्रधान संपादक राजेंद्र शर्मा स्वागत करते हुए,
मध्य में हैं श्री बलवीर पुंज (पूर्व राज्यसभा सांसद)।

पूर्व प्रधानमंत्री श्री अटल बिहारी वाजपेयी एवं श्री सुदर्शनजी।

डॉ. हेडगेवार के जीवन पर निर्मित चित्र-प्रदर्शनी में
उपप्रधानमंत्री श्री आडवाणीजी एवं श्री सुदर्शनजी।

डॉ. मुरली मनोहर जोशी एवं श्री सुदर्शनजी।

भोपाल में श्रीगुरुजी जन्म शताब्दी समारोह में सुदर्शनजी के साथ क्षेत्र संघचालक श्री श्रीकृष्णजी माहेश्वरी एवं मुख्यमंत्री श्री शिवराज सिंह।

राजमाता के देहावसान पर श्री माधवराव सिंधिया को सांत्वना प्रदान करते श्री सुदर्शनजी।

श्री सुदर्शनजी एवं श्री कलराज मिश्र विचार-विमर्श करते हुए।

एक कार्यक्रम में श्री सुदर्शनजी के साथ श्री राजनाथ सिंह, श्री नितिन गडकरी।

खटीक समाज के सामूहिक विवाह सम्मेलन में श्री सुदर्शनजी, श्री नितिन गडकरी एवं पूर्व सांसद डॉ. विजय सोनकर शास्त्री।

जबलपुर के एक वैवाहिक कार्यक्रम में बहन वत्सला एवं अन्य परिजनों के साथ श्री सुदर्शनजी।

महाप्रयाण : सरसंघचालक मान. मोहनराव भागवत द्वारा श्रद्धा-सुमन अर्पण।

इतिहास साक्षी है कि जहाँ-जहाँ हिंदू अल्पमत में आया, वह हिस्सा या तो भारत से पूरी तरह से कट गया या एक किस्म का सिरदर्द बन गया। आज कश्मीर और पूर्वोत्तर इसके जीते-जागते उदाहरण हैं। ऐसे समय में हिंदू समाज को तोड़ने के सारे प्रयासों से सावधान रहने की आवश्यकता है।

आत्मविश्वास जगाएँ

अपने ही समाज के एक वर्ग को 'दलित' शब्द से संबोधित करना ही कहाँ तक उचित है? वास्तव में जो लोग विकास के निम्न स्तर पर हैं, उनमें ऊपर उठने का आत्मविश्वास जगाना पहली आवश्यकता है। ऐसा आत्मविश्वास तात्कालिक राजनीतिक स्वार्थों से प्रेरित लोग नहीं कर सकते और न ही यह कार्य सत्ता के माध्यम से किया जा सकता है। हमारी सोच यह है कि यह कार्य समाज को स्वयं करना होता है और यह कार्य सामाजिक व धार्मिक नेतृत्व करता है। केरल में एलवा, पुलया आदि जातियाँ अस्पृश्य समझी जाती थीं। पुलया तो यहाँ तक अस्पृश्य समझे जाते थे कि वे यदि बाजार से सब्जी आदि लाते थे तो घर के बाहर रख देनी होती थी और उसे कोई मुसलमान या ईसाई जब स्पर्श करता था, तब वह घर के अंदर ले जाई जाती थी। इसे देखकर ही तो स्वामी विवेकानंद ने केरल को 'पागलखाने' की संज्ञा दी थी। ऐसे लोगों को भला मंदिरों में कहाँ प्रवेश मिलता! किंतु उसी एलवा समाज में श्री नारायण गुरु ने शेष समाज के प्रति किसी प्रकार का द्वेष न जगाते हुए पूजा के लिए स्वतंत्र मंदिर स्थापित करवाए, उन्हें संस्कृत की शिक्षा दिलवाई और उस समाज में ऐसा जबरदस्त आत्मविश्वास जगाया कि आज आर्थिक प्रगति की दौड़ में उन्होंने बाकी समाजों को पीछे छोड़ दिया है।

इसलाम-चर्च का भारतीयकरण

पंजाब में जाट समाज को ऐसे ही निचले स्तर का माना जाता था। गुरु नानक देव एवं उसके बाद की गुरु-परंपरा ने उन्हें समान स्तर का सम्मान दिलाया और आज वे उद्यमी समुदाय के रूप में भारत ही नहीं, सारी दुनिया में कमाल दिखा रहे हैं। पंजाब के रामगढ़िया संप्रदाय ने तो पंजाब के औद्योगिकीकरण में बड़ी महत्त्वपूर्ण भूमिका निभाई है। डॉ. बाबासाहेब आंबेडकर ने अत्यंत विपरीत सामाजिक परिस्थितियों के बीच में धैर्य और साहस के साथ रास्ता निकालते हुए देश में श्रेष्ठ स्थान प्राप्त किया और विकास की निम्नतम सीढ़ी पर खड़े हुए महार समाज में एक ज्वलंत आत्मविश्वास पैदा करते हुए आत्मोत्थान की प्रेरणा दी; किंतु समाज को देश की सांस्कृतिक धारा से विच्छिन्न नहीं होने दिया। आज संघ भी समाज के सभी वर्गों में अपनी सांस्कृतिक विरासत के संबंध में गौरव-बोध जगाकर लगभग 800 वर्षों के पारतंत्र्य के परिणामस्वरूप समाज में उत्पन्न हुए अनेक दोषों से मुक्त करने के कार्य में लगा है। स्वामी विवेकान्द ने भारत

की संतानों को 'अमृत का पुत्र' कहा है। उन्होंने कहा कि तुम 33 करोड़ देवी-देवताओं में भले ही विश्वास कर लो, किंतु यदि अपने ऊपर विश्वास नहीं करते तो कभी ऊपर नहीं उठ सकते। संघ यही आत्मविश्वास समाज के सब वर्गों में निर्माण करना चाहता है।

दो वर्ष पूर्व यहाँ संपन्न हुए विजयादशमी उत्सव में इसलाम के भारतीयकरण तथा स्वदेशी चर्च की बात प्रस्तुत की गई थी। उसका देश के अन्य राष्ट्रीयतावादी मुसलमानों एवं ईसाइयों ने स्वागत किया और उस दिशा में स्वागतयोग्य पहल भी की। हाल में 30-31 अगस्त को दिल्ली के 'माई हिंदुस्थान' संस्था के तत्त्वावधान में भारत के नौ राज्यों के 126 प्रतिनिधि एकत्र हुए थे, जिनमें सर्वाधिक जम्मू व कश्मीर से 31 थे, राजस्थान से 26 और महाराष्ट्र से 13 थे। इनमें 18 महिलाएँ और 38 मुल्ला-मौलवियों का भी समावेश था। उच्च पदस्थ शासकीय अधिकारी, प्रवाचक, प्राध्यापक, शिक्षक आदि ने उत्साह से भाग लिया और दो दिन की जीवंत चर्चा के बाद चार प्रस्ताव पारित किए। एक प्रस्ताव में गोवंश हत्या पर तुरंत बंदी की माँग करते हुए कहा गया कि कुछ लोग मजहब के नाम पर इस कार्य में बाधा डाल रहे हैं, किंतु इसलाम इस संबंध में कुछ नहीं बताता। कृषि-प्रधान देश में गोवंश की सुरक्षा अत्यधिक महत्त्वपूर्ण होने से इस संबंध में सरकार द्वारा अब तक किए गए प्रयत्नों का स्वागत किया है और कानून बनाने हेतु सब प्रकार का सहयोग करने का आश्वासन दिया गया है।

दूसरे प्रस्ताव में मुसलिम महिलाओं के सामाजिक उत्थान के लिए उन्हें कानूनी सुरक्षा प्रदान करने की माँग की गई। सभी राज्यों में विवाह एवं तलाक का अनिवार्य रूप से पंजीयन कराने तथा मौखिक तलाक पर प्रतिबंध लगाने की माँग के साथ-साथ समान नागरिक कानून बनाने का आग्रह किया गया है।

तीसरे प्रस्ताव में कश्मीर में जिहाद के नाम पर फैलाए जा रहे आतंकवाद की कड़ी भर्त्सना करते हुए सरकार से उसकी समाप्ति के लिए कारगर कदम उठाने की माँग की गई है तथा चौथे प्रस्ताव में मुसलिम लड़कियों के लिए प्राथमिक कक्षा से उच्च शिक्षा तक नि:शुल्क शिक्षा की व्यवस्था, हस्तकला एवं हस्त व्यवसायों में लगे मुसलिम युवक-युवतियों के अल्पकालीन प्रशिक्षण की व्यवस्था तथा मदरसों का आधुनिकीकरण करने की माँग की गई है। उसी प्रकार केरल के राष्ट्रीयतावादी ईसाइयों ने इस बात की ओर ध्यान दिलाया है कि पोर्तुगीजों के आने के बहुत पूर्व ही भारतीय सांस्कृतिक परिवेश में राष्ट्रीय चर्च की स्थापना हो चुकी थी। जहाँ मध्य-पूर्व व यूरोप में रोमन साम्राज्य के प्रभाव के कारण साम्राज्यवादी चर्च पद्धति का विकास हुआ, वहाँ भारत में देशी पद्धति के चर्च का विकास हुआ था, जो भारतीय जीवन-पद्धति से न केवल पूर्णत: सुसंगत था, बल्कि जनतांत्रिक पद्धति से चलाया जाता था। उसकी पुन:स्थापना हेतु चले संघर्ष में भारत सरकार तथा देश की जनता से सहयोग की माँग की गई है। ऐसी सारी बातों का,

जिनसे इस देश की राष्ट्रीयता पुष्ट होती है, भारत के विभिन्न मतावलंबियों के बीच स्नेह और सौहार्द की स्थापना होती है, राष्ट्रीय स्वयंसेवक संघ अंत:पूर्वक स्वागत करता है।

अंग्रेजों ने वैमनस्य के बीज बोए

अंग्रेजों ने राष्ट्रीय समाज में वैमनस्य उत्पन्न करने के लिए अनेक अवधारणाएँ प्रस्तुत कीं। उनमें से एक है अल्पसंख्यक और बहुसंख्यक की अवधारणा। अपने देश के नेताओं ने भी बिना गहराई में जाते हुए उनको ज्यों-का-त्यों स्वीकार कर लिया और अल्पसंख्यक अधिकारों के रूप में एक नए झगड़े का बीज बो दिया। थोड़ा मूलगामी विचार किया जाए कि वास्तव में अल्पसंख्यक किसको कहा जाना चाहिए? अल्पसंख्यक वास्तव में वह है, जो किसी दूसरे देश से इस देश में आकर बसता है। इस दृष्टि से तो केवल यहूदी और पारसी ही अल्पसंख्यक की श्रेणी में आते हैं। पर उन्होंने अपने आपको अल्पसंख्यक न मानकर राष्ट्र की मुख्य जीवनधारा में समरस कर लिया है। पर भारत का 99 प्रतिशत मुसलमान और 99.9 प्रतिशत ईसाई भारत के बाहर से नहीं आया। वह इसी धरती का है। कुछ पीढ़ियों पहले उन्होंने अपना मजहब बदल लिया; लेकिन मजहब बदलते ही वे अल्पसंख्यक कैसे हो गए? उपासना-पद्धति की स्वतंत्रता तो इस देश में है ही, क्योंकि हिंदू की मान्यता ही यह है कि सत्य एक है, उसे विद्वान् भिन्न-भिन्न नामों से पुकारते हैं और उस सत्य तक पहुँचने के जितने रास्ते हैं, वे सब सच हैं। अत: मजहब बदलने से न मातृभूमि बदलती है और न ही पूर्वज। अत: जिन्हें आज अल्पसंख्यक कहा जा रहा है, उन्हें यह भूमिका लेनी चाहिए कि वे अल्पसंख्यक नहीं हैं। वे तो राष्ट्रीय समाज के अंग हैं।

बहुसंख्यक कौन?

मजहब के आधार पर अल्पसंख्यक मानने पर प्रश्न खड़ा होता है कि फिर बहुसंख्यक कौन हैं? लोग कहेंगे कि 'हिंदू'। किंतु सर्वोच्च न्यायालय ने भी तीन-तीन निर्णयों में कहा है कि 'हिंदू' किसी उपासना पंथ का नाम नहीं है, वह एक जीवन-पद्धति है, जिसके अंतर्गत अनेक उपासना पंथ आते हैं। यदि पांथिक आधार पर अल्पसंख्यक माना तो भारत में सभी पंथों को अल्पसंख्यक ही कहना होगा, जिसका बहुसंख्यक समाज के अभाव में कोई अर्थ नहीं रह जाता। अत: डंके की चोट पर हम कहें कि हम सब मिलकर राष्ट्रीय समाज हैं, जिनकी समान मातृभूमि, समान संस्कृति और समान पूर्वज हैं। संघ की दृष्टि में इसे ही 'हिंदू-राष्ट्र' कहा गया है और उपासना, पंथ या मजहब के नाते अलग होते हुए भी राष्ट्रीयता के नाते हम सब हिंदू हैं। हिंदू जीवन-पद्धति ही दुनिया में एकमात्र जीवन-पद्धति है, जो विविधता में एकता के सिद्धांत पर विश्वास करने के कारण सारी विविधताओं को अपने जीवन में स्थान देती है। इसलिए किसी

की पहचान नष्ट होने का खतरा इस हिंदू राष्ट्र में नहीं है। लेकिन शर्तें यही हैं कि सभी पंथों की सार्थकता स्वीकार कर सर्वपंथ समादर के भाव को आत्मसात् करना होगा।

राम मंदिर और राष्ट्रीय स्वाभिमान

यह मानसिकता बनी तो राम, कृष्ण, चंद्रगुप्त विक्रमादित्य आदि को अपना पूर्वज मानने में कोई बाधा नहीं रहेगी। आज जो लोग रामजन्मभूमि पर मंदिर निर्माण का विरोध कर उसके मार्ग में हर संभव बाधा खड़ी कर रहे हैं, वे इसे हिंदू-मुसलिम प्रश्न के रूप में देख रहे हैं। वास्तव में, यह तो राष्ट्रीय स्वाभिमान को स्थापित करने की बात है। बाबर आक्रमणकारी के रूप में आया था और उसके सिपहसालार मीर बाकी ने अयोध्या में विद्यमान 15/16वीं सदी के मंदिर को तोड़कर मसजिद की स्थापना की थी। उसका मसजिद खड़ी करने का कोई धार्मिक हेतु नहीं था। वह तो पराजित लोगों—जाति—के मन को अपमान से दग्ध करने की आकांक्षा से किया गया था और इसलिए राष्ट्रीय स्वाभिमान आहत हुआ था। वही बात मथुरा के कृष्ण मंदिर व काशी के विश्वनाथ मंदिर की है। इसी प्रकार देश में आक्रांताओं ने हजारों मंदिर तोड़े और लगभग 3,000 मंदिर तो ऐसे हैं, जहाँ मंदिर के मलबे से ही मसजिदें खड़ी की गईं। पर राम, कृष्ण और शिव इस देश के सर्वाधिक पूज्य देवता हैं और इसलिए ये तीन स्थान हिंदुओं की दृष्टि से अत्यंत पूज्य हैं। प्रतिवर्ष लाखों यात्री इन तीन स्थानों पर जाते हैं; किंतु जब वहाँ मसजिद खड़ी देखते हैं तो मुसलिम आक्रांताओं का स्मरण आ जाता है और फिर उनके मन में इसलाम के चरित्र के संबंध में केवल प्रतिकूल भाव ही पैदा होता है और इस कथन पर विश्वास नहीं बैठता कि इसलाम शांति व भाईचारे का मजहब है। इसे राजनीति तोड़ती है, संस्कृति जोड़ती है। इससे आपसी सौहार्द में बाधा पहुँचती है। यही कारण है कि सन् 1977 में तत्कालीन प्रधानमंत्री श्री मोरारजी देसाई ने भी अलीगढ़ मुसलिम विश्वविद्यालय से आए प्रतिनिधिमंडल से कहा था कि हिंदुओं के साथ सौहार्द चाहते हो तो ये तीन स्थान उन्हें वापस दे दो।

रामजन्मभूमि आंदोलन चलानेवाले संतों ने भी यही कहा है कि ये तीन मिल जाएँ तो अन्य 3,000 की माँग हिंदू नहीं करेगा। राम तो देश को जोड़नेवाली कड़ी हैं। डॉ. राममनोहर लोहिया ने भी, जिनको सांप्रदायिक कहने की कोई हिम्मत नहीं कर सकता, कहा था कि राम, कृष्ण और शिव इस देश की पहचान हैं। अपने मुख्य अतिथि श्री पूर्णचंद्रजी ने ठीक ही कहा है कि मंडल आयोग के पश्चात् तो जातिवाद की स्थिति में नकारात्मक परिवर्तन आ गया और राजनीतिक दलों की वोट बैंक की राजनीति ने तो इसमें आग में घी का काम किया है। यहाँ एक घटना की ओर इंगित करना आवश्यक लगता है। जब मंडल आयोग की सिफारिशों के पश्चात् अगड़े-पिछड़े आमने-सामने

आ गए, तब बिहार में एक स्थान पर जब दोनों संघर्ष की स्थिति में थे और घोषणा हुई कि 'रामरथ' आ रहा है तो दोनों ने झगड़ा बंद कर दिया, रामरथ को नमस्कार किया और रामरथ के चले जाने के बाद फिर अपने झगड़े में लग गए। राजनीति तोड़ती है, संस्कृति जोड़ती है।

किंतु जो लोग बाबर और औरंगजेब जैसे आक्रांताओं से केवल इसलिए संबंध जोड़ते हैं कि वे मुसलिम मतावलंबी थे, उन्हें वे मसजिदें अपमानजनक नहीं लगतीं, बल्कि काफिरों पर इसलाम की श्रेष्ठता को स्थापित करनेवाले स्मारक लगते हैं। बाबरी मसजिद एक्शन कमेटी के कुछ लोगों ने यह घोषणा की थी कि यदि यह सिद्ध हो जाए कि वहाँ पहले मंदिर था तो वे स्वयं हथौड़े लेकर मसजिदनुमा ढाँचे को तोड़ देंगे। सन् 1992 में जब ढाँचा तोड़ दिया गया, तब उसमें जो शिलालेख निकला, उसमें असंदिग्ध रूप से वहाँ मंदिर होने की बात 11वीं-12वीं सदी की देवनागरी लिपि में उत्कीर्णित थी। वास्तव में, विवाद तो उसी समय समाप्त हो जाना चाहिए था; किंतु जिन्हें अपना हठ ही चलाना था, उन्होंने इस शिलालेख को भी नकारा और आज जब पुरातत्त्व विभाग द्वारा असंदिग्ध रूप से उस ढाँचे के नीचे अलग-अलग कालखंड में मंदिर होने की बात कही गई, तो उसे भी दबाव में लिखा गया प्रतिवेदन बताया जा रहा है। अदालत जो निर्णय देगी, उसे मानेंगे, ऐसा कहा अवश्य जा रहा है; किंतु जिस मनोवृत्ति से वे जकड़े हुए हैं, उसमें वे उसे भी नहीं मानेंगे, अन्यथा मथुरा का विवाद समाप्त कर देते। सन् 1832 से लेकर 1968 तक नौ मुकदमे चले, दस अपीलें हुईं और दो पुनर्वीक्षा के आवेदन हुए। सब में निर्णय हिंदुओं के पक्ष में ही हुआ; किंतु फिर भी वहाँ से अपना दावा हटाने के लिए तैयार नहीं हैं। मथुरा और काशी के मंदिर तोड़ने के औरंगजेब के फरमान भी हैं; किंतु काफिरों के पक्ष में न्याय कैसे माना जा सकता है ? इसी मनोवृत्ति को बढ़ावा देते हैं मार्क्स-पुत्र और मैकाले-पुत्र, क्योंकि उनकी रोजी-रोटी ही हिंदुत्व-विरोध के कारण चलती है। वे क्यों विवाद को शांत होने देंगे ? मुसलिम समाज के राष्ट्रीयतावादी प्रबुद्ध वर्ग को जान लेना चाहिए कि जो लोग मजहब को अफीम की गोली मानते हैं, वे इसलाम को भी क्यों बख्शेंगे ? सर्वसाधारण मुसलमान अन्य बंधुओं के साथ शांति से रहना चाहता है; किंतु मुसलिम समाज का वर्तमान कट्टरपंथी नेतृत्व सारे भारत को ही इसलाम के रंग में रँगा देखना चाहता है। इस पृष्ठभूमि में एक नए राष्ट्रीयतावादी नेतृत्व का उभरना एक शुभ संकेत ही माना जाना चाहिए।

मार्क्स-पुत्र एवं मैकाले-पुत्र

आज मार्क्स-पुत्रों एवं मैकाले-पुत्रों की सबसे बड़ी चिंता यह है कि उनके निरंतर विरोध के पश्चात् भी हिंदुत्व का विचार आगे कैसे बढ़ता जा रहा है ? और इसलिए

'खिसियानी बिल्ली खंभा नोचे' की कहावत के अनुसार चिढ़कर उन्होंने अपना आक्रमण तेज कर दिया है; क्योंकि एक वही क्षेत्र है, जहाँ उनके हस्तकों का कब्जा अब तक बरकरार है। उस स्थिति का पूरा लाभ उठाकर अपने हस्तकों के माध्यम से हर छोटी-मोटी घटना को इच्छानुसार तोड़ते-मरोड़ते हुए हिंदू समाज को राक्षस सिद्ध करने का अविरत प्रयत्न कर रहे हैं। ऐसा करते समय उन्हें इस बात की चिंता नहीं कि वे झूठ बोल रहे हैं या सच, या झूठ को ही सच दिखा रहे हैं, जब तक हिंदुत्व को बदनाम करने का उनका उद्देश्य सिद्ध हो रहा है। अभी कुछ समय पूर्व 7 अगस्त को कुछ अंग्रेजी समाचार-पत्रों ने कुतुबुद्दीन अंसारी नामक एक युवक का हाथजोड़े रोता हुआ चित्र प्रथम पृष्ठ पर पुनः छापा। गत वर्ष 27 फरवरी को गोधरा के बर्बर हत्याकांड के विरोध में गुजरात के अन्य भागों में उसकी हिंसक प्रतिक्रिया प्रारंभ हुई तो तीसरे दिन सब अखबारों में लगभग पहले पन्ने पर हाथ जोड़े, आँखों में आँसू भरे गिड़गिड़ाती मुद्रा में इसी अकेले व्यक्ति का चित्र छापा गया था। चित्र के नीचे कहा गया था कि दंगाग्रस्त क्षेत्र में एक मकान की पहली मंजिल पर घिरा यह मुसलिम युवक दंगाइयों से अपनी जान की भीख माँग रहा है। साथ ही कहानी में कहा गया था कि दंगाइयों की विशाल भीड़ ने उसे घंटों घेरे रखा और उसके मकान में आग लगा दी। यहाँ प्रश्न उठता है कि 'रायटर्स' के जिस कुशल छायाकार ने पहली मंजिल पर खड़े उस व्यक्ति का चित्र खींचा, उसमें उस मकान में लगी आग और उसे घेरकर खड़ी उस विशाल भीड़ को क्यों छोड़ दिया? क्योंकि तभी वह चित्र पूरे संदर्भ में प्रभावशाली बनता। क्या यह संभव है कि पहली मंजिल पर खड़े केवल अकेले व्यक्ति का चित्र आ जाए और भीड़ आदि का चित्र पूरी तरह से छूट जाए? फोटो पत्रकारिता के निर्लज्ज दुरुपयोग का इससे बड़ा क्या उदाहरण हो सकता है? तीन दिन बाद पुनः उसी रोते हुए चित्र के नीचे उसका मुसकराती मुद्रा में दूसरा चित्र भी इस कहानी के साथ छपा कि ईश्वर की कृपा से वह बच गया। पुनः प्रश्न खड़ा होता है कि जानलेवा हथियारों से लैस उन निर्दयी दंगाइयों ने, जिनके बारे में कहा गया कि उन्होंने गर्भवती महिलाओं तक को नहीं छोड़ा, इसको कैसे छोड़ दिया? दंगाई उस जुनून में भी इतने दयावान् कैसे बन गए? 7 अगस्त को पुनः छापने का कारण बना कुतुबुद्दीन अंसारी का पश्चिम बंगाल की सरकार द्वारा अपने यहाँ शरण दिया जाना। यह भी गुजरात की भाजपा सरकार के विरुद्ध अपने घृणा अभियान को चालू रखने का वामपंथी तरीका है।

अभी-अभी हुए मुंबई के बम विस्फोटों को भी, जिनमें 40 लोग मरे और 100 से अधिक घायल हुए, गुजरात के दंगों की प्रतिक्रिया बताकर आतंकवादियों के अपराध को कम करके दिखाने का प्रयास हो रहा है—और मजा देखिए कि मुंबई के विस्फोट डेढ़ दिन बाद भुला दिए गए और गुजरात का मामला पाँच साल बाद भी गरम रखा जा रहा है।

मानवाधिकारों का दोगला चरित्र

कुतुबुद्दीन अंसारी की जो लोग इतनी चिंता कर रहे हैं, वे लोग गत चौदह वर्षों से विस्थापित जीवन बितानेवाले कश्मीरी पंडितों से कभी मिलने भी गए, उनके पुनर्वास की चिंता करना तो दूर की बात है। कश्मीरी पंडितों को जो योजनाबद्ध रीति से कश्मीर घाटी से बाहर कर घाटी को निजामे-मुस्तफा में बदलने का जब प्रयास किया गया, तब तो गुजरात की घटना भी घटी नहीं थी। वह कौन सी मानसिकता है, जो निर्दोषों की हत्या एवं पूरे परिवारों को उजाड़ देने के पीछे काम कर रही है? यह काम अब जम्मू क्षेत्र में चलाया जा रहा है। वह जाने दीजिए, कोझिकोड जिले में समुद्र तटवर्ती गाँव माराड में दिन भर के थके हिंदू मछुआरे जब रात्रि को विश्राम कर रहे थे, तब हथियारों से लैस मुसलिम गुंडों ने उनपर आक्रमण कर 9 हिंदुओं को मौत के घाट उतार दिया और 19 घायल हो गए। उद्देश्य था कि तटवर्ती क्षेत्र को पूरी तरह से हिंदू-विहीन करना, ताकि अस्त्र-शस्त्रों और मादक द्रव्यों की तस्करी निर्बाध चलती रह सके। इन मानवाधिकारवादियों में कोई भी उन अभागे हिंदुओं की सुध लेने पहुँचा? बड़े घरानों के अंग्रेजी अखबारों ने भी इस घटना के प्रति उपेक्षापूर्ण रवैया ही अपनाया। क्यों, क्या वे मानव नहीं हैं, भावना-शून्य जानवर हैं?

मानवाधिकार आयोग की बात भी कितनी विचित्र है! बेस्ट बेकरी मामले में मुख्य गवाह के बयान बदल देने के कारण आरोपी छूट गए तो मानवाधिकार आयोग सर्वोच्च न्यायालय में गुहार करने पहुँच गया कि गुजरात के न्यायालयों में न्याय नहीं मिल सकता, अतः गुजरात के बाहर मुकदमा चलाया जाए। पर 1-2-1993 के मुंबई के शृंखलाबद्ध विस्फोटों के आरोपी भी, जिन्होंने राधाबाई चॉल के हिंदुओं को घरों में जला दिया था, सबूत के अभाव में छोड़ दिए गए तो मानवाधिकार आयोग क्यों सामने नहीं आया? क्या केवल इसलिए कि वहाँ मरनेवाले हिंदू यानी भावना-शून्य जानवर थे? वहीं क्यों सन् 1984 के दंगों में, जिसमें 3,000 केशधारी सिख कांग्रेसियों की भीड़ के द्वारा मार डाले और जला दिए गए, आरोपी इसलिए छूट गए कि मुख्य महिला चश्मदीद गवाह अपने बयान से मुकर गई। मानवाधिकार आयोग ने उसकी दखल ली? मुसलमानों और ईसाइयों के बारे में अपार संवेदना और हिंदुओं के प्रति गहरी उदासीनता क्या मानवाधिकार आयोग की निष्पक्षता पर प्रश्नचिह्न नहीं लगाती? मार्क्स-पुत्रों एवं मैकाले-पुत्रों का रवैया ही यह रहा है कि पाकिस्तान को इन जघन्य घटनाओं की सारी जिम्मेदारियों से मुक्त कर देना और इसलिए पाकिस्तानी सरकार और ये तथाकथित सेक्युलरवादी पत्रकार एक ही भाषा बोलते दिखाई देते हैं। इन भारतीय अखबारों को उद्धृत करते हुए पाकिस्तान सारी दुनिया में भारत को बदनाम करने में लगा है; किंतु इन पत्रकारों को कोई लज्जा नहीं आती, क्योंकि 'अर्थस्य हि पुरुषो दासः।' जिनका नमक खा रहे हैं, उनका गुणगान तो करेंगे ही!

देश का मनोबल गिराता मीडिया

ये लोग इतना ही नहीं करते। अंतरराष्ट्रीय मंच पर भारत के मनोबल को गिराने का हर संभव प्रयास करते हैं। इन लोगों ने कानकुन की बैठक के पूर्व चेतावनी दी थी, 'खबरदार, यदि कानकुन बैठक असफल हो गई तो हम अलग-थलग पड़ जाएँगे। आयात शुल्क घटाने से घबराएँ नहीं, अनुदान के प्रश्न को बाजू में रखें और बाहर के बाजारों में घुसने की सोचें।' भारतीय औद्योगिक परिसंघ ने तो यह भी सलाह दी कि सिंगापुर में उठाए गए मुद्दों से परहेज न रखें। पश्चिम की शक्तियों ने भारतीय संवाद माध्यमों से दोहा सम्मेलन के पूर्व भी ऐसी ही हवा खड़ी कराई थी, जिससे भारत पश्चिमी राष्ट्रों के चंगुल में आ जाए। हमारे देश के अधिकांश लोगों को पता ही नहीं है कि कानकुन में क्या होने वाला था! बहुतों को यह नहीं मालूम कि आखिर यह विश्व व्यापार संगठन है क्या? और ऐसे अनजान लोग हमारे देहाती लोग नहीं, बल्कि बड़े-बड़े व्यापारी, वकील, सरकारी अफसर, राजनीतिज्ञ और विज्ञ परामर्शदाता आदि हैं। यह बात भी नहीं कि अमेरिका, इंग्लैंड या जापान के लोग अधिक जानकार हों। वे हमसे भी गए-बीते हो सकते हैं। पर अंतर यह है कि उन देशों में जो विशेषज्ञ होते हैं, वे अपने देश के हित में ही बोलते और लिखते हैं। हमारे यहाँ के विशेषज्ञ मात्र अलग हैं। वे तो दुनिया के हित की बात सोचते हैं, केवल भारत के हित की नहीं। वे विश्व नागरिक जो हैं!

दोहा में भारत की लड़ाई

दोहा में अपने वाणिज्य-व्यापार मंत्री मुरासोली मारन ने अकेले लड़ाई लड़ी। उनकी एक ही समस्या थी—भारत का संवाद माध्यम। पश्चिम के वार्त्ताकार भारतीय समाचार-पत्रों में छपे संपादकीयों और तथाकथित विशेषज्ञों के लेखों को उनके मुँह पर मारकर कहते थे, 'भारत का जनमत विश्व व्यापार संगठन में पश्चिम के रुख का समर्थन करता है, आपके रुख का नहीं।' श्री मारन ने इच्छा व्यक्त की थी कि एक-दो लेख तो भारत के पक्ष में भी लिखे जाएँ। किंतु किसी ने सहयोग नहीं दिया। पर अपने अकेले के बलबूते पर लड़कर जब वे जीत गए तो यूरोपीय संघ के एक प्रतिनिधि ने कहा, 'मारन ने विकासशील राष्ट्रों के लिए सर्वोत्तम शर्तों को स्वीकार कराया है।'

इस बार भी भारतीय संवाद माध्यमों ने पश्चिम-प्रिय राग ही अलापा; किंतु श्री अरुण जेटली ने उनकी सलाह को ठुकराते हुए कानकुन बैठक की असफलता की चिंता नहीं की। 13 राष्ट्रों का गुट बनाकर उन्होंने पश्चिम को पहले ही चेतावनी दे दी कि आप लोग यह मत समझ लेना कि हम लोग आपकी हाँ में हाँ मिलाएँगे। अमेरिका व यूरोपीय संघ ने इस गुट को तोड़ने का बड़ा प्रयत्न किया; किंतु टूटने की बजाय उसकी संख्या 22 हो गई। सिंगापुर के चार मुद्दों के विरोध में भारत ने 16 राष्ट्रों का गुट बनाया। ये

चार मुद्दे थे—(1) एक देश (यानी पश्चिम) को अन्य देशों में बिना उनकी राष्ट्रीय आवश्यकताओं व कानूनों की बाधा के निवेश की छूट। (2)सरकारों को, यहाँ तक कि नागपुर जैसी महापालिकाओं को भी, चीजें खरीदने के लिए वैश्विक निविदाएँ आमंत्रित करनी चाहिए। (3) आयात-निर्यात के लिए समान वैश्विक प्रक्रिया निर्धारित करना (अर्थात् उन अनेक वस्तुओं का निजीकरण, जिन्हें आज हमारे सीमा शुल्क अधिकारी सँभालते हैं।) और (4) प्रतियोगिता की नीति अर्थात् बहुराष्ट्रीय कंपनियों को दूसरे देशों पर कब्जा जमाने देना। अनेक देश इन मुद्दों के संभावित परिणामों से घबरा गए थे; किंतु हमारे भारतीय उद्योग परिसंघ ने उत्साह से पश्चिमी देशों के संघों का ही समर्थन किया। इन विशेषज्ञों और सुधारवादियों का हमारे वार्त्ताकारों पर कितना दबाव आया होगा, किंतु हमारे वाणिज्य-व्यापार मंत्री डटे रहे। इससे 22 राष्ट्रों व 16 राष्ट्रों के गुटों को भी हिम्मत मिली। इसका परिणाम यह हुआ कि 60 के लगभग अफ्रीकी राष्ट्र, जिन्हें पश्चिमी राष्ट्र बलि का बकरा मानते थे, विद्रोह कर बैठे और इधर आ मिले। न्यूयॉर्क के 'वॉल स्ट्रीट जर्नल' ने इसे बगावत की संज्ञा दी; किंतु यह शेष विश्व का पश्चिम को, देर से ही सही, करारा उत्तर था।

भारत का निर्माण किसके द्वारा?

हमें सोचना है कि भारत का निर्माण किसके द्वारा होगा, भारत के द्वारा या अमेरिका के द्वारा? पश्चिमपरस्त अपने विशेषज्ञों ने कहा कि प्रतिवर्ष 10 अरब डॉलर के प्रत्यक्ष पूँजी निवेश के बिना हम 8 प्रतिशत विकास दर नहीं साध सकते। पर आज प्रत्यक्ष पूँजी निवेश कम हो रहा है। इस वर्ष वह 50 प्रतिशत से कम हो गया। पर हमारी अर्थव्यवस्था आगे बढ़ रही है। केंद्रीय सांख्यिकी संगठन ने कहा है कि सकल उत्पादन में इस वर्ष 7 प्रतिशत के विकास दर की संभावना है। कहा गया कि जब तक हम अपने रुपए की कीमत विचारपूर्वक कम नहीं करेंगे, तब तक हमारा निर्यात नहीं बढ़ सकता। गत वर्ष हमारा वस्तु निर्यात 20 प्रतिशत बढ़ा और रुपया भी 10 प्रतिशत मजबूत हुआ।

वर्ष 2000 में विशेषज्ञों ने कहा, 'हम यदि तेजी से वैश्वीकरण नहीं करते तो विदेशी पूँजी निवेशक हमसे दूर चले जाएँगे और हमारे विदेशी मुद्रा भंडार पर दबाव बढ़ जाएगा। हमारा विदेशी मुद्रा भंडार बहुत मजबूत नहीं है और हम लोगों को विश्व बैंक एवं अंतरराष्ट्रीय मुद्रा कोष के सामने हाथ पसारना पड़ेगा और वे हमें खत्म कर देंगे।' जब हम आणविक शक्ति-संपन्न बने तो हमारा विदेशी मुद्रा भंडार 30 अरब डॉलर था। आज वह 86 अरब डॉलर है और हम अपने विदेशी कर्जों को समय के पूर्व ही चुका रहे हैं। हमारे निर्माण उद्योगों में लाभ बढ़ रहा है, क्योंकि हमने अतिरिक्त खर्चों में कमी की है। आज टाटा मोटर्स, अशोक लीलैंड, महिंद्रा, टी.वी.एस. मोटर्स और बजाज

दुनिया के बाजारों में सेंध लगा रहे हैं। सन् 1990 में वित्त सचिव ने भारतीय निर्माताओं को सलाह दी थी कि 'अपने उद्योगों को कबाड़खाना बनने के पहले ही बेच दो।' पर हमारे निर्माताओं ने अपना आत्मविश्वास नहीं खोया और आज हम आगे बढ़ रहे हैं।

बाँस व्यवसाय

बाँस एवं बाँस से बनी वस्तुओं के निर्यात का एक बहुत बड़ा क्षेत्र उपेक्षित ही रहा है। दुनिया का 51 प्रतिशत बाँस हमारे पास है; पर दुनिया के 91 हजार करोड़ के बाँस के व्यापार में हमारा हिस्सा 2,200 करोड़ का ही है। बाँस के व्यवसाय में लगे अपने समाज-बांधवों की थोड़ी सी कुशलता बढ़ाकर तो इसे 26 हजार करोड़ तक ले जाने का विश्वास योजना आयोग ने व्यक्त किया है। इससे 8 करोड़, 60 लाख कारीगरों को मूल्यवर्धित रोजगार मिलेगा। मेघालय, त्रिपुरा और उत्तर बंगाल में बाँसकर्मियों की आमदनी 40 रुपए प्रतिदिन। प्रति व्यक्ति से बढ़कर 270 से 300 रुपए तक बढ़ गई है।

'आज विश्व-व्यापार विशेषज्ञ कह रहे हैं कि बहुत शीघ्र भारत चीन से आगे बढ़ जाएगा। आज चीन और जापान अमेरिका को इसलिए उधार दे रहे हैं कि अमेरिका उनसे माल खरीदे। ज्यों ही अमेरिका में खपत कम होगी, उनपर संकट आ जाएगा। भारत ने अपनी ही बचत के आधार पर अपने ही प्रयत्नों से अपनी ही खपत के आधार पर अपना विकास किया है। अत: आज बाहर की ओर देखने की आवश्यकता नहीं। यह आत्मविश्वास जगाना होगा कि हम अपने ही बलबूते आगे बढ़ेंगे। अभी कुछ दिनों पूर्व संयुक्त राष्ट्र संघ के तत्त्वावधान में पर्यावरण से जुड़े विषयों पर सामान्य सहमति बनाकर 'पृथ्वी अधिपत्र' (Earth Charter) बनाने के लिए वैश्विक सम्मेलन का आयोजन किया गया, जिसमें 106 देशों ने भाग लिया। तीन दिनों तक चली चर्चा के उपरांत 40 मुद्दों पर सहमति हुई। तब भारतीय प्रतिनिधिमंडल ने अथर्ववेद के 'पृथ्वीसूक्त' का अंग्रेजी अनुवाद सबको बाँटा, जिसमें ये 40 मुद्दे तो थे ही, 22 और भी मुद्दे थे। उसको पढ़ने के उपरांत सारे प्रतिनिधियों ने कहा कि इसे पहले ही प्रस्तुत क्यों नहीं किया, अन्यथा तीन दिन इतना परिश्रम न करना पड़ता! ये तीन दिन बेकार गए और अंत में अपने 'पृथ्वीसूक्त' को ही सबने स्वीकार कर लिया। इसी 'पृथ्वीसूक्त' में 'वसुधैव कुटुंबकम्' तथा 'सर्वे भवन्तु सुखिन: ' की अवधारणाएँ हैं।

हमारे यहाँ 'स्वास्थ्य-सुधार पर्यटक' (health tourists) नहीं आते थे। गत वर्ष 3 लाख ने अपना पंजीयन कराया, पर हम 26 हजार को ही अनुमति दे पाए। आमदनी 6,860 करोड़ की हुई। पाश्चात्यों का शरीर विषमय हो गया है और तनावग्रस्त रहता है। मोटापा बढ़ गया है। हमारे यहाँ पंचकर्म, क्षार-सूत्र, योग और प्राकृतिक चिकित्सा की ओर लोग आकर्षित हो रहे हैं। इनके केंद्र बढ़ाना आवश्यक है।

पश्चिम विश्व को एक बाजार मानता है और मनुष्य को केवल व्यक्ति मानता है। परिवार, ग्राम-समाज, व्यावसायिक समूह आदि को वहाँ कोई महत्त्व नहीं है। उनका नारा है व्यक्ति-आधारित विकास। हमारा आधार परिवार और समुदाय-आधारित विकास है। समुदाय के बीच आपसी अपनापन होता है। बाजार रचना में महत्त्व पैसे का है। व्यक्ति मरे या जिए, कोई चिंता नहीं। परिवार व समुदाय-रचना में महत्त्व परिवार के सदस्यों या समुदाय के सदस्यों का होता है। अतः आपसी अपनापन जितना अधिक होगा, उतना ही आर्थिक विकास होगा। अतः पाश्चात्य और भारतीय समाज-रचनाओं में इस अंतर को ध्यान में रखकर ही हमें अपना स्वयं का मार्ग तैयार करना होगा।

पश्चिम का मत है—
विश्व एक बाजार है,
जहाँ प्रत्येक व्यक्ति खरीदार है,
जिसकी जेब में पैसों की भरमार है,
उसका दारोमदार है,
बाकी सब बेकार है।
भारत कहता है—
विश्व एक परिवार है,
जहाँ प्रत्येक को जीने का अधिकार है।
त्यागपूर्वक भोग हमारा आधार है।
इसी में सबके सुख का सार है।

अतः भारत की यह वैश्विक भूमिका निभाने हेतु हिंदुत्व को ही संघ ने अपने कार्य का आधार माना है। राष्ट्रीय स्वयंसेवक भारत माता के प्रति अनन्य भक्ति जगाकर समग्र भारत को बंधुत्व के बंधन में बाँधना चाहता है। यही हिंदुत्व है, यही राष्ट्रीयत्व है, यही हमारा स्वत्व है। आप सबका इसी ईश्वरीय कार्य में सक्रिय सहयोग का आह्वान करता हूँ।

□

हिंदू समाज को बलवान् और अजेय बनाना ही एकमात्र उपाय

पूज्यपाद स्वामी विश्वदेवानंदजी महाराज, विदर्भ प्रांत के सह प्रांत संघचालक मा. श्रीरामजी जोशी, नागपुर महानगर संघचालक डॉ. दिलीप गुप्ता, उपस्थित सज्जनवृंद, माताओ, बहनो तथा प्रिय स्वयंसेवक बंधुओ! आज विजयादशमी के पावन पर्व पर सांघिक रूप से गाया गया गीत आपने सुना—

स्नेह-सूत्र में गूँथे जन-जन
स्वाभिमान से भर दें हर मन।
राष्ट्र समूचा चले विजय पथ
जग में गूँजे जय-जय भारत॥

विजय भला कौन नहीं चाहता! सब चाहते हैं कि हम विजयी हों! पर विजय के लिए शक्ति चाहिए और शक्ति के लिए साधना चाहिए। नवरात्र में शक्तिदायिनी माँ दुर्गा की आराधना के बाद ही विजय का पर्व आता है। शक्ति तो शारीरिक, मानसिक, बौद्धिक व आत्मिक—चारों प्रकार की होती है। पश्चिम ने प्रथम तीन प्रकार की शक्तियों का तो संग्रह किया है, किंतु चौथी यानी आध्यात्मिक शक्ति के अभाव में वे भटकाव का शिकार अधिक हो रहे हैं। भारत की जय यदि जगत् में सर्वत्र गूँजनी है तो अध्यात्म के अधिष्ठान पर ही भौतिक शक्तियों का संग्रह करना होगा। इसी कार्य को करने का बीड़ा 79 वर्ष पूर्व डॉ. केशव बलिराम हेडगेवार ने उठाया था। अपनी आध्यात्मिक व सांस्कृतिक धरोहर को विस्मृत किए बैठा अपना हिंदू समाज जाति-पंथ-प्रांत-भाषा आदि के अभिनिवेशों के आधार पर इतना बँटा हुआ और परिणामत: इतना दुर्बल व स्वाभिमान-शून्य बन गया था कि अपने आपको हिंदू कहने में ही उसे लज्जा आने लगी थी। ऐसे हिंदू समाज को संगठित व स्वाभिमान-संपन्न बनाना दुष्कर व दु:साध्य माना जाता था। उस समय डॉ. हेडगेवारजी ने कहा, 'संगठन निर्माण कर अपने समाज

को बलवान् और अजेय बनाने के अतिरिक्त और कोई भी उपाय हमारे सामने नहीं है। यह साध्य होने पर सारी बातें अपने आप हो जाएँगी। आज हमें भयभीत करनेवाले सारे राजनीतिक, सामाजिक व आर्थिक प्रश्न सहज सुलझा लिये जाएँगे।' और इसी कार्य को अपना जीवन-ध्येय बनाकर वे कार्य में जुट गए—

ध्येय को ही देव कहकर,
हृदय मंदिर में बसाया।
देवता के युग पदों पर
अर्घ्य जीवन का चढ़ाया।
कोटि उर में आज बिंबित
ध्येय की वह दिव्य प्रतिमा॥

और इसी कारण बंगाल में मार्क्स-पुत्रों के शासन पर सब प्रकार के अवरोधों-विरोधों के बावजूद संघ निरंतर विकास करता हुआ जहाँ सर्वसाधारण हिंदू समाज में स्वाभिमान का जागरण कर रहा है, वहाँ हिंदुत्व-विरोधियों के मन में इसके कारण विद्वेष एवं असूया निर्माण हो रही है। इन विरोधियों में अग्रणी हैं मार्क्स-पुत्र और उनके हमजोली मैकाले-पुत्र। संयोग से इन मार्क्स-पुत्रों को परदे के पीछे से शासन-सूत्रों को संचालित करने का अवसर मिल गया है और इसलिए हिंदू शक्तियों को कैसे आघात पहुँचाया जाए, इसी उधेड़बुन में वे लगे रहते हैं। नकारात्मक सोच के शिकार वे मार्क्स-पुत्र सिवाय विध्वंसक कार्यों के कोई रचनात्मक कार्य कर ही नहीं सकते। यदि ऐसा होता तो पश्चिम बंगाल में 27 वर्षों तक अनवरत सत्तासीन होने के कारण पश्चिम बंगाल को तो मार्क्सवादी स्वर्ग बन जाना चाहिए था; पर वस्तुस्थिति क्या है?

- सन् 1971-72 में आर्थिक आधारभूत संरचना के क्षेत्र में प. बंगाल का स्थान चौथा था, जो 1997-98 में 14वाँ हो गया।
- सामाजिक आधारभूत संरचना के क्षेत्र में सन् 1977 में, जब वहाँ वाममोरचा सत्ता पर आया, पश्चिम बंगाल का स्थान 10वाँ था, आज भी वहीं-का-वहीं है।
- प्रति व्यक्ति औसत आय के मामले में पश्चिम बंगाल सन् 76-77 में चौथे स्थान पर था, आज वह सातवें पर आ गया है; जबकि तमिलनाडु सातवें से चौथे पर आ गया। पंजाब, महाराष्ट्र, गुजरात, केरल, कर्नाटक क्रमशः प्रथम, द्वितीय, तृतीय, पंचम और षष्ठ स्थान पर यथावत् विराजमान हैं।
- पश्चिम बंगाल में 17 हजार औद्योगिक इकाइयाँ हैं। अपने को मजदूरों का हितैषी बतानेवाली पश्चिम बंगाल सरकार पर भविष्य निधि का 500 करोड़ रुपए बकाया है।

- बाँस पहाड़ी ग्राम पंचायत के सी.पी.आई.(एम) सदस्य ने जब पोल खोली कि अपने को गरीबों का हितैषी बतानेवाली सरकार के राज्य में लोग भूख से मर रहे हैं तो जनजाति मामलों के मंत्री और सी.पी.आई.(एम) के जिला सचिव चीख उठे कि सदस्य झूठ बोल रहा है, वे भूख से नहीं, रोग से मरे; पर मुख्यमंत्री बुद्धदेव भट्टाचार्य ने स्वीकार किया। आसनसोल के आस-पास के क्षेत्र में 5 लोग भूख से मर गए थे। भूख एक आम बात है। आगे यह भी कहा कि कलकत्ते की झुग्गी-झोंपड़ियों में 17 लाख लोग सतत् भूख और कुपोषण का शिकार हो रहे हैं। राज्य की 15 से 20 प्रतिशत जनसंख्या गरीबी की रेखा के नीचे होने से उनके लिए भूख एक स्थायी वास्तविकता है।
- उत्तर बंगाल के चाय बागानों में भूख से हुई मौतों की संख्या 1,000 से भी ऊपर है।
- प. बंगाल में 12 प्रतिशत पाठशालाओं के लिए भवन ही नहीं हैं। 30-35 प्रतिशत पाठशालाओं में एक ही कमरा है। 45 प्रतिशत पाठशालाओं में 2 कमरे हैं। 3,000 विद्यालयों में केवल एक-एक शिक्षक हैं और उनमें औसतन 130 छात्र प्रति शिक्षक के पीछे हैं। 35 हजार शिक्षकों के पद रिक्त पड़े हुए हैं।
- कक्षा 1 से 4 तक के छात्रों में विद्यालय छोड़ देनेवालों की संख्या 51.5 प्रतिशत और कक्षा 5 से 10 तक 82 प्रतिशत है; जबकि महाराष्ट्र में यह क्रमशः 17 प्रतिशत एवं 55 प्रतिशत एवं केरल में क्रमशः 8 प्रतिशत और 19 प्रतिशत है। इस मामले में बंगाल को मात देनेवाला कोई है तो केवल बिहार, जहाँ यह प्रतिशत (कक्षा 1 से 4) 71 और (5 से 10) 88 है।
- उच्च शिक्षा में तो महाराष्ट्र में, जहाँ विश्वविद्यालय अनुदान आयोग (यू. जी.सी.) द्वारा स्थापित 'राष्ट्रीय मूल्यांकन और गुणवत्ता निर्धारण समिति' द्वारा अनुमोदित विश्वविद्यालयों व महाविद्यालयों की कुल संख्या 696 है, वहाँ बंगाल में 35 है, जो किसी जमाने में शिक्षा क्षेत्र में अग्रणी था।

  प्रधानमंत्री ग्राम सड़क योजना के लिए वर्ष 2003-2004 में प्राप्त हुए 150 करोड़ रुपयों में से 82 करोड़ को खर्च ही नहीं किया गया।
- यदि किसी एक क्षेत्र में कम्युनिस्ट सरकार ने प्रगति की है तो वह है शराब बिक्री के क्षेत्र में। सन् 1977 में सत्ता में आने के बाद शराब बिक्री का एक भी लाइसेंस जारी नहीं किया गया। पहले से जो 150 शराब की दुकानें थीं, उनसे 250 करोड़ रुपए की आबकारी वसूल होती थी, किंतु वर्ष 2000 में यह बंधन शिथिल कर दिया गया और आज इस द्रव रूपी सोने से 1,000 करोड़ रुपए की आमदनी हो रही है। आबकारी आयुक्त कहते हैं, 'हमें दुःख है कि आंध्र

प्रदेश, कर्नाटक व महाराष्ट्र से हम पीछे हैं, जहाँ इस मद में आमदनी 3,000 करोड़ रुपए है, पर हमें विश्वास है कि इस मामले में हम शीघ्र ही सम्मानजनक स्थिति में पहुँच जाएँगे।'

नक्सली आतंक

'पर यह असफलता मार्क्सवाद की विचारधारा ही नहीं अपितु मार्क्सवाद से विचलन का परिणाम है, इसलिए सच्ची क्रांतिकारी सरकार की स्थापना की जानी चाहिए' ऐसा कहनेवाले मार्क्सवादी-लेनिनवादी, जो नक्सलपंथी के नाम से अधिक विख्यात हैं, नेपाल से लेकर बिहार, झारखंड, उड़ीसा, छत्तीसगढ़, मध्य प्रदेश, महाराष्ट्र होते हुए आंध्र प्रदेश तक का जो जनजाति-बहुल क्षेत्र है, उसमें निरपराध पुरुषों, स्त्रियों, बच्चों की निर्मम हत्या में जुटे हैं। ये तथाकथित क्रांतिकारी क्यूबा के चे ग्वेरा की 'गुरिल्ला वारफेयर' यानी 'छापामार युद्ध' नामक पुस्तक का अनुसरण कर रहे हैं। चे ग्वेरा ने सशस्त्र क्रांति की सफलता के लिए तीन चरणोंवाली योजना रखी थी। पहला चरण—किसी दुर्गम स्थान में, जहाँ पहुँचना पुलिस के लिए भी अत्यंत कष्टसाध्य हो, शस्त्र प्रशिक्षण का केंद्र बनाना। दूसरा चरण, जब कुछ शस्त्राचारी तैयार हो जाएँ, तब उनके द्वारा ग्रामीण अंचलों में स्थित पुलिस थानों, रेलवे स्थानकों, बैंकों, कचहरियों आदि पर आक्रमण करवाना और आक्रमण करने के बाद 30-40 किलोमीटर दूर भाग जाने के लिए कहना। इससे जनता में सरकार के प्रति अविश्वास पैदा होगा कि सरकार जब स्वयं अपने संस्थानों की रक्षा नहीं कर सकती तो हमारी क्या करेगी? इन क्रांतिकारियों को पकड़ने में असफल पुलिस का भी मनोबल टूटेगा और ग्रामीण अंचलों में जाने से वे डरने लगेंगे। तब तीसरे चरण का अवलंबन कर शहरों में महत्त्वपूर्ण शासकीय व आर्थिक प्रतिष्ठानों पर हमला करना और आखिरी चढ़ाई कर क्रांतिकारी सरकार की स्थापना करना। आज नेपाल में यह योजना अपने अंतिम चरण में काठमांडू तक पहुँच गई है।

पूरी सफलता क्यों नहीं?

किंतु उपर्युक्त योजना की सफलता के लिए चे ग्वेरा ने दो शर्तें रखी हैं। पहली—ऐसे क्रांतिकारियों के प्रति सर्वसाधारण जनता में यह भाव होना चाहिए कि वे देवदूत हैं और शोषित-पीड़ित जनता की भलाई के अतिरिक्त उनका अपना कोई स्वार्थ नहीं है। दूसरी—जनता के सामने कोई विकल्प नहीं होना चाहिए। जब तक कोई विकल्प रहेगा, फिर वह कितना ही ढीला-ढाला क्यों न हो, तब तक जनता क्रांति का मार्ग नहीं अपनाएगी। उनके दुर्भाग्य से ये दोनों शर्तें भारत में पूरी नहीं हो रही हैं। प्रारंभ कुछ ध्येय-समर्पित लोग अवश्य करते हैं, पर प्रारंभिक सफलता के बाद धन के लोभ में सारे असामाजिक तत्त्व इस आंदोलन में घुसने लगते हैं। लूट के धन के प्रभाव में चारित्रिक

ह्रास और आपसी फूट घर कर जाती है और आंदोलन विभक्त हो जाता है। प्रारंभ मे बंगाल में चारु मजूमदार और कानू सान्याल के धड़े बन गए तथा आंध्र में कोंडापल्ली सीतारामैया और चंद्रपुल्ला रेड्डी के गुट बने। आज ऐसे अनेक नक्सलपंथी गुट देश मे कार्यरत हैं, किंतु अपनी चरित्र-भ्रष्टता के कारण उन्होंने जनता में अपनी साख खो दी है तथा एक-दूसरे का गला काटने हेतु भी तत्पर हो जाते हैं। इधर अपने देश की जनतांत्रिक व्यवस्था के कारण समय-समय पर निर्वाचन होते रहते हैं और इसलिए जनता उग्रपंथी मार्ग की ओर आकर्षित नहीं हो पाती।

उन्मूलन में बाधक

यही समय इनके नि:पात के लिए सर्वाधिक उपयुक्त हुआ करता है। किंतु इसमें दो बातें बाधक हैं। पहली—कुछ राजनीतिक दलों व नेताओं के इन आतंकवादियों के साथ सहयोगात्मक संबंध रहते हैं और दूसरी—कानून व व्यवस्था की जिम्मेदारी राज्यों के हाथों में रखी गई है। राज्यों को अपने अधिकारों का क्षरण यत्किंचित् भी मंजूर न होने से केंद्र सरकार बिना राज्यों की सहमति के स्वयं आगे आकर कोई पहल नहीं कर सकती। ऐसी स्थिति में वह नक्सली हिंसा से प्रभावित सभी क्षेत्रों में एक साथ, एक समय और एकमुखी कार्रवाई करना भी चाहे तो कर नहीं पाती और बिना उसके इस आतंक पर काबू नहीं पाया जा सकता, क्योंकि एक राज्य में कार्रवाई होने पर वे दूसरे राज्य में भाग जाते हैं।

दलगत लाभालाभ से ऊपर हों

परिणामत: नक्सल-प्रभावित क्षेत्रों में आए दिन निर्दोष लोगों व सुरक्षा बलों पर आघात होते रहते हैं। आंध्र प्रदेश में दो उग्रपंथी गुटों (सी.पी.आई. माओवादी तथा सी.पी.आई. मार्क्स-लेनिनवादी जनशक्ति) के साथ आगामी तीन मास के लिए समझौता होकर जो अभयदान मिला है, उसका लाभ उठाकर अन्य सीमावर्ती राज्यों में वारदातें कर आंध्र प्रदेश में आश्रय लेने की सुविधा उन्हें मिल गई है। पूर्वोत्तर में भूटान की सरकार ने अपने राज्य में उनके अड्डों को उध्वस्त कर उनके नि:पात हेतु मार्ग प्रशस्त किया किंतु उसी समय म्याँमार और बँगलादेश में वैसी ही कार्रवाई न होने के कारण उन्हें अपने आपको पुनर्गठित करने का अवसर मिल गया और पूर्वोत्तर में 2 अक्तूबर के आस-पास नृशंस हत्याकांड घटित करने में वे सफल हो गए, जिसमें अनेक निर्दोष लोगों की जानें गईं। क्या आज समय नहीं आ गया है कि विभिन्न राजनीतिक दल तात्कालिक दलगत लाभालाभ के विचार से ऊपर उठकर इस समस्या पर गंभीरता से विचार करें और संघीय सुरक्षा बलों को राज्यों में शांति-स्थापना हेतु पहल कर सकने का अधिकार दें? तदर्थ संविधान में क्या संशोधन किया जाए, इस पर विचार अवश्य होना चाहिए।

नक्सलवाद की विफलता

यहाँ नक्सलपंथियों को भी विचार करना चाहिए कि क्रांतिकारी सरकार की स्थापना कर वे और क्या करना चाहते हैं, जो पश्चिम बंगाल की सरकार नहीं कर पा रही है? मान लो, देश में भी ऐसी क्रांतिकारी सरकार स्थापित हो गई, तो वह कौन सा तीर मार लेगी? ऐसे प्रयोग रूस और चीन में पहले ही असफल चुके हैं। 70 वर्षों तक रूस में और 40 वर्षों तक चीन में एकच्छत्र तानाशाही क्रांतिकारी सरकार के बाद भी वे कितनी प्रगति कर पाए? दोनों देशों में 12 करोड़ लोगों की नृशंस हत्या करने के बाद भी वे उस प्रकार का मजदूरों का स्वर्ग क्यों नहीं बना सके, जिसका वे दावा किया करते थे? रूस तो कम्युनिज्म को पूरी तरह तिलांजलि देकर पश्चिमी ढंग के जनतंत्र और पश्चिम से प्राप्त आर्थिक सहायता के आधार पर अपने आपको सँभालने में लगा है और चीन ने विदेशी कंपनियों को प्रवेश तथा आवश्यकता पड़ने पर मजदूरों की छँटनी का अधिकार उद्योगों को दे रखा है। क्या उन देशों में क्रांतिकारी सरकार के प्रयोग की असफलता अपने देश के नक्सलपंथियों को कोई शिक्षा नहीं दे रही है?

शत्रुता की राजनीति

संघर्ष और निर्माण की मानसिकता में जमीन-आसमान का अंतर रहता है। संघर्ष की मानसिकता निर्माण हो गई तो सदा संघर्ष ही सूझेगा। लेनिन की मृत्यु के बाद वरिष्ठता क्रम में स्टालिन सातवें क्रमांक पर होने के बाद भी अनेक प्रकार की तिकड़में भिड़ाकर उसने सबको समाप्त कर तानाशाह बनने का मार्ग प्रशस्त कर लिया। उसकी क्रूरता और नृशंसता आज स्वयं रूस में हो रहे अध्ययनों के द्वारा जनता के सामने आ रही हैं। यही हाल माओ का भी है। उसकी नृशंसता के साथ-साथ उसके कामुक जीवन के किस्से उजागर हो रहे हैं। जो हो, संघर्ष की मानसिकतावाले लोगों को सदैव अपने सामने कोई-न-कोई शत्रु चाहिए। नहीं रहा तो वे कृत्रिम शत्रु गढ़ते हैं और उससे संघर्ष के लिए अपने अनुयायियों को तैयार करते हैं। उस कृत्रिम शत्रु के प्रति तीव्र घृणा पैदा करते हैं। 'भाजपा हमारा शत्रु नंबर एक है', 'कांग्रेस शत्रु नंबर दो है' आदि मुहावरे उसी मानसिकता की उपज हैं। हिंदुत्व और उसके पुरस्कर्ता राष्ट्रीय स्वयंसेवक संघ तथा अन्य हिंदू शक्तियों पर तो उनकी विशेष कृपा (?) ही है। स्वातंत्र्यवीर सावरकर को बदनाम करने का प्रयास उसी षड्यंत्र की एक कड़ी है। कहा गया कि सावरकर पूरी तरह टूट चुके थे और इसलिए सन् 1923 में वे अंग्रेजों से माफी माँगकर कुछ शर्तों पर बाहर आए। अत: उन्हें 'स्वातंत्र्यवीर' कहना ही गलत है। यही तर्क देकर अंडमान में स्थापित 'स्वातंत्र्य ज्योति स्तंभ' में से उनकी वचन पट्टिका को हटवा दिया गया, जिसमें उनकी कविता का अंश था—

की घेतले व्रत न है आम्हि अंधतेने,
लब्ध प्रकाश इतिहास निसर्ग माने।
जे दिव्य दाहक म्हणोनि असावयाचे
बुद्धयाचि वाण धरिले करि है सतीचे।।

अर्थात्—(देशभक्ति का) यह व्रत हमने आँख मूँदकर नहीं, इतिहास और निसर्ग से प्राप्त प्रकाश में परखकर लिया है। यह दिव्य मार्ग दाहक है, यह जानते हुए भी हमने इस व्रत का नारियल ठीक उसी प्रकार ग्रहण किया है, जैसे चिता पर बैठी सती के हाथों से सुमंगला नारियल ग्रहण करती है।

उसी पट्टिका में बहादुरशाह जफर का वह ओजस्वी उत्तर भी लिखा गया था, जो उन्होंने रंगून के कारागार में एक अंग्रेज के इस व्यंग्य के उत्तर में दिया था—

दमदमे में दम नहीं है, खैर माँगो जान की।
(दमदमा—तोप की ध्वनि)
ए जफर बस सो चुकी शमशेर हिंदुस्थान की।।
(शमशेर—तेग-तलवार)
बहादुर शाह ने कहा—
बागियों में बू रहेगी जब तलक ईमान की।
तख्ते-लंदन तक चलेगी तेग हिंदुस्थान की।।

सावरकर का अपमान क्यों?

इस पर देश में जब तीव्र आक्रोश उमड़ा तो प्रधानमंत्री ने अपने मंत्री की कथनी से यह कहकर पल्ला झाड़ लिया कि वह उनका व्यक्तिगत मत है, सरकार का उससे कोई संबंध नहीं। 'मैं स्वयं सावरकर को प्रथम श्रेणी का देशभक्त मानता हूँ।' महाराष्ट्र के मुख्यमंत्री ने कहा, 'सावरकर का अपमान हमें सहन नहीं है।' तब इस घटना से संबंधित मंत्री ने सफाई दी, 'मेरा मुद्दा सावरकर नहीं, महात्मा गांधी हैं। मैं सोच भी नहीं सकता कि 'स्वातंत्र्य ज्योति' जैसा स्मारक बने और उसमें महात्मा गांधी का नाम न हो!' भला महात्मा गांधी का अंडमान से क्या संबंध? यरवदा जेल में जहाँ वे रहे, वहाँ उनका स्मारक होना बिल्कुल समीचीन है; पर अंडमान के कारागार में तो सावरकर 11 वर्ष रहे। उनकी पट्टिका क्यों हटाई गई? महात्मा गांधी और वीर सावरकर के तरीके अलग-अलग थे, पर थे तो देश की स्वतंत्रता के लिए? एक को दूसरे से भिड़ाना क्यों? पर मार्क्स-पुत्रों का एक तरीका है। उन्हें न सत्य की चिंता है, न तथ्यों की। किसी वाक्य को संदर्भ से काटकर समाचार-पत्रों में बैठे अपने हमराहियों के माध्यम से उसका इतना प्रचार करवाएँगे कि गोयबल्स के सिद्धांत के अनुसार, सामान्य लोग उसे सच मानने

लगेंगे। किंतु अंग्रेजी में एक कहावत है, 'कुछ लोगों को हमेशा के लिए मूर्ख बनाया जा सकता है, सब लोगों को कुछ समय के लिए मूर्ख बनाया जा सकता है; किंतु सब लोगों को सब समय के लिए मूर्ख नहीं बनाया जा सकता।' उनके दुर्भाग्य से अपने देश में ऐसे विद्वानों की कमी नहीं है, जिन्होंने अपने गहन अध्ययन के आधार पर इस अपप्रचार की हवा निकाल दी।

उन्होंने बताया कि स्वातंत्र्यवीर सावरकर ने सन् 1911 से 1920 के कालखंड में एक नहीं, दस पत्र लिखे थे। उनका उद्देश्य था, येन-केन प्रकारेण मुख्यभूमि में जाकर स्वातंत्र्य आंदोलन को तीव्र करना। वे तो उन छत्रपति शिवाजी के आदर्श का अनुसरण करनेवाले थे, जो बीमारी का बहाना बनाकर मिठाई की टोकरी में बैठ औरंगजेब की कैद से भाग निकले थे और हिंदवी स्वराज्य स्थापित करने में सफलता प्राप्त की थी। अंग्रेज सावरकर के स्वभाव से अच्छी तरह परिचित थे और इसलिए सावरकर बंधुओं के किसी भी आश्वासन पर वे भरोसा करने को तैयार नहीं थे। उनके भारत लाने की बात तो दूर, साल भर की अवधि के पश्चात् जब बाकी कैदियों को जेल की चाहरदीवारी से बाहर जाने की अनुमति मिल जाती थी, उन दोनों को पूरे 11 साल चाहरदीवारी के बाहर नहीं आने दिया गया।

सावरकर से भयभीत सरकार

सन् 1913 में तत्कालीन वाइसराय की कौंसिल के गृह सचिव रेजीनॉल्ड क्रेडॉक ने सावरकर से भेंट के बाद जो टिप्पणी सरकार को भेजी, वह उनके वास्तविक भय को सही रूप से चित्रित करती है। क्रेडॉक ने लिखा—'सावरकर ने किसी प्रकार खेद या पश्चात्ताप प्रकट नहीं किया। सावरकर को अंडमान में किसी प्रकार की आजादी देना असंभव है और मेरा मानना है कि किसी भी भारतीय जेल से वह भाग निकलेगा। वह इतना महत्त्वपूर्ण नेता है कि भारतीय क्रांतिकारियों का यूरोपीय दल कुछ ही समय में उसके पलायन के लिए षड्यंत्र रच देगा। यदि उसे अंडमान की सेल्यूलर जेल से बाहर आने की अनुमति दी गई तो उसका भाग निकलना निश्चित है। उसके मित्र आसानी से किराए के स्टीमर को किसी टापू पर लगा देंगे और स्थानीय निवासियों को थोड़ी सी घूस देकर अपना काम पूरा कर लेंगे।' इसी भय के कारण पूरे 11 वर्षों की अवधि में कैदियों को भिन्न-भिन्न कालावधि के पश्चात् मिलनेवाली एक भी सुविधा, यहाँ तक के प्रथम महायुद्ध की समाप्ति के बाद आम रिहाई की सुविधा भी, सावरकर बंधुओं को नहीं दी गई। कहा गया कि वाइसराय आम रिहाई की सुविधा सावरकर बंधुओं को देने के पक्ष में नहीं हैं।

वीर सावरकर बार-बार के पत्रों या बातचीत में क्या आश्वासन देते थे?

उन्होंने स्वयं लिखा है—'जब किसी भी प्रकार के शांत अथवा वैध मार्ग अपनाकर

हमारे राष्ट्र की राजनीतिक महत्त्वाकांक्षाओं की पूर्ति होने की संभावना शेष नहीं रही, तब क्रांतिकारी मार्ग की ओट तथा भीषण जंगलों में से राह निकालते हुए आगे बढ़ने के लिए हमें बाध्य होना पड़ेगा; परंतु यदि वर्तमान सुधारों की उपयोगिता से आगामी सुधारों की प्राप्ति और उसमें भविष्यकालीन प्रगति की संभावना द्वारा वैध विकास संभव हो तो हमारे क्रांतिकारी आंदोलन भी जिन प्रतियोगी तथ्यों पर खड़े किए गए थे, उनके स्थान पर शांत तथा वैध मार्गों का सहर्ष अवलंबन करेंगे और उन सुधारों का प्रतियोगी पद्धति और राष्ट्र-हितार्थ पोषक स्वरूप में यथासंभव लाभ उठाएँगे।' किंतु स्वयं सावरकर संदेह प्रकट करते हैं, 'हमारे इन वचनों पर कहाँ तक निर्भर रहा जा सकता है, सरकार इस संबंध में पूर्ववत् सशंकित थी।' आगे वे कहते हैं, 'इस शर्त के विषय में कोई महत्त्वपूर्ण कठिनाई नहीं थी। इसी शर्त पर इसके पूर्व हमें बरी नहीं किया गया। इसका कारण यह था कि इस शर्त के साथ ही अतीत में हमारे क्रांतिकारी आंदोलन किस तरह हुए, उनमें कौन था, कितनी तैयारी थी, आदि जानकारी देने का संकेत भी किया जाता था; पर हमने अपने निर्णायक वचन का कड़ाई के साथ पालन किया—अतीत से संबंधित एक भी प्रश्न न पूछा जाए, न ही व्यक्त किया जाए। अतीत की घटनाएँ, जो एक बार मुहरबंद हो गईं, सो हो गईं। अब अगली बात कहिए। यह बात सन् 1923 की है।'

जनता के आंदोलन से घबराए अंग्रेज

इस सब में कहाँ साहस टूटने की बात है? सावरकर बंधुओं की रिहाई के लिए जब सार्वजनिक आंदोलन शुरू हो गए तो उनसे घबराकर उन्हें मुख्यभूमि में लाया गया और कलकत्ता, नाशिक, पुणे आदि जेलों में रखने के बाद अंत में रत्नागिरि में स्थानबद्ध किया गया, जहाँ वे समाजोद्धार के काम में लग गए। सन् 1925 में कोहाट के दंगों से आहत उनके मन का आक्रोश एक लेख के रूप में फूट पड़ा। उस लेख से क्षुब्ध हुई ब्रिटिश सरकार को उन्होंने जो स्पष्टीकरण लिखा, वह झुकने का नहीं, उनके बुद्धि- चातुर्य का प्रमाण था। क्या यह कहा जा सकता है कि सावरकर टूट चुके थे?

चित्र रँगा है सीने में

उनपर आरोप लगानेवालों की क्षुद्रता पर एक नवयुवक कवि ने संसद् के कक्ष में चित्र लगाते समय हुए विवाद पर बड़ी सार्थक टिप्पणी की है—

'जो चीनी हमले के दिन भी गद्दारी के गायक थे।
माओ के बिल्ले लटकानेवाले जो खलनायक थे।
जिनके अपराधों की गणना किए जमाने बैठे हैं।
वो सावरकर के छालों का मोल लगाने बैठे हैं॥
ये क्या जानें सावरकर या अंडमान के पानी को।

जो गाली देते रहते हैं झाँसीवाली रानी को॥
ये ए.सी. कमरों में बैठे सिर्फ जुगाली करते हैं।
कॉफी सिगरेट के धुएँ में हर्फ सवाली करते हैं॥
कुछ दिन सबको भेजो अंडमान काला पानी।
दो दिन में ही याद करेंगे अपनी दादी और नानी॥
उनका चित्र भले मत टाँको संसद् रूपी मीने में।
सावरकर का चित्र टँका हर देशभक्त के सीने में॥'

मार्क्स-पुत्रों का यह कोई पहला प्रयास नहीं है। इसके पूर्व विश्वकवि रवींद्रनाथ ठाकुर, महात्मा गांधी और नेताजी सुभाष के संबंध में ये घिनौनी टिप्पणियाँ कर चुके हैं और आज उनके लिए माफी माँग रहे हैं। प्रश्न है कि सावरकर के संबंध में हुए इस अपमान के परिमार्जन के लिए क्या उनकी वचन-पट्टिका पुनः स्थानापन्न होगी? उत्तर भारत सरकार को देना है।

राज्यों के बीच विवाद : यह सोचें शांत चित्त

आज देश के सामने विचित्र दृश्य है। एक जाति दूसरी जाति से भिड़ रही है। एक भाषायी गुट दूसरे भाषायी गुट की काट में जुटा है। एक राज्य दूसरे राज्य को फूटी आँखों नहीं देखना चाहता। जम्मू व कश्मीर विधानसभा कानून बनाती है कि जम्मू व कश्मीर की बेटी किसी दूसरे राज्य में ब्याही तो उसकी इस राज्य की नागरिकता और संपत्ति के अधिकार समाप्त हो जाएँगे। क्या जम्मू व कश्मीर की अलग नागरिकता है? पंजाब कहता है, हम अपना पानी हरियाणा को नहीं देंगे। कर्नाटक कहता है कि कावेरी का पानी तमिलनाडु को नहीं देंगे। ऊपर से तुर्रा यह कि हम सर्वोच्च न्यायालय के निर्णय को भी नहीं मानेंगे। असम कहता है कि ब्रह्मपुत्र का पानी भले ही हर साल असम में तबाही मचाए, उसके अतिरिक्त पानी को बंगाल नहीं ले जाने देंगे। नदियों पर क्या राज्यों की बपौती है? कल तक बृहत् पंजाब में पंजाब, हरियाणा, हिमाचल, दिल्ली सब सम्मिलित थे, तब क्या पानी का झगड़ा होता? आज जब प्रशासनिक सुविधा के लिए अलग-अलग राज्य बने, तब क्या सब एक-दूसरे के शत्रु हो गए? पंजाब सोचे कि हरियाणा का किसान भूखा मरे, हमें क्या? कर्नाटक सोचे कि तमिलनाडु की खेती सूख जाए, हमारी बला से! कल को हिमाचल प्रदेश सोचे कि चिनाब, रावी, सतलुज, व्यास हमारे प्रांत में से बह रही हैं, उसके पानी को पंजाब नहीं जाने देंगे, तो क्या यह उचित होगा? बात तो सब केवल राष्ट्रीयता की ही नहीं, अखिल मानवता की करेंगे; किंतु व्यवहार में परिवारवाद, जातिवाद, प्रांतवाद, भाषावाद, दलवाद से ऊपर नहीं उठेंगे। हमारे राजनीतिक नेता कभी शांतचित्त से सोचेंगे भी कि इस सबका देश की एकता पर क्या असर पड़ेगा?

बार-बार चुनाव क्यों?

सोचें भी कैसे? हर समय चुनाव सिर पर सवार रहते हैं। सन् 1989 से लेकर आज तक शायद ही कोई साल बीता हो, जब कोई-न-कोई निर्वाचन न होता हो। कभी लोकसभा का तो कभी विधानसभाओं का, कभी स्वायत्त संस्थाओं का तो बीच-बीच में छुटपुट उपचुनावों का। अभी हाल का ही उदाहरण लें, छत्तीसगढ़, मध्य प्रदेश, राजस्थान, दिल्ली व गोवा के निर्वाचन 2003 के अक्तूबर में हुए, अप्रैल-मई 2004 में लोकसभा व आंध्र व कर्नाटक की विधानसभाओं के चुनाव हुए। अभी-अभी अरुणाचल व महाराष्ट्र के चुनाव हुए और अगली फरवरी में हरियाणा और बिहार के चुनाव पुन: सिर पर लटके हैं। लगातार होनेवाले इन चुनावों से क्या यह नहीं लगता कि राजनीतिक दलों को सिवा चुनावों के न तो अपनी पार्टी के संगठन की ओर ध्यान देने का अवसर मिलता है, न कार्यकर्ताओं के प्रशिक्षण पर और न ही देश की ज्वलंत समस्याओं पर ध्यान देने का? येन-केन-प्रकारेण चुनाव जीतने के लिए अपने वोट-बैंक बनाने तथा उन्हें रिझाने हेतु नाना प्रकार के आश्वासन देने की होड़ राजनीतिक दलों में लगी रहती है।

वोट बैंक की होड़

लोकसभा चुनाव के समय भाजपा ने आश्वासन दिया कि यदि वह सत्ता में आएगी तो दो लाख उर्दू शिक्षकों की नियुक्ति करेगी। क्या कभी यह भी सोचा कि उर्दू देश के विभाजन की भाषा रही है? सिंध प्रांत में 'जिए-सिंध आंदोलन' के नेता गुलाम मोहम्मद सईद ने कहा था, 'उर्दू ने भारत का विभाजन किया, उर्दू ने ही पाकिस्तान का विभाजन किया और आगे भी उर्दू जबरदस्ती थोपी गई तो बचे हुए पाकिस्तान का भी पुन: विभाजन होगा।' उधर आंध्र प्रदेश में मुसलमानों को 5 प्रतिशत आरक्षण की घोषणा की गई, जिसे उच्च न्यायालय ने तकनीकी कारणों से रोक रखा है। दलित ईसाई व दलित मुसलिम के लिए आरक्षण की माँग उठाई जा रही है। एक ओर तो दावा किया जाता है कि मुसलमान या ईसाई बनने पर वह ऊँच-नीच, छुआछूत आदि सामाजिक भेदभाव से मुक्त हो जाता है तो दूसरी ओर दलित मुसलिम और दलित ईसाई की बात की जाती है। यह कैसी विडंबना है?

पूरे तंत्र पर पुनर्विचार का समय

क्या आज समय नहीं आ गया है कि पूरे राजनीतिक तंत्र पर ही पुनर्विचार किया जाए? क्या यह सच नहीं है कि इतिहास के आदिकाल से आसेतु-हिमाचल इस देश को एक मानने का जो संस्कार धार्मिक व सांस्कृतिक धरातल पर किया जाता रहा है और अंग्रेजों के समय भी देश को अलग-अलग प्रांतों व देशी रियासतों में बाँटकर देखा गया, उस संस्कार को तब धक्का लगा, जब हमने अपने देश को अलग-अलग स्वायत्तशासी राज्यों में बाँटकर भारत को अमेरिका या सोवियत संघ की तर्ज पर उन राज्यों का संघ

मान लिया? भले ही संविधान में कहा गया हो कि भारत विच्छेद्य राज्यों का अविच्छेद्य संघ है; किंतु राज्यों के क्षेत्रों में जिस प्रकार की प्रवृत्तियाँ पनप रही हैं, वे आगे चलकर देश की एकता के लिए संकट पैदा नहीं करेंगी, ऐसा कैसे कहा जा सकता है?

पंथाधारित जनगणना और बँगलादेशी घुसपैठ

अभी हाल ही में प्रस्तुत वर्ष 1991 से 2001 तक के दशक में पंथाधारित जनसंख्या वृद्धि के आँकड़ों ने, अब तक जिसे परदे की ओट में छिपाने का प्रयत्न किया गया, उस संकट को पूरी भयावहता सहित सामने ला दिया है; किंतु राजनीतिक नेताओं द्वारा उसकी विश्वसनीयता पर प्रश्नचिह्न खड़ा कर संकट की गंभीरता को कम करने का प्रयास किया जा रहा है। शुतुरमुर्ग की तरह रेत में सिर छुपा लेने से क्या आसन्न संकट दूर हो जाएगा? गत वर्ष ही 'सेंटर फॉर पॉलिसी स्टडीज' ने वर्ष 1881 से 1991 तक के जनसंख्या वृद्धि के आँकड़े अपनी पुस्तक 'रिलीजियस डेमोग्राफी ऑफ इंडिया' यानी 'भारत की पांथिक जनसांख्यिकी' में प्रकाशित किए थे। गत वर्ष के विजयादशमी उत्सव में 110 वर्षों में हुए जनसंख्या के असंतुलन की ओर ध्यान दिलाया गया था। जनसंख्या-वृद्धि का जो क्रम उस कालावधि में था, वही वर्ष 1991 से 2001 में भी देखने में आया। यदि वर्ष 1951 से वर्ष 2001 तक के भारत के आँकड़े देखें तो इस अवधि में जहाँ हिंदुओं की संख्या में 7.64 प्रतिशत की घटत हुई, वहाँ मुसलमान 6.6 प्रतिशत बढ़े हैं तथा ईसाइयों की संख्या में 0.04 प्रतिशत की बढ़ोतरी हुई है। ईसाइयों की बढ़ोतरी कम दिखने का कारण यह है कि अनुसूचित जातियों से ईसाई बने लोगों को इसलिए ईसाई नहीं लिखा गया, क्योंकि उससे उनकी आरक्षण सुविधाएँ छिन जाएँगी। उन छुपे ईसाइयों की संख्या जोड़ने पर यह प्रतिशत 2.04 हो जाएगा। इसके साथ-साथ बँगलादेश से जारी सतत् घुसपैठ ने पश्चिम बंगाल और पूर्वोत्तर की स्थिति विस्फोटक बना दी है।

सुरक्षा को खतरा

श्री अरुण शौरी ने 9 अक्तूबर से 12 अक्तूबर तक के 'इंडियन एक्सप्रेस' के अंकों में चार भागों में जो सामग्री दी है, उसने देश की सुरक्षा के लिए उत्पन्न खतरा और उसकी ओर किए जा रहे दुर्लक्ष की ओर प्रभावी ढंग से ध्यान आकर्षित किया है। उन्होंने कहा है, 'कार्यपालिका अवैध घुसपैठियों की समस्या को नहीं निपटाएगी, न संसद् ही उस पर ध्यान देगी और न ही सर्वोच्च न्यायालय।' मार्च 2000 में अखिल असम छात्र संघ ने सर्वोच्च न्यायालय में याचिका दायर करते हुए प्रार्थना की थी कि केंद्र सरकार द्वारा 'अवैध घुसपैठ निर्धारण आयोग 1971' (आई.एम.डी.टी.) कानून को निरस्त करने के बारे में बार-बार आश्वासन देते हुए भी अब तक कोई कार्रवाई नहीं की है, अतः उसे अपना वचन निभाने का आदेश दें।

छात्र संघ ने आशा व्यक्त की थी कि जैसे अनेक मामलों में सर्वोच्च न्यायालय सरकार की निष्क्रियता को देखते हुए स्वयं पहल करता रहा है, उसी प्रकार इस मामले में भी करेगा। किंतु चार साल के बाद भी मामला सुनवाई के लिए ही नहीं आया है। पेशी की तारीखें लगती जा रही हैं, क्षुद्र कारणों से बढ़ाई जाती रही हैं।

भारत बँगलादेश की 4,096 किलोमीटर लंबी सीमा पोली होने से पश्चिम बंगाल में 79 लाख, असम में 50 लाख, बिहार के उत्तर-पूर्वी जिलों में 4.75 लाख, त्रिपुरा में 3.75 लाख और दिल्ली में 3.7 लाख घुसपैठिए आ बसे हैं। नागालैंड में गत दशक में अवैध घुसपैठियों की संख्या 20 हजार से बढ़कर 75 हजार हो गई है। वोट-लोलुप राजनीतिक नेताओं की कृपा से वे राशन कार्ड भी प्राप्त कर लेते हैं और मतदाता सूचियों में अपने नाम लिखवाकर भारत की नागरिकता भी प्राप्त कर लेते हैं। फिर बँगलादेश से और अधिक घुसपैठियों को बुला लेते हैं। बँगलादेश में सन् 2001 में बँगलादेश नेशनलिस्ट पार्टी के नेतृत्व की सरकार आने के बाद भारत की सुरक्षा को खतरा बढ़ा है।

- भारत के आतंकवादियों को आश्रय, प्रशिक्षण व सीमावर्ती इलाकों में वारदातें करने के लिए सुविधा प्रदान करना।
- आतंकवादियों द्वारा शस्त्रास्त्र प्राप्त कर उन्हें भारत में प्रयोग के लिए भिजवाना।
- जेहादी इसलामी गुटों का विकास एवं निजी मदरसे, जो भारत के विरुद्ध सतत् विष-वमन करते रहते हैं।
- पाकिस्तानी गुप्तचर संस्था आई.एस.आई. की गतिविधियों को गुप्तचरी के लिए बँगलादेश की धरती उपलब्ध करवाना, जिससे भारत के विरुद्ध जिहादी गुटों द्वारा आतंकवादी गतिविधियाँ चलाई जा सकें।
- भारत के सीमावर्ती राज्यों में प्रशिक्षण के द्वारा कट्टरपंथी तत्त्व तैयार करना।
- अवैध घुसपैठियों की निरंतर घुसपैठ के द्वारा सीमावर्ती राज्यों में जनसंख्या के अनुपात को बदलना और ऐसे लोगों का राजनीतिक प्रभाव बढ़ाना।
- त्रिपुरा में एन.एल.एफ.टी., ए.टी.टी.एफ., असम में यू.एल.एफ.ए., एन.डी.एफ. बी., मेघालय में एच.एन.एल.सी., ए.एन.वी.सी., नागालैंड में एन.एस. सी.एन./आई.एम. और एन.एस.सी./के. तथा मणिपुर में पी.एल.ए. और यू.एन.एल.एफ. आदि सबके प्रशिक्षण केंद्र बँगलादेश के सीमावर्ती जिलों में हैं। इनके बड़े नेताओं को बँगलादेश में पनाह मिली हुई है।

इन सारी गतिविधियों की सूचना टी.वी. राजेश्वर राव, जो वर्तमान में उ.प्र. के राज्यपाल हैं तथा जनरल एस.के. सिन्हा सरकारों को समय-समय पर देते रहे हैं। श्री राजेश्वर राव जब पश्चिम बंगाल के राज्यपाल थे, तब उन्होंने राष्ट्रपति और प्रधानमंत्रियों को बार-बार चेतावनी देने का काम किया है। उन्होंने लिखा—'भविष्य में भारत के पूर्वी

भाग में नए बँगलाभाषी मुसलिम देश के उदय की प्रबल संभावना है। यह बात उस समय उठाई जाएगी, जब भारत राजनीतिक व सामाजिक दृष्टि से कमजोर अवस्था में रहेगा।' पर एक ही उत्तर मिलता रहा—'मामला विचाराधीन है।' जनरल एस.के. सिन्हा ने असम के राज्यपाल के रूप में सन् 1998 में राष्ट्रपति से कहा, 'पूर्वी पाकिस्तान और बाद में बँगलादेश का बहुत दिनों से मानस रहा है कि जिस छोटी सी भूमि पट्टी से असम शेष भारत से जुड़ा है, उस पर दखल कर पूर्वोत्तर का शेष भारत से संबंध तोड़ दिया जाए।' वे बार-बार भारत सरकार का ध्यान इस ओर आकर्षित करते रहे। किंतु इसका परिणाम यह हुआ कि मार्क्स-पुत्रों एवं मैकाले-पुत्रों ने उन्हीं को सांप्रदायिकता की श्रेणी में डालकर राज्यपाल पद से हटाने की माँग की।

पाकिस्तान और भारत विद्वेष

पड़ोसी देश पाकिस्तान से संबंध सुधारने की प्रक्रिया पिछली सरकार के समय से ही जारी है। शांतिकामी भारत का यह प्रयास उसकी प्रकृति के अनुकूल ही है; किंतु यह सब करते समय इस तथ्य की ओर ध्यान दिलाना पुनः आवश्यक लगता है कि पाकिस्तान का निर्माण ही भारत विद्वेष में से हुआ है और जब तक यह विद्वेष कायम है, तभी तक पाकिस्तान का अस्तित्व कायम है। पाकिस्तान के शासक यह अच्छी तरह समझते हैं कि जिस दिन यह विद्वेष समाप्त हो जाएगा, उस दिन भारत-पाकिस्तान के बीच की कृत्रिम दीवारें ढह जाएँगी और पाकिस्तान का अस्तित्व ही नहीं रहेगा। अतः कोई भी निमित्त बनाकर भारत के प्रति विष उगलते रहना उसकी मजबूरी है और परोक्ष रूप से भारत-विरोधी कार्रवाइयों को प्रोत्साहन देते रहना उसकी रणनीति का अंग है। पाक संसद् से राष्ट्रपति और सेनाध्यक्ष दोनों पदों पर बने रहने का प्रस्ताव पारित कराकर पाक राष्ट्रपति ने अपनी स्थिति मजबूत कर ली है। अमेरिका के दबाव में उसने भले ही अपने यहाँ के मदरसों को बंद करवा दिया हो, किंतु भारत में भी उसी प्रकार की कोई कार्रवाई न होने से उसका परोक्ष दुष्परिणाम भारत को भुगतना पड़ सकता है। मदरसों के तालिबानों का प्रवाह भारत की ओर मुड़ने की पूरी संभावना है।

पाकिस्तान, मदरसे और उनकी शिक्षा

पाकिस्तान के जाने-माने साप्ताहिक 'तकबीर' के 1 सितंबर के अंक में पाकिस्तान के मदरसा संगठन के महासंचालक डॉ. सरफराज नईमी ने जिस रहस्य का उद्घाटन किया है, वह हम सबके लिए ध्यान देने योग्य है। उधर पाकिस्तान के केंद्रीय मंत्री सालेह फैजल हयात पाकिस्तान के मदरसों पर देशव्यापी छापे डाल रहे हैं और वहाँ चलनेवाली जिहादी गतिविधियों पर प्रतिबंध लगा रहे हैं और इधर डॉ. सरफराज नईमी का कहना है, 'पाकिस्तान में अनेक देशों के विद्यार्थी मजहबी शिक्षा लेने आते हैं, लेकिन

अब यह दरवाजा बंद हो जाने के कारण वे सभी भारत के मदरसों में प्रवेश ले रहे हैं; मदरसों से निकलनेवाले विद्यार्थी अन्य इसलामी देशों में पाकिस्तान के सांस्कृतिक दूत के रूप में काम करते थे; लेकिन अब यह प्रवाह भारत की ओर जा रहा है और इसलिए इसका पूरा लाभ भारत को मिलेगा। भारत तो इसलाम का दुश्मन देश है, इसलिए वहाँ पढ़ाई जानेवाली चीजें हमारे लिए और अन्य इसलामी देशों के लिए घातक हो सकती हैं। पाकिस्तान के जो विद्यार्थी वहाँ के धार्मिक मदरसों में पढ़ाई के लिए जा रहे हैं, क्या उनका मन-मस्तिष्क भारत गंदा नहीं कर देगा?'

यह आशंका भले ही उसने व्यक्त की हो, किंतु अल्पसंख्यक शिक्षा संस्थाओं में तथाकथित अल्पसंख्यकों के जो अधिकार अपने संविधान में मान्य किए गए हैं, उनके कारण तथा वोट राजनीति पर कब्जा बनाए रखने की इच्छा कभी भी भारत सरकार को वैध-अवैध मदरसों के पाठ्यक्रमों में कोई परिवर्तन करने ही नहीं देगी। परिणाम यह होगा कि भारत सरकार द्वारा वीजा नियमों में दी गई ढील का सर्वाधिक लाभ पाकिस्तान के विद्यार्थी उठाएँगे, पढ़ते समय भारत की जानकारी प्राप्त करते रहेंगे और फिर पाकिस्तान लौटकर जिहादी बनकर देश के लिए और अधिक खतरनाक हो जाएँगे। भारत के लिए पाकिस्तान व बँगलादेश के घुसपैठियों द्वारा पैदा की गई समस्याओं के साथ-साथ भारत में शिक्षित तालिबानों की नई समस्या भी जुड़ जाएगी। भारत की सरकार को न केवल उसकी ओर ध्यान देने की आवश्यकता है, अपितु अन्य इसलामी देशों के समान मदरसों की शिक्षा नीति में भी उसे परिवर्तन करना चाहिए।

आर्थिक मुद्दे, विदेशी पूँजी?

इधर विभिन्न क्षेत्रों में विदेशी पूँजी के निर्बाध आगमन का रास्ता साफ किया जा रहा है, विशेषकर दूरसंचार के क्षेत्र में 74 प्रतिशत विदेशी पूँजी को मंजूरी देने का निर्णय घोषित हुआ है। इसका अर्थ ही यह हुआ कि सामरिक दृष्टि से आज सर्वाधिक महत्त्वपूर्ण बने इस क्षेत्र के नीति-निर्धारण में भारत की निर्णायक भूमिका समाप्त हो जाएगी और बहुराष्ट्रीय कंपनियों को मनमानी करने की छूट मिल जाएगी। एक बार जब गयाना जाने का अवसर मिला था, तब पता चला कि वहाँ की दूरभाष सेवा इसलिए ठप्प कर दी गई थी, क्योंकि किराया बढ़ाने की अमेरिकी कंपनी की माँग गयाना की सरकार ने नहीं मानी थी। मान लीजिए कि अपने देश पर किसी पड़ोसी देश द्वारा युद्ध थोप दिया जाए और उस समय आक्रमणकारी से मिली-भगत कर देश की दूरसंचार सेवा ठप्प कर दी जाए तो क्या स्थिति पैदा होगी? प्रधानमंत्री से मेरी प्रार्थना है कि विदेशी पूँजी को अपने देश में आमंत्रित करते समय ऐसी कोई स्थिति न लाई जाए, जिससे निर्णय लेने का अधिकार हमारे हाथ में न रहकर किसी दूसरे के हाथ में चला जाए।

देश की समस्याएँ और राजनेता

आज देश जब इतनी सारी गंभीर समस्याओं से जूझ रहा है, तब हमारे राजनीतिक नेता और अफसरगण जातिगत और दलगत स्वार्थों को पूरा करने में लगे हैं। इसका नवीन पीढ़ी पर क्या असर हो रहा है, इसका एक आँख खोलनेवाला प्रसंग नागपुर में घटित हुआ। नागपुर की 'ऑक्सफोर्ड एकेडमी' नाम की एक संस्था ने प्रतिभा चयन हेतु नौवीं से ग्यारहवीं के 250 विद्यार्थियों की विभिन्न प्रकार की परीक्षाएँ लेकर अंत में 5 विद्यार्थियों का चयन किया। अंतिम साक्षात्कार में पूछे गए प्रश्नों में एक प्रश्न था कि 'तुम्हें यदि एक मौका देकर एक पाप करने के लिए कहा जाए तो तुम क्या करोगे?' प्राय: सभी ने अलग-अलग भाषा में एक ही उत्तर दिया कि हम राजनैतिक नेताओं और अफसरों को गोली मार देंगे। नई पीढ़ी में यह आक्रोश ही हिंसक उपायों की ओर उन्हें आकर्षित करता है; पर प्रश्न है कि इन सारी समस्याओं के समाधान के लिए केवल सरकार की ओर ताकते रहें या और कुछ करना हमारे हाथ में है? यह ठीक है कि देश की अंतर्बाह्य संकटों से रक्षा का दायित्व समाज ने राजसत्ता को सौंपा है और 'महाभारत' में तो इतनी कठोर भाषा का प्रयोग किया गया है कि जो राजा यह कहते हुए भी कि हम तुम्हारे जान-माल की रक्षा करेंगे, नहीं करता, उसे उसी तरह खत्म कर देना चाहिए, जैसे पागल कुत्ते को खत्म करते हैं। और जनतंत्र में खत्म करने का उपाय, चुनाव में पराजित कर देना है। यह तो जनता के हाथ में है; पर चुनी हुई सरकार को केवल अंतर्बाह्य सुरक्षा का कार्य दिया गया है। बाकी सारा कार्य तो समाज को ही करना चाहिए।

जनता की पहल : सुनहरी रेखा

आज अनेक ऐसे गैर-सरकारी प्रयत्न सफलतापूर्वक जनता की पहल पर हुए हैं कि वे केवल सामाजिक कार्यकर्ताओं के लिए ही नहीं, नक्सलपंथियों एवं राजनीतिक दलों के कार्यकर्ताओं के लिए भी एक नई कार्य-संस्कृति की प्रेरणा दे सकते हैं। उत्तरांचल के उफरैंखाल ग्राम के माध्यमिक विद्यालय के शिक्षक श्री सच्चिदानंद भारती द्वारा लगभग 150 ग्रामों में वहाँ के निवासियों के सहयोग से अवैध कटाई से साफ हुए जंगलों को 15 लाख वृक्ष लगाकर पुनर्जीवन दिया गया और एक भी पैसा सरकार या अंतरराष्ट्रीय संस्थाओं से नहीं लिया गया। अलवर जिले में श्री राजेंद्र सिंह ने ग्रामीणों के सहयोग से छोटे-छोटे बाँध बनवाकर लगभग 100 ग्रामों की पानी की समस्या को हल किया। महाराष्ट्र के अहमदनगर जिले के 300 वनवासियों के ग्राम ढगेवाड़ी का कायाकल्प 'भास्कर पारधी' नामक 'वनवासी कल्याण आश्रम' के छात्रावास में रहकर-पढ़कर निकले युवक ने कर दिखाया। 12 वर्षों में वह पूरा ग्राम गरीबी की रेखा से ऊपर आ गया है और शिक्षा, जल-प्रबंधन-जैविक खेती, टमाटर की चटनी का लघु उद्योग आदि

कितने ही प्रकल्प वहाँ शुरू कर दिए गए हैं, जिसके परिणामस्वरूप गाँव का एक भी युवक आज बेकार नहीं है। नंदुरबार जिले के बारीपाड़ा गाँव का ऐसा ही कायाकल्प चैतराम पवार ने कर दिखाया है, जिसने बैंक की नौकरी न करते हुए शिक्षा, वनरोपण, बचत गुट, महुआ एवं आम के वृक्षों की नीलामी, बाल संस्कार केंद्र आदि खड़े करवा दिए। वन-सुरक्षा के लिए उसे बैंकॉक में पुरस्कार भी मिला। मध्य प्रदेश की पूर्व निमाड़ जिला पंचायत के द्वारा जलाभाव से निरंतर पीड़ित तोरणी और मलगाँव में जनसाधारण और परिणामस्वरूप उत्कृष्ट खेती का विकास किया गया। गुजरात के व्यारा जिले के देवगढ़ वनवासी ग्राम में (जनसंख्या 2,300) संघ शाखा की पहल पर स्त्री-पुरुषों ने बाल संस्कार केंद्र, व्यसन-मुक्ति, महिला जागृति, कक्षा 10 तक शिक्षा की व्यवस्था, स्वच्छता, स्वास्थ्य-जागृति, स्वास्थ्य-सुविधा, बचत गुट, सिंचाई, पशुपालन, कुटीर उद्योग आदि सभी क्षेत्रों में अनुकरणीय कार्य किया है। वर्धा गोपुरी में शतायुषी श्री राधाकृष्ण बजाज ने आस-पास के पच्चीस ग्रामों में जैविक खेती द्वारा किसानों की स्थिति में सुधार किया है। नागपुर के पास देवलापार, अकोला के पास महेशपुर, काशी में रामेश्वर गौशाला आदि में गौ-संवर्धन, जैविक खाद, पशु नस्ल-सुधार आदि अनुकरणीय कार्य हुए हैं।

सरकार भी जन-सहयोग लेने में सफल हो सके तो नेत्रदीपक परिणाम प्राप्त हो सकते हैं। उत्तर गुजरात, सौराष्ट्र एवं कच्छ की जलाभाव की स्थायी समस्या से शासन एवं जनता के सहयोग से उबरने का उदाहरण दिशा-निर्देशक है। चार वर्षों में 41 हजार चेक डेम बनाना, 15 हजार तालाबों को गहराना, सीमेंट की बोरियों में रेत भरकर जल-प्रवाह में डालते हुए (18 हजार बोरी) बाँध तैयार करना तथा 1 लाख 32 हजार खेत तलावड़ियों में वर्षा के पानी का खेतों में ही संग्रह करके 'खेत का पानी खेत में' नारा लोकप्रिय बनाना आदि। उद्योगपतियों की सहायता से चित्रकूट में 'ग्रामोदय प्रकल्प' तथा नागपुर के पास पसायदान परिसर एवं जल-संधारण आदि अच्छे काम हुए हैं।

सर्वांगीण विकास की दो शर्तें

राष्ट्र के सर्वांगीण विकास के लिए दो बातें होना आवश्यक हैं। पहला, अखिल भारतीय दृष्टिकोण और गौरव-बोध तथा दूसरा, यह मानसिकता कि अपना विकास अपने यहाँ उपलब्ध संसाधनों के आधार पर हम स्वयं ही करेंगे। दोनों ही बातें संस्कार-जन्य हैं।

अपने देश का दुर्भाग्य है कि स्वराज्य के बाद भी मैकाले की शिक्षा-पद्धति में कोई परिवर्तन नहीं किया गया। पिछली सरकार ने इस दिशा में कुछ पहल की तो भगवाकरण का शोर मचाकर जो भी थोड़े-बहुत योग्य परिवर्तन किए गए थे, उन्हें समाप्त कर दिया गया। अपने महामहिम राष्ट्रपति ने अवश्य जामिया मिलिया के दीक्षांत समारोह में इस बात की ओर ध्यान दिलाया कि मैकाले की शिक्षा में देश की समृद्ध विरासत की उपेक्षा

की गई है। मानव संसाधन मंत्री की ओर विशेष रूप से इंगित करते हुए कहा कि देश की शिक्षा-प्रणाली में उत्कृष्ट सांस्कृतिक, आध्यात्मिक एवं नैतिक मूल्य शामिल किए जाने चाहिए, जिससे 25 वर्ष से कम आयु के 54 करोड़ लोगों में से उत्कृष्ट सृजनशील नेतृत्व उभर सके। महर्षि अरविंद ने कहा है कि 'अतीत का गौरव, वर्तमान की पीड़ा और भविष्य के सुनहरे सपने जिस पीढ़ी में उदित होते हैं, वही देश की प्रगति का मार्ग प्रशस्त करती है।'

राष्ट्रीय स्वयंसेवक संघ गत 79 वर्षों से इसी दिशा में कार्यरत रहा है और उसके कार्यकर्ता समाज-जीवन के विभिन्न क्षेत्रों में शाश्वत हिंदू जीवन-मूल्यों के आधार पर विकास प्रक्रिया में इस विश्वास के साथ लगे हैं कि—

'पूर्ण प्रखरतम उज्ज्वल रविसम हिंदू राष्ट्र साकार प्रकट हो।
सुखी सबल समरस भारत हो, तमस छोड़ जग प्रकाशमय हो॥
एक ध्येय के पथिक विविध हम, एक दिशा में हों प्रयासरत।
राष्ट्र समूचा चले विजय-पथ, जग में गूँजे जय-जय भारत॥

□

पाँच पीढ़ियाँ खपाकर संघ ने आज यह मुकाम पाया है

इस वर्ष की विजयादशमी का संघ की दृष्टि से विशेष महत्त्व है। हिंदू समाज को जाति-पंथ-प्रांत-भाषा आदि के भेदों से ऊपर उठाकर उसे संगठित और बल-संपन्न बनाने हेतु राष्ट्रीय स्वयंसेवक संघ ने सन् 1925 के विजयादशमी के दिन जिस साधना-पथ पर चलना प्रारंभ किया था, उसे इस वर्ष की विजयादशमी के दिन अस्सी वर्ष पूरे होकर 81वाँ वर्ष लग रहा है, अर्थात् चार पीढ़ियाँ अब तक लग चुकी हैं और पाँचवीं पीढ़ी आगे आ रही है। हर पीढ़ी ने संघ के विकास में अपना-अपना योगदान दिया है। पहली पीढ़ी में डॉ. हेडगेवारजी ने 15 वर्षों की अल्पावधि में ही यह सिद्ध कर दिया कि जात-पाँत-पंथ-भाषा में बँटे हुए हिंदू समाज को संगठित किया जा सकता है, जिसे लोग असंभव मानते थे। सन् 1940 में संघ शिक्षा वर्ग में, जिसमें कश्मीर से कन्याकुमारी तथा कच्छ से कामरूप तक के सभी प्रांतों से स्वयंसेवक आए थे, डॉक्टर साहब बीमारी की अवस्था में डॉक्टरों के मना करने पर भी अंतिम दिन आए और छोटे से दीक्षांत भाषण में, जो उनके जीवन का अंतिम भाषण था, यह कहकर संतोष प्रकट किया कि 'आज मैं हिंदू राष्ट्र का छोटा सा पौधा अपनी आँखों के सामने देख रहा हूँ।' उसके एक सप्ताह बाद ही डॉक्टर साहब ने आँखें मूँद लीं; किंतु उसके पूर्व संघ कार्य की धुरी श्री माधवराव गोलवलकर 'गुरुजी' के युवा कंधों पर रखकर कार्य की निरंतरता का मार्ग प्रशस्त किया।

पहली पीढ़ी

पूजनीय गुरुजी ने सन् 1940 में सरसंघचालक का पदभार सँभाला और तुरंत ही उनका नेतृत्व कसौटी पर कसा गया। सन् 1940 से 47 तक का कालखंड भारत के इतिहास में अत्यंत उथल-पुथल का काल था। द्वितीय विश्व युद्ध, सन् 1942 का 'करो या मरो' आंदोलन, 1946 में मुसलिम लीग द्वारा की गई 'सीधी कार्रवाई' तथा अंत

में राजनीति के थके-हारे नेतृत्व द्वारा भारत-विभाजन की स्वीकृति, लाखों लोगों की हत्या, लाखों का देशांतर, उनका पुनर्वास, कश्मीर में कबाइलियों के वेश में पाकिस्तानी सेना का आक्रमण और संघ के स्वयंसेवकों द्वारा जम्मू व श्रीनगर के अड्डों को तैयार करना, पूजनीय गुरुजी का कश्मीर के भारत में विलय के लिए महाराजा हरिसिंह को राजी करना आदि अनेक चुनौतियाँ देश के सामने थीं, जिसमें पूजनीय गुरुजी ने अचूक मार्गदर्शन देकर संघ की नौका को पार लगाया; किंतु इन सब सेवाओं की ओर दुर्लक्ष कर पं. नेहरू ने महात्मा गांधी की हत्या में हाथ होने का सर्वथा मिथ्या आरोप लगाकर संघ पर प्रतिबंध लगा दिया। पूजनीय गुरुजी के नेतृत्व में अभूतपूर्व सत्याग्रह हुआ, जिसमें उसके पूर्व हुए कांग्रेस के तीनों आंदोलनों से अधिक सत्याग्रही इस एक ही आंदोलन में सम्मिलित हुए। इसके परिणामस्वरूप संघ पर से बिना शर्त प्रतिबंध हटाना पड़ा और दूसरी पीढ़ी आगे आई।

दूसरी पीढ़ी

सन् 1965 तक गौरक्षा अभियान के अंतर्गत एक मास में ही 1.75 करोड़ हस्ताक्षर संगृहीत कर उन दिनों में एक कीर्तिमान स्थापित किया और कृषि-प्रधान भारतीय जनजीवन में गौवंश की रक्षा के महत्त्व को रेखांकित किया। चीन द्वारा भारतीय भूभाग पर कब्जा जमाने की घटना को जनता के सामने उजागर किया तथा सन् 1962 के चीनी आक्रमण के समय सरकार को सर्वोपरि सहायता दी। सन् 1965 में पाकिस्तानी आक्रमण के समय सेना और सरकार को सब प्रकार का सहयोग दिया तथा दिल्ली में यातायात भी सँभाला।

श्रीगुरुजी के सामने ही तीसरी पीढ़ी

तीसरी पीढ़ी को भी आठ वर्षों तक पूजनीय गुरुजी के नेतृत्व का लाभ मिला और संघ कार्य प्राय: सब जिलों तक पहुँच गया। सन् 1971 के पाकिस्तानी आक्रमण के समय सेना और सरकार को सब प्रकार की सहायता दी। दूसरी ओर, हिंदू राष्ट्र के सर्वांगीण विकास के लक्ष्य को साकार करने के लिए संघ के कुछ कार्यकर्ता सामाजिक जीवन के विभिन्न क्षेत्रों में गए, वहाँ की समस्याओं का अध्ययन किया, हिंदू-चिंतन के आधार पर उनके समाधान खोजे तथा उन्हें कार्यान्वित करने के लिए समाज के अन्य समविचारी लोगों को साथ ले स्वतंत्र संगठन खड़े किए। परिणामत: अखिल भारतीय विद्यार्थी परिषद्, अखिल भारतीय जन संघ, वनवासी कल्याण आश्रम, विद्या भारती, भारतीय मजदूर संघ तथा विश्व हिंदू परिषद् की नींव रखी गई, जिनमें से आज अनेक चोटी के संगठन बन गए हैं। पूजनीय गुरुजी का विशेष योगदान विश्व हिंदू परिषद् के रूप में समस्त हिंदू मत-पंथ-संप्रदाय के लोगों के लिए साझा

मंच खड़ा करने में हुआ, जिसने सन् 1969 में कर्नाटक के उडुपि नामक तीर्थस्थान पर सामाजिक समरसता के लिए मार्ग प्रशस्त करते हुए धर्माचार्यों द्वारा यह व्यवस्था दिलवाई कि अस्पृश्यता को धर्म का कोई समर्थन नहीं है। जो अस्पृश्यता मानता है, वह धर्म-विरोधी है।

श्रीगुरुजी का दिव्य लोक गमन

सन् 1973 में पूजनीय गुरुजी ने पूजनीय बालासाहेब देवरस पर संघ कार्य को आगे बढ़ाने का कार्य सौंपकर दिव्य लोक को प्रयाण किया। पूजनीय बालासाहेब के कार्यकाल में संघ का कार्य प्रायः सभी तहसील स्थानों तक पहुँच गया। सन् 1985 तक की प्रमुख घटनाओं में राष्ट्र की जनतांत्रिक शक्तियों के सहयोग से सन् 1975 से 1977 तक के आपातकाल का प्रखर विरोध कर पुनः जनतंत्र की स्थापना में बहुमूल्य सहयोग दिया। सन् 1983 से 84 तक देश भर में एकात्मता रथों के माध्यम से, जिसमें भारत माता, गंगा माता व गौ माता को केंद्र-बिंदु में रखा गया और देश भर में अभूतपूर्व जन-जागरण का कार्य हुआ।

चौथी पीढ़ी का प्रारंभ

सन् 1985 से प्रारंभ चौथी पीढ़ी में रामजन्मभूमि-मुक्ति के लिए राम रथयात्राओं के माध्यम से जनता में अभूतपूर्व उत्साह का संचार हुआ। रामजन्मभूमि आंदोलन में अनेक ने बलिदान दिया तथा कारावरण किया। देश की राजनीति में तीव्र गति से परिवर्तन आया। सन् 1994 में चौथे सरसंघचालक पूजनीय रज्जू भैया ने दायित्व ग्रहण किया, जिसे अगले छह साल तक निभाया और संघ कार्य को प्रखंड स्तर तक पहुँचाया। पाकिस्तान के साथ चौथा युद्ध सन् 1998 में लड़ा गया तथा उसमें पाकिस्तान को पराजय स्वीकार करनी पड़ी। इस पीढ़ी ने अपने को सर्वाधिक सुरक्षित समझनेवाले अमेरिका को भी आतंकवाद का शिकार होते देखा और आतंकवाद को समाप्त करने के लिए वैश्विक सहयोग की आवश्यकता का नारा भी सुना। वर्ष 2002 में संघ की ओर से राष्ट्र-जागरण अभियान शुरू हुआ, जिसमें देश के 6,35,000 गाँवों में से 4,05,000 गाँवों तक संपर्क कर राष्ट्र-रक्षा की ओर ध्यानाकर्षित करने का कार्य किया।

आज पाँचवीं पीढ़ी सामने है

आज संघ की पाँचवीं पीढ़ी का काल सामने आ रहा है। इस अवधि में संघ ने अनेक उतार-चढ़ाव देखे, अनेक संकटों का सफलतापूर्वक सामना किया। जिस भावना से चारों पीढ़ी के स्वयंसेवक इस अवधि में कार्यरत रहे, वह थी—

कर्म पथ पर इस प्रखरतर, फूल भी हैं, शूल भी हैं।
अल्पजन अनुकूल हैं पर सैकड़ों प्रतिकूल भी हैं॥

तालियों की टूट है पर गालियाँ भरपूर इस पर।
संकटों के शैल शत-शत मोह-भ्रम के मूल भी हैं॥
किंतु सुख-दुःख से सदा ही एक सी अभिनंदना ले।
चल रहे हम निरंतर चिर विजय की कामना ले॥

सर्वसाधारण व्यक्ति जब चारों ओर अनेक संस्थाओं को जन्मते और उसके संस्थापकों को तिरोहित होते ही उस संस्था के बंद हो जाने या उसके अनेक टुकड़ों में बँट जाने का उदाहरण देखता है, तब संघ की इस अविराम गति पर उसे आश्चर्य होता है। उसके मन में प्रश्न खड़ा होता है कि वह कौन सी प्रेरणा है, जो संघ के कार्यकर्ताओं को इस प्रकार अहर्निश कार्यरत रख रही है? यही प्रश्न एक बार बाबू जयप्रकाश नारायण ने दिल्ली के 1968 के संघ शिक्षा वर्ग में उनके परिचय के लिए आए वर्ग के शिक्षकों व प्रचारकों से पूछा था। यहाँ स्मरणीय है कि सन् 1948 की 30 जनवरी को महात्मा गांधी की जघन्य हत्या के बाद जनसामान्य से उभरे रोष को अकारण संघ के विरुद्ध भड़कानेवालों में जयप्रकाश बाबू भी एक थे और तब से संघ के प्रति उनके मन में एक विपरीत भाव घर कर गया था। वह कुछ मात्रा में दूर हुआ सन् 1965-66 के बिहार के भीषण सूखे के समय। तब उनके नेतृत्व में एक सर्वदलीय अकाल-राहत समिति बनी, जिसमें संघ के स्वयंसेवक भी थे। उन्होंने देखा कि पीड़ितों को राहत पहुँचाने के कार्य में जहाँ अन्य दलों के लोग कुछ पास-पड़ोस के गाँवों में राहत-सामग्री पहुँचाकर ही अपने कर्तव्य की इतिश्री मान लेते थे, तब संघ के स्वयंसेवक 40-40, 50-50 किलोमीटर साइकिलों पर या पैदल चलकर दूर-दराज के गाँवों तक राहत पहुँचाया करते थे। स्वयं राजनीति छोड़ सर्वोदय के कार्य में लगे बाबू जयप्रकाशजी को इस बात का प्रत्यक्ष अनुभव था कि सर्वोदय जैसे सेवा के कार्य में भी लोग दीर्घकाल तक टिक नहीं पाते। ऐसे में 25-25, 30-30 साल तक अविरत कार्य में जुटे कार्यकर्ताओं से परिचित होने पर उनका उपर्युक्त प्रश्न स्वाभाविक था।

जयप्रकाशजी के इस प्रश्न के उत्तर में एक कार्यकर्ता ने कहा, 'हमने अपने मन में एक भव्य-दिव्य स्वप्न सँजोया है कि अपने इस पुरातन हिंदू राष्ट्र को वैभव-संपन्न बनाकर उसे विश्व में सर्वश्रेष्ठ स्थान दिलाएँगे। यह कार्य नित्य परिवर्तनशील राजनीति से संभव नहीं है। उसके लिए पीढ़ी-दर-पीढ़ी निरपेक्ष भाव से दिन-रात साधना करनेवाले सच्चरित्र, देशात्म-बोध से संपन्न तथा नींव के पत्थर बनने में ही जीवन की सार्थकता माननेवाले साधक खड़े करने होंगे। इसी लक्ष्य से हम प्रेरित हैं और कार्य में जुटे हुए हैं।' बाद में जयप्रकाशजी ने सन् 1972 के पटना संघ शिक्षा वर्ग के समापन समारोह में संघ की भूरि-भूरि प्रशंसा करते हुए कहा कि इस देश से छुआछूत आदि का दोष मिटाने तथा पाकिस्तान-बँगलादेश व भारत को साथ लाकर अखंड भारत के निर्माण का मार्ग संघ ही प्रशस्त कर सकता है।

संघ की प्रगति के सूत्र

संघ के उद्देश्य की सफलता के लिए इस देश के मेरुदंड बने हुए 87 प्रतिशत हिंदू समाज को, जिसके कारण विश्व में यह हिंदुस्थान के नाते जाना जाता है, बल-संपन्न बनाना आवश्यक था। उसके लिए संघ ने 'संगच्छवं संवदध्वं सं वो मनांसि जानताम्' इस वैदिक सूत्र का अवलंबन कर समान आचार, समान उच्चार और समान विचार पैदा करने हेतु दैनंदिन शाखा-पद्धति का अवलंबन किया। संघ की आज तक की उत्तरोत्तर प्रगति में तीन ही बातें कारणीभूत हुई हैं—(1) हिंदू राष्ट्र के सर्वांगीण विकास के लक्ष्य के प्रति अविचल दृष्टि। (2) तदर्थ साधन के नाते अपनाई गई नित्य शाखा की पद्धति पर निष्ठा, जिसका आधार है, 'एक दीप से दूजा जलाएँ, ऐसे अगणित होवें। एक-एक कर जागे भारत संघ मंत्र के द्वारा। और (3) हर स्तर पर सारे निर्णय आठ-दस लोगों के बीच उन्मुक्त चर्चा के बाद सामान्य सहमति से लेने की प्रक्रिया का अवलंबन। समस्त विरोध-अवरोधों के बाद भी संघ की निरंतर प्रगति का यही रहस्य है। संघ से प्रेरणा लेकर चलनेवाले अन्यान्य संगठन भी यही निर्णय-प्रक्रिया अपनाने के कारण आगे बढ़ रहे हैं।

विरोध भी कम नहीं

आज भी विरोध और अपप्रचार करनेवालों की कमी नहीं है। फिर भी संघ की प्रगति जारी है और यही बात उन विरोधी शक्तियों की चिढ़ का कारण भी है। संवाद-माध्यमों, जिनमें चौबीसों घंटे समाचार प्रसारित करनेवाली इलेक्ट्रॉनिक वाहिनियाँ भी हैं, संघ का विरोध करने में सर्वाधिक मुखर हैं। उनमें भी उन लोगों का विरोध अधिक तीखा है, जो विदेशी धन से पोषित हैं। उनमें कार्यरत पत्रकारों व संवाददाताओं में से बहुतांश ऐसे लोगों का है, जो पत्रकारिता के धर्म से भी च्युत हो गए हैं। हम कहीं से दूर की कौड़ी खोजकर लाए हैं, यह सिद्ध कर अपनी कीमत बढ़ाने के लिए ये पत्रकार मिर्च-मसाला लगाकर अपने समाचार को सनसनीखेज बनाने का प्रयत्न करते हैं। इस प्रक्रिया में क्षत-विक्षत होता है 'सत्य' और सर्वसाधारण जनता समझ नहीं पाती कि सत्य क्या है।

पत्रकारिता के मूल सिद्धांत को कि 'समाचार पवित्र है, उस पर टिप्पणियाँ स्वतंत्र हैं', तिलांजलि दे दी गई है। आज तथ्य और टिप्पणियों का ऐसा घालमेल हो गया है कि वास्तव में क्या हुआ है, यह जानना ही कठिन हो गया और एक बात है कि अधिकांश तथाकथित उदीयमान पत्रकार जिस विषय पर टीका-टिप्पणी करते हैं, वे उस विषय के बारे में प्राय: अनभिज्ञ ही रहते हैं। आज इतने पत्रकार यहाँ हैं, उनमें इक्के-दुक्के ही ऐसे होंगे, जिन्होंने संघ संबंधी प्रमुख ग्रंथों का गहन अध्ययन किया हो।

पत्रकारों की भूमिका

मेरी ये बातें सुनकर अनेक पत्रकार बंधु लाल-पीले हो रहे होंगे। यह भी सोच रहे

होंगे कि इस व्यक्ति को हमारी आलोचना करने का क्या अधिकार है? आपको अगर यह अधिकार है कि सबकी खिंचाई करें तो इस देश का नागरिक होने के नाते मुझे भी यह अधिकार है। हाँ, इतना अवश्य आश्वासन देना चाहूँगा कि मैं कोई भी बात प्रमाण के बिना नहीं बोलूँगा और कोई इस ओर ध्यान दिला दे कि मेरी बात तथ्य से परे है तो मैं उससे क्षमा माँगने में भी नहीं हिचकिचाऊँगा। पर इसी की अपेक्षा जब मैं पत्रकारों से भी करता हूँ, तब निराशा ही हाथ लगती है। अपने देश के हर व्यक्ति के सामने यदि राष्ट्र-हित की कसौटी रहती है तो जो कुछ हम करेंगे या कहेंगे, वह राष्ट्र के लिए हितकारक होगा। इस संदर्भ में एक उदाहरण मेरे सामने आता है कि 11 सितंबर, 2001 को जब विश्व व्यापार संगठन के गगनचुंबी भवन से अल-कायदा प्रेरित दो विमान टकराए और हजारों की मृत्यु का कारण बने, तब अमेरिका के संवाद माध्यमों में से किसी ने भी किसी मृत व्यक्ति की देह नहीं दिखाई। ध्वस्त मीनारें दिखाईं, राहत कार्य दिखाए, पर मृत व क्षत-विक्षत देह नहीं दिखाईं; क्योंकि उनमें से प्रत्येक सोचता था कि इससे उनके देश की बदनामी होगी। यही बात 7 सितंबर, 2004 को लंदन की भूमिगत रेल और अन्यत्र हुए बम विस्फोटों के समय भी हुई। पर उन्हीं देशों से प्रेरित भारतीय वाहिनियों ने भारत की साख दुनिया में गिराने के लिए उन्हीं आतंकवादी शक्तियों द्वारा गुजरात, मुंबई आदि में किए गए विस्फोटों के बाद उलटा रवैया अपनाया और केवल एकतरफा समाचार दिए। गुजरात की घटनाओं की जाँच के लिए कलकत्ता उच्च न्यायालय के निवृत्त मुख्य न्यायाधीश न्यायमूर्ति श्री डी.एस. तेवतिया की अध्यक्षता में जो एक गैर-सरकारी जाँच दल गया था, उसने अपने प्रतिवृत्त में समाचार-पत्रों की इसी भूमिका पर कटाक्ष करते हुए लिखा, 'गुजरात के समाचार-पत्रों ने जहाँ संतुलित समाचार दिए, वहाँ मुंबई और दिल्ली से प्रकाशित अंग्रेजी अखबारों एवं इलेक्ट्रॉनिक माध्यमों ने एकतरफा समाचार देकर दंगों के फैलाने में मदद की।' उन्होंने एक वाक्य लिखा है, 'They editorialized the news.' (यानी उन्होंने समाचारों का संपादकीयकरण कर दिया)।

सरकार का दायित्व

11 सितंबर की घटना के बाद पूरा अमेरिका दहशत में जी रहा है। जुलाई मास में मुझे अमेरिका जाने का अवसर प्राप्त हुआ था, तब अंतरराष्ट्रीय हवाई अड्डों पर भारत, पाकिस्तान व एशिया के अन्य देशों से जानेवाले लोगों के टिकट पर चार 'एस' लिखे रहते थे, जिसका शायद अर्थ होता था—'स्पेशल सुपर सेक्युरिटी सिस्टम।' चार-चार स्थानों पर आधुनिकतम उपकरणों द्वारा शरीर, पैर, जूते, उँगलियों व आँखों का परीक्षण होता था। मेरे एक मित्र मुझसे पहले एक मास अमेरिका रहकर आए थे। वे यह देखने गए थे कि चार साल पहले जो अमेरिका पूरी तरह निश्चिंत था, वर्ष 2001 के बाद उसकी

क्या स्थिति है ? जाँच के हर स्थान पर वहाँ के सुरक्षा अधिकारियों से वे पूछते थे, 'आप इतने तनाव में क्यों हैं ?' तो उनका उत्तर होता था, 'हमारी चिंता यह है कि एकाध और मोहम्मद अत्ता घुस आया तो पता नहीं अमेरिका पर क्या कहर ढाएगा ? अतः हमें हर पल बहुत सावधान रहना होता है।' वहाँ सुरक्षा का दायित्व पूरी तरह सरकार पर है। आम जनता उसमें सहभागी नहीं होती।

आतंकवाद से पीड़ित भारत

भारत 25 वर्षों से भी अधिक समय से आतंकवाद से पीड़ित है। पर भारत सरकार ही नहीं, सामान्य जनता भी आतंकियों का सामना करती है। आतंकियों ने धमकी दी कि वैष्णो देवी की यात्रा में न जाएँ, तो और भी अधिक संख्या में लोग यात्रा के लिए गए। पहले यदि यात्रियों की संख्या हजारों में रहती थी तो आजकल लाखों में हो गई। सरकार ने कहा कि अमरनाथ की गुफा की यात्रा केवल एक महीने तक सीमित रहेगी तो जनता ने कहा—हम दो महीने जाएँगे। यही नहीं, श्रीनगर से चलनेवाली छड़ी मुबारक की यात्रा अमरनाथ गुफा में पहुँचने के पहले ही 5,000 यात्री गुफा के दर्शन कर आए थे। उत्तर प्रदेश के एक गाँव से कुछ स्त्री और पुरुष श्रीनगर घूमने गए, केवल यह देखने कि आतंकवादी कैसे मारते हैं और कैसे भागते हैं ? घटना इसलिए प्रकाश में आई कि जो लोग गए थे, वे बिना टिकट थे, तो जहाँ आतंकवादियों का सामना करना जनता के लिए मनोरंजन का विषय है, वहाँ आतंकवादियों का मनोबल अधिक टूटता है। उनका कहना रहता है कि वे लोग सरकार से लड़ सकते हैं, पुलिस से लड़ सकते हैं, सुरक्षा बलों से लोहा ले सकते हैं; लेकिन इन निहत्थे लोगों से कैसे लड़ें ? यही इस देश की शक्ति है। इसको पहचानकर यदि सरकार और जनता आतंकवादियों से एक साथ लड़े तो आतंकवाद का अंत देखना कठिन नहीं है।

राजनीतिक स्वार्थ

पर यहाँ तात्कालिक राजनीतिक स्वार्थ आड़े आ जाते हैं। येन-केन-प्रकारेण चुनाव जीतने के लिए इन आसुरी शक्तियों से भी तालमेल कर लेने में उन्हें कोई हिचक नहीं होती। पिछली बार आंध्र में कांग्रेस ने इन्हीं तत्त्वों से सहयोग लिया और सत्ता हथियाई। सत्तारूढ़ होने के बाद वहाँ के मुख्यमंत्री ने माओवादियों पर से प्रतिबंध हटा लिया। परिणाम यह हुआ कि उन्होंने हैदराबाद में विशाल रैली की, जिसमें लाखों लोग सम्मिलित हुए। उसके कारण जिन आतंकवादियों की कमर टूटने के कगार पर थी, उनका मनोबल फिर बढ़ गया। नए सिरे से संगठन का गठन कर वे सीमावर्ती राज्यों—महाराष्ट्र, मध्य प्रदेश, छत्तीसगढ़ और उड़ीसा में वारदातें करने लगे। जब उन प्रदेशों की पुलिस पीछे पड़ती है तो चुपचाप आंध्र खिसक जाते। जैसा अपने देश का संविधान है, उसमें एक

राज्य की पुलिस दूसरे राज्य में बिना उस राज्य सरकार की अनुमति से नहीं जा सकती है और केंद्रीय सुरक्षा बल भी तभी जा सकते हैं, जब राज्य सरकारें उसकी माँग करें। मुख्यमंत्रियों की बैठक में पीड़ित प्रांतों के मुख्यमंत्रियों ने आंध्र के मुख्यमंत्री से कहा भी कि वे अपने प्रांत में भी प्रतिबंध लगाएँ; किंतु वह तब राजी नहीं हुए। बाध्य तब हुए, जब कांग्रेस मंत्रिमंडल के एक मंत्री की आतंकियों ने हत्या कर दी। पर तब तक तो न जाने कितने निर्दोष लोग इन आसुरी शक्तियों के शिकार हो चुके थे।

जनता में हिम्मत कैसे?

भारत की जनता में यह हिम्मत कैसे आ जाती है? नैसर्गिक आपत्तियों के समय में भी यही देखने में आता है। सरकार के पहुँचने के पहले तत्काल जनता पहुँचकर राहत कार्यों में जुट जाती है। अभी दक्षिण तमिलनाडु के दौरे के समय 20 सितंबर को नागपट्टिनम में जाना हुआ। यह स्थल बावन शक्तिपीठों में से एक है, जहाँ 'नालायताक्षी' का मंदिर है। 26 दिसंबर, 2004 को सुनामी की लहर ने क्षण मात्र में हाहाकार मचा दिया। सुबह 9 बजे 6 से 10 मीटर ऊँची लहरें एक के बाद एक आईं और इसके पहले कि लोग जान पाते कि क्या हो रहा है, कई बड़ी-बड़ी नौकाओं, किनारे पर खड़े वाहनों व झोंपड़ियों में रहनेवाले मछुआरों को बहाकर ले गईं। आधे घंटे के बाद ही 'सेवा भारती' के लोग पहुँच गए। सरकार ने 3,378 लोगों के मृत होने की बात कही, जिनमें से 'सेवा भारती' ने लगभग 1,800 शवों को निकाला तथा 115 लोगों को, जो घरों की छतों पर या पंखों से लटके थे, सुरक्षित स्थान पर पहुँचाया। दोपहर 3 बजे तक भोजन के पुड़े और प्लास्टिक की थैलियों में पीने का पानी सबको उपलब्ध कराया गया। प्रथम तीन दिनों में 46,000 पुड़े वितरित किए गए। आस-पास की शाखाओं से 5,500 पुरुष और 300 महिलाएँ राहत कार्यों में लग गए। 'सेवा भारती' ने पहले सप्ताह में 68 चिकित्सा शिविर लगाए। पंद्रह दिनों तक नागपट्टिनम जिले के समुद्र-तटों के सब गाँवों में 'सेवा भारती' ने भोजन, पानी की बोतलें, बच्चों के लिए दूध, चूर्ण, चटाइयाँ, स्टोव, चादरें, पहनने के कपड़े आदि वितरित किए।

'सेवा भारती' द्वारा सेवा

मछुआरे समुदाय का मनोबल बढ़ाने के लिए 'सेवा भारती' के द्वारा सभी तटवर्ती आश्रय स्थल बनाए और उसे 'वेदव्यास नगर' नाम दिया गया। अभी भी वे आश्रय-स्थल बने हुए हैं, जो वास्तुशास्त्र के सिद्धांतों पर बनाए गए हैं। इनमें एसबेस्टस, लोहे के पत्र आदि का प्रयोग किया गया। टाटा सहायता समिति से मिलकर जल-शोधन इकाइयाँ स्थापित की गईं। आज कंप्यूटर प्रशिक्षण केंद्र, सिलाई केंद्र, अध्यापन केंद्र जिसमें 5,500 विद्यार्थी आते हैं—चालू किए गए। चिकित्सा केंद्र, सिद्ध चिकित्सा-पद्धति के निकटवर्ती

गाँवों में मासिक चिकित्सा शिविर लगाए गए। लगभग 1.50 लाख की लेखन पुस्तिकाएँ, 550 साइकिलें बाँटी गईं तथा मछुआरों के अतिरिक्त अन्य लोगों को 4.50 लाख की वस्तुओं का वितरण किया गया। आगे चलकर कींचाक्कुप्पम में 10 एकड़ की जगह सरकार की ओर से 'सेवा भारती' को दी गई हैं, जिसमें 800 स्थायी मकान, सामुदायिक केंद्र, विद्यालय, अस्पताल, बालबाड़ी, औद्योगिक प्रशिक्षण केंद्र, बाजार, मछली बाजार और मंदिर बनाकर उसे एक आदर्श ग्राम बनाने की योजना है।

तीन दिनों के बाद लगभग 450 चर्च-प्रेरित तथा विदेशी वित्त-पोषित तथाकथित गैर-सरकारी संस्थाएँ राहत सामग्री लेकर पहुँचीं। तटवर्ती उध्वस्त गाँवों के मछुआरों और अन्य लोगों ने उन्हें टका-सा जवाब देते हुए कहा, 'तीन दिनों तक हम जब यहाँ मर रहे थे, तब आपको सुध नहीं आई। आप लोग छुट्टी मनाते रहे। हम आप लोगों से कोई सहायता नहीं लेंगे। चले जाइए।' ध्यान रहे, सारे गाँवों में आज भी वैदिक काल की प्रचलित जाति पंचायतें व ग्राम पंचायतें हैं। जाति पंचायतें अपनी जाति के लोगों की समस्याओं पर विचारकर निर्णय लेती हैं और ग्राम पंचायतें सभी जातियों के लोगों के विवाद हल करती हैं। उन सब गाँवों व जातियों के सरपंचों ने कहा, 'हम केवल हिंदू संस्थाओं से ही सहायता ग्रहण करेंगे। सेवा भारती, राष्ट्रीय स्वयंसेवक संघ, विश्व हिंदू परिषद्, माता अमृतानंदमयी, श्री श्री रविशंकर तथा टाटा कंपनी आदि की सहायता हमें स्वीकार्य है।' इन सब संस्थाओं ने मिलकर 'सुनामी रिलीफ इनीशिएटिव' नाम की संस्था गठित की और परस्पर सहयोग से सारा कार्य किया।

चर्च की कोशिश नाकाम

दो-तीन दिनों तक चर्च-प्रेरित संस्थाओं ने अनेक प्रकार के प्रयत्न किए, किंतु अपनी दाल गलती न देख अधिकांश वापस चली गईं। केवल दस के लगभग संस्थाएँ हैं, जिन्हें कुछ गाँवों में कुछ निर्माण का कार्य मिला है। किंतु अधिकांश लोगों ने यही कहा है कि वे भले ही सहायता दें, पर हम ईसाई नहीं बनेंगे। इसी अवधि में चेन्नई के भूमिका ट्रस्ट द्वारा, जो एक चर्च संस्था है, भेजी गई एक इ-मेल सेवा भारती के कार्यकर्ताओं के हाथ लगी, जिसमें उनका परिस्थिति का मूल्यांकन था। उसमें कहा गया है कि अनेक गैर-सरकारी संस्थाओं के माध्यम से इतनी मात्रा में राहत सामग्री पहुँची है कि उसका दुरुपयोग होने लगा है। ऐसे लोग भी, जो पीड़ित नहीं हैं, राहत सामग्री को हड़प रहे हैं। नागई में हुई उनकी समन्वय समिति की बैठक में कहा गया कि आपातकालीन राहत कार्य की अब आवश्यकता नहीं रही है, क्योंकि पिछले 48 घंटों में वह मिल चुकी है। अत: दानदाता कुछ दिन रुकें, जिससे पुनर्वास का दूसरा पहलू शुरू होने के पूर्व सरकार की नीति स्पष्ट हो कि किसे-किसे, कहाँ-कहाँ काम करना है। इसी इ-मेल में एक स्वर्ण अवसर की

बात कही गई है। उनका कहना है कि समुद्र में मछलियाँ मिलने का परिमाण कम हो जाने के कारण कई मछुआरे हताश हैं और इस हादसे को वे स्वर्ण अवसर समझते हैं। अब उन्हें वैकल्पिक आजीविकाएँ प्राप्त हो सकती हैं और इसलिए कुछ लोगों को इस धंधे से बाहर आने के लिए कहा जा सकता है। निहित उद्‌देश्य सामने रखकर सहायता बाँटने की बात सोचनेवाले निस्स्वार्थ नहीं माने जा सकते।

भारत में प्राकृतिक आपदाओं के समय सरकार के सक्रिय होने के पूर्व ही सहायता के लिए पहुँच जाना एक स्वाभाविक बात है; क्योंकि यहाँ के सामुदायिक जीवन में वह रची-बसी है। मुंबई में लगातार वर्षा के कहर के समय भी जब सरकारी तंत्र निष्क्रिय बना था, तब सर्वसाधारण जनता ही त्रस्त लोगों की सहायता के लिए आगे आई; पर यही बात अमेरिका जैसे आधुनिक तंत्र-ज्ञान से युक्त और दुनिया भर में यह डींग हाँकने वाले कि विज्ञान के बल पर वह दुनिया के किसी भी कोने में चल रही छोटी-से-छोटी हलचल को देख सकता है, पल भर में वहाँ पहुँच सकता है, नहीं दिखती। अमेरिका का यह दावा है कि वह समतामूलक लोकतंत्र का प्रहरी है तथा वह भेदभाव को पूरी तरह समाप्त कर चुका है, किंतु अमेरिका के लूसियाना राज्य के न्यू ऑर्लिएंस शहर में 28 अगस्त के आए 'कैटरीना' तूफान तथा बाद में ह्यूस्टन में आए 'रीटा' तूफान ने अमेरिका के इस दावे की पोल खोल दी। यह बात नहीं कि उन्हें पूर्व सूचना नहीं थी। अमेरिका के वैज्ञानिकों ने एक वर्ष पहले ही तूफान के आगमन की सूचना दे दी थी तथा उसके रूप और जान-माल की हानि का चित्र भी प्रस्तुत कर दिया था। जो तूफान आया, वह उसकी तुलना में काफी छोटा निकला और हमारे व दक्षिण-पूर्वी एशिया के सुनामी के सामने तो बच्चा ही था; पर वहाँ हुई विनाश-लीला को देखकर माना जा रहा है कि न्यू ऑर्लिएंस को फिर से पूरी तरह खड़ा होने में दो वर्ष लग जाएँगे।

अमेरिकी सरकार की भूमिका

पर अमेरिका सरकार और जनता की क्या भूमिका रही? राष्ट्रपति बुश छुट्टियाँ मना रहे थे तथा छुट्टी पूरी करके ही वे 2 सितंबर को, यानी चौथे दिन वहाँ पहुँचे। लूसियाना के गवर्नर का कहना था, 'हमारे यहाँ 7,000 नेशनल गार्ड हैं। वे सब इराक भेज दिए गए हैं। हम और गार्ड कहाँ से लाएँ?' संघीय आपदा प्रबंधन समिति के निदेशक को पाँच दिनों तक इसकी जानकारी ही नहीं थी कि कन्वेंशन सेंटर में 25 हजार से अधिक शरणार्थी भूखे-प्यासे मर रहे हैं। निदेशक को आपदा प्रबंधन का कोई ज्ञान ही नहीं था। नियुक्ति राजनीतिक थी। अंत में 9 सितंबर को वे हटाए गए। क्या वहाँ के पीड़ितों को इसलिए सरकारी उपेक्षा का शिकार बनना पड़ा कि वे अधिकांशतः अश्वेत थे? अफ्रीका से शताब्दियों पूर्व गुलाम बनाकर लाए गए इन अश्वेत वंशियों ने यद्यपि ईसाई पंथ ग्रहण

कर लिया, नाम भी बदल लिये; पर रंग कैसे बदलते? यही रंग उनकी गरीबी और बरबादी का कारण बन गया। अफगानिस्तान और इराक के युद्धों पर 220 खरब डॉलर फूँक डालनेवाला अमेरिका इन भूखे-प्यासे नागरिकों की प्राण-रक्षा के लिए कुछ लाख डॉलर भी खर्च नहीं कर सका। उलटे भारत, बँगलादेश, जापान, कुवैत जैसे एशियाई देश तो दौड़े ही, अमेरिका के शत्रु माने जानेवाले क्यूबा और वेनेजुएला जैसे देशों ने भी सहायता की पेशकश की।

चर्च ने राष्ट्रपति की हत्या को उकसाया

यह वही वेनेजुएला देश है, जिसके राष्ट्रपति को मार डालने का आह्वान बैप्टिस्ट चर्च के पीट रॉबर्टसन ने एक लोकप्रिय दूरदर्शन वाहिनी पर देते हुए कहा था कि उसे मार डालना युद्ध की तुलना में बहुत सस्ता होगा। बुश प्रशासन की प्रतिक्रिया मात्र इतनी थी कि हम उसे अनुचित मानते हैं। एक पत्रकार ने जब यह कहा कि यदि रॉबर्टसन इंग्लैंड में होते तो उनके इस वक्तव्य के लिए उन्हें देश से निकाला जाता तो प्रवक्ता ने कहा, 'अरे भाई, हम ब्रिटेन में नहीं रह रहे हैं।' बाद में समाचार-पत्रों व कुछ सांसदों की तीखी प्रतिक्रिया के बाद रॉबर्टसन ने माफी माँगी।

चर्च का असली चेहरा

अमेरिका को इन छोटे-छोटे देशों की सहायता स्वीकार करने में कोई हिचक नहीं हुई, जबकि भारत ने सुनामी संकट के समय धन्यवादपूर्वक विदेशी सहायता को स्वीकार करने से इनकार कर दिया। चर्च प्रमुखों का ऐसा वक्तव्य देना कोई आश्चर्य की बात नहीं है, क्योंकि ईसाइयत का इतिहास ही रक्तरंजित रहा है। भारत को उसका कटु अनुभव गोवा में पुर्तगाली शासन द्वारा स्थापित ईसाई न्यायालयों के माध्यम से हुआ। अभी-अभी रिचर्ड जिमलर नाम के लेखक ने अपने ऐतिहासिक उपन्यास 'गार्जियन ऑफ द डॉन' में उसका रोंगटे खड़ा कर देनेवाला उल्लेख किया है। उसे इसके पूर्व के अनेक उपन्यासों के लिए अनेक पुरस्कार मिले हैं। उसने एक साक्षात्कार में कहा कि, 'गोवा की ईसाई जाँच अदालत सर्वाधिक हृदयहीन और क्रूर थी। 252 वर्षों तक कोई भी गोवा निवासी मनुष्य, स्त्री या बच्चा अपनी प्रार्थना बुदबुदाने या छोटी मूर्ति घर में रखने के आरोप में गिरफ्तार किया जा सकता था और उसे अमानवीय यंत्रणाएँ भोगनी पड़ती थीं।' यह पुस्तक लिखने का कारण उसने यह बताया कि 'गोवा के इस क्रूर अध्याय के बारे में आज की पुर्तगाल की पीढ़ी को कुछ पता नहीं है। मैं चाहता हूँ कि इस उपन्यास को पढ़ने से लोग यह अनुभव करें कि उन दिनों का गोवा का वातावरण कैसा था और उनके जीवन पर ईसाई न्यायालयों की कैसी भयानक छाया पड़ रही थी। मैं चाहता हूँ कि अपनी संतानों में जो असहिष्णुता बढ़ रही है, उसके प्रति हम सजग हों। हमें यह

समझना होगा कि सरकार और मजहब दो पूर्णत: अलग-अलग क्षेत्र हैं और इस संबंध में हमें प्राचीन एशियाई परंपराओं से सबक लेना पड़ेगा, जो दूसरों के पांथिक विचारों का आदर करती हैं और अपने देवताओं को उनपर नहीं थोपते।'

पीड़ितों को संघ की सहायता

जिस संघ को इस बात के लिए आए दिन बदनाम किया जाता है कि वह ईसाई और मुसलिम-विरोधी है, उसका क्या व्यवहार रहा है? आज से लगभग छह महीने पूर्व उड़ीसा के संबलपुर जिले के गाँव कूलुंडि के पास के चर्च में वैवाहिक आयोजन पूर्ण करके एक ईसाई परिवार 90 बारातियों के साथ बस से अपने गाँव फुलकुसुम लौट रहा था। तब घनी रात में बस दुर्घटनाग्रस्त हो गई और उस घने जंगल में दूर-दूर तक कोई उनकी पुकार सुननेवाला नहीं था। 10 बारातियों ने तो मौके पर ही दम तोड़ दिया। ऐसे समय संयोग से वहाँ से गुजर रहे संघ के एक स्वयंसेवक सर्वेश्वर भाई ने उनकी चीख-पुकार सुनी तो तत्काल स्थानीय स्वयंसेवकों को सूचना दी और लगभग 50 स्वयंसेवकों के एक दल ने कल्याण आश्रम के चिकित्सा वाहन में घायलों को 45 कि.मी. दूर अस्पताल में पहुँचाया, उन्हें चिकित्सा सुविधा उपलब्ध करवाई, भोजन-जलपान का प्रबंध किया तथा रक्तदान भी दिया। घायलों के इलाज के लिए स्वयंसेवकों ने अपना पैसा खर्च किया। स्वयंसेवकों के सेवा-भाव को देखकर पादरी मंगल दिगल की आँखें छलछला आईं। वे बोले, 'कौन कहता है कि संघ सांप्रदायिक है? उसके मन में किसी मत पंथ के प्रति कोई दुर्भावना नहीं है। स्वयंसेवकों की सेवा और तत्परता ने हमें नया जीवन दिया। हमने जान लिया कि संघ हमारा दोस्त है, मानवता का दोस्त है।'

भारत के विभिन्न देशी-विदेशी चर्चों के प्रमुख यदि हिंदू समाज के इस सर्वपंथ समभाव को समझ लेते हैं और मतांतर के कार्य से विमुख हो जाते हैं तो संघ के मतानुसार वे चर्च का स्वदेशीकरण कर लेंगे। एक सौहार्दपूर्ण राष्ट्रीय व सामाजिक जीवन के लिए यह नितांत आवश्यक है।

पैरा चर्च प्लांटर्स

किंतु उनके विदेशी सहपंथी कुछ और ही सोच रहे हैं। अभी-अभी अमेरिका के डलास नगर में 'चर्च प्लांटर्स' यानी चर्च के पौधे रोपनेवाले लोगों की एक वैश्विक परिषद् हुई, जिसमें 71 देशों के 82 अभिधानों के लगभग 500 प्रतिनिधियों ने आपस में सहयोग करते हुए विश्व के पौने दो अरब लोगों को, जो चर्च की पहुँच के बाहर हैं, शीघ्र ही ईसाइयत के दायरे में लाकर अपने वैश्विक मिशन को पूरा करने का संकल्प लिया है।

'ग्लोबल प्लांटर्स नेटवर्क' के अध्यक्ष डॉ. जेम्स डेविस ने कहा, 'हम जितने लोगों को ईसाई बनाते हैं, उससे अधिक जनसंख्या की वृद्धि हो रही है। यदि हम सबने मिल-

जुलकर अपनी शक्तियों और संसाधनों को एकत्रित कर काम नहीं किया तो हमारे भव्य मिशन को पूरा करने में हमें 300 साल से भी अधिक लग जाएँगे। हमें 1 अरब ईसाई बनाने का लक्ष्य रखना चाहिए और तदर्थ 50 लाख चर्चों की स्थापना करनी होगी। ऐसा करते समय हमें चर्च के नाम विशेष का अभिनिवेश रखने की आवश्यकता नहीं।' दूसरी ओर बुश प्रशासन ने व्हाइट हाउस में 20 अरब डॉलर का एक विशेष कोष स्थापित किया है, जिसमें से भारत और एशिया के अन्य देशों में कार्यरत गैर-सरकारी चर्च एजेंसियाँ पैसे ले सकती हैं और उसके लिए उन्हें हिसाब देने की आवश्यकता नहीं। सन् 2011 तक की योजना बनाई गई है कि पहले हर पोस्ट ऑफिस के क्षेत्र में एक चर्च हो, तत्पश्चात् इतनी दूरी पर चर्च हो कि साइकिल से जा सकें। बाद में इतनी दूरी पर हो कि पैदल जा सकें और अंत में इतनी दूरी पर हो कि इस चर्च की आवाज उस चर्च तक पहुँच सके। भारत में भी 'नेशनल काउंसिल ऑफ चर्चेस' ने गत वर्ष 25-26 नवंबर को 'दलित-मुक्ति आंदोलन' के लिए एक नई योजना बनाई है, जो वैश्विक चर्च परामर्शदाता समिति के साथ मिलकर पूरी की जाएगी। तदर्थ भारत के बाहर एक वैश्विक सम्मेलन बुलाकर भारत में दलितों की मुक्ति के संबंध में विचार करने का भी निश्चय किया गया है। इस कार्य में रोमन कैथोलिक चर्चों से सहयोग की अपेक्षा की गई है।

हिंदू की विशाल हृदयता

यहाँ प्रश्न यह खड़ा होता है कि जो अमेरिका सारी दुनिया में ईसाइयत के विस्तार के लिए कटिबद्ध है, वहाँ इतनी हृदयहीनता और असहिष्णुता क्यों है और भारतीय हिंदू समाज में यह विशाल हृदयता क्यों है? इसका एक ही कारण है—दोनों की जीवन-दृष्टियों और जीवन-मूल्यों का अंतर। पश्चिम का चिंतन केवल शरीर, मन, बुद्धि तक ही सीमित है और ये तीनों चीजें ऐसी हैं, जो आपस में एक-दूसरे को नहीं जोड़तीं। इसलिए पश्चिम ने जिस सभ्यता का विकास किया है, वह प्रतियोगिता और वर्चस्व स्थापित करने की सभ्यता है, जिसमें हर व्यक्ति दूसरे का प्रतिस्पर्धी है और उसे नीचा दिखाना चाहता है। इस वृत्ति ने व्यक्ति-केंद्रितता या व्यक्तिवाद को इतना बढ़ाया है कि उसके परिणामस्वरूप वहाँ के परिवार टूट गए और सामुदायिक जीवन नष्ट हो गया। हर व्यक्ति केवल अपने लिए जीने में लगा है और अपने संरक्षण के लिए राजसत्ता पर निर्भर हो गया है। मानवीय मूल्य नष्ट हो गए हैं। परिणामस्वरूप 'यावत् जीवेत् सुखं जीवेत्। ऋणं कृत्वा घृतं पिबेत्' (जब तक जियो, सुख से जियो, उधार लेकर घी पिओ) का चार्वाक् प्रणीत मत घृत के स्थान पर सुरा को प्रतिष्ठित कर अपना लिया गया है।

भारत में इन तीनों के परे आत्मतत्त्व को स्थान दिया गया है, जो अनादि व अनंत होने के कारण सब में एक ही है। भगवान् ने 'गीता' में कहा है—

'इंद्रयाणि पराण्याहुः इन्द्रियेभ्यः परं मनः।
मनसस्तु परा बुद्धिः यो बुद्धे परतस्तु सः॥

अर्थात् इंद्रियों के परे मन है, मन के परे बुद्धि है और बुद्धि के परे वह आत्मतत्त्व है। इस आत्मतत्त्व का अनुभव हमें गहरी स्वप्नशून्य निद्रा की अवस्था में होता है, जब शरीर, मन और बुद्धि निष्क्रिय रहते हैं; किंतु जागने पर हम कहते हैं कि क्या बढ़िया नींद आई! मजा आ गया। किसे मजा आया? मुझे, मुझे यानी शरीर नहीं, मन नहीं, बुद्धि नहीं, इन सबके परे रहनेवाला सच्चिदानंद रूप वह आत्मतत्त्व, जो हममें, तुममें, सबमें एक ही चेतना के रूप में विद्यमान है। इसका साक्षात्कार ही जीवन का अंतिम लक्ष्य है और तदर्थ अपनी आत्मीयता का विस्तार करते हुए क्रमशः परिवार, पास-पड़ोस, ग्राम, जनपद, प्रांत, देश, विश्व, प्रकृति की जड़-चेतन—सभी वस्तुओं के साथ एकरूप होना और इनसे तादात्म्य स्थापित करते हुए अंत में उस अनादि-अनंत के साथ एकरूप होकर परम सुख यानी मोक्ष को प्राप्त करना।

नरोत्तम कौन?

इस आत्मीयता के विकास के आधार पर ही दैवी और आसुरी शक्तियों की पहचान होती है। नर-राक्षस, नर-पशु, नर और नरोत्तम की पहचान की यही कसौटी है। दूसरों को कष्ट देने में ही जिसे आनंद की अनुभूति होती है, वह नर-राक्षस। जो दूसरों की पीड़ा देखकर भी द्रवित नहीं होता, वह नर-पशु। जिसके मन में अन्यों के दुःख, दैन्य, पीड़ा के कारण संवेदना उत्पन्न होती है, वह नर तथा जो अन्य के दुःख-दैन्य को दूर करने हेतु दौड़ पड़ता हैं, वह नरोत्तम। प्राचीनकाल से आज तक ऐसे नरोत्तमों की परंपरा अखंडित रूप से हमारे यहाँ चली आ रही है। यहाँ तक कि आज के भौतिक मापदंड से जिन्हें हम असभ्य व अशिक्षित कहते हैं, उनमें भी हमें एक संवेदनशील मन के दर्शन होते हैं। कुछ महीनों पहले लोकप्रिय तमिल साप्ताहिक 'आनंद विकटन' के कार्यालय में जयकुमार नामक एक गरीब मछुआरा अपनी पत्नी राजवल्ली और दस वर्षीय पुत्र उदयकुमार के साथ पहुँचा और निवेदन किया कि 'सुनामी के समय हमारे लड़के को मृत समझकर सरकार की ओर से 1 लाख रुपए की सांत्वना राशि हमें मिली थी; किंतु भगवान् की दया से हमारा लड़का जीवित अवस्था में घर वापस आ गया है, अतः यह राशि सरकार को वापस करवा दें। उसके पूर्व सरकारी कार्यालयों ने हमारा निवेदन स्वीकार करने से इनकार कर दिया। किंतु हमारे परिवार तथा तोडुवाई ग्राम के लोग इस निष्कर्ष पर पहुँचे कि पुत्र का पुनः मिल जाना ही उनके लिए सर्वश्रेष्ठ आनंद है। अतः इस राशि को, जिस पर हमारा कोई अधिकार नहीं है, वापस सरकार तक पहुँचाने में हमारी मदद करें।' आज के भ्रष्टाचार से भरे समाज-जीवन में भी ऐसे नर-रत्न विद्यमान हैं, यही भारत के भाग्योदय का साक्ष्य देनेवाला है।

परिवारों को पुनरुज्जीवन

आज पश्चिम में भी व्यक्तिवाद और तज्जन्य मूल्यों के ह्रास से तंग आकर कुछ लोग पुनः परिवार संस्था के पुनरुज्जीवन के लिए आगे आ रहे हैं। इसे वे सामाजिक पूँजी कहते हैं। इसका आधार है व्यक्तियों का परिवार, मित्र-मंडल एवं समुदाय के साथ पारस्परिकता के आधार पर संबंध, जो आपसी विश्वास पर आधारित है और परस्पर सहयोग व घटकत्व का भाव पैदा कर सबको लाभ पहुँचाता है। वहाँ जगह-जगह पारिवारिक सम्मेलन आयोजित हो रहे हैं। नवंबर 2004 में मेक्सिको नगर में 'परिवारों की तीसरी वैश्विक कांग्रेस' का आयोजन हुआ। इस सम्मेलन का उद्‌घाटन करते हुए अल्लान कार्लसन ने जो भाषण दिया, उसे सुनकर वक्ता का नाम न जाननेवाला यही कहेगा कि किसी हिंदू ने ही यह भाषण दिया है। उसके मुख्य बिंदु थे—'नैसर्गिक परिवार सृष्टिकर्ता की कृति है। परिवारों में रहना ही सृष्टिकर्ता के उद्‌देश्य के साथ समरस होना है। हर नया विवाह अंधकार के विरुद्ध जीवन, प्यार और मानव की निरंतरता की पुष्टि है। विवाह के द्वारा पुरुष और स्त्री पति-पत्नी में तथा कालांतर में पिता और माता में बदल जाते हैं। जब दंपती स्वस्थ या अस्वस्थ अवस्था में एक-दूसरे की चिंता करते हैं, पालक बनकर अपनी संतानों का संगोपन, संवर्धन और संरक्षण करते हैं, तब तक, जब तक कि वे स्वयं विवाह योग्य होकर विवाह-सूत्र में नहीं बँध जाते। परिवार वह इकाई है, जहाँ सब सदस्य इस बात की चिंता करते हैं कि कोई असुरक्षित न रह जाए। सब लोक आनंद और आदर पा सकें और जीवनोद्‌देश्य की अनुभूति कर सकें। हर परिवार के लिए महत्त्वपूर्ण है भूमि और आवास। यह अन्य प्रकार की संपत्तियों से भिन्न है। सामाजिक, आर्थिक और राजनीतिक सत्ताओं का यह प्रथम उद्‌देश्य होना चाहिए कि वह युवा दंपतियों और उनके बच्चों को भूमि और आवास प्रदान कर उन्हें संपत्ति के मालिक के रूप में बदल दे। बच्चों की शिक्षा पालकों का प्रथम कर्तव्य है। पालकों का यह स्वाभाविक दायित्व और अधिकार बनता है कि वे अपने बच्चों को परिवार के आध्यात्मिक सिद्धांतों, विश्वासों, परंपराओं व रीति-रिवाजों से परिचित कराएँ और उन्हें वे व्यावहारिक कौशल सिखाएँ, जो आगे चलकर नए परिवारों के निर्माण में उपयोगी हों तथा उन मूल्यों से परिचित कराएँ, जो दुनियादारी में उन्हें सफल बना सकें।

परिवार और समाज

परिवारों से मिलकर पास-पड़ोस और ग्राम समाज बनता है। पास-पड़ोस या ग्राम उसके अंतर्गत आनेवाले परिवारों को स्वाभाविक सुरक्षा प्रदान करते हैं तथा विविध प्रकार के कौशल्य-अर्जन की भी व्यवस्था करते हैं। ग्राम का हर उदीयमान व्यक्ति अपनी क्षमता, रुचि और प्रवृत्ति के आधार पर उपयुक्त कौशल अर्जित कर समाज में

अपना स्थान बनाता है। इस प्रक्रिया में हर व्यक्ति में विद्यमान विशेष कोने और स्वभाव की विचित्रताएँ घिसकर उसे अन्यों के साथ चलने का पात्र बनाती हैं। साथ ही व्यक्ति अपनी महत्त्वाकांक्षा और व्यवहार को भी संयत करने के गुण को आत्मसात् करता है। हर कुटुंब की उचित आय की रक्षा करते हुए समुदाय अपने आर्थिक व सामाजिक जीवन के औद्योगिकीकरण की संभावना को ही निरस्त कर देता है।

राजसत्ता की सही भूमिका परिवारों के सेवक की होनी चाहिए। राजसत्ता का उद्देश्य परिवारों, ग्रामों और उनके सदस्यों की बाह्य संकटों से रक्षा तथा जो विवाद निचले स्तर पर सुलझाए नहीं जा पाते, वहाँ मध्यस्थता करने की होनी चाहिए। राजसत्ता का स्वरूप हर स्थान व परिस्थिति के आधार पर भिन्न-भिन्न हो सकता है—राजसत्ता से लेकर गणराज्य तक के कई प्रकार अपनाए जा सकते हैं।

नैसर्गिक सत्ता के वाहक परिवार व समुदाय अपने ऐसे अधिकार राजसत्ता को सौंपते हैं, जो विदेशी सेना, विदेशी दबाव को दूर रख सकें और उचित व्यापार व विनिमय के तंत्र की रक्षा कर सकें। कोई भी संवैधानिक रचना ऐसी ही नहीं होनी चाहिए, जो मूल अधिकार को स्थानीय समाजों व परिवारों के हाथों में ही बनाए रखे।

खतरे से सतर्क रहें

अंत में उस खतरे की ओर से भी सचेत रहना है, जब केंद्रीय सत्ता स्वयं अपने आप को ही लक्ष्य मान बैठती है और उन अधिकारों का भी उपयोग करने लगती है, जो उसकी निचली स्वायत्त प्राथमिक इकाइयों ने उसे अंतरित नहीं किए हैं। परंपरागत व्यवस्था को नष्ट करने के लिए प्रयत्नरत यह परिवारातीत दुष्ट सत्ता अपने अधिकारों का दुरुपयोग कर कृत्रिम अधिकारों की निर्मिति करती है। वह परिवार-केंद्रित उपक्रमों के संचालन में रोड़े अटकाती है और पारिवारिक संपत्ति को हड़पने का प्रयत्न करती है। उसका ही नया रूप तब देखने को मिलता है, जब वह पति को पत्नी के विरुद्ध, बच्चों को पालकों के विरुद्ध और एक परिवार को दूसरे परिवार के विरुद्ध खड़ा कर देती है। विवाह को मिली वैधानिक मान्यता को कमजोर करने के लिए विवाहेतर संबंधों को प्रोत्साहन देती है और नाजायज संतानों और तलाक के लिए आर्थिक प्रलोभनों का प्रबंधन करती है। ऐसे कृत्य नैसर्गिक समाज को अमान्य कर उसके स्थान पर ऐसी व्यवस्था थोपते हैं, जहाँ व्यक्ति इस राक्षसी सत्ता-तंत्र का एक पुरजा मात्र बनकर रह जाता है। स्वतंत्र नागरिकों की व्यवस्था मात्र एक आश्रित समाज के रूप में परिवर्तित हो जाती है, जहाँ अफसरशाही अपने पर आश्रित प्रजा की आवश्यकताओं को पूरा करती है।

हिंदू चिंतन

क्या आपको आश्चर्य नहीं होता कि उपर्युक्त ग्रामाधारित, स्वायत्त, स्वावलंबी

व्यवस्था अपने हिंदू चिंतन का ही पुनराविष्कार है ? अंग्रेजों के आने के पूर्व 600 वर्षों की पराधीनता के काल में यह व्यवस्था अक्षुण्ण बनी रही। ग्राम पंचायतें चार प्रकार के अधिकार भोगती थीं। लगान वसूल कर उसमें राजा का हिस्सा, फिर वह राजा कोई भी क्यों न हो, राजकोष में जमा करना और शेष राशि ग्राम के विकास में लगाना, ग्राम रक्षा का प्रबंध अपने ग्राम के शक्ति-संपन्न युवकों द्वारा करवाना, आपसी विवाद न्याय पंचायतों के द्वारा निपटवाना, जिसके गठन में समाज की सब जातियों का प्रतिनिधित्व होने से उसे 'पंच परमेश्वर' कहा जाता था तथा जल, जमीन और जंगल पर ग्राम का ही स्वामित्व होता था। इनके अतिरिक्त ग्राम-सीमा का अतिक्रमण कर क्षेत्र में समान व्यवसायों की, जो उन दिनों जातियाँ कहलाती थीं, पंचायतें स्थापित कर व्यावसायिक गुणवत्ता को बनाए रखने का प्रयत्न होता था। सन् 1828 में ईस्ट इंडिया कंपनी के गवर्नर जनरल सर चार्ल्स मेटकॉफ ने लिखा है कि, ये पंचायतें अद्‌भुत ढंग से काम कर रही हैं। ये स्वायत्तशासी गणराज्य हैं। गत हजारों वर्षों में बहुत कुछ बदल गया है, किंतु ये नहीं बदलीं। इनमें सुधार की गुंजाइश को स्वीकार करते हुए भी मैं यही कहना चाहूँगा कि इनके कार्य में हस्तक्षेप न किया जाए।'

ईस्ट इंडिया कंपनी

किंतु ईस्ट इंडिया कंपनी ने भारत में अपने साम्राज्य को दृढ़मूल करने के लिए इन स्वायत्त सत्ता केंद्रों को नष्ट कर सबका केंद्रीयकरण करना ही उचित समझा। उन्होंने पंचायतों से लगान वसूल करने का अधिकार छीनकर उन्हें अपने कलेक्टर, तहसीलदार और पटवारी को दे दिया। जन-सुरक्षा का दायित्व ग्राम रक्षा समिति के हाथों से छीनकर पुलिस थानों को दे दिया, न्याय पंचायतों का स्थान जिला और तहसील की अदालतों ने ले लिया और इस केंद्रीयकरण के कारण लाखों मामले पीढ़ियों तक लटकते रहते हैं। वैसे ही जल, जमीन और जंगल पर सरकार ने अधिकार कर लिया और कहा कि ग्रामीणों को निस्तार की हमने अनुमति दी है। वैसे ही विकेंद्रित व्यवस्थाओं का, जो अपनी और आस-पास के गाँवों की आवश्यकताएँ पूरा करती थीं, उन्होंने केंद्रीयकरण कर दिया और विभिन्न व्यवसायों के स्थान पर बड़े-बड़े कारखाने खड़े कर ग्रामोद्योगों को नष्ट कर दिया और ग्रामीण जनता को पानी ढोनेवाले कहारों और लकड़ी काटनेवाले मजदूरों में बदलकर उन्हें निपट गरीबी भोगने के लिए छोड़ दिया, जिससे अपना देश आज तक उबर नहीं पाया है।

संविधान पर पुनर्विचार हो

आज तो बची-खुची थोड़ी सी स्वतंत्रता को भी हड़पने के लिए खेती के निगमीकरण और खुदरा व्यापार को, जिसमें 4.5 करोड़ से अधिक लोग लगे हैं, विदेशी कंपनियों

द्वारा सुपर बाजार के दलाल बनने की स्वीकृति केंद्र सरकार व्यापार के वैश्वीकरण के नाम पर देने जा रही है। छोटे और मझोले उद्योग भी चल न पाएँ, इसके लिए अच्छे कारीगरों को प्रोत्साहन पुरस्कारों पर भी कर लगाने का विचार सरकार का है। अल्लान कार्लसन ने जिस हीनतम स्थिति की कल्पना की थी, उसका घिनौना रूप सोवियत रूस और चीन के कम्युनिस्ट शासन में हम देख चुके हैं और अपने देश में भी वर्ष 1975 से 77 तक चले आपातकाल में उसका अनुभव कर चुके हैं। क्या आज समय नहीं आ गया है कि आज के प्रचलित ब्रिटिश-तंत्र पर आधारित अपने संविधान पर हम पुनर्विचार करें और आज के केंद्रीयकृत नगराधारित, विपुल ऊर्जाभक्षी, पूँजी बहुल, बेकारी बढ़ानेवाली व्यवस्था के स्थान पर विकेंद्रित ग्रामाधारित, अल्प ऊर्जाभक्षी, अल्प पूँजी-निर्भर, रोजगार प्रदान करनेवाली नई व्यवस्था विकसित करने के बारे में गंभीरता से चिंतन करें, जिसमें परिवार व ग्राम समुदाय की स्वायत्तता, उनकी परस्पर निर्भरता व श्रेष्ठ जीवन-मूल्यों का संरक्षण संभव हो सके? भारतीय समाज, उसकी आवश्यकताएँ, उपलब्ध संसाधनों का सही उपयोग करते हुए विदेशी तंत्र और विदेशी पूँजी पर निर्भरता कम कर दें।

समाज की अंतर्निहित शक्ति

तदर्थ समाज की अंतर्निहित सुप्त शक्ति को जगाकर उसकी ऊर्जा को मुक्त करना होगा। उसमें यह आत्मविश्वास जगाना होगा कि हम सबकुछ कर सकते हैं—ग्राम विकास से लेकर अधुनातन सूचना प्रौद्योगिकी और अंतराल प्रौद्योगिकी तक हमें विदेशों से कुछ लेने की आवश्यकता नहीं है। ऐसे समय अंतरराष्ट्रीय संधियाँ कर अपनी क्षमताओं पर विदेशी अंकुश को मान्य करना कहाँ तक उचित है? प्राचीन परंपरा में जो भी उपादेय हो, और ऐसा बहुत है, जो उपादेय है, उसे युगानुकूल करते हुए एक उज्ज्वल भविष्य की ओर हम सब चलें। राष्ट्रीय स्वयंसेवक संघ की यही आकांक्षा है। उस दिशा में ही हमारे सारे प्रयत्न हैं। पुरानी रूढ़ियाँ टूट रही हैं। एक नया आत्मविश्वास पैदा हो रहा है। अगला वर्ष पूजनीय गुरुजी का जन्म-शताब्दी वर्ष है। उसमें समाज से व्यापक संपर्क द्वारा जन-जागरण करने के लिए अनेक कार्यक्रम सोचे जा रहे हैं। उन सब कार्यक्रमों में आप सब बंधुओं के सक्रिय सहयोग की कामना करता हूँ, जिससे स्वामी विवेकानंद की यह भविष्यवाणी साकार हो सके—

'मैं कोई भविष्यद्रष्टा नहीं हूँ, न ही मैं उसके लिए चिंतित हूँ। किंतु एक दृश्य मेरे सामने बिलकुल स्पष्ट है कि हमारी मातृभूमि एक बार फिर जाग्रत् हो उठी है। वह नवयौवन प्राप्त कर पहले से अधिक दीप्ति के साथ अपने सिंहासन पर बैठी है। समस्त संसार को शांतिपूर्ण और मंगल वाणी से उसका संदेश सुनाओ।'

□

समृद्धिशाली राष्ट्र-जीवन का एकमात्र आधार—अजेय राष्ट्रीय सामर्थ्य

आज महानवमी और शस्त्र-पूजा का पवित्र दिन है। नवरात्र के नौ दिनों में शक्ति की अधिष्ठात्री देवी माँ दुर्गा के नौ रूपों की पूजा कर जब हम शक्ति-संपन्न होते हैं, तभी विजय का अभियान प्रारंभ करने की पात्रता हमें प्राप्त होती है। भगवान् राम ने भी नौ दिनों तक शक्ति-पूजा की थी और विजयादशमी के पवित्र दिन दुष्ट रावण की लंका पर गिरि प्रवर्षण से कूच कर उस आसुरी सत्ता को परास्त किया था और जब वापस लौटे, तब सर्वप्रथम नंदी ग्राम में आतुरता से प्रतीक्षा कर रहे अपने भाई भरत से भेंट कर दोनों ने जब अयोध्या में प्रवेश किया था तो जनता ने दीपोत्सव के द्वारा उनका भाव-भीना स्वागत किया था। तत्पश्चात् कार्तिक शुद्ध पंचमी को उनका राज्याभिषेक होकर दैवी सत्ता का शुभारंभ हुआ था।

इस वर्ष की विजयादशमी अनेक दृष्टियों से महत्त्वपूर्ण है। संघ के द्वितीय सरसंघचालक परमपूज्य गुरुजी के जन्म-शताब्दी वर्ष की यह विजयादशमी है। साथ ही यह वर्ष अपने देश के 1857 में हुए प्रथम स्वतंत्रता संग्राम के 150वें वर्ष का शुभारंभ है। कुछ लोगों का मानना है कि अपने देशवासियों को स्वाधीनता की प्रेरणा अंग्रेजी शिक्षा के कारण प्राप्त हुई। उनसे मेरा प्रश्न है कि इस प्रथम स्वतंत्रता संग्राम में भाग लेनेवाले कितने सेनानियों को अंग्रेजी आती थी? शायद अजीमुल्ला खाँ जैसे एक-दो को छोड़कर किसी को भी नहीं। उसके तत्काल पश्चात् पंजाब में सन् 1862 में 'कूका आंदोलन' प्रारंभ हुआ और सद्गुरु रामसिंह कूका ने सारे पंजाब में एक वैकल्पिक सरकार का गठन कर लिया था। उनमें कितनों को अंग्रेजी आती थी? उसके पश्चात् सन् 1947 तक 90 वर्षों में अनेक माँ के लालों ने इस भावना से माँ के चरणों में रक्त और शीश का अर्घ्य चढ़ाया—

कुछ मस्तक कम पड़ते होंगे, महाकाल की माला में।
माँ माँग रही होगी आहुति स्वतंत्रता की ज्वाला में।

पल भर भी पड़ असमंजस में पथभूल न जाना पथिक कहीं?

संयोग से यह सरदार भगत सिंह का शताब्दी वर्ष भी है। यह शताब्दी उस वर्ष की भी है, जब ऋषि बंकिमचंद्र के 'आनंद मठ' उपन्यास के संन्यासी गीत का शब्द समूह 'वंदे मातरम्' स्वतंत्रता संग्राम का भेरी-निनाद बन गया, जिसको सुनकर लंदन की अंग्रेज सत्ता ऐसी काँपी कि उन्होंने उसके उद्घोष पर ही प्रतिबंध लगा दिया। कल का दिन महात्मा गांधी का 136वाँ जन्मदिन और डॉ. भीमराव आंबेडकर के बौद्ध धम्म की दीक्षा लेने की स्वर्ण जयंती भी है। स्वाभाविक है कि इस वर्ष बाबा साहेब के अनुयायी इस दिन को विशेष उत्साह से संपन्न कर रहे हैं। इन सारे ही स्वतंत्रता संग्राम सेनानियों और महापुरुषों के प्रति पूजनीय गुरुजी की भावना का अध्ययन करना उपादेय होगा।

क्रांतिकारी राष्ट्रवादी उग्रता

10–11 मई, 1956 को पुणे में क्रांतिकारियों की संस्था 'अभिनव भारत' के स्वातंत्र्यवीर सावरकर द्वारा आयोजित 'विसर्जन समारोह' में पूजनीय गुरुजी ने कहा, 'क्रांतिकारियों को पागल, सिरफिरा (और आज की पाठ्य-पुस्तकों में आतंकवादी) कहकर स्वयं बड़े बुद्धिमान बनने का नाटक कुछ लोगों द्वारा किया जाता है; लेकिन सत्य यह है कि उन लोगों को क्रांतिकारियों की राष्ट्रभक्ति की उग्रता सहन नहीं होती। क्रांति की अग्नि में आत्मसमर्पण करके उस क्रांति की ज्वाला को तरुणों के अंत:करण में धधका देने के लिए जीवित रहनेवाले डॉ. हेडगेवार के पदचिह्नों का अनुसरण करने का मुझे सौभाग्य प्राप्त हुआ है। इस दृष्टि से क्रांतिकारियों की आदरपूर्वक वंदना करना और उनकी स्मृति में श्रद्धांजलि अर्पित करना मेरा कर्तव्य ही है। क्रांति का मनमाना अर्थ लगाने से अब काम नहीं चलेगा। स्थायी स्वरूप की क्रांति के लिए दिन-रात कष्ट सहन करना और शांतिपूर्वक उत्कृष्ट प्रयास करना आवश्यक है। इसके लिए उग्र तपस्या करनी होगी।'

महात्मा गांधी : कट्टर हिंदू

6 अक्तूबर, 1969 को गांधी जन्म-शताब्दी के निमित्त सांगली में हुए कार्यक्रम में श्रीगुरुजी ने कहा, 'महात्मा गांधी ने कहा था कि देश की यच्चयावत् जनता भारत माता की संतान है और उनकी स्वतंत्रता के लिए हमें लड़ना चाहिए।'... उनके मन में यह भावना हिंदू धर्म के कारण निर्माण हुई थी। अपने समाज में अनेक भेद होने पर भी हमारी सीख है, 'एकं सद्विप्रा: बहुधा वदन्ति'। गांधीजी के जीवन में यह पूर्णत: घुल चुकी थी। वे कहा करते थे, 'मैं कट्टर हिंदू हूँ, इसलिए केवल मानवों पर ही नहीं, संपूर्ण जीवमात्र पर प्रेम करता हूँ।' उनके जीवन व राजनीति में 'न हिंस्यात् सर्वभूतानि', इस तत्त्व के अनुसार सत्य व अहिंसा को जो प्रधानता मिली, वह कट्टर हिंदुत्व के कारण ही मिली।

अक्तूबर 1969 में ही गांधी जन्म-शताब्दी के निमित्त पूजनीय गुरुजी का एक लेख नागपुर की 'युगवाणी' नाम की मराठी पत्रिका में छपा था। उसमें उन्होंने कहा था, 'महात्मा गांधी के व्यक्तित्व के अनेक पहलू थे। उनकी हिंदू धर्म पर श्रद्धा थी। हिंदू जीवन के मान-बिंदु गोवंश का संरक्षण तथा उसकी हत्या सर्वथा बंद हो और इसके लिए शासन प्रभावी कानून बनाए, इस दृष्टि से उन्होंने प्रयास किया। अपने अस्पृश्य कहे गए उपेक्षित बांधवों को सम्मानजनक स्थान दिलाने के लिए उनकी आर्थिक, सामाजिक, शैक्षणिक आदि सब दृष्टि से उन्नति करने हेतु उन्होंने प्रयत्न किए। अशिक्षित, सरल और आर्थिक कठिनाइयों में जीवन बितानेवाले वनवासी दलित बांधवों को परधर्मियों द्वारा धर्म-भ्रष्ट किए जाने के कार्य का तीव्र निषेध किया। समाज को गुंडागर्दी, अत्याचार, बल-प्रयोग आदि का अवलंबन सिखानेवाले, असंस्कृतता बढ़ानेवाले समाजवाद, साम्यवाद आदि नामों से केवल भौतिकता का प्रचार करनेवाले कार्यकलापों के संबंध में स्पष्ट विरोध प्रकट किया। उनके इन गुणों के कारण जनमानस में उनके संबंध में अपार कीर्ति और श्रद्धा बनी रहेगी और रहनी चाहिए।'

डॉ. आंबेडकर : बौद्ध धर्म क्यों?

डॉ. आंबेडकर ने वर्ष 1956 की विजयादशमी के दिन बौद्ध धर्म का अंगीकार किया। उस संबंध में 'तरुण भारत', नागपुर के तत्कालीन संपादक श्री ग.त्र्यं. माडखोलकर से पूजनीय गुरुजी ने कहा था, 'बौद्ध दर्शन अवैदिक होते हुए भी भारतीय दर्शन ही है और औपनिषदिक तत्त्वज्ञान की ही एक शाखा है। डॉ. आंबेडकर ने अन्य किसी विधर्म को अंगीकार न कर बौद्ध धर्म की ही दीक्षा ली। इस कारण गत बीस वर्षों से हम सबके मनों पर छाया चिंता का बोझ दूर हुआ है। जिस श्रेष्ठ दूरदर्शी संविधान विशेषज्ञ ने भारत की राष्ट्रीयता, एकता और दृढ़ता के ऊपर पूर्ण जोर देते हुए अपने संविधान को तैयार किया, उनके हाथों राष्ट्रैक्य के लिए विघातक कोई भी अविचारी कार्य नहीं होगा, इसका मुझे पूरा विश्वास था। वह विश्वास सही सिद्ध हुआ। इसका आपके समान मुझे भी आनंद है।'

बौद्ध धर्म भारतीय संस्कृति का अंग

उसी प्रसंग पर महास्थविर चंद्रमणि व अन्य भिक्षुओं ने जो पत्रक प्रकाशित किया, उसमें भी यही कहा गया था कि हिंदू धर्म और बौद्ध धर्म एक ही वृक्ष की दो शाखाएँ हैं। उसके एक दिन पूर्व नागपुर में आयोजित पत्रकार परिषद् में डॉ. आंबेडकर ने कहा था, 'एक बार अस्पृश्यों के संबंध में चर्चा करते हुए गांधीजी से मैंने कहा था कि अस्पृश्यों के संबंध में आपसे मेरे मतभेद होते हुए भी जब समय आएगा, तब मैं ऐसा ही मार्ग स्वीकार करूँगा, जिससे देश की न्यूनतम क्षति हो। बौद्ध धर्म भारतीय संस्कृति

का ही एक भाग है। इस देश की संस्कृति और इतिहास की परंपरा को धक्का नहीं लगे, इसकी सावधानी मैंने बरती है।'

(लोकसत्ता, दि. 9.10.2005, लेख—बौद्ध धर्म ही क्यों?)

दीक्षाभूमि नागपुर क्यों?

कुछ तथाकथित प्रगतिशील लोगों ने संघ एवं बाबा साहेब के अनुयायियों के बीच दूरी बनाने के लिए प्रचार किया था कि धर्मांतरण की दीक्षा-विधि के लिए बाबा साहेब ने नागपुर इसीलिए चुना कि राष्ट्रीय स्वयंसेवक संघ के केंद्र में जाकर ही उसे डंक मारा जाए। इस प्रचार का दलित व सवर्ण लोगों पर असर भी हुआ था। पर बाबा साहेब ने अपने भाषण में उसका उल्लेख करते हुए कहा था, 'अनेक लोग मुझसे प्रश्न करते हैं कि इस कार्य के लिए आपने नागपुर शहर ही क्यों चुना? कुछ का कहना है कि राष्ट्रीय स्वयंसेवक संघ की बड़ी फौज नागपुर में होने के कारण उनकी छाती पर मूँग दलने के लिए ही मैंने यह सभा यहाँ रखी है। यह पूर्णतः असत्य है। हमारा कार्य इतना बड़ा है कि आयुष्य का एक-एक मिनट भी कम पड़ता है। अपनी नाक खुजाकर दूसरों के लिए अपशकुन करने के लिए मेरे पास समय ही नहीं है। यह स्थान चुनने का मेरा दूसरा कारण है। जिन्होंने बौद्ध मत का इतिहास पढ़ा है, वे जानते हैं कि भगवान् बुद्ध के उपदेशों को नाग लोगों ने भारत में सर्वत्र प्रसारित किया। ऐसा लगता है कि नाग लोगों की बस्ती नागपुर के आस-पास ही रही होगी और इसलिए इस शहर का नाम 'नागपुर' पड़ा होगा। राष्ट्रीय स्वयंसेवक संघवाले कारण ने तो मेरे मन का स्पर्श भी नहीं किया। वैसा अर्थ कोई न करे।'

संघ में कितने अस्पृश्य?

संघ की वास्तविकता डॉ. आंबेडकर अच्छी तरह से जानते थे। सन् 1938 के पुणे के संघ शिक्षा वर्ग में डॉ. हेडगेवारजी के प्रवास के समय ही बाबा साहेब वर्ग देखने पधारे थे। संघ स्थान पर 525 पूर्ण गणवेशधारी स्वयंसेवकों की पंक्तियाँ देखकर उन्होंने डॉक्टर जी से प्रश्न किया, 'इन स्वयंसेवकों में कितने अस्पृश्य होंगे?' डॉक्टर साहब ने कहा, 'चलें, हम पंक्तियों में घूमकर ही देख लें।' उस प्रकार घूमकर आने के बाद डॉ. आंबेडकरजी ने कहा, 'इसमें तो कोई अस्पृश्य नहीं दिखता।' डॉक्टर साहब के कहने पर डॉ. बाबा साहेब ने पूछा, 'इसमें कोई अस्पृश्य हो तो वे एक कदम आगे आएँ।' कोई नहीं हिला। तब बाबा साहेब ने डॉक्टरजी से कहा, 'लीजिए, स्वयं देख लीजिए।' तब डॉक्टर साहब ने कहा कि, 'यहाँ कोई अस्पृश्य है, इसकी अनुभूति कभी नहीं दी जाती। इसलिए अस्पृश्य कहने पर कोई बाहर नहीं आया। अब आपको जो जाति अभिप्रेत हो, उसका नाम लेकर पुकारें।' तब बाबा साहेब ने कहा, 'इस वर्ग में कोई चमार, महार,

माँग आदि हों तो वे एक कदम आगे आएँ।' ऐसा कहते ही लगभग 100 स्वयंसेवक एक कदम आगे आ गए। इसके पूर्व सन् 1934 में वर्धा में महात्मा गांधीजी को भी यही अनुभव हुआ था। संघ के इस स्वरूप से बाबा साहेब परिचित थे। इसलिए महात्माजी की हत्या का झूठा आरोप लगाकर जब संघ पर प्रतिबंध लगाया गया था, तब उसे उठवाने के लिए बाबा साहेब ने अपने स्तर पर उचित प्रयत्न किए थे।

सामाजिक समरसता

पूजनीय गुरुजी का जन्म शताब्दी वर्ष सामाजिक समरसता के लिए समर्पित है। स्थान-स्थान पर विभिन्न जाति-प्रमुखों की बैठकें आयोजित की जा रही हैं। इसके अत्यंत सकारात्मक परिणाम प्राप्त हो रहे हैं। हाल ही में पटना में ऐसी ही एक बैठक में 44 अनुसूचित जातियों के लगभग 350 बंधु तथा अन्य जातियों के 500 बंधु उपस्थित थे। 14 अनुसूचित जातियों के प्रमुखों ने भी अपने विचार खुलकर प्रकट किए और इस बात पर समाधान व्यक्त किया कि संघ ने विभिन्न जातियों के प्रमुखों को आमंत्रित किया और आपस में एक-दूसरे से परिचय प्राप्त करने का अवसर प्रदान किया। ऐसा समरसता का प्रयास आगे भी चलता रहे, इसकी अपेक्षा भी उन सबने व्यक्त की।

पुणे में एक बार स्वयं को प्रगतिशील कहनेवाले लोगों का एक प्रतिनिधिमंडल श्री गुरुजी से मिलने आया। उन्होंने उनसे अस्पृश्यता और जातिवाद के बारे में पूछा। श्री गुरुजी ने कहा, 'आज एक भी वर्ण अस्तित्व में नहीं है। एक भी जाति अस्तित्व में नहीं है। एक ही वर्ण और एक ही जाति है और वह है 'हिंदू'।' मिलने आए लोगों ने पूछा, 'यदि ऐसा है तो आप अस्पृश्यता के विरुद्ध प्रचार क्यों नहीं करते?' श्रीगुरुजी ने कहा, 'अस्पृश्यता यह अस्पृश्यों का विषय नहीं है। यह सवर्ण हिंदुओं के हृदय का विषय है। सवर्ण हिंदुओं का हृदय-परिवर्तन जब तक नहीं होता, तब तक अस्पृश्यता का प्रश्न हल नहीं हो सकता। सवर्ण हिंदुओं के हृदय-परिवर्तन की दृष्टि से मैं सोच रहा हूँ और प्रयास कर रहा हूँ कि पूज्य शंकराचार्यों और धर्माचार्यों की ओर से ऐसा आदेश निकले कि यहाँ अस्पृश्यता न रहे।' तब उन लोगों ने कहा, 'शंकराचार्य कौन होते हैं?' श्रीगुरुजी ने कहा, 'आप लोग शंकराचार्य को नहीं मानते; किंतु जिन सवर्ण हिंदुओं के हृदय का परिवर्तन करना है, वे न तो मुझे मानते हैं, न आपको। वे शंकराचार्यों और धर्माचार्यों को ही मानते हैं। इसलिए यदि उनका हृदय-परिवर्तन करना है तो आपके और हमारे वक्तव्यों से नहीं होगा। वह पूज्य धर्माचार्यों और शंकराचार्यों के उद्‍बोधन से ही होगा और मैं इसी प्रयास में लगा हूँ।'

विश्व हिंदू परिषद् का उद्‍भव

तदनुसार सन् 1964 में मुंबई के पास स्वामी चिन्मयानंदजी के सांदीपनी साधनालय

ं अनेक मत-पंथ व संप्रदायों के प्रतिनिधियों की बैठक हुई, जिसमें यह सर्वसम्मत निर्णय हुआ कि भारतोद्भूत सभी मत-पंथ एवं संप्रदायों का एक साझा मंच तैयार हो और इस तरह विश्व हिंदू परिषद् की स्थापना हुई, जिसका पहला विराट् सम्मेलन सन् 1966 में कुंभ मेले के अवसर पर प्रयागराज (इलाहाबाद) में संपन्न हुआ। इसमें देश-विदेश के लगभग 25 हजार प्रतिनिधि सम्मिलित हुए थे। छठी शताब्दी में हुए सम्राट् हर्षवर्धन के पश्चात् पहली बार चारों शंकराचार्य, मध्वाचार्य, वल्लभाचार्य, निंबार्काचार्य, रामानुजाचार्य, शैव, शाक्त, वैष्णव, बौद्ध, जैन, सिख, लिंगायत आदि समस्त मत-पंथ-संप्रदायों के आचार्य, संत, महंत, मंडलेश्वर आदि एक मंच पर आए थे। तीन दिन चले इस सम्मेलन में 'न हिन्दूः पतितो भवेत्' (कोई हिंदू पतित नहीं होता) की उद्घोषणा सर्वसम्मति से स्वीकृत होकर विदेशस्थ पंथों को अंगीकार करनेवाले बंधुओं की 'घर वापसी' का मार्ग प्रशस्त हुआ। पुनः सन् 1969 में उडुपी में हुए विश्व हिंदू परिषद् के सम्मेलन में 135 धर्माचार्यों ने यह सर्वसम्मत व्यवस्था दी कि अस्पृश्यता को धर्म का कोई समर्थन नहीं है और जो अस्पृश्यता को मानते हैं, वे ही अधर्माचरण कर रहे हैं। यहाँ दूसरी उद्घोषणा स्वीकृत हुई, 'हिन्दवः सोदराः सर्वे'—सभी हिंदू सहोदर हैं। आगे चलकर मध्वाचार्य स्वामी विश्वेशतीर्थजी महाराज ने इसमें दो चरण जोड़कर श्लोक पूरा किया—

हिन्दवः सोदराः सर्वे न हिन्दू पतितो भवेत्।
मम दीक्षा हिन्दू रक्षा मम मंत्रः समानता॥

धर्माचार्य यह घोषणा करके ही नहीं रुके, अपितु स्वयं उस पर अमल करके आदर्श भी प्रस्तुत किया। उडुपी सम्मेलन के तत्काल पश्चात् स्वामी विश्वेशतीर्थजी बेंगलुरु की एक दलित बस्ती में गए, जहाँ उनका अभूतपूर्व स्वागत हुआ। सन् 1994 में काशी में हुई धर्म संसद् में सभी धर्माचार्यों ने उसी डोम राजा के वंशज के घर भोजन किया, जिसने राजा हरिश्चंद्र को अपने श्मशान में नौकरी पर रखा था। सन् 1995 में द्वितीय एकात्मता यात्रा का समापन नागपुर में हुआ, जिसमें अनेक धर्माचार्य सम्मिलित हुए थे। उस अवसर पर शंकराचार्य, मध्वाचार्य, रामानुजाचार्य आदि सभी आचार्य श्रेष्ठों ने दीक्षाभूमि पर जाकर डॉ. बाबा साहेब आंबेडकर की प्रतिमा पर माल्यार्पण किया था। सन् 1989 में अयोध्या में रामजन्मभूमि मंदिर के शिलान्यास के अवसर पर विश्व हिंदू परिषद् के बिहार के तत्कालीन अध्यक्ष अनुसूचित जाति के श्री कामेश्वर चौपाल ने सारे धर्माचार्यों की उपस्थिति में पहली शिला रखी।

पुजारी प्रशिक्षण में दलित

इसी वर्ष तमिलनाडु के ईरोड में हुए हिंदू सम्मेलन का उद्घाटन अनुसूचित जाति के बंधुओं ने वैदिक मंत्रों से किया। वहाँ की विश्व हिंदू परिषद् ने 26 प्रशिक्षण वर्ग

लगाकर 2,087 पुजारी तैयार किए, जिनमें 175 अनुसूचित जाति के और 1,310 पिछड़ी और अति पिछड़ी जाति के हैं। उनके आग्रह पर 956 लोगों को यज्ञोपवीत दिया गया और सबसे बड़ी बात यह है कि नाशिक के कालाराम मंदिर में प्रवेश के लिए सन् 1930 से 1935 तक डॉ. बाबासाहेब आंबेडकर ने प्रत्येक नवरात्र में आंदोलन चलाया, पर वहाँ के रूढ़िवादी ब्राह्मणों का मन परिवर्तन न कर पाने के क्षोभ में घोषणा की थी कि—'मैं हिंदू होकर जनमा हूँ, पर हिंदू रहकर मरूँगा नहीं।' उसी कालाराम मंदिर के पुजारियों ने गत वर्ष अनुसूचित जाति के बंधुओं को स्वयं निमंत्रित कर भगवान् के न केवल दर्शन कराए, प्रत्युत यह भी कहा कि हमारे पितामहों ने यदि गलती न की होती तो बाबा साहेब और उनके अनुयायियों को क्यों मतांतर करना पड़ता?

किसी ने ठीक कहा है, 'एक राजनीतिक नेता का काल-क्षितिज चुनाव से चुनाव तक का होता है। एक राज यज्ञ का दशक से लेकर दशक तक, किंतु समाज-सुधारक का शतक से शतक तक होता है।' डॉ. बाबा साहेब और अन्य समाज-सुधारकों ने गत शतक में जो कदम उठाए थे, उनके सामाजिक सुफल आज प्राप्त हो रहे हैं। समाज बदला पर राजनैतिक नेता नहीं बदले। उनकी दृष्टि ज्यों-की-त्यों केवल अगले चुनाव पर ही टिकी होती है और आजकल चुनाव तो प्राय: साल-दो साल में हो रहे हैं—कभी लोकसभा, कभी विधानसभा, कभी नगरपालिकाएँ, कभी ग्राम पंचायतें, कभी उपचुनाव। यह क्रम रुकता ही नहीं और नेताओं की दृष्टि केवल अपना वोट बैंक बनाए रखने और उसे बढ़ाने पर ही लगी रहती है। लोगों के सुख-दु:ख से उन्हें क्या वास्ता! आतंकवादी संगठनों को भी 'क्लीन चिट' दे दी जाती है। कोई 'सिमी' को प्रशस्ति-पत्र दे रहे हैं कि वह आतंकवादी संगठन नहीं है तो कोई कोयंबटूर बम विस्फोटों के सरगना मदनी को खुश कर उसके जरिए मुसलमानों के वोट कब्जाने में लगे हैं।

नेताओं की दृष्टि?

अभी हाल ही में एक कहानी पढ़ने में आई। एक चतुर किसान था। उसने भगवान् से प्रार्थना की कि हे भगवान्! अच्छी फसल देना। मैं उसमें तुम्हें हिस्सा दूँगा। भगवान् ने कहा ठीक है, जमीन के ऊपर का हिस्सा दे देना। किसान ने मूँगफली बो दी। अगले वर्ष भगवान् ने जमीन के नीचे का हिस्सा माँगा तो किसान ने ज्वार लगा दी। भगवान् को किसान की चतुराई ध्यान में आ गई। अगले वर्ष भगवान् ने कहा कि जमीन के नीचे और फसल के ऊपर का हिस्सा देना तो किसान ने मक्की बो दी।

भगवान् से भी चतुराई करनेवाला किसान अगले जन्म में नेता बन गया। नेता ने फरमाया, 'फसल महत्त्व की नहीं है, उससे मिलनेवाला भाव महत्त्व का है। अत: आंदोलन करो।' नेता के कहने पर किसान ने खेती करना छोड़ दिया और आंदोलन करने

लगा। नेता ने कहा, 'कर्ज लो, सरकार का काम है कि वह तुम्हें पोसे।' किसान कर्जदार हो गया, परावलंबी हो गया। नेता ने कहा, 'अब तुम अपने आपको दिवालिया घोषित कर दो।' किसान दिवालिया हो गया। नेता चले गए दिल्ली और किसानों को सूझे नहीं कि अब क्या करें; क्योंकि उन्होंने अपनी अकल नेता के यहाँ गिरवी जो रख दी थी। किसान आत्महत्या करने लगे, पर नेता देखने नहीं आए।

एक दिन तफरी करने के लिए चले आए तो एक ने पूछ लिया, 'जब किसान मर रहे थे, तब क्यों नहीं आए?'

नेता चतुर था, बोला, 'अरे, मैं नेता हूँ। किसान जब मरते हैं तो दौड़ने के लिए मैं नहीं, एन.जी.ओ. होते हैं।' आजकल नेता जब आते हैं, तो जूते चमकाते आते हैं पर किसान तो बिना जूते का हो गया।

किसानों की समस्या समझते

यह कहानी आज की वस्तुस्थिति का ही चित्रण करती है। अकेले विदर्भ में ही इस वर्ष का आँकड़ा 915 हो गया है। देश के कृषि मंत्री द्वारा लोकसभा में दिए गए उत्तर के अनुसार कर्नाटक, आंध्र प्रदेश और महाराष्ट्र सहित सारे देश में 1,12,000 हजार किसान अपने जीवन का अंत कर चुके हैं और यह क्रम अभी भी जारी है। सरकार के पास केवल एक ही उपाय है, कुछ करोड़ का अनुदान घोषित करना। कल ही 17 हजार करोड़ घोषित हुए हैं। आज की भ्रष्ट शासन–व्यवस्था में कितनी सहायता सही लोगों तक पहुँचती है और कितनी बीच में ही हवा हो जाती है, इस प्रश्न में न भी जाएँ तो भी क्या किसी नेता ने यह जानने का प्रयत्न किया कि किसानों की वास्तविक समस्या क्या है? खेती में निर्बाध रूप से रासायनिक खाद का उपयोग होने से जमीन की उर्वरा शक्ति घट रही है। क्या इसकी ओर सरकार का ध्यान गया है? उर्वरा शक्ति के घटने से लागत अधिक हो रही है और उत्पादन घट रहा है, परिणामतः खेती अनार्थिक हो गई है। क्या किसान को अपनी फसल का उचित मूल्य मिल रहा है? गत वर्ष ही हमारी सरकार ने ऑस्ट्रेलिया से गेहूँ 1,500 रुपए प्रति क्विंटल की दर से मँगाया। फिर हमारे किसानों को 950 क्यों? मॉनसेंटो जैसी विदेशी कंपनियों से, जिन्हें केवल मुनाफे से मतलब है, ऐसे बीज मँगाए जा रहे हैं, जो केवल एक बार ही फसल देते हैं। उन्हें 'टर्मिनल सीड' कहते हैं। किसान के अपने बीज समाप्त हो गए हैं। जब दुनिया के अन्य देश जैविक खेती की ओर बढ़ रहे हैं तो भारत की सरकार ने उस दिशा में कौन से कदम उठाए हैं?

विश्व भर में जैविक खेती पर जोर

अनेक गैर–सरकारी संस्थाओं ने यह सिद्ध कर दिया है कि दूध न देनेवाली गाय और काम न करनेवाले बैल भी अपने गोबर और गोमूत्र के उत्पादन में 15 से 20

हजार रुपए प्रतिवर्ष की आमदनी दे सकते हैं। भोपाल के केंद्रीय कारागार का उदाहरण अनुकरणीय है। फरवरी 2004 में वहाँ 'श्रीकृष्ण गोसेवा केंद्र' प्रारंभ किया गया और शहर की आवारा, दूध न देनेवाली, बीमार एवं वृद्ध गायों, बैलों की सेवा प्रारंभ की गई। इस समय वहाँ 352 गोवंश पशु संरक्षित हैं, जिनमें अल्प मात्रा में दूध देनेवाली केवल 38 गायें हैं। गोबर में केंचुआ खाद, मटका खाद, कंपोस्ट खाद और स्लरी खादें बनाई गईं। गोमूत्र अर्क, गोमूत्र फिनाइल और जो भी दूध प्राप्त हुआ, उससे वार्षिक आमदनी 5 लाख 40 हजार रुपए की हुई है। क्या सरकारों को मालूम है कि गोबर गैस को कार्बन डाइऑक्साइड, सल्फर डाइऑक्साइड और नाइट्रोजन निकाल देने के बाद 60 प्रतिशत विशुद्ध मीथेन गैस बचती है, जिसे दबाव के साथ सिलिंडरों में भरा जा सकता है और उन सिलिंडरों का प्रयोग घर में भोजन बनाने तथा कारें चलाने के लिए भी किया जा सकता है? लोकमान्य तिलक, महात्मा गांधी, आचार्य विनोबा भावे, पूजनीय गुरुजी आदि सबके सब प्रकार के प्रयत्नों के पश्चात् भी भारत में लक्ष्मी की खान गोवंश की हत्या पूर्णरूप से बंद नहीं हुई है। इसे दुर्भाग्य नहीं कहें तो और क्या कहें?

प्लास्टिक से पेट्रोल

अपने नागपुर के ही विज्ञानी प्रो. अलका झाडगाँवकर ने प्लास्टिक के कचरे से उतनी ही मात्रा में पेट्रोल निकालने की तकनीक खोज निकाली है, जिसकी प्रशंसा महामहिम राष्ट्रपति ने उन्हें बुलाकर उनसे डेढ़ घंटे तक हुई चर्चा में की। स्टेट बैंक के विज्ञानियों ने भी उसकी जाँच की और इस लाभकारी उपक्रम में उन सबको, जो इस संयंत्र को अपने यहाँ लगाना चाहते हैं, ऋण देने की तैयारी दरशाई है। डेनमार्क, हॉलैंड, मॉरीशस आदि देशों के उच्च पदस्थ अधिकारी भी देखकर गए और प्रभावित हुए। 3 रुपए किलो कचरा एकत्रित करनेवालों को देने पर पेट्रोल की लागत 17 रुपए प्रति लीटर आती है। टैक्स और लाभांश जोड़ देने पर अधिक-से-अधिक 22 से 25 रुपए प्रति लीटर पड़ेगा। देश में प्रतिदिन निर्माण होनेवाले 8 हजार मीट्रिक टन कचरे से 80 लाख लीटर पेट्रोल प्रतिदिन निर्माण होगा और 15 हजार करोड़ रुपयों की प्रतिवर्ष बचत होगी। इस पेट्रोल से गाड़ियाँ सवा गुना अधिक दूरी तक चलती हैं और प्रदूषण भी नहीं होता। उससे निकलनेवाली गैस से विद्युत्-जनित्र चलाकर विद्युत् उत्पादन भी किया जा सकता है। छत्तीसगढ़ में तो जेट्रोफा से बने जैविक ईंधन से सरकारी गाड़ियाँ और बसें चल रही हैं। मैंने स्वयं अनेक प्रांतों के मुख्यमंत्रियों को पत्र लिखकर तथा प्रत्यक्ष भेंट कर भी इन सारे लाभकारी उपक्रमों की जानकारी दी है; किंतु अफसरशाही के जाल से बाहर आना शायद मुख्यमंत्रियों के लिए भी संभव नहीं हो रहा है।

अफसरशाही का जाल

और ये अफसर क्या कर रहे हैं, इसका परिचय पिछले कुछ दिनों में ही हम लोगों ने देखा है। पुलिस के एक थानेदार और उनके साथ चार सिपाही 1993 में मुंबई में हुए शृंखलाबद्ध विस्फोटों के लिए टाडा अदालत द्वारा दोषी पाए गए। उनपर यह आरोप सिद्ध हो गया है कि रायगढ़ जिले के शेखाड़ी समुद्र तट पर द्रुत गति नौकाओं द्वारा लाए गए शस्त्रास्त्र व आर.डी.एक्स. को 7 लाख रुपए घूस लेकर रायगढ़ से मुंबई तक पहुँचाने में उन्होंने मदद की थी। मुकेश सैनी नामक नौसेना के कमांडर ने, जिसकी नियुक्ति राष्ट्रीय सुरक्षा परिषद् के सचिवालय में थी, रोसन्ना मैथ्यू नाम के अमेरिकी कूटनीतिज्ञ को भारत की आणविक नीति संबंधी दस्तावेज दे दिए। उसे यह आश्वासन दिया गया था कि जब वह भारतीय नौसेना से स्वैच्छिक सेवानिवृत्ति लेगा तो उसे एक सप्ताह के अंदर अमेरिका की माइक्रोसॉफ्ट कॉरपोरेशन में नियुक्ति दे दी जाएगी। यही किस्सा वरिष्ठ संगणक विशेषज्ञ शिवशंकर पाल का भी है। उसी प्रकार रॉ (RAW) यानी अनुसंधान एवं विश्लेषण विभाग के अधिकारी का भी अमेरिका के लिए जासूसी करने का मामला सामने आया है। किंतु ज्यों ही उसको इस बात की भनक पड़ी कि उसका भंडाफोड़ होने वाला है तो वह अमेरिका भाग गया और वहाँ बस गया। ये सारे मामले देशद्रोह के हैं, जिनकी सजा केवल मौत ही हो सकती है।

अमेरिका की इस माइक्रोसॉफ्ट कंपनी की एक शाखा भारत में भी है और उसका कारोबार भारत में व्यापक रूप से फैला हुआ है। उसके कर्मचारियों की अनेक सरकारी विभागों तक पहुँच है। बहुत संभव है कि यह कंपनी भी गुप्त सूचनाएँ एकत्रित करने के लिए उच्च पदस्थ सुरक्षा विभाग के अधिकारियों को फाँसने का प्रयत्न करती हो! ऐसे उच्च पदस्थ अधिकारियों पर, जो सेवानिवृत्ति के पश्चात् निजी कंपनियों में नियुक्ति लेते हैं, नियमित रूप से नजर रखी जानी चाहिए।

इकोनॉमिक हिट मैन

अभी कुछ वर्षों पूर्व की जॉन पार्किन्स नाम के एक अमेरिकन की पुस्तक प्रकाशित हुई है, जिसका शीर्षक है 'कनफेशंस ऑफ एन इकोनॉमिक हिट मैन', अर्थात् 'आर्थिक प्रहारक की स्वीकारोक्ति।' आर्थिक प्रहारक वे लोग हैं, जो विकासशील देश में वहाँ की अर्थव्यवस्था नष्ट करने के लिए भेजे जाते हैं। पार्किन्स लिखता है कि वह मात्र स्नातक परीक्षा उत्तीर्ण था, पर बड़ा महत्त्वाकांक्षी व असमाधानी व्यक्ति था। उसकी इस वृत्ति को देखकर उसके पिता, जो प्रभावशाली व्यक्ति थे, ने उसे कहीं दूर भेज दिया। अमेरिका में 'चास–टी–मेन' नाम की एक इंजीनियरिंग कंपनी है, जिसका उपयोग अमेरिका की सरकार अपने निहित उद्‌देश्यों की पूर्ति के लिए एक मुखौटे के रूप में करती है। उस

कंपनी के अधिकारी ने उसके पिता के साथ संपर्क कर उसका पता लिया और उसे अपनी कंपनी में रख लिया। उसे कुछ नहीं बताया गया कि उसका काम क्या है। कुछ महीनों के बाद उस कंपनी की एक उच्च पदस्थ महिला अधिकारी ने उसे अपने घर बुलाया और कहा कि उसे अल्प-विकसित देशों में आर्थिक विशेषज्ञ के रूप में जाना है तथा वहाँ की स्थिति का अध्ययन कर एक प्रतिवेदन तैयार करना है। उसमें यह सब्जबाग दिखाया जाए कि उस देश को आगे बढ़ने के स्वर्ण अवसर हैं और अगले 22-25 वर्षों में वह इतनी प्रगति कर सकता है कि दुनिया के समृद्ध देशों की पंक्ति में खड़ा हो सके। पर इसके लिए उसे पहले एक आधारभूत ढाँचा तैयार करना होगा, पर उसके लिए विशाल पूँजी लगेगी। अमेरिका तदर्थ ऋण देने के लिए सहर्ष तैयार है। इस तरह उस देश को इतनी विशाल पूँजी लेने के लिए राजी कर लेना कि आगे चलकर उसके ब्याज की किस्तें चुकाना भी उसके लिए दूभर हो जाए।

विदेशी ऋण ब्याज का

आगे चलकर जब वे देश देखेंगे कि हर अर्थ-संकल्प में ऋण चुकाने का प्रावधान करने के बाद भी ऋण का बोझ निरंतर बढ़ता जा रहा है और ब्याज चुका पाना भी संभव नहीं हो रहा है, तब उनसे कहना कि यदि तुम हमारी शर्तों को मान लो तो हम ब्याज में छूट दे देंगे या कुछ किस्तें माफ कर देंगे और शर्तों में होगा—अमेरिकी सेना के लिए अड्डे प्राप्त करना, कम कीमत पर कच्चा माल लेकर अमेरिका का पक्का माल अधिक कीमत पर बेचना, ढाँचागत विकास के लिए जो प्रकल्प बनें, उनके लिए अमेरिकी कंपनियों को ही ठेका देना आदि। इस तरह उस देश को आर्थिक दृष्टि से चूसकर कंगाल बना देने का मार्ग प्रशस्त करना।

जॉन पार्किन्स ने इस कार्य में भरती होने के पहले जिन देशों को देखा था और पाया था कि अतुलित समृद्धि न भी हो तो भी वे खाते-पीते सुखी देश थे। उन्हीं देशों में इन प्रकल्पों के लागू होने के कुछ वर्षों बाद जब गया, तब देखा कि उन देशों में घोर दरिद्रता छाई है, वहाँ का पर्यावरण पूरी तरह से नष्ट हो चुका है। वे देश अमेरिकी सरकार, विश्व बैंक और अन्य अमेरिकी अभिकरणों की चपेट में आ गए हैं और ये सब उनका खून चूस रहे हैं। जॉन पार्किन्स लिखता है, 'ये आर्थिक प्रहारक भारी वेतन पानेवाले व्यावसायिक हैं, जो दुनिया के देशों को धोखा देकर खरबों डॉलर उनसे चूसते हैं। उनके औजार हैं—झूठे आर्थिक प्रतिवेदन तैयार करना, आम चुनावों में धाँधली करवाना, घूसखोरी, जबरन वसूली, यौनाचार, हत्याएँ करवाना आदि।'

भारत को भी इसी तरह फाँसने का उन्होंने प्रयत्न किया था; किंतु हम उनके जाल में नहीं फँसे। आज स्थिति यह है कि अमेरिका स्वयं कर्जे पर चल रहा है। भारत से

100 अरब डॉलर, जापान से 750 अरब डॉलर, चीन से 650 अरब डॉलर, कोरिया एवं ताइवान से 500 अरब डॉलर से ऊपर अमेरिका ने कर्ज ले रखा है। वास्तव में, एशियाई देशों की 70 प्रतिशत बचत अमेरिका को कर्ज में दी गई है। खनिज तेल के आयात और विदेशी माल एवं सेवाओं की माँग बढ़ जाने से इस वर्ष जुलाई में अमेरिका का कर्ज 78 अरब डॉलर बढ़ गया। कैलिफोर्निया के डेमोक्रेट क्जेवियर बेकेरा ने कहा है, 'इस वर्ष हमारा व्यापारिक घाटा जिस गति से बढ़ रहा है, उसके कारण वह 800 अरब डॉलर के ऊपर चले जाने की संभावना है। यह हमें प्रतियोगिता में नंगा कर देगा। यह प्रतियोगिता न तो स्वतंत्र है और न ही न्यायपूर्ण।' पर अमेरिका की ऐसी स्थिति होने पर भी भारत को अन्य मामलों में अपने ऊपर निर्भर बनाने के लिए अमेरिका के प्रयत्न बंद नहीं हुए हैं। उनमें से एक है हमारी आणविक-शक्ति-संपन्नता।

भारत एक आणविक शक्ति

भारत सन् 1998 में एक आणविक-शक्ति-संपन्न देश बन गया और उसके वैज्ञानिकों ने अपने बलबूते भारत को इस स्थिति तक पहुँचाया। आणविक विस्फोट होते ही अमेरिका बौखलाया कि 24 घंटे अंतरिक्ष में घूमनेवाले उसके खोजी उपग्रहों की आँख बचाकर भारत यह कैसे कर पाया? उसने भारत की सारी आर्थिक सहायता बंद कर दी। भारत ने कहा—ऐसी-की-तैसी। उसने कोई चिंता नहीं की। वर्ष भर के बाद स्वयं अमेरिका को झुकना पड़ा; किंतु वह अपनी चालबाजी से भारत को अणु शक्ति-संपन्न राष्ट्रों की श्रेणी में आने से रोकने के लिए सक्रिय हो गया है।

अपने प्रधानमंत्री मनमोहन सिंह से भेंट के अवसर पर एक समझौते का प्रारूप तैयार हुआ, जिसमें हमें यह सब्जबाग दिखाया गया कि अमेरिका संयुक्त राष्ट्र संघ की सुरक्षा परिषद् में भारत की स्थायी सदस्यता के लिए प्रयत्न करेगा, किंतु तदर्थ भारत को अपनी सारी आणविक सुविधाओं को निरीक्षण हेतु अंतरराष्ट्रीय परमाणु-ऊर्जा एजेंसी (आई.ए.ई.ए.) के अंतर्गत लाना होगा। परमाणु-ऊर्जा उत्पन्न करनेवाले हमारे 22 संयंत्र हैं तथा 'पुन: प्रक्रियन' (reprocessing) संयंत्र, भारी जल निर्माण संयंत्र आदि 15 और संयंत्र हैं। भारत ने कहा कि वह अपने सामरिक परमाणु-संयंत्रों को अंतरराष्ट्रीय निरीक्षण के लिए नहीं खोलेगा और कौन से संयंत्र नागरी उपयोग के लिए हैं और कौन से सामरिक, इसका निर्णय वह अपने हाथ में रखेगा; हालाँकि इस प्रकार उन्हें पूर्णत: अलग कर पाना संभव नहीं है, क्योंकि वे सब परस्पर निर्भर हैं। पर भारत ने 14 नागरी संयंत्रों को निरीक्षण के लिए खोलने की तैयारी दरशाई, पर साथ ही कहा कि थोरियम और प्लूटोनियम के प्रक्रियन में और उनके द्वारा ऊर्जा उत्पादन में वह स्वतंत्र रहेगा।

भारत पर दबाव बनाने की कोशिश

अमेरिका जानता है कि भारत के पास थोरियम और प्लूटोनियम का इतना विशाल भंडार है कि भारत ऊर्जा के मामले में आत्मनिर्भर हो सकता है। उसने यह उपाय निकाला कि भारत-अमेरिकी समझौता तभी कारगर होगा, जब उसे अमेरिकी संसद् की मंजूरी मिलेगी; पर अमेरिकी संसद् में जो विधेयक प्रस्तुत किया गया, उसमें 15 ऐसे संशोधन किए गए, जिनको मान लेने पर भारत परमाणु ऊर्जा के मामले में अपनी स्वतंत्रता खो बैठेगा। यह जो आश्वासन दिया गया था कि भारत के संयंत्रों को यूरेनियम की आपूर्ति निर्बाध रूप से की जाएगी, उसके बारे में भी विधेयक में यह शर्त लगाई गई कि 'आणविक आपूर्ति गुट' (Nuclear Supply Group), जिसमें 45 देश हैं, के सर्वसम्मत निर्णय पर निर्भर करेगी। इस तरह का एक दबाव गुट के रूप में वह प्रयोग करना चाहता है।

18 जुलाई, 2005 के वक्तव्य में एक-दूसरे पर किसी प्रकार के बंधन लादने की बात नहीं थी; किंतु इस विधेयक के द्वारा अमेरिका भारत की विदेश नीति को प्रभावित करना चाहता है, जैसे वह किसे आणविक ईंधन दे या न दे। ईरान को सामूहिक नर-संहार के अस्त्र (WMD) बनाने से परावृत्त करने, उसे अलग-थलग करने अथवा आवश्यक हो तो उस पर आर्थिक प्रतिबंध लगाने में वह भारत को पूर्ण और सक्रिय सहयोग के लिए बाध्य करना चाहता है। वह यह भी दबाव बना रहा है कि परंपरागत और आणविक क्षेत्रों में पाकिस्तान के साथ भारत की बराबरी बनी रहे। इस बहाने वह पाकिस्तान को अब तक के सर्वाधिक 5.1 अरब डॉलर के शस्त्रों की आपूर्ति कर रहा है। अमेरिका की नीति स्पष्ट है। वह भारत के खिलाफ पाकिस्तान को और चीन के खिलाफ भारत को खड़ा कर अपना हित साधने का प्रयत्न कर रहा है। अमेरिका को सबसे अधिक डर चीन से है, जिसके पास 12 हजार किलोमीटर दूर तक मार करनेवाले प्रक्षेपास्त्र हैं और वह अमेरिका के किसी भी नगर को अण्वास्त्रों से ध्वस्त कर सकता है।

ऐसी नीति अपनाने के लिए अमेरिका को दोष नहीं दिया जा सकता। प्रत्येक राष्ट्र के सामने अपने राष्ट्र का हित सर्वोपरि होता है। देखना यह है कि क्या भारतीय नेतृत्व अपने राष्ट्र के हित को सर्वोपरि रखकर कदम उठा रहा है? संसद् में तो प्रधानमंत्री ने पूरे जोर से कहा है कि किसी भी कीमत पर राष्ट्र-हित की बलि नहीं दी जाएगी; किंतु आशंका होने लगती है कि कहीं हम अमेरिका के बिछाए जाल में फँसते तो नहीं जा रहे हैं? हम तो अपने अति पुराने परमाणु-संयंत्रों—साइरस और अप्सरा—जो प्लूटोनियम के ईंधन से चलते हैं, बंद करने जा रहे हैं।

पाकिस्तान और आतंकवाद

अपने प्रधानमंत्री तटस्थ देशों की बैठक में भाग लेने के लिए हवाना गए थे और

वहाँ पाकिस्तान के राष्ट्रपति मुशर्रफ से मिले। गत 50 वर्षों से भारत दुनिया को यह बताता आ रहा है कि पाकिस्तान आतंकवाद का जनक है; पर हमारे प्रधानमंत्री इस बार उसे प्रमाण-पत्र दे आए कि पाकिस्तान स्वयं आतंकवाद का शिकार है। हमारे देश की गुप्तचर संस्था के पूर्व प्रमुख श्री अजित डोभाल ने कहा, 'आतंकवाद के विरुद्ध लड़ाई में भारत की यह पहली रणनीतिक पराजय है। प्रधानमंत्री के वक्तव्य ने आतंकवाद के प्रणेता पाकिस्तान और आतंकवाद के शिकार भारत को एक ही धरातल पर ला खड़ा किया है।' पिछले 12 महीनों में पाकिस्तान-प्रेरित व पोषित आतंकवादियों ने जम्मू-कश्मीर के बाहर 400 निर्दोष लोगों की हत्या कर दी है, जो अब तक की सबसे बड़ी संख्या है और भारत की स्वाधीनता के बाद से लेकर अब तक का हिसाब लगाएँ तो आतंकवाद के इस पाकिस्तानी राक्षस ने 60 हजार हिंदू-मुसलमान आदि सबकी बलि ली है।

दूसरी ओर 'रॉ' (अनुसंधान एवं विश्लेषण शाखा) के पूर्व प्रमुख बी. रामन ने तो अपने प्रधानमंत्री के बारे में कहा है, 'पाकिस्तान के जिहादी आतंकवादियों के कारनामों से इस देश के स्त्री-पुरुषों व बच्चों को भगवान् ही बचाए। जब हमारे प्रधानमंत्री ने ही हमें छोड़ा तो हम कहाँ जाएँ?' रामन के अनुसार, 'हमारे प्रधानमंत्री 'स्टॉकहोम संलक्षण' से पीड़ित दिखाई देते हैं। स्वीडन की राजधानी स्टॉकहोम में बैंक लुटेरों ने वहाँ कार्यरत चार महिला कर्मचारियों को पाँच दिनों तक बंधक बनाकर रखा। वे महिलाएँ बंधक बनानेवालों पर ऐसी फिदा हो गईं कि छठे दिन जब वे इस संकट से मुक्त हुईं तो उन बंधक बनानेवालों की ही पैरवी करने लगीं। वहाँ के एक मनोचिकित्सक ने, जिसने इस डकैती की जाँच में पुलिस का साथ दिया था, यह शब्द—'स्टॉकहोम संलक्षण' गढ़ा।' प्रधानमंत्री कार्यालय इन दो ईमानदार अफसरों से इतना नाराज हो गया कि प्रधानमंत्री के प्रेस सलाहकार ने इनकी निंदा करते हुए समाचार-पत्रों के संपादकों को परोक्ष रूप से इनके स्तंभ बंद करने का ही आदेश दे दिया और सेक्युलर संवाद माध्यमों ने अपने संपादकीयों में इन दोनों की कटु आलोचना कर अपने प्रिय प्रधानमंत्री का बचाव किया।

हमारी कमजोरी

अपने देश की यह सदा से कमजोरी रही है कि अपनी भलमनसाहत में शत्रु की सही पहचान करने में हम सदैव असफल रहे हैं और इसी कारण मार खाते रहे हैं। आक्रमणकारी—फिर वह मुहम्मद बिन कासिम हो, महमूद गजनवी हो या मुहम्मद गोरी, अपनी अवांछनीय उदारता ने ही, जिसे स्वातंत्र्यवीर सावरकर ने 'सद्‌गुण विकृति' कहा है, अपने पराक्रम को ग्रहण लगाया। पाकिस्तान के साथ चार युद्धों में भी यही हुआ। जो हमारे सैनिकों ने रणक्षेत्र में जीता, उसे हमारे नेताओं ने वार्त्ता की मेज पर खो दिया। आज तक की सभी सरकारों ने दुनिया भर में पाकिस्तान को ही आतंकवाद का जनक व

आश्रयदाता बताया और वे माँग करती रहीं कि पाकिस्तान को आतंकवादी राष्ट्र घोषित किया जाए और आज जब सारी दुनिया हमारी माँग के औचित्य को समझने लगी है और मानने लगी है कि पाकिस्तान एक असफल प्रयोग है, तब हमारे प्रधानमंत्री उसे प्रशस्त्रि-पत्र दे आए, आतंकवाद के खिलाफ उसके साथ मिलकर संयुक्त लड़ाई की घोषणा कर आए; पर हिंदी में एक कहावत है—'नीम न मीठी होय सींचो गुड़-घी से।' उसके अनुसार, मुशर्रफ ने पाकिस्तान पहुँचते ही गिरगिट की तरह अपना रंग बदल दिया। उसने हमारे प्रधानमंत्री को फिर सोचने के लिए बाध्य कर दिया; किंतु इस बीच हम तो अपनी विश्वसनीयता खो बैठे!

हमारी प्रज्ञा पर प्रहार

इन सबका एक ही कारण है कि हम अपने आपको ही भूल बैठे हैं। मैकाले की शिक्षा-पद्धति ने, जो दुर्भाग्य से स्वाधीनता के बाद भी चालू है, हमारी प्रज्ञा को ही मार दिया है। हम कौन हैं, हमारे राष्ट्र-जीवन का स्वरूप क्या है, इस विश्व में हमारे अस्तित्व का प्रयोजन क्या है? इसी का हमें विस्मरण हो गया है। इसलिए शत्रु-मित्र का विवेक नहीं रहा। उन दिनों हमारी राष्ट्रीयता के बारे में दो विचार प्रचलित थे। पहला यह था कि भारत एक उपमहाद्वीप है, जो कभी एक राष्ट्र नहीं रहा। अंग्रेज ही पहली बार इस पूरे देश को एक प्रशासन के अंतर्गत लाए। अत: इस भूमि पर एक राष्ट्र बनने की प्रक्रिया चल रही है। हमारे अंग्रेजी पढ़े-लिखे लोग भी यूरोप की राज्य-राष्ट्र की अवधारणा से अभिभूत थे। इसलिए वे भी कहने लगे, 'हम एक राष्ट्र बन रहे हैं।' दूसरा विचार मार्क्सवाद से प्रेरित कम्युनिस्टों का था, जो मानते थे कि इसमें कई राष्ट्र हैं। प्रत्येक भाषा का एक राष्ट्र है। यह एक बहुराष्ट्रीय देश है। उन दिनों हमारे शिक्षा संस्थानों में यूरोप का इतिहास पढ़ाया जाता था, राष्ट्रीय-राज्य और राज्य-राष्ट्र दोनों ही अवधारणाएँ विद्यमान थीं। राष्ट्रीय-राज्य वे थे, जहाँ प्रजाति-भाषा, धर्ममत, इतिहास, परंपरा आदि अनेक कारणों से 'हम' भावना से युक्त समाज था, किंतु जितने क्षेत्र में यह भावना विद्यमान थी, वह एक राजनीतिक इकाई के रूप में नहीं था। जर्मनी, फ्रांस, इटली आदि राष्ट्रीय-राज्य की श्रेणी में आते थे, जहाँ अनेक वर्षों से वे एक राजनीतिक इकाई बनकर उभरे।

यूरोप के बिखराव

राज्य-राष्ट्र वे थे, जहाँ पहले एक राज्य स्थापित हुआ, फिर उस राज्य के अंतर्गत रहनेवाले लोगों के बीच प्रजाति, मजहब, भाषा आदि की भावनाओं से ऊपर उठकर राष्ट्र-भावना का निर्माण हुआ। ग्रेट ब्रिटेन, अमेरिका, स्विट्जरलैंड इसके उदाहरण हैं। स्विट्जरलैंड में चार भाषाएँ हैं, किंतु वह एक राष्ट्र है। एक राष्ट्रीयता के निर्माण में उन राष्ट्रों के कवि, लेखक, नाटककार, दार्शनिक, चिंतक आदि का विशेष योगदान रहा और

सार्वजनिक शिक्षा की महत्त्वपूर्ण भूमिका रही। किंतु यूरोप में ही एक हेप्सबर्ग साम्राज्य था, जो 13वीं सदी से 19वीं सदी तक आर्थिक दृष्टि से खूब फला-फूला, किंतु उसके निवासियों में समान मूल्य, समान आदर्श, समान हित-संबंध एवं अन्य भावात्मक संबंधों के विकास के लिए कोई प्रयास न होने के कारण वह साम्राज्य बिखरकर पोलैंड, इटली, यूगोस्लाविया, हंगरी, चेकोस्लोवाकिया आदि राष्ट्रों में बँट गया।

कबीलों का अफ्रीका

जहाँ तक अफ्रीका का सवाल है, यूरोपीय देशों ने अपने आर्थिक एवं वाणिज्यिक हितों को ध्यान में रखते हुए वहाँ अपने राज्य बनाए, किंतु उन राज्यों की सीमा में आनेवाले विभिन्न कबीलों में न तो सार्वजनिक शिक्षा का ही प्रसार किया और न ही समान हित-संबंधों एवं भावात्मक एकता उत्पन्न करने का कोई प्रयास किया। उलटे, 'फूट डालो और राज करो' की नीति के अंतर्गत वे उन्हें आपस में लड़ाते रहे। जब उन देशों में भी स्वाधीनता के आंदोलनों ने जोर पकड़ना आरंभ किया तो उन देशों को स्वाधीनता देकर वहाँ से निकल भागने में ही उन्होंने अपनी खैर समझी। पर जैसे ही अफ्रीका के देश स्वाधीन हुए, विभिन्न कबीलों में वर्चस्व के लिए रक्तिम संघर्ष शुरू हो गया, जिसके परिणामस्वरूप वे देश या तो कबीलाई आधार पर बँट गए, जैसे रवांडा और बुरुंडी अथवा नाइजीरिया के समान बलवान् कबीलों द्वारा कमजोर कबीलों पर आधिपत्य जमा लिया।

यूरोप में यदि व्यक्ति से प्रारंभ होकर परिवार व कबीलाई स्थितियों से गुजरते हुए राष्ट्रीयता तक पहुँचने की यात्रा पिछले 300-400 वर्षों में हुई, वहाँ अफ्रीका में यह प्रक्रिया कुछ ही वर्षों में पूरी करने का प्रयत्न हुआ और वह भी बिना सार्वजनिक शिक्षा के प्रसार के। परिणामत: अफ्रीका के 5,000 से अधिक कबीले एक रक्तरंजित पीड़ादायक प्रक्रिया से गुजर रहे हैं; किंतु जब हम भारत, चीन, जापान आदि देशों की ओर देखते हैं तो यह कहना कठिन हो जाता है कि उन्होंने यह यात्रा कब पूरी कर ली! प्राचीनकाल से हम उन्हें एक विकसित व सुगठित राष्ट्र के रूप में ही पाते हैं। उन्होंने अनेक उत्थान-पतन देखे होंगे; किंतु उनकी राष्ट्रीयता की भावना कभी दबे रूप में तो कभी प्रखर रूप में अविच्छिन्न रूप से विद्यमान रही है।

जापानी विश्वास

जापानी राष्ट्र-भावना के दो आधारभूत तत्त्व रहे। पहला—अपनी मातृभूमि के प्रति, जिसमें चार द्वीप आते हैं और जो एशिया की मुख्यभूमि से जापान की खाड़ी द्वारा अलग किए गए हैं। जापानी लोगों को इस बात का गर्व है कि सूर्यदेव की किरणें सर्वप्रथम उन्हीं के देश पर पड़ती हैं। दूसरा तत्त्व है उनका यह विश्वास कि उनका प्रथम सम्राट्

सूर्यदेव का पुत्र था और तब से सम्राटों की अविच्छिन्न परंपरा आज तक चली आई है। सारे जापानी अपने आपको उस सम्राट् के परिवार का अंग मानते हैं। अतः अन्य देश का व्यक्ति भले ही वहाँ का नागरिक बन जाए, पर वहाँ का राष्ट्रीय नहीं बन सकता। जापान में पैदा होकर जापानी जाननेवाला व्यक्ति भी उस परिवार का अंग नहीं बन सकता। सम्राट् के प्रति इस श्रद्धा का आधार लेकर ही अनेक रियासतों व वर्गों में बँटे हुए राष्ट्र को यूरोपीय राष्ट्रों के दास बनने के भय ने सन् 1867 में एक संगठित राष्ट्र के रूप में उभारकर खड़ा किया; पर उसकी एकांतिकता ने उसे गत दोनों महायुद्धों में भाग लेने हेतु प्रेरित किया। किंतु अपनी प्रखर राष्ट्रीयता के बल पर आज आर्थिक व प्रौद्योगिक दृष्टि से वह अग्रगण्य राष्ट्र बन गया है।

चीन एक सोता राक्षस

चीन के प्राचीन तत्त्वज्ञान में दो परस्पर पूरक दार्शनिक धाराएँ थीं—कन्फ्यूशियन मत और ताओ मत। एक ने शिक्षा की पद्धति एवं सामाजिक व्यवहार के कठोर नियम प्रदान किए और दूसरे ने प्रकृति का सूक्ष्म निरीक्षण कर उसके नियम खोज निकाले तथा परिपूर्ण सुख के लिए पर्यावरण से सुसंगत जीवन बिताने की सीख दी। चू-शी नामक एक श्रेष्ठ दार्शनिक ने ग्यारहवीं सदी में बौद्ध मत के साथ, जो ईसा की पहली सदी में चीन आ गया था, इन दोनों धाराओं का मेल बैठाकर उनमें समन्वय स्थापित कर दिया। बीसवीं सदी में माओवादी कम्युनिज्म के भौतिकतावादी तत्त्वज्ञान ने इन परंपरागत धाराओं को कुछ समय तक ढक लिया। कम्युनिज्म विचारधारा के नाते भले ही असफल हो गया, किंतु उसने चीनी विस्तारवाद की भूख को बढ़ा दिया है। उसने न केवल तिब्बत को निगल लिया, अपितु सारे तिब्बती वंश को ही समाप्त करने पर तुला है। उसकी घुसपैठ भारतीय सीमा में भी हुई है और कुछ हिस्सा उसने कब्जे में भी कर लिया है। स्वामी विवेकानंद ने पहले ही कहा था कि 'चीन एक सोता राक्षस है। जब जागेगा तो विध्वंस मचाएगा।'

नकारात्मक अवधारणाएँ

इन सारी राष्ट्रीयताओं में एक तत्त्व गायब है, जिसके कारण अपनी वैयक्तिकता से वे ऊपर नहीं उठ पाए। श्री विपिन चंद्र पाल कहते हैं, 'वैयक्तिक अहम्मन्यता का भाव एक वैश्विक मानवीय अनुभव है। किंतु जहाँ आधुनिक यूरोपीय सभ्यता उसे विकसित और पुष्ट कर रही है, वहाँ हिंदू संस्कृति ने अपना सारा ध्यान उसे नियंत्रित करने में लगाया, भले ही उसे पूरी तरह समाप्त करना संभव न हो। स्वतंत्रता, अनधीनता और स्वैराचार नकारात्मक अवधारणाएँ हैं। उन सब में संयम, नियमन और तर्क की कसौटी का अभाव है। तर्क की किसी सर्वोच्च कसौटी के अभाव में, जहाँ समाज के व्यक्ति

या वर्ग या विभिन्न राष्ट्र अपनी स्वाधीनता के दावे को परख सकें, पाशविक बल ही प्रत्यक्ष या परोक्ष रूप में झगड़ों के निपटारे का एकमात्र उपाय रह सकता है। इसलिए इस यूरोपीय अनधीनता की अवधारणा में मौलिक परिवर्तन किए बिना विभिन्न देशों में सुव्यवस्थित प्रगति व शांति की स्थापना कभी भी नहीं हो सकेगी।

मनुष्य का अधूरा विचार

इन सबका कारण यह है कि उन राष्ट्रों का मनुष्य का विचार अधूरा रहा है। पाश्चात्य चिंतकों में किसी ने मनुष्य की बुद्धि को प्रधानता दी तो किसी ने मन को प्रधानता दी तथा किसी ने शरीर को प्रधानता दी; पर ये तीनों तत्त्व हर मनुष्य में अलग-अलग होते हैं और इसलिए लोगों को जोड़ नहीं सकते। जोड़नेवाला तत्त्व इन सबके परे है, जिसको हिंदू दार्शनिकों ने खोज निकाला है और वह है आत्मा। आत्मा शरीर, मन एवं बुद्धि के परे है और उसकी अनुभूति प्रगाढ़ निद्रा की अवस्था में ही होती है। जब शरीर, मन व बुद्धि निश्चेष्ट रहते हैं। जब हम जागते हैं तो बोलते हैं, 'कैसी गहरी नींद आई, मजा आ गया।' किसको मजा आया, शरीर, मन, बुद्धि तो सो रहे थे। फिर मजा किसको आया ? मुझे, यानी मैं इन सबके परे हूँ। मैं, यानी आत्मा। यह आत्मा निराकार, निर्विकार, निरहंकार, अनादि और अनंत है। वह सच्चिदानंद रूप है। प्रगाढ़ निद्रा की अवस्था में हम उसके साथ एकरूप होते हैं, इसलिए आनंद की अनुभूति होती है। अतः प्रत्येक व्यक्ति गहरी नींद की इच्छा करता है।

चूँकि वह अनादि और अनंत है, अतः एक ही है। हम सब में वही है। वही हम सबको जोड़नेवाला तत्त्व है; किंतु वह अज्ञान के आवरण से ढका है, इसलिए हम सब अपने आपको अलग-अलग समझते हैं; पर जैसे-जैसे यह अज्ञान दूर होता है, वैसे-वैसे हम अपनेपन के दायरे को बढ़ाते जाते हैं और क्रमशः परिवार, समाज, राष्ट्र, मानव, जाति, प्रकृति से एकरूप होते हुए अंत में विश्व ब्रह्मांड में व्याप्त उस परब्रह्म परमात्मा से एकरूप हो जाते हैं। जिसे हम अपना समझते हैं, उसके सुख में सुख और दुःख में दुःख का अनुभव करते हैं; सुख को बढ़ाने और दुःख को घटाने का प्रयत्न करते हैं। इस अपनेपन के विकास के आधार पर ही मनुष्यों की पाँच श्रेणियाँ बनती हैं—

1. **नर राक्षस**—वह व्यक्ति, जिसे दूसरों को कष्ट देने में आनंद आता है और जो संसार के दुःख व कष्टों का कारण बनता है। रावण, कंस, चंगेज खाँ, गजनवी, हिटलर, मुसोलिनी, माओ, स्टालिन, ओसामा बिन लादेन आदि और उनकी विचारधाराओं से प्रेरित आतंकवादी—ये सब नर राक्षसों की श्रेणी में आते हैं।
2. **नर पशु**—ऐसे लोग पूरी तरह संवेदन-शून्य होने के कारण केवल अपने सुख और भोग में ही मस्त रहते हैं।

3. **नर**—जिनमें संवेदनशीलता है। जो दूसरों के कष्ट से द्रवीभूत तो होते हैं, पर निष्क्रिय बने रहते हैं।
4. **नरोत्तम**—ऐसे लोग, जो अन्यों के कष्टों को देखकर केवल द्रवीभूत ही नहीं होते, अपितु उन कष्टों को दूर करने के लिए दौड़ पड़ते हैं और आवश्यकता पड़ने पर अपना बलिदान भी दे देते हैं।
5. **नारायण**—यानी परब्रह्म परमात्मा, जिसके साथ मिल जाना यानी सर्वोच्च आनंद की प्राप्ति करना।

हिंदू संस्कृति

हिंदू संस्कृति नर से नारायण बनानेवाली संस्कृति है और उसकी आविष्कार भूमि है भारत, जिसे हमने 'कर्मभूमि' कहा है। दुनिया के किसी भी देश ने अपनी भूमि को कर्मभूमि नहीं कहा। स्वामी विवेकानंद कहते हैं, 'यदि पृथ्वी तल पर ऐसी कोई भूमि है, जो अपने आपको पुण्यभूमि कहलाए जाने का दावा कर सकती है; ऐसी भूमि, जहाँ पृथ्वी की समस्त आत्माओं को अपने कर्मों का हिसाब देने के लिए आना ही होगा; वह भूमि, जहाँ मानवता ने सौम्यता, उदारता, शुचिता, शांति का उच्चतम आदर्श स्थापित किया है और इन सबसे बढ़कर जो भूमि आत्मावलोकन और अध्यात्म की भूमि है, तो वह है भारत।'

यही बात बीसवीं सदी के समस्त श्रेष्ठ विचारकों ने भी कही है। सर्वश्री राधाकुमुद मुखर्जी, लाला लाजपत राय, बाल गंगाधर तिलक, विपिनचंद्र पाल, महात्मा गांधी, स्वातंत्र्यवीर सावरकर, सुभाषचंद्र बोस, डॉ. हेडगेवार आदि ने स्थापित किया कि राष्ट्रीयता के समस्त लक्षणों से युक्त यह एक अति प्राचीन राष्ट्र है—हिंदू राष्ट्र। पूजनीय गुरुजी ने अपने 33 वर्षों के कार्यकाल में इसी तत्त्व का मंडन कर राष्ट्र-जीवन के सामाजिक, आर्थिक, राजनीतिक, शैक्षणिक, प्रशासनिक आदि क्षेत्र कैसे होने चाहिए, इसका विशदीकरण किया। अपने राष्ट्र के जीवनोद्‌देश्य का वर्णन करते हुए पूजनीय गुरुजी कहते हैं, 'विभिन्न विशिष्टताओं के बीच सामंजस्य की खोज करना संसार के चिंतन में हमारी विशिष्ट देन है। हमारी जातीय प्रतिभा के जिस लक्षण को बार-बार उद्‌धृत किया जाता है, वह है 'विविधता के बीच एकता की खोज'। यह लक्षण मानव की एकता, उसके आनंद एवं विकास की जड़ों को सिंचित करनेवाले सिद्धांतों के गंभीर एवं यथोचित मूल्यांकन से उत्पन्न होता है। इस प्रकार, संक्षेप में हम राष्ट्रों का सामंजस्यपूर्ण संतुलन चाहते हैं, उनका विनाश नहीं। यह कहना अनावश्यक है कि समस्त मानव प्राणियों को भौतिक अस्तित्व के किसी स्तर पर एकत्रित करके उनके व्यक्तिगत व सामुदायिक वैशिष्ट्यों को मिटाते हुए एक राज्य-विहीन व्यवस्था का

निर्माण करना हमारे लिए पराया विचार है। अत: हम जिस विश्व-राज्य की कल्पना करते हैं, उसका विकास ऐसी संघीय व्यवस्था में से होगा, जिसमें हर राष्ट्र स्वायत्त और आत्मनिर्भर होगा और एक समान केंद्र द्वारा वे सारे राष्ट्र आपस में जुड़े रहेंगे।

—(विचार नवनीत, पृ. 8)

किंतु हमारा विचार कितना ही श्रेष्ठ क्यों न हो, जब तक उसके पीछे एक अप्रतिहत बल का आधार नहीं होगा, कोई हमारी बात को नहीं सुनेगा। इस संबंध में पूजनीय गुरुजी कहते हैं, 'आज का जगत् मनुष्यों के समूहों में, जिन्हें हम राष्ट्र कहते हैं, बँटा हुआ है। ये राष्ट्र अधिकाधिक सामर्थ्य एवं समृद्धि प्राप्त कर पृथ्वी के अधिकांश क्षेत्रों पर अपना प्रभुत्व स्थापित करने हेतु आपसी स्पर्धा में रत हैं। आदिकाल से लेकर आज तक के मानव इतिहास का यही प्रमुख लक्षण रहा है। इन सहस्रों वर्षों के कालखंड में घोषणाएँ बदलती रहीं, किंतु यह आधारभूत तथ्य ज्यों-का-त्यों बना हुआ है।'

—(विचार नवनीत, पृ. 254)

'इसलिए जब हम विश्व का सही प्रकार से अध्ययन करते हैं तो इस सरल निष्कर्ष पर पहुँचने के लिए बाध्य होते हैं कि हमारे स्वतंत्र तथा समृद्धिशाली राष्ट्र-जीवन का एकमात्र आधार अजेय राष्ट्रीय सामर्थ्य ही है। ऐसा सामर्थ्य, जो आक्रामक शक्तियों के हृदयों में आतंक उत्पन्न करने में सक्षम हो और हमसे मैत्री संबंध स्थापित करने के लिए उन्हें प्रेरित करे।'

—(विचार नवनीत, पृ. 259)

हम सबको मिलकर ऐसी अजेय शक्ति खड़ी करनी है। आज विश्व तृतीय युद्ध के कगार पर खड़ा है। विश्व में शांति एवं सौहार्द स्थापित करने के लिए ऐसी शक्ति की आवश्यकता है, जो भगवान् श्रीकृष्ण के शब्दों में, 'परित्राणाय साधूनां विनाशाय च दुष्कृताम्' हो और यह केवल हिंदू के तत्त्वज्ञान से ही संभव है, जिसके बारे में महात्मा गांधी ने कहा है, 'हिंदुत्व सत्य के अनवरत शोध का ही दूसरा नाम है। यह प्रयास आदि आज रुका हुआ-सा, शिथिल और परिवर्तन के प्रति असंवेदनशील हो गया है तो इसका कारण यह है कि हम थक गए हैं। ज्यों ही यह थकावट दूर होगी, हिंदुत्व अपने संपूर्ण तेज के साथ जगत् में ऐसा उद्भासित होगा, जैसा अतीत में कभी नहीं हुआ।' बंधुओ, वह घड़ी निकट है। उसके लिए हम अपनी कमर कसें।

□

गंगा की धारा-सी पावन और प्रवहमान हिंदू राष्ट्र-जीवन की अविरल धारा

आज महानवमी और आयुध-पूजा का पवित्र दिन है और कल है विजयादशमी, राष्ट्रीय स्वयंसेवक संघ का स्थापना दिवस। कल संघ के 82 वर्ष पूर्ण होकर वह 83वें वर्ष में प्रवेश करेगा। संघ की इस दीर्घकालीन साधना का क्या फल मिला, इसका यदि लेखा-जोखा लें तो एक बात उभरकर दिखाई देगी कि जब सन् 1925 में संघ की स्थापना हुई थी, तब हिंदू समाज आत्म-विस्मृति के घेरे में इस सीमा तक पहुँच गया था कि अपने आपको 'हिंदू' कहने में भी लज्जा-बोध करता था, 'हमें गधा कह लो, हिंदू मत कहो।' आज समाज में हिंदू की चेतना जागी है, अब उसे अपने आपको हिंदू कहने में लज्जा नहीं लगती, प्रत्युत हिंदू के नाते एकत्र होने में भी उसे हिचक नहीं होती। गत वर्ष पूजनीय गुरुजी के जन्मशती वर्ष में हमने इसका अनुभव किया है, जब विभिन्न जाति-पंथों के प्रमुख संघ के बुलावे पर न केवल एकत्र हुए, प्रत्युत इस बात पर हर्ष भी प्रकट किया कि संघ के कारण हम विभिन्न जाति-पंथों के प्रमुख एक साथ बैठ सके, विचारों का आदान-प्रदान कर सके और बिना ऊँच-नीच के भेदभाव के पंक्ति भोजन भी कर सके। उन्होंने यह भी इच्छा प्रगट की थी कि आगे भी ऐसे कार्यक्रम होते रहने चाहिए। विद्वत्-संगोष्ठियों में अनेक प्रबुद्ध जन शामिल हुए और हिंदू समाज की आंतरिक समस्याओं, उस पर होनेवाले बाह्य आक्रमणों तथा उनके निराकरण के उपायों पर विचार-विमर्श किया। जिला एवं प्रखंड स्तर पर विशाल हिंदू सम्मेलन भी हुए।

इतने से संतोष नहीं

संघ को किंतु इतने मात्र से संतोष नहीं है। संघ चाहता है कि समाज न केवल जाग्रत् और आत्मसम्मान से परिपूर्ण हो, अपितु अपने ऊपर आनेवाली विपत्तियों का भी स्वतः-स्फूर्ति से प्रतिकार करे। यह स्थिति लाने के लिए अभी और प्रयत्न करना पड़ेगा। अभी समाज संकट का अनुभव तो करता है, पर उसका प्रतिकार करने के लिए किसी

के मुख की ओर देखता है, उससे पहल की अपेक्षा करता है। यह स्थिति दूर होकर होना यह चाहिए कि छोटे-छोटे गुटों में ही क्यों न हो, अपनी आवाज बुलंद करें, गाँव-गाँव और मुहल्ले-मुहल्ले से आवाज उठे। इसका एक दृश्य हमको 12 सितंबर को देखने को मिला, जब रामसेतु की रक्षा के मामले में प्रात: 8 बजे से 11 बजे तक जनता ने देशव्यापी चक्का जाम आंदोलन को सफल बनाया। समाज जैसे-जैसे जाग्रत् हो रहा है, वैसे-वैसे मानो उसकी परीक्षा लेने के लिए उस पर आक्रमण भी तीव्र होते जा रहे हैं। अत: सतत् जागरूकता आज एक अनिवार्यता बन गई है। वेदों के संदेश 'वयं राष्ट्रे जागृयाम् पुरोहिता:' को आज चरितार्थ करने की आवश्यकता है।

रामसेतु प्रकरण

रामसेतु का मामला सर्वोच्च न्यायालय के अंतरिम आदेश के कारण 5 जनवरी, 2008 तक स्थगित रखा गया है; किंतु संकट टल गया है, ऐसा मान लेना भूल होगी। केंद्रीय नौवहन मंत्री श्री टी.आर. बालू अभी भी कह रहे हैं कि वे सर्वोच्च न्यायालय से स्थगनादेश वापस लेने को कहेंगे और दिसंबर तक रामसेतु को काटकर नहर बनाने का काम पूरा कर लेंगे। अभी 16 अक्तूबर को ही चेन्नई में आयोजित पत्रकार परिषद् में सी.पी.एम. के राज्य सचिव श्री एन. वरदराजन और सी.पी.आई. के राज्य सचिव श्री पांडयन ने माँग की कि केंद्र सरकार ने सर्वोच्च न्यायालय से तीन मास का समय क्यों माँगा और वैकल्पिक मार्गों पर विचार करने का आश्वासन क्यों दिया? केंद्र सरकार नहर के वर्तमान मार्ग को ही स्वीकार करने के प्रति दृढ़ क्यों नहीं है? दूसरे मार्ग हमें स्वीकार नहीं हैं, क्योंकि उससे समुद्री पर्यावरण प्रभावित होगा। मछुआरों एवं उनकी रोजी-रोटी की रक्षा की जानी चाहिए। केंद्र सरकार को सांप्रदायिक ताकतों के सामने नहीं झुकना चाहिए।

वास्तव में, कम्युनिस्टों के दबाव में भारत सरकार ने सर्वोच्च न्यायालय में जो शपथ-पत्र प्रस्तुत किया, उसमें राम के अस्तित्व को ही नकार दिया। इससे भारत ही नहीं, दुनिया भर में फैले कोटिश: हिंदू मर्माहत हुए हैं। यह तो अपने राष्ट्र की पहचान को ही नकारना हुआ। सुप्रसिद्ध समाजवादी नेता स्व. डॉ. राममनोहर लोहिया को तो यह नक्सली सेक्युलरवादी भी संकुचित या प्रतिगामी नहीं कह सकते। अपने एक प्रसिद्ध भाषण में उन्होंने कहा था कि 'राम, कृष्ण और शिव भारत की पहचान हैं। राम ने उत्तर से दक्षिण को जोड़ा तो कृष्ण ने पश्चिम को पूर्व से जोड़ा और शिव तो कल्याणकारी रूप में भारत में सर्वत्र विद्यमान हैं।'

राम की ऐतिहासिकता पर जो संदेह करते हैं, वे डॉ. रामावतार शर्मा (आयकर विभाग के सह-निदेशक पद पर कार्यरत हैं) के शोध से बोध लें, जिन्होंने श्रीराम

वन-गमन के क्षेत्रों की खोज में जीवन के 24 वर्ष लगाकर 214 क्षेत्र खोज निकाले हैं, साथ ही मुनि विश्वामित्र के साथ जनकपुर तक के 23 स्थलों का विवरण भी प्रस्तुत किया है। जहाँ-जहाँ श्रीराम के पद-चिह्न पड़े, वहाँ विद्यमान मंदिर, सरोवर, नदी, घाट, कुटिया आदि के चित्रों की प्रदर्शनी तथा मानचित्र भी तैयार किए हैं। डॉ. रामावतार के जीवन की इस साधना का परिणाम उन सबके मुँह पर एक करारा तमाचा है, जो राम के अस्तित्व को ही नकार रहे हैं। हम अपने आपको जनतांत्रिक देश कहते हैं; पर यह कैसा जनतंत्र है, जहाँ एक ओर सारी जनता के साथ वैज्ञानिक, खगोलविद्, पुरातत्त्वविद्, भू-वैज्ञानिक, पर्यावरणविद् आदि सभी कह रहे हैं कि रामसेतु का अस्तित्व है, वहाँ दूसरी ओर केंद्रीय मंत्री बालू तथा तमिलनाडु के मुख्यमंत्री करुणानिधि उन सब मंतव्यों को ठोकर मारकर अपनी तानाशाही चलाने पर तुले हैं? क्या ऐसे मंत्री को मंत्रिमंडल में रहने का अधिकार है?

क्या मनमोहन सिंह 'गुरु ग्रंथ साहिब' को मानते हैं?

प्रधानमंत्री मनमोहन सिंह जानते हैं कि द्रमुक यदि अपना समर्थन वापस ले लेता है तो उनकी सरकार गिर जाएगी। अभी तक अमेरिका के साथ प्रस्तावित परमाणु करार के संबंध में कम्युनिस्ट अड़े हुए थे, जिनके दबाव में आकर उन्होंने मामले को वर्ष 2009 तक टाल दिया। अब यदि द्रमुक के करुणानिधि और बालू अड़ जाते हैं कि 'सेतु समुद्रम' योजना को हरी झंडी दी जाए, अन्यथा वे सरकार से अपना समर्थन खींच लेंगे, तो क्या वे कोटि-कोटि जनता की भावनाओं को कुचलकर रामसेतु को तोड़ने की अनुमति दे देंगे? यदि वे निष्ठावान् गुरुसिख हैं तो क्या 'श्री गुरुग्रंथ साहिब' के पृष्ठ 942 पर राग रामकली में गुरु नानक देवजी के एक शबद पर, जोकि 'सिद्ध गोष्ठ' के अंतर्गत आता है, नजर डालेंगे, जिसमें रामसेतु का वर्णन दिया गया है? वह इस प्रकार है—

गुरमुखि बाँधिओ सेतु विधातै।
लंका लूटी दैत संतापे॥
रामचंदि मारिओ अहि रावणु।
भेद बभीखण गुरमुखि परचायिणु॥
गुरमुखि सायरि पाहण तारे।
गुरमुखि कोटि तैतीस उधारे॥40॥

सिख पंथ में दो शब्द है—गुरुमुख और मनमुख। जो परमात्मा यानी धर्म के पथ पर चलता है, वह गुरुमुख है। जो अपनी मनमानी करता है, वह मनमुख है। सो गुरु नानकदेव कहते हैं—विधाता प्रभु ने गुरुमुख के लिए अपने लक्ष्य तक पहुँचने के लिए नाम रूपी पुल बना दिया है। इस नाम रूपी पुल से लंका लूटी गई और काम, क्रोध

आदि के दैत्य दु:खी हो गए। गुरुमुख रूपी रामचंद्र ने अहंकार रूपी रावण को मारा और विभीषण का भेद को बताना वास्तव में उनका गुरुमुख बनकर ज्ञानवान् होना ही है। पत्थर बने जीव भी गुरुमुख बनकर संसार सागर से पार उतर जाते हैं और गुरुमुख बने करोड़ों व्यक्तियों का उद्धार हो चुका है।

यह सत्य है कि सिख पंथ निराकार का उपासक है; पर गुरु नानकदेवजी ने साकार की अवहेलना नहीं की है। स्वयं श्री गुरु नानकदेवजी कहते हैं—

'निराकार आकार आपि,
निरगुण सद्गुण एक।
एक हि एक बखाननो,
नानक एक अनेक॥'

उस एक का ही अनेक होकर यह सारी सृष्टि बनी है। अत: साकार के आधार पर निराकार का उपदेश देते हुए श्री गुरु नानकदेवजी ने रामकथा को ही उपर्युक्त शब्द रूप में अभिव्यक्त किया है। स्वयं श्री गुरु नानकदेवजी ने समग्र भारत और भारत के बाहर भी व्यापक भ्रमण किया था। अपनी दक्षिण की यात्रा में वे रामेश्वरम भी गए थे। सिख इतिहास के प्रामाणिक एवं संगत मान्य ग्रंथ ज्ञानी ज्ञानसिंहजी लिखित 'त्वारीख खालसा' में लिखा है—'यह रामेश्वरम का मंदिर एक मुरब्बा भर (लगभग 25 एकड़) क्षेत्र का है। यहाँ रामचंद्रजी ने पुल बाँधते समय महादेवजी की पिंडी थापी थी।' (पृ. 146) स्वयं श्री गुरु गोविंद सिंह महाराज की रचना 'सरबलौह' में नाराज छंद में निबद्ध रामसेतु का वर्णन स्पष्टता से हुआ है—

बुलई नल सुग्रीव राम आयिसं प्रभू।
करो आरंभ सेतु को पलव गना भटा संभू।
धयी कपि विरुथना उपाड़ मेरु ब्रिछ कऊ।
असंख्य वीर एक वार लावहिं सक्रिछ कऊ॥ (पृ. 905)

अर्थात्—प्रभु राम ने नल और सुग्रीव को आज्ञा दी कि सारे शूरवीर गणों को लगाकर सेतु बनाने का काम आरंभ करो। सुनकर असंख्य शूरवीर कपियों के झुंड मेरु पर्वत और वृक्षों को उखाड़-उखाड़कर पुल बनाने के काम में जुट गए।

तथ्यों के बाद भी हठ क्यों?

ये सारे तथ्य होते हुए भी प्रश्न यह खड़ा होता है कि श्री करुणानिधि और बालू रामसेतु को तोड़कर ही नहर बनाने पर क्यों तुले हुए हैं? उनका तर्क यह है कि आज तूतुकुड़ी से चेन्नई जाने के लिए श्रीलंका को घेरकर जाना पड़ता है, इसलिए 750 समुद्री मील चलना पड़ता है और उसमें 62.5 घंटे लगते हैं। यदि वह नहर बना दी गई तो

केवल 310 समुद्री मील ही चलना पड़ेगा और उसमें 25.8 घंटे ही लगेंगे और इस तरह 36.7 घंटा समय बचेगा। किंतु नौवहन विशेषज्ञों का कहना है कि नहर में से जाते समय गति 6 समुद्री मील में रहेगी और इसलिए बचत 29.75 घंटे की ही होगी और बड़े से छोटे और छोटे से बड़े जहाज में चढ़ने-उतरने में 2 घंटे निकाल दिए तो कुल 27.75 घंटों की ही बचत होगी।

यह दावा भी एकदम खोखला है कि 'सेतु समुद्रम नहर परियोजना' से आर्थिक लाभ होगा। कैप्टन एच. बालकृष्णन ने हिसाब लगाकर बताया कि—

1. कोलकाता से श्रीलंका का चक्कर लगाते हुए तूतुकुड़ी पहुँचने का खर्च 19,49,225 रुपए।
2. चेन्नई से श्रीलंका का चक्कर लगाते हुए तूतुकुड़ी पहुँचने का खर्च 13,25,405 रुपए।

सेतु समुद्रम नहर में से जाते हुए तूतुकुड़ी पहुँचने का खर्च 14,51,260 रुपए।

अमेरिका का स्वार्थ

फिर भी वे क्यों अड़े हैं? इसका कारण यह है कि अमेरिका हिंद महासागर के साथ-साथ बंगाल की खाड़ी पर भी कब्जा करना चाहता है। डियागो गार्शिया तो उसके कब्जे में है ही और उसके माध्यम से अरब सागर पर उसने अपना वर्चस्व स्थापित किया है। अब बंगाल की खाड़ी पर भी वह अपना प्रभुत्व जमाना चाहता है। भारत और श्रीलंका के बीच मन्नार की खाड़ी और पाक जलडमरू मध्य है। यह ऐतिहासिक समुद्री जल क्षेत्र है, जिस पर भारत और श्रीलंका का ही अधिकार है। दोनों देशों की सरकारों ने 23 मार्च, 1978 को एक समझौता किया था, जिसके अनुसार दोनों देशों के बीच से जानेवाली एक रेखा को समुद्री सीमा रेखा मान लिया गया था। किंतु 23 जून, 2005 को अमेरिकी नौसेना ने इसे दोनों देशों के बीच का जल क्षेत्र मानने से इनकार कर दिया। 2 जुलाई, 2007 को चेन्नई बंदरगाह पर अमेरिकी युद्धपोत 'निमित्ज' का आना, युद्धपोत का विरोध होने पर भी पोत के अधिकारियों द्वारा संवाद माध्यमों को निमंत्रित करना, मीडिया के समक्ष अमेरिकी नौसेना के अधिकारियों द्वारा भारत और श्रीलंका के बीच जल क्षेत्र को अंतरराष्ट्रीय जल क्षेत्र घोषित करना, इस पूरे मामले में अमेरिकी दबाव व 'सेतु समुद्रम परियोजना' के पीछे अमेरिकी मंशा को स्पष्ट कर देता है।

चीन के मनसूबे

उधर चीन के भी अपने इरादे हैं। चीन ने बर्मा के पास अंडमान-निकोबार से सटे कोको नामक द्वीप पर अपना रणनीतिक अड्डा स्थापित कर लिया है और पाकिस्तान के ग्वादर बंदरगाह को उसने अपने निर्बाध आवागमन के लिए अपने कब्जे में ले लिया

है। श्रीलंका के दक्षिणी समुद्री तट पर स्थित हमंटोटा पर अत्याधुनिक बंदरगाह बनाने की परियोजना में भी चीन ने अपना दखल कर लिया है। इस प्रकार अमेरिका और चीन की रणनीति ने हिंद महासागर में भारत की रणनीतिक स्थिति को कमजोर किया है। भारत और श्रीलंका के बीच जब अमेरिका और चीन के जहाजों का आवागमन शुरू हो जाएगा तो उससे भारत की ही सुरक्षा प्रभावित होगी। किंतु विडंबना देखिए, भारत द्वारा अमेरिका के साथ किए जा रहे परमाणु करार के संबंध में चीख–पुकार मचानेवाले अपने देश के कम्युनिस्ट, जिन्हें 'कौमनष्ट' कहना ही उचित होगा, 'सेतु समुद्रम नहर परियोजना' के बारे में चुप्पी साधे बैठे हैं, क्योंकि उससे चीन को भी फायदा होने वाला है।

इन चीन–भक्त कम्युनिस्टों को उन विराट् क्षतियों की कोई चिंता नहीं, जो इस नहर परियोजना के कारण भारत को होगी।

थोरियम का महत्त्व

अमेरिका के सुप्रसिद्ध रक्षा अनुसंधान केंद्र कार्नेगी एंडीमेंट के वैज्ञानिक टेलिस ने गहरे अनुसंधान के बाद बताया है कि भारत के पास दुनिया का सबसे विशाल थोरियम भंडार है, जो भविष्य में भारत की ऊर्जा जरूरतों को लंबे समय तक पूरा करने में सक्षम है। थोरियम विश्व की बहुत ही दुर्लभ वस्तु है, जो स्लेटी रंग की धात्विक चमक दिखाती है। यह हवा में गरम करने पर बहुत ही चमकदार रोशनी देते हुए जलती है। स्कैंडिनेविया के युद्ध देवता थोर के नाम पर इसका नाम 'थोरियम' पड़ा है। पूर्व राष्ट्रपति डॉ. ए.पी.जे. अब्दुल कलाम ने कहा था, 'भारत में यूरेनियम का भंडार बहुत सीमित है, इसलिए इसकी आपूर्ति के लिए हमें सब तरह के लोगों से समझौते करने पड़ते हैं। भारत में थोरियम का विशालतम भंडार है, इसलिए हमें अब थोरियम आधारित ऊर्जा पर अधिक ध्यान देना चाहिए।'

भारतीय परमाणु वैज्ञानिकों की एक टोली ऐसा परमाणु संयंत्र तैयार करने में जुटी है, जो थोरियम से चलेगा। मुंबई स्थित परमाणु शोध केंद्र (B.A.R.C.) में तदर्थ प्रयोग किए जा रहे हैं। भारत सरकार के परमाणु ऊर्जा विभाग, हैदराबाद में अनुसंधानरत वरिष्ठ परमाणु वैज्ञानिक श्री के.एम.वी. जयराम के अनुसार, 'सारी दुनिया में इस समय कुल मिलाकर उत्तम गुणवत्ता का लगभग 11 लाख टन थोरियम का भंडार विद्यमान है, जिसमें से 31 प्रतिशत भाग भारत के समुद्री तटों पर होने का भी पता लग चुका है।'

हिंद महासागर से उठनेवाली लहरें श्री रामसेतु के अवरोधक से टकराकर प्रति लहरें उत्पन्न करती हैं। वे बहुमूल्य भारी तत्त्वों को भारतीय तटों की ओर धकेल देती हैं। इस कारण कन्याकुमारी अंतरीप पर तीन ग्रामों के पास थोरियम जमा हो जाता है। इस बहुमूल्य धातु का निर्यात भारतीय कानून के अनुसार बिना भारत सरकार की अनुमति

के नहीं किया जा सकता। किंतु इसे सरकार की उपेक्षा ही कहना होगा कि आज कुछ असामाजिक तत्त्वों ने थोरियम-युक्त इस बालू पर कब्जा जमा लिया है और दो तरीकों से उसका विदेशों को निर्यात किया जा रहा है। पहला तरीका सीधे गोदामों से भेजने का है और दूसरा तरीका है—गोंद लगी मोटी नारियल की रस्सियों को कुछ समय तक धातु-युक्त काली रेत में दबाकर बाद में उनका निर्यात करना। उन देशों में इन रस्सियों से काली बालू निकाल ली जाती है और रस्सियों का उपयोग जहाज आदि बाँधने के काम में लिया जाता है। इसकी विशाल राशि किस-किसके खाते में जा रही है, यह जाँच का विषय है। मणिपाल विश्वविद्यालय में भू-राजनीति विषय के प्रोफेसर श्री एम.डी. नलपत के अनुसार, 'रामसेतु को तोड़ने पर थोरियम की जो अपूरणीय क्षति होगी, वह भारत की परमाणु योजनाओं को गहरा धक्का पहुँचाएगी।'

सुनामी से केरल बचा

'सेंटर फॉर मैरीन एनालिटिकल रेफरेंस एंड स्टैंडर्ड' के कार्यकारी निदेशक प्रो. सी.एस.पी. अय्यर के अनुसार, 'मन्नार की खाड़ी में विद्यमान सागरीय जैविक भंडार की रक्षा परमावश्यक है। रामसेतु क्षेत्र छोड़कर दुनिया में अन्य कहीं भी 3,600 प्रकार के समुद्री जीव एक ही सागर क्षेत्र में नहीं मिलते। प्रख्यात सुनामी विशेषज्ञ प्रो. टाड. एस. मूर्ति ने दिसंबर 2005 में कहा था, 'रामसेतु के कारण 26 दिसंबर, 2004 को हिंद महासागर में आई सुनामी की लहरों के प्रकोप से केरल का दक्षिणी तट बच गया था…। सेतु नहर को गहरा करने से सुनामी को सीधी चोट करने का मार्ग मिल जाएगा और दक्षिण केरल खतरे में पड़ जाएगा।' भारत के सर्वोच्च न्यायालय के पूर्व न्यायाधीश न्यायमूर्ति श्री कृष्ण अय्यर तथा न्यायाधीश न्यायमूर्ति श्री के.टी. थॉमस ने भी सार्वजनिक वक्तव्य देकर वर्तमान 'सेतु समुद्रम् परियोजना' को त्याग देने के लिए कहा है। न्यायमूर्ति श्री के.टी. थॉमस कहते हैं, 'जिस बात से धार्मिक भावनाएँ और हजारों वर्षों की परंपराएँ जुड़ी हों, उस पर आघात नहीं करना चाहिए। इसलिए मेरी स्पष्ट मान्यता है कि रामसेतु को नहीं तोड़ा जाए तथा वैकल्पिक मार्ग अपनाया जाए। वैसे भी, मैंने सुना है कि सुनामी जैसे तूफानों में रामसेतु ने भारतीय तटों, विशेषकर केरल की रक्षा की थी।' और न्यायमूर्ति कृष्ण अय्यर कहते हैं, 'मुझे संदेह है कि भारत की जनता के हितों एवं प्रगति की अनदेखी कर इस योजना को पूरा करने में जो जल्दबाजी दिखाई जा रही है, उसका कारण अमेरिका जैसे देशों के हितों को आगे बढ़ाना हो सकता है। इस संबंध में मैंने प्रधानमंत्री को आपात संदेश भी भेजा है।'

मछुआरों की रोजी-रोटी

मन्नार की खाड़ी और पाक जलडमरू मध्य के किनारों पर बसे पाँच जिलों के

138 गाँवों में रहनेवाले 16 लाख मछुआरों की रोजी-रोटी समुद्र पर ही निर्भर है। नीरी (NEERI) के प्रतिवेदन के अनुसार, 'वहाँ 600 प्रकार की मछलियाँ हैं, जिनमें 200 प्रजातियाँ मत्स्योद्योग की दृष्टि से अत्यंत महत्त्वपूर्ण हैं। इन गाँवों में रहनेवाले मछुआरों की आजीविका के साधन हैं।—(1) मत्स्योद्योग, (2) समुद्री काई जमा करना, (3) शंख और सीपों को एकत्रित कर उनसे चूड़ी व बाजूबंद आदि बनाना, (4) मूँगा, (5) जलाऊ लकड़ी इकट्ठा करना, तथा (6) कृषि। आजकल उन्हें सप्ताह में केवल तीन दिन ही प्रातः 5 बजे से रात्रि 9 बजे तक समुद्र में जाने दिया जाता है। इस कारण उनमें गहरा असंतोष है। 50 प्रतिशत से भी अधिक मछुआरे आज कर्ज में डूबे हुए हैं। अगर यह नहर परियोजना लागू की जाती है तो बेकारी और बढ़कर अनेक सामाजिक एवं आर्थिक समस्याएँ खड़ी हो जाएँगी।' अब आप ही बताइए, कौन सच कह रहा है—नीरी के वैज्ञानिक या तमिलनाडु के वामपंथी नेता?

30 वर्षों का कम्युनिस्ट शासन

किंतु कम्युनिस्टों को इनसे कोई मतलब नहीं है। लगातार 30 वर्षों तक बंगाल में एकच्छत्र राज्य करने के बाद भी आज स्थिति क्या है? सन् 1977 में सत्ता में आते ही वामपंथी सरकार ने भूमिहीन किसानों के लिए भविष्य निधि योजना जोर-शोर से चालू की; किंतु जो पैसा जमा हुआ, उसे सरकार ने भविष्य निधि आयुक्त के पास जमा ही नहीं कराया और करोड़ों रुपयों की हेरा-फेरी कर दी गई। पश्चिम बंगाल में भूमिहीन किसानों की संख्या 73 लाख थी। उनमें से केवल 9 लाख लोगों को ही इस योजना में सम्मिलित किया गया था, बाकी 64 लाख की ओर कोई ध्यान ही नहीं दिया गया। उलटे गत 10 वर्षों में किसानों से जबरन भूमि छीनकर 24 लाख नए भूमिहीन तैयार कर दिए हैं। सरकार के लिए इससे बड़ी लज्जास्पद बात क्या हो सकती है कि 7 अगस्त से लेकर मध्य अक्तूबर 2007 के बीच अन्न के लिए दंगों की 40 घटनाएँ हुईं? आरोप यह था कि कुछ जिलों में पिछले 18 महीनों में राशन वितरण ही नहीं किया गया तथा कुछ में 11 महीनों से वह नहीं बँटा। मंत्री, अफसर, जिला न्यायाधीश, प्रखंड विकास अधिकारी, विधायक, राशन अफसर और वितरकों ने काले बाजार में अन्न व अन्य वस्तुएँ बेच डालीं। अन्न के लिए दंगे एक प्रकार से वाम मोरचे की सरकार के विरुद्ध हैं और मजा यह है कि वाम मोरचे के सदस्य ही उसे उकसा भी रहे हैं।

विचार का दीवाला

कम्युनिस्टों की दिवालिया विचारधारा का उग्रतम रूप आज माओवाद और नक्सलवाद के रूप में प्रकट हो रहा है। भारत के विभिन्न भागों में लगभग एक दशक से 6,000 से ज्यादा लोग हिंसा की चपेट में आ गए, पर शासन में बैठे राजनीतिक नेता

हर नृशंस घटना को एक कायरतापूर्ण कृत्य कहते हुए एक वक्तव्य झाड़ देते हैं और अपने कर्तव्य की इतिश्री समझ लेते हैं। ऐसा कम ही हुआ है, जब कानून के द्वारा किसी आतंकवादी को मृत्युदंड दिया गया हो। मोहम्मद अफजल का मामला तो इसका जीता-जागता उदाहरण है। सर्वोच्च न्यायालय द्वारा मृत्युदंड देने के बाद भी केंद्रीय मंत्रिमंडल ने उसे उम्र कैद में बदलने की सिफारिश की और अनुमोदन के लिए दिल्ली सरकार के पास भेजा। दिल्ली सरकार की ओर से आज तक उत्तर ही नहीं गया है। असम में सेना को अल्फा-विरोधी अभियान को बीच में ही छोड़ देने के लिए कहा गया, जिससे वार्त्ता के लिए उपयुक्त वातावरण बन सके। इसका लाभ अल्फा को ही मिला। वार्त्ता के नाम पर प्राप्त समय में वे फिर इकट्ठे होकर बलवान् हो गए। नेपाल में माओवादियों की सफलता ने भारत के नक्सलवादियों के मन में भी आशा जगा दी है कि वे भी सफल हो सकते हैं। भारत की कम्युनिस्ट पार्टी के एक केंद्रीय नेता माओवादी उग्रवादियों के नेता प्रचंड से मिलने भी गए थे।

लातों के भूत

हिंदी में कहावत है, 'लातों के भूत बातों से नहीं मानते।' किंतु इन आसुरी शक्तियों के साथ भारत सरकार जो नरमाई बरत रही है, उससे उनके हौसले बुलंद हो गए हैं। फ्रांस, इंग्लैंड आदि यूरोपीय देशों में आतंकवाद से निपटने के लिए अत्यंत कड़े कानून बनाए गए हैं; किंतु कम्युनिस्टों के समर्थन से चलनेवाली केंद्र सरकार ने आते ही 'पोटा' कानून को समाप्त कर दिया, जिसका परिणाम यह है कि कोयंबटूर में शृंखलाबद्ध विस्फोट करनेवाले असद नासर मदनी जैसे आतंकवादी भी छूट जाते हैं। आज आतंकवाद फिर सिर उठा रहा है। लुधियाना के सिनेमा हॉल में बड़ी संख्या में बिहार के मजदूर एक भोजपुरी चित्रपट देख रहे थे। वहाँ विस्फोट हुआ, जिसमें 6 लोग मारे गए और 30 घायल हो गए। इसके पीछे खालिस्तानवादियों के होने का संदेह किया जा रहा है। उसके पूर्व 1 सितंबर को अल्फा आतंकवादियों ने गुवाहाटी के भाजी बाजार में शक्तिशाली बम विस्फोट किया था, जिसमें 2 लोग मारे गए और 20 घायल हो गए थे।

आतंकी और मजहब

ऐसा भी नहीं कि केवल हिंदुओं और उनके पूजा-स्थलों को ही निशाना बनाया जा रहा है। 11 अक्तूबर को क्या हुआ? अजमेर शरीफ में रोजा इफ्तार के पश्चात् बम विस्फोट हुआ, जिसमें 2 मरे और 20 लोग घायल हो गए। उसके पूर्व भी 'समझौता एक्सप्रेस' तथा मालेगाँव, हैदराबाद और औरंगाबाद की मसजिदों को निशाना बनाया गया था, जहाँ मरने व घायल होनेवाले मुसलमान ही थे और अभी हाल में 17 अक्तूबर को वर्धा में जिन दो व्यापारियों के यहाँ भेंट-स्वरूप पार्सल आए थे, वे भी मुसलमान

ही थे। ऊपर से तो सी.डी. बजानेवाली मशीन दिखाई देती थी, किंतु उसके अंदर 36 विस्फोटक रखे थे, जो यदि फूटते तो 200 मीटर के क्षेत्र में तबाही मचा देते। इससे एक बात सिद्ध है कि आतंकवादी हिंदू हों, या मुसलमान, ईसाई हों या अपने आपको गुरुओं का सिख कहलानेवाले, उनका कोई मजहब नहीं होता। चाहे जितने उदाहरण दिए जा सकते हैं; किंतु प्रश्न है कि क्या सरकार इस आतंकवाद से निपटने के प्रति गंभीर है ? यदि हाँ, तो उसे तदर्थ अविलंब कठोर कानून बनाने चाहिए।

अल्पसंख्यकवाद राष्ट्र-हित की अनदेखी

और एक समस्या है राष्ट्र-हित की अनदेखी कर तथाकथित अल्पसंख्यकों का तुष्टीकरण। सर्वप्रथम तो अपने देश के मुसलमानों, ईसाइयों, बौद्धों व सिखों को अल्पसंख्यक कहना ही ब्रिटिशों की 'फूट डालो और राज करो' की नीति का विस्तार करना है। अल्पसंख्यक तो वह मानव समूह होता है, जो किसी अन्य देश से उखड़कर इस देश में आया और चूँकि इस देश में उसकी जड़ें नहीं हैं, इसलिए उसे कुछ अधिकार देने की बात सही हो सकती है। इस दृष्टि से तो केवल यहूदी और पारसी ही इस देश में अल्पसंख्यक कहलाए जा सकते हैं, जो क्रमशः दो व एक हजार साल पहले इजराइल और ईरान से उखड़कर भारत आए। किंतु अपने देश का संविधान बनाते समय जब उनसे प्रस्ताव रखा गया कि आप लोगों की संख्या इतनी कम है कि आप लोग अपने बलबूते पर विधानसभा या लोकसभा में चुनकर नहीं आ सकते, अतः उन सदनों में कुछ लोगों के लिए कुछ स्थान हम आरक्षित रख सकते हैं, तो दोनों समुदायों के नेताओं ने कहा कि हम लोगों को आरक्षण नहीं चाहिए। हम इस देश के राष्ट्रीय समाज के साथ आनंद से रह रहे हैं। ऐसा आत्मीयता का व्यवहार दुनिया के अन्य देशों में हमें नहीं मिला। और आज वे किसी प्रकार भी नुकसान में नहीं हैं। भारत के सिपहसालार जनरल जैकब और जनरल मानेकशॉ क्रमशः यहूदी व पारसी ही थे और उन्होंने भारत को युद्ध में विजय दिलाई। देश के स्वतंत्रता संग्राम में दादाभाई नौरोजी और मैडम कामा के तथा औद्योगिकीकरण में जमशेदजी टाटा के योगदान को भला कौन भूल सकता है ?

हिंदू की जान सस्ती

ऐसी स्थिति में केवल अपने चुनावी हित को ध्यान में रखते हुए प्रधानमंत्री का यह कहना कि देश के संसाधनों पर पहला अधिकार अल्पसंख्यकों का है, कहाँ तक उचित है ? मरनेवालों के संबंधियों को दी जानेवाली क्षतिपूर्ति में भी केंद्र सरकार भेदभाव बरतती है। 'समझौता एक्सप्रेस' में मरनेवाले पाकिस्तानियों को 10 लाख रुपए प्रति व्यक्ति, मालेगाँव व हैदराबाद आदि में 5 लाख रुपए प्रति व्यक्ति और मुंबई रेल विस्फोट में मरनेवाले हिंदुओं को 2 लाख प्रति व्यक्ति के हिसाब से मुआवजा दिया गया। हिंदू

की जान सस्ती। उधर पश्चिम बंगाल की वामपंथी सरकार द्वारा पंचायतों के चुनावों पर ध्यान रखकर अर्थ-संकल्प में 30 प्रतिशत राशि अल्पसंख्यकों के लिए सुरक्षित रखने का निर्णय, पुलिस बल में उन्हें सरकारी खर्चे से प्रशिक्षण देकर अधिक संख्या में भरती करने का संकल्प, नए अल्पसंख्यक विद्यालयों का निर्माण तथा मदरसों के प्रति उदार दृष्टिकोण रखने की वकालत क्या खुलेआम भेदभाव के उदाहरण नहीं हैं ? प. बंगाल में तथाकथित अल्पसंख्यक 28 प्रतिशत हैं, जिनमें 25.25 प्रतिशत मुसलमान हैं। देश के 50 मुसलिम बहुल जिलों में 12 केवल पश्चिम बंगाल में ही हैं। उस पर सच्चर कमेटी का प्रतिवेदन, जो तथाकथित अल्पसंख्यकों को उच्च शिक्षा के विभिन्न संस्थानों में स्थान आरक्षित करने की सिफारिश करता है, क्या तुष्टीकरण का निर्लज्ज उदाहरण नहीं है ? उधर अनुसूचित जातियों, जनजातियों व अन्य पिछड़ी जातियों से ईसाई या मुसलमान बने लोगों को भी नौकरियों में आरक्षण देने की तैयारी दिखाई जा रही है। क्या यह हिंदू समाज की अनुसूचित जातियों, जनजातियों व अन्य पिछड़ी जातियों के अधिकारों को छीनना नहीं है ?

हिंदू न रहने पर हिंदू का हक कैसे?

ध्यान रहे, अनुसूचित जातियों के लिए संविधान द्वारा देय आरक्षण उन जातियों से मतांतरित हुए लोगों को भी देने की माँग करनेवाली जनहित याचिकाओं को उच्चतम न्यायालय अनेक बार अस्वीकृत कर चुका है। उसने स्पष्ट किया है कि आरक्षण का प्रावधान हिंदू समाज में व्याप्त जातिगत विभेद के कारण उत्पन्न सामाजिक अक्षमता का परिमार्जन करने के लिए किया गया है। कोई व्यक्ति हिंदू से मुसलमान या ईसाई होते ही हिंदू समाज की जाति-व्यवस्था से बाहर हो जाता है। मतांतरण करने के लिए ईसाई पादरी यह दलील देते हैं कि ईसाई समाज में किसी प्रकार का जातिगत भेदभाव नहीं है। क्या ईसाई मत के प्रमुख यह घोषित करेंगे कि उनके पंथ में जातिगत भेदभाव है ? इस बारे में भारत सरकार के अधिनियम 1935 से लेकर अनुसूचित जाति एवं जनजाति आदेश, 1950 और उसके बाद जारी अब तक के आदेश बहुत स्पष्ट हैं। हमारे संविधान निर्माताओं ने संविधान सभा में इस प्रस्ताव पर विस्तृत चर्चा की थी और मतांतरितों के लिए आरक्षण नकार दिया था। सन् 1936 में अंग्रेज सरकार ने भी मतांतरित हुए ईसाइयों के लिए आरक्षण की इसी प्रकार की माँग को ठुकरा दिया था।

मतांतरण बढ़ेगा

यदि अनुसूचित जातियों से मतांतरित हुए लोगों के लिए आरक्षण की यह माँग स्वीकार कर ली जाती है तो अनुसूचित जातियों के लिए आरक्षित सुविधाओं का अधिकतम भाग इन मतांतरितों द्वारा ही हड़प लिया जाएगा और अथाह विदेशी धन से

पोषित मौलवियों एवं ईसाई मिशनरियों के रास्ते की एक बहुत बड़ी बाधा दूर हो जाएगी, जिससे मतांतरण की गति बढ़ जाएगी। देश की एकता और अखंडता के लिए इससे जो समस्याएँ पैदा होंगी, उन्हें ध्यान में रखकर अनुसूचित जातियों के जन-प्रतिनिधियों तथा नेताओं को इस माँग के पीछे मतांतरण करनेवाले घातक मंसूबों को समझकर उनके षड्यंत्रों को विफल करने हेतु आगे आना चाहिए, साथ ही यह भी करना चाहिए कि आरक्षण का लाभ उठाकर अनुसूचित जाति, जनजातियों एवं अन्य पिछड़े वर्ग के जिन बंधुओं ने गरीबी की रेखा पार कर ली है, उन्हें अपने और अपने आश्रितों के लिए आरक्षण नकार देना चाहिए, जिससे उनके ही गरीब बांधवों को उसका लाभ मिल सके। आरक्षण आखिर एक बैसाखी ही होता है, जिसका उपयोग घायल होकर पंगु बने हुए लोग ही करते हैं। पंगुता ठीक हो जाने पर बैसाखी फेंक दी जाती है।

सेंसेक्स में काले धन की भूमिका

आर्थिक मोरचे पर भी आज सेंसेक्स यानी मूल्य सूचकांक 19,000 तक पहुँच गया है, किंतु यह सब विदेशी धन के बलबूते पर हो रहा है। इसमें आतंकवादियों, मादक द्रव्यों की तस्करी करनेवालों का पैसा भी अपना खेल खेल रहा है। इस कारण देश का रिजर्व बैंक भी चिंतित है। अब तक यह पैसा participatory (सहभागी पूँजी) के नाम पर आता था। अब रिजर्व बैंक ने इस निधि में नया पैसा आने पर रोक लगा दी है और जो आ चुका है, उसे अगले 18 महीनों में समाप्त करने का आदेश दिया है। इसका परिणाम यह हुआ कि सूचकांक गिरना शुरू हो गया है।

वास्तव में देश जब स्वाधीन हुआ था, तभी देश के प्रथम प्रधानमंत्री पं. जवाहरलाल नेहरू ने महात्मा गांधी की गाँवों को विकास का केंद्र-बिंदु मानने की उचित सलाह को ठुकराकर पाश्चात्य विकास-पथ पर देश को आगे बढ़ा दिया था। पाश्चात्य विकास-पथ केंद्रीयकृत, विपुल ऊर्जाभक्षी, पूँजी-बहुल, बेरोजगारी-वर्धक और प्रकृति-विनाशक है। महात्मा गांधी ने जो भारतीय विकास पंथ सुझाया था, वह विकेंद्रित, अल्प ऊर्जाभक्षी, अल्प पूँजी-आधारित, रोजगार-बहुल और प्रकृति से सुसंगत था। आज पश्चिम में पाश्चात्य विकास-पथ को वहाँ के दूरदर्शी विद्वानों ने चुनौती देना आरंभ कर दिया है और चेतावनी दी है कि प्रकृति के साथ खिलवाड़ बंद नहीं किया गया तो समस्त मानव जाति के अस्तित्व पर ही संकट छा जाएगा। दुनिया के बाजारों पर कब्जा करने की जो होड़ चली है और अपना वर्चस्व स्थापित करने के लिए मानव संहारक अस्त्रों के भंडार बनाए जा रहे हैं, उसके कारण समूचा विश्व युद्ध के कगार पर खड़ा दिखाई दे रहा है। एक ठिनगी पड़ने की देर है और तृतीय विश्व युद्ध तेजी से भड़क सकता है और यह युद्ध परमाणु युद्ध होगा, जिसमें दुनिया के 200 करोड़ लोग मारे जाएँ तो कोई आश्चर्य

नहीं होगा। पर्यावरण का विनाश होगा, वह अलग। पाकिस्तान और चीन के कारण भारत को भी क्षति अवश्य पहुँचेगी। किंतु भविष्य में विश्व को शांति मंत्र देने का कार्य भारत को ही करना होगा, क्योंकि केवल भारत के पास ही यह आध्यात्मिक तत्त्व-ज्ञान है, जो मनुष्य, पेड़-पौधे, पशु-पक्षी, कीट-पतंग आदि में एक ही आत्मा का अस्तित्व देखता है और इसलिए 'सर्वे भवन्तु सुखिनः सर्वे सन्तु निरामयाः। सर्वे भद्राणि पश्यन्तु मा कश्चिद् दुःख भाग्भवेत्'' की उद्घोषणा कर सकता है।

भेदभाव से ऊपर उठें

इसलिए हिंदू समाज को आपस में भेदभावों से ऊपर उठकर सुसंगठित और बल-संपन्न होना होगा। कुछ अच्छे संकेत भी मिल रहे हैं। हम सब जानते हैं कि अंग्रेजों ने अपने साम्राज्यवादी उद्देश्यों के लिए भारत में 'फूट डालो और राज करो' की नीति का अनुसरण करते हुए आर्य-द्रविड़, आदिवासी-गैर आदिवासी, हरिजन-सवर्ण, ब्राह्मण-अब्राह्मण आदि अनेक भेद खड़े किए थे। दुर्भाग्य यह है कि स्वाधीनता के बाद भी पिछले 60 वर्षों से वही गलत इतिहास हमको पढ़ाया जा रहा है। स्वामी विवेकानंदजी ने 19वीं सदी के अंतिम वर्षों में चेन्नई में भाषण देते हुए कहा था, 'इन मूर्खतापूर्ण बातों पर विश्वास मत करो कि दक्षिण भारत में कृष्णवर्णीय द्रविड़ नाम की प्रजाति थी, जो उत्तर भारत में निवास कर रही है श्वेत वर्ण की आर्य नाम की प्रजाति से सर्वथा भिन्न थी।' और हँसते हुए कहा, 'आज यह सिद्ध करने का प्रयत्न हो रहा है कि आर्य स्विट्जरलैंड के तालाबों के किनारे रहा करते थे।' सुप्रसिद्ध विद्वान् मैक्समूलर का नाम इस सिद्धांत के साथ जुड़ जाने से हमारे दिल और दिमाग पर आज भी यह बात इतनी छाई हुई है कि अपने वन-बंधुओं को हम अनायास ही 'आदिवासी' शब्द से संबोधित कर अपने आपको बाहर से आया मान लेते हैं।

आर्य बाहर से नहीं आए

कुछ सप्ताह पहले बी.बी.सी. के अंतरताने (website) पर यह जानकारी दी गई, 'अब इस बात के प्रचुर प्रमाण हैं, जो सिद्ध करते हैं कि मैक्समूलर और उसके अनुयायी गलत थे। पुरातात्त्विक, भाषागत और वंश-शास्त्र के विद्वानों ने जो नई खोजें की हैं, उसके अनुसार आधुनिक इतिहासकार यह मानने के लिए तैयार नहीं हैं कि आर्यों के आक्रमणों ने भारतीय इतिहास पर इतना अधिक प्रभाव डाला था। आज सामान्यतः यह माना जाता है कि भारतीय इतिहास में अति पूर्वकाल से लेकर आज तक एक निरंतरता बनी हुई है।'

अभी-अभी संयुक्त राष्ट्र संघ की साधारण सभा ने 13 सितंबर, 2007 को 'मूल निवासियों के अधिकार का घोषणा-पत्र' स्वीकार किया, जिसके संबंध में सन् 1982 से एक उपसमिति में चर्चा चल रही थी और जिसका प्रारूप पहले सुरक्षा परिषद्

में स्वीकार किया गया। इस घोषणा के पक्ष में 143 सदस्य देशों ने और विरोध में 4 राष्ट्रों ने मत दिया। 11 देश तटस्थ रहे। विरोध में मतदान करनेवालों में ऑस्ट्रेलिया, न्यूजीलैंड, कनाडा और संयुक्त राज्य अमेरिका थे। भारत के प्रतिनिधि अजेय मल्होत्रा ने पक्ष में मतदान करने के पूर्व संयुक्त राष्ट्र सुरक्षा परिषद् में कहा कि भारत हमेशा से ही मूल निवासियों के अधिकारों का समर्थन करता रहा है। हालाँकि घोषणा-पत्र में मूल निवासी की परिभाषा नहीं की गई, किंतु भारत की संपूर्ण जनता को ही भारत का मूल निवासी माना गया है। जहाँ तक आत्म-निर्णय के अधिकार की बात है, यह उन्हीं मूल निवासियों के लिए है, जो विदेशी आधिपत्य में न रह रहे हों; उस राष्ट्र के लिए नहीं, जो मूल निवासियों का ही बना है।

यही बात जब मैंने राँची के एक कार्यक्रम में कही तो दूसरे दिन चर्च-प्रेरित कुछ संगठनों ने इसका विरोध किया और संघ को तो सांप्रदायिक कहा ही, केंद्र सरकार पर भी आरोप लगाया कि वह हमारे अधिकारों का हनन करने पर तुली है। जो हो, भारत का प्राचीन काल से आज तक एक ही राष्ट्रीय प्रवाह चलता आ रहा है, जिसमें समय-समय पर नदी-नाले मिलते रहे, किंतु गंगा के कल-कल प्रवाह के समान अपने में सबको आत्मसात् करते हुए सभी को गंगा की पावनता प्रदान करनेवाली गंगाधारा के समान हिंदू-राष्ट्र जीवन की यह धारा भी अविरल प्रवहमान रही है। इसकी निर्मलता को कायम रखते हुए समग्र विश्व को पावन करने की शक्ति हमें बटोरनी है।

सरस्वती की खोज

आज अनेक विद्वान् अपने देश के वास्तविक इतिहास को अपने देश के ही साहित्यिक व पुरातात्त्विक साक्ष्यों के आधार पर उजागर करने हेतु प्रयत्नशील हैं। इसमें लुप्त सरस्वती नदी की खोज अत्यंत महत्त्वपूर्ण है। हिमालय की शिवालिक पहाड़ियों से निकलकर खँभात की खाड़ी में गिरनेवाली सरस्वती नदी के भूमिगत जल-प्रवाह का चित्र सर्वप्रथम नासा के चित्रों से प्राप्त हुआ। हमारे वरिष्ठ अधिकारी रहे स्व. मोरोपंतजी पिंगले ने पुरातत्त्ववेत्ता डॉ. वि. श्री. वाकणकर तथा अनेक इतिहासकारों, भूगर्भ-शास्त्रियों व कथाकारों को साथ लेकर हिमालय की शिवालिक पहाड़ियों से खँभात की खाड़ी तक महीने भर की यात्रा की थी।

उस यात्रा में प्राप्त मृद्भांडों, भूमिगत जल के नमूनों एवं जनश्रुतियों के आधार पर आगे यह बात सिद्ध की जा सकी कि वेदों में 'अम्बि तमे नदी तमे' कहकर उल्लिखित विशाल सरस्वती नदी अनेक धाराओं में आज के पश्चिमी राजस्थान व पूर्वी पाकिस्तान में से होकर अंत में खँभात की खाड़ी में गिरती थी, जहाँ लोथल और धौलावीरा के समृद्ध बंदरगाह थे, जिसे हड़प्पा और मोहनजोदड़ो को आधार बनाकर सिंधु घाटी सभ्यता

को आर्यागमन के पूर्व की सभ्यता घोषित किया गया था कि उसी प्रकार के सैकड़ों नगरावशेष सरस्वती के किनारे अवस्थित मिले। महाभारत के समय सरस्वती विलुप्त होने लगी थी; क्योंकि जिस हेमनदी से उसको पोषण मिलता था, उसके मार्ग में भूगर्भीय हलचल के कारण अवरोध उपस्थित हो गया और सरस्वती की धारा यमुना में मिल गई। उसके उद्‌गमन को खोज लिया गया है। उसके प्रवाह को जगाधरी तक प्रवाहित कर दिया है। उसी आधार पर महाभारत के युद्ध को कलियुग प्रारंभ होने के 36 वर्ष पूर्व की घटना सिद्ध कर आज से 5169 वर्ष पूर्व का निर्धारित किया गया है और कलियुग के प्रारंभ अर्थात् 3102 ईसा पूर्व में भगवान् श्रीकृष्ण का निर्वाण निश्चित किया गया है। इस कार्य में सर्वाधिक महत्त्वपूर्ण भूमिका निभानेवाले डॉ. स्वराज्य प्रकाश गुप्त अभी गत मास ही हमसे बिछुड़ गए; किंतु उसके पूर्व वह भारतीय इतिहास की एक मजबूत आधारशिला रख गए।

प्राकृतिक खेती

हमारे वैज्ञानिकों ने विज्ञान के कई क्षेत्रों यथा अंतरिक्ष, पर्यावरण, कृषि, भूगर्भ, नौवहन आदि में हमारे वर्चस्व को रेखांकित किया है। और सबसे महत्त्वपूर्ण हैं ऋषि-खेती या प्राकृतिक खेती के नाम से प्रारंभ किए गए प्रयोग, जो इस सिद्धांत पर आधारित हैं कि जंगलों में न कोई हल-बखर चलाता है, न खाद देता है और न ही कीटनाशक, फिर भी जंगल उगते हैं, फलते-फूलते हैं और मानव सहित प्राणिमात्र को जीने के संसाधन उपलब्ध करवाते हैं। उसी को आधार बना कोल्हापुर के डॉ. दाभोलकर ने प्राकृतिक खेती के प्रयोग प्रारंभ किए। आज डॉ. दाभोलकर नहीं हैं, किंतु उनसे प्रेरणा लेकर प्रत्यक्ष प्रयोग कर रहे डॉ. दीपक सचदेव ने मध्य प्रदेश में हरदा के निकट नेमावर नाम के ग्राम के पास बाजवाड़ा ग्राम में यह सिद्ध कर दिया है कि केवल 10 मीटर व्यास की गोलाकार जमीन में पाँच लोगों का परिवार आराम से खा-पीकर 10 हजार रुपए वार्षिक कमा सकता है।

उपर्युक्त गोलाकार जमीन के तीन भाग किए जाते हैं। पहला भाग 2 मीटर व्यास के वृत्त में। उसकी त्रिज्या पर पपीता, केले, मक्का, अनानास, शकरकंद और लांडी पीपल तैयार होती है। दूसरे वृत्त में 7 बराबर के भाग होते हैं, जिसमें नित्य काम में आनेवाले अनाज के साथ-साथ चार से सात दिनों में उगनेवाले धनिया, मेथी, पालक, पुदीना, मीठी नीम, तुलसी, चाय की घास, टमाटर-मिर्च और भुट्टे उगाए जाते हैं। बाहरी वृत्त में वे धान्य, जिनकी फसल वर्ष में एक बार आती है। दुधी, तुरैया, गिलकी, गाजर, चवली, तुअर, मूँगफली तथा औषधीय पौधे। इससे पाँच लोगों के परिवार को पर्याप्त पोषण और बच्चों को माँ-बाप की अनुपस्थिति में ताजे फलादि का आहार प्राप्त हो सकता है। इसमें

जमीन एक बार ही तैयार करनी पड़ती है और फिर जीवनपर्यंत और कुछ नहीं करना पड़ता। देश-विदेश के लोग उसे देखने आए और अत्यंत प्रभावित होकर गए। आज यदि इस खेती को अपनाते हैं तो किसानों की आत्महत्याएँ बंद हो जाएँगी और यदि आपके पास 10 हजार वर्गफीट की जमीन है तो उपर्युक्त सब चीजों का सेवन करते हुए 35 से 40 हजार रुपए वार्षिक की कमाई कर सकते हैं।

बेंगलुरु के एक वैज्ञानिक श्री सतीश चंद्र ने वेदों का गहन अध्ययन कर यह खोज निकाला है कि वेदों में जो सूक्त हैं, वे वास्तव में प्रौद्योगिकी या टेक्नोलॉजी हैं। उन्होंने तो उसी आधार पर अंतरिक्ष से सीधे विद्युत् प्राप्त करने की तकनीक खोज निकाली है। चेन्नई के श्री रविप्रकाशजी खेमका ने सौर ऊर्जा और सेल टेक्नोलॉजी का संगम करके विद्युत् पावर हाउस बनाया है—500 वॉट का 1 लाख रुपए में तथा 1 हजार वॉट का 2 लाख रुपए में। खँभों के सहारे तार तानने की कोई आवश्यकता ही नहीं है। घर की छत के ऊपर एक चौकोर पट लगा दीजिए और 10-12 वर्षों के लिए छुट्टी। ये सब सकारात्मक विकास के उदाहरण हैं। आवश्यकता है कि हम अपनी शक्ति को पहचानें और दूसरों का मुख ताकना बंद कर दें।

हम अपने को ही पहचानें,
आत्मशक्ति का निश्चय ठानें।
पड़ी हुई जूठी शिकार को
सिंह नहीं जाते हैं खाने॥
एक हाथ में सृजन,
दूसरे में प्रलय लिये चलते हैं।
सभी कीर्ति ज्वाला में जलते,
हम अँधियारे में जलते हैं॥
आँखों में वैभव के सपने,
पग में तूफानों की गति हो।
राष्ट्र सिंधु का ज्वार न रुकता
आए जिस-जिसकी हिम्मत हो॥

□

जम्मू का संगठित हिंदू प्रतिकार वोट बैंक की राजनीति को करारा जवाब

आज के इस विजयादशमी समारोह के सम्माननीय अतिथि माननीय ज्ञानी कीरतसिंहजी, विदर्भ प्रांत के सह संघचालक श्री श्रीरामजी जोशी, नागपुर महानगर संघचालक डॉ. दिलीपजी गुप्ता, उपस्थित मातृवृंद, भाइयों तथा स्वयंसेवक बंधुगण!

ज्ञानी कीरतसिंहजी ने अपने संक्षिप्त, किंतु सारगर्भित भाषण में भारतीय संस्कृति व सभ्यता को दुनिया की सबसे पुरानी संस्कृति बताते हुए 'गुरु ग्रंथ साहेब' को एकता की मिसाल बताया, क्योंकि उसमें दस गुरुओं में से सात गुरुओं एवं 26 भक्तों की रचनाओं का संकलन है। उन्होंने हम सबको मार्गदर्शन देते हुए 'वाहे गुरु की फतेह' की भावना को दिल में रखकर अटूट विश्वास और धैर्य से राष्ट्र-चेतना का संदेश घर-घर तक पहुँचाने की बात कही है। वास्तव में, राष्ट्रीय स्वयंसेवक संघ इसी उद्‌देश्य को लेकर पिछले 83 वर्षों से कर्तव्यरत है। उसका लक्ष्य स्पष्ट है—'विजेत्री च नः संहता कार्य-शक्तिर् विधायास्य धर्मस्य संरक्षणम्। परम वैभवं नेतु मेतत् स्वराष्ट्रम्'—अर्थात् अपनी इस संगठित कार्यशक्ति के बलबूते पर धर्म का संरक्षण करते हुए हम अपने राष्ट्र को परम वैभव के शिखर पर ले जाएँगे और जहाँ धर्माधिष्ठित शक्ति है, वहाँ विजय तो मिलेगी ही। दसवें पातशाह गुरु गोविंद सिंहजी महाराज ने इसी उद्‌देश्य से आततायी आसुरी शक्तियों से हिंदू धर्म की रक्षा के लिए खालसा पंथ का सृजन किया था। उन्होंने कहा था—

सकल जगत मों खालसा पंथ गाजै।
जगे धर्म हिंदुक तुरक दुंद भाजै।।

जाति-पंथ-भाषा आदि सब भेदों से ऊपर उठकर संपूर्ण समाज की एकता का भाव जगाने के लिए गुरु नानकदेवजी से लेकर गुरु गोविंद सिंहजी ने कार्य किया। गुरु नानकदेवजी महाराज ने संगत और पंगत की परंपरा का प्रारंभ किया। संघ भी उसी

परंपरा का अनुसरण कर रहा है। रोज शाखा पर आना संगत है और बिना भेदभाव के एक ही पंक्ति में भोजन करना पंगत है, जो भिन्न-भिन्न शिविरों में, वर्गों में, सम्मेलनों में हम करते रहते हैं। पिछले 83 वर्षों से धर्म की रक्षा के लिए बद्ध परिकर संघ एक शक्ति के रूप में खड़ा हुआ है। ज्ञानीजी ने अंग्रेजों की 'फूट डालो और राज करो' की नीति की बात कही। सन् 1857 के प्रथम स्वातंत्र्य समर के पश्चात् अंग्रेजों ने अपने राष्ट्रीय समाज में भेद डालने के लिए सिख, जैन, बौद्ध, लिंगायत, आदिवासी, दलित आदि अनेक भेद डाले। सिख की परिभाषा भी उन्होंने केवल खालसा तक सीमित कर दी; जबकि सहजधारी, सेवक, सिंह और खालसा—सभी सिख पंथ के अंग हैं। गुरु गोविंदसिंहजी महाराज ने स्वयं कहा है—

तीन प्रकार मम सिख हैं,
सहजी, चरणी, खंड।

सिख का अर्थ ही है शिष्य। हम सब गुरुओं के शिष्य हैं, धर्म की रक्षा के लिए कटिबद्ध हैं। ज्ञानीजी ने आतंकवाद की समस्या की ओर ध्यान दिलाया है। वास्तव में आज सामाजिक, राजनीतिक, आर्थिक आदि अनेक प्रकार की समस्याएँ हमारे सामने मुँह बाए खड़ी हैं।

चौराहे पर देश, किधर जाएँ?

इस समय अपना राष्ट्र एक चौरस्ते पर खड़ा है। किंकर्तव्यमूढ़ हो यह सोच रहा है कि किस रास्ते पर बढ़ना कल्याणकारी रहेगा? एक ओर इस पश्चिमी विकास-पथ का मोह पीछा नहीं छोड़ रहा है, जिस पर स्वाधीनता के पश्चात् पिछले 61 वर्षों तक इस देश को चलाया गया। महात्मा गांधी ने इस विकास-पथ के दुष्परिणामों को पहले से ही भाँप लिया था। उन्होंने कहा था कि यह पथ केंद्रित, नगरावलंबी, विपुल ऊर्जा भक्षी, भारी पूँजी-आधारित, बेरोजगारी-वर्धक तथा पर्यावरण-विनाशक है और सुझाव दिया था कि 87 प्रतिशत ग्रामीण जनता के लिए विकेंद्रित, ग्रामावलंबी, परिमित ऊर्जा भक्षी, अल्प पूँजी-आधारित, रोजगार-बहुल और प्रकृति से सुसंगत विकास-पथ अपनाया जाए; पर इसे नहीं माना गया। आज पाश्चात्य पथ के दुष्परिणामों से पाश्चात्य जगत् ही चिंतित है, तब भारत में उसके भिन्न परिणाम कैसे हो सकते हैं? सबको दिखाई दे रहा है कि गरीब और गरीब तथा अमीर और अधिक अमीर होते जा रहे हैं। दुनिया के अमीरतम दस व्यक्तियों में आज भारत के अमीर भी गिने जाने लगे हैं। इस पर जहाँ खुशियाँ मनाई जा रही हैं, वहाँ दूसरी ओर सरकारी आँकड़ों के अनुसार ही डेढ़ लाख किसान आत्महत्या कर चुके हैं और यह सिलसिला अभी भी चल रहा है। दुनिया का सबसे संपन्न माना जानेवाला संयुक्त राज्य अमेरिका आज आर्थिक दिवालिएपन की ओर बढ़ रहा है।

यह स्थिति क्यों?

प्रश्न यह है कि यह स्थिति कैसे आई ? यूरोप में कम्युनिज्म के असफल होने के पश्चात् अमेरिका के नेतृत्व में वैश्विक पूँजीवाद डॉलर को विश्व आरक्षित मुद्रा बनाते हुए आगे बढ़ा। दुनिया भर में 256.5 लाख करोड़ का जो विदेशी मुद्रा भंडार है, उसमें से दो-तिहाई से अधिक का निवेश डॉलर प्रतिभूति में हुआ। एक अंतरराष्ट्रीय मुद्रा कोष (I.M.F.) बनाया गया और सब देशों को कहा गया कि सदस्य देश अपने-अपने हिस्से के परिमाण में सोना जमा करें; पर द्वितीय विश्व युद्ध तभी समाप्त हुआ था और कंगाल बने अधिकांश यूरोप के देश अपने हिस्से का सोना जमा नहीं कर पाए। तब अमेरिका ने आश्वासन दिया था कि माँगे जाने पर वह डॉलर के बदले सोना देगा। 14 अगस्त, 1971 को ब्रिटेन ने 121 मिलियन (12.1 लाख डॉलर) का धनादेश (चेक) देकर अमेरिका से कहा कि वह अपने केंद्रीय संचय कोष (फेडरल रिजर्व) में से इस मूल्य का सोना दे—किंतु 15 अगस्त, 1971 को अमेरिका ने घोषणा की कि वह अपने डॉलर के स्वर्ण प्रतिमान (U.S. Dollar Gold Standard) से हट रहा है। जब यह धोखा उजागर हुआ तो सब सकते में आ गए। भारत व मध्य-पूर्व के राजे-रजवाड़ों तथा अन्य देशों के भ्रष्ट राजनीतिक नेताओं ने भ्रष्टाचार से अर्जित धन डॉलर के रूप में रखा था। अमेरिका ने भ्रष्ट राजनीतिक नेताओं पर दबाव बनाया कि उनकी कुशल इसी में है कि वे डॉलर की कीमत गिरने न दें। उस समय जापान एक ऐसा राष्ट्र था, जिसके पक्ष में व्यापाराधिक्य (Trade Surplus) था, अर्थात् उसे अमेरिका से लेना था। उसे ज्यादा न देना पड़े, इसलिए जापानी मुद्रा 'येन' को दबाया गया। इसका खुलासा तब हुआ, जब विमानों की खरीद-फरोख्त में किया गया 'लॉकहीड घोटाला' उजागर हुआ तथा तत्कालीन जापानी प्रधानमंत्री काकुई तनाका और उनके मंत्रिमंडल को त्यागपत्र देना पड़ा।

चरमराती अमेरिकी अर्थव्यवस्था

आज यह साफ दिख रहा है कि अमेरिका की अर्थव्यवस्था चरमरा रही है। दो प्रकार के बैंक दुनिया के सब देशों में हैं—एक व्यावसायिक बैंक (Commercial Bank) और दूसरा विनिवेश बैंक (Investment Bank)। व्यावसायिक बैंकों के ऊपर उस-उस देश के केंद्रीय बैंक का नियंत्रण रहता है, किंतु विनिवेश बैंकों पर नहीं। वे इधर-उधर से पैसा लाकर सट्टा बाजार, गृह-निर्माण व बीमा कंपनियों को उधार देते हैं। अमेरिका की 'लेहमन ब्रदर्स' नाम के विनिवेश बैंक ने अपने आपको दिवालिया घोषित कर दिया है। अमेरिका की दुनिया भर में सबसे विशाल गृह-निर्माण व बीमा कंपनियों का भी राष्ट्रीयकरण हो गया है। अमेरिकी राष्ट्रपति ने अपनी जनता को चेतावनी दी है कि हमारे सामने भीषण आर्थिक संकट सन्निकट है। अमेरिकी अर्थव्यवस्था को बचाना हो

तो करदाताओं को 800 अरब डॉलर (34 लाख करोड़ रुपए) हमें दिया जाना आवश्यक है। इसका प्रारंभ में जबरदस्त विरोध हुआ। धीरे-धीरे उसे शांत किया गया।

दुनिया के 256.5 लाख करोड़ रुपए (5.7 ट्रिलियन डॉलर) के विदेशी मुद्रा भंडार का दो-तिहाई से ज्यादा धन डॉलर प्रतिभूति में लगा है। इसके अतिरिक्त अमेरिका ने दुनिया भर से जो कर्ज लिया, उसे मिलाकर कुल 566.5 लाख करोड़ (12.5 ट्रिलियन डॉलर) का कर्ज आज उस पर है। इसके बाद भी वह 10,000 करोड़ रुपए प्रतिदिन के हिसाब से दुनिया भर से कर्ज ले रहा है। एक अमेरिकी नियतकालिक ने व्यंग्य करते हुए लिखा है कि अमेरिका अपने राष्ट्रपति का भी वेतन चुकाने के लिए दुनिया भर से कर्ज ले रहा है।

अमेरिका में 'संयुक्त राज्य संघीय संचय व्यवस्था' (U.S. Federal Reserve System) नाम की एक संस्था है, जो है तो एक प्रकार का बैंक, पर जिस पर सरकार का कोई नियंत्रण नहीं है। वह आर्थिक मामलों में वहाँ की संघीय सरकार (Federal Government) को सलाह दिया करती है। उसके अनेक वर्षों तक प्रमुख रहे ॲलान ग्रीन्स्पॅन का कहना है कि लोगों की पैसे बचाने की प्रवृत्ति अविकसितता का लक्षण है। विकासशील देशों के लोग इसलिए पैसा बचाते हैं कि गाढ़े दिनों में या सेवानिवृत्ति की अवस्था में काम आए; किंतु विकसित देशों को ऐसा करने की क्या आवश्यकता? उनका एक विशाल आर्थिक संजाल रहता है, जिसके कारण उपभोक्ताओं का एक छोटा भाग अपनी आमदनी से अधिक खर्च करने की प्रवृत्ति रखता है। ग्रीन्स्पॅन जैसे लोगों का चिंतन हमारे प्राचीन दर्शनकार चार्वाक् से भिन्न नहीं है, जिन्होंने कहा था—

यावज्जीवेत् सुखं जीवेत् ऋणं कृत्वा घृतं पिबेत्।
भस्मीभूतस्य देहस्य पुनरागमनं कुतः॥

अर्थात्—जब तक जिओ, सुख से जिओ,
कर्जा लेकर भी घी पीओ।
गई छूट जिस दिन यह काया,
नहीं बची फिरने की आशा॥

आज अमेरिकी समाज में परिवार व्यवस्था नहीं रही। 50 प्रतिशत से अधिक विवाह तलाक में बदल जाते हैं। इसलिए जो परिवार व्यवस्था समाज में सामाजिक, सांस्कृतिक तथा आर्थिक सहयोग की आधारभूमि थी, उसके भंग हो जाने से उसकी सामाजिक सुरक्षा का बोझ सरकार पर आ पड़ा। उस बढ़ते आर्थिक दायित्व के कारण सरकार को निरंतर कर्ज लेना पड़ता है और जनता को क्रेडित कार्डों के माध्यम से बैंकों से कर्जा लेना पड़ता है। जनसंख्या अमेरिका की है 30 करोड़, किंतु साख पत्र (क्रेडिट कार्ड) हैं 120 करोड़।

हमारे उदारमना प्रधानमंत्री अमेरिका में तत्रस्थ राष्ट्रपति जॉर्ज बुश से आणविक

समझौते पर बात करने के लिए पहुँचे; किंतु अमेरिका की आर्थिक दुरवस्था देखकर इतने द्रवीभूत हो गए कि रिजर्व बैंक के गवर्नर श्री डी. सुब्बाराव के साथ मिलकर 56 हजार करोड़ रुपए की व्यवस्था करने के लिए तैयार हो गए। इस समय भारत का विदेशी मुद्रा कोष 282 अरब डॉलर यानी 13 लाख 32 हजार करोड़ रुपए का है। एक तरह तरलता संशोधन व्यवस्था (लिक्विडिटी एजस्टमेंट फैसिलिटी) के तहत 56 हजार करोड़ रुपए बैंकों को नया ऋण देने की घोषणा हो चुकी है। यह राशि संकटग्रस्त अमेरिकी निवेशकों द्वारा भारतीय पूँजी बाजार से विनिवेश और इसके फलस्वरूप होनेवाले डॉलर पलायन की पूर्ति करेगी। दूसरी ओर, वर्तमान बाजार में कथित तौर पर कीमतों को बढ़ने से रोकने के लिए मौजूदा व्यवस्था के तहत इतनी ही मात्रा में बाजार स्थिरीकरण परियोजना (मार्केट स्टेबिलाइजेशन स्कीम, एम.एस.एस.) के अंतर्गत बॉण्ड जारी किए जाएँगे। इस प्रकार 56 हजार करोड़ रुपए की राशि पुनः बाजार से रिजर्व बैंक के भंडार में पहुँच जाएगी। रिजर्व बैंक को इस पूँजी का कहीं तो निवेश करना है और चूँकि प्रधानमंत्री अमेरिका की मदद करने को इच्छुक हैं, अतः एम.एस.एस. बॉण्ड की बिक्री से प्राप्त पैसे को रिजर्व बैंक अमेरिकी ट्रेजरी बिलों की खरीद में निवेश करता है।

भारत का अमेरिका में निवेश

कहने को तो यह हो गया कि हमारे पैसे का निवेश हो गया, किंतु इससे तरलता संशोधन व्यवस्था द्वारा भारतीय बैंकों को जो दीर्घकालीन ऋण दिया गया है, उसके बराबर की रकम का नया अल्पकालीन ऋण अमेरिका को भी मिला और इस पर हमें नहीं के बराबर का ब्याज मिलेगा। यह जो अंतर पड़ा, उसके कारण एक महीने में 12.5 अरब डॉलर (56 हजार करोड़ रुपए) हमने अमेरिका की टूटती अर्थव्यवस्था को सहारा देने में लगा दिया। अब यदि सरकार अतिरिक्त बॉण्ड खरीदती है तो जो 56 हजार करोड़ रुपए हमारी अर्थव्यवस्था में डाले गए थे, वे अमेरिका चले जाएँगे और तब अमेरिका उतनी ही मात्रा में अतिरिक्त भारतीय वस्तुओं और नौकरियों का उपभोग करने में सक्षम हो जाएगा। इससे भारतीय अर्थव्यवस्था पर चौतरफा मार पड़ेगी। वर्तमान में एक ओर उत्पादन में स्थिरता आ चुकी है; दूसरी ओर मुद्रास्फीति हो रही है, तीसरा, बढ़ती ब्याज दरों के कारण व्यवसायी उत्पादन बढ़ाना नहीं चाहते और अब चौथा, इसी घटे भारतीय वस्तुओं और नौकरियों के उत्पादन में से एक अंश अमेरिका को पलायन करेगा। यदि केवल मुद्रास्फीति होती है तो दाम बढ़ते हैं, पर उत्पादन को प्रोत्साहन मिलता है; किंतु उत्पादन में स्थिरता आ गई तो चीजों के दाम तो बढ़ेंगे ही, साथ ही अर्थव्यवस्था सिकुड़ने लगती है। इसे मुद्रास्फीति-जनित मंदी (स्टैगफलेशन) कहते हैं। इसमें एक ओर उत्पादन में स्थिरता (स्टैगनेशन) आती है और दूसरी ओर मुद्रास्फीति (इन्फ्लेशन)

होती है। इसकी दोहरी मार से अर्थव्यवस्था पूरी तरह चरमरा जाती है, बाजार सिकुड़ता है, लोगों की दशा खराब होती है और आर्थिक बदहाली का दानव राष्ट्र पर हावी हो जाता है। आरंभ में कुछ बैंकों को अतिरिक्त मुनाफा हो सकता है, पर अंततः उनको भी तथा बाकी सभी को नुकसान-ही-नुकसान होता है और अर्थव्यवस्था डूबते सर्पिल चक्रव्यूह में फँस जाती है।

रूसी रूबल को भी सहारा

हमारे प्रधानमंत्री की दरियादिली का यह कोई पहला उदाहरण नहीं है। इसके पूर्व भी दिसंबर 1991 में जब संयुक्त सोवियत समाजवादी गणराज्य (यू.एस.एस.आर.) का विघटन हुआ था तो सोवियत मुद्रा रूबल का बाजार मूल्य 15 हजार गुना घट गया और उसके द्वारा भारत को दिए गए कर्ज की कीमत केवल 23 करोड़ रुपए रह गई थी। इसे रूस अन्य देशों के समान माफ करने को तैयार था; किंतु हमारे प्रधानमंत्री को, जो उन दिनों भारत सरकार के वित्त मंत्री थे, दया आ गई और उन्होंने रूबल का वर्ष 1978 के वित्तीय समझौते के अनुसार पुनर्मूल्यांकन करने की बात अपनी ओर से चलाई। 26 फरवरी, 1993 को वित्त राज्यमंत्री डॉ. अबरार अहमद ने एक सांसद (श्री श्रीकांत जेना) के प्रश्न के उत्तर में बताया कि वर्ष 1978 के वित्तीय समझौते (प्रोटोकॉल) के अनुसार रूबल का मूल्य 31.75 रुपए तय किया गया। उस समय रूबल का बाजार मूल्य केवल 20 पैसे रह गया था और इसलिए उन दिनों कांग्रेस से बाहर रहे श्री अर्जुन सिंह का यह कहना ठीक ही था कि नरसिम्हा राव की सरकार में 80 हजार करोड़ रुपयों का घोटाला हुआ है।

अपना हित अमेरिका को गिरवी

भारत-अमेरिकी परमाणु समझौते को अमेरिका के दोनों सदनों की स्वीकृति तब मिल सकी, जब अमेरिका की विदेश मंत्री श्रीमती कोंडोलिजा राइस ने सीनेट के नेता हैरी रीड को पत्र लिखा कि भारत ने वर्ष 2005 में ही अमेरिका को आश्वासन दिया था कि इसके आगे हम परमाणु विस्फोट नहीं करेंगे। 5 सितंबर, 2008 को अंतरराष्ट्रीय समुदाय के सामने भारत ने अपने आश्वासन को पुनः दोहराया था। हमें आशा है कि भारत अपना वचन निभाएगा, अन्यथा उसके गंभीर परिणाम होंगे। अगर उन्होंने परमाणु परीक्षण किया, तो अमेरिका भारत को परमाणु ईंधन, परमाणु-प्रौद्योगिकी और परमाणु-प्रक्रियक देने का काम तत्काल बंद कर देगा। इसके बाद भी हमारे प्रधानमंत्री और विदेश मंत्री यदि यह कहते हैं कि परमाणु-परीक्षण के मामले में भारत को अपवाद मानकर उसे परमाणु-परीक्षण की छूट दी गई है, तो इसका अर्थ यह हुआ कि वे भारत की जनता को निरा मूर्ख समझते हैं। इस समझौते पर हस्ताक्षर करने का सीधा-सीधा अर्थ यही होगा

कि भारत ने अपने परमाणु-परीक्षण का अधिकार अमेरिका के पास गिरवी रख दिया है और 'परमाणु-अप्रसार संधि' (एन.पी.टी.) तथा 'व्यापक परीक्षण प्रतिबंध संधि' (सी.टी.बी.टी.) के अंतर्गत अपने आपको बाँध लिया है।

अमेरिकी संयंत्रों की खरीदी

हमारे प्रधानमंत्री ने अमेरिका को मंतव्य पत्र दिया है कि हम उनसे एक-एक हजार मेगावाट के 10 परमाणु विद्युत् संयंत्र खरीदेंगे। प्रत्येक संयंत्र की कीमत 6 से 10 अरब डॉलर (3,050 करोड़ से 4,700 करोड़ रुपए) है अर्थात् इस सौदे से हम 60 से 100 अरब डॉलर (यानी 30,500 करोड़ से लेकर 47,000 करोड़ रुपए) अमेरिका की झोली में डालेंगे। ऐसा समझौता करने के लिए निविदा आमंत्रित करने जैसी किसी पद्धति का अवलंबन नहीं किया गया। ठीक है, पर इन परमाणु संयंत्रों के द्वारा प्राप्त बिजली किस दर से दी जाएगी? क्या आज जिस दर से बिजली मिल रही है, उससे सस्ती होगी? रिलायंस कंपनी मध्य प्रदेश में एक अतिविराट् विद्युत् संयंत्र लगा रही है, जिसमें से प्राप्त होनेवाली विद्युत् 1 रुपए 19 पैसे प्रति इकाई के हिसाब से मिलनेवाली है। क्या परमाणु ऊर्जा इससे सस्ती रहेगी? तो उत्तर मिला कि 2 रुपए 70 पैसे या 2 रुपए 80 पैसे के बीच में मिलेगी, अर्थात् रिलायंसवाली से लगभग ढाई गुना अधिक दर से, पर तभी परमाणु वैज्ञानिक डॉ. कस्तूरीरंगन ने कहा कि यह तो अनुदान-पोषित कृत्रिम भाव है। वास्तविक भाव होगा 9 रुपए प्रति इकाई है। इस दर से उस खर्चे का विचार नहीं किया गया है, जो परमाणु कचरे के भंडारण में लगेगा। अमेरिका युक्का पहाड़ पर परमाणु कचरे के भंडारण के लिए 25 साल से व्यवस्था बना रहा है, किंतु वह अभी तक पूरी नहीं हो पाई है। यदि इस पर होनेवाले खर्चे को भी जोड़ा जाए तो परमाणु ऊर्जा प्रति इकाई क्या बूते के बाहर की बात नहीं होगी?

सौर ऊर्जा क्यों नहीं?

उसके स्थान पर चेन्नई स्थित नेचुरल एनर्जी पावर कॉरपोरेशन (एन.ई.पी.सी.) द्वारा सौर ऊर्जा तथा कोषिका-प्रौद्योगिकी को मिलाकर बनाए गए छोटे-छोटे विद्युत् केंद्रों के बारे में क्यों न विचार किया जाए, जिसमें न तो खँभे खड़े करने पड़ते हैं और न ही तार टाँगने होते हैं! वे इतने संवेदनशील होते हैं कि चंद्रमा, दीपक, बल्ब आदि के अति अल्प प्रकाश से भी ऊर्जित हो जाते हैं और इसलिए मेघाच्छन्न आकाश या रात्रि को भी सक्रिय रहते हैं। सारा लागत खर्च केवल 2-3 वर्षों में वसूल हो जाता है।

इस समय अमेरिका से 123 युद्धक विमान खरीदने हेतु ठेका दिए जाने की बात चल रही है। एक विशेषज्ञ के अनुसार, यह सौदा 40-50 हजार करोड़ रुपए का होगा। तीन और अन्य समझौतों के कागज भी तैयार हैं, जिन पर हस्ताक्षर होने हैं। वे समझौते हैं—

1. प्रचालन तंत्र सहयोग करार—इसके अंतर्गत दोनों पक्ष एक-दूसरे के हवाई अड्डों, बंदरगाहों व अन्य सुविधाओं का उपयोग कर सकेंगे। इसका लाभ किसे होगा? हमें तो मेक्सिको आदि देशों पर कोई आक्रमण आदि करने जाना नहीं है। किंतु यदि अमेरिका ईरान पर आक्रमण करता है तो हमारे हवाई अड्डों, युद्धपोतों व रक्षा संसाधनों का उपयोग करना चाहेगा। इससे ईरान से क्या हमारे संबंध नहीं बिगड़ेंगे? आज पाकिस्तान की जो अवस्था हुई है, वह हमारी भी हो जाएगी।

2. संप्रेषण सह-संचालन करार अर्थात् युद्धपोत, हवाई जहाज आदि जो भी हम उनसे खरीदेंगे, उनमें लगनेवाले संसाधनों को हमें अमेरिका से सुसंगत रखना होगा। यहाँ तक कि हमारी बातों को भी वे लोग सुन सकेंगे।

3. उपयोग निगरानी करार—अमेरिका से जो भी हवाई जहाज, लड़ाकू विमान, जलपोत आदि हम खरीदेंगे, वे हमारे हो जाने के बाद भी उनके कल-पुरजों आदि का निरीक्षण करने का अधिकार अमेरिका को होगा। वह कभी भी हमारे हवाई अड्डों या बंदरगाहों पर आकर प्रत्यक्ष निरीक्षण एवं आवश्यक सुधार कर सकेंगे। क्या यह हमारी प्रभुसत्ता पर आक्रमण नहीं है?

अभी तक इन समझौतों पर हमारे रक्षामंत्री श्री ए.के. एंटनी ने हस्ताक्षर नहीं किए हैं, क्योंकि उन्हें डर है कि वामपंथियों द्वारा शासित केरल में इसके कारण कहीं उनकी हालत पतली न हो जाए! प्रधानमंत्री से मेरी करबद्ध प्रार्थना है कि वे इन सारे विचाराधीन समझौतों को एक सिरे से निरस्त कर दें और देश की संप्रभुता की रक्षा करें।

आतंकवाद को कुचलें

ऐसे विवादास्पद कदम को उठाने के स्थान पर वे आतंकवाद के दमन के लिए कड़े कदम उठाएँ, जिसमें सारा देश उनका साथ देगा। अफजल गुरु की न्यायालय में दया-याचिका अमान्य होने के पश्चात् भी उस पर अमल नहीं किया जाना क्या संकेत दे रहा है? क्या यह उन आसुरी तत्त्वों को परोक्ष प्रोत्साहन नहीं है? और विशेषकर तब, जब आपके मंत्रिमंडल में ही उनके हित-चिंतक बैठे हैं, जो आरोपियों को कानूनी सहायता देने की बात कर रहे हैं और 'सिमी' जैसे घोषित आतंकवादी संगठन पर से प्रतिबंध हटाने की बात करते हैं। हमारे गृहमंत्री बार-बार यह घोषणा कर रहे हैं कि किसी कठोर कानून की आवश्यकता नहीं। जो हैं, वे ही पर्याप्त हैं। इधर यह कहते हैं और उधर दिल्ली, मुंबई, जयपुर आदि आतंकी विस्फोटों से दहलते हैं। जनता परिणाम चाहती है। उसे इससे कोई मतलब नहीं कि राजग के समय अधिक वारदातें हुईं या संप्रग के समय, तब ज्यादा मरे या अब ज्यादा मरे, कानून कड़ा होना चाहिए या जो हैं, वही पर्याप्त हैं। जयपुर के बड़े मुफ्ती मोहम्मद शेर खाँ ने एक सभा में डंके की चोट

पर घोषणा की, 'जो आतंकी होता है, वह कुत्ते की औलाद होता है। उसको गोली मारो, फाँसी दो या इसलाम के अनुसार उसके हाथ-पैर काटकर रख दो, तो आतंकवाद ठीक हो जाएगा। दूसरा कोई रास्ता नहीं।' ऐसी दृढ़ता ही आतंकवाद से देश को मुक्त करा सकती है। क्या सरकार इसके लिए तैयार है? सरकार दृढ़ता दिखाए तो जनता का भी उसे पूरा समर्थन मिलेगा।

शिक्षा की नहीं, यौन शिक्षा की चिंता

हमारे शिक्षा मंत्री अपने मंत्रालय पर ध्यान क्यों नहीं देते? उन्हें इस बात की चिंता अधिक सता रही है कि इस समय की उभरती पीढ़ी को यौन शिक्षा कैसे दिलाई जाए, क्योंकि यूनेस्को ने इसकी सिफारिश की है। उन्होंने यह क्यों नहीं सोचा कि आज 40 से लेकर 80-90 वर्ष तक के जो लोग भारत में विद्यमान हैं, जिसमें हम-आप सब सम्मिलित हैं, हमको या हमारे माता-पिता को कौन सी यौन शिक्षा दी गई थी?

संसद् के दोनों सदनों में सदस्यों ने भारी खेद प्रकट किया। वयसंधि की किशोरावस्था में इस प्रकार की शिक्षा चरित्रहीनता को बढ़ावा देगी। इस पर राज्यसभा में 10 सदस्यों की उपसमिति गठित की गई और पूरे देश से यौन शिक्षा के विरुद्ध 40 हजार लेख तथा 4 लाख, 15 हजार लोगों की एक याचिका भी प्रस्तुत की गई। किसी भी विषय पर शायद यह देश का सबसे बड़ा शैक्षिक जागरण अभियान रहा। 11 प्रदेशों ने इस पर प्रतिबंध लगाया। संतों व महात्माओं ने इसका विरोध किया, जिसमें जैन मुनि विजय रत्नसुंदर सूरीश्वरजी महाराज तथा योगगुरु बाबा रामदेवजी सम्मिलित हैं। सरकारी समिति ने एक वैकल्पिक पाठ्यक्रम प्रस्तुत किया है।

इंदिरा गांधी राष्ट्रीय मुक्त विश्वविद्यालय, दिल्ली विश्वविद्यालय के अंतर्गत राष्ट्रीय शैक्षिक और अनुसंधान आयोग द्वारा जो पुस्तकें महाविद्यालयीन और विद्यालयीन विद्यार्थियों के लिए छापी गई हैं, उनमें अनेक ऊल-जलूल बातें तो हैं ही, इतिहास के साथ भी पूरा खिलवाड़ किया गया है। उसकी कुछ बानगी देखिए—

- गुरु गोविंद सिंहजी मुसलमानों के दरबार में मनसबदार थे। गुरु तेग बहादुर लुटेरे और कातिल थे। औरंगजेब जिंदा पीर थे। स्वामी दयानंद ईसाइयों के भाड़े के टट्टू थे।
- जाट लुटेरे थे। बाल गंगाधर तिलक, विपिनचंद्र पाल, वीर सावरकर, लाला लाजपतराय और अरविंद घोष आतंकवादी नेता थे। नेताजी सुभाषचंद्र बोस का देश की आजादी में कोई विशेष योगदान नहीं था आदि।
- रावण और मंदोदरी ने संतान-प्राप्ति के लिए शिवजी की पूजा की। शिवजी ने तदर्थ एक फल दिया, जिसको गलती से रावण ने खा लिया और उसे गर्भ

ठहर गया। नौ मास तक उसने गर्भ-धारण की व्यथा सही। दुःख से बेचैन रावण ने जब छींक मारी तो सीता का जन्म हो गया। सीता रावण की पुत्री थी, जिसे उसने जनकपुरी के खेत में त्याग दिया।

- हनुमान एक छोटा सा छुटभैया बंदर था। वह एक कामुक व्यक्ति था और लंका के शयन कक्षों में झाँक-झाँककर स्त्रियों और पुरुषों के आमोद-प्रमोद को बेशर्मी से देखता फिरता था। रावण का वध राम ने नहीं, लक्ष्मण ने किया। रावण और लक्ष्मण ने सीता के साथ व्यभिचार किया।

इन सभी के विरोध में अखिल भारतीय विद्यार्थी परिषद्, अखिल भारतीय शैक्षिक महासंघ, शिक्षा बचाओ आंदोलन समिति आदि ने आंदोलन किए, ज्ञापन दिए, धरने दिए, गिरफ्तारियाँ दीं, न्यायालयों की शरण ली और अंत में उन आपत्तिजनक अंशों को निरस्त करवाने में सफलता प्राप्त की।

अमेरिका में संस्कृत

आपको सुनकर आनंद होगा कि अमेरिका के कुछ राज्यों में संस्कृत पढ़ना-बोलना लोकप्रिय हो रहा है। नेवादा नामक राज्य में वाशू जिले में संस्कृत के संबंध में एक संगोष्ठी हुई, जिसमें 36 प्रतिभागियों ने भाग लिया और 12 जनवरी को 'संस्कृत दिवस' घोषित किया। उसका उद्घाटन करते हुए 'वाशू काउंटी कमीशन' के अध्यक्ष रॉबर्ट एम. लारकिंस ने कहा, 'पश्चिम में जैसे-जैसे हिंदुत्व का विस्तार हो रहा है, यह आवश्यक हो गया कि हिंदुत्व को समझने के लिए हम संस्कृत का कामचलाऊ ज्ञान प्राप्त करें।' और हमारे यहाँ क्या चला है ? अंग्रेजी को पहली कक्षा से पढ़ने की वकालत हो रही है। अंग्रेजी माध्यम के विद्यालय फैलते जा रहे हैं। अंग्रेजी में उत्तीर्ण होने की बाध्यता के कारण कितनी ही क्षमतावान् कलियाँ अकाल में ही कुम्हला जाती हैं। अनेक संभावित प्रतिभाएँ विकसित होने से रह जाती हैं। जो जैसे-तैसे पढ़कर निकलते भी हैं, उनकी क्या स्थिति रही है, उसका एक मजेदार उदाहरण सामने आया।

संघीय लोक आयोग (यू.पी.एस.सी.) में महेश पांडे नामक एक उम्मीदवार ने 'इंडियन काऊ' पर निबंध लिखा—'ही इज अ काऊ। द काऊ इज अ सक्सेसफुल एनीमल। आलसो ही इज फोर फूटेड एंड बिकाउस ही इज अ फीमेल ही गिव्स मिल्क्स···द मिल्क्स कम्स फ्रॉम फोर टैप्स अटैच्ड टू हिज बेसमेंट···ही हैज गाट टेल्स आलसो, स्विटेटेड इन द बैकयार्ड। इट हैज हेअर्स ऑन द अदर इंड ऑफ द अदर साइड। दिस इज टू फ्रिटेन अवे द फ्लाइस विच अलाइट ऑन हिज कोहेसिव इवडी, हेअर अपन ही गिव्स हिट विद इट।'

इसमें महेश पांडे का भला क्या दोष ? दोष है अंग्रेजी माध्यम से चलनेवाली शिक्षा-

पद्धति का, जो स्वाधीनता के 61 साल के बाद भी सिर पर हावी है। प्रचार चलता है कि अंग्रेजी के बिना प्रगति संभव नहीं है। चीन, जापान, मिस्र, ग्रीस, इटली, जर्मनी, फ्रांस, स्पेन, पुर्तगाल आदि किन देशों में पढ़ाई का माध्यम अंग्रेजी है ? क्या ये देश पिछड़े हैं ? अंग्रेजी का प्रगति से कोई संबंध नहीं। हमारे शिक्षा मंत्री को चाहिए कि वे तीन बातें करें—1. हिंदीभाषी राज्यों में एक-एक विश्वविद्यालय पूर्णरूप से हिंदी माध्यम का हो, जहाँ भौतिकशास्त्र, रसायनशास्त्र, सूचना प्रौद्योगिकी, प्रबंधन, कानून, इतिहास, भूगोल आदि सारे विषय हिंदी में पढ़ाए जाएँ। उन प्रांतों के माध्यमिक व उच्चतर विद्यालयों में अंग्रेजी के स्थान पर किसी भी अन्य भारतीय भाषा के लिखने, बोलने व पढ़ने का उत्कृष्ट ज्ञान प्रदान किया जाए। 2. अहिंदी भाषी प्रांतों में उस-उस प्रांत की भाषा शिक्षा का माध्यम हो और उन्हें अंग्रेजी के स्थान पर हिंदी का अच्छा ज्ञान प्रदान किया जाए। 3. सभी भाषाओं के लिए समान पारिभाषिक शब्दावली हो।

यह हो गया तो अनेक छुपी प्रतिभाएँ प्रकट होंगी। एक ऐसा ही प्रेरक उदाहरण है त्रिशूर में नवीन कुमार नामक एक युवक का, जिसने मलयालम माध्यम से बारहवीं तक की शिक्षा प्राप्त की, बाद में विद्यालय छोड़ दिया और 9 वर्षों तक परिश्रम करके उसने एक ऐसी विधि खोज निकाली, जिसके द्वारा बैटरी से अखंड ऊर्जा प्राप्त हो सकती है। अभी समाचार मिला है कि उसने ऐसा एक किलोवाट का जेनरेटर तैयार किया है, जिससे पूरे मकान की बिजली की सारी आवश्यकताएँ पूरी हो सकती हैं। मोटर, ऑटो रिक्शा, कार आदि में उस विधि का प्रयोग किया गया तो वे बिना पुनरूर्जित (रिचार्ज) किए अखंड रूप से चलती रह सकती हैं। एक ही बैटरी पर हजारों किलोमीटर चले जाइए।

उड़ीसा और कर्नाटक की घटनाएँ, एक गंभीर चेतावनी

उड़ीसा में कंधमाल और कर्नाटक में मंगलूर और उडुपी गत लगभग डेढ़ महीने से सुर्खियों में हैं। कंधमाल में 84 वर्षीय वेदांत केसरी पूजनीय स्वामी लक्ष्मणानंदजी, दो संन्यासी, एक साध्वी और एक भक्त की चर्च के गुंडों ने ए.के.-47 से लैस होकर अर्धरात्रि में जलेसपटा स्थित आश्रम में निर्मम हत्या कर दी। मंगलूर और उडुपी में वहाँ के एक ईसाई गुट द्वारा हिंदू देवी-देवताओं के संदर्भ में निंदात्मक साहित्य छापने के कारण उत्तेजित जनता ने कुछ तथाकथित प्रार्थनास्थल जला दिए या फूँक दिए।

विश्व हिंदू परिषद् और बजरंग दल पर प्रतिबंध लगाने की भाषा बोली जा रही है; पर वास्तविकता जानने के लिए लंबा-चौड़ा स्पष्टीकरण देने के बजाय दिल्ली स्थित 'कांग्रेस सेक्युलर हिंदू फोरम' के महासचिव श्री के. रविकुमार द्वारा कांग्रेस की अध्यक्षा को अंग्रेजी में लिखे लगभग 9 पृष्ठीय पत्र में से कुछ उद्धरण पढ़ता हूँ, 'अपने देश में प्रत्येक व्यक्ति अच्छी तरह जानता है कि ईसाई गुटों द्वारा कुछ देशों से बड़ी संख्या में

प्राप्त विदेशी धन केवल हिंदुओं के मतांतर के काम में लगाया जा रहा है। अंग्रेजों के चले जाने के बाद अमेरिका के राजनीतिक समर्थन एवं धन की मदद से ईसाई मिशनरी बहुत अधिक सक्रिय हो गए हैं। उड़ीसा का धर्ममत स्वातंत्र्य विधेयक 1967 स्पष्ट रूप से लोभ, लालच और बलपूर्वक मतांतर के विरुद्ध है। प्रत्येक मतांतर के पूर्व जिलाधीश की लिखित अनुमति आवश्यक है; किंतु वर्ष 1967 से आज तक गिनती के लोग ही हैं, जिन्होंने विधिवत् ईसाइयत स्वीकार की है। 'कांग्रेस सेक्युलर हिंदू फोरम' वर्तमान स्थिति से अत्यंत चिंतित है। अब समय आ गया है कि जब सांप्रदायिक तनावों के बाद ईसाइयों के तुष्टीकरण और हिंदुओं को दोष देने का काम बंद हो। ईसाई मिशनरी और उनके गैर-सरकारी संगठन प्रचुर विदेशी धन से पुष्ट हो अनुसूचित जाति और जनजातियों को उनके भोलेपन का लाभ उठाकर मतांतरित कर रहे हैं। उन्हें समाज की एकता से कोई मतलब नहीं है। वे हमारे महान् राष्ट्र का विघटन चाहते हैं। उड़ीसा में हुई हिंसा उनके गर्हित मंसूबों का आरंभ बिंदु है। स्वामी लक्ष्मणानंद एवं उनके चार शिष्यों की 23 अगस्त की मध्य रात्रि में क्रूर हत्या से स्पष्ट है कि वह एक सुनियोजित प्रशिक्षित आतंकवादी कार्रवाई थी। उड़ीसा और देश के अन्य भागों में हिंदू यही मानते हैं कि उदीयमान ईसाई आतंकवाद ही इस हत्या का वास्तविक कारण है।

कांग्रेस फोरम की माँग

'ईसाई मिशनरी खुलेआम धमकाते घूम रहे हैं कि मतांतर में लगे हमारे कार्यकर्ताओं की सुरक्षा के लिए हमने 'सुरक्षा वाहिनी' नामक एक लड़ाकू संगठन तैयार कर लिया है। 'सुरक्षा वाहिनी' का निर्माण उड़ीसा की डगमगा रही विधि व्यवस्था के लिए बड़ा खतरा है।...स्वामी लक्ष्मणानंदजी और उनके साथियों की क्रूर हत्या के पश्चात् मिशनरी नेता दिल्ली जाकर कांग्रेस अध्यक्ष और प्रधानमंत्री से मिले और अपनी समस्याएँ उनके सामने प्रस्तुत कीं। 'कांग्रेस सेक्युलर फोरम' की पुरजोर माँग है कि केंद्र व राज्य सरकारों को देश की एकता के लिए जो-जो करना आवश्यक है, वही करना चाहिए और ईसाई मिशनरियों के आधारहीन तर्कों को सिरे से खारिज कर देना चाहिए।...'

'हमारे देश का हर नागरिक जानता है कि श्रीमती इंदिरा गांधी की दिन-दहाड़े की गई हत्या अमेरिकी साम्राज्यवाद के पिट्ठुओं द्वारा योजनाबद्ध प्रयास था। देश के गरीब और दबाए गए लोग आज भी उनकी पूजा करते हैं और प्यार से 'इंदिराम्मा' कहकर पुकारते हैं और अपेक्षा करते हैं कि कांग्रेस पार्टी किसी दिन 'इंदिराम्मा राज्यम्' प्रदान करेगी। विडंबना यह है कि हमारी पार्टी का नेतृत्व इंदिराजी के हत्यारों से संबंध बनाने और उनके साथ काम करने के नए रास्ते खोज रहा है। अमेरिकी साम्राज्यवाद के साथ नए सिरे से दोस्ती और सहयोग को देखकर देश भर में कांग्रेसी कार्यकर्ता पूरी तरह से

हताश हो गए हैं।...नक्सलियों का संगठन 'माओइस्ट लिबरेशन फ्रंट', जो पहले वर्ग संघर्ष का नारा लगाया करता था, आज अमेरिकी मिशनरी और अमेरिकी साम्राज्यवाद का वास्तविक संरक्षक बन गया है। उसने घोषणा कर रखी है कि उड़ीसा के कंधमाल जिले में मतांतर के काम में सक्रिय ईसाई मिशनरियों की रक्षा के लिए वह और भी कई काररवाइयाँ करेगा।

माओवादी और चर्च की मिलीभगत

'ईसाई मिशनरियों की लॉबी द्वारा कांग्रेस उच्च कमान पर जो दबाव बनाया गया, उसके कारण केरल की राजनीति के मुख्य स्तंभ श्री के.करुणाकरन का कांग्रेस से निष्कासन हो गया। इससे केरलीय हिंदू समाज को दूसरा जबरदस्त धक्का लगा। यही कारण था कि केरल में कांग्रेस की शर्मनाक पराजय हुई। केरल में सी.पी.एम. और उसके गठबंधन के साथियों के संघ और उससे जुड़े संगठनों का लंबे समय से खूनी संघर्ष चल रहा है। उससे छुटकारा पाने के लिए लोग चुनाव में सामान्यत: कांग्रेस की मदद किया करते थे। वे यदि शांत बैठ जाते हैं तो उससे सी.पी.एम. गठबंधन को ही फायदा मिलेगा।'

कांग्रेस का हिंदुओं से भेदभाव

'गत एक वर्ष में हमने श्रीमती सोनियाजी और अन्य महत्त्वपूर्ण कांग्रेसी नेताओं को अनेक पत्र भेजे। कांग्रेस अध्यक्षा को हमारा यह चौथा पत्र है।...हमें कोई उत्तर नहीं मिला। पता नहीं, हमारा पत्र निरस्त कर दिया गया या पढ़ा गया? हमारे हिंदू कार्यकर्ताओं के साथ पार्टी में कैसा उद्धृत और उपेक्षापूर्ण व्यवहार हो रहा है, इसका यह एक उदाहरण है। ईसाई मिशनरी, बिशप, पास्तर और मुल्ला-मौलवी के श्रीमती सोनिया गांधी से मिलने में कोई बाधा नहीं है और उन लोगों से सूचना मिलने के बाद कुछ घंटों में ही उन्हें चर्चा करने के लिए आमंत्रित कर लिया जाता है। 10 जनपथ के कर्ता-धर्ता कांग्रेस अध्यक्षा से मिलने देने के मामले में हमेशा कांग्रेस के हिंदू अनुयायियों से भेदभाव प्रदर्शित करने में आगे रहते हैं।' 'कांग्रेस सेक्युलर फोरम' के महामंत्री द्वारा यह स्वीकारोक्ति कितना कुछ कह जाती है! वास्तव में वे धन्यवाद के पात्र हैं।

संगठित हिंदू-प्रतिकार हो

आज आवश्यक हो गया है कि हिंदू समाज अपने प्रति होनेवाले अन्याय का उसी संगठित ढंग से प्रतिकार करे, जिस ढंग से जम्मू के लोगों ने अमरनाथ तीर्थयात्रा समिति के तत्त्वावधान में किया। जाति-पाँति, पंथ-उपपंथ, भाषा-उपभाषा आदि सब भेदों से ऊपर उठकर जो संघर्ष किया गया, उसने एक नया इतिहास रचा है। राजनीतिक नेता वोट-बैंक के पीछे भागते हैं। जब तक उन्हें यह विश्वास रहता है कि हिंदू समाज बैठा

रहेगा, तब तक वे मुसलिम वोट बैंक और ईसाई वोट बैंक के पीछे लगे रहते हैं और हिंदू समाज की भावनाओं और उनके प्रति हो रहे अन्याय, भेदभाव आदि की कोई चिंता नहीं करते; पर जम्मू ने इसे बदल दिया है। यदि हम केवल 18, 19, 20 अगस्त के 'जेल भरो आंदोलन' का ही विचार करें तो उसकी अद्‌भुतता ध्यान में आ जाएगी। जम्मू क्षेत्र की जनसंख्या 56 लाख है, जिसमें 16 लाख मुसलिम हैं। शेष हिंदू जनता में से 28 अगस्त को 2 लाख 21 हजार लोग स्वयं चलकर जेलों में गए। 19 को 1 लाख 74 हजार माताएँ घरों से चलीं और जेलों में भरती हुईं। उनसे पूछा गया कि—नाम क्या है ? तो उत्तर था—पार्वती। पति का नाम ? शिव। पता—बालटाल, कश्मीर। शायद ही विश्व के इतिहास में इतनी विशाल मातृशक्ति जेल भरने के लिए आगे आई होगी ! तीसरा दिन बालकों का था। केवल 5 वर्ष से लेकर 15 वर्ष के 1 लाख 12 हजार बालक जेल भरने के लिए आए। किसी माँ या दादी के मन में नहीं आया कि इतना छोटा बालक जा रहा है, भगदड़ मची तो इसका क्या होगा ? किसी बालक के मन में नहीं आया कि मेरा आगे का भविष्य कैसा होगा ? जेल पहुँचे तो पूछा गया कि—तुम्हारा नाम क्या है ? उत्तर था—गणपति। माता का नाम—पार्वती। पिता का नाम—शिव, ठिकाना—बालटाल, कश्मीर। इस प्रकार का यह एक अद्वितीय इतिहास निर्माण करनेवाला आंदोलन था।

जब मरीजों ने डॉक्टरों को छुट्टी पर भेजा

एक दिन निश्चित हुआ कि सारे सरकारी और गैर-सरकारी कर्मचारी एक दिन का आकस्मिक अवकाश (कैजुअल लीव) लेंगे। प्रश्न उठा कि प्राइवेट या सरकारी अस्पतालों के डॉक्टर्स एक दिन की छुट्टी कैसे ले सकेंगे ? उन्हें छट्टी पर जाना चाहिए या नहीं ? तय हुआ कि डॉक्टर दिन को आकस्मिक अवकाश लेंगे और रात को 'इमरजेंसी पेशेंटों' को देखेंगे और दूसरे दिन फिर आकस्मिक अवकाश लेंगे। जब यह समाचार फैला तो अनेक अस्पतालों में मरीज इकट्ठे हुए। उनमें 600 ऐसे थे, जिनकी हालत काफी गंभीर थी। पर उन्होंने कहा, 'हमें दो चीजों की आवश्यकता है—दवा की और दुआ की। दवा तो हमें आप रोज देते हैं, अब दुआ दो। कहते हैं कि दवा से ज्यादा दुआ में शक्ति होती है। आप आकस्मिक अवकाश पर जाएँगे तो वह दुआ का काम होगा। आप जाइए, हम लोगों को कुछ नहीं होगा।' और भोलेनाथ की कृपा देखिए, एक भी मरीज ज्यादा बीमार नहीं हुआ।

आत्म-बलिदान

आंदोलन को चलते नौ दिन हो रहे थे, पर अपेक्षित फल नहीं निकल रहा था। कुलदीप डोगरा नौवें दिन के जलसे में गए। उन्होंने वहाँ एक कविता पढ़ी। तीन मिनट का भाषण भी दिया, जिसमें कहा, 'आंदोलन को जब बलिदान की आवश्यकता है, मैं

उसे करके दिखाऊँगा।' और वे बैठ गए। जैसे ही बैठे, चक्कर खाकर धड़ाम से गिर पड़े। उनके मुँह से झाग निकला, जिससे पता चला कि उन्होंने सल्फास खा लिया है। अस्पताल ले जाते समय बीच में ही उन्होंने दम तोड़ दिया। यह पहला आत्म-बलिदान था।

जम्मू में पुलिस की गोली से मरनेवाले 6 और सैनिक की गोली से शहीद होने वाला 1 था। तब उस आत्म-बलिदानी लोगों की शृंखला ने जन्म लिया। यह संख्या 50-100 तक जा सकती थी, पर इसे रोका गया। बलिदान किसको कहते हैं, इसका क्या यह श्रेष्ठ उदाहरण नहीं है?

रामसेतु आंदोलन से शुरुआत

हिंदू समाज के संगठित प्रतिरोध का यह सिलसिला रामसेतु बचाने हेतु आंदोलन से आरंभ हुआ था। उसके अंतर्गत 12 सितंबर को देश भर में प्रात: 8 बजे से लेकर 11 बजे तक का चक्का जाम आंदोलन हुआ, जो सफल रहा। उन राज्यों में भी, जहाँ वामपंथियों का शासन था, विशेष बात थी अगरतला की। वहाँ संघ व अन्य हिंदू संगठनों का कार्य छोटा था; पर वहाँ के हिंदुओं की इच्छा थी कि जब सारे देश में आंदोलन हो रहा है तो हमें कुछ करना चाहिए। प्रश्न था कि क्या किया जाए? एक युवक के उर्वर मस्तिष्क में एक विचार कौंधा और तदनुसार 12 सितंबर को प्रात: 4 बजे कुछ हिंदुओं ने चुपचाप एक पुराना मोटर टायर अगरतला-सिल्चर राष्ट्रीय राजमार्ग के बीचोबीच डालकर उसे आग लगा दी और आस-पास की सूखी टहनियाँ, घास आदि उस पर डाल दीं। जब आग भड़की, तब कुछ लोगों की नींद खुली और वे 'आगुन, आगुन' करके चिल्लाने लगे। किसी ने अग्निशामक दल को सूचना दी और तुरंत आठ-दस गाड़ियाँ वहाँ पहुँच गईं और उस क्षेत्र को घेर लिया। उससे रास्ता वैसे ही बंद हो गया और थोड़ी देर में ही दोनों ओर ट्रकों व बसों की लंबी कतार लग गई, जिसे खुलने में 10-11 बज गए। इस तरह वहाँ भी चक्का जाम सफल हो गया।

अमरनाथ तीर्थ-यात्रा के संबंध में जम्मू में तो आंदोलन चल ही रहा था। लोग जेल जा रहे थे, बलिदान दे रहे थे। तय हुआ कि देश भर में भी इस आंदोलन को समर्थन दिया जाना चाहिए। 12 से 21 अगस्त के बीच में अलग-अलग प्रांतों को अपना दिन तय करने की छूट दी गई थी। इस बीच जम्मू छोड़कर 6,120 स्थानों पर 5,25,000 से अधिक लोग जेल भरने के लिए आगे आए। उनमें कुछ को गिरफ्तार किया गया, बाकी ने शांतिपूर्वक चौरस्तों पर एवं मार्गों पर तीन घंटे का धरना आंदोलन किया। विशेष बात यह थी कि इसके लिए समाज के ऐसे प्रतिष्ठित लोगों ने भी भाग लिया, जो प्राय: घर से बाहर नहीं निकलते।

हिंदू समाज के संबंध में यह जो धारणा बन गई है कि वह कभी एकत्र नहीं हो

सकता और सदैव मार खाता है, इसे जाग्रत् हिंदू समाज को दूर करना चाहिए। हम किसी को मारने नहीं जाते, पर यदि कोई मारने आया तो आत्मरक्षा करने में भी पीछे नहीं रहते, किंतु प्रतिरोध होना चाहिए। आक्रमण करनेवालों को यह सबक मिलना चाहिए कि इन पर आक्रमण करना उनको महँगा पड़ेगा।

आज देश करवट बदल रहा है। सदियों की निद्रा दूर कर हिंदू समाज अँगड़ाई ले रहा है। हम जब हिंदू की बात करते हैं तो हिंदू की परिभाषा में वे सारे लोग आते हैं, जो भारत माता को अपनी माता, यहाँ के सारे महापुरुषों को अपने पूर्वज और इस देश की संस्कृति के मूल तत्त्व 'एकं सद् विप्राः बहुधा वदन्ति', यानी 'सत्य एक है, उसे लोग भिन्न-भिन्न नामों से जानते हैं तथा उस अंतिम सत्य तक पहुँचने के अनेक मार्ग हैं और वे सभी सच हैं', को मानते हैं। जो कहते हैं कि केवल हम ही सत्य हैं, बाकी सब गलत, वे हिंदू के अंतर्गत नहीं माने जा सकते। जो जबरन मतांतर करने की बात करते हैं, उनके लिए इस राष्ट्र-जीवन में कोई स्थान नहीं है। हम सब साथ-साथ चलें, अपने-अपने रास्ते चलें, दूसरे से सहयोग करते चलें तो वह दिन दूर नहीं, जब हम अपने राष्ट्र की पताका दुनिया भर में सबसे ऊँची फहराएँगे।

गीत की कुछ पंक्तियों के भाव हृदय में धारण करते चलें—

'मातृभूमि के अमर सपूतो
अनल शक्ति-संचार करो।
जन-जीवन में राष्ट्र-भक्ति भर,
भारत यश विस्तार करो॥
धराधाम का मानदंड है,
नंदन कानन आहत है।
केसर की पावन क्यारी का
विघटन उनकी चाहत है॥
गंगा, गीता, गौमाता हित
अब तो पुनर्विचार करो।
जनजीवन में राष्ट्र भक्ति भर,
भारत यश विस्तार करो
भारत यश विस्तार करो॥'

□

सर्वव्यापी हिंदुत्व

राष्ट्रीय स्वयंसेवक संघ अपनी जीवन-यात्रा के 75वें वर्ष में चल रहा है। आज से ठीक 75 वर्ष पूर्व 11 मार्च, 1925 को परम पूजनीय डॉक्टर साहब के मन में क्या चल रहा होगा, इसकी कुछ कल्पना हम कर सकते हैं। उस समय वर्ष 1921 का आंदोलन, जो इस घोषणा के साथ शुरू हुआ था कि एक वर्ष में हम स्वराज्य प्राप्त कर लेंगे, विफल हो चुका था। अंग्रेजों के विरुद्ध एकमुखी लड़ाई लड़ने के लिए महात्मा गांधी ने खिलाफत आंदोलन का समर्थन किया था। बहुत से लोग नहीं जानते होंगे कि द्वितीय महायुद्ध के पश्चात् तुर्की के खलीफा को अंग्रेजों ने उनकी गद्दी से उतारकर मुस्तफा कमाल पाशा को उस पर बैठा दिया। इस पर भारत के मुसलमान बहुत क्रुद्ध हो गए और अंग्रेजों के खिलाफ हो गए। तब तक मुसलमानों को अपना हस्तक बनाकर अंग्रेज अपना राजनीतिक खेल खेल रहे थे और इस देश की स्वराज्य की आकांक्षा को दबाने का प्रयत्न कर रहे थे। महात्मा गांधी ने देखा कि आज मुसलमान अंग्रेजों के विरोध में हो गया है और इसलिए हमने अगर खिलाफत आंदोलन का समर्थन कर दिया तो मुसलमानों का सहयोग इस स्वतंत्रता आंदोलन में मिल सकेगा और इसलिए उन्होंने कांग्रेस से खिलाफत आंदोलन के समर्थन का प्रस्ताव पारित करवा लिया। अनेक नेता ऐसे थे, जो इससे सहमत नहीं थे। लोकमान्य बाल गंगाधर तिलक तो इसे 'अखिल आफत' कहते थे। पं. मदनमोहन मालवीय, लाला लाजपतराय, यहाँ तक कि मोहम्मद अली जिन्ना ने भी विरोध किया था कि तुर्की के खलीफा को अगर उतार दिया गया है तो भारत के मुसलमानों को क्या लेना-देना है ? लेकिन उस समय महात्मा गांधी भारतीय राजनीतिक क्षितिज पर उदीयमान सूर्य के रूप में आए थे, इसलिए उनकी बात मानी गई और खिलाफत आंदोलन के समर्थन का प्रस्ताव पारित हुआ तथा देश भर में हिंदू-मुसलिम एकता के नारे चलने लगे।

खिलाफत आंदोलन के समर्थन का दुष्परिणाम

उस समय परम पूजनीय डॉक्टरजी ने महात्मा गांधी से बातचीत में पूछा, 'बापू,

इस देश में हिंदू, मुसलमान, ईसाई, पारसी, यहूदी अनेक लोग रहते हैं। आप सबकी एकता की बात क्यों नहीं करते? केवल हिंदू-मुसलिम एकता की बात क्यों करते हैं?' तो महात्मा गांधी ने कहा, 'देखा नहीं, इसके कारण मैंने मुसलमानों का स्वतंत्रता के आंदोलन में सहयोग प्राप्त कर लिया है!' डॉक्टर साहब ने कहा, 'लेकिन आप केवल हिंदू-मुसलिम एकता की बात करेंगे, तो इससे मुसलमानों का दिमाग और चढ़ेगा और खिलाफत का समर्थन करने के कारण उनकी देश-बाह्य निष्ठा जागेगी और इसलिए मुझे आशंका है कि वह हमारे निकट आने के स्थान पर हमसे दूर जाएँगे।' महात्मा गांधी ने कहा, 'मुझे ऐसी कोई आशंका नहीं है।'

विफल खिलाफत आंदोलन

लेकिन जब खिलाफत आंदोलन विफल हो गया तो स्वाभाविक रूप से देश का मुसलिम समाज बड़ा नाराज हो गया; पर अंग्रेजों के खिलाफ कुछ कर नहीं सकता था, इसलिए उसने अपना सारा रोष हिंदुओं पर उतारा, जैसे किसी कमजोर व्यक्ति को बाहर वाला कोई पीट दे और वह उसका प्रतिकार नहीं कर सके तो घर में आकर अपने बीवी-बच्चों को ठोंकता है, जो उससे कमजोर हैं। उसी प्रकार उन्होंने अपना सारा रोष हिंदुओं पर उतारा। देश भर में दंगे हुए और उन दंगों में हिंदू समाज की ही सबसे अधिक क्षति हुई। विशेषकर मलाबार में जो 'मोपला विद्रोह' हुआ, उसमें 1,500 हिंदू मारे गए और 20,000 लोगों का बलात् धर्म-परिवर्तन हुआ; किंतु हमारा आंदोलन विफल हो गया है; इसको स्वीकार करने के स्थान पर कांग्रेस ने प्रस्ताव में यह कहा कि केवल तीन परिवारों का मतांतरण हुआ है, बाकी सब बात झूठ है—अर्थात् मुसलमानों का येन-केन-प्रकारेन सहयोग बनाए रखने के लिए भी उन्होंने इस सत्य को स्वीकार करने का साहस नहीं दिखाया। बाद में और एक घटना हो गई। स्वामी श्रद्धानंद की रशीद नामक व्यक्ति ने हत्या कर दी; लेकिन उसको भी दोष देने के लिए कांग्रेस तैयार नहीं हुई, बल्कि गुवाहाटी में महात्मा गांधी ने कहा कि, 'मैं रशीद को दोषी नहीं मानता हूँ। दोषी तो वे लोग हैं, जिन्होंने इस प्रकार का वातावरण पैदा किया।'

समाज-संगठन का विचार

इन सारे घटनाक्रम को देखकर परम पूजनीय डॉक्टरजी के मन में कुछ विचार दृढ़ीभूत हुए। उन्होंने कहा कि यह देश हिंदुओं का है। हिंदुस्थान छोड़कर दुनिया में हिंदुओं की अपनी कही जानेवाली भूमि नहीं है। वह इस घर का मालिक है, लेकिन उसकी असंगठित अवस्था और उसकी दुर्बलता के कारण वह अपने ही घर में पिट रहा है। उसी को लोग सारी गालियाँ दे रहे हैं। इसलिए जब तक हिंदू संगठित नहीं होते, तब

तक वे अपनी आत्मरक्षा करने में भी सक्षम नहीं होंगे। और इसलिए हिंदू को संगठित होना चाहिए, बल-संपन्न होना चाहिए, सामर्थ्य-संपन्न होना चाहिए।

यही नहीं, उन्होंने कहा कि भारत एक हिंदू राष्ट्र है। उस समय अंग्रेजों के प्रभाव के कारण अनेक पढ़े-लिखे लोग हिंदुस्थान को एक राष्ट्र नहीं मानते थे। वे कहते थे कि यह एक नया उभर रहा राष्ट्र है। एक राष्ट्र बनने की प्रक्रिया में 'इट इज नेशन इन द मेकिंग' क्यों? क्योंकि हिंदुस्थान तो पहले राष्ट्र ही नहीं था! भिन्न-भिन्न प्रकार के लोग हिंदुस्थान में एक साथ रहते थे, अलग-अलग राज्य थे, आपस में लड़ते-झगड़ते रहते थे। अंग्रेजों के बाद ही इस देश में एक प्रशासन-तंत्र स्थापित हुआ और इसलिए एक राष्ट्र के रूप में ढालना हो तो उनकी एक मिली-जुली संस्कृति का विकास करना होगा।

भारत हिंदू राष्ट्र है

डॉ. हेडगेवारजी ने कहा कि राष्ट्र कोई राजनीतिक अवधारणा नहीं है। किसी एक विशिष्ट भूभाग में केवल रहते हैं, इसलिए राष्ट्र नहीं बनता। उसके लिए तो उस भूभाग के अंदर सदियों से रहते हुए उसके साथ एक रागात्मक, भावात्मक संबंध स्थापित करना पड़ता है। यह भूमि मेरी माँ है, मैं इसका पुत्र हूँ और पुत्र होने के नाते हम सब एक हैं, हमारे पूर्वज एक हैं, हमारी संस्कृति एक है, तब जाकर राष्ट्र का निर्माण होता है और यह तो सनातन व पुरातन राष्ट्र है।

वेदकाल में इसने घोषणा की है—'माताभूमिः पुत्रोऽहं पृथिव्याः'। तो यह हिंदू राष्ट्र है।

हिंदू दुर्बल हो गया है, इसलिए कोई दूसरा कहे कि यह हमारा घर है तो इसको हम नहीं मान सकते। किसी घर में किराएदार रहते हों और उस घर का मालिक किसी दुर्घटना में मर जाए और केवल एक बच्चा बचे, तो भी वह घर उसी बच्चे का होगा। इसलिए उन्होंने कहा कि हिंदुस्थान में एक भी हिंदू जब तक रहेगा, तब तक यह हिंदू राष्ट्र रहेगा और एक बात उनके ध्यान में आई कि भाई, भारत का मुसलिम समाज विशेष रूप से इस खिलाफत आंदोलन के कारण देश-बाह्य निष्ठा से जुड़ गया है। वैसे भी, कुल मिलाकर इसलाम में राष्ट्रीयता की अवधारणा नहीं है। एम.आर.ए. बेग नाम के ईरान में भारत के राजदूत रहे एक अच्छे विद्वान् थे। उन्होंने एक पुस्तक लिखी है—'मुसलिम डिलेमा इन इंडिया'। उस पुस्तक में वे कहते हैं, 'चूँकि विचारधारा के आधार पर मुसलमान का कोई देश नहीं हो सकता और इस कमी को वह अत्यधिक संगठन-भाव से पूरा करने का प्रयत्न करता है, इसलिए एक निष्ठावान् मुसलमान न तो राष्ट्रवादी हो सकता है, न अंतरराष्ट्रीयतावादी और न ही मानवतावादी हो सकता है। वह केवल राष्ट्रातीत सांप्रदायिक हो सकता है।' तो इसलाम के मूल में राष्ट्रीयता

की अवधारणा नहीं है। यह बात अलग है कि इसलाम का विस्तार जब विभिन्न देशों में हुआ तो उन देशों की जो संस्कृति थी, वह ज्यादा प्रभावी रही और इसलिए अलग-अलग देशों की संस्कृति के आधार पर इसलाम के अंदर भी विभाजन हो गया; लेकिन भारतवर्ष के अंदर वह प्रक्रिया अंग्रेजी राज होने के कारण आगे बढ़ नहीं पाई, बल्कि अंग्रेजों ने इसके अंदर अनेक प्रकार बाधाएँ डालीं।

पहला पर्व

संघ कार्य की पृष्ठभूमि

डॉक्टर साहब सन् 1921 में जब जेल में थे तो उनके साथ एक मुसलिम भी थे, लेकिन वह एक तुर्की टोपी पहनते थे। डॉक्टर साहब ने उनसे पूछा कि 'आप तुर्की टोपी क्यों पहनते हैं? हम सब तो कांग्रेस के आंदोलन में भाग ले रहे हैं। आप गांधी टोपी क्यों नहीं पहनते?' तो उन्होंने उत्तर दिया कि 'डॉक्टर साहब, यह हमारी राष्ट्रीयता का प्रतीक है। तो डॉ. साहब को लगा कि हिंदुस्थान में भी जो अपने आपको अलग राष्ट्रीयतावाला मानते हैं, उनको इस देश का कैसे माना जा सकता है और इसलिए उनको लगा कि जब तक सब हम इस राष्ट्र के हैं, इस भाव से ओत-प्रोत नहीं होते, तब तक इस देश के साथ निष्ठा कैसे उत्पन्न होगी? यहाँ के पूर्वजों के प्रति निष्ठा कैसे उत्पन्न होगी? डॉक्टर साहब मुसलमानों को राष्ट्रदोही मानने के लिए भी तैयार नहीं थे। उन्होंने कहा कि जब वह इस राष्ट्र को ही नहीं मानते तो उन्हें राष्ट्रद्रोही भी कैसे कहेंगे? इस राष्ट्र को अपना न माननेवाले लोगों को हमें परकीय (पराए) मानना पड़ेगा, तो जो इस राष्ट्र में निष्ठा रखते हैं, ऐसे ही लोगों को संगठित किए बिना, उनको बल-संपन्न एवं सामर्थ्य-संपन्न बनाए बिना न तो हिंदू समाज अपनी रक्षा कर सकता है और न इस देश की रक्षा हो सकती है और इसलिए वर्ष 1925 में विजयादशमी के शुभ मुहूर्त पर उन्होंने इसी नागपुर में संघ की शाखा का शुभारंभ किया। यह ठीक है कि पहली शाखा मैदान में नहीं लगी। उनके घर पर ही उस बैठक में सब लोग बैठे हुए थे और उन्होंने घोषणा की कि आज से संघ प्रारंभ हो गया, लेकिन कुछ दिनों के पश्चात् ही सबको लगा कि नौजवानों को यदि आकर्षित करना है, तो शारीरिक कार्यक्रम होने चाहिए और इसलिए मोहिते का जो टूटा-फूटा बाड़ा था, उसको साफ कर वहाँ पर संघ की पहली शाखा प्रारंभ हुई। अनेक लोग हँसे—'यह हिंदू समाज, इतनी विविधता से भरा, इतने जाति-पाँति-पंथ के भेद जिसके अंदर हैं, चार हिंदू एक साथ चल नहीं सकते, उसको ये संगठित करने की बात करते हैं! इनका दिमाग खराब हो गया है। पागल हो गए हैं।' लेकिन डॉक्टर साहब हँसकर सारी बातें टाल देते थे और उन्होंने अपने जीवन का कण-कण, रक्त का बिंदु-बिंदु इस कार्य के अंदर खपा

दिया और जैसाकि कहा गया है—

थे अकेले आप,
लेकिन बीज का था भाव पाया।
बो दिया निज को,
अमर-वट संघ भारत में उगाया॥

उस समय उन्होंने जो बीज बोया था, आज कितना विशाल, व्यापक, लहलहाता वट-वृक्ष बन गया है, जिसकी शाखाएँ सारे विश्व में फैल गई हैं। हमको स्पष्ट रूप से दिखाई देता है कि डॉक्टर साहब ने पंद्रह वर्ष की छोटी सी अवधि में ही संघ-कार्य को देश के सब प्रांतों तक फैला दिया।

संघ और राजनीति

हिंदू समाज के संगठन के लिए संघ कार्य करते समय उन्होंने संघ को राजनीति से अलग रखा। राजनीति के स्वयं कुशल खिलाड़ी थे। राजनीति के सारे छक्के-पंजे भी वे समझते थे। लेकिन उन्होंने कहा कि राजनीति मानव-निर्माण का स्थान नहीं हो सकता। समाज-जीवन की जो हीनतम प्रवृत्तियाँ हैं, उनका खेल राजनीति में होता है और जहाँ हीनतम प्रवृत्तियों का बोलबाला हो, वहाँ मनुष्य के अंदर सद्गुणों का निर्माण कैसे होगा? चरित्र का निर्माण कैसे होगा? और इसलिए स्वयं अपने आपको उन्होंने राजनीति से अलग किया और संघ-कार्य में अपना संपूर्ण ध्यान व शक्ति लगाई।

यह ठीक है कि वर्ष 1930 में जो 'जंगल सत्याग्रह' हुआ, उसमें उन्होंने भाग लिया; लेकिन अपना सरसंघचालक पद उस समय के लिए डॉ. परांजपे के कंधों पर सौंपकर वे जेल में गए। उसमें भी उद्देश्य यह था कि जेल में सब लोग एक साथ रहेंगे तो सबके साथ वार्त्तालाप करने का अवसर मिलेगा और संघ कार्य की दृष्टि से उन सबका सहयोग प्राप्त करने का प्रयत्न करेंगे। वह सत्य ही हुआ। जब जेल से बाहर आए तो सारे विदर्भ प्रांत में संघ की शाखाएँ फैल गईं। उनके इस अथक परिश्रम के कारण सन् 1940 में इसी भूमि के ऊपर जो संघ शिक्षा वर्ग लगा था, उसमें हिंदुस्थान के सब प्रांतों से लोग यहाँ पर आए हुए थे। 40 दिन का संघ शिक्षा वर्ग था और बीमार होते हुए भी आग्रहपूर्वक उसके दीक्षांत समारोह के कार्यक्रम में वे आए। उन्होंने अपने अंतिम भाषण में कहा कि हिंदू राष्ट्र का एक छोटा सा स्वरूप मैं अपनी आँखों के सामने देख रहा हूँ। अपने जीवन काल में उन्होंने बता दिया कि हिंदू संगठित हो सकता है।

सन् 1939 में द्वितीय महायुद्ध शुरू हो चुका था। उस समय डॉक्टर साहब बड़े अस्वस्थ हो गए थे। उनको लग रहा था, इतना अच्छा मौका आ रहा है कि इस द्वितीय महायुद्ध में जब अंग्रेज वहाँ पर युद्धरत रहेगा, उस समय हिंदुस्थान के अंदर अगर हम

शक्ति खड़ी कर सके तो हम स्वतंत्रता प्राप्त कर सकते हैं और इसलिए उन्होंने आह्वान किया कि नगरों में 3 प्रतिशत और ग्रामों में एक प्रतिशत संघ के पूर्ण गणवेशधारी स्वयंसेवक होने चाहिए। जब वर्धा में 1 शिविर के अंदर उन्होंने यह बात कही और रात्रि को जिस समय वे निरीक्षण करने के लिए निकले तो स्वयंसेवक दिन भर के परिश्रम से काफी क्लांत होकर सो रहे थे। तब डॉक्टर साहब ने अप्पाजी के सामने अपने मन की व्यथा व्यक्त करते हुए कहा, 'अप्पाजी! मैंने जो आज आह्वान किया, उसका लोग अर्थ समझ नहीं पाए, अन्यथा उनको इतनी नींद कैसे आती?' तब अप्पाजी ने कहा, 'आप चिंता मत कीजिए, अपने जिले में तो मैं यह करके दिखाऊँगा।'

जो हो, लेकिन डॉक्टर साहब उसके बाद रहे नहीं और नए सरसंघचालक परम पूजनीय श्रीगुरुजी ने नए-नए कार्यकर्ता निकाले, प्रचारक निकाले और इस कार्य को आगे बढ़ाने का प्रयत्न किया। एक बार परम पूजनीय गुरुजी से चर्चा के समय उन्होंने यह बताया कि, 'अरे भाई, अगर उस समय डॉक्टर साहब की बात मानकर तीन साल के अंदर हम लक्ष्य प्राप्त कर सकते तो इस देश की स्वतंत्रता का आंदोलन बिल्कुल भिन्न दिशा में जाता, क्योंकि सन् 1942 में अंग्रेज यूरोप में फँसा हुआ था। उसकी लगातार हार हो रही थी। यहाँ पर सब-के-सब नेता बंदी बना लिये गए थे। अगर हमारे पास उस समय शक्ति होती तो सारा शक्ति-संतुलन हमारे हाथ में होता, लेकिन नहीं हो पाया और इसलिए इतना बड़ा आंदोलन होने के बाद भी हम कुछ कर नहीं पाए।'

संघ और स्वतंत्रता आंदोलन

जिस समय सन् 1942 का आंदोलन हुआ, उस समय परम पूजनीय श्रीगुरुजी ने अपनी पुरानी नीति को जारी रखा कि संघ इस आंदोलन में भाग नहीं लेगा। अपने अनेक स्वयंसेवकों और प्रचारकों में बड़ी उद्विग्नता पैदा हुई, उद्वेलन पैदा हुआ कि यह क्या बात है? इतना बड़ा देश का आंदोलन हो रहा है, 'अंग्रेजो, भारत छोड़ो' का नारा लगाकर सब लोग इस समय एकजुट हो गए हैं। हम लोगों को भी क्यों नहीं जुटना चाहिए? और उस समय अपने अनेक प्रचारकों ने श्री दत्तोपंत ठेंगड़ीजी को अपना प्रतिनिधि बनाकर श्रीगुरुजी के पास भेजा। दत्तोपंतजी केरल में थे और श्रीगुरुजी मंगलूर में। इसलिए दत्तोपंतजी वहाँ मिलने के लिए गए और उन्होंने बताया कि कार्यकर्ताओं के मन में इस प्रकार के भाव चल रहे हैं। श्रीगुरुजी ने कहा, 'देखो भाई, अगर स्वतंत्रता प्राप्त होने वाली हो, ध्येय पूर्ति होने वाली हो तो हमको संपूर्ण शक्ति लगाने में कोई हर्ज नहीं है; लेकिन सबसे बड़ी बात यह है कि कांग्रेस ने इस प्रकार का आंदोलन शुरू करने से पहले देश के अंदर संघ और जो अन्य सारे संगठन थे, उनका सहयोग नहीं लिया। खैर, उन्होंने सहयोग नहीं लिया तो इसलिए राष्ट्र के स्वतंत्रता आंदोलन में हमको भाग नहीं

लेना चाहिए, ऐसी बात नहीं है; क्योंकि स्वतंत्रता केवल कांग्रेस को थोड़े ही मिलेगी, हम सबको मिलने वाली है। लेकिन कांग्रेस को इसकी जो तैयारी करनी चाहिए थी और उसके लिए दूर की सोच करके एक योजना बनानी चाहिए थी, वह उन्होंने नहीं बनाई। यह बात ठीक है कि जैसी हम योजना बनाते हैं, घटनाक्रम भी उसी प्रकार से चलेगा, ऐसा नहीं है। बीच में बदलना भी पड़ता है। उस समय पहल नेताओं के हाथों में रहनी चाहिए; लेकिन नेता तो सब गिरफ्तार हो चुके थे। इसलिए नेताओं के हाथ पहल नहीं रही। इतना अनियोजित आंदोलन वास्तव में हानिकारक हुआ और इसलिए दिखाई दे रहा था कि इसको सफलता नहीं मिलेगी।

इतना होने के बाद भी अगर अपने को ऐसा लगता कि सफलता मिलेगी तो भी हम इसमें कूद सकते थे; किंतु हमारी शक्ति के बारे में लोगों को अतिरंजित कल्पना थी। महाराष्ट्र में, मध्य प्रदेश में संघ के कार्य को देखकर लोगों को लगता था कि सारे हिंदुस्थान में भी ऐसा ही होगा; पर ऐसा नहीं था। गोंदिया से बेलगाँव तक का क्षेत्र जो था, वहाँ हमारे कार्य का प्रभाव था, लेकिन बाकी जगहों पर नहीं। यह देश का मध्य भाग बनता है और इस मध्य भाग में हमने कुछ हिस्सा स्वतंत्र भी करा लिया होता तो चारों तरफ से उस पर आक्रमण करने के लिए स्थान था और इसलिए इस आंदोलन में जब सारे अस्त्र-शस्त्रों के साथ अंग्रेजी सेना आती हो, सामान्य जनता उसका सामना नहीं कर सकती थी। इससे जनता का मनोबल और अधिक टूटता। दूसरा कोई एक ऐसा भाग एक कोने में होता, जहाँ कि पिछड़ों को हम सुरक्षित रख सकते होते तो भी कुछ किया जा सकता था। पर वैसा भी नहीं था और इसलिए हमने यह तय किया कि इस समय जिसको भाग लेना हो, वह व्यक्तिगत रूप से भाग ले सकता है, लेकिन संघ के नाते हमको भाग नहीं लेना है, इसलिए उन्होंने कहा, जैसे डॉक्टरजी ने सन् 1930 में कहा था कि तुम संघ का कार्य करते रहो, उसी प्रकार संघ का कार्य करना चाहिए। लेकिन जिन लोगों को लगता है कि जाना है, उन्हें व्यक्तिगत रूप से जाने की छूट है और अपने लोग गए भी। चिमूर आष्टी में अपने ही स्वयंसेवकों ने झंडा थाने के ऊपर फहराया और सब प्रकार का आंदोलन किया।

इतना ही नहीं, इस आंदोलन में जो लोग लगे थे, ऐसे अनेक नेताओं की रक्षा का दायित्व अपने स्वयंसेवकों ने लिया। इनमें क्रांतिवीर नाना पाटिल, किशनवीर, अरुणा आसफ अली, अच्युतराव पटवर्धन आदि अनेक लोग थे। ये कोई संघ के प्रेमी नहीं थे, संघ को गालियाँ देनेवाले ही थे; लेकिन फिर भी अपने स्वयंसेवकों ने उन सबकी सुरक्षा की और उनको छिपाकर रखने का प्रयत्न किया, ताकि भूमिगत आंदोलन ठीक प्रकार से चल सके। इस आंदोलन को किसी प्रकार की क्षति पहुँचे या इस आंदोलन के बारे में लोगों के मन में कोई हीन भाव जाग्रत् हो, इसका तेजोभंग हो, ऐसा कोई कार्य अपने

स्वयंसेवकों ने नहीं किया। आंदोलन जिस ढंग से चल रहा था, विफल होना था, हो गया; किंतु संघ के स्वयंसेवक अपनी शक्ति बढ़ाने का प्रयत्न करते रहे। उस समय जैसी परिस्थिति अपने देश में निर्मित हुई और जिस प्रकार से मुसलिम लीग ने पाकिस्तान का नारा लगाकर देश भर में अपनी धाक जमाने का प्रयत्न किया, अंग्रेजों के परोक्ष समर्थन से जगह-जगह पर दंगे करवाए, उसके कारण घबराकर हिंदू समाज बहुत बड़ी संख्या में संघ में आया और विशेषकर सन् 1946 का 'सीधी कार्रवाई' का जो नारा मुसलिम लीग ने लगाया, उसके कारण तो संघ की शाखाओं के अंदर बहुत अधिक वृद्धि हुई। लेकिन वह वृद्धि क्षणिक थी, तात्कालिक थी, टिकनेवाली नहीं थी। उस समय आतंक का वातावरण था, इसलिए लोग आ रहे थे। फिर भी संघ-कार्य बढ़ा।

भारत-विभाजन के समय संघ की भूमिका

लेकिन अपने देश का दु:खद विभाजन भी हुआ और इस विभाजन के समय, जिसको आज हम पाकिस्तान या बँगलादेश कहते हैं, वहाँ पर रहनेवाले लोगों को सुरक्षित हम हिंदुस्थान ला सके, इसका कारण ही यह था कि हमारी शक्ति उन सारे क्षेत्रों में उस समय बढ़ी हुई थी। उस समय परम पूजनीय श्रीगुरुजी कहा करते थे कि भाई! अहिंसा का मामला चलेगा नहीं। अहिंसा की दृष्टि से देखा जाए तो बकरा जो है, वह अप्रतिकार की जीवंत मूर्ति होता है पर उसके कारण वह कटने से बचता नहीं है। हमको बलि का बकरा नहीं बनना है। आत्मरक्षा का हमको विश्वास है। हमारा अधिकार है। अगर सरकार हमारी रक्षा नहीं करती तो आत्मरक्षा के लिए हम अवश्य प्रतिकार कर सकते हैं। इसलिए उन्होंने कहा कि डटकर रहो। उस समय स्वयंसेवकों ने जो अपना तेज दिखाया है, बलिदान किया है, जिस प्रकार की सूझ-बूझ दिखाई, साहस दिखाया, माताओं ने जिस प्रकार के अनेक जौहर किए हैं, उसका सारा इतिहास 'ज्योति जला निज प्राण की' नाम की जो पुस्तक इस समय प्रकाशित हुई है, उसके अंदर बड़े ही अच्छे शब्दों में वर्णन किया गया है। उसमें हमारे स्वयंसेवकों के त्याग, पौरुष, पराक्रम—इन सबका एक बड़ा ही जीवंत चित्र अपने एक कार्यकर्ता ने प्रस्तुत किया है।

देश का विभाजन हुआ, लेकिन देश के विभाजन के बाद संघ की बढ़ती शक्ति को कुछ लोग पचा नहीं पा रहे थे। जो विभाजन के दोषी थे, जिन्होंने इस विभाजन को स्वीकार किया था, उनको ऐसा लगता था कि हमने इतनी बड़ी गलती की हुई है, इसलिए निश्चित रूप से हमको कठघरे में खड़ा किया जाएगा। जो लोग हमको कठघरे में खड़ा कर सकते हैं, उनको ही कठघरे में खड़ा कर दें! तभी देश के दुर्भाग्य से और उनके सौभाग्य से महात्मा गांधी की हत्या हो गई और महात्मा गांधी की हत्या का झूठा आरोप लगाकर संघ पर प्रतिबंध लगा दिया गया। वह आरोप आज तक लगाया जा रहा

है। अभी हाल में दिल्ली में कांग्रेस की रैली हुई। गुजरात में वहाँ की सरकार ने सरकारी कर्मचारियों को जिन क्षेत्रों में नहीं जाना चाहिए, उस हेतु राजनीतिक दलों के साथ अन्य संगठनों की जो एक बड़ी सूची दी थी, उसमें से संघ का नाम भी हटा दिया था। उसी को आधार बनाकर उन्होंने एक बड़ी भारी रैली करने का प्रयत्न किया। उस संबंध में जो पोस्टर छापे, उन पोस्टरों में भी उन्होंने संघ के स्वयंसेवक को महात्मा गांधी को गोली मारते हुए दिखाया।

गांधी-हत्या की त्रासदी

महात्मा गांधी की हत्या 30 जनवरी को हुई और उसके कुछ ही दिन के पश्चात् पूजनीय श्रीगुरुजी नागपुर आए, जहाँ उनको गिरफ्तार कर लिया गया। गिरफ्तार करने के बाद जब उनको जेल ले गए तो उनसे पूछताछ करने के लिए जो डी.आई.जी. आया हीरालाल नाम का—अच्छा मोटा-ताजा आदमी था—उसको लगता था कि गुरुजी को हत्या और षड्यंत्र की धाराओं में पकड़ा गया है, इसलिए निश्चित रूप से गुरुजी बड़े घबराए हुए होंगे। इसलिए उनपर अपना रोब जमाने के लिए वह कुरसी पर बैठा, जूते समेत अपने दोनों पैर टेबल पर रखे और सिगरेट पीने लगा और कहा, 'जेलर साहब, गुरुजी को हाजिर करो।' गुरुजी आए। देखने के साथ ही उसने व्यंग्य कसा, 'ओहो, आप ही गुरु गोलवलकर हैं! आप सरसंघचालक हैं! आप तो बड़े दुबले-पतले हैं।' गुरुजी ने छूटते ही जवाब दिया कि 'डॉ. हेडगेवार ने सरसंघचालक का कोई आकार-प्रकार निश्चित नहीं किया था, अन्यथा किसी बोदे (भैंसे) को या तुमको सरसंघचालक की गद्दी पर बैठा देते।' ऐसा टका सा जवाब दिया तो वह सन्न रह गया। दोनों पैर नीचे रखे। कहने लगा, 'अरे जेलर साहब! कुरसी दो, कुरसी दो।' बाद में पूछा, 'गुरुजी, गांधीजी की हत्या हो गई, उस संबंध में आप क्या जानते हैं?' तो गुरुजी बोले, 'तुमको क्यों बताऊँ? जो बताना होगा, वह अदालत में बताऊँगा और ध्यान रखना, अदालत में जवाहरलाल नेहरू और सरदार वल्लभभाई पटेल को भी मैं खींचूँगा।' जब यह समाचार दिल्ली पहुँचा तो उनकी तरफ से सारी धाराएँ-वाराएँ हटाकर केवल निवारक नजरबंदी कानून के अंतर्गत उनको ले लिया गया। 27 फरवरी को जब नेहरुजी ने सरदार पटेल से पूछा कि 'तुम क्या कर रहे हो? अभी तक संघ पर कोई आरोप ही सिद्ध नहीं हो रहा है?' तो उन्होंने कहा, 'हम सब प्रकार का प्रयत्न कर रहे हैं, सारी जाँच ठीक चल रही है; लेकिन कहीं भी हमको संघ का हाथ इसमें दिखाई नहीं देता।' उसी समय सरकार को तभी मालूम हो गया था कि संघ का कोई हाथ नहीं है। फिर भी, जिस हिंदू महासभा के व्यक्ति ने गांधीजी को मारा था, उस हिंदू महासभा पर कोई प्रतिबंध नहीं लगा; क्योंकि उनकी उस समय कोई विशेष शक्ति नहीं थी। संघ के ऊपर प्रतिबंध लगा। 70,000

लोग सत्याग्रह करके उस प्रतिबंध को हटाने के लिए जेल गए, जिसको लोग बच्चों का खेल समझ रहे थे। सरकार को बाध्य होकर बिना शर्त संघ के ऊपर से प्रतिबंध हटाना पड़ा और संघ-जीवन का एक नया अध्याय प्रारंभ हुआ।

द्वितीय पर्व

संघ कार्य के विविध आयाम

परम पूजनीय गुरुजी ने निरंतर भ्रमण करके लोगों का आह्वान किया। उस समय लोग प्रश्न पूछने लगे थे, 'क्या जरूरत है संघ की अब, देश तो स्वतंत्र हो गया?' तब सारे देश में भ्रमण कर उन्होंने कहा कि स्वतंत्रता पहली सीढ़ी होती है। हाथ-पैर में बेड़ियाँ बँधी हों तो मनुष्य भाग नहीं सकता। हम स्वतंत्र हुए हैं तो आगे हमको चलना है। इसलिए उसके लिए हमको संगठित होकर रहना पड़ेगा। राष्ट्रभक्ति, देशभक्ति और संगठन का भाव अगर नहीं रहा तो न हम अपनी स्वतंत्रता की रक्षा कर पाएँगे और न अपने देश की प्रगति ठीक प्रकार से कर पाएँगे। उस समय उन्होंने कार्य को एक नई दिशा दी। धीरे-धीरे कार्य बढ़कर उनके जीवनकाल में ही संघ का कार्य देश के जिलों-जिलों तक पहुँच गया। लेकिन इस दूसरे पर्व में संघ-कार्य के विस्तार के साथ-साथ समाज-जीवन के विभिन्न क्षेत्रों में हमारे कार्यकर्ता राष्ट्र के सर्वांगीण विकास के लक्ष्य को लेकर चले। सन् 1946 में 'अखिल भारतीय विद्यार्थी परिषद्' की स्थापना हुई। आज वह हिंदुस्थान का सबसे बड़ा विद्यार्थी संगठन बनकर खड़ा है। सन् 1952 में 'वनवासी कल्याण आश्रम' की स्थापना हुई। उस समय उसका नाम 'वनवासी कल्याण आश्रम' नहीं, केवल 'कल्याण आश्रम' था। आज हिंदुस्थान में वनवासी क्षेत्र में काम करनेवाला, जिसकी पहुँच 35,000 गाँवों तक है, यह सबसे बड़ा गैर-सरकारी संगठन है। सन् 1952 में ही गोरखपुर में 'शिशु मंदिर' आरंभ हुआ। आज हिंदुस्थान भर में सरकार के पश्चात् सबसे अधिक 16,000 विद्यालय चलानेवाली 'विद्या भारती' गैर- सरकारी संगठन है। सन् 1955 में 'भारतीय मजदूर संघ' की स्थापना हुई। सबसे देर से, लेकिन हिंदुस्थान का चोटी का श्रमिक संगठन बनकर आज वह खड़ा हुआ है। 1952 में ही 'जनसंघ' की स्थापना हुई। आज राजनीतिक क्षेत्र में उसका जो परवर्ती रूप है, जिसको 'भारतीय जनता पार्टी' कहते हैं, जिसमें हमारे अनेक कार्यकर्ता हैं, वह हिंदुस्थान का सबसे बड़ा राजनीतिक दल तो है, लेकिन इतना बड़ा नहीं कि अपने बलबूते पर कुछ कर सके। फिर भी आज सबसे बड़ा दल बनकर खड़ा है। 'विश्व हिंदू परिषद्' की सन् 1964 में स्थापना हुई। दुनिया भर में सभी मत व संप्रदायों को समान मंच प्रदान करनेवाला, विश्व भर में अपनी शाखाओं-प्रशाखाओं का विस्तार करनेवाला सबसे बड़ा हिंदुओं का संगठन बनकर आज खड़ा हुआ। 'भारतीय किसान संघ' सन् 1979 में शुरू हुआ और

अभी-अभी उनका अधिवेशन मेरठ में हुआ, जिसमें 9,500 प्रतिनिधि देश भर से वहाँ पर एकत्र हुए। इस बीच में अनेक किसान संगठन खड़े हुए और ऐसा लगा कि ये सारे देशभर में छा जाएँगे। लेकिन हम देखते हैं कि आज उन संगठनों का कहीं भी नाम नहीं है। यह जो संगठन हिंदू विचार को लेकर चला, संघ के स्वयंसेवकों के संगठन-कौशल्य के बलबूते पर बढ़ा। आज उसने एक अखिल भारतीय स्वरूप प्राप्त करके संपूर्ण किसानों के अंदर एक नई आशा जगाने का कार्य किया है।

समाज-जीवन के अनेक क्षेत्रों में अनेक प्रकार के कार्य आज खड़े हुए हैं, तो ऐसे सारे कामों का बीजारोपण यह जो हमारा द्वितीय पर्व था, इस द्वितीय पर्व में हुआ और परम पूजनीय श्रीगुरुजी ने संघ कार्य का विस्तार तो किया ही, लेकिन सब क्षेत्रों में पुनर्रचना के नए प्रयत्न भी प्रारंभ कर दिए। सन् 1949 में जिन लोगों ने पूछा था कि आप सर्वांगीण विकास की बात करते हैं, तो आपकी कार्य-सूची और कार्यक्रम क्या हैं ? तो उन्होंने कहा, 'ब्लू प्रिंट उचित समय पर आएगा। पूछा गया कि 'जब कोई कहता है कि सर्वांगीण विकास करेंगे, तो उसका ब्लू प्रिंट भी तैयार करता है ?' श्रीगुरुजी ने कहा कि, 'उस समय वह यह भी तय करता है कि किस समय उसे घोषित करना चाहिए।' आज हम कह सकते हैं कि हर क्षेत्र के अंदर लोगों ने एक रास्ता बनाया है। हिंदू-चिंतन के आधार पर उस-उस क्षेत्र की प्रगति किस दिशा में और किस प्रकार से हो सकती है, इसका खाका खड़ा किया है। लेकिन अपना जो अंतिम भाषण उन्होंने दिया, उसमें पूजनीय श्रीगुरुजी ने कहा कि यह सारी चीज केवल शाखा के बलबूते पर ही हम प्राप्त कर सकते हैं और इसलिए संपूर्ण शक्ति लगाकर अगर शाखा ठीक चलेगी तो बाकी सब चीजों को बल मिलेगा, बाकी सब चीजें भी ठीक चलेंगी। इसलिए हमारी शाखा, दैनंदिन शाखा, उस पर होनेवाले कार्यक्रम, उनके द्वारा होनेवाले संस्कार, स्वयंसेवकों का गुण-संवर्धन इत्यादि सब बातों की तरफ हमने ध्यान दिया तो हर क्षेत्र में हमारी विजय है और इस पर हम निरंतर ध्यान देते रहे तो चारों ओर हमारी विजय-ही-विजय रहेगी।

तृतीय पर्व

संघ-शक्ति का प्रकटीकरण

लेकिन उस समय एक संकेत उन्होंने और दिया था। उन्होंने यह कहा था कि इस प्रकार का एक वातावरण निर्मित हो रहा है, जहाँ पर कुछ लोग सत्ता पर पूर्ण शक्ति के साथ बैठ जाएँगे और बाकी सारी जनता उनकी गुलाम हो जाएगी। यह संकेत था, जो साकार हुआ सन् 1975 में, जब अपने देश में आपातकाल लगा और उस समय संघ पर भी पूरा प्रतिबंध लगा दिया गया। अनेक राजनीतिक दलों के लोगों को भी अंदर डाल दिया गया। उस समय परम पूजनीय बालासाहबजी अपने कुशल नेतृत्व से इस विपत्ति के

काल में देश की नैया के खिवैया बने। संघ भूमिगत आंदोलन का सबसे बड़ा आधार बन गया। यहाँ तक कि संघ पर प्रतिबंध लगाने के चार महीने के पश्चात् प्रधानमंत्री इंदिरा गांधी ने कहा कि हमने संघ पर प्रतिबंध लगाकर बड़ी गलती की, किंतु अब प्रतिबंध हटाने की दूसरी गलती मैं नहीं करूँगी। उनको मालूम था कि बाकी राजनीतिक दलों का प्रभाव एक-एक, दो-दो प्रांतों तक सीमित था, पर संघ का आधार अखिल भारतीय था, इसलिए उन्हें लगा कि विरोध भी अखिल भारतीय होगा और सब प्रकार के आतंक के पश्चात् भी अंत में उसके प्रतिरोध के लिए सत्याग्रह हुआ। लोगों को विश्वास ही नहीं होता था कि इतनी कठिन परिस्थिति में जब वकील, दलील, अपील यह सब बंद थे, सर्वोच्च न्यायालय में घोषणा की जा चुकी थी कि इस आपातकाल के अंदर लोगों की जान भी अगर ले ली जाए तो भी आप अदालत में नहीं जा सकते। संघ के स्वयंसेवकों के बलबूते पर इतना बड़ा सत्याग्रह का आंदोलन हुआ। 'आपातकालीन संघर्ष गाथा' आप पढ़ेंगे तो सब चीजें आपको मिलेंगी कि किस प्रकार वहाँ पर भी अपने स्वयंसेवकों ने अपनी सूझ-बूझ, अपने परिश्रम, अपनी प्रत्युत्पन्नमति, अपने त्याग और बलिदान से उस विपत्ति में भी देश को फिर से स्वतंत्रता प्राप्त कराई। उसके बाद इस प्रकार तीसरे पर्व में संघ के विभिन्न क्षेत्रों के संगठन ज्यादा बल प्राप्त करना शुरू कर देते हैं।

चौथा पर्व

राम जन्मभूमि आंदोलन

जब सन् 1999 आता है, तब एक चौथा पर्व प्रारंभ होता है, जब संपूर्ण हिंदू समाज के अंदर एक जागरण होता है और उसका केंद्र-बिंदु बनता है राम जन्मभूमि का आंदोलन। उस राम जन्मभूमि के आंदोलन में चलकर बाकी सारे संगठन जुड़े, राजनीतिक दल भी उसके अंदर जुड़ गया तो एक अभूतपूर्व आंदोलन सारे देश भर में खड़ा हो गया और जितने अहिंसक ढंग से संपूर्ण समाज की चेतना को उसने जगाया, वह वास्तव में आंदोलनों के इतिहास में एक अभूतपूर्व घटना है। उसी का परिणाम यह हुआ कि 10 नवंबर, 1989 को शिलान्यास हुआ। जिस समय 10 नवंबर को वहाँ पर शिलान्यास हो रहा था, उसी समय 6,000 मील दूर बर्लिन के अंदर वहाँ की दीवार टूट रही थी। उस दीवार का टूटना कम्युनिज्म के पतन का प्रारंभ था और यहाँ पर शिलान्यास किया जाना भारतीय राष्ट्र-मंदिर के निर्माण का शिलान्यास था। एक ही समय दोनों घटनाएँ घटती हैं और तीन साल के पश्चात् जब वह गुलामी का ढाँचा ढहा दिया गया तो सारे देश में जहाँ कहीं भी हिंदू बैठा है, उसका सीना चार इंच फूल गया। उसको लगा कि हजार वर्षों के पारतंत्र्य के पश्चात् कहीं मैंने भी विजय प्राप्त की है।

अमेरिका में बिग हैंपटन नाम का स्थान है। सन् 1993 में जब जाने का मौका मिला

तो उस अवसर पर वहाँ जो बहुत से भारतीय डॉक्टर हैं, उनके साथ कुछ वार्त्तालाप हुआ। बाद में एक डॉक्टर के घर में गए, जो वास्तव में कम्युनिस्ट थे। वे ज्योति बसु के बड़े निकटतम मित्र थे; लेकिन उन्होंने कहा कि '6 दिसंबर, 1992 तक नंबूदिरीपाद हमारे हीरो थे। उसके बाद हमने उनको घूरे पर फेंक दिया। अब मैं विश्व हिंदू परिषद् के लिए काम करूँगा।' और उन्होंने विश्व हिंदू परिषद् का वाशिंगटन में जो अधिवेशन हो रहा था, उसके लिए दस हजार डॉलर स्वयं इकट्ठे किए। तो दुनिया भर में जहाँ-जहाँ हिंदू था, उसको लगा कि उसने कुछ प्राप्त किया।

सन् 1925 में जहाँ लोग कहते थे कि 'हमको गधा कह लो, हिंदू मत कहो', वहाँ एकदम चारों तरफ से कहा जाने लगा, 'गर्व से कहो हम हिंदू हैं'। यह हमारा चौथा पर्व था और तब से लेकर आज तक यह हिंदुत्व का भाव बढ़ रहा है, उभर रहा है। इसी के कारण जितने विरोधी हैं, वे बड़े चिंतित हैं और इसीलिए हिंदुत्व के खिलाफ बड़ा जबरदस्त आक्रोश भी खड़ा किया जा रहा है। अगर वह शक्ति नहीं होती, यह बल नहीं होता तो बाकी लोग कोई चिंता नहीं करते; लेकिन चूँकि यह बढ़ रहा है, इसलिए वे लोग संघ के ऊपर आक्रमण कर रहे हैं, क्योंकि वे स्वयं राजनीतिक क्षेत्र के अंदर आज शक्तिहीन, श्रीहीन होते जा रहे हैं। उनको और कोई चीज मिलती नहीं है, सिवाय संघ को गाली देने के। उन्हें और कुछ करना नहीं है। लेकिन गाली देते हुए भी कई बार उनको लगता है कि सारा हिंदू समाज हमारे खिलाफ अगर हो गया तो क्या होगा? इस नाते से भी अपना कार्य बढ़ाना आवश्यक है।

पाँचवाँ पर्व

शाश्वत संस्कृति का जयघोष

लेकिन हम एक ऐसी स्थिति में आ गए हैं, जब हम एक नए पर्व में प्रवेश कर रहे हैं। यह पाँचवाँ पर्व है। परम पूजनीय श्रीगुरुजी ने सन् 1962-63 में अपने बौद्धिक वर्ग में टेनिसन की एक कविता का उल्लेख करते हुए कहा था—

'एक्ट फर्स्ट, दिस अर्थ ऐ स्टेज, सो ग्लूम्ड विद वे, दैट यू आल बट सिकेन एट द सिफलिंग सीन। एट वी पेएंट अवर प्लेराइट मे सो इन सम फिफ्थ एक्ट, वॉट, दिस वाइल्ड ड्रामा, मीन्स।'

यह जो पाँचवाँ दृश्य है, इसके अंदर नाटक लिखनेवाला शायद इस बात को स्पष्ट करेगा कि इतनी सारी उठा-पटक का आखिर अर्थ क्या है? हमारे यहाँ सब लोग उस विजय की दिशा में बढ़ रहे हैं; लेकिन विजय की दिशा में जब बढ़ते हैं तो वहाँ पर एक खतरा भी होता है। खतरा यह होता है कि पराजय को सँभालना ज्यादा सरल है, विजय सँभालना कठिन है। जब सफलता चरण चूमने लगती है तो आदमी का दिमाग भी चढ़

जाता है। चढ़ते हुए दिमाग में वह अनेक गलतियाँ भी कर बैठता है। इसलिए सफलता को अगर पचाना है तो उसके लिए प्रबल शक्ति चाहिए, आत्मविश्वास चाहिए। एक बार किसी आदमी के नाम से 10 लाख की लॉटरी निकल आई। इसका पता उसके मित्र को लगा। वह जानता था कि मेरे जिस मित्र को लाटरी मिली है, उसका दिल बड़ा कमजोर है। अगर उसको यह पता लग गया कि 10 लाख मिला है तो कहीं खुशी के मारे उसका दिल धड़कना ही न बंद हो जाए। इसलिए वह एक मनोचिकित्सक के पास गया। उसने उन्हें यह समस्या बताई तो उन्होंने कहा, 'अच्छा, उसको ले आओ।'

डॉक्टर ने उससे पूछा कि 'तुमको अगर एक हजार रुपए मिल जाएँ तो तुम क्या करोगे?'

बोला, 'एक हजार मिल जाएँ तो छोटे-मोटे कर्ज चुका दूँगा।'

'तुमको अगर पाँच हजार मिलें तो क्या करोगे?'

'पाँच हजार मिलें तो एक अच्छी-सी साइकिल खरीद लूँगा, कर्जे चुका दूँगा।'

'तुमको अगर 10 हजार रुपए मिलें तो क्या करोगे?'

'तो एक मोटर साइकिल खरीद लूँगा।'

'यदि 50 हजार, मिले तो क्या करोगे?'

'तो एक मकान खरीद लूँगा'

'एक लाख मिलें तो क्या करोगे?'

'तो थोड़ा धंधा भी शुरू कर दूँगा।'

'पाँच लाख मिलें तो क्या करोगे?'

'पाँच लाख मिलें तो और एक कोई बड़ा कारखाना शुरू करूँगा।'

'दस लाख मिलें तो क्या करोगे? '

'अरे डॉक्टर साहब, आपने क्या मजाक बना रखा है? अगर दस लाख मिले तो मैं पाँच लाख आपको दे दूँगा।'

डॉक्टर ने कहा, 'पाँच लाख मुझे!' और उन डॉक्टर का हार्ट फेल हो गया। तो यह जो सफलता है, उस सफलता को पचाने के लिए बड़ी शक्ति चाहिए, सामर्थ्य चाहिए, धीरज चाहिए। आज हमारे संगठन जिस दिशा में बढ़ रहे हैं, वहाँ पर अपना सामर्थ्य, अपना संतुलन बनाए रखने की आवश्यकता है और अब तक सफलता से किसी प्रकार न फूलते हुए हमें आगे बढ़ना है। अब तो हम महाभारत के युद्ध में खड़े हैं। एक ओर हिंदुत्व-विरोधी शक्तियाँ हैं, जो हिंदुत्व को उभरने नहीं देना चाहतीं। एड़ी-चोटी का पसीना लगाकर इसको वे नष्ट करना चाहती हैं। दूसरी ओर हिंदुत्व-समर्थक शक्तियाँ हैं, जो अपना सिर उठा रही हैं। आज हिंदू समाज उभर रहा है। अब

इसके उभार को कोई रोक नहीं सकता। कोई इसको दबा नहीं सकता। इसलिए नए युग में हम प्रवेश कर रहे हैं, जब हिंदुत्व समाज-जीवन के हर क्षेत्र में अपने आपको अभिव्यक्त करेगा। हिंदू राष्ट्र का भव्य-दिव्य चित्र खड़ा होगा। सबके सामने यही चुनौती है कि चारों तरफ की जो सफलता मिल रही है, उससे किसी प्रकार विचलित न होते हुए हम लोग आगे बढ़ें—

'वेदी पर बैठा महाकाल,
जब नर-बलि चढ़ा रहा होगा।
बलिदान अपने ही कर से,
निज मस्तक बढ़ा रहा होगा॥
तब उस बलिदान-प्रतिष्ठा में,
पथ भूल न जाना पथिक कहीं।'

विजय ही विजय है

जब चारों तरफ से जय-जयकार होती है, उस समय हम कहीं भटक न जाएँ, इसका भी बड़ा अंदेशा रहता है और इसलिए अपने पथ पर दृढ़ रहते हुए, अपने विश्वास पर दृढ़ रहते हुए सारे क्षेत्रों का मूलाधार जो अपना संघ का कार्य है, जिसके कारण इतना अधिक व्याप हमने प्राप्त किया हुआ है, इसको हम पूरी निष्ठा के साथ चलाएँ, इस बात की अत्यंत आवश्यकता है और इस पूरे विश्वास के साथ कि विजय हमारी है, क्योंकि हमारे सारे त्रिकालदर्शी महापुरुषों ने इस बात की भविष्यवाणी की है। स्वामी विवेकानंद ने पिछली शताब्दी में यह कहा था, 'मैं भविष्य नहीं देखता, देखने की मेरी कोई इच्छा भी नहीं है; लेकिन एक बात बड़े स्पष्ट रूप से देख रहा हूँ कि भारत माता अपने सिंहासन पर पहले से भी अधिक गौरवान्वित होकर बैठी हुई है। आओ, उसकी जय-जयकार सारी दुनिया के अंदर में गुँजा दें।' 15 अगस्त, 1947 को ऋषि अरविंद ने कहा था, 'जो देश का विभाजन हुआ है, वह गलत हुआ है। इसके कारण भारत कमजोर रहेगा। चाहे जिस पद्धति से हो, विभाजन समाप्त होना ही चाहिए और वह होगा। लेकिन अभी कुछ दिनों तक यह देश गलत रास्ते पर चलेगा।' और वह चला भी। इसके आगे उन्होंने कहा, 'आनेवाली शताब्दी में वह संपूर्ण विश्व का नेतृत्व करेगा।' महात्मा गांधी ने भी यही बात कही, 'हिंदुत्व सत्य की निरंतर खोज का दूसरा नाम है। अगर वह प्रवाह आजकल शिथिल हो गया है, परिवर्तन के प्रति असंवेदनशील हो गया है, तो उसका कारण यह है कि हम थक गए हैं। जिस दिन यह थकावट दूर होगी, उस दिन हिंदुत्व अपनी संपूर्ण शक्ति के साथ दुनिया में इतने जोरों से विस्फोट करेगा, जैसा अतीत में कभी नहीं हुआ।' उनकी भविष्यवाणियाँ अवश्य सत्य सिद्ध होंगी। इसलिए हम अपने

ऊपर प्रबल विश्वास रखें और विश्वास रखकर अपने काम में आगे बढ़ें, इसी की आज अत्यंत आवश्यकता है—

'शुद्ध हृदय की प्याली में,
विश्वास दीप निष्कंप जलाकर।
कोटि-कोटि पग बढ़े जा रहे,
तिल-तिल जीवन गला-गलाकर॥
जब तक ध्येय न पूरा होगा,
तब तक पग की गति न रुकेगी।
आज कहे चाहे जो दुनिया,
कल को फूँके बिना न रहेगी॥'

□

आत्मिक प्रेम ही संघ कार्य का आधार

संघ के पौन शतक की यह यात्रा अनेक प्रकार की अनुकूल-प्रतिकूल परिस्थितियों से गुजरते हुए, अनेक विघ्न-बाधाओं को पार करते हुए निरंतर अग्रसर होती जा रही है। इन 75 वर्षों के कालखंड में अधिकांश समय संघ अपप्रचार का ही शिकार रहा है और जो लोग केवल अखबार पढ़कर ही अपनी धारणाएँ बनाते हैं—उसमें भी जो विशेषकर अंग्रेजी अखबार पढ़कर—उनके मन में संघ के बारे में कोई विकृत छवि निर्माण हो तो कोई आश्चर्य की बात नहीं है।

अभी जैसे धरमपालजी ने कहा कि आर.के पाटील कह रहे थे, 'ये संघ के लोग इस राष्ट्रध्वज का सम्मान नहीं करते।' तो मैंने उनसे कहा कि अपने यहाँ पर स्टेट फ्लैग अलग है और स्टेट फ्लैग के नाते से संविधान समिति ने जो स्वीकार किया है, उसके प्रति हम सबकी श्रद्धा तो है ही और उस पर किसी भी प्रकार की आपत्ति आने पर उस समय अपने प्राण न्योछावर करने के लिए संघ के स्वयंसेवक कभी नहीं हटे हैं। आप जानते हैं कि दादर व नागर हवेली को मुक्त कराने के लिए हमारे ही स्वयंसेवक आगे बढ़े थे और गोवा को मुक्त कराने के लिए जो सत्याग्रह हुआ था, उसमें भी हमारे स्वयंसेवक गए, बलिदान भी दिया। कश्मीर में, अन्यान्य देशों में, प्रदेशों में, जहाँ भी अपने इस राष्ट्रध्वज का अपमान हुआ, वहाँ पर संघ के स्वयंसेवक उसकी रक्षा करने में कभी पीछे हटे नहीं। उसके सम्मान को बनाए रखने के लिए सब प्रकार का प्रयत्न संघ के स्वयंसेवक सदा करते हैं।'

संस्कृति का प्रतीक भगवा ध्वज

लेकिन एक राष्ट्र की मूल संस्कृति होती है और उस मूल संस्कृति के आधार पर उस संस्कृति को प्रकट करनेवाला कोई-न-कोई एक ध्वज होता है। उस ध्वज को संघ ने अपने गुरु के रूप में स्वीकार किया है। आप लोगों को मालूम होगा कि सन् 1932-33 में कांग्रेस ने झंडा समिति बनाई थी, जिसको यह काम दिया गया था कि अपने देश

का झंडा किस प्रकार का होगा, उस पर विचार करें। समिति में नेहरूजी भी थे, सप्रूजी भी थे, आंबेडकरजी भी थे, बाकी अनेक लोग थे। उन सब लोगों ने मिलकर कहा कि 'भाई, भारतीय संस्कृति को और भारतीय राष्ट्र-जीवन को अभिव्यक्त करनेवाला एक झंडा अगर हो सकता है तो वह तो गेरुए रंग का झंडा ही हो सकता है।' उस समय परम पूजनीय डॉक्टर साहब ने डॉ. आंबेडकर से मिलकर कहा था कि आप वहाँ आग्रह कीजिए कि अपना यह जो भगवा ध्वज है, उसी को इस राष्ट्र के ध्वज के नाते स्वीकार किया जाए। आंबेडकरजी ने तदनुसार कुछ पैरवी भी की थी।

किंतु उस समय जिस प्रकार की कांग्रेस की नीति थी कि झंडा ऐसा हो, जिसमें सब खेमों का प्रतिनिधित्व हो, इसलिए हिंदुओं की गैरिक पताका का रंग भगवा भी लिया, मुसलमानों का हरा रंग ले लिया और बाकी सारे लोगों का सफेद रंग ले लिया। ऐसा ले करके उन्होंने तिरंगा झंडा स्वीकार किया। उसमें स्वावलंबन के प्रतीक के रूप में उन्होंने चरखा लगा दिया। चूँकि गांधीजी ने कहा और गांधी उस समय नेतृत्व कर रहे थे, इसलिए सब लोगों ने उसे मान लिया; लेकिन कहा यही गया था कि इस देश की संस्कृति को प्रकट करनेवाला ध्वज भगवा ही है।

खैर, हमने तो अपने संगठन के लिए उसी को स्वीकार कर उसे अपना गुरु माना है और उसी की छत्रच्छाया में हम अपना सारा कार्य करते हैं। बाबू जयप्रकाश नारायणजी के मन में भी संघ के बारे में कुछ ऐसी ही धारणाएँ महात्मा गांधी की निर्मम हत्या के पश्चात् जो अपप्रचार हुआ, उसके कारण बनी थीं; लेकिन जब लोग संघ के निकट संपर्क में आते हैं और देखते हैं तो उनका भ्रम दूर हो जाता है।

अकाल में संघ के कार्यकर्ताओं की सक्रियता

सन् 1965-66 में जब बिहार में जबरदस्त अकाल पड़ा था तो बाबू जयप्रकाश नारायणजी के नेतृत्व में एक अकाल राहत समिति बनी। उन्होंने राहत कार्य सब जगहों पर प्रारंभ किया, जिसमें हमारे संघ के लोगों ने भी भाग लिया। जयप्रकाश नारायणजी ने देखा कि बाकी कई लोग आस-पास के दो-चार किलोमीटर तक के गाँवों में जाकर सामग्री बाँटकर चले आते हैं और अपने कर्तव्य की इतिश्री समझ लेते हैं, पर संघ के स्वयंसेवक और सारा सामान लाद करके 50 किलोमीटर दूर तक जाते हैं। कभी साइकिल से जाते हैं, कभी पैदल जाते हैं और दूर-दराज के गाँवों में जाकर सामग्री का वितरण करते हैं। इससे उन्हें आश्चर्य हुआ।

कम्युनिस्टों का रवैया

उन्होंने सोचा कि चलो, कम्युनिस्ट पार्टी के लोग भी वहाँ पर सम्मिलित हैं तो उनके भी कार्यालय में जाकर देखें कि वे लोग भी वहाँ कहाँ जाकर सहायता बाँट रहे हैं ? और

इसलिए उनके भी कार्यालय गए और कहा, 'भाई, आप लोग कहाँ जाकर सहायता कर रहे हो?' उन्होंने कहा, 'कहीं जाकर सहायता-वहायता करना, यह हमारा काम नहीं है। हम तो केवल गरीब और पीड़ित लोगों की आवाजें उठाते हैं, जिंदाबाद-मुर्दाबाद कहते हैं। कहीं जाना और जाकर ऐसा वितरण करना, यह हमारा काम नहीं है।' तो उन्हें आश्चर्य हुआ कि जो लोग अपने आपको गरीबों के, पीड़ितों के मसीहा समझते हैं, उनके लिए दिन-रात चिल्लाते रहते हैं, वे इस समय पर कुछ नहीं कर रहे हैं और वे ही साम्यवादी, जिनको दिन-रात पानी पी-पीकर कोसते हैं कि 'दकियानूसी, सांप्रदायिक, प्रतिक्रियावादी, पूँजीवाद के एजेंट, दलाल हैं', वे इस प्रकार से दूर-दूर जाकर काम कर रहे हैं, तो उनको मन में लगा कि भाई, संघ के लोग कुछ भिन्न प्रकार के हैं।

सन् 1968 में रामस्वरूपजी और सीतारामजी के कहने से इसी प्रकार का संघ शिक्षा वर्ग दिल्ली में लगा था। वे उसको देखने के लिए दिल्ली आए। सारा कार्यक्रम उन्होंने देखा और उसके बाद कुछ अपने कार्यकर्ताओं के साथ बैठकर चायपान और परिचय का कार्यक्रम हुआ। लोगों ने परिचय देते हुए कहा कि मैं अमुक-अमुक, पिछले 30 सालों से संघ का स्वयंसेवक हूँ। किसी ने कहा कि मैं 25 सालों से प्रचारक के रूप में काम कर रहा हूँ। किसी ने कहा कि मैं फलाने जिले का कार्यवाह हूँ और मैं करीब 15 सालों से संघ का स्वयंसेवक हूँ।

प्रेरणा का स्रोत क्या?

जयप्रकाशजी ने उनसे प्रश्न पूछा, 'भाई, आप लोग पंद्रह-पंद्रह, पच्चीस-पच्चीस सालों से निरंतर काम करते रहते हो। आपके कार्य करने की प्रेरणा क्या है?' क्योंकि जयप्रकाशजी तो राजनीति छोड़कर सर्वोदय में आ चुके थे, जहाँ अनेक प्रकार के सामाजिक कार्यकर्ताओं से उनका संबंध हुआ था और उन्होंने अनुभव किया था कि अनेक लोग उत्साह में आते तो हैं, लेकिन कोई छह महीने, आठ महीने, साल-दो साल या तीन साल रहकर चले जाते हैं। सतत् कार्य करने की प्रेरणा उन्हें क्यों नहीं प्राप्त होती? इसीलिए उन्होंने यह प्रश्न किया कि कौन सी आपकी प्रेरणा है? एक कार्यकर्ता ने कहा, 'हमारा यह हिंदू राष्ट्र है। इसका भव्य-दिव्य स्वरूप हम अपनी आँखों के सामने देखेंगे और दुनिया में इसको सर्वश्रेष्ठ बनाएँगे। इस आकांक्षा को लेकर हम काम कर रहे हैं, यही हमारी प्रेरणा का स्रोत है।'

आगे चलकर आपातकाल के अंदर संघ के स्वयंसेवकों की बहुत बड़ी भूमिका रही। आपातकाल में तो 'आपातकालीन संघर्ष गाथा' नाम से जो ग्रंथ है, उसमें बड़े विस्तार से वर्णन आया है। सारा भूमिगत आंदोलन संघ के स्वयंसेवकों ने चलाया और जो लोग जेल के अंदर ठूँसे गए थे, उनके घरों में जाकर—वे किसी भी पक्ष के हों, कोई

भी हों—उनके घरों की देखभाल करने का काम भी संघ के स्वयंसेवकों ने उस समय पर किया। इसीलिए आपातकाल के पश्चात् जिस समय सरकार का गठन हुआ, जनता पार्टी की सरकार बनी, उस समय फिर जयप्रकाशजी पटना में जो संघ शिक्षा वर्ग हुआ था, उसमें आए थे और वहाँ पर उन्होंने संघ की तारीफ की। किसी ने कहा कि आपने बड़ी तारीफ कर दी। तो उन्होंने कहा, 'बहुत कम की है, मैं तो और ज्यादा करना चाहता था।'

संघ कार्य की रीढ़

तो इस प्रकार संघ के निकट जो लोग आ जाते हैं, संघ के बारे में उनकी धारणा आप ही ठीक हो जाती है। हमारे कार्यकर्ता ने कहा कि हिंदू राष्ट्र का सर्वांगीण विकास करेंगे, यही हमारी प्रेरणा का स्रोत है, वास्तविक हमारी आस्था का विषय है और इसी आस्था को लेकर सहस्राधिक कार्यकर्ता पूर्ण समय देकर संघ का काम कर रहे हैं। कई लोग अपना घर-बार व परिवार सब सँभालते हुए प्रतिदिन तीन-तीन, चार-चार घंटों का समय, छुट्टी का दिन संघ कार्य के लिए देते हैं। हमारी जो बैठकें होती हैं, उसके अंदर यही चर्चा होती है, 'भाई कितना समय देते हो?' 'तुमने कितना प्रवास किया, किन- किन लोगों से मिले, कहाँ-कहाँ गए?' यही हमारी चर्चा का विषय होता है। ऐसे जो लाखों कार्यकर्ता हैं, जो अपना पूरा समय देकर या अपना घर-बार, परिवार, दुकान, मकान सब सँभालकर प्रतिदिन 3-4 घंटे काम करते हैं, वे वास्तव में संघ-कार्य की रीढ़ हैं।

कल्पना कीजिए कि इस प्रकार से निरंतर वर्षानुवर्ष काम करना क्या किसी नकारात्मक प्रेरणा से संभव है? इसके या उसके विरोध में खड़े होकर क्या कोई सतत् इस तरह का कार्य कर सकते हैं? संघ पर आरोप लगता है कि ये मुसलिम-विरोधी हैं। कोई कहता है कि ये ईसाई-विरोधी हैं। विरोध के आधार पर कोई भी स्थायी कार्य कभी खड़ा हो नहीं सकता। जिन्होंने विरोध के आधार पर अपने कार्य किए, वे ज्यादा टिक नहीं सके। स्टॉलिन ने कहा था, Eternal hate is the basis of our success. उस समय स्टॉलिन और कम्युनिज्म सारी दुनिया के अंदर प्रभावी हो गया था कि वे कहते थे 'Moscow is the future capital of the world.' इस प्रकार का दंभ और दर्पोक्ति करते थे। उन्होंने कहा कि Eternal hate is the basis of our success. उस पर परमपूज्य श्रीगुरुजी ने कहा था कि Eternal love is the basis of our success! आज कम्युनिज्म कहाँ गया, रशिया कहाँ गया? इतना बड़ा रशियन संघ तितर-बितर हो गया और जो आज बचा हुआ है, उसकी बड़ी दुर्दशा है। सत्तर वर्षों तक अप्रतिहत साम्राज्य करते हुए उसके बाद भी उसकी दुर्दशा हो गई। विरोध के आधार पर कोई चीज खड़ी नहीं होती।

संघ कार्य का आधार आत्मिक प्रेम

इसीलिए गुरुजी ने कहा था कि आत्यंतिक प्रेम हमारे कार्य का आधार है; पर यह

प्रेम हवा में से उत्पन्न नहीं होता। अपने लोगों के लिए अगर काम करना होता है तो यह अपनापन पैदा करना पड़ता है और यह अपनापन इस बात पर निर्भर करता है कि हम किसको 'अपना' समझते हैं। कुछ लोगों का अपनापन केवल अपने तक ही सीमित रहता है। अमेरिका में इस प्रकार के बहुत से लोग हैं, जो केवल अपनी ही चिंता करते हैं। न तो उन्हें परिवार की चिंता है, न माता-पिता की चिंता है और न बच्चों की चिंता है। वे तो मानकर चलते हैं कि हमको अपनी पीढ़ी की चिंता करनी है। हमको पुरानी पीढ़ी की चिंता करने की जरूरत नहीं। हमारे माता-पिता अपने शारीरिक सुख के लिए एक-दूसरे के निकट आए। हम तो केवल बाई-प्रोडक्ट हैं और हम भी अपने सुख के लिए किसी के निकट आएँगे। हमारे बच्चे जो हैं, वे हमारे बाई-प्रोडक्ट होंगे। न हमारे माता-पिता के प्रति हमारा कोई कर्तव्य है, न आनेवाली पीढ़ी के लिए कोई दायित्व है। 'होमो-सिंपथीसिज्म'—इस प्रकार का सोचनेवाले भी लोग हैं। व्यवस्थाएँ उध्वस्त हो चुकी हैं। कुछ अपने परिवार के प्रति अनुरक्त रहते हैं, पूरी तरह से अपने परिवार के प्रति ध्यान देते हैं। कुछ पास-पड़ोस की चिंता करते हैं, कुछ सारे मोहल्ले की चिंता। सारे नगर की चिंता करते हैं। कुछ सारे जिले की। इस प्रकार वृद्धिगत होते हुए सारे देश की चिंता करते हैं, तो देश-ब्रह्मांड की भी चिंता करता है। इस बात पर निर्भर करता है कि आपने अपनेपन का विस्तार कितना किया है और यह अपनापन किसी-न-किसी कर्म से होता है।

आत्मीयता का आधार

किसी क्षेत्र में रहने से अपनापन होता है। बंगाल में केवल बँगलाभाषी ही तो नहीं रहते, वहाँ हिंदी भाषी भी रहते हैं। अनेक प्रकार के लोग रहते हैं। लेकिन वे जब बंगाल के बाहर मिलते हैं और जब किसी को पता लगता है कि भाई, यह बंगाल का है। कोई सिलिगुड़ी का रहनेवाला है, कोई मालदा का रहनेवाला है; तो कोई भी भाषा-भाषी हो, किसी भी प्रकार की उनकी उपासना क्यों न हो, उनके मन में एक आत्मीयता पैदा हो जाती है; क्योंकि एक ही क्षेत्र के रहनेवाले हैं। एक ही भाषा बोलनेवाले होने पर हमें उनसे भी एक तरह की आत्मीयता पैदा हो जाती है।

उड़ीसा में विश्व हिंदू परिषद् के कोषाध्यक्ष हैं। वे मुलतान के रहनेवाले हैं। एक बार वे बँगलादेश गए और नाव पार करने के बाद जब वहाँ स्टेशन पर पहुँचे और वहाँ के टिकट घर की खिड़की के सामने खड़े हो गए। टिकिट बाबू आपस में मुलतानी में बात कर रहे थे, तो उन्होंने भी मुलतानी भाषा में टिकिट माँगा। आश्चर्यचकित हुए, बाहर आए, उनको अपने साथ ले गए। पूछने लगे कि कहाँ रहते हैं, क्या करते हैं? आत्मीयता ऐसी होती है।

बँगलादेशी सब मुसलमान हैं, लेकिन इस प्रकार की आत्मीयता उनके मन में आ गई। उनको चाय पिलाई, नाश्ता कराया और जिस समय ट्रेन आई तो उनके हाथ में टिकिट थमा दिया। पैसे देने लगे तो बोले कि अपने लोगों से भी कभी पैसे लिये जाते हैं ?

समान भाषा, समान तंत्र, एक ही पंथ या व्यवसाय के लोग हों तो आत्मीयता होती है। एक अपनापन उनके अंदर पैदा हो जाता है। कोई रेलवे का है तो कोई बैंक का है। जो समान व्यवसाय में लगे हैं, उनमें भी एक आत्मीयता पैदा होती है।

भावना भड़काना अंततोगत्वा हानिकारक

जिस समूह के साथ आत्मीयता पैदा होती है, उस प्रत्येक तत्त्व का समूह अलग-अलग होता है और विभिन्न प्रकार के तत्त्वों के माध्यम से एक व्यक्ति बहुत बड़े समुदाय के साथ एक अपनापन अनुभव करता है; किंतु इसमें किसी एक पहलू पर जोर देकर अगर दोनों की भावनाओं को भड़काएँगे, जैसा आजकल के राजनीतिक नेता करते हैं—कोई जाति के आधार पर, कोई पंथ के आधार पर तो कोई भाषा के आधार पर—तो राजनीति में कुछ दिनों के लिए सफलता तो मिलती है, लेकिन आगे चलकर परिणाम विपरीत हो जाते हैं। आपस में वैमनस्य पैदा हो जाता है। पंजाब के अंदर केवल खालिस्तान का नारा लगा और यंत्रों से सब काम करवाने की जिद के कारण बाहर से आए लोगों को, और विशेष रूप से बिहार से जो मजदूर वहाँ पर आते थे, उनको मारपीट करके भगाने का काम तो उस समय किया गया। वे बेचारे भाग गए, लेकिन बाद में ध्यान आया कि हमारे इतने बड़े-बड़े खेत हैं, खेत तो हम नहीं काट सकते। खेत काटने को तो वे मजदूर ही चाहिए। इसलिए फिर स्वयं बिहार जाकर लोगों को बुला-बुलाकर लाए कि हम तुम्हारी रक्षा करेंगे, तुम यहाँ पर आओ।

हिंदू समाज रचना

तो कुछ दिनों तक तो लोग भड़क जाते हैं, लेकिन कुल मिलाकर हमारा जो इस प्रकार जीवन है, उसमें किसी-न-किसी जगह पर हमको एक-दूसरे की आवश्यकता पड़ती है। इस अपनेपन का विस्तृत आधार कोई प्रस्तुत करता है तो हिंदू समाज-रचना प्रस्तुत करती है। इस हिंदू समाज-रचना में विविधता में एकता को आधार मानकर सारी बातें निश्चित की गईं। इस विविधता में एकता को हमने अपने जीवन में उतारा है। हमारे यहाँ ईश्वर तो एक माना, लेकिन उसके रूप अनेक माने। अपनी-अपनी इच्छा के अनुसार, अपनी-अपनी प्रकृति के अनुसार तुम अपने भगवान् की पूजा कर सकते हो। तो रूप अनेक हैं, लेकिन ईश्वर एक है। उसको प्राप्त करने के मार्ग अनेक, किंतु गंतव्य एक, पंथव्य भी एक है। भाषाएँ हमारे यहाँ पर अनेक हैं, लेकिन सब भाषाओं में भाव एक है और इसलिए यहाँ पर इतने भाषा-भाषी लोग बैठे हैं। कुछ लोगों को तो शायद

हिंदी ठीक तरह से आती नहीं, पूरी समझ में भी नहीं आती; लेकिन भाव एक होने के कारण सब लोग आकर यहाँ बैठ जाते हैं। यह हमारे पुरखों ने इस देश के अंदर विशेषता पैदा की है कि इस देश के अंदर इतनी भाषाई विविधता होते हुए भी भावों की एकता उनके अंदर स्थाापित की।

हमारी संस्कृति अद्‍भुत

व्यवस्थाएँ अनेक प्रकार की हैं, लेकिन उनका एक ही उद्‍देश्य है कि लोक-जीवन की धारणा होनी चाहिए और इसलिए इतनी सारी विविधताओं से युक्त हमारे यहाँ का राष्ट्र-जीवन है, जो हिंदुत्व के आधार पर है। शुरू में लोगों को तो विश्वास ही नहीं होता था कि हिंदुस्थान एक राष्ट्र है। इसलिए शुरू-शुरू में लोगों ने कहा कि यह क्या है? इसमें न तो एक भाषा है, न एक पूजा-पद्धति या एक उपासना-पद्धति है। यह राष्ट्र कैसे? लेकिन जिन्होंने एक विशेष संस्कृति का विकास किया हुआ है, जो दुनिया में अद्‍भुत है, वे लोग जाति-पंथ-भाषा ऐसे अनेक भेदों से ऊपर उठकर लोगों को एकता के सूत्र में गूँथ देते हैं। यह एकता किसी भौगोलिक सीमा में आबद्ध नहीं है, या किसी राजनीतिक सत्ता की गुलाम नहीं। संस्कृति के आधार पर इस प्रकार की एकता बनी है। जैसा विंसेंट स्मिथ ने 'हिस्टरी ऑफ इंडिया' में लिखा है और यह जो एकता के आधार का सूत्र है, उसमें हमने विभिन्न प्रकार के लोगों को एकसूत्र रखा है। अनेक प्रकार की जातियाँ यहाँ पर आईं, आकर संस्कृति के अंदर विलीन हो गईं। अपनी-अपनी विशेषता भी उन्होंने रखी है, लेकिन फिर भी हम एक समाज के अंग हैं; इस प्रकार उन्होंने माना है।

इसमें अगर कोई अपवाद है तो वह इसलाम और ईसाइयत का है और इसका सबसे बड़ा कारण है कि इसलाम और ईसाइयत दोनों ईश्वर को एक मानते हैं, लेकिन मानवता को दो हिस्सों में विभाजित कर देते हैं। एक मोमीन और बाकी काफिर या एक क्रिश्चियन और दूसरे हिदन्स। खैर, यह इतनी बात केवल मानकर चलें, तो उसमें कोई आपत्ति तो नहीं है, लेकिन वे कहते हैं, 'नहीं, बाकी के सारे लोग गलत रास्ते पर जा रहे हैं, गलत देवता की पूजा कर रहे हैं। इसीलिए इनको भी सही रास्ते पर लाना हमारा परम कर्तव्य है और इसके लिए साम, दाम, दंड, भेद—जिस किसी की भी जरूरत हो—वह सारा करने के लिए हमको तैयार रहना चाहिए और इसीलिए इस प्रक्रिया को लेकर इस निश्चय के साथ कि संपूर्ण दुनिया को हम इसलाम के अंतर्गत लाएँगे या संपूर्ण दुनिया को हम ईसाइयत के अंतर्गत लाएँगे', यह एक आविर्भाव लेकर सब चले। तो समाज को उन्होंने इस तरह से दो हिस्सों में बाँटा और एक-एक हिस्से को हम अपने अंदर या तो आत्मसात् कर लेंगे या उसको नष्ट कर देंगे, इस भावना से वे लोग चले।

इकबाल का 'सारे जहाँ से अच्छा हिंदोस्ताँ हमारा' बड़े झूम-झूम के गाते हैं और

उसी आधार पर उन्हें बड़े राष्ट्रभक्त कहते हैं। लेकिन यह कविता उन्होंने सन् 1904 में लिखी थी। सन् 1904-05 में उसका कारण बना कि लाला हरदयाल, जो वहीं लाहौर के कॉलेज में पढ़ते थे, उन्होंने एक काफी बड़ा नवयुवकों का समूह इकट्ठा किया; लेकिन वहाँ के लोगों से कुछ कहा-सुनी हो जाने के कारण उन्होंने फिर बाद में एक नया संगठन खड़ा किया और उसके उद्घाटन के लिए उन्होंने इकबाल से प्रार्थना की। अल्लाम मोहम्मद इकबाल उनका नाम था। केवल दो घंटे पहले तो उनको सूचना मिली; लेकिन वहाँ आने के बाद उन्होंने भाषण कुछ नहीं दिया, यह रचना 'सारे जहाँ से अच्छा हिंदोस्ताँ हमारा', इसको उन्होंने गाया और सुनकर लोग झूम उठे।

हिंदोस्ताँ हमारा नहीं रहा

लेकिन उसके बाद सन् 1906 में मुसलिम लीग बनी। 1908 में इकबाल उसमें सम्मिलित हुए, इंग्लैड में पढ़ने के लिए गए और वहाँ जाकर कुछ इस प्रकार से अंग्रेज लोगों के चंगुल में आए कि उन लोगों ने उनके अंदर इसलामी कट्टरता भर दी और वे धीरे-धीरे और कट्टर बनते गए और इसलिए उन्होंने जो 'तराना-ए हिंद' लिखा था 1905 में, 1913 में उन्होंने 'तराना-ए किल्लत' लिखा और जो लिखा था, उसमें परिवर्तन कर दिया, 'मजहब नहीं सिखाता, आपस में बैर रखना, हिंदी हैं हम, वतन है हिंदोस्ताँ हमारा' की जगह 'चीन ओ अरब हमारा, हिंदोस्ताँ हमारा, मुसलिम हैं हम, वतन है सारा जहाँ हमारा।' इस प्रकार और आगे चलकर सन् 1920 में तो वे पक्के कट्टरपंथी मुसलमान बन गए, यहाँ तक कि सूफी मत के अंदर जो लोगों को साथ लेकर चलने की बात है, उस सूफी मत को भी उन्होंने कहा कि वह गलत है। उसकी भी उन्होंने आलोचना की। बिल्कुल वे मोमीन-काफिर, इस भाषा में बात करने लगे और इतना ही नहीं, उन्होंने कहा कि, 'भाई देखो, मुसलमानों को अगर आगे बढ़ना है तो उनको मर्द-ए-मोमीन बनना पड़ेगा!'

इकबाल मुसोलिनी के अनुयायी बने

सन् 1933 में जब गोलमेज परिषद् से इकबाल वापस आ रहे थे तो मुसोलिनी से मिले। बात करते हुए उन्होंने मुसोलिनी का एक वाक्य ध्यान में रख लिया। वह था—'युद्ध मनुष्य के लहू को गरम रखने का उपाय है।' इसी के आधार पर उन्होंने बाज फारूखी को मुसलमानों के सामने आदर्श के नाते रखा और कहा कि 'झपटना, पलटना, पलटकर फिर झपटना, लहू गरम रखने का है एक बहाना।' इतना ही नहीं, उनका कहना है, 'केवल हिंसा ही नहीं करनी चाहिए, बल्कि लोगों पर आतंक लाने के लिए, अनावश्यक हिंसा भी करनी चाहिए।' और इसीलिए उन्होंने कहा, 'जो मजा कबूतर पर झपटने में है तिस्र, (तिस्र यानी उनका लड़का) वह कबूतर के लहू में नहीं है।'

इस बात को वर्ष 1946 में आधार बनाकर मुसलिम लीग ने देश भर में आतंक-सृष्टि कर के दंगे किए, जिनसे घबराकर हमारे देश के नेताओं ने देश का विभाजन स्वीकार कर लिया।

आज पाकिस्तान से शह पाकर आई.एस.आई. के एजेंट हिंदुस्थान भर में इसी प्रकार की आतंक-सृष्टि करने का प्रयत्न कर रहे हैं और जगह-जगह पर जखीरे खड़े कर रहे हैं, जगह-जगह पर आर.डी.एक्स. इकट्ठा कर रहे हैं, जो कहीं पकड़ा भी जा रहा है, कहीं पर विस्फोट भी हो रहे हैं। भारतवर्ष के अंदर कुछ लोग 'निगोशेबल' प्रकार के हैं, जो उनको इसमें सहयोग देते हैं। कहने का तात्पर्य है कि यह घृणा पर आधारित एक दाँव है।

समस्या हिंदुओं की नहीं

पिछले साल मैं जम्मू गया था। वहाँ पर मुसलिम एवं प्रबुद्ध लोगों की एक बैठक रखी थी। उस बैठक में इस प्रकार की चर्चा हो गई। मुंबई के श्री मुजफ्फर हुसैन भी पहुँचे थे। उन्होंने तो हमसे भी ज्यादा उग्र बोला। मैंने प्रबुद्ध लोगों के साथ बातचीत करते हुए सीधे-सीधे कहा, 'देखिए, समस्या जो है, वह हमारी नहीं है, आपकी है। हिंदुस्थान में 82 प्रतिशत हिंदू हैं और उनमें से भी 95 प्रतिशत मूर्ति-पूजा करते हैं। बताइए, आप हैं कि नहीं? ईश्वर तो हम एक मानते हैं, लेकिन ईश्वर के अनेक रूप मानते हैं और इन अलग रूपों में आपस में संबंध भी मानते हैं। शंकरजी हैं, उनकी पत्नी पार्वती है, उनका बेटा कार्तिकेय, यह सब हम मानते हैं। बताइए, आप हमको क्या मानते हैं? आप कहोगे कि मुशरिख हैं।'

तो बुतपरस्त और मुशरिखों के लिए 'कुरान शरीफ' में क्या आदेश है? अल-तौबा के अंदर कहा है कि जब पवित्र महीने समाप्त हो जाएँ तो ये मुशरिख जहाँ-तहाँ मिलें, उनको मारो, खतम करो, उनपर घात लगाओ; लेकिन वे अगर दीन को स्वीकार कर लेते हैं तो अल्लाह उनपर मेहरबान होगा। आप बताइए कि आप हमको क्या समझते हैं?

असहिष्णुता कितनी?

मैंने कहा कि आप मुसलमान; मुसलमान होकर भी आपस में इतने झगड़ते हो। शिया और सुन्नी में झगड़ा होता है। अहमदिया लोगों को तो पाकिस्तान में गैर-मुसलिम घोषित कर दिया है। अभी-अभी श्रीनगर के अंदर शिया लोगों पर आक्रमण करके उनको मार डाला। मुसलमानों में भी थोड़ा-बहुत फर्क होने के कारण आपस में आप उनको सहन नहीं करते, तो आप हिंदुओं को कैसे सहन करोगे? आपका जो उत्तर रहेगा, उसके आधार पर हमारा व्यवहार रहेगा। क्या आप हमको 'काफिर' समझोगे?

क्या हिंदू काफिर है?

एकाध कोई अच्छा व्यक्ति मिल जाता है, जो आपस में मानता है, जैसे पटना में खुदाबक्श पुस्तकालय के प्रमुख डॉ. बिलाल ने एक पुस्तक की प्रस्तावना में लिख दिया, 'हिंदुओं को काफिर नहीं मानना चाहिए।' तो उस पर मुल्ला-मौलवी इतने टूट पड़े कि बेचारे को माफी माँगनी पड़ी। तो जब तक आप पढ़े-लिखे लोग जाकर नहीं कहेंगे, 'हिंदुस्थान के अंदर मामला नहीं सुधरेगा, जब तक 'काफिर' का हम दूसरे ढंग से अर्थ नहीं करते।' जो हम अर्थ करते हैं, वह ठीक नहीं है।

इस देश को आप 'दारे-हरन' मानते हैं कि 'दारुल इसलाम' मानते हैं, यह आपको देखना होगा।

क्या हम नरक में जाएँगे?

इसी प्रकार दिल्ली में वहाँ के जो आर्कबिशप हैं अलेंडी लास्टिल, उन्होंने एक बार संघ के लोगों को बुलाया था कि 'डायलॉग' करेंगे। शुरू-शुरू में तो थोड़ी सी बातचीत होती रही। मुझसे जब कहा तो मैंने कहा कि 'आप सीधा बताइए कि हम लोग मूर्ति-पूजा करते हैं। तो आप हमको क्या समझते हैं? क्या हम 'हिदन्स' हैं? क्या हम नरक में जाएँगे? क्या हमारा रास्ता गलत है? अगर हमारा रास्ता गलत है और आप समझते हैं कि हम नरक में जाएँगे तो आप कैसे आशा करते हैं कि हम भी आपका सम्मान करेंगे और अगर आप हमारी तरह मानते हो कि कई रास्ते हैं तो फिर मतांतर क्यों कराते हो?'

वे बोले, 'नहीं, अरे हम कहाँ मतांतर करते हैं! हम तो केवल अपना प्रचार करते हैं।' किंतु ऐसा नहीं है, वे केवल प्रचार ही नहीं करते हैं, वे मतांतर भी करवाते हैं।

पोप क्या कह गए?

आप जानते हैं कि फरवरी-मार्च में पोप महोदय आए थे। उनको हांगकांग ने मना कर दिया, ताइवान ने मना कर दिया, श्रीलंका ने मना कर दिया। भारत ने कहा, 'चलो भाई, आइए, आपको अपने एशिया के सारे बिशप्स को संबोधित करना है। और कहीं जगह नहीं मिलती, हमारे यहाँ आ जाइए।' लेकिन आकर उन्होंने संबोधन क्या किया? उन्होंने संबोधन किया, 'पहली सहस्राब्दी में हमने क्रॉस यूरोप की धरती में गाड़ा, दूसरी सहस्राब्दी में अमेरिका और अफ्रीका को ईसाइयत के अंतर्गत लाए और अब तीसरी सहस्राब्दी में हमको संपूर्ण एशिया को इसके अंतर्गत लाना है। हाँ, अन्यान्य यहाँ के बाकी जो धर्म एवं ईसाई पंथ हैं, उनके अंदर कुछ आध्यात्मिकता होगी; लेकिन जब तक वे क्राइस्ट की शरण में नहीं आते, तब तक पूर्ण मुक्ति नहीं मिल सकती।' हमारी धरती पर आकर हमारे आतिथ्य का लाभ उठाते हुए, हमारे ही धर्मों को गालियाँ देकर क्या कोई अच्छा किया?

मतांतरण क्यों?

यह जो ईसाई पंथ का प्रचार करने के लिए चले हैं, उस ईसाई शिक्षा के अंदर क्या लिखा है? उनको क्या आदेश दिया गया है? उन्होंने कहा कि हम मतांतर तो नहीं करते, लेकिन उन्होंने अफ्रेशिया एवं एशिया के बिशपों के लिए आदेश दिया कि कैथोलिक समाज की दयनीय दशा एवं उसके सदस्यों की दुर्बलता को देखते हुए उन्हें मतांतर करने के लिए भी आगे आने का आह्वान करना है, जिससे एशिया में ईश्वर की निरंतर मिलनेवाली कृपा के वे पात्र बन सकें, यानी स्पष्ट रूप से मतांतर (कन्वर्जन) की बात कही है।

क्या यह आज भी उचित है?

जो ये लोग कहते हैं, वही ईसाइयत में कहा गया है। ईसाइयत कहती है, 'अपने भाई, पुत्र-पुत्री, प्रिय पत्नी, यहाँ तक कि अंतरंग मित्र भी किसी दूसरे देवता की पूजा करने को तुमसे कहता है तो उसको मार डालो और उसको मार डालने में सबसे पहले तुम्हारा ही हाथ उठना चाहिए। यह चारों तरफ झूठे देवता फैले हुए हैं। तुम्हारे आस-पास भी हैं, तुमसे दूर भी हैं, जो धरती के एक कोने से लेकर दूसरे कोने तक हैं। इन सारे लोगों को समाप्त करके एक ही ईश्वर की प्रतिष्ठा स्थापित करने की आवश्यकता है। कोई पुरुष या स्त्री किसी अन्य प्रकार के देवता की पूजा करता है; जैसे सूर्य, चंद्र आदि जिनकी सिफारिश 'बाइबिल' में नहीं की गई है तो उसे पत्थर मार-मार के मार डालो।' यह जिस बाइबिल में कहा गया है, उस बाइबिल का प्रचार करनेवाले, उस बाइबिल के पंथ का प्रचार करनेवाले अन्य दूसरी चीज क्या चाहेंगे?

इसलिए पोप को दोष देने से क्या लाभ? उनका सारा-का-सारा इतिहास रक्तरंजित रहा है और पिछले 12 मार्च को इन्हीं पोप महोदय ने उन सारे अत्याचारों के लिए माफी माँगी है। उन अत्याचारों का वर्णन अगर करेंगे तो रोंगटे खड़े हो जाएँगे। इनसान को दो हिस्सों में बाँटकर एक हिस्से को नष्ट कर देना या उसे आत्मसात् करने का यह जो उनका रास्ता है, वह आज भी हिंदुस्थान में अपनाया जा रहा है।

दूसरी ओर, कुछ अनिष्टवादी विचारधाराएँ ईश्वर को नहीं मानतीं। कम्युनिज्म है, कैपिटॅलिज्म है, ईश्वर को नहीं मानते; लेकिन वे भी समाज को दो हिस्सों में बाँटते हैं।

बुर्जुआ कौन?

जैसे कम्युनिज्म ने समाज को दो हिस्सों में बाँटा—एक सर्वहारा और एक बुर्जुआ। सर्वहारा या बुर्जुआ कौन होगा, इसका कोई नियम नहीं है। मजदूर सर्वहारा है, यह तो मान लिया; लेकिन बुर्जुआ कौन है? पहले कहा कि जो राजा है, राजसत्ता में बैठे हैं, वे बुर्जुआ हैं। बाद में कहा कि बड़े जमींदार जो हैं, वे बुर्जुआ हैं। फिर कहा कि छोटे

जमींदार बुर्जुआ हैं। फिर कहा—बड़े किसान बुर्जुआ हैं और अंत में छोटा किसान, जिसके पास न कोई हल, बैल, बक्खर, जमीन थी, उसको भी बुर्जुआ घोषित करके उसको समाप्त किया और जब प्रतिरोध हुआ तो उसको दबा दिया।

10 करोड़ लोगों की बलि लेकर कम्युनिज्म स्वयं समाप्त हो गया। रूस में तो कम्युनिज्म है नहीं, चीन में भी नाम मात्र को है; लेकिन सारी व्यवस्थाएँ कैपिटलिज्म की हैं। हिंदुस्थान में एक-दो प्रांतों के अंदर वे कहीं पर हैं। दुनिया में कम्युनिज्म मर गया, लेकिन यहाँ पर उसकी पूँछ है। जैसे किसी छिपकली का मुँह कुचल दो, उसका सिर कुचल दो तो उसकी पूँछ हिलती रहती है। इसी प्रकार साम्यवाद की पूँछ यहाँ हिल रही है।

पूँजीवाद मानव-विरोधी

कैपिटलिज्म का भी सिद्धांत मानव-विरोधी है। उन्होंने कहा कि कभी किसी का भला मत करो। एडम स्मिथ कहता है, 'कभी किसी की भलाई मत करो और अगर भला करना ही है तो उसमें अगर कोई स्वार्थ-लोभ-लालच सिद्ध हो रहा है तो ही अपना भला मानकर चलो!' यही किंग्ज कहता है। उनके कहने का तात्पर्य इतना ही है कि इस तरह से मनुष्य को स्वार्थ पर आधारित दो हिस्सों में बाँटिए। वे कहते हैं कि एक सक्षम है और दूसरा अक्षम है। दुनिया में केवल सक्षमों को ही रहने का अधिकार है, अक्षमवालों को रहने का बिल्कुल अधिकार नहीं है और इसलिए अक्षम अगर नष्ट हो जाते हैं तो हो जाने दो। कॉम्पटिशन होने दो। कॉम्पटिशन में कोई नष्ट हो गया, पिछड़ गया तो जाने दो। उसकी चिंता करने की जरूरत नहीं है। जो आगे आएगा, वह बाजी मारेगा, तो इस प्रकार से कैपिटलिज्म भी चलता है और आज यह कैपिटलिज्म सारी दुनिया पर हावी होने का प्रयत्न कर रहा है।

इतना ही नहीं, इस कैपिटलिज्म में यह जो सारी सृष्टि है, सारे देवी-देवताओं को तो मानते ही नहीं हैं। ये सब जड़ वस्तु हैं और यह सब मनुष्य के उपयोग के लिए हैं, और इस प्रकार उन्होंने जो रचनाएँ बनाई हैं, वे संपूर्ण प्रकृति का विनाश करनेवाली हैं। हम प्रात: स्मरण में कहते हैं, 'पृथ्वी सगंधा सरसाश्च तापः स्पर्शी च वायुर्ज्वलनं च तेजः नभः सशब्दं स्मरं तां सदैव कुर्वन्तु सर्वे मम सुप्रभातम्।' 'क्षिति जल पावक गगन समीरा' ये जो पाँचों तत्त्व हैं, आज सारी जो विकास-प्रक्रिया है, उसमें ये पाँचों के पाँचों प्रदूषित हो रहे हैं।

दुनिया के संसाधनों पर कब्जा

इतना ही नहीं, अपनी समृद्धि के लिए दुनिया भर के साधनों पर अपना कब्जा जमाने की होड़ लगी हुई है। आज दुनिया के जो समृद्ध देश कहलाते हैं, उनकी लोक

संख्या आज 20 प्रतिशत है और वे दुनिया के 80 प्रतिशत साधनों का उपयोग कर रहे हैं और विकासशील देशों में 80 प्रतिशत लोक संख्या है। उनको केवल 20 प्रतिशत संसाधन मिल रहे हैं। समृद्ध देशों को लगता है कि अपनी समृद्धि के स्तर को अगर बनाए रखना है तो हमको ये 80 प्रतिशत संसाधन, जो विकासशील देशों के पास हैं, मिलने चाहिए। तो इसलिए इन संसाधनों पर हम कैसे कब्जा करें, इसीलिए विभिन्न प्रकार की उन्होंने व्यवस्थाएँ बनाई हैं। इंटरनेशनल मोनेटरी फंड, डब्ल्यू.टी.ओ. आदि सब जो उन्होंने बनाई हैं, वे इसीलिए कि अंत में सारा कच्चा माल उन्हें मिलना चाहिए। अमेरिका में दुनिया की 5 प्रतिशत जनसंख्या है, लेकिन 40 प्रतिशत संसाधन का उपयोग अकेला अमेरिका कर रहा है। अमेरिका जैसी समृद्धि अगर हमको प्राप्त करनी है तो वह उस समय हो सकती है, जब दुनिया भर के साधन हमको मिलें। क्या यह संभव है ? पश्चिम का विकास (1) शोषण पर आधारित है, (2) केंद्रीभूत है, (3) नगर-आधारित है, (4) पूँजी-बहुल है, (5) भारी ऊर्जा-भक्षी है, (6) बेकारी बढ़ानेवाला है, (7) प्रकृति-विनाशक है।

इस पर पश्चिम के ही चिंतकों-विचारकों ने उँगलियाँ उठाना शुरू कर दिया है। कई छोटे-छोटे आंदोलन 'ग्रीन पीस' इत्यादि खड़े हो गए हैं। इसके विपरीत जो हमको भारत का विकास पथ खड़ा करना है, वह विकास पथ विकेंद्रित होगा, ग्रामाधारित होगा, अल्प पूँजी पर चलनेवाला होगा, लोगों को रोजगार प्रदान करनेवाला होगा, प्रकृति से सुसंगत होगा। इस प्रकार के पथ का विकास करना है, जो भारतवर्ष कर सकता है; क्योंकि भारतवर्ष का चिंतन उसके अनुरूप है, समग्रता को लेकर चलता है।

सामंजस्यकारी हिंदू चिंतन

व्यक्ति, समाज, प्रकृति और परमात्मा के बीच में एक सामंजस्य का विचार लेकर चलना, यही हिंदू चिंतन है। हिंदू केवल कोई उपासना-पद्धति नहीं है, जैसाकि माना जाता है। हिंदू 'धर्म' है, जो सबको जोड़कर चलता है। व्यक्ति, समाज, प्रकृति और परमात्मा सबको जोड़कर चलनेवाला यह धर्म है। यह ही एक ऐसा 'धर्म' है, दुनिया में कोई दूसरा और धर्म नहीं है। मजहब बहुत से हैं, उपासना-पद्धियाँ बहुत सी हैं, उसकी हमारे यहाँ छूट भी है; लेकिन 'धर्म' एक ही है, जो व्यक्ति, समाज, प्रकृति और परमात्मा के बीच में सामंजस्य स्थापित करते हुए मनुष्य के शरीर, मन, बुद्धि और आत्मा को सुख प्रदान कर सके। इस प्रकार का विचार इस देश के अंदर ही है।

पश्चिम को भारत से भय

और इसलिए पश्चिम में भी वास्तविक चिंता यही है कि हिंदुस्थान शायद अपने नए विकास-साधन स्वयं बनाएगा। आज इस देश में आवश्यक है कि हम अपने एक स्वदेशी विकास-पथ का सृजन करें। एक नई राजनीतिक, सामाजिक, आर्थिक व्यवस्था

का हम सृजन करें और यह सृजन अगर हमको करना है तो सबसे पहले लोगों के अंदर स्वाभिमान का भाव जगाना आवश्यक है। केवल स्वाभिमान का भाव ही नहीं, बल्कि जो आक्रमण हमारे ऊपर हो रहे हैं, सामाजिक आक्रमण हो रहे हैं, धार्मिक आक्रमण हो रहे हैं, सांस्कृतिक आक्रमण हो रहे हैं, आर्थिक आक्रमण हो रहे हैं—इन सारे आक्रमणों के खिलाफ समाज को संगठित होकर खड़ा होना पड़ेगा।

हिंदुत्व क्या है?

आजकल कुछ लोग इस प्रकार का विचार करते हैं, 'अरे, हिंदुत्व बहुत विशाल और व्यापक, सर्वसमावेशक है, सबको लेकर चलनेवाला है। गांधीजी का हिंदुत्व कितना विशाल और व्यापक था। विवेकानंदजी, विश्व हिंदू परिषद्वाले तो फंडामेंटलिस्ट हैं, संकुचित हैं। ये तो हिंदुत्व का समिटाइजेशन कर रहे हैं। समीटक जैसा बना रहे हैं।'

वास्तव में देखा जाए तो केवल हमारी आलोचना करना है, इसलिए भले ही कहिए आप; लेकिन विवेकानंद ने क्या कहा? विवेकानंद ने कहा कि 'अहिंसा बहुत अच्छा तत्त्व है, बुराई का प्रतिकार न करने से भी ऊँचा तत्त्व है। लेकिन हमारे शास्त्र हमको क्या कहते हैं? हमारे शास्त्र कहते हैं कि यदि तुम्हें किसी ने एक थप्पड़ मारा और तुमने दस थप्पड़ लगाकर उसका प्रतिकार नहीं किया तो तुम आदमी नहीं। गुरु हो, ब्राह्मण हो, बालक हो, यदि आततायी बनकर आता है तो उसको बिना विचार किए खत्म करो, यही आदेश हमारे शास्त्र हमको देते हैं।' महात्मा गांधी कहते हैं कि कायरों की अहिंसा नहीं होती। अहिंसा तो तब होती है, जब तुम्हारे पास में शक्ति हो। हिंसा करने की शक्ति अगर पास में है और फिर भी आप हिंसा नहीं करते तो वही अहिंसा होती है।' और गांधीजी का वाक्य प्रसिद्ध है कि 'आम मुसलमान गुंडा है और आम हिंदू कायर है और जब तक दुनिया में कायर रहेंगे तो गुंडे भी रहेंगे।'

हिंदू की बल-संपन्नता का अर्थ?

डॉ. हेडगेवार ने इसीलिए कहा था कि 'हम हिंदू को कायर नहीं रहने देंगे। हिंदू समाज को हम एकत्रित करेंगे, संगठित करेंगे, बल-संपन्न बनाएँगे। लेकिन बल-संपन्न बनने का मतलब यह नहीं कि दूसरों पर अत्याचार करना; क्योंकि हिंदू समाज ने कभी भी मानवता को दो भागों में नहीं बाँटा। हमने ईश्वर एक माना, उसके रूप अनेक माने, लेकिन मानवता हमेशा एक मानी है। मानव के अंदर दो प्रकार की प्रवृत्तियाँ जरूर हैं—आसुरी प्रवृत्ति है और दैवी प्रवृत्ति है। अत: संपूर्ण सृष्टि क्रम को पहचानकर जो उसके अनुसार अपना व्यवहार करता है, उसको 'दैवी प्रवृत्तिवाला' कहते हैं। सारे सृष्टि क्रम को न मानते हुए, इस सारी प्रकृति को उध्वस्त करते हुए केवल अपने स्वार्थ का साधन जो करता है, उनको हमने 'आसुरी प्रवृत्तियाँ' कहा है और आसुरी प्रवृत्तियों से अपनी

रक्षा करना हमारा परम कर्तव्य है।

दैवी प्रवृत्ति मुसलमानों में है, ईसाइयों में है, सब लोगों में है। हिंदुओं में आसुरी प्रवृत्तिवाले लोग भी मिल जाएँगे। आखिर दुर्योधन कौन था, दुःशासन कौन था? आसुरी प्रवृत्तिवाले लोग किसी एक समाज में नहीं होते। जो सत्पुरुष हैं, उन्हीं को हमारे यहाँ सज्जन कहा गया है।

हमसे लोग अपेक्षा करते हैं कि अपनी रक्षा करते हुए भी हिंदुस्थान शायद एक नया विकास-पथ खोज निकालेगा, जो हमको निकालना है। यही हमारे सामने कार्य है।

नया विकास-पथ

अब इस दिशा में वर्तमान गठबंधन सरकार ने स्वदेशी का नारा तो सुझाया है, लेकिन हम एक बात ध्यान में रखें कि सरकार जो चलती है, वह केवल राजनीतिक नेताओं से नहीं चलती। सरकार के अंदर एक बहुत बड़ा वर्ग सरकारी अधिकारियों का भी रहता है। सरकारी अधिकारियों में से कई पश्चिमी सोच से प्रेरित हैं। उनको लगता है कि यह पश्चिमी विकास-पथ ही हमारी समस्याओं का हल कर सकेगा और इसीलिए उनकी सलाह उसी प्रकार की रहती है। अगर उसका हमको सामना करना है तो हमको एक नया विकास-पथ खड़ा करना पड़ेगा।

सरकार के अंदर कई निर्णय ऐसे लोगों के कारण इस प्रकार से हो जाते हैं कि हमको लगता है कि इनकी दिशा कहाँ ले जा रही है? एक उदाहरण बताता हूँ। बीच में एक ऐसा आदेश निकलने के बाद 'स्वदेशी जागरण मंच' को पता लगा कि हिंदुस्थान के अंदर रिटेल ट्रेड बहुराष्ट्रीय कंपनियों को देना चाहिए। उन्होंने वाणिज्य मंत्री से पूछा कि क्या ऐसा कुछ आदेश हुआ है? वे बोले, 'हाँ, जो बहुत बड़े-बड़े महानगर हैं, उनमें हम ऐसा सोच रहे हैं।' तो स्वदेशी मंच के प्रतिनिधि बोले, 'आज बड़े महानगरों में तो आगे छोटे नगरों में आएगा, परसों सारे देश में पहुँच जाएगा; क्योंकि आपने उदारीकरण स्वीकार किया है। उसको आप देश में कहीं रोक नहीं सकते। आज हमारे यहाँ पर जितने भी छोटे-बड़े व्यापारी हैं, सबको खत्म कर देंगे? सब मल्टीनेशनल्स के हाथों में दे देंगे?'

अंत में प्रधानमंत्री के हस्तक्षेप से यह प्रक्रिया बंद की गई तो नीचे के अधिकारी कौन सी सलाह देंगे, इसका भी कोई भरोसा नहीं है।

स्वदेशी विकास-पथ का अर्थ

स्वदेशी विकास-पथ का मतलब स्वदेशी पुराणपंथी नहीं है। हमारे संसाधन, हमारी प्रतिभा, हमारी आवश्यकता और हमारे स्वभाव के अनुरूप हमको अपना विकास करना है। यही स्वदेशी है। साधनों की कमी हमारे पास नहीं है। हमारे पास इतने साधन हैं कि उसका हम ठीक तरह से उपयोग करें तो हमारी आज की अनेक समस्याएँ हल होंगी। एक

छोटा सा उदाहरण बताता हूँ। हमारे यहाँ पर पशुधन है। हमने इसको 'धन' कहा, हमने कहा कि 'गावो लक्ष्मी सदा मूलन।'—गाय में लक्ष्मी का वास है। उनके गोबर में लक्ष्मी है। आज गोबर से गोबर गैस बनाते हैं। हमारे जो अखिल भारतीय सहसेवा प्रमुख हैं, उन्होंने करके दिखाया है कि घरों के अंदर उन्होंने गोबर गैस के प्लांट लगा दिए हैं। गैस प्लांट पर अत्यंत स्वच्छ धुआँ-रहित चूल्हे चल रहे हैं। जिसके घर में दो या तीन मवेशी हैं, 3-4 लोगों का भोजन अच्छी तरह से बन सकता है। बचे हुए गोबर से खाद तैयार हो गई। यवतमाल जिले में पुसद में निरंतर पिछले 50 वर्षों से प्रयत्न कर रहे हैं। उन्होंने कंपोस्ट की जो पद्धति बनाई है, उसके आधार पर 1 किलो गोबर से 25-30 किलो खाद तैयार होती है और वह रासायनिक खाद से सस्ती होती है। इसके अंदर 13-14 तत्त्व होते हैं, जो पौधे के विकास के लिए आवश्यक हैं। ये तत्त्व रासायनिक खाद में नहीं मिलते। रासायनिक खाद में 3-4 तत्त्व रहते हैं। वह 3-4 तत्त्व जमीन को दे देता है और बाकी तत्त्व जमीन से शोषण कर लेता है। जब वे तत्त्व समाप्त हो जाएँ तो उसकी उर्वरा शक्ति कम हो जाती है। फिर रासायनिक खाद डालनी पड़ती है, ज्यादा पानी देना पड़ता है। धीरे-धीरे खेती अनार्थिक हो जाती है। आज अनेक स्थानों पर लोग आत्महत्या कर रहे हैं। उसका प्रमुख कारण है कि वे कर्जे में दब गए और हमारी जमीनें खराब हुईं, सो अलग। लोग कह रहे हैं कि राजस्थान का रेगिस्तान हरियाणा और पंजाब की तरफ बढ़ रहा है।

हम सब्सिडी देते जा रहे हैं। इस बार सरकार ने थोड़ी सब्सिडी कम करने का प्रयत्न किया तो कुछ राजनीतिज्ञों ने हल्ला मचाया कि शासन किसान-विरोधी है। वास्तव में यह कदम किसान-विरोधी नहीं है, बल्कि किसान के हित में है। किसान तो गोबर से खाद बना सकता है। हमारी उर्वरा शक्ति बढ़ेगी। सन् 1952 में हमने गोरक्षा के लिए अभियान चलाया था। वह भावनात्मक आधार पर भी था। गौ हमारे राष्ट्र का मान-बिंदु है, इस नाते से था। किंतु आर्थिक आधार से भी यह सिद्ध हो चुका है कि दूध न देनेवाली एक गाय और काम न करनेवाला एक बैल भी गोबर और गोमूत्र के माध्यम से कंपोस्ट खाद के लिए इतनी सामग्री दे सकता है कि ऐसे प्रत्येक पशु से हमको 40 हजार रुपयों की खाद मिल सकती है।

'किसान संघ' ने इडर में यह काम करके दिखाया है। 250 गाँवों में उन्होंने यह काम किया, खाद तैयार करने की व्यवस्था उन्होंने की। लगभग 1 करोड़ रुपए की आमदनी हुई है। हिंदुस्थान में हमारे पास इतना गोधन है कि हमारी जैविक खाद की आवश्यकता पूरी हो सकती है।

छोटे उद्योगों की जरूरत

उसी प्रकार छोटे-छोटे उद्योग खड़े होते हैं। वर्धा में हमारे संघचालकजी ने खोवे

को ऐसी पद्धति से गरम किया कि उससे चॉकलेट बन गई। ऐसे कृषि-आधारित अनेक उद्योग खड़े किए जा सकते हैं। ये सारी चीजें अगर करनी हैं तो उनका अपना स्वदेशी पथ बनाना पड़ेगा और उसका केंद्र-बिंदु गाय रहेगी, इसको हम पहचानें। आज अखबारों में कुछ इस तरह की खबरें छपती हैं कि 35 लाख टन गोमांस विदेशों में भेजने की व्यवस्था बनाई है। हिंदुस्थान से गोमांस का निर्यात क्यों होता है ? गोमांस का निर्यात होना ही नहीं चाहिए। पूरी तरह से बंद हो जाना चाहिए। और अन्य मांस का भी निर्यात क्यों हो ? हमारे यहाँ पर जो मांसाहारी लोग हैं, उनके लिए आवश्यक मात्रा में हमारे यहाँ पर जितने पशु हैं, उतने ठीक हैं। हम मांस का निर्यात क्यों करें ? यह बुद्ध का देश है, यह महावीर का देश है, यह महात्मा गांधी का देश है, विनोबा भावे का देश है। सरकार को चाहिए कि सबसे पहले मांस निर्यात का निषेध करें। बूचड़खाने बंद करें। अल कबीर जैसे 35-36 बूचड़खाने देश में बनाने की योजना है। क्यों, क्या हम अपने गोधन को इस प्रकार से समाप्त कर दें ?

अनेक चीजें इस प्रकार की हैं कि जिनके माध्यम से हम अपना अलग से स्वदेशी पथ बना सकते हैं। एक स्वदेशी विकास-पथ तैयार हो, इस हेतु प्रयत्न प्रारंभ हो जाएँगे। दो-तीन वर्षों के अंदर इस प्रकार का एक विकास-पथ बनाना होगा। उस दृष्टि से संघ इस दिशा में आगे बढ़ रहा है।

सब प्रकार के आक्रमण रोकने हैं। एक तो सामाजिक आक्रमण रोकने हैं। मतांतर के माध्यम से समाज के ऊपर जो आक्रमण हो रहे हैं, उनको रोकना है। दूसरे देश की सुरक्षा को जो खतरे हैं, इसमें भी हमको ध्यान देना है। तीसरा सांस्कृतिक आक्रमण हो रहा है। उपभोक्तावाद को बढ़ाने के लिए चाहे जिस प्रकार के टी.वी. पर विज्ञापन के माध्यम से लोगों की वासनाओं को भड़काया जा रहा है। पिछले 4-5 सालों में भारतीय युवतियाँ ही 'विश्व सुंदरी' चुनी जा रही हैं। इसके पीछे भी एक षड्यंत्र है कि इनके माध्यम से इनके सौंदर्य का प्रदर्शन करते हुए माल बेचेंगे। बहुराष्ट्रीय कंपनियाँ इसका लाभ उठाएँगी। इस सारे षड्यंत्र को हम समझें।

हम अपना खुद का एक विकास-पथ खड़ा करें, जो केवल हमारे लिए ही नहीं होगा, अनेक विकासशील देशों के लिए भी वह दिशा-निर्देशक होगा।

इस नाते सबसे पहले अपने आपको समझने की ओर बढ़ने की आवश्यकता है—

हम अपने ही को समझें, पहचानें।
आत्म-शक्ति का निश्चय ठाने,
पड़े हुए लूटे शिकार को
सिंह नहीं जाते हैं खाने।
एक हाथ में सृजन दूसरे में

प्रलय लिये चलते हैं।
समा कीर्ति ज्वाला में
जलते, हम अँधियारे में जलते हैं॥
हाथों में वैभव के सपने,
पग में तूफानों की गति हो।
राष्ट्रसिंधु का ज्वार न रुकता,
आए जिस-जिस की हिम्मत हो॥

□

धारा 370 को बनाए रखना एक गलती है, उसे ठीक किया जाना चाहिए

पत्रकार : मेरे साथ हैं आर.एस.एस. के सरसंघचालक कुप्पहल्ली सीतारामय्या सुदर्शन। उनके चाहनेवालों के लिए अपने सख्त और हार्डलाइन के लिए मशहूर के.एस. सुदर्शनजी इसी साल आर.एस.एस. के सबसे ऊँचे पद पर पहुँचे हैं। माना जाता है कि सुदर्शनजी स्वदेशी के कट्टर हिमायती हैं। इस बारे में वे कोई तर्क सुनना पसंद नहीं करते। यह तो रही उनकी अपनी बात। आर.एस.एस. जैसे विशाल संगठन को चलाना, कई बार विवादों में फँसना और उबरना, वह कैसे इन सब बातों से डील कर पाते हैं, यह पता चलेगा उनके साथ एनकाउंटर में।

सरकार से नाराजगी पर आर.एस.एस. सार्वजनिक तौर पर भले ही कुछ टिप्पणी न करता हो, लेकिन यह बात छिपी नहीं है कि कुछ मुद्दों पर आर.एस.एस. ने सरकार की नाक में दम कर रखा है। मैं आपको यह भी बताना चाहता हूँ कि आर.एस.एस. प्रमुख बनने के बाद सुदर्शनजी का यह पहला टी.वी. इंटरव्यू है।

चार महीने पहले राष्ट्रीय स्वयंसेवक संघ के सर्वोच्च पद पर बैठनेवाले के.एस. सुदर्शन उस समय सिर्फ नौ साल के थे, जब उन्होंने पहली बार आर.एस.एस. शाखा में हिस्सा लिया था। एक इंजीनियर से संघ प्रचारक बने सुदर्शन स्वदेशी के कट्टर समर्थक हैं और इसीलिए वे समय-समय पर सरकार को आगाह करते रहते हैं। सरकार के निजीकरण के अभियान को भी वे हद पार करने की इजाजत नहीं देते। हम मानकर चलते हैं कि निजीकरण करना कोई बड़ी बात नहीं है, लेकिन निजीकरण की प्रक्रिया में इसको विदेशी लोगों के हाथ में दे देना हम ठीक नहीं समझते।

राजेंद्र सिंह उर्फ रज्जू भैया से आर.एस.एस. चीफ का चार्ज लेनेवाले सुदर्शन स्वदेशी से लेकर हिंदुत्व तक या फिर देश की सुरक्षा से लेकर अनुशासन तक 'कट्टर अप्रोच' में यकीन करते हैं। उनके आर.एस.एस. चीफ बनते ही यह कहा जाने लगा

कि अब वाजपेयी सरकार की मुश्किलें बढ़ सकती हैं। लेकिन सुदर्शन बिना किसी लाग-लपेट के कहते हैं कि वाजपेयी सरकार की अपनी कुछ मजबूरियाँ हैं और उन्हें ध्यान में रखकर देखना होगा। अलबत्ता वे कश्मीर को लेकर सख्त कदम की अपेक्षा जरूर करते हैं। सुदर्शनजी, कश्मीर के अटलजी के प्रस्ताव पर आपकी क्या राय है?

सुदर्शनजी : कश्मीर की स्वायत्तता का प्रस्ताव अनेक घातक परिणामोंवाला है, क्योंकि अगर कश्मीर को स्वायत्तता दी गई तो इसी प्रकार की माँगें देश के अन्य राज्यों से, विशेषकर पूर्वोत्तर के राज्यों से भी उठ सकती हैं। आपको क्या लगता है, फारूख अब्दुल्ला ने यह प्रश्न क्यों उठाया है? उनके अपने स्वयं के राजनीतिक अस्तित्व को बचाए रखने की बात है, क्योंकि पिछली बार उन्होंने इस मुद्दे पर चुनाव लड़ा। चुनाव में उन्होंने संपूर्ण घाटी में यही भूमिका ली थी कि अगर नेशनल कॉन्फरेंस की सरकार बनेगी तो मैं घाटी को अधिक स्वायत्तता प्राप्त कराऊँगा। अतः घाटी में अपनी पकड़ बनाए रखने के लिए वे इस मामले को सामने लाए हैं।

धारा 370 बनाए रखना गलत

हमारी मान्यता है कि केंद्र सरकार ने आज तक धारा 370 को बनाए रखने की जो गलती की है, उसको ठीक करना चाहिए। धारा 370 को लाया ही इसलिए गया है कि शेख अब्दुल्ला को प्रसन्न किया जाए। डॉ. श्यामा प्रसाद मुखर्जी धारा 370 लाने के पक्ष में नहीं थे और इसलिए जब शेख अब्दुल्ला को नेहरूजी ने डॉ. आंबेडकर से बात करने को कहा तो डॉ. आंबेडकर ने उनको मना किया। बाद में स्वयं नेहरूजी ने आग्रह किया तो बेमन से आंबेडकरजी ने धारा 370 उसमें डाली।

लेकिन चूँकि वे इससे सहमत नहीं थे, संविधान सभा के अंदर उन्होंने इसको गोपालस्वामी आयंगार के द्वारा प्रस्तुत करवाया। उनका कहना था कि अन्य जितने राज्य हैं, उनके साथ जिस प्रकार का व्यवहार है, उसी प्रकार का व्यवहार कश्मीर के साथ भी होगा और हम जानते हैं कि शेख अब्दुल्ला ने अपनी इस स्वायत्तता का दुरुपयोग करके अंत में जम्मू व कश्मीर को भारत से स्वतंत्र कराने की अपनी चाल चली थी और वह उसके निकट भी पहुँच गया था; लेकिन रफी अहमद किदवई के साहस के कारण अंत में शेख अब्दुल्ला को गिरफ्तार कर नेहरूजी ने कोडाईकनाल में बंद रखा। उसके खिलाफ 1,600 पृष्ठों का मामला तैयार किया गया, जिसमें देशद्रोह का आरोप उसके ऊपर था। लेकिन इस मामले में प्रमुख व्यक्ति थी उसकी पत्नी बेगम अब्दुल्ला।

पत्रकार : अगर असेंबली का प्रस्ताव देश के लिए घातक है; तो क्या फारूख अब्दुल्ला सरकार को बरखास्त कर देना चाहिए?

सुदर्शनजी : सरकार को बरख़ास्त करना, न करना, यह तो केंद्र सरकार का काम है; लेकिन प्रश्न उठता है कि आज अगर धारा 370 को समाप्त करने का प्रस्ताव लाते हैं तो निश्चित रूप से वर्तमान कश्मीर सरकार के रहते हुए यह हो नहीं सकता; क्योंकि जम्मू-कश्मीर की वर्तमान सरकार कभी भी इसको पारित नहीं करेगी और इसलिए वहाँ राष्ट्रपति शासन लागू करने के बाद इस धारा 370 को निरस्त कर देना चाहिए!

फारूख अब्दुल्ला कहते हैं कि इस प्रस्ताव की जानकारी सरकार को थी। मैंने पढ़ा कि प्रधानमंत्री ने कहा कि हमारे साथ धोखा किया गया है। यह तो प्रधानमंत्री ही बता सकते हैं कि फारूख अब्दुल्ला से उनकी क्या बातचीत हुई है?

पत्रकार : फारूख अब्दुल्ला ने यह भी कहा है कि उनके इस प्रस्ताव के बारे में पहले अंबेसडर से बात हो चुकी है?

सुदर्शनजी : इसके बारे में मुझे कोई जानकारी नहीं है। मुख्य बात यह है कि अब्दुल्ला इसके पहले भी, जब वे मुख्यमंत्री नहीं थे, उस समय भी, इस प्रकार की बातें कर चुके हैं। पूरी आजादी की बातें भी वे कर चुके हैं और इसीलिए उनकी बात पर भरोसा रखना कभी भी ठीक नहीं है।

कश्मीर-विवाद माउंटबेटन की साजिश

पत्रकार : क्या आपको लगता है कि इसमें कोई विदेशी साजिश है?

सुदर्शनजी : कश्मीर को लेकर तो विदेशी साजिशें बहुत वर्षों से चल रही हैं। वास्तव में कश्मीर के मामले को उभारने में माउंटबेटन की साजिश थी। स्वयं माउंटबेटन ने यह बात कही है—'मैं नहीं चाहता था कि कश्मीर भारत के साथ रहे। पाकिस्तान मैंने निर्माण किया। यह मैं जानता था कि पूर्वी पाकिस्तान बहुत दिनों तक साथ टिक नहीं सकेगा और पश्चिमी पाकिस्तान मजबूत रहे, इसलिए मेरी यह इच्छा थी कि जम्मू-कश्मीर पाकिस्तान के साथ रहना चाहिए।' उसकी मूल इच्छा यही होने के कारण उसने पं. जवाहरलाल नेहरू को अपने साथ करने का प्रयास किया और उनमें कश्मीरियत की जो एक भावना थी, उसको थोड़ा सा भड़काया। इसलिए जब देश की बाकी के समस्त रियासतों के विलयीकरण का काम सरदार पटेल को सौंपा गया, उस समय नेहरूजी ने कश्मीर के विलयीकरण का विषय अपने हाथ में रखा। सरदार पटेल ने तो अपना काम सरलता से पूरा कर लिया। 629 रियासतों का विलयकरण पूरा कर लिया। जो 2-3 रियासतें गड़बड़ कर रही थीं, उनमें भी उन्होंने योग्य प्रकार की कार्रवाई करके काम पूरा कर लिया, लेकिन नेहरूजी ने जो काम हाथ में लिया, वह अब तक तो हुआ ही नहीं, देश के लिए सिरदर्द भी बना हुआ है।

भाजपा और धारा 370

पत्रकार : सुदर्शनजी, आपने धारा 370 की बात की। भाजपा ने इस धारा को हटाने की बात अपने एजेंडे से निकाल दी है। क्या यह उसकी भूल है?

सुदर्शनजी : जिस समय उन्होंने संयुक्त सरकार बनाई तो उस समय उनके अपने दो-तीन विषय, जो उनकी अपनी विशेषताएँ थीं, उनको पीछे रखना पड़ा; क्योंकि सरकार अगर चलानी है तो सामान्य सहमति लेकर चलानी पड़ेगी। अतः राष्ट्रीय गठबंधन की सरकार की सामान्य सहमति जितने विषयों पर थी, उन्हीं विषयों को उन्होंने सामने रखा, बाकी विषयों को उन्होंने पीछे रखा।

लेकिन इसका यह तो मतलब नहीं कि भाजपा ने अपने जो विषय हैं, वे छोड़ दिए हैं। आज नहीं ले सकते हैं, क्योकि आज वे पूर्ण बहुमत में नहीं हैं; लेकिन भाजपा ने पहले से ही इस बात को ऊपर उठाया है और यह भी कहा कि हम अगर सत्ता में आएँगे तो लद्दाख को केंद्रशासित प्रदेश का दर्जा देंगे। आज संयुक्त मोरचा की जो प्राथमिकताएँ हैं, उनके अंतर्गत उन्होंने इस प्रश्न को पीछे रखा है। लेकिन भाजपा ने इस विषय को छोड़ा है, ऐसा हम नहीं मानते।

मंदिर निर्माण कैसे होगा?

पत्रकार : कश्मीर पर दो राय रखनेवाले सुदर्शन देश भर में क्रिश्चियंस पर हो रहे हमले को आर.एस.एस. के खिलाफ षड्यंत्र मानते हैं। अयोध्या में मंदिर-निर्माण को लेकर हो रही देरी से आर.एस.एस. खफा है, हालाँकि आर.एस.एस.चीफ को पूरा भरोसा है कि मंदिर बनेगा और उसी जगह पर बनेगा। मंदिर के मुद्दे पर भी जो देरी हो रही है, उस देरी को आप कब तक बरदाश्त करेंगे?

सुदर्शनजी : मंदिर-निर्माण तो चला हुआ है, क्योंकि मंदिर वैसे भी एक दिन में निर्माण नहीं हो सकता। मंदिर के पत्थरों की गढ़ाई चल रही है और हम जानते हैं कि बीच में 4-5 दिन लोकसभा इसी कारण बंद रखी कि मंदिर के सारे पत्थर बिल्कुल उसी जगह गढ़े गए हैं, जोकि गलत था। विपक्ष को कोई-न-कोई विषय चाहिए था, इसलिए उसको उठाया।

दूसरी मंजिल तक की भी गढ़ाई की है। इसे और साल-डेढ़ साल लगने वाला है, वह प्रक्रिया तो चल रही है, अब केवल एक बात मात्र है, जिस स्थान पर मंदिर खड़ा होना है, वह स्थान केंद्र सरकार के हाथ में है और उस स्थान को अगर प्राप्त करना है तो केवल तीन ही बातें हो सकती हैं—

पहली बात कि केंद्र सरकार खुद अपने हाथों वह स्थान राम जन्मभूमि न्यास को

सौंप दे। गठबंधन के अंदर बाकी के जितने भी पक्ष हैं, वे इससे आज सहमत नहीं होंगे।

दूसरी बात है एक कानून बनाना। उसमें भी वही समस्या आने वाली है कि किसी प्रकार से गठबंधन के लोग इस प्रक्रिया को लेकर राजी हो गए तो भी आज राज्यसभा में बहुमत न होने के कारण वहाँ पर इसको पारित कराना कठिन है।

एक और तरीका है कि अदालत के माध्यम से इस कार्य को किया जाए। अदालत के अंदर इसके मुकदमे चल रहे हैं। पिछले चालीस-पचास सालों से वे दर्ज किए हुए हैं और अब भी चल रहे हैं। उसमें कोई जल्दी निर्णय होगा, ऐसा लगता नहीं है और आज भी जो मुकदमा चल रहा है, उसको जबरदस्ती ज्यादा लंबा खींचा जा रहा है। उससे कोई जल्दी निर्णय होगा, ऐसा लगता नहीं। साधु-संतों ने जिस तरह से मामले को चलाया हुआ है, उन साधु-संतों के साथ बातचीत करते हुए और मुसलिम समाज के जो नेता हैं, वे हिंदू समाज की भावनाओं का खयाल करते हुए स्वयं अपना अधिकार इस पर से छोड़ दें, तो ही समस्या हल हो सकती है।

अगर मुसलिम समाज समझ जाए

पत्रकार : जो तरीके आपने यहाँ बताए, उनमें सबसे आसान, सबसे अच्छा तरीका कौन सा है?

सुदर्शनजी : अभी तक जो स्थिति है, वह मुसलिम नेतृत्व के साथ बातचीत करके उनको सहमत करना, यही वास्तव में आसान तरीका हो सकता है, और मुसलिम समाज को भी इस पर सोचना चाहिए कि भाई, आखिरकार वहाँ कभी मसजिद वास्तव में थी ही नहीं। प्रारंभ से ही मसजिद बनाने का प्रयत्न जरूर हुआ, किंतु उसकी मीनारें कभी खड़ी नहीं हुईं। जोर-जबरदस्ती से वहाँ पर नमाज पढ़ने का प्रयत्न किया गया, किंतु वर्ष 1934-36 तक नमाज पढ़ते रहे। अब यह तो इसलाम के अंदर लिखा ही हुआ है कि भाई, किसी दूसरे की जमीन पर इस प्रकार से मसजिद बनाकर वहाँ अगर कोई नमाज पढ़ता है तो वह खुदा को कबूल नहीं होती। हजरत महमूद की मौत के समय भी इसी प्रकार की घटना हुई थी। आज सबसे बड़ी समस्या है कि कुछ मौजूदा मुल्लों के हाथ में मुसलिम समाज को खेलना पड़ता है; लेकिन समाज के अंदर जो प्रबुद्ध नेतृत्व है, वह यदि सामने उभरकर इस बात को ठीक ढंग से रखता है तो यह मामला हल हो सकता है; लेकिन देखें, कब?

ईसाइयों पर हमलों का आरोप गलत

पत्रकार : देश भर में क्रिश्चियंस पर हमले हो रहे हैं और कुछ हिंदू संगठनों पर आरोप लगाए जा रहे हैं।

सुदर्शनजी : हिंदू संगठनों पर जो आरोप लगाए जा रहे हैं, वे एक निश्चित उद्देश्य को ध्यान में रखकर लगाए जा रहे हैं। पहली बात है कि संघ इस प्रकार के किन्हीं तरीकों पर विश्वास नहीं करता। हिंसा तो बिल्कुल नहीं करता।

बात ऐसी थी कि जिन क्षेत्रों में आज उनका एकाधिकार है, उन सारे वनवासी क्षेत्रों में या झुग्गी-झोंपड़ियों के अंदर उनको खुला खेल करने को मिलता था; लेकिन जब संघ के स्वयंसेवकों ने विभिन्न संगठनों के माध्यम से उन सारे क्षेत्रों में भी सेवा कार्य करने प्रारंभ किए, विद्यालय प्रारंभ किए तो उनको लगा कि ये अपने लिए सबसे बड़ा खतरा हैं; क्योंकि लोगों को अंदर की वस्तुस्थिति का जब जागरण हुआ तो उन्होंने कहा कि भाई, हम ईसाई नहीं बनेंगे। इतना ही नहीं, जो बन चुके थे, वे भी वापस आने लगे। ईसाई प्रचारकों को तो लगा कि संघ हमारे रास्ते का सबसे बड़ा अड़ंगा है, इसलिए उन्होंने संघ के खिलाफ ये सारी बातें फैलाईं। जितने भी मामले उठाए गए हैं, उनमें से अनेक मामले तो कभी हुए ही नहीं।

सरकार के खिलाफ साजिश

पत्रकार : इन घटनाओं के राजनीतिक दुरुपयोग की बातें समझ में आती हैं, लेकिन घटना के बारे में जब कहा जाता है, आखिर इस साजिश में कौन हो सकता है? विपक्षी पार्टियाँ, मीडिया?

सुदर्शनजी : इसमें मीडिया भी एक भाग है, जिसने इन सारे मामलों को बिना जाँच किए ज्यादा उभारने का प्रयास किया और आवश्यकता से ज्यादा इसका प्रचार किया। हम तो मानकर चलते हैं कि हिंदुस्थान के अंदर जितने भी लोग हैं, उन सब लोगों को इस देश में सुख व शांति से रहने का पूरा अधिकार है। अगर उनके ऊपर किसी भी प्रकार का आक्रमण होता है तो उनको पूरी तरह से सुरक्षा मिलनी चाहिए और जो भी आक्रमणकारी हो, वह किसी भी उपासना-पद्धति को माननेवाला क्यों न हो, उसको कड़ी सजा देनी चाहिए।

लेकिन यहाँ जो हो रहा है, वह जान-बूझकर बदनाम करने का प्रयास हो रहा है। तो इसमें कुछ मीडिया का हाथ है, कुछ बन चुके नेताओं का हाथ है। मुझे ऐसा लगता है कि पोप ने जो यहाँ आकर घोषणा की कि तीसरी सहस्राब्दी में संपूर्ण एशिया को हमको ईसाइयत के अंदर लाना है तो उस उत्साह के कारण इस प्रकार की चीजें हो रही हैं और सारी राष्ट्रवादी शक्तियों के बदनाम करने का षड्यंत्र है। जो अनेक राजनीतिक दल आज राष्ट्रीय गठबंधन के सदस्य हैं, वे उनसे अपना नाता तोड़ लें और यह सरकार गिरे, इस प्रकार की साजिश इसके पीछे है।

पत्रकार : वाजपेयी सरकार की आर्थिक नीतियों पर आर.एस.एस. समय-समय पर सरकार को आगाह करता रहा है। कुछ मुद्दे ऐसे हैं, जहाँ आर.एस.एस. और सरकार की राय मेल नहीं खाती। सुदर्शनजी, क्या केंद्र सरकार के कामकाज के बारे में आप संतुष्ट हैं?

सुदर्शनजी : केंद्र सरकार इस समय तीन प्रकार की बाध्यताओं में काम कर रही है। पहली बाध्यता तो यह है कि पिछली सरकारों ने जिस प्रकार से कुछ निर्णय कर रखे हैं, उन निर्णयों को लेकर इनको आगे चलना पड़ रहा है। दूसरी बात है कि गठबंधन सरकार के अंदर सब लोग सब विषयों पर सहमत नहीं हैं और तीसरा, जो सरकारी कर्मचारी वर्ग है, उसमें से अनेक लोग ऐसे हैं, जो समझकर चलते हैं कि यह जो विदेशी विकास-पद्धति है, वह भारत के लिए ठीक है।

तो ऐसी अवस्था में सरकार के जितने भी निर्णय हो रहे हैं, वे सब देश के हित में हो रहे हैं, ऐसा नहीं है। हम लोगों को इस प्रकार की जितनी भी बातें ध्यान में आती हैं, हम सरकार तक पहुँचाते हैं। जैसे 'स्वदेशी जागरण मंच' के ध्यान में कुछ बातें आईं कि इस देश का जो फुटकर व्यापार है, सरकार उसे बहुराष्ट्रीय कंपनियों के हाथ में देने जा रही है, तो तुरंत संपर्क किया गया। उन्होंने कहा, 'हाँ, जो महानगर हैं, उनके अंदर लाने की बात चल रही है।' तो मंच ने कहा कि आज महानगरों में लाएँगे तो बाकी के देश में भी वे आगे आएँगे। अंत में बात प्रधानमंत्री तक गई और प्रधानमंत्री के कहने पर इस मामले को वापस लिया गया।

अभी 100 प्रतिशत विदेशी पूँजी आने का जो निर्णय सरकार ने किया है, वह निर्णय पूरी तरह से घातक है। 'स्वदेशी जागरण मंच' ने पूरी तरह से कहा है कि यह स्वाधीनता को बेचने जैसी घटना है और आग्रह किया है सरकार से कि सरकार इस पर पुनर्विचार करे और इसे वापस ले ले।

राष्ट्रीय उद्योगों को प्रोत्साहन मिले

पत्रकार : सार्वजनिक क्षेत्र के निजीकरण का जो मामला है, डिसइन्वेस्टमेंट का जो मामला है, उस पर आर.एस.एस. किस तरह से विचार करता है?

सुदर्शनजी : हम मानकर चलते हैं कि निजीकरण करना तो कोई बुरी बात नहीं है, लेकिन निजीकरण की प्रक्रिया में उद्योगों को विदेशियों के हाथ में दे देना हम ठीक नहीं समझते हैं। प्रत्येक देश की सरकार अपने देश की कंपनियों और अपने देश के उद्योगों को प्रोत्साहन देती है। हमारा दुर्भाग्य यह है कि हमारे यहाँ पर और विदेशी कंपनियों का माल सस्ती दर से लाने दिया जा रहा है। उसके ऊपर सब

प्रकार के प्रतिबंध हटाए जा रहे हैं, किंतु हमारे यहाँ के माल के ऊपर सब प्रकार के शुल्क लगाए जा रहे हैं। यह ठीक नहीं है। सरकार को अपने देश के उद्योगों की चिंता करनी चाहिए और राजग की सरकार ने भी राष्ट्रीय उद्योगों को प्रोत्साहन देने की बात कही है। इसलिए जो निर्णय स्वदेशी के खिलाफ हो रहे हैं, वे ठीक नहीं हैं, ऐसा हमारा मानना है। हम सरकार का ध्यान इसकी तरफ आकर्षित करते हैं। अभी-अभी 'स्वदेशी जागरण मंच' की जो बैठक आगरा में हुई, उसमें बड़े सख्त शब्दों में कुछ प्रस्ताव पारित किए गए हैं। उन प्रस्तावों से हम पूरी तरह सहमत हैं।

पत्रकार : सुदर्शनजी, ऐसा लगता है कि आर्थिक मुददे पर सरकार आर.एस.एस. की नहीं सुन रही है।

सुदर्शनजी : आर.एस.एस. की सुन रही है कि नहीं सुन रही है, यह प्रश्न नहीं है। हम तो राष्ट्र-हित को सर्वोपरि मानकर चलते हैं। जो बातें हमको ठीक लगेंगी, उन बातों पर हम सरकार की प्रशंसा करेंगे, जो बातें ठीक नहीं लगेंगी, उनके बारे में अपनी राय स्पष्ट रूप से उन लोगों के सामने रखेंगे।

हम तो मानकर चलते हैं कि इस समय एक अधिष्ठान परिवर्तन केवल भारत में नहीं, सारी दुनिया में चल रहा है। पिछले दो-तीन सौ सालों से जिस प्रकार की आर्थिक नीति चलती आई है, उसके ऊपर विदेश में भी प्रश्नचिह्न खड़े हो रहे हैं और इसलिए वहाँ के विद्वानों ने यह कहना प्रारंभ कर दिया है कि यह जो आर्थिक नीति, जो पश्चिम प्रणीत आर्थिक नीति है, यह किसी भी हाल में लाभदायक नहीं है। इसका विकल्प अवश्य खोजना पड़ेगा।

हम यह मानकर चलते हैं कि सारी चीजें एक दिन में बदली नहीं जातीं। पच्चीस सालों के बाद अपने देश की व्यवस्था अवस्था क्या होनी चाहिए, इसे ध्यान में रखकर हम उसी खयाल से अपनी सारी नीतियाँ निर्धारित कर रहे हैं। राजनीतिक दलों के लिए आनेवाला चुनाव एक निर्णायक तत्त्व होता है और इसमें किसी ने कहा भी है कि हम जरा लंबी बात सोचते हैं। इसलिए ऐसा हो सकता है कि हम जो बातें कह रहे हैं, वह भविष्य को ध्यान में रखते हुए और वर्तमान सरकार बाध्यताओं के बीच में जो निर्णय ले रही है, इन दोनों के बीच में किसी प्रकार का अंतर हो, हमारा काम तो संगठन करने का है।

पत्रकार : जिन नीतियों को आप देश के लिए घातक मानते हैं, क्या उन नीतियों पर सिर्फ आलोचना करना ही काफी है?

सुदर्शनजी : इन आर्थिक नीतियों के ऊपर गहराई के साथ विचार करने हेतु ही 'स्वदेशी जागरण मंच' खड़ा किया गया है, जिसमें ऐसे लोग हैं, जो इस अर्थशास्त्र को

अच्छी तरह समझते हैं, उन सब चीजों पर सर्वांगीण विचार करते हैं और उस आधार पर संपूर्ण देश में जागरण करना—यह 'स्वदेशी जागरण मंच' का कार्य है और उन कार्यक्रमों के आधार पर स्थान-स्थान पर उनको हम सब प्रकार का सहयोग देते हैं।

पत्रकार : ऐसा कहा जाता है कि प्रधानमंत्री वाजपेयी का खुद का अपना एजेंडा है, जिसमें वह आर.एस.एस. की परवाह नहीं करते।

सुदर्शनजी : प्रधानमंत्री ने राष्ट्रीय जनतांत्रिक गठबंधन का जो एजेंडा है, उसे अपना माना हुआ है और इसलिए वह उसके अनुसार चल रहे हैं। वह उससे बँधे हुए भी हैं और जब तक वे सरकार में हैं, कोई दूसरा एजेंडा रख भी नहीं सकते।

लेकिन देश में बहुत सी ऐसी चीजें हैं, जो उस एजेंडे में नहीं हैं। अब एजेंडा में जो स्वदेशी बात कही गई तो हम उससे सहमत हैं, लेकिन जब कोई चीज स्वदेशी के खिलाफ है तो हम सारी बातें सरकार के ध्यान में लाते हैं कि यहाँ यह ठीक नहीं है। सरकार अपनी कुछ चीजों से बँधी हुई है।

हम यह जरूर कहते हैं कि इस प्रकार के सलाहकार जरूर होने चाहिए, जो स्वदेशी अर्थशास्त्र की दृष्टि से विचार करनेवाले हों। ऐसे काफी विद्वान् अपने देश के अंदर हैं। हमारा मानना है कि प्रधानमंत्री को अपने सलाहकार मंडल में इस प्रकार के लोगों को लेना चाहिए, ताकि आर्थिक प्रश्नों पर सब प्रकार के मत सामने आ सकें और सारे मत सामने आकर जो चीज तय हो, उसके अनुसार काम होना चाहिए।

पत्रकार : आपने कहा कि आप 25 साल आगे की बात सोचते हैं और सोचना चाहिए। भाजपा के नेता और देश के प्रधानमंत्री आगे किसकी सोचते हैं, किसके लिए सोचते हैं?

सुदर्शनजी : इसके बारे में हम चिंता नहीं करते। इसके बारे में भाजपा को सोचना चाहिए। भाजपा सोचेगी।

(नहीं, हम देश के प्रधानमंत्री की बात कर रहे हैं।)

प्रधानमंत्री तो कोई-न-कोई बनता ही रहेगा। जिस समय नेहरू थे तो उस समय प्रश्न पैदा हुआ। लेकिन नेहरूजी के बाद लाल बहादुर शास्त्री थे, उनके बाद श्रीमती इंदिराजी आ गईं। इंदिरा गांधी के वक्त में भी कहा गया कि भाई, इनके बाद कौन? लेकिन उनके बाद भी लोग आ गए। ऐसा यहाँ पर नहीं है कि नए और प्रतिभा के लोग नहीं हैं। कोई-न-कोई सामने आएगा ही।

पत्रकार : एक आखिरी सवाल। क्या भाजपा को कल्याण सिंह की वापसी की बातचीत करनी चाहिए?

सुदर्शनजी : कल्याण सिंह को जिस कारण से बाहर किया गया है, मुझे नहीं

लगता कि भाजपा उनको वापस लेगी, क्योंकि उन्होंने जिस प्रकार से केंद्रीय नेतृत्व के ऊपर हमले करना प्रारंभ कर दिया था और जिस प्रकार से उन्होंने निर्णय लेने प्रारंभ कर दिए थे, उसके कारण उनको पार्टी से अलग कर दिया गया था। तो पार्टी के द्वारा मुख्यमंत्री पद पर बैठने के बाद पार्टी की अगर उपेक्षा करके चलेंगे तो कोई भी पार्टी इस अनुशासनहीनता को बरदाश्त नहीं कर सकती और इसलिए मुझे नहीं लगता कि उन्हें वापस लेंगे और हमसे अगर पूछा जाए तो हम अनुशासन माननेवाले लोग हैं। अनुशासनहीनता जो करते हैं, ऐसे लोगों पर कोई पुनर्विचार नहीं होना चाहिए।

पत्रकार : शुक्रिया, धन्यवाद।

□

विदेशों में रह रहे हिंदुओं को हिंदुत्व के आधार पर जोड़ रहा है हिंदू स्वयंसेवक संघ

राष्ट्रीय स्वयंसेवक संघ के सरसंघचालक श्री कुप्.सी. सुदर्शन पिछले दिनों यूरोप, अमेरिका तथा अफ्रीकी देशों के प्रवास पर थे। सरसंघचालक बनने के पश्चात् श्री सुदर्शन की यह पहली विदेश यात्रा थी। इससे पूर्व सरसंघचालक के रूप में श्री रज्जू भैया ने दो बार विदेश प्रवास किया था। श्री सुदर्शन 8 अगस्त से 31 अगस्त, 2000 के मध्य सूरीनाम, गुयाना, त्रिनिदाद, अमेरिका, ब्रिटेन तथा नीदरलैंड्स आदि देशों के प्रवास पर गए। वहाँ उन्होंने उन देशों में चल रहे संघ कार्यों की जानकारी प्राप्त की और स्वयंसेवकों का मार्गदर्शन किया। श्री सुदर्शन का यह प्रवास त्रिनिदाद में आयोजित विश्व हिंदू सम्मेलन, 2000 के निमित्त था। उन्होंने सम्मेलन में मुख्य वक्ता के रूप में सभा को संबोधित किया। श्री सुदर्शन 15 अगस्त को गुयाना में थे। वहाँ उन्होंने स्वतंत्रता दिवस समारोह में भाग लिया तथा उसी दिन रक्षाबंधन होने के कारण वे रक्षाबंधन समारोह में भी सम्मिलित हुए। 15 अगस्त को सायंकाल ही वे गुयाना से त्रिनिदाद आए, जहाँ भारत के स्वतंत्रता दिवस एवं रक्षाबंधन के उपलक्ष्य में स्वयंसेवकों का 'संघ-संगम' आयोजित किया गया था। अमेरिका में हिंदू स्वयंसेवक संघ के राष्ट्रीय दल तथा विभिन्न सहयोगी संगठनों के कार्यकर्ताओं की एक बैठक में श्री सुदर्शन ने भाग लिया। अपने प्रवास के अंतिम चरण में भी सुदर्शन 26 से 29 अगस्त तक इंग्लैंड में रहे।

उल्लेखनीय है कि विश्व के 32 देशों में हिंदू स्वयंसेवक संघ की प्रत्यक्ष शाखाएँ लगती हैं तथा 30 अन्य देशों में अनेक कार्यक्रमों के माध्यम से संघ सक्रिय है। संघ के अतिरिक्त विश्व हिंदू परिषद्, हिंदू स्वयंसेवक संघ, फ्रेंड्स ऑफ इंडिया सोसाइटी (इंटरनेशनल), सेवा इंटरनेशनल तथा भारत विकास परिषद् (इंटरनेशनल) आदि कुछ प्रमुख संगठन हैं, जो विदेशों में बसे हिंदुओं के बीच कार्य कर रहे हैं। यहाँ प्रस्तुत हैं

सरसंघचालक के विदेश यात्रा-वृत्तांत एवं संबोधनों के मुख्य अंश, जो उन्होंने स्वयं तैयार किए हैं।

विश्व हिंदू सम्मेलन, त्रिनिदाद

पिछले माह त्रिनिदाद में 'विश्व हिंदू सम्मेलन, 2000' का भव्य आयोजन किया गया। एक वर्ष पूर्व ही यूरोप में विश्व हिंदू परिषद् के संयोजक श्री ब्रह्मदेव उपाध्याय ने मुझसे इस सम्मेलन में सम्मिलित होने का आग्रह किया था। वहाँ जाने का कार्यक्रम पहले से ही तय था। इसी बीच दायित्व-परिवर्तन हुआ; लेकिन पूर्व निर्धारित कार्यक्रम में कोई परिवर्तन नहीं हुआ। त्रिनिदाद में तो विश्व हिंदू सम्मेलन में शामिल होना ही था, अतः एक बैठक में तय हुआ कि इसके साथ-साथ सूरीनाम, गुयाना, अमेरिका और इंग्लैंड की यात्रा पर भी जाऊँ। सरसंघचालक का दायित्व ग्रहण करने के बाद पहली बार इंग्लैंड जा रहा था, अतः वहाँ कुछ कार्यक्रम भी आयोजित किए गए थे।

एक दिन न्यूजर्सी

बीच में एक दिन न्यूजर्सी में कुछ समय मिल गया। न्यूजर्सी में भी कुछ कार्यक्रम हुए। 'राष्ट्रीय सिख संगत' के संयोजक श्री देवेंद्र सिंह साहनी ने प्रमुख सदस्यों की एक बैठक रखी थी, जिसमें भारत की स्थिति पर चर्चा हुई, साथ ही सिख संगत के उद्देश्यों पर भी चर्चा हुई। जो उन्होंने कहा, वही संघ भी कहता है, और कोई दूसरी बात नहीं थी। हमने उन्हें सारी पृष्ठभूमि समझाई, प्रश्नोत्तर हुए, उनपर चर्चा हुई। कुल मिलाकर बैठक अच्छी रही।

कश्मीर पर चिंता

न्यूजर्सी के प्रमुख कार्यकर्ताओं की भी एक बैठक रखी गई। सामान्यतः भारत के विषय में अनेक प्रकार के प्रश्नोत्तर हुए। कश्मीर-समस्या के बारे में वे ज्यादा चिंतित थे कि कश्मीर में हो क्या रहा है? हाल ही में कश्मीर में अमरनाथ यात्रियों की आतंकवादियों द्वारा हत्या के कारण भी कश्मीर के संबंध में उनकी चिंता अधिक थी। बाद में भी जहाँ-जहाँ बैठकें व चर्चा हुई, वहाँ कश्मीर-समस्या के विषय में प्रश्न पूछे गए। हमारा यही उत्तर था कि जो रोग बिगड़ जाता है, उसे सुधारने में बहुत समय लगता है। सबको पता है कि किस प्रकार से नेहरूजी ने कुछ गलतियाँ कीं, जिसके कारण यह मामला उलझ गया और उसका कोई रास्ता नहीं निकल रहा है।

इसमें अनेक प्रकार की समस्याएँ हैं। उनको सुलझाने के लिए सरकार आज की परिस्थितियों में जो कुछ कर रही है, उसमें सबको साथ लेकर चलना है और इसी प्रकार से हल ढूँढ़ा भी जा रहा है। जम्मू-कश्मीर में काफी लोग मारे गए हैं और मारे जा रहे

हैं, साथ-साथ बड़ी संख्या में आतंकवादी भी मारे जा रहे हैं। लेकिन सुरक्षा बलों को जब कोई ऐसी सफलता मिलती है तो उसकी चर्चा कम होती है। चार लोग मारे जाते हैं तो उसकी चर्चा अधिक होती है। पाकिस्तान अपने सैनिकों की सहायता से कश्मीर में अप्रत्यक्ष गृह युद्ध चला रहा है, निर्दोषों को निशाना बना रहा है। इस अप्रत्यक्ष युद्ध के कारण समस्या कुछ ज्यादा उलझ गई है; लेकिन कुल मिलाकर सरकार भी अपनी दृष्टि से ठीक कार्य कर रही है।

वहाँ एक प्रश्न यह भी उठाया गया कि आतंकवादी गुट व सरकार के बीच वार्त्ता का क्या औचित्य है ? प्रश्न के उत्तर में लोग दो वर्गों में बँटे दिखाई दिए। एक वर्ग ने कहा कि अगर वे बात करना चाहते हैं तो बात करने में क्या हर्ज है ? आखिर पता तो चले कि वे चाहते क्या हैं ? जहाँ तक बात पाकिस्तान को वार्त्ता में शामिल करने की है, तो इसका कोई प्रश्न ही नहीं उठता। यदि आतंकवादी गुट बात करना चाहें तो ठीक है, लेकिन उनमें भी एकता नहीं है। इस प्रकार मैंने उन्हें यहाँ की परिस्थितियों व समस्याओं की पृष्ठभूमि से अवगत कराया। 9 अगस्त को यहाँ कार्यक्रम संपन्न हुआ और 10 अगस्त को मैं मियामी से होते हुए सूरीनाम के पारामारिबो शहर पहुँचा। वहाँ कार्यकर्ताओं से बातचीत हुई। उन्होंने कार्यक्रम भी रखे थे। जानकारी मिली कि वहाँ पर करीब ग्यारह शाखाएँ चल रही हैं। दो शाखाएँ तो कुछ दूर ही स्थित थीं। अत: तीन-तीन शाखाओं के गुट बनाकर दो कार्यक्रम रखे गए थे। शारीरिक व्यायाम-प्रदर्शन के बाद हिंदू स्वयंसेवक संघ की भूमिका पर विचार प्रस्तुत किए गए। अगले दिन ऐसा ही एक कार्यक्रम अपराह्न 12 बजे रखा गया।

गुयाना यात्रा

उसके बाद हम लोग विशेष विमान से गुयाना आ गए। चूँकि सूरीनाम और गुयाना के बीच सीमा को लेकर कुछ विवाद है, इसलिए नियमित उड़ानें वहाँ से नहीं जा रही हैं। पहले तो हमने सोचा था कि मियामी पहुँचकर, फिर वहाँ से गुयाना जाया जाए, किंतु बाद में हमने विशेष विमान से सूरीनाम से गुयाना तक की यात्रा की। उस छोटे से विमान में चार लोगों के बैठने की जगह थी। डॉ. शंकरराव तत्त्ववादीजी पूरे प्रवास में मेरे साथ रहे।

इसी दिन भारत के स्वतंत्रता दिवस के उपलक्ष्य में भारतीय दूतावास ने एक 'संस्कार भारती' का कार्यक्रम रखा था। वहाँ स्थित 'भारत कला केंद्र' के माध्यम से ढाई घंटे के 12 छोटे-छोटे कार्यक्रम प्रस्तुत किए गए, जिसमें 'अभिज्ञानशाकुंतलम्' नाटक की प्रस्तुति, तबला-वादन आदि कार्यक्रम हुए। ढाई घंटे के इस कार्यक्रम के दौरान ऐसा लगा कि हम बाहर किसी देश में नहीं, भारत में ही बैठे हैं।

कार्यकर्ताओं का वर्ग

उसके पश्चात् 13 अगस्त को हम फिर एक छोटे से विशेष विमान से ऐसे स्थान

पर गए, जहाँ कार्यकर्ताओं का एक प्रशिक्षण वर्ग लगा हुआ था। वहाँ संघ कार्य को विशेष रूप से आधार देनेवाले स्वामी अक्षरानंद थे। स्वामी अक्षरानंद वहाँ के निवासी हैं। विश्व हिंदू परिषद् के पहले महामंत्री दादासाहेब आप्टे ने उन्हें और त्रिनिदाद के रवींद्र महाराज को पढ़ने के लिए भारत के बनारस हिंदू विश्वविद्यालय भेजा था। स्वामीजी ने तो यहीं से 'डॉक्टरेट' आदि भी की; लेकिन उसके बाद उन्होंने वहाँ जाकर संन्यास ले लिया। संघ-कार्य के प्रचार-प्रसार में स्वामीजी की बहुत महत्त्वपूर्ण भूमिका रही है। पहले वे अलग आश्रम चलाते थे, विद्यालय भी शुरू किया; किंतु बाद में उन्हें लगा कि हिंदू स्वयंसेवक संघ की हिंदू समाज को संगठित करने की पद्धति ही अच्छी है, तो उन्होंने संघ-कार्य शुरू कर दिया।

सूरीनाम, गुयाना आदि क्षेत्रों में प्रचार कार्य के लिए अपने एक प्रचारक श्री सौमित्र गोखले ने भी महती भूमिका निभाई है। वे मूल रूप से पुणे से हैं। हिंदू सेविका समिति की अलका इनामदार भी वहाँ पर है। वर्ग में कुल 108 कार्यकर्ता थे, जिनमें 72 स्वयंसेवक तथा बाकी सेविकाएँ थीं। स्थान तो एक ही था, किंतु दोनों के कार्यक्रम अलग-अलग रखे थे। मैं उस वर्ग के समापन समारोह में सम्मिलित होने गया था। यहाँ पर शाखाएँ साप्ताहिक हैं। अभी दैनिक कुछ भी शुरू नहीं किया गया है। सूरीनाम में एक बात और देखने में आई कि वहाँ बाली द्वीप के हिंदू रहते हैं। सूरीनाम में प्रचारक हैं श्री रामानुज रामअवतार सिंह। वहाँ पर दस-ग्यारह शाखाएँ चल रही हैं।

15 अगस्त को रक्षाबंधन पर्व भी था, लेकिन वहाँ लोग यह पर्व बहुत जोर-शोर से मनाते हुए नहीं दिखे। जो भारतीय इतने दिनों से वहाँ पर बसे हुए हैं, वे ही रक्षाबंधन पर्व मनाते हैं; लेकिन उनमें जैसे-जैसे हिंदुत्व का जागरण हो रहा है, वैसे-वैसे ये सारी चीजें उनके जीवन से जुड़ती जा रही हैं।

गुयाना में कार्यकर्ताओं की बैठकों सहित अनेक अन्य कार्यक्रम हुए और फिर गुयाना के कुछ लोगों से भी मिलना-जुलना हुआ। मैंने वहाँ पूछा कि क्या वहाँ के राष्ट्रपतिजी से मिलना संभव है ? उन्होंने कहा कि राष्ट्रपति मार्क्सवादी हैं और वे हिंदुस्थान के साथ संबंध जोड़ने के भी इच्छुक नहीं हैं। स्वयं को हिंदू कहने में भी उन्हें हिचक होती है और किसी को समय भी बहुत कम देते हैं, इसलिए उनसे समय नहीं मिला। लेकिन उनकी पत्नी हिंदुत्व-समर्थक हैं। 15 अगस्त की सुबह भारतीय दूतावास में जो कार्यक्रम हुआ, उसमें वे शामिल हुईं। वहाँ हमने उन्हें नटराज की एक छोटी सी प्रतिमा भेंट की। फिर वहाँ पहले मैंने एक छोटा सा भाषण दिया—रक्षाबंधन और भारतीय स्वतंत्रता संग्राम, दोनों पर। भारत के राष्ट्रपति का भाषण भी वहाँ पढ़ा गया।

त्रिनिदाद में स्वतंत्रता दिवस था

इसके तुरंत बाद हम त्रिनिदाद चले गए। 15 अगस्त की शाम वहाँ स्वतंत्रता दिवस के उपलक्ष्य में भारतीय दूतावास की तरफ से कार्यक्रम था। वहाँ पर भी महात्मा गांधी कला केंद्र है। कला केंद्र में त्रिनिदाद के स्थानीय लोगों का एक कार्यक्रम प्रस्तुत किया गया। वह कार्यक्रम लगभग दो-ढाई घंटे चला। बहुत ही उत्कृष्ट कार्यक्रम था। इसके पश्चात् 16 अगस्त को एक अन्य कार्यक्रम हुआ—'संघ-संगम'। कार्यक्रम में त्रिनिदाद की 18 शाखाओं के 107 स्वयंसेवक आए थे। स्थानीय जनता भी उपस्थित थी और बड़ी संख्या में भारतीय इस कार्यक्रम में सम्मिलित हुए।

विश्व हिंदू सम्मेलन

17 अगस्त को 'विश्व हिंदू सम्मेलन, 2000' शुरू हुआ। इसका आयोजन 'विश्व हिंदू परिषद्' द्वारा किया गया था। उद्घाटन कार्यक्रम का संचालन किया श्री सत्यनारायण महाराज ने, जिन्होंने वहाँ पर कई विद्यालय शुरू किए हैं। उद्घाटन कार्यक्रम में गणेश वंदना, सरस्वती वंदना तथा बालिकाओं द्वारा नृत्य व स्वागत गान इत्यादि प्रस्तुत किए गए। इसके पश्चात् वहाँ के प्रधानमंत्री श्री वासुदेव पांडे ने कार्यक्रम के विधिवत् उद्घाटन की घोषणा की और संक्षिप्त भाषण भी दिया। इससे सात दिन पूर्व वहाँ कुछ स्थानों पर पूजा के कार्यक्रम हुए थे। ऐसे ही एक पूजा के कार्यक्रम में श्री पांडे गए थे, जहाँ लगभग 40 हजार लोग उपस्थित थे। वहाँ उन्होंने 'हनुमान-चालीसा' का सस्वर पाठ किया था, जिसकी वीडियो फिल्म भी बनाई गई थी। उद्घाटन कार्यक्रम में श्री पांडे के भाषण के बाद मंच पर ही एक परदा लगाकर 'हनुमान-चालीसा' की वीडियो रिकॉर्डिंग का प्रदर्शन किया गया। इस प्रकार 'विश्व हिंदू सम्मेलन, 2000' का उद्घाटन समारोह संपन्न हुआ।

आत्मनो मोक्षार्थम्

दूसरे दिन से विभिन्न सभाएँ आयोजित की गईं। इन सभाओं में चर्चा का मुख्य विषय था—'आत्मनो मोक्षार्थम्'। उस पर मैंने मुख्य भाषण दिया। इसमें पिछले दिनों अफ्रीका से आए हुए प्रतिनिधियों ने भी भाषण दिया। इसमें उन्होंने पिछले दिनों अफ्रीका में हुए डरबन सम्मेलन के विषय में बताया कि वहाँ पर बहुत सी बातें हुईं, बहुत से निष्कर्ष निकाले गए। कार्यक्रम में वहाँ के विदेश मंत्री श्री राल्फ महाराज भी उपस्थित थे।

'सिमट गई धरती' का लोकार्पण

27 अगस्त को पश्चिमी लंदन में आयोजित एक समारोह में सुप्रसिद्ध लेखक व पत्रकार श्री नरेश भारतीय की पुस्तक 'सिमट गई धरती' का लोकार्पण किया। कार्यक्रम में हिंदू स्वयंसेवक संघ, ब्रिटेन के राष्ट्रीय कार्यक्रम में श्री प्रवीण रूपरेलिया भी उपस्थित

थे। लंदनवासी श्री नरेश भारतीय ने औपन्यासिक शैली में लिखी संस्मरणात्मक आत्मकथा 'सिमट गई धरती' में अपने लंबे विदेश प्रवास के प्रथम कालखंड वर्ष 1964-69 के अपने अनुभवों को कलमबद्ध किया है।

पुस्तक के आरंभ में 'आत्मकथ्य ही क्यों' में अपना उद्देश्य स्पष्ट करते हुए लेखक ने लिखा है—'मैंने भारतवासियों के साथ संवाद करने के उद्देश्य से इस पुस्तक की रचना की है। इसमें मैं ही नहीं हूँ, मेरे साथ वे सब हैं, जिनके साथ मैंने अपना विदेश वासी जीवन जिया है।' अपने वैयक्तिक जीवन में उन्होंने स्वयं बहुत कुछ सहते हुए विदेश में भारतीयता के प्रतिष्ठापन में जिस प्रकार सहयोग दिया है, उन सब उपक्रमों और विदेश में रहने के कारण उनके अंतर्मन में उभरी पीड़ा की कहानी है 'सिमट गई धरती'। पुस्तक का प्रकाशन प्रवीण प्रकाशन, महरौली, नई दिल्ली ने किया है।

त्रिनिदाद में हिंदू और ईसाई नाम

वहाँ मैंने एक विचित्र बात देखी कि त्रिनिदाद में हिंदू नामों के साथ ईसाई नाम भी जुड़े हुए हैं। कारण पूछने पर पता चला कि बिना ऐसा किए वहाँ लोगों को नौकरी नहीं मिलती। ऐसी ही स्थिति गुयाना में थी। यहाँ नौकरी करने से पहले जो प्रपत्र भरा जाता है, उसमें एक रिक्त स्थान पर अपना ईसाई नाम भी भरना पड़ता है। मुझे बहुत आश्चर्य हुआ और यह परंपरा अभी भी जारी है। हालाँकि अब यह कुछ कम हो रही है, किंतु प्रपत्र (फॉर्म) में अभी भी ईसाई नाम लिखने के लिए रिक्त स्थान छोड़ा जाता है।

एक बात सब जगह दिखाई दी कि एक तो वहाँ के हिंदुओं में हिंदुत्व के प्रति जागृति आई है और जो मतांतरण हो रहा है, उसके प्रति भी लोग सजग हैं। लोग यह समझने लगे हैं कि मतांतरण को रोका जाना चाहिए। वहाँ जागरूकता इसलिए आवश्यक है, क्योंकि ईसाई व मुसलिम दोनों समुदायों द्वारा वहाँ मतांतरण किया जा रहा है और उसका शिकार केवल हिंदू हो रहे हैं। हिंदू समाज में अब इसे लेकर जागृति आई है और इसीलिए वे चाहते हैं कि मतांतरण पर रोक लगाई जाए।

त्रिनिदाद की स्थानीय सरकारें संयुक्त सरकारें हैं। संयुक्त सरकार का उद्देश्य यही है कि वहाँ की जनता किसी एक संस्कृति में न ढले। उसका कारण यह है कि मात्र 200 वर्ष पूर्व तो वहाँ जीवन शुरू हुआ है। उससे पहले वहाँ कौन रहते थे, इसके बारे में पूरी जानकारी नहीं है। 200 वर्ष पहले 'अमर इंडियंस' लोग रहते थे। उसके बाद अफ्रीकी लाए गए। करीब 150 साल पहले वहाँ भारतीय पहुँचे मजदूरों के रूप में। किंतु धीरे-धीरे उन्होंने कठिन परिश्रम से वहाँ अपना स्थान बनाया और आज स्थिति यह है कि 200 साल पहले आए हुए अफ्रीकी स्वयं को वहाँ का मूल निवासी बताते हैं, जबकि वे भी बाहर के ही हैं। इस प्रकार का विवाद भी चलता रहता है।

अफ्रीका के अंदर उनकी अपनी स्वयं की कोई संस्कृति विकसित नहीं हुई थी। यहाँ आने के बाद ईसाई मिशनरियों की चपेट में आकर वे ईसाई हो गए। 'अमर इंडियंस' जरूर ऐसे हैं, जिनकी अपनी कुछ प्राचीन संस्कृति है। 'रेड इंडियंस' को ही वहाँ 'अमेरिकन इंडियंस' या 'अमर इंडियंस' कहा जाता है। वस्तुतः आज वहाँ की सबसे बड़ी समस्या है कि उन्हें एक राष्ट्रीयता के रूप में कैसे ढाला जाए? हमारे लिए अंग्रेजों ने कहा था कि 'नेशन इन मेकिंग', लेकिन हम तो 'नेशन इन मेकिंग' नहीं थे। हम तो पुराने राष्ट्र थे, क्योंकि त्रिनिदाद सही मायने में 'नेशन इन मेकिंग' है। उन्हें एक संस्कृति विकसित करनी है। आज उन्होंने अपना राष्ट्रगीत तो बना लिया है, जिसे वे लोग अंग्रेजी में गाते हैं, किंतु उन्हें जोड़नेवाला तत्त्व कुछ और है।

दीपावली राष्ट्रीय त्योहार

हिंदुत्व का जागरण होने के पश्चात् वहाँ दीपावली को राष्ट्रीय त्योहार घोषित किया गया है। दीपावली के अवसर पर सात दिनों तक वहाँ उत्सव चलता है, जिसमें सभी लोग भाग लेते हैं। फिर भी, एक संपूर्ण संस्कृति का वहाँ विकास होना बाकी है, जो एक प्रक्रिया में चल रहा है। आज उनके सामने सबसे बड़ी समस्या है—वहाँ रहनेवाले विविध प्रकार के लोगों को एक सांस्कृतिक ढाँचे में जोड़कर सही प्रकार से राष्ट्रीयता का रूप देना, साथ ही श्रद्धा के विभिन्न केंद्र स्थापित करने का प्रयास करना, ताकि उनके आधार पर लोगों को जोड़कर रखा जाए। वहाँ की राजनीति भी इसी आधार पर चल रही है। हिंदुओं का एक गुट है, अन्यों का अलग है। हालाँकि लोगों को साथ लेकर चलने का कुछ प्रयत्न रहता है, फिर भी अभी जातीय आधार पर अधिक जोर है। इसी संबंध में हम वहाँ के प्रधानमंत्री से बात करना चाहते थे। वहाँ जब तक हम प्रधानमंत्री से मिलने पहुँचे, वहाँ की संसद् की बैठक शुरू होने के कारण उन्हें वहाँ जाना पड़ा था।

फिजी में जो कुछ भी हुआ, उसका असर वहाँ भी पड़ा है। अब उन्हें ऐसा लग रहा है कि जो कुछ फिजी में हुआ, वह उनके यहाँ भी हो सकता है। इसलिए वे कुछ ऐसी व्यवस्था चाहते हैं, जिससे फिजी जैसी घटना वहाँ न हो; हालाँकि अमेरिका पड़ोस में है, जो उस तरह का यहाँ कुछ होने नहीं देगा, इसका विश्वास लोगों में है। कुल मिलाकर वहाँ के लोग अब इस प्रकार की समस्या अनुभव करने लगे हैं।

रामचरितमानस और हनुमान चालीसा

लेकिन साथ ही हिंदुत्व का भाव भी जाग्रत् हो रहा है। जो भारतीय वहाँ गए हैं, वे अपने साथ केवल 'रामचरितमानस' व 'हनुमान चालीसा' लेकर गए थे। इतने समय से केवल इन दो ग्रंथों के आधार पर उन्होंने आज तक अपनी अस्मिता को बनाए रखा है। इस जागृति को और अधिक मुखरित करने के लिए हमें प्रयत्न करना चाहिए। इसके

लिए कुछ प्रयास हुए भी हैं। श्री रवींद्र महाराज जब यहाँ से गए तो उन्होंने इस दृष्टि से वहाँ यात्राएँ शुरू कीं। एक बार पूरे त्रिनिदाद की यात्रा की, महादेव का एक मंदिर भी बनवाया तथा वह स्थान भी बनवाया, जहाँ उनके पूर्वज पहली बार ठहरे थे। उस स्थान पर उन पूर्वजों में से किसी एक के द्वारा कुछ ईंटें जोड़कर मंदिर बनाने का प्रयास-प्रयत्न किया गया था। उसी अधूरे कार्य को उन्होंने उस स्थान पर पूर्ण करवाया।

सबसे बड़ी बात है कि वहाँ पर एक हिंदू का घर आसानी से पहचाना जा सकता है, क्योंकि ऐसे घरों में चार-पाँच रंगों के ध्वज लगे रहते हैं—कोई शिव का ध्वज, कोई गणेश का ध्वज इत्यादि। प्रत्येक हिंदू के घर में तुलसी और ऐसे ध्वज जरूर मिलेंगे। तुलसी और ध्वज को उन्होंने एक अभियान के रूप में चलाया, साथ ही यज्ञ आदि भी करवाए गए।

इस प्रकार त्रिनिदाद में लोगों को लगा कि हाँ, अपनी भी कुछ संस्कृति है। इस जागृति को लाने में श्री रवींद्र महाराज का बहुत योगदान है।

स्थानीय समाज में जो नीग्रो हैं, उनका अपना कुछ अधिक स्थायी सांस्कृतिक धरातल नहीं है। उनमें से कुछ ईसाई और कुछ मुसलमान हो गए हैं। जो मुसलिम समाज है, उसको भड़काने का प्रयत्न अन्य देशों द्वारा (जो मुख्यत: ईरान-इराक से हैं) किया गया है; लेकिन आज तक वे लोग 'जहाजी' के नाम से जाने जाते हैं। चूँकि सब लोग एक साथ गए थे, उनमें आपस में कोई इतना बड़ा मतभेद नहीं है; लेकिन अब इसलाम के नाम पर इसे बढ़ाने का प्रयत्न किया जा रहा है। सब अपना-अपना मजहब मानें, यही अधिकांश लोगों का विचार था।

भारत से सहयोग की अपेक्षा

वहाँ हिंदुओं का रहन-सहन अलग है, अन्यों का अलग है। हिंदू सम्मेलन में जो विभिन्न विषय रखे गए, उनमें से एक था कि वहाँ के लोगों को हिंदुस्थान से सहायता मिलनी चाहिए। हिंदुस्थानी मूल के होने के कारण वे हमसे समर्थन व सहायता की अपेक्षा करते हैं। उन्हें ऐसा भी लगा कि फिजी के संबंध में भारत की भूमिका संतोषजनक नहीं थी। भारत को और अधिक प्रभावी भूमिका निभानी चाहिए थी। तब हमने उन्हें स्पष्ट किया कि उस समय फिजी में परिस्थिति ही ऐसी थी कि यदि थोड़ी सी सख्ती से पेश आते तो हो सकता था कि वह और अधिक आक्रामक हो जाता। संभवत: बंधकों को जान से भी हाथ धोना पड़ जाता। इसलिए न्यूजीलैंड व ऑस्ट्रेलिया की सहायता से वहाँ पर हस्तक्षेप करना पड़ा। लेकिन वहाँ के लोगों को यही लगता है कि जितनी चिंता होनी चाहिए थी, उतनी नहीं दिखाई गई।

दूसरी बात कि वे अपनी सांस्कृतिक पहचान बनाए रखना चाहते हैं और इस दिशा में वे भारत से सहयोग की अपेक्षा रखते हैं। कई बार होता यह है कि 'सेकुलरिज्म' के

नारे लगाने के कारण हम इस प्रकार का सहयोग नहीं कर पाते। गुयाना के राजदूत हैं श्री प्रकाश विनय जोशी, जो 'गीता' के बहुत बड़े विद्वान् हैं। वहाँ के दूरदर्शन पर उनके द्वारा 'गीता' के प्रवचन प्रसारित किए जाते हैं। कुछ लोग इसकी आलोचना भी करते हैं कि यह राजदूत होकर प्रवचन क्यों कर रहे हैं?

क्या करें—स्पष्ट निर्देश नहीं

भारत से जानेवालों की यह मानसिकता बन गई है कि उन्हें वहाँ पर करना क्या है, इस विषय में कोई स्पष्ट व सही दिशा-निर्देश नहीं है। सोशलिस्ट पार्टी के श्री परिमल कुमार दास ने भी वहाँ से आने के बाद यही बात दोहराई है। उन्होंने कहा कि फिजी में जो कुछ भी हुआ, वह वस्तुत: जातीय संकट नहीं था, जैसाकि प्रचार किया जा रहा है। उनका कहना था कि अगर वह जातीय संकट होता तो अन्य लोग चुप क्यों बैठते? वास्तव में वहाँ की समस्या थी जमीन। वर्तमान सरकार उस जमीन की लीज बढ़ाना चाहती थी, जिस पर विवाद उठ खड़ा हुआ था।

वास्तव में, फिजी समस्या के पीछे आर्थिक कारण अधिक थे, न कि जातीय कारण; लेकिन साथ ही एक दूसरा सत्य भी है कि हमारा जो भारतीय समाज वहाँ पर है, उसका सामाजिक स्तर पर कोई मंच नहीं है। फिजी में कार्यरत हमारे एक प्रचारक ने बताया कि वे जब फिजी के लोगों के इलाके में पहुँचे तो वे 'इंडियन हैज कम...इंडियन हैज कम...' इस प्रकार स्वागत करने लगे और बताया कि पहली बार कोई भारतीय हमारे मुहल्ले में आया है, तो यह जो दूरी है, उसके कारण भी समस्याएँ होती हैं।

सामाजिक स्तर पर संबंध जरूरी

हालाँकि त्रिनिदाद व गुयाना में भी बाहर से ही लोग आए हुए हैं; किंतु स्थानीय लोग सोचते हैं कि ये लोग तो बाहर से आए हैं और हमसे अधिक धनवान् हो गए हैं, हम ज्यों-के-त्यों रह गए। अत: यहीं से ईर्ष्या उत्पन्न होती है। हमने वहाँ बसे भारतीयों से कहा, 'भाई, सामाजिक स्तर पर सबसे संबंध बनाने की व्यवस्था की जानी चाहिए।' कुछ-न-कुछ तो समानता के सूत्र होंगे ही, जिन्हें ढूँढ़ने का प्रयत्न करना चाहिए; जैसे— नीग्रो लोगों में ईसाई बनने से पूर्व की कुछ ऐसी पूजा-पद्धतियाँ होनी चाहिए और इसी प्रकार समानता के अन्य मुद्दे ढूँढ़े जाने चाहिए। समानता के मुद्दे यदि हम ढूँढ़ सकें तो सभी को एक राष्ट्रीय समाज के साँचे में ढालना संभव हो सकेगा। इस दृष्टि से जो उचित है, वह करना चाहिए।

राजनीति से समस्या

अन्यथा सब बातें केवल राजनीतिक आधार पर देखने से कई समस्याएँ खड़ी होती

हैं। गुयाना में 55 प्रतिशत हिंदू हैं; लेकिन कई लोग पढ़-लिख गए, नौकरियाँ मिलना कम हो गया तो बहुत से हिंदू कनाडा चले गए। कनाडा ने उन्हें आमंत्रित किया। अब गुयाना में केवल 47 प्रतिशत हिंदू हैं और अन्य हैं 44 प्रतिशत। इसलिए कुल मिलाकर थोड़ा ही इधर-उधर हो जाए तो समस्या खड़ी हो जाती है। गुयाना के राष्ट्रपति भी, हिंदुओं की तुलना में, अन्य लोगों के साथ अधिक जुड़ने का प्रयत्न करते हैं। उन्हें लगता है कि हिंदू तो हमारा समर्थन करेंगे ही, वे जाएँगे कहाँ? लेकिन अब इसकी प्रतिक्रिया वहाँ हिंदुओं में हो रही है। उन्हें लग रहा है कि राष्ट्रपति के इस व्यवहार का अर्थ है कि हम केवल बाहर के समझे जाते हैं। हमारा यहाँ कुछ नहीं है। इसलिए अब वहाँ पर इस प्रकार के विरोधी गुट खड़े हो रहे हैं।

जब हम त्रिनिदाद पहुँचे तो वहाँ पर कुछ सेवानिवृत्त न्यायाधीश, कुछ राजनीतिक कार्यकर्ता आदि लोग मिलने आए थे। उन लोगों ने यह कहा था कि हम हिंदुओं का एक अन्य संगठन खड़ा करें। आगामी दिनों में चुनाव भी होने वाले हैं। अत: उनका कहना था कि वे उस संगठन की तरफ से उम्मीदवार खड़े करेंगे और इस प्रकार सरकार बना पाएँगे। उनसे कहा कि जहाँ जीत की उम्मीद है, वहाँ आप अपने उम्मीदवार खड़े करें। कुछ स्थानों पर यदि 'अमर इंडियंस' अधिक हैं; तो वहाँ वे प्रमुख बनेंगे। इसी प्रकार जहाँ हिंदू अधिक हैं, वहाँ हिंदू प्रमुख रहेंगे, जहाँ नीग्रो अधिक हैं, वहाँ नीग्रो प्रमुख रहेंगे। इसके लिए प्रयास भी चल रहे हैं। 'संविधान संरचना' नाम की एक पुनर्समीक्षा समिति भी वहाँ पर बनी है। वहाँ अपनी मातृभूमि के प्रति लगाव और उसके द्वारा आपसी संबंधों का एवं एकात्म संस्कृति का विकास करना मुख्य उद्देश्य है। यह एक लंबी चुनौती है, किंतु इसी से वास्तविक विकास भी होगा।

इंग्लैंड में हिंदू संगम

इंग्लैंड में 'हिंदू संगम' आयोजित किया गया था। वह एक भव्य कार्यक्रम था। इंग्लैंड में एक समस्या देखने में आई। वहाँ पर आजकल अंतरताने (इंटरनेट) पर हिंदुत्व के विरुद्ध बहुत अधिक प्रचार किया जा रहा है।

इसके अंतर्गत हिंदू पुराणों के संदर्भ से अलग हटकर दुष्प्रचार किया जा रहा है। ऐसी बातें छाँट-छाँटकर अंतरताने पर प्रेषित की जा रही हैं। यह सिर्फ यहीं तक सीमित नहीं है। मुसलिम बहुल क्षेत्रों के मुसलिम छात्र ऐसी सामग्री अंतरताने से निकालकर, उसके परचे बनाकर अपने साथ पढ़नेवाले हिंदू छात्रों में बाँटते हुए उनसे कहते हैं कि देखो, तुम्हारे भगवान् ऐसे हैं! हिंदू बच्चे इसका उत्तर नहीं दे पाते हैं। दस-बारह वर्ष के हिंदू लड़के संकोच के कारण रोने लगते हैं और कुछ तो कह देते हैं कि उन्हें हिंदू होने पर शर्म आती है।

हिंदू अध्ययन केंद्र बने

वहाँ एक सज्जन देवनाथ मुखर्जी मुझसे मिलने आए, जिन्होंने बताया कि किस प्रकार गलत चीजों का प्रचार किया जा रहा है। हमने कहा—ऐसी बातों का उत्तर देने के लिए सबको पुराणों, भारतीय संस्कृति आदि का गहन अध्ययन करना चाहिए। एक ऐसा केंद्र अवश्य होना चाहिए, जहाँ इन बातों पर गंभीरता से विचार हो, अनुसंधान हो, ताकि हम इस प्रकार के भ्रामक प्रचार का उत्तर दे सकें। हमने उनसे कहा कि भारत में ऐसी पुस्तकें प्रकाशित हो रही हैं, जिनके अध्ययन से इस प्रकार के प्रश्नों का उत्तर दिया जा सकता है। हमने 'हिंदू स्टूडेंट्स काउंसिल' से भी कहा है कि जिन विद्यालयों में यह दुष्प्रचार हो रहा है, उनका पता लगाएँ, ताकि उनसे आमने-सामने की चर्चा की जा सके और फिर उसका स्पष्टीकरण देते हुए अपनी ओर से भी परचा निकाला जाए।

अमेरिका या इंग्लैंड के हिंदू समाज के बारे में वहाँ के लोगों की धारणा अच्छी है। वे मानते हैं कि भारतीय अनुशासित हैं; अच्छे हैं। परिवार-भावना होने के कारण उनके प्रति एक विशेष प्रकार का आकर्षण है, लेकिन वहाँ मुसलिम आक्रामकता भी है। उनमें भी एक वर्ग ऐसा है, जो सोचता है कि ये लोग हमसे आगे बढ़ रहे हैं। मुसलमानों ने वहाँ पर अपनी एक 'स्वतंत्रता संसद्' बनाई है, हालाँकि उसे मान्यता प्राप्त नहीं है और अब उनमें से कुछ लोगों ने यह माँग करना शुरू कर दिया है कि उन्हें उनके मजहब के अनुसार चार विवाह करने की अनुमति दी जाए। आज तो यह बात नहीं मानी जा रही है; किंतु कुछ चुनाव क्षेत्रों में, जहाँ मुसलिमों का मतदान निर्णायक है, हो सकता है कि कुछ वर्षों में उनकी यह माँग मान भी ली जाए। कुछ चुनाव क्षेत्र ऐसे भी हैं, जहाँ हिंदू मतदाता बड़ी संख्या में हैं। वहाँ के सांसद हिंदुओं की भावनाओं के अनुसार कार्य करते हैं।

हॉलैंड में हिंदू

इसके बाद हम हॉलैंड गए। इस समय वहाँ 11-12 शाखाएँ चल रही हैं। वे सब साप्ताहिक ही हैं। हॉलैंड के कुछ भारतीय सूरीनाम चले गए हैं। जब सूरीनाम स्वतंत्र हुआ तो हॉलैंड ने कहा कि जो लोग वापस आना चाहें, आ सकते हैं। इसलिए बड़ी संख्या में लोग यहाँ आ गए। डच लोगों की विशेषता रही है कि उन्होंने उनकी संस्कृति व भाषा से छेड़छाड़ नहीं की। वे व्यापार में ही व्यस्त रहे। इसलिए हॉलैंडवासी अपनी संस्कृति व भाषा को बचाए रख सके। उनके निजी दूरदर्शन व रेडियो स्टेशन भी हैं। पिछली बार जब मैं वर्ष 1989 में वहाँ गया था तो उस समय जन्माष्टमी के अवसर पर रेडियो स्टेशन पर एक छोटा सा भाषण हुआ था।

वहाँ हिंदू समाज की संख्या लगभग 12,00,000 है। वे किसी-न-किसी धार्मिक संगठन से जुड़े हैं, जैसे स्वामीनारायण संप्रदाय, इस्कॉन आदि। जाति तथा भाषा के

आधार पर भी कुछ संगठन बने हैं; जैसे गुजराती समाज, बँगला समाज, सिंधी समाज इत्यादि। गुजराती वहाँ सबसे अधिक हैं और अच्छा कार्य कर रहे हैं; लेकिन जब अन्य जाति-पंथों का भी इसी प्रकार से प्रतिनिधित्व होगा तो हम कह सकेंगे कि हम संपूर्ण समाज का प्रतिनिधित्व कर रहे हैं।

वहाँ के अखबारों और टी.वी. चैनलों इत्यादि में जब 'भारत में आतंकवाद' जैसे विषय पर समाचार आते हैं तो लोगों में चिंता अवश्य होती है। वे इस विषय में हमसे प्रश्न भी करते हैं और जब हम सारी चीजें स्पष्ट करते हैं, तभी वे सत्य जान पाते हैं। इसके पीछे कारण यह है कि उन्हें सभी प्रकार की खबरों को जानने के लिए अंग्रेजी अखबारों पर ही निर्भर रहना पड़ता है। वहाँ के अखबार हिंदुत्व का समर्थन कैसे करेंगे? लेकिन अब स्थिति बदली है। अब यदि कोई बात गलत छपती है तो लोग उसका प्रतिवाद करने उठ खड़े होते हैं। अभी पिछले दिनों जूते पर एक देवी का चित्र बनाया गया, जिसका भारतीयों द्वारा खुलकर विरोध किया गया और अंततः जूता निर्माता कंपनी को वे तमाम जूते बाजार से वापस लेने पड़े। यदि कोई अन्याय होता है, यदि अपने ऊपर आक्रमण हो तो उसका प्रतिवाद किया जाना ही चाहिए।

मुसलिम आक्रामक, पर हिंदू?

अब धीरे-धीरे उन लोगों के ध्यान में यह बात भी आ रही है कि वहाँ के राजनीतिक क्षेत्र में भी हमारा कुछ प्रभाव होना चाहिए। अभी भारतीय मूल के 5-6 लोग 'लॉर्ड' (सांसद) भी बने हैं, लेकिन उनमें भी केवल एक ही सज्जन हिंदुत्व की बात बलपूर्वक उठाते हैं। किंतु अभी तक वहाँ बसे भारतीयों की मानसिकता ऐसी नहीं बन पाई है कि वे वहाँ की राजनीति में अधिकाधिक भाग लें। दूसरी ओर, मुसलमानों की ओर से उनके प्रतिनिधि मुसलिमों की हर बात जोर-शोर से उठाते हैं।

वहाँ हिंदुओं ने समाज में अपना एक विशेष स्थान बनाया हुआ है। 'हिंदू लंबी दौड़' (हिंदू मैराथन), सेवा इंटरनेशनल जैसे कार्यक्रम आयोजित कर हिंदू समाज ने अन्य वर्गों के साथ संबंधों को एक नई ऊर्जा दी है। 'हिंदू मैराथन' एक बहुत बड़ा आयोजन है, जिसमें हर बार एक विषय लिया जाता है, जिस माध्यम से शेष समाज भी उनके साथ जुड़ता है। वहाँ हिंदू समाज में जागृति आ रही है, जो भारत के साथ जुड़ी हुई है। भारत में जितनी मात्रा में जागृति आएगी, उतनी ही जागृति वहाँ भी आएगी। वहाँ पर प्रश्नोत्तर के कार्यक्रम में अधिकतर यही प्रश्न उठाए गए थे कि भारत ऐसा क्यों नहीं करता, वैसा क्यों नहीं करता?

कहने का तात्पर्य यह है कि हिंदुत्व के उभार की दृष्टि से यह अच्छा है और इस समय जो कार्य किए जा रहे हैं, उनको देखते हुए वे प्रभावी भूमिका निभा सकते हैं।

वहाँ मुझसे लोगों ने पूछा था कि हमारा लक्ष्य क्या हो? मैंने यही विषय रखा था कि हिंदू समाज की सबसे बड़ी समस्या यही है कि उसके सामने कोई लक्ष्य है ही नहीं। मुसलमान के सामने लक्ष्य है—सारी दुनिया को मुसलमान बनाना। ईसाई के सामने लक्ष्य है—सारी दुनिया को ईसाई बनाना। पोप महोदय भारत आकर कह भी गए कि यूरोप और अफ्रीका को तो बना दिया, अब इस पूरे एशिया को ईसाई बनाना है। किंतु हिंदू के सामने कोई लक्ष्य नहीं है।

लक्ष्य-विहीनता मुख्य समस्या

यह लक्ष्य-विहीनता ही मुख्य समस्या है। पहले जब एक सकारात्मक लक्ष्य था विश्व-शांति का, सारी दुनिया में हमने अपना विस्तार किया था। अब कोई लक्ष्य ही नहीं है। वे सब प्रतीक्षा कर रहे हैं कि उनके सामने कोई महान् लक्ष्य हो तो वे एकजुट हों! हमने उनसे कहा कि हमारा लक्ष्य होना चाहिए—'हिंदू धर्म की रक्षा और उसका प्रसार'। किंतु यहाँ धर्म का अर्थ कोई धर्म विशेष या 'रिलीजन' नहीं है। यहाँ हिंदू धर्म का अर्थ है—व्यक्ति, समाज, प्रकृति और परमात्मा के बीच सामंजस्य रखने के लिए स्थापित नियम व व्यवस्थाएँ। हिंदुत्व एक ऐसी व्यवस्था है, जो मनुष्य के सभी प्रश्नों का सही उत्तर देती है। इसी को आधार बनाकर हमें हिंदुत्व का प्रचार-प्रसार करना चाहिए। केवल यही धर्म है, जो सारी समस्याओं को हल कर सकेगा।

विविधता में एकता

वहाँ स्वामीनारायण मंदिर में 'विविधता में एकता' विषय पर मैंने यह कहा, 'विविधता में एकता ही तो हमारी संस्कृति है। हम केवल एकरूपता पर जोर नहीं देते। विविधता को बनाए रखते हुए उसमें से एकरूपता खोजते हैं। दुनिया में एकता लाना हो तो इसी को आधार बनाकर चलना होगा। आज का विज्ञान भी इसी दिशा में आगे आ रहा है। एक नई दृष्टि विज्ञान में प्रकट हो रही है, जो हिंदू चिंतन के निकट है। इस तरह अगली शताब्दी हिंदू की शताब्दी होगी, इस विश्वास के साथ हम लोग आगे बढ़ें। इस हिंदू धर्म का प्रचार-प्रसार हमारा मुख्य लक्ष्य व कार्य होना चाहिए। किसी पंथ या रिलीजन की सीमा में उसे बाँधा नहीं जा सकता।'

संघ का उद्देश्य

हिंदू स्वयंसेवक संघ का एकमात्र उद्देश्य है—हिंदू समाज को सुसंगठित करना, उसे उसके दोषों से मुक्त कर पुनः इतना ऊर्जावान् बनाना कि वह विधि द्वारा इसके कंधों पर डाली गई वैश्विक उत्थान की जिम्मेदारी का वहन करने में समर्थ हो पाए। यह स्पष्ट है कि उद्देश्यहीन समाज उस जहाज की तरह होता है, जिसकी कोई पतवार नहीं होती

और जो दिशाहीन ही रहता है। इसी प्रकार हिंदू समाज भी दिशा का अभाव महसूस कर रहा है। दिशाहीनता की इस स्थिति में हिंदू समाज उन लहरों के थपेड़ों और झंझावातों से त्रस्त है, जो उसे लील लेने को आतुर हैं।

आज के संदर्भ में इस समाज के उद्देश्य की चर्चा करने के पहले आज की परिस्थितियों की समीक्षा करना जारी है। आज विश्व एक बदलाव के दौर से गुजर रहा है। संसार को पिछले तीन सौ वर्षों से जिस पतनोन्मुखता ने जकड़ रखा था, वह धीरे-धीरे समाप्त हो रही है। उसकी जगह अब एक संपूर्णता ने ले ली है। इसकी शुरुआत तो हुई थी वर्तमान सदी के प्रारंभ में, परंतु अब सदी के इस अंतिम दौर में यह प्रक्रिया मूर्त रूप ले चुकी है।

अब देखते हैं कि इस बदलाव की प्रकृति क्या है? उदाहरण के लिए, पश्चिमी परंपरागत विज्ञान के अनुसार पतनोन्मुखवादी सिद्धांत कहता था कि ब्रह्मांड एक यंत्र है, जो छोटे-छोटे हिस्सों से बना है, जिसका हर हिस्सा निर्धारित नियमों के अनुसार कार्य करता है। यदि हम प्रत्येक हिस्से को अलग से विस्तार में जान लें और नियमों की भी जानकारी प्राप्त कर लें तो हम सिद्धहस्त हो सकते हैं। दूसरी ओर, आधुनिक विज्ञान के तहत संपूर्णतावादी मत का कहना है कि विश्व एक यंत्र नहीं है। वह तो एक अलग न किए जा सकनेवाले आपस में जुड़े पदार्थों का मेल है, जहाँ हर पदार्थ में दूसरा पदार्थ समाहित है।

हिंदू विचार की प्रासंगिकता

यही वह बिंदु है, जहाँ हिंदू विचार प्रासंगिक हो जाता है। विज्ञान की नवीनतम आधुनिक खोजें उन्हीं सब बातों की पुनर्स्थापना करती हैं, जो हमारे हिंदू ऋषि-मुनि व दार्शनिक हजारों वर्षों से कहते आए हैं। उनका मत था कि यह पूरा ब्रह्मांड आपस में जुड़ा हुआ है, क्योंकि यह उस एक शाश्वत सत्य का प्रकट रूप है, जिसे 'ब्रह्म' कहा जाता है। इस 'ब्रह्म' की व्याख्या नहीं की जा सकती और न ही उसका कोई विवरण दिया जा सकता है। इसलिए उसे 'वर्णनातीत' कहा गया है। आधुनिक वैज्ञानिकों और हमारे प्राचीन ऋषियों की भाषाओं में एक अद्भुत समानता है।

इसी प्रकार हमारे ऋषियों का मत है कि समय चक्रीय है, सत्य कालातीत है। आकाश ब्रह्मांड के पंच तत्त्वों में से एक है और इसमें बदलाव संभव है।

पश्चिमी परंपरागत विज्ञान के आधार पर विकसित हुई सामाजिक, राजनीतिक, आर्थिक व्यवस्थाओं में प्रकृति के प्रति कोई आदर भाव नहीं दिखाई देता था। मनुष्य की इच्छाओं की पूर्ति के लिए उन व्यवस्थाओं ने प्रकृति का भरपूर शोषण किया। यही कारण था कि साम्यवाद और पूँजीवाद ने, जो भौतिकतावाद के दो पहलू हैं, स्वार्थपरक

और शोषण करनेवाली विचारधाराओं को जन्म दिया। साम्यवाद का दौर खत्म हो चुका है, साम्यवाद का किला ढह चुका है; जबकि पूँजीवाद अगले दशक के बीतने तक ध्वस्त हो चुका होगा।

बाजार नहीं, मनुष्य-केंद्रित व्यवस्था

इसके बाद नई व्यवस्थाएँ उपजेंगी, जहाँ हिंदू विचार को महती भूमिका निभानी होगी। पुरातन व्यवस्थाओं और हिंदू विचारों के नियमों की तुलना करने पर हमें चार मुख्य अंतर दिखाई पड़ते हैं—हिंदू नियम व सिद्धांत शाश्वत सिद्धांत हैं, शाश्वत धर्म, सनातन धर्म। उन्हें हिंदू इसलिए कहते हैं, क्योंकि हिंदुओं ने उनकी खोज की थी। इसी शाश्वत धर्म के आधार पर हमें एक युगधर्म की, एक ऐसे नवीन सामाजिक, राजनीतिक, आर्थिक तंत्र की रचना करनी है, जिसका केंद्र बाजार नहीं, अपितु मनुष्य होगा।

लेकिन हिंदुओं की बात कोई तभी सुनेगा, जब वे आध्यात्मिक रूप से, नैतिक व शारीरिक रूप से सशक्त होंगे। हिंदू स्वयंसेवक संघ इसी उद्देश्य की पूर्ति के लिए कार्यरत है।

□

संघ हिंदू समाज को अजेय और निर्भय बनाने के लिए कटिबद्ध

हम सब लोग अपने दिल्ली प्रांत का विजयादशमी उत्सव मना रहे हैं। विजयादशमी में प्रमुख महत्त्व रहता है शस्त्र-पूजन का। शस्त्र शक्ति का प्रतीक है और शक्ति के बिना इस दुनिया में निर्भयतापूर्वक रहना संभव नहीं है। हमारे जितने भी देवी-देवता हैं, सब शस्त्र-सन्नद्ध हैं। इस बात का यही संकेत है कि हर हिंदू को भी अपनी आत्मरक्षा के लिए शस्त्र-सन्नद्ध अवश्य रहना चाहिए। इसलिए यह परंपरा बनाई गई है कि विजयादशमी के दिन अपने घरों में रखे हुए सारे शस्त्रों की हम पूजा करें।

हिंदू समाज अधिक शांतिप्रिय

दुर्भाग्य से अपना हिंदू समाज अधिक शांतिप्रिय है। उसको ऐसा लगता है कि अगर हम किसी पर आक्रमण नहीं करते तो कोई दूसरा हम पर आक्रमण क्यों करेगा? इसलिए हमें शस्त्र रखने की आवश्यकता ही क्या है? इसका एक बहुत सटीक उदाहरण है। जब अपना देश स्वतंत्र हुआ और पं. जवाहरलाल नेहरू प्रधानमंत्री बने तो स्वाभाविक था कि अपने देश की सेना के तीनों प्रमुख उनके पास जाते। वे गए और कहा कि अपने देश की रक्षा हेतु अगले दस साल के लिए हमें अमुक-अमुक व्यवस्थाएँ करनी पड़ेंगी। सुनकर पंडितजी बोले, 'इसकी क्या जरूरत है? हम किसी पर आक्रमण करनेवाले हैं नहीं, तो कोई हम पर आक्रमण क्यों करेगा? इसलिए सेनाओं को भंग कर दो। अपने यहाँ की जो आंतरिक सुरक्षा व्यवस्था है, उसे हम पुलिस के द्वारा सँभाल लेंगे।' यही एक सामान्य हिंदू की सोच है, जिसका उन्होंने प्रतिनिधित्व किया। लेकिन हम जब जानते हैं कि दुनिया में केवल सज्जन ही नहीं रहते—

'यह न भूलो इस जगत् में
सब नहीं हैं सत मानव।
व्यक्ति भी हैं, राष्ट्र भी हैं
जो प्रकृति से घोर दानव॥'

जब 75 साल पहले राष्ट्रीय स्वयंसेवक संघ की स्थापना हुई, उस समय अपने हिंदू समाज की स्थिति कुछ ऐसी थी कि कोई भी हिंदू समाज पर आक्रमण करता था, और यह दृश्य बना हुआ था कि जब कभी भी कोई आक्रमण होगा तो हिंदू पिटेगा, हिंदू मरेगा, हिंदू लुटेगा। यह एक परंपरा बन गई थी। इसलिए हिंदू यानी दब्बू, हिंदू यानी कायर, हिंदू यानी बड़ा ही शांत रहनेवाला प्राणी। इसका तुम अपमान करो तो यह उसका प्रतिकार नहीं करता, इसको मारो तो चुपचाप मार खाता है; लेकिन इस प्रकार का आत्मविश्वास-शून्य, शक्ति-शून्य समाज इस दुनिया में रह नहीं सकता।

संघ कार्य की नींव रखी

इसलिए संघ के संस्थापक परमपूज्य डॉ. हेडगेवारजी ने जब देखा कि हिंदू समाज पर चारों तरफ से आक्रमण हो रहे हैं और हिंदू समाज इस देश का राष्ट्रीय समाज होते हुए भी चुपचाप सारे अपमान को सहन कर रहा है, सारे आक्रमणों को झेल रहा है, प्रतिकार नहीं करता तो उन्हें लगा कि यह तो ठीक नहीं है। इसलिए उन्होंने प्रतिज्ञा की कि मैं इस हिंदू समाज को बल-संपन्न,सामर्थ्य-संपन्न बनाकर दुनिया के अंदर एक अजेय शक्ति के रूप में खड़ा करूँगा और इसलिए शक्ति-पूजन के दिन विजयादशमी के अवसर पर 75 साल पहले उन्होंने संघ कार्य की नींव रखी।

अमर वट संघ उगाया

जब संघ कार्य का प्रारंभ हुआ, तब वे अकेले थे। उन्होंने सारे हिंदू समाज को संगठित करने का इतना बड़ा संकल्प किया कि लोगों को यह बात पागलपन-सी लगती थी। कहते थे कि डॉ. हेडगेवार ने डॉक्टरी शिक्षा प्राप्त की, लेकिन लगता है कि उनका सिर फिर गया है। अच्छी तरह से अपनी डॉक्टरी की प्रैक्टिस चलाते, पैसे कमाते, आराम का जीवन व्यतीत करते, थोड़ा-बहुत राजनीति इत्यादि में भी भाग लेते; लेकिन कहते हैं कि इस हिंदू समाज को संगठित करूँगा! राजनीति छोड़कर हिंदू समाज के संगठन की असंभव बात यह व्यक्ति क्यों कर रहा है?

लेकिन हम जानते हैं कि वे अकेले थे, लेकिन वह बीज इतना समर्थ था कि उसके अंदर से एक विशाल वटवृक्ष प्रस्फुटित हो गया—

‘थे अकेले आप लेकिन
बीज का था भाव पाया।
बो दिया निज को, अमर वट
संघ भारत में उगाया॥
राष्ट्र ही क्या अखिल जगत्
का आसरा बन जाए।

और उसकी हम टहनियाँ,
पत्तियाँ बन जाएँ॥'

आज हमको दिखाई दे रहा है कि जिस बीज-रूप में अपने आपको डॉक्टर साहब ने उस समय बोया, वह आज विशाल वटवृक्ष बन गया है। उसकी शाखाएँ-प्रशाखाएँ केवल संपूर्ण भारत में ही नहीं, अपितु भारत के बाहर दुनिया के 35-40 देशों में जहाँ-जहाँ हिंदू हैं, वहाँ-वहाँ भी अपने स्वयंसेवक, जो विभिन्न कारणों से विभिन्न स्थानों पर गए, वहाँ पर भी 'हिंदू स्वयंसेवक संघ' के नाम से उन्होंने इसी प्रकार के काम शुरू किए हैं, जिसके परिणामस्वरूप वहाँ भी शाखाएँ चल रही हैं। अमेरिका में भी 60 स्थानों पर शाखाएँ हैं, इंग्लैंड में 70 स्थानों पर, हॉलैंड में 11 स्थानों पर शाखाएँ हैं।

हिंदुओं के लिए सिर्फ हिंदुस्थान

लेकिन बाहर हमारे लोग जितना भी कार्य करें, वहाँ के हिंदुओं की स्थिति तो इस बात पर निर्भर करती है कि हिंदुस्थान में हिंदुओं की स्थिति कैसी है। हिंदुस्थान में हिंदू जितना संगठित, सबल, आत्मविश्वास और स्वाभिमान से परिपूर्ण रहेगा, स्वयं का संरक्षण करने में सक्षम होगा, उतनी ही दुनिया के अन्य हिंदुओं को भी शक्ति प्राप्त होगी; क्योंकि सब लोग हिंदुस्थान की ओर देखते हैं। दुनिया में हिंदुओं के लिए हिंदुस्थान छोड़कर कोई दूसरा देश नहीं है।

एक बार पत्रकार परिषद् में परमपूज्य श्रीगुरुजी से पूछा गया, 'हिंदुस्थान क्या केवल हिंदुओं के लिए है?' हम हिंदू, हिंदू राष्ट्र आदि की बात करते हैं, इसलिए उस पत्रकार ने पूछा कि हिंदुस्थान क्या केवल हिंदुओं के लिए है? गुरुजी ने उत्तर दिया, 'हिंदुओं के लिए केवल हिंदुस्थान ही है। दुनिया में कहीं भी पीड़ित हिंदू होगा, तो वह केवल हिंदुस्थान की तरफ देखेगा। यही एक ऐसा स्थान है, जहाँ उसे आत्मीयता मिल सकती है, अपनापन मिल सकता है। कहीं से भी वह उजड़े तो उसे यहाँ सहारा मिल सकता है। हिंदुओं को ही नहीं, दुनिया के कितने लोगों को हमने शरण दी!'

अतः भारत उनके लिए प्रेरणा-भूमि है। भारत जितना सबल व सशक्त होगा, उतनी मात्रा में वे भी गर्व का अनुभव करेंगे। भारत द्वारा अभी हाल में किए गए परमाणु विस्फोट, उपग्रह निर्माण, उपग्रह प्रक्षेपण, क्रायोजेनिक इंजन निर्माण, प्रक्षेपास्त्र निर्माण, परम संगणक बनाने जैसी उपलब्धियों और हमारे वैज्ञानिकों द्वारा सूचना प्रौद्योगिकी (इन्फॉरमेशन टेक्नोलॉजी) में दुनिया के कान खींचना शुरू कर दिए जाने के कारण वहाँ बैठे हिंदुओं को अत्यंत आनंद होता है। वहाँ के स्वयंसेवक भी यही पूछते हैं कि हिंदुस्थान में संघ का कार्य किस प्रकार चल रहा है?

हिंदू : तब और अब

इसलिए भारतवर्ष में हमारे ऊपर इस बात की जिम्मेदारी है कि हम यहाँ के हिंदू

समाज को सशक्त, बल-संपन्न, सामर्थ्य-संपन्न बनाएँ। इस हेतु 75 साल पहले जब कार्य शुरू हुआ था, तब डॉक्टर साहब अकेले थे। उस समय लोग अपने को हिंदू नहीं कहते थे। कहते थे कि 'हमें आप गधा कह लो, पर हिंदू मत कहो।' जबकि आज हमारे यहाँ भी और दुनिया में भी लोग कहते हैं, 'गर्व से कहो, हम हिंदू हैं।'

लेकिन संघ कार्य का बढ़ना, हिंदू समाज का जागना अपने ही देश के कुछ लोगों को पसंद नहीं आता, जो आत्म-निर्वासित, अपने आपसे ही कटे हुए हैं। हमारे यहाँ इस प्रकार के दो वर्ग हैं—एक मार्क्स-वंशियों का और दूसरा मैकाले-वंशियों का। प्रत्येक हिंदू उभार के लिए वे कुछ-न-कुछ विशेषण लगाकर हिंदू समाज का तेजोभंग करने का प्रयास करते रहते हैं। तुम सांप्रदायिक हो, दकियानूसी हो, पुराणपंथी हो, प्रतिक्रियावादी हो, कट्टरपंथी हो, इस प्रकार के विशेषण हमेशा चिपका देंगे और बदनाम करने का प्रयास करेंगे।

लखनऊ के एक मित्र बार-बार मुझसे कहते थे, 'इन्होंने तो हमारे लिए सब प्रकार के दुर्विशेषण तैयार कर लिये हैं। क्या हम भी इनके लिए ऐसा कोई चुभता-सा विशेषण तैयार नहीं कर सकते?' मैंने बहुत सोचा, मैं तो केवल 'मार्क्स-पुत्र' तथा 'मैकाले-पुत्र' तक पहुँचा, लेकिन एक प्रोफेसर हैं, जिन्होंने गांधीजी के साहित्य का गहन अध्ययन किया है और जो लोहिया पंथ के अनुयायी रहे हैं, उन्होंने एक बड़ा शब्द निकाला है—'यूरंडपंथी'। अपने देश के वे लोग, जो हैं तो इस देश के, हैं तो इंडियन, लेकिन जो हमेशा यूरोप के चश्मे से देखते हैं। इनको उन्होंने 'यूरोइंडियन', ऐसे यूरोइंडियन लोगों का पंथ यानी 'यूरंडपंथ' और उस पंथ के अनुयायी 'यूरंडपंथी'।

इन्हें हिंदू उत्थान सहन नहीं होता

इन यूरंडपंथियों को हिंदू समाज का उत्थान फूटी आँखों नहीं सुहाता। संयोग कुछ इस प्रकार का रहा है कि अनुकूल अवसर पाकर अपने यहाँ के अधिकांश विद्वत्-प्रतिष्ठानों, विश्वविद्यालयों तथा संवाद माध्यमों में इन्होंने अपने आपको बहुत ऊँचे स्थान पर प्रतिष्ठित कर लिया है। इन सारे माध्यमों का दुरुपयोग कर प्रत्येक हिंदू उभार को हमेशा गाली देते रहना, ताकि हिंदू समाज पूरी तरह से जैसा दुर्बल बना हुआ है, वैसा ही बना रहे, हमेशा मार खाता रहे, यही इन लोगों को अभिप्रेत है। इसलिए अंग्रेजों ने जो कुछ मिथक देश के लिए प्रचारित किए थे, उन्हीं सारे मिथकों को आज भी ये लोग उसी प्रकार से प्रचारित करते रहते हैं।

गुमराह करनेवाले मिथक

एक मिथक उन्होंने कहा कि संघ का हिंदुत्व इसलाम और ईसाइयत का विरोधी है। वास्तव में संघ किसी का विरोधी नहीं है। परमपूज्य डॉक्टर साहब ने कहा था कि हमारा

संघ का कार्य 'सर्वेषां अविरोधेन' चलता है। हम किसी का विरोध करने नहीं चलते। विरोध की नींव पर इतना बड़ा काम खड़ा नहीं हो सकता। 75 साल तक लगातार हमें दबाने का प्रयत्न होता रहा, फिर भी कार्य बढ़ता चला गया। जिन लोगों ने हमको गालियाँ दीं, वे आज कहीं दिखाई नहीं दे रहे हैं। कार्य तो आंतरिक शक्ति के आधार पर ही बढ़ेगा। यदि हमारा आधार सिर्फ विरोध होता तो हम कभी बढ़ ही नहीं सकते थे। हिंदू किसी का विरोधी नहीं हो सकता। संघ भी किसी का विरोधी नहीं हो सकता।

लेकिन संघ एक सिद्धांत लेकर चलता है—'ना डर देत काहू को, ना भय जानत आप'। हम किसी को डराएँगे नहीं, लेकिन हम किसी का भय भी नहीं मानेंगे। इसलिए हम अपने आपको शक्तिशाली बनाना चाहते हैं। परमपूज्य रज्जू भैया ने कहा था, 'हम न मुसलिम विरोधी हैं, न हम ईसाई विरोधी हैं, हम 'हिंदुत्व-समर्थक' हैं।' हाँ, संघ राष्ट्रहित के खिलाफ काम करनेवालों का विरोधी है, फिर चाहे वह कोई भी हो। वह हिंदू हो, मुसलमान हो, ईसाई हो, पारसी हो, कोई भी हो, अगर राष्ट्र के हित के खिलाफ काम करता है तो संघ उसका विरोध करता है।

संघ भेदभाव नहीं करता

अगर संघ ने सचमुच मात्र विरोध में काम किया होता तो प्राकृतिक आपदाओं के समय जब संघ के स्वयंसेवकों ने सहायता प्रदान की, तब हम शायद उसमें कोई भेद करते कि सहायता केवल हिंदुओं को देनी चाहिए, और किसी को नहीं; किंतु ऐसा नहीं हुआ। हमने सहायता सबको दी।

हरियाणा में चरखी दादरी में जब विमानों की टक्कर हो गई। दोनों विमान विदेशी, अरब देशों के थे और उनमें बैठे हुए सब मुसलमान थे। सबसे पहले संघ के स्वयंसेवक पहुँचे। क्यों, क्या जरूरत थी? लेकिन वे सबसे पहले पहुँचे और 3-4 कि.मी. के घेरे में जो क्षत-विक्षत शरीर पड़े थे, सबको इकट्ठा किया, नाम-पता लगाया। उनके घर के लोगों को सूचना दी। घायलों के ठहरने की, चाय-पानी की, भोजन की व्यवस्था की, शवों को ले जाने के लिए पेटियाँ तैयार कीं। अगर हम विद्वेष रखते होते तो क्या यह करते? लेकिन यूरंडपंथी इन सारी चीजों का निरंतर गलत प्रचार करते रहते हैं। एक बात हमको ध्यान में रखनी चाहिए कि हम अपने आपको ही शक्ति-संपन्न बना रहे हैं। काफी कुछ काम तो हमने किया है। विभिन्न क्षेत्रों में भी काम किया है, लेकिन अभी भी संपूर्ण हिंदू समाज को हम जगा नहीं पाए हैं। उसके लिए इन दिनों हम एक बहुत बड़ा अभियान सारे देश भर में चला रहे हैं। हिंदू समाज के संगठन के काम को हमें और अधिक गति से बढ़ाना है, ताकि चारों तरफ से हो रहे आक्रमणों का प्रतिकार करने में हमारा हिंदू समाज समर्थ हो सके।

चतुर्मुखी आक्रमण

कौन-कौन से आक्रमण हो रहे हैं? चार प्रकार के आक्रमण हैं—राजनीतिक आक्रमण, सामाजिक आक्रमण, आर्थिक आक्रमण एवं सांस्कृतिक आक्रमण। कुछ अभिकरणों के माध्यमों से ये सारे आक्रमण हो रहे हैं।

उसमें एक अभिकरण उन मजहबों-पंथों का है, जो ईश्वर को तो एक मानते हैं, लेकिन मानवता को दो हिस्सों में विभाजित करते हैं—मोमिन और काफिर, क्रिश्चियन और हिदन, और उनका कहना है कि इनमें जो दूसरा है, उसको समाप्त किए बगैर विश्व-शांति स्थापित नहीं हो सकती या ईश्वर का राज्य स्थापित नहीं हो सकता। इसलिए या तो हिदनों को ईसाइयत में और काफिरों को इसलाम में मतांतरित कर लेना है या उनको पूरी तरह से समाप्त करना है।

अभी हाल ही न्यूयार्क में शांति की इच्छा रखनेवाले विभिन्न मत-पंथों के धर्माचार्यों का एक शीर्ष सम्मेलन हुआ। करीब एक हजार धर्माचार्य वहाँ पर इकट्ठे हुए। दुनिया भर में जितने भी भिन्न-भिन्न प्रकार के सभी संप्रदायों के लोग वहाँ पर आए थे, तीन दिन के उस सम्मेलन के अंत में एक प्रस्ताव पर सब लोगों ने हस्ताक्षर किए। उस प्रस्ताव में कहा गया था, 'दुनिया के जितने भी पंथ हैं, उपासना-पद्धतियाँ हैं, सब समान हैं। और मजहब के आधार पर हिंसा फैलाना अत्यंत घृणास्पद काम है।' इस पर उन्होंने हस्ताक्षर किए।

वेटिकन की उलटी बात

लेकिन हस्ताक्षर की स्याही अभी सूख भी नहीं पाई थी कि वेटिकन में कुछ बिशपों की एक समिति ने, जो मजहबी मामलों पर विचार करती है, पोप के अनुमोदन से 36 पृष्ठों का एक प्रतिवेदन प्रकाशित किया। उस प्रतिवेदन में कहा गया है कि 'दुनिया के सब पंथ समान होने की बात हम नहीं मानते। हमारे कैथोलिक पंथ की बराबरी कोई नहीं कर सकता। जितने गैर-ईसाई मजहब हैं, वे मुक्ति के मामले में अपूर्ण हैं, क्योंकि वे ईसा मसीह को ईश्वर का एकमात्र पुत्र नहीं मानते और ईसाइयों के भी अन्य उप-संप्रदायों में बड़े दोष हैं, क्योंकि वे पोप को अपना सर्वोच्च नेता नहीं मानते। इसलिए उन्हें मुक्ति नहीं मिल सकती। मुक्ति तो केवल तब मिलेगी, जब सब लोग कैथोलिक ईसाइयत को स्वीकार करेंगे।'

ऐसे लोगों को, जो दूसरे पंथों का आदर नहीं करते, उनको अपनी बराबरी का नहीं मानते, हिंदुस्थान में काम क्यों करने देना चाहिए? हिंदुस्थान में काम वही करे, जो इस देश की परंपरा अर्थात् 'एकं सद् विप्राः बहुधा वदन्ति' (सत्य एक ही है, उसे लोग केवल भिन्न-भिन्न नामों से पुकारते हैं) को मानता है। इस परंपरा से जो लोग मेल नहीं खाते, ऐसे लोगों को यहाँ क्यों आना चाहिए?

चीन ने नेशनल चर्च बनाया

चीन ने एक बहुत अच्छा काम किया। जितने भी चीन के देशभक्त ईसाई थे, उनका उन्होंने एक अलग चर्च बना दिया और चीन के 'नेशनल चर्च' के रूप में उसे मान्यता दे दी और बाकी सारे विदेशी चर्चों को निकाल बाहर किया। इसलिए जब पोप महोदय ने हांगकांग में जाकर एशिया के लोगों का, बिशपों का सम्मेलन करने की अनुमति माँगी तो चीन ने अनुमति नहीं दी। ताइवान, श्रीलंका ने भी अनुमति नहीं दी। लेकिन भारत ने अपनी उदार परंपरा के अनुसार कहा, 'अच्छा भाई, तुमको धर्मसभा करनी है; तो उसमें हमें क्या आपत्ति है?' लेकिन उसका लाभ उठाकर पोप महोदय ने इस धरती पर आकर दिल्ली में कहा, 'पहली सहस्राब्दी में सारे यूरोप को ईसाई बनाया, दूसरी सहस्राब्दी में अमेरिका और अफ्रीका को ईसाई बनाया, तीसरी सहस्राब्दी में भारत समेत इस सारे एशिया को हमें ईसाई बनाना है।'

ऐसी परिस्थिति में यह आवश्यक हो जाता है कि भारत में 'राष्ट्रभक्त ईसाइयों' के लिए एक ऐसे पृथक् चर्च की स्थापना की जाए, जो विदेशी प्रभाव से पूर्णतः मुक्त हो और उसे एक 'इंडियन नेशनल चर्च' के रूप में मान्यता दी जाए। भारत-भक्त ईसाइयों का एक 'इंडियन नेशनल चर्च' बनाकर शेष जितने भी विदेशी चर्च हैं, उन सबको भगा देना पड़ेगा।

चर्च की आड़ में भारत-द्रोह

उनमें से बैपटिस्ट मिशन पूर्वोत्तर में क्या हुड़दंग मचा रहे हैं, हम सब जानते हैं। हमारे चार कार्यकर्ताओं का आज से 14 माह पहले अपहरण कर लिया गया। अभी तक वे जीवित तो हैं, लेकिन हम उनको छुड़ा नहीं पाए हैं, क्योंकि पास में बँगलादेश लगा होने के कारण कुछ कार्रवाई शुरू होती है तो ईसाई आतंकवादी बँगलादेश भाग जाते हैं। अब वहाँ कोई कार्रवाई करनी है तो वहाँ की सरकार से बोलो। जिस क्षेत्र में उनको ले जाते हैं, वहाँ बँगलादेश सरकार का अनुशासन भी बहुत कम चलता है।

बैपटिस्ट मिशनों का कहना है, 'हम यहाँ पर एक सार्वभौम त्रिपुरा राज्य की स्थापना करेंगे।' इस प्रकार ये हमारे यहाँ की राजनीति में हस्तक्षेप करते हैं। वहाँ के हिंदुओं में जो बँगलाभाषी थे, उन्हें मार-पीटकर वहाँ से भगा दिया। बाकी जितने हिंदू हैं, उनको धमकी दी जाती है—सरस्वती-पूजा नहीं मनाना, दुर्गा-पूजा नहीं मनाना, माथे पर बिंदी नहीं लगाना, हाथों में चूड़ियाँ नहीं पहनना। ऐसी धमकियाँ देकर जोर-जबरदस्ती लोगों पर अपनी बातों को लादने का प्रयत्न आज भी चल रहा है। ऐसे लोगों को यहाँ पर क्यों अनुमति मिलनी चाहिए? सरकार को चाहिए कि इन सबको भारत छोड़ने के लिए कहे और यहाँ के भारतीय ईसाइयों को अलग से मान्यता दे।

हम यह भी जानते हैं कि आज अपने देश में आई.एस.आई. की गतिविधियाँ बढ़

रही हैं। उसके बारे में समाचार-पत्रों में भी काफी कुछ आया हुआ है। जगह-जगह पर बम विस्फोट हो रहे हैं। बम विस्फोट के पीछे क्या है, यह भी हम अच्छी तरह से जानते हैं। उन सारे बम विस्फोटों को ये आई.एस.आई. के लोग करते हैं या उनके एजेंट करते हैं और दोष संघ परिवार पर मढ़ा जाता है। बाद में जब सारी जाँच हुई तो पता लगा कि जितने भी आरोप संघ परिवार पर लगाए गए थे, सब झूठे थे।

यह कैसा जेहाद?

सारे कश्मीर के अंदर क्या चल रहा है, हम जानते हैं। जेहाद का नारा लगाया जा रहा है। लेकिन इस जेहाद में मुसलमानों की रक्षा नहीं हो रही है। अभी हाल में समाचार-पत्र में आया कि जम्मू-कश्मीर के डोडा जिले में आतंकवादी पहुँच गए। पंजाबी-उर्दू बोलते ही उन्होंने कहा कि हम रात को यहाँ रहेंगे, हमारे खाने-पीने की व्यवस्था करो। गाँव के लोगों ने मना कर दिया। मना करने के बाद गाँव के लोगों के साथ मारपीट चालू हो गई। किसी की हत्या की गई, किसी को गला रेतकर खत्म किया गया, किसी को फाँसी पर लटकाया गया और सबसे जघन्य कार्य यह कि लोहे की लाल गरम सलाखों से उनकी आँखों के अंदर दागकर अंधा बनाने का प्रयत्न किया गया। बटोत नाम के अस्पताल में अब्दुल्ला नाम का एक व्यक्ति था। उसने कहा कि शायद इन जेहादियों का जिहाद यही है कि लोगों की आँखों से रोशनी छीन ली जाए! वे सब पीड़ित लोग मुसलमान थे। भारत के मुसलमानों के प्रति जेहादियों के मन में कोई प्रेम नहीं है।

पाकिस्तान गए मुसलमानों की फजीहत

भारत के मुसलमानों को भी हिंदुस्थान छोड़कर कहीं घर नहीं मिलेगा। उत्तर प्रदेश व बिहार से जाकर जो लोग पाकिस्तान में बसे हैं, उन्हें 'मोहाजिर' कहते हैं। उन्होंने हिजरत की कि यहाँ पर जाकर बस गए। हर साल उनपर आक्रमण होता है। गोलियों से भूना जाता है। नमाज पढ़ रहे होते हुए तड़ातड़ गोलियाँ चलीं, बेचारे मर गए। उनका नेता अल्ताफ हुसैन इंग्लैंड में बैठा है। वहाँ पर एक सभागार में एक सभा हुई। उस सभा के अंदर अल्ताफ हुसैन, उसी प्रकार मेंगल से (जो बलूचिस्तान में है) और पश्चिमोत्तर सीमाप्रांत से सारे नेता वहाँ इकट्ठा हुए। वहाँ अल्ताफ हुसैन ने कहा कि 'पाकिस्तान का निर्माण इतिहास की सबसे बड़ी भूल थी।'

किसी ने कहा कि 'आप कोई जिन्नास्थान बनाना चाहते हैं?' तो वे बोले, 'जिन्नास्थान? मतलब क्या है? जिन्ना का ही तो यह सारा तमाशा किया हुआ है। हम तो पाकिस्तान तोड़ना नहीं चाहते, लेकिन पाकिस्तान में अगर हमको न्याय नहीं मिला तो हम पाकिस्तान को तोड़ेंगे; लेकिन उनका नाम जिन्नास्थान नहीं रखेंगे।' अल्ताफ हुसैन ने यह भी कहा, 'अगर हमारी बात नहीं सुनी जाएगी तो भारत के मुसलमानों से कहेंगे कि देखो भाई,

हमने विभाजन किया, हम बड़ी गलती कर गए और इसीलिए हम वहीं पर आप लोगों के साथ रहना चाहते हैं।'

पाकिस्तान नष्ट होगा

यह मौका बहुत अच्छा है कि जब वहाँ के लोगों में इस प्रकार की भावना जाग्रत् हो रही है तो हमारे यहाँ से भी कुछ-न-कुछ पहल होनी चाहिए, ताकि शत्रुवत् खड़ा पाकिस्तान नष्ट हो। वह हमको नष्ट करना चाहता है। वास्तव में पाकिस्तान विद्वेष में से पैदा हुआ है और जब तक यह विद्वेष कायम रहेगा, तब तक पाकिस्तान का अस्तित्व है। जिस दिन विद्वेष समाप्त हो जाएगा, पाकिस्तान नष्ट हो जाएगा।

अपने प्रधानमंत्री ने सद्भावना स्थापित करने के लिए बस-यात्रा की थी लाहौर तक। दोनों देशों की जनता ने बड़ा स्वागत किया; लेकिन वहाँ के हुक्मरानों को यह रास नहीं आया और जिस समय वहाँ पर यात्रा चल रही थी, उसी समय वे कारगिल पर चढ़ाई करने की तैयारी कर रहे थे। हमेशा ध्यान में रखना कि पाकिस्तान सदा-सर्वदा भारत से विद्वेष करता ही रहेगा।

2 अक्तूबर का संदेश

आज 2 अक्तूबर, लाल बहादुर शास्त्री का जन्म-दिवस भी है और गांधी जयंती भी है। लाल बहादुर शास्त्री ने अपनी सादगी से उदाहरण प्रस्तुत किया था कि मंत्री या प्रधानमंत्री होने के बाद भी किस प्रकार सादगी से रहना चाहिए। महात्मा गांधीजी ने तो स्वदेशी का सारा चिंतन हम लोगों को दिया था कि अपने साधनों से सबकुछ करो। आज भी उनका कहना बड़ा सार्थक है। आज उनका अनुकरण करने की आवश्यकता है। आप 25 प्रतिशत खर्च कम कर दीजिए, आप देखेंगे कि जनता के अंदर कैसा परिवर्तन आता है।

राजनेता जब तक सत्ता से बाहर रहते हैं, उनका एक अलग रूप होता है। सत्ता में आने पर वे जिस जनता के लिए काम करने की बात करते हैं, उसी जनता से सुरक्षा के लिए सुरक्षाकर्मी रखते हैं। व्यक्ति उतना ही बड़ा समझ लिया जाता है, जिसके पीछे जितने ज्यादा सुरक्षाकर्मी रहते हैं। दौरे पर जाते हैं तो बीस-बीस कारों का काफिला साथ चलता है। मंत्रीजी की गाड़ी के पीछे उनकी सुरक्षा के लिए चार-पाँच गाड़ियाँ चलती हैं। किसी जिले में जाते हैं तो वहाँ के सारे अधिकारी और कलेक्टर भी आगे-पीछे घूमते हैं। इसकी क्या जरूरत है ? जिस अधिकारी से काम है, उसके अलावा बाकी सारे अधिकारियों को मंत्री के सामने खड़े रहने की क्या जरूरत है ? यह अनावश्यक है और इससे अपव्यय होता है।

सादगी का व्यवहार

पर सादगीपूर्ण व्यवहार केवल राजनेताओं के लिए ही नहीं है, अपने नागरिकों के

लिए भी है। भारत में शादी-विवाह में कितना खर्च करते हैं? एक-एक मंडप बनता है एक-एक, दो-दो लाख का या लाखों का। क्यों? सादगी से करो। आपके पास पैसा ज्यादा है, सामाजिक कार्यों के लिए दो; वनवासी कल्याण आश्रम के लिए दो, कुष्ठ आश्रम के लिए दो, भिन्न-भिन्न प्रकार के सेवा के कार्य चल रहे हैं, उनके लिए दो। केवल कहने से नहीं चलेगा। संघ का तो यह कहना ही है कि हम जो कहते हैं, वह करते हैं। पहले करते हैं, फिर कहते हैं।

प्रबल देशभक्ति चाहिए

प्रबल देशभक्ति के बिना देश प्रगति नहीं करता। जापान ने इतनी प्रगति की है, उसका मूल कारण है कि वहाँ का एक-एक व्यक्ति देशभक्ति की भावना से ओत-प्रोत है। हम सब लोग अपने संघ कार्य का विस्तार कर रहे हैं; लेकिन जिस-जिस गाँव में संघ का कार्य पहुँचा हुआ है, वहाँ पर गाँववालों को साथ लेकर उस गाँव का विकास हम कैसे कर सकते हैं, यह विचार भी हमको जगाना है। गाँव के लोगों में यह विश्वास जगाना है कि हम सब मिलकर काम करेंगे।

इस प्रकार का एक प्रबल आत्मविश्वास जगाकर एक प्रबल, संगठित, सामर्थ्य-संपन्न देशव्यापी शक्ति हमने खड़ी की है। उसके आधार पर हम राष्ट्र का सर्वांगीण विकास करने के लिए सब प्रयत्नशील हैं। हम सब इस कार्य को करने के लिए आगे बढ़ें।

75 साल पहले डॉक्टर साहब अकेले थे—

'कभी एक थे हम हुए आज इतने,
नहीं तब डरे तो भला अब डरेंगे!
विरोधों के सागर में चट्टान हैं हम,
जो टकराएँगे मौत अपनी मरेंगे॥
लिया हाथ में ध्वज कभी न झुकेगा,
कदम बढ़ रहा है कभी न रुकेगा।
न सूरज के सम्मुख अँधेरा टिकेगा,
निडर हैं सभी हम, अमर हैं सभी हम॥
सिर पर हमारे वरदहस्त करता,
गगन में लहरता यह भगवा हमारा।...'

(2 अक्तूबर, 2000 दिल्ली में विजयादशमी उत्सव)

□

जन्मदात्री माँ का दूध वर्ष दो-वर्ष, परंतु गाय का दूध जीवन भर पोषण देता है

हम सबकी चार माताएँ हैं—जन्मदात्री माता, गोमाता, गंगा माता और भारत माता, लेकिन दुर्भाग्यवश हमने उन्हें एक प्रदर्शनीय वस्तु बनाकर बाजारों में ला खड़ा किया है। इसका कारण क्या है? इसका कारण है अंग्रेजों के साथ आई और इस देश पर छाई हुई पाश्चात्य सभ्यता, आचार-विचार तथा पाश्चात्य विकास-पथ का प्रभाव, जो केवल 'अर्थ' और 'काम' पर आधारित है। अंग्रेज ईसाई पंथ को मानते थे, जहाँ आदमी के सिवा अन्य सभी को जड़ वस्तु माना गया है, यहाँ तक कि मातृ-शक्ति यानी 'स्त्री' को भी। इसका आधार है 'बाइबिल' में इस संसार की निर्मिति के बारे में आई कहानी, जिसमें कहा गया है—

'बाइबिल' की शिक्षा

गॉड यानी भगवान् अकेला था और अकेला होने के कारण उसे चैन नहीं आता था। उसे एक साथी की आवश्यकता प्रतीत हुई। उसने अपने ही रूप में 'आदमी' को गढ़ा। उसे बाइबिल में 'एडम' तो कुरान शरीफ में 'आदम' कहा गया है। आदम से भगवान् ने कहा कि स्वर्गलोक में यह जो उद्यान है, इसमें तुम खुशी से सैर कर सकते हो। इसमें लगे फलों का सेवन कर सकते हो, यहाँ की खुशबूदार वायु तथा मीठे फलों का आनंद ले सकते हो। और आदम खुशी से वहाँ रहने लगा।

कुछ दिनों के पश्चात् भगवान् ने आदम से पूछा, 'कहो, कैसा चल रहा है?' आदम ने कहा, 'भगवन्, और सब तो ठीक चल रहा है। यहाँ के फल मीठे हैं, पानी पाचक है और हवा भी अच्छी है; फिर भी मन में पीड़ा है कि मैं यहाँ अकेला हूँ। समय नहीं कटता। मुझे एक साथी चाहिए।' तब भगवान् ने उसकी पसलियों में से एक अंश

निकालकर मंत्र का उच्चारण किया और उसमें से 'ईव्ह' तैयार हो गई, जिसे इसलाम में 'हौवा' कहा। भगवान् ने कहा, 'लो, मैंने तुम्हारे लिए एक साथी तैयार कर दिया। अब तुम दोनों इसमें खुशी से रहो। लेकिन याद रखना कि अन्य सारे वृक्षों के फलों को तो यथेच्छया खा सकते हो, किंतु उन दो वृक्षों के फलों को कभी हाथ न लगाना।'

कुछ दिनों तक ठीक चलता रहा। बाद में वहाँ आया शैतान। उसने हौवा से पूछा, 'कैसा चल रहा है?' तब हौवा ने उत्तर दिया, 'सब ठीक चल रहा है।' पुनः शैतान ने पूछा, 'यहाँ के सब पेड़ों के फल खाए हैं?' तब हौवा ने कहा, 'उन दो वृक्षों को छोड़कर बाकी सबके खाए हैं।' शैतान ने पूछा, 'उन दो वृक्षों के क्यों नहीं खाए?' हौवा का उत्तर था, 'भगवान् ने मना किया है।' शैतान बोला, 'अरे, भगवान् तो तुम्हारी परीक्षा ले रहा है। अगर आप में हिम्मत है तो आप वे फल खा सकते हैं। हिम्मतवाले लोग ही सब प्रकार के सुख पा सकते हैं। कहावत भी है—'हिम्मते मर्दां तो मददे खुदा।' जिस आदमी में हिम्मत है, उसकी ही भगवान् सब प्रकार से सहायता करते हैं।'

अंत में हौवा शैतान के बहकावे में आ गई और उसने उन दो निषिद्ध वृक्षों में से एक वृक्ष का फल तोड़कर उसे चखा। वह फल इतना मीठा था कि उसने आदम को भी चखाया। किंतु वह फल ज्ञान वृक्ष का था। उस फल के खाने के पूर्व तक आदम और हौवा को यह ज्ञान नहीं था कि वे पुरुष व स्त्री हैं और दोनों वस्त्रहीन हैं। शरीर पर लज्जा-रक्षण के लिए कुछ भी नहीं है।

उसी समय भगवान् के आगमन की पग-ध्वनि सुनाई दी तो वे दोनों घबराए और एक पेड़ के पीछे झाड़ी में छुप गए। भगवान् आए तो उनमें से कोई भी दिखाई नहीं पड़ा। भगवान् ने आवाज दी, 'आदम, कहाँ हो? हौवा, कहाँ हो?' कोई उत्तर नहीं आया। दो-तीन बार पुकारा, फिर भी चुप। तब भगवान् ने जोर से कहा, 'तुम लोग चुप क्यों हो, बोलते क्यों नहीं?' तब सहमी सी आवाज आई, 'हम यहाँ झाड़ियों में छिपे हैं। हमें आपके सामने आने में शर्म महसूस होती है।' भगवान् ने कहा, 'शर्म महसूस होती है, क्यों? दोनों सामने आओ।'

भगवान् की आज्ञा सुनकर वे दोनों पेड़ के पीछे से बाहर आए, किंतु उन्होंने लज्जा-रक्षण के लिए अपने शरीर के गुप्त अंगों को पेड़ की पत्तियों से ढँक रखा था। भगवान् ने देखा और अपनी आज्ञा का उल्लंघन देखकर उनसे जब पूछा, 'तुम लोगों ने उस ज्ञान वृक्ष का फल खाया है न?' तो दोनों ने शर्म से गरदन नीचे झुकाकर कहा, 'हाँ'।' तब भगवान् ने उन दोनों को शाप दिया, 'तुम लोगों ने मेरी आज्ञा का उल्लंघन किया है, इसलिए तुम दोनों को अब धरती पर भेजता हूँ। वहाँ तुम लोगों को ये सारी चीजें पाने के लिए कड़ी मेहनत करनी पड़ेगी, तभी वे प्राप्त हो सकेंगी।'

स्त्री भी आत्मा-विहीन उपभोग्य वस्तु

इस प्रकार आदम और हौवा इस धरती पर आए और इस सारी मानव सृष्टि का निर्माण हुआ। 'बाइबिल' की इस कहानी के आधार पर ही पश्चिम का आदमी सोचता है कि केवल वह ही चैतन्य-युक्त है, बाकी सब जड़ हैं, चैतन्य-विहीन हैं; और चूँकि उसके शरीर की पसली को काटकर ही हौवा को तैयार किया गया है, इसलिए स्त्री में भी किसी प्रकार का चैतन्य नहीं है। पाश्चात्य लोगों की इसी धारणा के कारण कि आदमी को छोड़कर स्त्री सहित किसी में भी चैतन्य नहीं है, उन्होंने प्रकृति के साथ-साथ स्त्रियों पर भी जघन्य अत्याचार किए। सन् 1484 से लेकर 1784 तक के 300 वर्षों में लगभग 90 लाख महिलाओं को चुड़ैल (डायन) घोषित कर उन्हें भयानक शारीरिक यातनाएँ देकर मारा या जलाया गया। इसीलिए पाश्चात्य देशों में स्त्रियों को अपने अधिकारों के लिए लड़ना पड़ा, अथक परिश्रम करना पड़ा, कड़ा संघर्ष करना पड़ा। महिला-मुक्ति के आंदोलन की यही पृष्ठभूमि रही।

सन् 1923 तक ब्रिटेन में स्त्रियों को व्यक्ति नहीं माना जाता था। न उन्हें अध्ययन का अधिकार था, न नौकरी या व्यवसाय करने का और न ही निजी संपत्ति रखने का। सन् 1930 में ब्रिटेन के सर्वोच्च न्यायालय 'प्रिवी कौंसिल' ने अपने एक निर्णय में कहा कि महिला भी व्यक्ति है और उसे पुरुष के समान ही अध्ययन, व्यवसाय तथा धन रखने के सारे अधिकार प्राप्त हैं। उसी प्रकार अमेरिका में भी, जो अपने आपको दुनिया का सबसे समृद्ध और शक्तिशाली लोकतांत्रिक राष्ट्र होने का दावा करता है, सन् 1960 तक महिलाओं को वयस्क मतदान का अधिकार नहीं था। महिलाओं को सारे अधिकार वर्ष 1960 के बाद प्राप्त हुए। यही कारण है कि पाश्चात्य संस्कृति में महिलाएँ भोग्य वस्तु मानी जाती रहीं। उनके प्रति किसी भी प्रकार के अपनत्व का भाव नहीं था और इसलिए आज अमेरिका, ब्रिटेन आदि पाश्चात्य देशों में पारिवारिक संस्था मृतप्राय है।

जल प्रदूषण

पानी या जल को भी उसी प्रकार केवल उपभोग्य वस्तु माना गया। पश्चिम में औद्योगिक क्रांति के बाद बड़े-बड़े उद्योगों का निर्माण हुआ और उनका गंदा जल नदियों में छोड़ा जाने लगा। परिणामत: वे नदियाँ भी प्रदूषित हो गईं, गंदी हो गईं, विषाक्त हो गईं। पीने की तो छोड़िए, उनका पानी स्पर्श करने लायक भी नहीं रहा है। लंदन की टेम्स नदी में कोई नहा नहीं सकता। यही हाल अमेरिका की सबसे बड़ी नदी मिसीसिपी और मिसौरी का भी है। उन्हीं लोगों का अनुसरण करते हुए हम लोगों ने भी माँ गंगा की क्या हालत बना रखी है! वह भी अति तीव्रता से प्रदूषित हो रही है। कुछ दिनों पहले हरिद्वार

में 'गंगा-हिमालय बचाओ' अभियान का आरंभ हुआ। उसके उद्घाटन शुभारंभ में मुझे भी जाने का सुअवसर प्राप्त हुआ। वहाँ अनेक शंकराचार्य, माध्वाचार्य आदि आचार्य एवं संतगण उपस्थित थे। उन्होंने चेतावनी दी है कि यदि स्थिति को शीघ्र सँभाला नहीं गया तो गंगा अस्तित्वहीन हो सकती है।

गंगा के अस्तित्व को दो दिशाओं से खतरा है। एक है टिहरी बाँध से, जिसकी ऊँचाई 260.5 मीटर है। उसमें पानी भरने के लिए पानी का प्रवाह रोक लिया गया है, जिससे गंगा जल का प्रवाह खंडित हुआ है। कई जगह गंगा में इतना कम पानी है कि हम वहाँ डुबकी भी नहीं मार सकते। दूसरी बात यह है कि भागीरथी के जल प्रवाह को, जिसके कारण गंगा का पावित्र्य है, अवरुद्ध किया गया है। उन्होंने बाँध बनाकर पानी को जो रोका है, उसके कारण बने हुए तालाब की लंबाई 42 किलोमीटर है। इस 42 किलोमीटर में जो ढलान है, वह इतना अधिक है कि उसका बाँध पर विपरीत परिणाम हो रहा है। बाँध के आस-पास की पहाड़ी भी ठोस पत्थर की न होने के कारण उसमें से पानी का रिसाव हो रहा है। इसलिए बाँध के ढहने का खतरा भी है। चीन या पाकिस्तान द्वारा गिराया गया एक बम भी बाँध को ढहा सकता है। उस स्थिति में कानपुर तक जितने बड़े औद्योगिक केंद्र और आस-पास के हजारों छोटे-छोटे गाँव हैं, वे बह जाएँगे। लाखों लोग मारे जाएँगे। दिल्ली तक भी उसका असर हो सकता है।

तीसरी बात यह है कि टिहरी बाँध के द्वारा गंगा का पानी संचित किए जाने के कारण उसका जो विशेष गुण है कि उसका पानी कभी खराब नहीं होता और जिस कारण हम घर-घर गंगाजल रखकर उसकी पूजा करते हैं, मरणासन्न व्यक्ति के मुँह में डालते हैं, वह पावित्र्य भी इस कारण समाप्त हो रहा है; क्योंकि अब भागीरथी का प्रवाह सीधा गंगा में नहीं आ रहा है। इस प्रकार इस पाश्चात्य संस्कृति के कारण गंगा के साथ भी बलात्कार हो रहा है।

गो : माता या पशु?

तीसरी है हमारी गोमाता। गोमाता को भी हमने बाजार में ला खड़ा किया है। वास्तव में जन्मदात्री माँ तो हमें साल-दो साल ही दूध पिलाती है, बाद में गाय के दूध से ही हमारा पोषण होता है। वह गाय भी भारतीय गाय ही होनी चाहिए। भारतीय गाय की विशेषता यह है कि उसकी पीठ पर कूबड़ होता है। गाय जब मैदान में चरती है तो कूबड़ के माध्यम से सूर्य की रश्मियाँ ग्रहण करती है। इस कारण भारतीय गाय का दूध हलका पीलापन लिये होता है, जो उसमें विद्यमान स्वर्ण तत्त्व के कारण है। इस तत्त्व के कारण ही माँ के दूध के पश्चात् बच्चे के लिए सर्वाधिक उपयुक्त पौष्टिक दूध गोमाता का ही होता है। यह गुण यूरोप की जर्सी गाय में नहीं है। वह तो वास्तव में गाय भी

नहीं है, विलायती भैंस है; पर आज केवल पैसा कमाने का उद्‌देश्य ही सर्वोपरि होने के कारण देसी गाय की ओर दुर्लक्ष्य कर जर्सी गाय को प्रमुखता दी जा रही है।

पाश्चात्य देशों में दूध से अधिक उसके मांस के लिए गाय चाहिए। ब्रिटेन की अर्थव्यवस्था का मुख्य आधार अन्य यूरोपीय देशों में किया जानेवाला गोमांस का निर्यात है। गाय से अधिक मांस पाने के लोभ में वहाँ के लोगों ने कत्ल की हुई गायों की हड्डियों का चूरा और छोटे-छोटे मांस के टुकड़े सानी में मिलाकर गायों को खिलाना प्रारंभ कर दिया, जिससे वे मोटी होने लगीं। मांस तो अधिक अवश्य मिला, किंतु उस शाकाहारी को मांसाहार कराने से वहाँ की गायों को एक विशिष्ट बीमारी लग गई और उस गोमांस को खाने के कारण मनुष्यों में भी एक बीमारी हो गई, जिसे 'मेड-काउ डिजीज' या 'पागल-गाय रोग' कहा गया। उस मांस के सेवन से लोग भी पागल होने लगे। इसका पता चलते ही यूरोप के देशों ने इंग्लैंड से गोमांस का आयात बंद करने की इच्छा घोषित की। अंग्रेज डर गए, क्योंकि उनकी अर्थव्यवस्था की नींव ही गोमांस का निर्यात था। उन्होंने यूरोपीय देशों को आश्वासन दिया कि वे उन सारी रोगग्रस्त गायों को मार डालेंगे और 12 लाख गायों को निर्दयतापूर्वक मार डाला गया।

विभाजन का कारण

इस प्रकार की जिनकी दृष्टि है, उनकी भूमि या देश के संदर्भ में भी वैसी ही धारणा होना स्वाभाविक है। उनके अनुसार तो वह जमीन का टुकड़ा मात्र है। इसलिए अंग्रेज जहाँ-जहाँ भी गए, वहाँ उन्होंने उन-उन देशों का विभाजन कराया। सन् 1947 में भारत के भी टुकड़े कराए। वैसे 1947 के पूर्व भी समय-समय पर अफगानिस्तान, ब्रह्मदेश, श्रीलंका आदि अलग किए गए थे। भारत तो वेदकाल से ही एक देश रहा है। ऋग्वेद में वर्णन आता है—

'यस्य इमे हिमवंतो महित्वा
यस्य समुदं रयासह आहुः।
यस्येमे प्रदिशो यस्यबाहू,
कस्मै देवा हविषा विधेम्॥'

'महिमावान् हिमवान् पर्वत जिसकी महिमा बखान कर रहा है, नदियों सहित समुद्र जिसके यशोगान में व्यस्त है, बाहु सदृश दिशाएँ जिसका जयघोष कर रही हैं, आओ उस देवता को हम अपना हविष्य समर्पित करें।' हिमालय, नदियाँ, समुद्र आदि से वेष्टित भूभाग भारत ही है। किंतु अंग्रेजों की चालाकी के शिकार होकर हमने अपने देश को ही खंडित करना स्वीकार कर लिया। उसका दुष्परिणाम क्या हुआ? करोड़ों लोगों का जीवन उध्वस्त हुआ। पाकिस्तान से अपना मकान व संपत्ति आदि को छोड़कर भारत

में ही निर्वासित होकर आना पड़ा, क्योंकि वहाँ वे हिंदू होने के नाते रह नहीं सकते थे। पश्चिमी पाकिस्तान में तो हिंदू प्रायः नामशेष हो गए। पूर्वी पाकिस्तान में भी, जो आज बँगलादेश है, हिंदुओं की संख्या 20 प्रतिशत थी, जो आज घटकर 9 प्रतिशत के करीब रह गई है। वे भी वहाँ की प्रतिकूल परिस्थिति के कारण धीरे-धीरे भारत आ रहे हैं।

भौतिक सोच से संघर्ष

पश्चिम में मनुष्य को केवल शरीर, मन, बुद्धि तक ही सीमित माना गया। इसके परे भी मनुष्य का अस्तित्व है, इसकी कल्पना भी वे लोग नहीं कर सके। हमारे सबके शरीर अलग-अलग हैं, ऊँचाइयाँ अलग-अलग हैं, रंग-रूप भी भिन्न-भिन्न हैं, रहन-सहन, अभिरुचियाँ आदि भी भिन्न-भिन्न हैं। उसी प्रकार हर आदमी का मन और उसकी बुद्धि भी अलग-अलग प्रकार की है। अतः ये तत्त्व मनुष्य को आपस में जोड़ नहीं सकते। फिर भी, वह कहते हैं कि वे सारे विश्व को एक करेंगे। उनके द्वारा परिकल्पित एकता का स्वरूप क्या होगा? पश्चिम के लोगों ने जिस सभ्यता का विकास किया है, उसमें स्पर्धाओं का बोलबाला है। सौंदर्य प्रतियोगिताओं में हमारी जो माँ-बहनें शामिल होती हैं, उन्हें न्यूनतम वस्त्र पहनाकर विशाल मंच पर 'बिल्ली की चाल' (कैट वॉक) करने को कहते हैं। सामने निर्णायक बैठकर परीक्षण करते हैं कि उनका नाक-नक्श कैसा है, आँखें कैसी हैं, कमर कैसी है, वक्षस्थल का उभार कितना है आदि-आदि। इन सबकी जाँच करने के पश्चात् वे निर्णय देते हैं कि अमुक महिला विश्व-सुंदरी है और वह महिला भी सारे विश्व में मुक्त संचार कर घोषित करती है, 'मैं विश्व-सुंदरी हूँ, मैं विश्व-सुंदरी हूँ।'

इसी प्रकार सबसे बलवान् पुरुष का चयन किया जाता है। बॉक्सिंग प्रतियोगिता में एक-दूसरे को मुँह पर, बगल में, छाती पर मुक्के मार-मारकर गिराते, उन्हें पटकते और उन पर कूद-फाँद करते हैं। उनमें जो जीतता है, उसे दुनिया का सबसे बलशाली व्यक्ति माना जाता है। इसी प्रकार मनःशक्ति की स्पर्धा, बुद्धि-शक्ति की स्पर्धा, भिन्न-भिन्न खेल-कूदों की स्पर्धाएँ आयोजित की जाती हैं, जिनका मूल स्वरण होता है आधिपत्य (डोमिनेशन)। प्रारंभ में स्पर्धा स्वस्थ रहती है, पर धीरे-धीरे प्रभुत्व स्थापना का भाव इतना बढ़ जाता है कि यदि सीधे तरीके से जीत नहीं सकते तो टेढ़े उपायों का अवलंबन किया जाने लगता है। आप सबने समाचार-पत्रों में पढ़ा होगा कि अनेक खिलाड़ी प्रतियोगिता में सफलता के लिए मादक द्रव्यों का इंजेक्शन लेते हैं या उन पदार्थों का सेवन करते हैं। इसके कारण उनकी शारीरिक क्षमता बढ़ती है। आजकल क्रिकेट या फुटबॉल जैसे खेलों में भी जीत के लिए मादक द्रव्यों का सेवन करने के आरोप कुछ खिलाड़ियों पर लगाए जाते हैं। अतः ये प्रतियोगिताएँ स्वस्थ नहीं रह पातीं। उनमें खिलाड़ी वृत्ति का अभाव हो जाता है। केवल आधिपत्य की भावना प्रबल हो जाती है।

आधिपत्य स्थापित करने की इस भावना का दर्शन हमें अन्यान्य क्षेत्रों, यथा—राजनीति, आर्थिक व मजहबी क्षेत्र आदि में भी दिखाई देता है। ईसाई लोग कहते हैं कि उनका ही मजहब सर्वश्रेष्ठ है, अत: वे सारी दुनिया को ईसाई बनाएँगे। जो इसलाम को सर्वश्रेष्ठ मानते हैं, वे सारी दुनिया को इसलाम के अंतर्गत लाने के लिए प्रयत्नशील हैं। कुछ लोग कहते हैं कि कम्युनिज्म सर्वश्रेष्ठ है, अत: विश्व में कम्युनिस्ट व्यवस्था स्थापित करेंगे, तो कुछ अमेरिकी व्यवस्था को सर्वश्रेष्ठ मानकर सारे विश्व में अमेरिकन व्यवस्था का प्रचार करना चाहते हैं। अमेरिकन कहते हैं कि—

‘विश्व एक बाजार है,
जहाँ हर व्यक्ति खरीदार है।
जिसकी जेब में पैसों की भरमार है,
उसका दारोमदार है, बाकी सब बेकार है।’

आत्मानुभूति से एकता

अपने देश में हम कहते हैं, ‘सारा विश्व एक परिवार है, जहाँ हर व्यक्ति को जीने का अधिकार है।’ हमारी पारिवारिक व्यवस्था में, परिवार में जो आत्मीयता निर्माण होती है, उसका आधार क्या है? उसका आधार है यह भावना कि हम सब एक हैं, परस्पर सुसंबद्ध हैं। किंतु वह कौन सी वस्तु है, जो हम सबको जोड़ती है? इस संदर्भ में हमारे यहाँ कहा गया है कि शरीर, मन, बुद्धि के अलावा भी कोई तत्त्व है, जिसका पता पश्चिम के लोग नहीं लगा सके; किंतु हमारे यहाँ के ऋषि-महर्षियों ने एक दीर्घ और लंबे चिंतन के पश्चात् खोज निकाला है। उनका कहना है कि गहरी नींद की अवस्था में उसका अनुभव होता है। फिलहाल हम सब जाग्रतावस्था में हैं। मैं भाषण दे रहा हूँ, आप सुन रहे हैं। अन्य अनेक कार्य हम इसी अवस्था में करते हैं।

लेकिन जब हम सोते हैं, तब जाग्रतावस्था से स्वप्नावस्था में प्रवेश करते हैं। स्वप्नावस्था में भी खाना-पीना, खेलना-बोलना आदि वे सारे कार्य करते हैं, जो हम जाग्रतावस्था में करते हैं; पर स्वप्नावस्था के नियम कुछ अलग होते हैं। कभी हम पंछी के समान आसमान में उड़ते दिखते हैं तो कभी मछली के समान पानी में तैरते। कभी कोई पागल कुत्ता हमारे पीछे लगता है और हम भागना चाहते हैं, पर देखते हैं कि हमारा पैर किसी ने पकड़ रखा है। पाँव जमीन से उठता ही नहीं। आखिर वह पास आ जाता है, अपना पंजा मारता है और काटने की कोशिश करता है तथा हमारी नींद खुल जाती है। पूरा शरीर पसीने से भीगा हुआ रहता है और सीना जोर-जोर से धड़कता रहता है।

ऐसा क्यों हुआ? स्वप्नावस्था में हमने जो देखा है, वह क्या है? स्वप्नावस्था में

हमारा शरीर तो निश्चेष्ट रहता है, किंतु मन और बुद्धि सक्रिय रहते हैं। वे अपना-अपना अलग संसार रचते हैं, जिसे हम 'स्वप्न संसार' कहते हैं। किंतु और एक अवस्था है, जिसे 'सुषुप्ति की अवस्था' कहते हैं, यानी गहरी नींद की अवस्था। उस समय शरीर के साथ-साथ मन-बुद्धि भी निश्चेष्ट हो जाते हैं; किंतु जब हम गहरी नींद से जागते हैं तो अपने आपको तरोताजा अनुभव करते हैं और मुँह से निकल पड़ता है—'वाह, क्या बढ़िया नींद आई ! मजा आ गया!' पर यह मजा किसको आया ? 'मुझे' अर्थात् शरीर, मन, बुद्धि के परे भी कोई तत्त्व है, जो यह मजा लेता है। हमारे पुरखों ने उसे संज्ञा दी—'आत्मा'। 'गीता' में कहा गया है—

इन्द्रियाणि पराण्ययाहुः इन्द्रियेभ्यः परं मनः।
मनसस्तु परा बुद्धिः यो बुद्धे परतस्तु स॥

अर्थात्—इंद्रियों के परे मन है, मन के परे बुद्धि है और बुद्धि के परे जो है, वह 'आत्मा' है, जो हम सबके अंदर विद्यमान है।

इस आत्मा के स्वरूप के बारे में चिंतन करते हुए उन्होंने पाया कि यह आत्मा निराकार, निर्विकार, निरहंकार, अनादि और अनंत है, वह सच्चिदानंद रूप भी है। इसलिए जब हम गहरी नींद में होते हैं तो उस सच्चिदानंद आत्मा के सर्वाधिक निकट रहते हैं और इसलिए हमें आनंद की अनुभूति होती है। हम सब गहरी नींद चाहते हैं। किंतु जब हमारा मन चिंताग्रस्त रहता है, तब हमें नींद नहीं आती। सारी रात करवटें बदलते रहते हैं और सवेरे उठने पर कहते हैं कि पिछली रात हमें नींद ही नहीं आई। यदि प्रगाढ़ निद्रा में आनंद की अनुभूति नहीं हो तो हम गहरी नींद की इच्छा ही क्यों करें ?

आत्मा यदि अनादि और अनंत है तो वह एक ही हो सकता है, अनेक नहीं। इसलिए हम सबके शरीर में एक ही आत्मा है। सभी प्राणियों में भी वही आत्मा है। यदि ऐसी बात है तो आपके मन में जो विचार है, उसका पता हमको क्यों नहीं लगता और हमारे मन में जो विचार है, उसका पता आपको क्यों नहीं चलता ? हमारे पुरखों ने कहा कि हम परस्पर विचारों और भावनाओं को समझ सकते हैं, यदि हमारे बीच का अज्ञान का परदा हट जाए। माँ बच्चे को जन्म देती है। बच्चा केवल रोना जानता है। भूख लगी तो रोता, प्यास लगी तो रोता, पेट में दर्द हुआ तो भी रोता है। वह केवल रो ही सकता है, पर माँ समझ लेती है कि बच्चे को भूख लगी है, उसे दूध पिलाना चाहिए। बच्चे को प्यास लगी है, उसे पानी पिलाना चाहिए। बच्चे के पेट में दर्द है, उसे दवा पिलानी है। माँ को कैसे पता लगा ? क्योंकि माँ और बच्चे के बीच जो अज्ञान की दीवार थी, वह ढह गई। माँ को लगता है कि यह मेरा बच्चा है, इस बेटे का दुःख-दर्द मेरा दुःख-दर्द है। यह अपनेपन की भावना ही माँ-बेटे के बीच महत्त्वपूर्ण है।

मातृ-भावना का विकास

यह भावना पाश्चात्य देशों में दिखाई नहीं देती, इसलिए परिवार और पारिवारिक स्नेह भी दिखाई नहीं देता। कई देशों में तो विवाह भी नहीं करते और स्त्री-पुरुष आपस में शारीरिक संबंध रखते हैं। उनसे जो संतान पैदा होती है, उसकी जवाबदारी कौन ले? इसलिए छोड़कर चले जाते हैं या उस बच्चे को किसी अनाथालय में भेज देते हैं। माँ को भी नहीं लगता कि अपनी कोख में उत्पन्न बच्चे का संगोपन मैं करूँगी। जन्म दे देते हैं, पर आत्मीयता नहीं रहती। वे उसे एक प्रकार का बोझ समझते हैं। इसलिए अनेक पाश्चात्य देशों में परिवार व्यवस्था टूट चुकी है। किंतु हमारे यहाँ आत्मीयता यह है कि यह बच्चा मेरा है, उसका सुख-दुःख मेरा है। बच्चा जरा बड़ा होता है तो उसको बताया जाता है कि यह तेरे पिता हैं, यह तेरा भाई, यह तेरी बहन है, यह तेरे काका हैं, मामा हैं, तेरे दादा हैं, दादी हैं। अरे, दादी माँ बड़ी अच्छी कहानी सुनाती हैं। जाओ, उनके पास बैठो। धीरे-धीरे उस बच्चे को ऐसा लगता है कि इस घर के सारे ही लोग उससे प्रेम करते हैं। उसे सुखी करने के लिए सभी प्रयत्न कर रहे हैं। इस प्रकार जब वह 20-22 वर्ष का होता तो उसे लगने लगता है, यह परिवार मेरा है, परिवार का सुख-दुःख मेरा सुख-दुःख है और इसलिए उस परिवार का दुःख-निवारण करते हुए उसे सुखी बनाने के लिए वह प्रयत्नरत रहता है, क्योंकि वह उस परिवार को अपना समझता है।

माँ जैसे अपने बेटे को अपना मानती है, उस बेटे के बड़े हो जाने के बाद अपने आस-पास के बेटों को भी अपना मानने लगती है, उनसे भी प्रेम करने लगती है और धीरे-धीरे यह भावना उत्पन्न होती है कि सारे मोहल्ले के लोग भी मेरे ही हैं। बेटा भी जब बड़ा होता है, सारे गाँव को अपना समझने लगता है। उस गाँव के लोगों का दुःख-निवारण कर उन्हें सुखी बनाना अपना कर्तव्य समझने लगता है और ऊपर उठने पर सारा जिला अपना लगने लगता है। अकोला जिला मेरा जिला है। इस जिले को देश में सर्वश्रेष्ठ बनाना मेरा कर्तव्य है, यह भावना पैदा होती है और उसके लिए वह काम करने लगता है। उसके बदले में मुझे क्या मिलेगा, यह विचार पैदा ही नहीं होता। माँ को ऐसा कभी नहीं लगता कि मैंने अपने लड़के के लिए यह सब किया है, इसलिए लड़के से कुछ मिलना चाहिए।

एक कथा है—एक नौजवान लड़का एक वेश्या के घर जाने लगा। धीरे-धीरे उसके प्रति वह इतना आसक्त हो गया कि उससे कहने लगा, 'मेरे साथ विवाह करो।' पर वेश्या तो वेश्या! वह बार-बार कहती रही कि 'नहीं करूँगी, नहीं करूँगी।' वह लड़का भी अड़कर बैठ गया कि 'तुझे मुझसे विवाह करना ही पड़ेगा।' उससे पीछा छुड़ाने के लिए उस वेश्या ने कहा, 'यदि मेरी एक शर्त पूरी कर दे तो मैं तुझसे विवाह कर लूँगी।' नौजवान ने पूछा कि क्या शर्त है? वेश्या बोली कि 'यदि तू अपनी माँ का सिर काटकर ला दे,

तब मैं समझूँगी कि सचमुच मुझ पर तेरा प्रेम है।' वेश्या ने सोचा कि वह यह नहीं कर सकेगा और उसका पीछा छूट जाएगा। पर वह नौजवान उस पर इतना मोहासक्त हो गया था कि घर गया, अपनी माँ का सिर काटा और एक थाली पर रखकर उस वेश्या के घर दौड़ते हुए जाने लगा। अचानक उसे ठोकर लगी और वह गिरा तो माँ के मुँह से निकला, 'बेटा, चोट तो नहीं लगी।' यह है मातृत्व की भावना! उसके मन में सदा अपने बच्चे के कल्याण की कामना ही रहती है। पर यह भावना आज पाश्चात्य देशों में नहीं रही है। पाश्चात्य सभ्यता की चपेट में आकर हमारे यहाँ भी ऐसी घटनाएँ देखने को मिलती हैं।

गाँव, जिले से आगे बढ़कर जब सारा देश अपना लगने लगता है तो भाव जागता है कि हमारे सारे प्रयत्न अपने देश के लिए ही होने चाहिए। जन्मदात्री माँ ने मेरे शरीर को जन्म दिया तथा कुछ समय के लिए पाला। बाद में इस शरीर का पालन-पोषण गो माता ने किया; किंतु बाकी अन्न, जल, वायु आदि के द्वारा भारत माता ने ही मेरा पोषण किया है। भारत माता की सभी संतानें मेरे भाई-बहन हैं, अत: उनपर कोई आपत्ति आई तो वह मुझ पर आपत्ति आई है, ऐसा समझकर उनकी रक्षा करने के लिए कटिबद्ध होना मेरा कर्तव्य है। यह देशभक्ति की भावना अगली सीढ़ी है। इससे और आगे जाने पर सारा विश्व ही मेरा अपना है, ऐसी 'वसुधैव कुटुंबकम्' की भावना जाग्रत् होती है। उससे भी परे जाने पर सारे झाड़-पेड़, पशु-पक्षी, कीट-पतंग आदि में भी वही आत्मा है, ये सारे मेरे लिए हैं और मैं इनके लिए हूँ, यह अनुभूति उत्पन्न होती है तथा उनका संरक्षण करना मेरा परम कर्तव्य है, यह भाव जाग्रत् होता है।

पाश्चात्य देशों में कहा गया कि प्रकृति में कोई चेतना नहीं है। वह निष्प्राण है। जड़ है, पर हमारे यहाँ उसे चेतना-युक्त मानकर प्रकृति को हमने माता माना है। गाय को हमने माँ कहा, गंगा को हमने माँ कहा, भारत माता को हमने माँ कहा; उसी प्रकार पेड़-पौधे, पशु-पक्षी आदि से सज्जित प्रकृति को भी हमने माँ ही कहा। परंतु आज पाश्चात्य सभ्यता के प्रभाव में आकर हमने अपनी महिलाओं को बाजार में ला खड़ा किया है, अपनी गायों को कसाई के हाथों बेच रहे हैं, भारत माता के टुकड़े कर डाले और प्रकृति माता का विनाश करने के लिए हम कटिबद्ध हो गए हैं। इन सबको नष्ट करने की जो पाश्चात्य परंपरा है, उसका आज हम अनुसरण कर रहे हैं और दु:ख व दैन्य के भोगी बन रहे हैं। पाश्चात्य लोग अब तक यही सोचते थे कि प्रकृति का भंडार अटूट है और उसका कितना भी उपयोग किया जाए, तो भी वह समाप्त नहीं होगा। इसलिए वे कहा करते थे कि प्रकृति का उपभोग करो, उसका शोषण करो।

प्रकृति का शोषण घातक है

अब पश्चिम के लोगों को भी समझ में आने लगा है कि प्रकृति का भंडार अटूट

नहीं है। हमारी उचित आवश्यकताओं को पूरा करना जितना ही प्रकृति के पास है; किंतु हमारे लोभ को पूरा करने की ताकत उसमें नहीं है। पर अपने लोभ को पूरा करने की धुन में हमने जो प्रकृति का विनाश किया है, उसके दुष्परिणाम आज हमें भोगने पड़ रहे हैं। इसलिए आज पश्चिमी देशों में आवाज उठ रही है—प्रकृति का संरक्षण करो, पर्यावरण को बचाओ आदि। पर्यावरण में पृथ्वी, जल, वायु, अग्नि और आकाश ये पाँच तत्त्व हैं। इन पंच तत्त्वों को वे नहीं माना करते थे; किंतु आज उन्हें अपनी भूल समझ में आ रही है। अतः भिन्न-भिन्न स्थानों पर बड़े-बड़े अंतरराष्ट्रीय सम्मेलन कर यह विचार किया जा रहा है कि पर्यावरण की रक्षा कैसे की जाए? न्यूयार्क में तीसरा 'पृथ्वी सम्मेलन' हुआ। इस चार दिवसीय सम्मेलन में 106 देशों के प्रतिनिधि सहभागी हुए। भारत भी सहभागी हुआ। तीन दिनों तक इस बात पर खूब-विचार विमर्श हुआ कि पर्यावरण की रक्षा कैसे की जाए और उस चिंतन में से 40 मुद्दे ऐसे थे, जिनका पालन करने से प्रकृति की रक्षा की जा सकती है। चौथे दिन सब देशों के प्रतिनिधियों को उस पर हस्ताक्षर करने थे। उस दिन भारत से गए हुए प्रतिनिधियों ने अथर्ववेद के 'पृथ्वीसूक्त' का अंग्रेजी अनुवाद सब प्रतिनिधियों में बाँटा। उस 'पृथ्वीसूक्त' में उपर्युक्त 40 मुद्दे तो थे ही, 'वसुधैव कुटुंबकम्', 'सर्वे भवन्तु सुखिनः' आदि 22 मुद्दे और थे। जब प्रतिनिधियों ने उसे पढ़ा, तो कहने लगे कि पहले दिन ही इसे क्यों नहीं दिया? तीन दिन तक हमें जो माथा-पच्ची करनी पड़ी, वह न करनी पड़ती और उसके बाद उस 'पृथ्वीसूक्त' को ही पर्यावरण की रक्षा के लिए उपयुक्त मानकर सबने उसे स्वीकार कर लिया।

अंग्रेजी माध्यम के दुष्परिणाम

हमारे पूर्वजों ने 'जड़-चेतन में एक ही आत्मा है', इस सत्य का साक्षात्कार कर सब परस्परानुकूल होकर कैसे विकास कर सकते हैं, यह खोज कर अपनी भव्य संस्कृति का निर्माण किया। उस भव्य संस्कृति के प्रतीक के नाते जन्मदात्री माता, गो माता, गंगा माता, भारत माता तथा जगत् जननी माता का समग्र विचार हम सबके सामने रखा और इस सत्य का प्रतिपादन किया कि जो माता से द्रोह करता है, वह कभी भी सुखी नहीं रह सकता और इसलिए माता का रक्षण करना पुत्र का सर्वप्रथम कर्तव्य है। आज ऐसी परिस्थिति उत्पन्न हुई है कि हमें इन सबकी रक्षा करनी है। आज हम यह सोचकर कि हमारे बच्चे यदि अंग्रेजी बोलना सीख जाएँ तो उन्हें अच्छी नौकरी मिलेगी, नई पीढ़ी को अंग्रेजी माध्यम के विद्यालयों में भेज रहे हैं। अपनी मातृभाषा में प्रावीण्य आना चाहिए, इसका विचार उनके मन में नहीं आता। बच्चे विद्यालय से घर आकर माँ को 'मम्मी' और पिता को 'डैडी' कहकर बुलाने लगते हैं। मम्मी का अर्थ क्या है? मिस्र देश में वहाँ के बड़े-बड़े राजा जब मरते थे, तब उनके शरीरों

को मसाला आदि लगाकर, उन्हें खोकों में उतारकर, उन खोकों को पिरामिडों में रख देते थे। उसे वे 'ममी' कहते थे। मृत वस्तु को वे 'ममी' कहते थे। पर हम अपनी जीती-जागती माता को 'मम्मी' कहते हैं और जब बच्चे अपने माता-पिता को मम्मी-डैडी कहते हैं तो उन्हें इतना आनंद होता है, मानो सात पीढ़ियों के पुरखे तर गए हों! वास्तव में देखा जाए तो छुटपन से ही जब हम अपने बच्चों को अपनी मातृभाषा में शिक्षा न देकर अंग्रेजी माध्यम से शिक्षा देते हैं तो हम उन्हें अपनी संस्कृति से अलग करते हैं, क्योंकि भाषा के साथ भावनाएँ जुड़ी रहती हैं। हर भाषा का एक भावजगत् होता है। भारतीय भाषाओं का भावजगत् पाश्चात्य भाषाओं के भावजगत् से पूर्णतः भिन्न है और भावों का सही-सही अनुवाद नहीं हो सकता। 'मेरे तो गिरिधर गोपाल, दूसरो न कोई', मीरा के इस भजन को भारत की कोई भी भाषा बोलनेवाला समझ लेगा, यहाँ तक कि तमिलभाषी भी समझ लेगा; पर उसका अंग्रेजी अनुवाद कर किसी अमेरिकन को सुनाया—'ओनली द माउंटेन-वियरर काउहेर्ड इज माइन एंड नोबडी एल्स' तो वह क्या कहेगा? हू इज द माउंटेन-वियरर, हू इज द काउहेर्ड, गिरिधर या गोपाल कौन है? यह किसी भारतीय को बताना नहीं पड़ता। किंतु 'मॉउंटेन-वियरर' कहने पर गिरिधर की या 'काउहेर्ड' कहने पर गोपाल की कल्पना नहीं आती। अतः छुटपन से ही जब हम बच्चों को अंग्रेजी माध्यम के विद्यालयों में भेजते हैं तो हम उन्हें अपनी संस्कृति से अलग करते हैं, उनपर अन्याय करते हैं।

श्रद्धा स्थानों का रक्षण आवश्यक

भाषाएँ सीखने में कोई बुराई नहीं है। हम अंग्रेजी ही क्यों, फ्रेंच सीखें, जर्मन सीखें, रशियन सीखें;किंतु शिक्षा का माध्यम हमारी अपनी भाषाएँ ही होनी चाहिए। मराठी सीखे बगैर 'ज्ञानेश्वरी' समझ में आएगी, 'एकनाथी भागवत' समझ में आएगी? किंतु आज वस्तुस्थिति भिन्न है। इस सारी परिस्थिति में हमें परिवर्तन लाना है और परिवर्तन का प्रारंभ होना चाहिए अपने आप से। अपने समस्त श्रद्धा स्थानों का रक्षण करने का प्रयत्न हमें करना है। गो माता, गंगा माता आदि सबका संरक्षण करना है, अपने देश को अखंड बनाना है। और भारत की प्रगति का कोई एकमेव मार्ग है तो वह है गो माता। कहा भी गया है, 'गाय बची तो मरता कौन, गाय मरी तो बचता कौन?' यहाँ अनेक श्रेष्ठ पुरुषों ने हमें संबोधित किया है।

बूढ़े गाय व बैल भी उपयोगी

अपने श्रद्धानाथजी ने तो आपको बताया ही है कि दूध न देनेवाली एक गाय और काम न करनेवाला एक बैल भी केवल अपने गोबर और गोमूत्र से प्रतिवर्ष 15 हजार रुपए की आमदनी दे सकते हैं। यह भी सिद्ध हो गया है कि खेती के काम के लिए

उपयुक्त बैल को चक्करदार पथ पर चलाकर बैटरी को ऊर्जित किया जा सकता है और इस प्रकार घर में ही बिजली पैदा की जा सकती है।

कानपुर गोशाला ने बैल-चालित ट्रैक्टर बनाया है। सामान्य ट्रैक्टर की कीमत ही साढ़े तीन लाख रुपए के आस-पास बैठती है और उसे चलाने के लिए डीजल भी लगता है। इसकी तुलना में बैल-चालित ट्रैक्टर 30-35 हजार में मिल जाता हैं। दो चक्कों की धुरी पर एक कुरसी होती है और पीछे तीन पातावाला हल या पाटा आदि। खेती के औजार लगाकर खेती की जा सकती है। अपने सामान्य हल में बैल के साथ-साथ आदमी को भी चलना पड़ता है। आदमी बैल की तुलना में जल्दी थक जाता है। इस ट्रैक्टर में बैठकर वह पाँच-छह गुना अधिक खेत जोत सकता है। महिलाएँ भी खेत जोत सकती हैं, क्योंकि उन्हें चलना नहीं पड़ता। इस ट्रैक्टर से जमीन के अंदर के केंचुए नहीं मरते, जबकि बड़े ट्रैक्टर से जमीन जोतने से वे मर जाते हैं, क्योंकि ट्रैक्टर गहरा खोदता है। ऊपर से रासायनिक खाद। इससे जमीन का उपजाऊपन कम हो जाता है। पंजाब का भटिंडा सरीखा उपजाऊ जिला मरुभूमि में बदल रहा है। रासायनिक खाद के कारण खेती का खर्चा बढ़ता है; किंतु फसल पहले तीन-चार साल छोड़कर धीरे-धीरे घटती जाती है। कर्ज का बोझ चढ़ता जाता है और अंत में किसान आत्महत्या करता है।

जैविक खाद का प्रयोग करें

रासायनिक खाद का जमीन पर वही परिणाम होता है, जो शराब का मनुष्य पर होता है। दारू पीने पर शुरू में आदमी को लगता है कि उसमें अधिक ताकत आ गई है; किंतु यह ताकत उसे शराब के कारण नहीं, बल्कि उसके स्वयं के अंदर जो ऊर्जा का भंडार है, उसी में से कुछ ऊर्जा शराब शरीर को अंतरित कर देती है। उसके कारण उसे नशा आता है और वह कैसा विचित्र व्यवहार करता है, यह हम देखते हैं। पर ज्यों ही शराब का प्रभाव कम हुआ कि वह इतना निढाल हो जाता है कि मुँह पर बैठी मक्खी को भी नहीं भगा सकता। रासायनिक खाद का जमीन पर ऐसा ही परिणाम होता है। फसल को उगने के लिए 15-16 तत्त्वों की आवश्यकता होती है, जबकि रासायनिक खाद में 4-5 तत्त्व ही होते हैं। जमीन में उन तत्त्वों की कमी को तो वह पूरी कर देती है, किंतु अन्य तत्त्वों की नहीं। जब तक वे तत्त्व जमीन में होते हैं, तब तक फसल भरपूर होती है; किंतु अन्य तत्त्व जब कम हो जाते हैं, तब फसल घटने लगती है। तब किसान और अधिक खाद देता है। खाद की मात्रा बढ़ती जाती है और उर्वराशक्ति यानी उपजाऊपन कम होता जाता है। लागत बढ़ जाने से खेती अनार्थिक हो जाती है।

वर्धा जिले में श्री राधाकृष्णजी बजाज ने आस-पास के 30-35 गाँवों में रासायनिक खाद की जगह जैविक खाद डालने की सलाह दी। उसका परिणाम यह हुआ कि जहाँ

प्रति एकड़ 5,000–5,100 रुपए खर्च आता था, वह घटकर 2,000–2,100 रुपए तक आ गया, यानी 3,000 रुपए प्रति एकड़ की बचत होने लगी। सभी किसानों को जैविक खाद की सलाह दी जानी चाहिए और उन्हें कर्जे के चक्कर से छुटकारा दिलाना चाहिए। इधर फसल के भाव कम हो जाते हैं और लागत बढ़ती जाती है और इसलिए किसान आत्महत्या करता है। संसद् में कृषि मंत्री ने बताया कि अब तक 1.12 लाख किसान आत्महत्या कर चुके हैं। किसानों के प्रशिक्षण वर्ग लेकर इस समस्या का समाधान बताया जाना चाहिए।

धर्म के आधार से ही परम वैभव की प्राप्ति

हमारा भारत एक देव–दुर्लभ देश है। भगवान् को भी यहाँ बार–बार जन्म लेने की इच्छा होती है। पुराणों में कहा है—

'अत्रापि भारतं देशं जम्बू द्वीपे महामुने।
यतो कि कर्मभूमेष ततोअन्या: भोगभूमय:॥'

'हे महामुनि! जंबूद्वीप में भारत देश ही कर्मभूमि है, बाकी सब भोगभूमियाँ हैं।'

योग्य कर्म करने से ही मोक्ष संभव है। व्यष्टि (व्यक्ति), समष्टि (समाज), सृष्टि यानी प्रकृति और परमेष्टि यानी परमात्मा—इनमें संतुलन व सामंजस्य बनाए रखने के लिए योग्य कर्म करते हुए शरीर, मन, बुद्धि व आत्मा को सुख देना ही हमारा लक्ष्य है। शरीर सुख से आत्मा के सुख तक का प्रवास सभी को करना है। पूजनीय गुरुजी का जन्म–शताब्दी वर्ष शुरू है। पूजनीय गुरुजी का कथन है, 'केवल अर्थ और काम की उपासना करना आसुरी जीवन है, राक्षसी जीवन है, पशु जीवन है, त्याज्य जीवन है। किंतु जीवन के लिए अर्थ और काम की आवश्यकता भी है। किंतु उसकी उपासना करते समय हमारे अंदर असुरत्व न आ जाए, इसके लिए हमारे पूर्वजों ने 'धर्म' पुरुषार्थ का उपदेश दिया है। धर्म के आधार पर अर्थ और काम की उपासना करते हुए अंतिम पुरुषार्थ मोक्ष को प्राप्त करना ही मनुष्य जीवन का लक्ष्य है।' धर्म और मोक्ष का विचार ही हमारी विशेषता है। परमेश्वर के साथ एकरूप हो जाना ही जीवन का अंतिम लक्ष्य है।

हमारी संस्कृति श्रेष्ठ है, सनातन है। पश्चिमी सभ्यता के प्रभाव को समाप्त करने का कार्य हमको करना है, धर्म के आधार पर भारत को परम वैभव के शिखर पर पहुँचाना है। उसकी शुरुआत गाँवों से होगी। गाँव ही विकास का केंद्र बनेंगे। भोपाल की जेल में एक प्रयोग हुआ। वहाँ के जेल उपाधीक्षक ने प्रत्येक कैदी को एक–एक गाय और दो–दो बैल दे दिए और उनके संगोपन की जवाबदारी उनपर डाली। गाय–बैलों के गोबर–गोमूत्र से जैविक खाद तैयार कर उसका खेती में उपयोग करने लगे। अधिक खाद को आस–पास के गाँवों में बेचा गया और जैविक खाद की सहायता से उत्पादित अतिरिक्त

सब्जी-भाजी, अनाज आदि को भोपाल व पास के शहरों में बेचा गया। परिणामतः उससे 5 लाख रुपए की वार्षिक आमदनी हुई। पर सबसे बड़ी बात यह हुई जैविक खाद के उपयोग से उत्पादित अन्न व सब्जी-भाजी के सेवन से अपराधियों की अपराध वृत्ति समाप्त हो गई। अपराधियों की मनोवृत्ति में बदलाव लाने की क्षमता गो सेवा में है।

हम सबको जननी माता, गो माता, गंगा माता और भारत माता की रक्षा करनी है—

'वह कपूत है जिसके रहते
माँ की दीन दशा हो।
शतभाई के घर उजाड़ता
जिसका महल बसा हो।
घर का दीपक व्यर्थ जब
मातृ-मंदिर में हो अँधियारा।
अरे, कैसा हास-विलास
जब तक बना हुआ बँटवारा।
किस बेटे ने माँ के टुकड़े
करके दीप जलाए?
किसने भाई की समाधि पर
जय के वाद्य बजाए?
जब तक अधरों में न
भीम की शोणित प्यास जगेगी।
तब तक उर से अपमानों की
ज्वाला नहीं बुझेगी।'

चारों ही माताओं का ऋण उतारने की जवाबदारी हम सब पर है। स्वामी विवेकानंद कहते हैं, 'मैं भविष्य की ओर नहीं देखता और न ही मुझे उसकी चिंता है; किंतु एक दृश्य जीवन जैसा स्पष्ट मुझे दिखाई दे रहा कि हमारी प्राचीन भारत माता एक बार फिर से जाग गई है और पहले से अधिक गौरवोद्दीप्त होकर अपने सिंहासन पर बैठी है। आओ, सारी दुनिया में हम उसकी शांति और आशीर्वाद की वाणी को गुँजा दें।'

आसुरी शक्तियों को पराभूत करना है। तीसरे विश्व युद्ध की संभावना दिख रही है, जिसमें भयंकर विनाश संभव है; किंतु उसके पश्चात् शांति का संदेश देने की जवाबदारी हमें निभानी है। उसके लिए हम सब कमर कसकर खड़े हों।

□

संस्कृति-आधारित राष्ट्रीयता का भाव सुदृढ़ करें

हम सब जानते हैं कि बौद्ध पंथ का दिव्य संदेश अहिंसा का है; किंतु अहिंसा बिना शक्ति के संभव नहीं है, क्योंकि अहिंसा एक अभावात्मक शब्द है, मूल भाव तो हिंसा का होता है। हमारे अंदर हिंसा की शक्ति ही न हो तो अहिंसा हो नहीं सकती। हमारे पास जब शक्ति होने पर भी अपने श्रेष्ठ संस्कारों के कारण हम उस शक्ति का उपयोग नहीं करते हैं, तब वास्तव में अहिंसा होती है। इसलिए 'अहिंसा परमो धर्मः', इस अपने सांस्कृतिक मूल सिद्धांत के लिए एक प्रबल शक्ति की आवश्यकता है। यह शक्ति भौतिक भी होती है, आत्मिक भी होती है और चारित्रिक भी होती है, साथ-साथ दैवी शक्ति और साधना की शक्ति भी होती है। सब प्रकार की शक्तियों का संचय करके अपने राष्ट्र को प्रबल बनाकर ही हम आगे बढ़ सकते हैं।

राष्ट्रीयता पर ही विवाद

हमने जो राष्ट्र की रक्षा का संकल्प किया है, उस संकल्प को हम लोग बहुत अच्छी तरह से, पूरी कुशलता के साथ पूरा करेंगे। राष्ट्र-रक्षा में पहला शब्द 'राष्ट्र' आता है। हम राष्ट्र की रक्षा करते हैं, लेकिन राष्ट्र क्या है? शायद दुनिया में हिंदुस्थान जैसा अभागा कोई दूसरा देश नहीं होगा, जिसमें अपनी राष्ट्रीयता के बारे में ही इतना अधिक संभ्रम हो। इंग्लैंड के लोग, स्पेन-फ्रांस के लोग, इटली के लोग या जापान हो, अमेरिका हो, चीन हो, वहाँ के लोगों के मन में उनकी अपनी राष्ट्रीयता के बारे में संभ्रम नहीं है, कोई संदेह नहीं है। केवल हिंदुस्थान ऐसा है, जहाँ 'हमारी राष्ट्रीयता क्या है', यही विवाद का विषय बना हुआ है।

राष्ट्रीयता क्या है?

अन्य देश राष्ट्रीयता व नागरिकता में फर्क करते हैं। नागरिक तो कोई भी हो सकता

है। हिंदुस्थान का आदमी इंग्लैंड में नागरिक हो सकता है, अमेरिका में नागरिक हो सकता है; लेकिन वहाँ का 'राष्ट्रीय' तो तब होगा, जब वहाँ की संस्कृति की धारा में वह घुल-मिल जाए; वहाँ का जो समाज है, उसका वह अंग बन जाए। वहाँ के लोगों को लगे कि वह हमारा अपना है। यह जो अपनेपन का भाव है, वास्तव में वही राष्ट्रीयता का मूल भाव होता है। यह भाव होता है—संस्कृति के माध्यम से। हम सबकी समान संस्कृति है, लेकिन संस्कृति का संबंध भूमि के साथ होता है। जिस भूमि पर संस्कृति पनपती है, उस भूमि का भूगोल, उस भूमि का विस्तार, उस भूमि क़ी जलवायु—इन सबके माध्यम से एक सामाजिक जीवन का विकास होता है, उसके जीवन-आदर्शों का विकास होता है, जीवन-मूल्यों का विकास होता है। अच्छे-बुरे का विवेक होता है, जिसको हम सम्मिलित नाम 'संस्कृति' देते हैं। इसलिए संस्कृति की जड़ें जिस धरती में जितनी गहरी होती हैं, वह राष्ट्र उतना ही सबल, उतना ही मजबूत होता है।

इससे प्राचीन राष्ट्र

इस तरह राष्ट्र के लिए तीन बातें आवश्यक होती हैं। समान मातृभूमि, समान संस्कृति, समान पूर्वज—इन तीन चीजों से युक्त जो समाज है, उस भूमि पर राष्ट्र के नाते स्वयं को दुनिया के सामने प्रकट करता है। इस आधार पर विचार करें तो हमारा देश दुनिया का सबसे प्राचीन राष्ट्र है। हमसे ऊँचा कोई शिखर नहीं है, हमसे पुराना कोई राष्ट्र नहीं है।

इसलाम और ईसाइयत दोनों प्रारंभ हुए थे राष्ट्रीयता को अमान्य करते हुए। उन्होंने किसी राष्ट्रीयता को नहीं माना। मुसलमानों ने माना कि दुनिया के जितने मुसलमान हैं, वे सब एक मिल्लत हैं, एक राष्ट्र हैं, इसलिए आपस में भाई हैं; लेकिन जो इतिहास दीखता है, उससे दिखाई देता है कि यह संभव नहीं हुआ। इसलाम राष्ट्रीयता के आधार पर बँट गया।

इसलिए राष्ट्र को यदि हमें मजबूत बनाना है तो हम परस्पर एक-दूसरे की पूजा-पद्धतियों का सम्मान करें, मिल-जुलकर चलें। हमारे यहाँ सबको इस बात की स्वतंत्रता है। इसलिए हमें अपनी परिभाषाएँ बदलनी होंगी, अपनी व्याख्याएँ बदलनी होंगी, तब हम मिल-जुलकर यहाँ रह सकते हैं।

□

भारत बनेगा विश्व का मार्गदर्शक

इस केशव सृष्टि के परिसर में पिछले पाँच दिनों से संपन्न इस शिविर का यह समापन कार्यक्रम है। आज से 75 साल पहले हम देखें तो लगता है कि डॉ. केशव बलिराम हेडगेवार का वह कैसा स्वप्न था कि जो आज इतने विशाल आकार में यहाँ साकार हो रहा है। जिन दिनों उन्होंने कार्य प्रारंभ किया थे, उस समय लोग कहा करते थे कि भाई, जरूर इस व्यक्ति के मस्तिष्क में कोई विकार आ गया है और इसलिए इस हिंदू समाज के संगठन की बात इसके दिमाग में आई है। अनेक जाति-पाँति, प्रांत, भाषा में विभाजित हिंदू समाज भला कभी संगठित हो सकता है! जरूर कुछ-न-कुछ गड़बड़ है और उनकी खिल्ली उड़ाते थे, उनको हतोत्साहित करने का प्रयास करते थे। लेकिन वह अपने मार्ग पर डटे रहे और वह बीज कितना उर्वर था कि उसका विशाल वटवृक्ष आज संपूर्ण विश्व को अपनी छाया प्रदान कर रहा है—

‘थे अकेले आप लेकिन
बीज का था भाव पाया।
बो दिया निज को अमर वट
संघ भारत में उगाया।
राष्ट्र ही क्या अखिल जग का
आसरा बन जाए।
और उसकी हम टहनियाँ,
पत्तियाँ बन जाएँ।’

ऐसी ही दुनिया भर में फैली हुई अनेक टहनियाँ और पत्तियाँ आज यहाँ पर एकत्र हैं और एक स्वर से उद्घोष कर रहे हैं, ‘सच्चिदानंद रूपाय विश्वमंगल हेतवे।’ यह जो सच्चिदानंद रूप है, विश्वमंगल का हेतु है, उसको सभी प्रणाम कर रहे हैं। ‘सर्वधार्मिक मूलाय नमोस्तु परमात्मने।’

सर्वधर्म के मूल उस परमात्मा को आज नमस्कार कर रहे हैं।

जो कुछ हुआ है, यह कोई यदृच्छया हुआ, ऐसी बात नहीं है। वास्तव में, भारत को एक जो विश्व-मंगल का कार्य सौंपा गया है, उसकी ही ईश्वरीय योजना का एक प्रकटीकरण मात्र है। दुनिया में जितने भी समाज और जितने भी देश होते हैं, वे चक्रीय गति से आगे बढ़ते हैं, उत्थान और पतन की प्रक्रिया से आगे बढ़ते हैं। प्रत्येक उत्थान में पतन और प्रत्येक पतन में उत्थान की संभावना रहती है। जैसे किसी रथ का चक्र चलता है, उसका प्रत्येक बंध ऊपर उठता है। फिर नीचे आता है, फिर ऊपर उठता है, फिर नीचे आता है; लेकिन चक्र की धुरी निरंतर आगे बढ़ती रहती है। समाज का जीवन भी उसी उत्थान-पतन की प्रक्रिया में से आगे बढ़ता है।

इस समय कलियुग का 5,202वाँ वर्ष चल रहा है। कलियुग प्रारंभ होने से पहले महाभारत का युद्ध हुआ था, जो हमारे यहाँ पतन का काल था। उस समय 'गीता' के दिव्य संदेश के माध्यम से यह देश अपनी ऊर्जा को लेकर उठा और दुनिया के कोने-कोने में उसने भारतीय संस्कृति का प्रसार-प्रचार किया, जिसके अवशेष आज भी पेरू, बलव्हिरिया, मेक्सिको, अमेरिका आदि सारे देशों में देखने को मिलते हैं। वह एक 1200-1300 साल का उत्कर्ष का काल था।

इसके बाद पतन का काल आया। तब हमारी आध्यात्मिक ऊर्जा गौतम बुद्ध के रूप में प्रकट हुई और उसने फिर से इस देश की ऊर्जा को चेताया। दुनिया के विभिन्न देशों में हमारे यहाँ के बौद्ध भिक्षु और भिक्षुणियों ने इस भारतीय संस्कृति के अहिंसा और शांति के शाश्वत संदेश को सब जगह पर पहुँचाया। इस प्रकार लगभग 1200-1300 साल का कालखंड बीता।

उसके पश्चात् फिर पतन आया। उसके बाद भगवान् महावीर व शंकराचार्य पैदा हुए। मैं जो समय बता रहा हूँ, वह भारतीय काल-गणनानुसार है, पाश्चात्य काल गणनानुसार नहीं। उस समय उन्होंने ऊर्जा को जगाया और इस देश के अंदर फिर से श्रेष्ठ साम्राज्य स्थापित हुए। भारत सोने की चिड़िया बनकर दुनिया के सामने खड़ा हुआ।

लेकिन फिर से हमारे यहाँ पर एक पतन की प्रक्रिया प्रारंभ हुई।

अंत में 15 अगस्त, 1947 को हम स्वतंत्र अवश्य हुए, लेकिन देश-विभाजन की बहुत बड़ी कीमत चुकाकर; किंतु हमारे उत्थान की प्रक्रिया पिछली शताब्दी में प्रारंभ हो चुकी थी। स्वामी दयानंद सरस्वती, जिन्होंने वेदों के साथ हमको जोड़ा, 'ये हमारे मूल हैं। इस मूल के साथ बिछड़ जाओगे तो दुनिया में कहीं के नहीं रह जाएँगे। हमारी अस्मिता इस वेद के अंदर है।' प्रबल विरोध के खिलाफ वे डटकर खड़े रहे और उन्होंने वैदिक धर्म की पुनःप्रतिष्ठापना की। उसके बाद स्वामी रामकृष्ण परमहंस, स्वामी विवेकानंद, स्वामी रामतीर्थ, लाला लाजपतराय, बाल गंगाधर तिलक, ऋषि अरविंद, विपिनचंद्र पाल, स्वातंत्र्यवीर सावरकर, सुभाषचंद्र बोस, महात्मा गांधी, डॉ. आंबेडकर—इस प्रकार के

अनेक महापुरुष होते रहे। इन सारे महापुरुषों के प्रयासों से अपने देश को जगाने का प्रयत्न प्रारंभ हुआ। इस विश्व के अंदर उसका जो जीवन-कार्य है, उस जीवन-कार्य का स्मरण करने का प्रयत्न हुआ।

और इस प्रक्रिया को आगे बढ़ाने के लिए, उस आध्यात्मिक संदेश को संपूर्ण विश्व में पहुँचाने के लिए कार्यकर्ताओं का वर्ग आवश्यक था। उस वर्ग को पैदा करने के लिए डॉ. केशव बलिराम हेडगेवारजी ने संघ कार्य का एक अत्यंत ही परिणामकारी इस प्रकार का एक छोटा सा मंत्र एवं एक छोटा सा तंत्र विकसित किया, जिसके माध्यम से इस प्रकार के जीवनव्रती कार्यकर्ता भारत में पैदा हुए। इन्हीं कार्यकर्ताओं ने दुनिया के विभिन्न देशों में जाकर इस हिंदू समाज को जगाने का काम किया, जिसका एक छोटा सा स्वरूप आज आपके सामने दिखाई दे रहा है।

हिंदू समाज संपूर्ण विश्व के मंगल की कामना लेकर चलता है। 'सर्वेऽपि सुखिनः सन्तु'। सर्वे सन्तु निरामयाः। सर्वे भद्राणि पश्यन्तु मा कश्चित् दुःखभाग्भवेत्।' यह कहनेवाला हिंदू समाज। लेकिन दुनिया के अंदर विश्व की एकता के और भी प्रयत्न हुए हैं। ऐसे प्रमुख रूप से चार प्रयत्न हम देख सकते हैं। लेकिन इन चारों प्रयत्नों का जो तरीका था, वह दुनिया में एकता स्थापित करने के लिए एकरूपता स्थापित करने के ढंग का था कि 'दुनिया के संपूर्ण मानव एक ही प्रकार से व्यवहार करें, एक ही प्रकार से विचार करें तो हम इस दुनिया में एकता स्थापित कर सकते हैं।'

ऐसे जो चार विचार-प्रवाह प्रमुख थे, उनमें से दो मानसिक विचारधाराओं के और दो आर्थिक विचारधाराओं के थे।

एक मानसिक विचारधारा, जिसको हम ईसाइयत कहते हैं, क्रिश्चियनिटी कहते हैं। क्रिश्चियनिटी कहने की जगह 'चर्चेनिटी' कहना मैं ज्यादा पसंद करूँगा। तो यह जो विचारधारा चर्चेनिटी की थी, इसने कहा कि 'सारी दुनिया को हम एक करेंगे। येशु का साम्राज्य स्थापन करेंगे।' लेकिन उन्होंने मानवों को दो हिस्सों में बाँटा। जो जीसस क्राइस्ट में विश्वास करते हैं और वे, जो नहीं करते हैं। जो विश्वास नहीं करते हैं, उनको कभी मुक्ति नहीं मिल सकती। ऐसे लोगों को मुक्ति के सच्चे पथ पर लाना अपना कर्तव्य है। इसलिए येन-केन-प्रकारेण सबको फिर से इस एक ही विचार-प्रवाह के अंतर्गत लाना आवश्यक है, ऐसा सोचकर मतांतर का विचार लेकर वे चारों तरफ चले। सारी दुनिया को चर्चेनिटी के अंतर्गत लाएँगे, ऐसा प्रयत्न उन्होंने किया।

समय जैसे-जैसे बढ़ता गया, वैसे-वैसे वे अपने तरीकों में साफ-सफाई लाते गए। कुछ ने एक से ज्यादा सभ्य मुखौटा उन्होंने लिया होगा, लेकिन मूल विचार के अंदर कोई परिवर्तन नहीं आया। डॉ. भूपेंद्र कुमारजी ने अभी 'मिलेनियम पीस समिट' की बात कही। शांति स्थापित करने के लिए दुनिया भर के हजार के करीब विभिन्न

मत-संप्रदायों के लोग वहाँ पर एकत्र हुए और चार दिनों के विचार-विनियम के पश्चात् एक ही निष्कर्ष पर पहुँचे कि, 'विभिन्न प्रकारों के मत-पंथ-संप्रदाय ईश्वर-प्राप्ति के विभिन्न मार्ग मात्र हैं। सभी सच्चे हैं। मजहब को लेकर किसी प्रकार का खून-खराबा नहीं होना चाहिए (यह अपना हिंदू विचार ही है)।' वहाँ हजारों धर्माचारियों ने एकत्र होकर एक प्रस्ताव के रूप में इस विचार को प्रस्तुत किया। सबने अपने हस्ताक्षर किए।

लेकिन उस हस्ताक्षर की स्याही सूख भी नहीं पाई थी कि वेटिकन से एक 36 पृष्ठीय दस्तावेज प्रस्तुत किया गया, जिसमें तीन बातें प्रमुख रूप से कही गईं—'दुनिया के सभी मजहब रोमन कैथोलिक मजहब के समान होने की बात हम नहीं मानते। जो लोग अन्य मजहबों को रोमन कैथोलिक मजहब के समकक्ष दिखाने का प्रयत्न करते हैं, वे सहिष्णुता की सीमा लाँघ रहे हैं।' दूसरी बात कही कि, 'जितने गैर-ईसाई मजहब हैं, उनको कभी मुक्ति नहीं मिल सकती; क्योंकि वे ईसा मसीह को ईश्वर का पुत्र नहीं मानते।' और तीसरी चीज कही कि, 'जो अन्य ईसाई चर्च हैं, उनको भी मुक्ति नहीं मिल सकती; क्योंकि उनमें बड़ा दोष है कि वे पोप को अपना एकमात्र प्रतिनिधि नहीं मानते।'

अब इस प्रकार की प्रवृत्ति क्या विश्व-शांति ला सकती है? और उसके साथ इस बात को जोड़ करके देखें कि पोप महोदय की निजी सेना, जिसे 'जेसुइट्स' कहते हैं, को जो शपथ दिलाई जाती है, उस शपथ का एक भाग मैं आपके सामने प्रस्तुत करूँ तो कितना बड़ा खतरा हमारे सामने है, आपको पता लग जाएगा—

उस अंश में कहा गया है कि, 'मैं शपथ लेता हूँ और घोषणा करता हूँ कि जब भी मुझे अवसर दिया जाएगा, पंथद्रोहियों को, फिर वे प्रोटेस्टेंट हों, चाहे उदार मतवादी हों, मैं उनसे तब तक संघर्ष करूँगा, जब तक इस पृथ्वी पटल से वे पूरी तरह से समाप्त नहीं हो जाते। ऐसा करते समय मैं उनके पद-प्रतिष्ठा का कोई खयाल नहीं करूँगा। मैं उनकी बलि चाहूँगा। मैं उनको बरबाद कर दूँगा। मैं उनको उबालूँगा। मैं उनको जमीन के अंदर गाड़ूँगा। मैं उनको नष्ट करूँगा। उनकी महिलाओं के पेट फाड़कर गर्भस्थ शिशुओं को बाहर निकालकर उनका सिर दीवार पर टकराऊँगा और यह काम अगर खुलेआम नहीं कर सका तो मैं विष का प्रयोग करूँगा, गलफाँस का प्रयोग करूँगा। लोगों को चुपचाप से गोली मारूँगा। छुरे का प्रयोग करूँगा और ऐसा करते समय किसी की पद-प्रतिष्ठा का खयाल नहीं करूँगा। जब पोप का कोई भी अधिकारी मुझे आज्ञा देगा या मेरी बिरादरी के वरिष्ठ लोग मुझे आज्ञा देंगे तो मैं अपनी संपूर्ण शक्ति के साथ इसे करूँगा।' आप कहोगे कि कहाँ का पुराना गड़ा मुर्दा उखाड़कर बता रहे हैं! मैं आपको बताता हूँ कि वास्तव में वर्तमान में 26 मार्च, 2000 को इस 'जेसुइट्स' की शपथ को फिर से प्रचारित किया गया है। इस प्रकार की प्रवृत्ति विश्व-शांति के लिए कहाँ तक उपयोगी हो सकेगी, केवल इसका आप लोग विचार करें।

दूसरा इसी प्रकार का मानसिक मत प्रवाह इसलाम का रहा। वैसे तो वे कहते हैं कि हमारा इसलाम शांतिपूर्ण है; लेकिन सारा इतिहास उठाकर देखें तो वहाँ पर कहीं शांति दिखाई नहीं देती। वास्तव में, इसलाम मनुष्य को चार भागों में बाँटता है। एक, जो अल्लाह को मानते हैं। हजरत मोहम्मद को एकमात्र अंतिम पैगंबर मानते हैं, 'कुरान शरीफ' में आस्था रखते हैं। ये तो हो गए मुसलमान। दूसरे हैं, जिनको कहते हैं, 'अहले किताब' अर्थात् ऐसे लोग, ऐसे समाज, जिनको ईश्वर का आदेश तो प्राप्त हुआ है; जिनका उल्लेख 'कुरान' के अंदर है, यहूदी हैं, ईसाई हैं। इनको 'अहले-किताब' कहते हैं। तीसरे वे हैं, जिनका उल्लेख तो 'कुरान शरीफ' में नहीं है, किंतु जिनको ईश्वर से कुछ-न-कुछ हिदायतें प्राप्त हुई हैं। संदेश प्राप्त हुआ है। इनको 'अहले-किताब-मुशाबा' कहते हैं। 'अहले-किताब' के समान और चौथे वे, जो ईश्वर का अस्तित्व ही नहीं मानते, ये सब काफिर हैं। ऐसे काफिरों को समाप्त करने का काफी कठोर शब्दों में आदेश दिया गया है।

किंतु इसका कोई एक निकष नहीं है कि किसको 'अहले-किताब' माना जाए, किसको न माना जाए। इसलिए अलग-अलग देशों में लोगों ने अलग-अलग ढंग से इनकी परिभाषा की है। आज के विभिन्न इसलामिक देशों को देखें। उन इसलामी देशों के अंदर अन्यान्य जितने भी लोग हैं, उनके साथ भिन्न-भिन्न प्रकारों से व्यवहार होता है, जैसे सऊदी अरेबिया के अंदर हमारे केशधारी सिख बंधुओं को प्रवेश ही नहीं है। वहाँ पर आप धर्मग्रंथ नहीं ले जा सकते। वहाँ पर आप चुपके से भी धर्मिक पूजा-पाठ नहीं कर सकते। दूसरे कुछ देश, जैसे कतर एवं अबूधाबी हैं, वहाँ अपनी पूजा-पाठ वगैरह घर में कर सकते हैं। उसमें कोई आपत्ति नहीं है। कुछ जगहों पर, कुछ देशों में मंदिर भी बनाने की अनुमति प्राप्त हुई है।

दक्षिण-पूर्व एशिया के देश, जैसे मलेशिया में, सभी लोगों को अपना धर्म मानने की छूट है। हिंदू लोग भी वहाँ अपना उत्सव अच्छी तरह से मना सकते हैं। इतना ही है कि मुसलमानों का मतांतर करने की आपको अनुमति नहीं है, लेकिन आप अपने धर्म का पालन वहाँ कर सकते हैं।

इंडोनेशिया में तो पाँच प्रकार के मतों को मान्यता है। इसलाम, रोमन कैथोलिक, प्रोटेस्टेंट, हिंदू एवं बौद्ध। उनका कहना है कि इंडोनेशिया के प्रत्येक व्यक्ति को इन पाँच में से ही किसी-न-किसी एक का अंग बनना चाहिए। जो व्यक्ति इन पाँच में से किसी भी मजहब को नहीं मानता है, उसको वहाँ रहने का अधिकार नहीं है। वहाँ पर कोई भी शपथ ईश्वर के नाम से ही लेनी चाहिए। बँगलादेश, पाकिस्तान आदि में तो स्थिति इस प्रकार की है कि अल्पसंख्यकों को अनेक बाधाओं को झेलते हुए जीवन बिताना पड़ता है, जिसके कारण वे घबराकर इसलाम को स्वीकार करते हैं। न उनको नौकरी में

आगे जाने दिया जाता है। उसके परिणामस्वरूप, जोर-जबरदस्ती करके उन्हें इसलाम के अंदर लाने का प्रयत्न होता है।

तो इसलाम के विभिन्न देशों में विभिन्न प्रकार हैं। इसलिए कोई एक सामान्य निकष नहीं है, जिसके माध्यम से यह तय हो सकें कि भाई, कौन अहले-किताब है, कौन अहले-किताब-मुताबा है, कौन काफिर है ? इसका कोई पैमाना नहीं है। इस प्रकार इसलाम भिन्न-भिन्न देशों में भिन्न-भिन्न प्रकार के रूप में विकसित हुआ; किंतु मूलतः वह अरब राष्ट्रीयता का वाहक है। लेकिन दूसरे देशों की संस्कृतियों से संपर्क होने पर हर देश में इसलाम ने अपना एक अलग रूप ग्रहण कर लिया। इस प्रकार से इसलाम एक राष्ट्रीयता के आधार पर बँट गया।

लेकिन और दो विचार-प्रवाह हुए, जो आर्थिक थे, जिसमें एक कम्युनिज्म था। कम्युनिज्म ने भी दुनिया को हिस्सों में बाँटा। एक 'हैव्स' और दूसरा 'हैव्स नॉट्स' और कहा कि जब तक 'हैव्स' को समाप्त नहीं करते, तब तक 'हैव नॉट्स' की प्रगति नहीं हो सकती। लेकिन हैव्स और हैव्स नॉट्स के निकष क्या हैं, कौन सी कसौटी है अपनी जिसके आधार पर हम उसको तय करेंगे ? कोई कसौटी नहीं और इसलिए हम देखते हैं कि चीन और रूस, दोनों जगह एक सामान्य किसान, जिसके पास अपनी एक छोटी सी जमीन है, जिसके पास छोटा सा हल है, उसको भी अंत में बुर्जुआ घोषित किया गया और समाप्त भी किया गया।

इन देशों में लगभग 10 करोड़ लोगों की बलि लेकर कम्युनिज्म पूरी तरह से समाप्त हो गया। उसके समाप्त होने के बाद लोगों ने कहा कि अब तो दुनिया के अंदर केवल पूँजीवाद चलेगा। विद्वानों ने तो यहाँ तक कहा कि, 'अब युनिएकोनॉमिक्स हो गया है। पूँजीवाद सब जगहों पर होगा।'

लेकिन पूँजीवाद भी मनुष्यों को दो हिस्सों में बाँटता है। उसमें से एक हिस्सा है, जो सक्षम है और दूसरा हिस्सा है, जो अक्षम है। और उनका कहना है कि दुनिया सक्षम लोगों के लिए है, अक्षम लोगों के लिए नहीं है और इसके लिए सक्षम लोग बचेंगे। (सर्वाइवल ऑफ द फिटेस्ट) अक्षम लोग खत्म होते हैं तो उसका दुःख करने का क्या कारण ? और इसी आधार को मानकर आज इस प्रकार की संस्कृति का विकास हो रहा है। उपभोगवादी संस्कृति वहाँ पर पल रही है। पूँजीवादी संस्कृति, जिसमें शोषण के आधार पर कुछ लोग बड़े बन जाते हैं। सक्षम लोग बड़े बन जाते हैं और जो तुलनात्मक अक्षम हैं, वे धीरे-धीरे अनेक प्रकार के कष्टों में पड़ते चले जाते हैं।

आज दुनिया में जिनको समृद्ध देश कहते हैं, ऐसे समृद्ध देशों में (जी-सेवन कंट्रीज जिनको कहते हैं) दुनिया की 20 प्रतिशत जनसंख्या रहती है, लेकिन दुनिया के 80 प्रतिशत साधनों का उपभोग मात्र ये करते हैं। लेकिन 80 प्रतिशत जनसंख्या विकासशील

देशों में रहती है। उनको केवल 20 प्रतिशत साधन उपलब्ध होते हैं। फलस्वरूप एक समता-युक्त विश्व की स्थापना कैसे होगी?

आज जितने समृद्ध देश हैं, वे इन सारे साधनों को प्राप्त करने के लिए एक रचना बना रहे हैं, जिसके कारण 'जो सारे साधन विकासशील देशों के पास हैं, वे हमको मिलते रहें। उनका बाजार भी हमारे हाथ में आता रहे।' और इसलिए वर्ल्ड बैंक, आइ.एम.एफ., गेट, डब्ल्यू.टी.ओ. सारी व्यवस्थाएँ उन्होंने इस प्रकार की बनाई हैं, जिनके माध्यम से इन सारे विकासशील देशों के सारे संसाधन हड़प कर लो। वास्तव में आज की यही परिस्थिति है।

ऐसी इन परिस्थितियों में जब चारों प्रकार के विचार-प्रवाह (इसमें से एक विचार, जो थोड़ा ढीला पड़ गया है)। दुनिया के अंदर आज भी विद्यमान है। ऐसे समय पर भारत की स्थिति क्या है? भारत ने ईश्वर को एक माना, लेकिन मानवता को भी एक माना है। हमने ईश्वर को एक माना, लेकिन साथ में यह भी माना कि प्रत्येक व्यक्ति इतना सक्षम नहीं होता कि वह निराकार, निर्विकार, निरहंकार, अनंत ईश्वर की कल्पना कर सके। इसलिए विभिन्न रूपों में उसकी कल्पना करने की हमारे यहाँ छूट दी। इसलिए रूप अनेक हैं, लेकिन ईश्वर एक है और हमने मानवता को एक ही माना।

लेकिन साथ में यह कहा कि मानवता में दो प्रकार की प्रवृत्तियाँ हैं। जैसा उल्लेख पूजनीय सत्यमित्रानंदजी ने अपने भाषण में किया, 'एक दैवी प्रवृत्ति और एक आसुरी प्रवृत्ति। जो आसुरी प्रवृत्ति है, वह अपने को केंद्रबिंदु मानकर संपूर्ण दुनिया का उपयोग अपने ही हित में करने का प्रयत्न करती है; लेकिन दैवी वृत्ति भी है, जो संपूर्ण विश्व को एक ही परब्रह्म, परमात्मा की अभिव्यक्ति मानकर अणु-रेणु के अंदर उसका अस्तित्व मानकर जीवन को उनकी सेवा के लिए समर्पित करते हुए जो कुछ प्राप्त होता है, उसको प्रसाद रूप में लेकर चलनेवाला जो व्यक्ति है, वह दैवी प्रवृत्ति का व्यक्ति है। दैवी वृत्तियाँ अगर बलशाली होती हैं तो विश्व के अंदर मंगल होता है, कल्याण होता है। आसुरी प्रवृत्ति अगर बलशाली होती है तो विश्व के अंदर अनेक प्रकार के संघर्ष और रक्तपात होता है।'

इस प्रकार की दैवी प्रवृत्तिवाली संस्कृति इस देश के पास है। इस देश के पास धरोहर के रूप में भगवान् ने वह हमको दी है और भगवान् ने हमको प्रेरित किया है कि आज की परिस्थिति में जब विश्व में सब जगह संघर्ष के बादल दिखाई देते हैं, विश्व पर विनाश की परछाईं दिखाई देती है, उस समय विश्व-मंगल के लिए यह जो संदेश है, उसे देने का दायित्व अपने भारत का है। इस दृष्टि से हम सब लोगों को बद्धपरिकर होना है।

इसी एक संकल्प को लेकर और भारत में राष्ट्रीय स्वयंसेवक संघ और विश्व के अन्यान्य देशों में हिंदू स्वयंसेवक संघ, हिंदू सेविका समिति और अन्यान्य संलग्न संस्थाएँ,

विश्व हिंदू परिषद् इत्यादि सब जगहों पर आज प्रयत्न कर रही हैं और हिंदू समाज के अंदर एक जागृति लाने का प्रयत्न कर रही हैं। हम लोगों को एक नया विकास-पथ बनाना पड़ेगा।

पश्चिम का विकास-पथ केंद्रीभूत है, विपुल ऊर्जाभक्षी है, बेकारी बढ़ानेवाला है, प्रकृति का विनाश करनेवाला है। उसके स्थान पर हमको एक नया विकास-पथ बनाना पड़ेगा जोकि विकेंद्रित होगा, ग्रामाधारित होगा, कम पूँजी और कम ऊर्जा पर चलनेवाला होगा, प्रकृति की रक्षा करनेवाला होगा, रोजगार प्रदान करनेवाला होगा। ऐसा विकास-पथ हमको बनाना पड़ेगा। और यह विकास-पथ हिंदू चिंतन के आधार पर ही संभव है। इसलिए आज की परिस्थिति में हिंदू चिंतन की अत्यंत सार्थकता है। इस बात को हम सब हिंदुओं को समझने की आवश्यकता है। उस दृष्टि से कमर कसने की आवश्यकता है।

स्वामी विवेकानंद ने कहा था कि युग-परिवर्तन की प्रक्रिया का सूत्रपात हो गया है। आगे चलकर ऋषि अरविंद ने कहा कि यह दो युगों का संधिकाल है। एक युग बदलकर दूसरा युग आता है, उसको कहते हैं युगसंधि। जैसे दिन के बाद रात आती है, बीच में संध्या होती है। रात के बाद दिन आता है तो बीच में उषःकाल होता है। ऐसे दो युगों के बीच में एक संधि का काल होता है। यह संधि का काल 175 वर्षों का है, ऐसा ऋषि अरविंद ने कहा था। वे 175 वर्ष सन् 2011 में समाप्त हो रहे हैं। आप मान करके चलिए, सन् 2011 के बाद भारतवर्ष को ही संपूर्ण विश्व का मार्गदर्शन करना है। उस दृष्टि से हम अपनी तैयारी करें। इस दृष्टि से दुनिया के जिस-जिस देश के अंदर हिंदू बैठा हुआ है, वहाँ पर हिंदू संदेश को सब जगह विश्वास के साथ प्रसारित करने के लिए वह आगे बढ़ें—

'शुद्ध हृदय की प्याली में
विश्वास दीप निष्कंप जलाकर।
कोटि-कोटि पग बढ़े जा रहे।
जब तक ध्येय न पूरा जीवन गला-गलाकर।'

□

समाज को तोड़नेवाली शक्तियाँ पहले से अधिक सक्रिय, उन्हें परास्त करें!

भारत के राष्ट्र-जीवन का आधार सदैव आध्यात्मिक रहा है। सर्वजन में एक ही तत्त्व को देखनेवाली यह संस्कृति विश्व में बेजोड़ है। 'माताभूमिः पुत्रोऽहं पृथिव्याः'—धरती माता है और हम सब उसके पुत्र हैं, अर्थात् सारे विश्व के लोग हमारे भाई हैं, यह घोष यहाँ हुआ। परिणामतः ऊँच-नीच का भाव नहीं रहा। समाज-विकास में हरेक का अपना महत्त्व है, उसका ध्यान रखा गया। इसी विश्वास के आधार पर यहाँ युगानुकूल समाज-रचना का विकास हुआ। विकास का उच्च शिखर हमने सभी क्षेत्रों में देखा। सारे विश्व ने इस विचारधारा का स्वागत किया।

काल-प्रवाह में यह स्थिति कायम रखने में हम नाकाम रहे। वैश्विकता के भाव को हम भूल गए। अपने भाई को हमने अपने से दूर किया। उसे अंतरराष्ट्रीय, असामाजिक क्षेत्र में जाने हेतु विवश किया और हम सिकुड़ते गए। तब करुणामय भगवान् बुद्ध ने पंचशील के आधार पर समाज में नवचेतना जगाई। समाज ने फिर करवट ली और हम फिर से विश्व-संचार करने लगे। वह सारा इतिहास हम सबके सामने है।

विकास क्रम में समाज का नेतृत्व करनेवाले सभी जातियों में से आते थे। अपने व्यक्तित्व और कृतित्व के द्वारा उन्होंने समाज में श्रेष्ठ स्थान बनाया।

मुगलों के पश्चात् अंग्रेज यहाँ आए। अपनी राजनीतिक स्वार्थ-पूर्ति हेतु उन्होंने यहाँ अनेक भेद खड़े किए। हिंदुत्व को, राष्ट्रीयत्व को क्षीण करने का षड्यंत्र उन्होंने रचा, जिसे डॉ. आंबेडकर ने समझा। उन्होंने भगवान् बुद्ध के सपनों को साकार करने का अथक प्रयास किया, अपने ही समाज में आई बुराइयों को दूर करने का बीड़ा उठाया, वंचित वर्ग में प्रेरणा जगाकर उसमें ऊपर उठने की ललक जगाई।

समाज-विकास की चिंता करनेवाले आज भी परिस्थिति को समझते हैं। आज

समाज को तोड़नेवाली शक्तियाँ पूर्वकाल से भी ज्यादा सक्रिय हैं। उन्हें परास्त कर हमें सारे समाज को परम वैभव तक ले जाना है। अत: सारा समाज मेरा अपना है, यह भाव जगाकर समाज रूपी भगवान् की आराधना करनी होगी और इस भाव को वैयक्तिक, पारिवारिक, सामाजिक, व्यावसायिक एवं सांस्कृतिक क्षेत्र में व्यावहारिक रूप में खड़ा करना होगा। राष्ट्रीय स्वयंसेवक संघ से प्रेरणा पानेवाला स्वयंसेवक वर्ग एवं साधु-संतों से दिशा लेनेवाला समाज इस दिशा में सक्रिय हुआ है। इनके अनेक अच्छे परिणाम भी सामने आ रहे हैं।

संघ के स्वयंसेवक श्री नरेंद्र मोदी ने समाज में व्याप्त इस दु:ख को दूर करने का संकल्प लिया, जो उनके व्यवहार में दिखाई देता है। उन्होंने समरस समाज के विचार को प्रतिष्ठित करने का सत्प्रयास किया। समाज के विविध प्रश्नों को देखने का उनका अपना ही दृष्टिकोण है। श्री नरेंद्र मोदी की समाज के प्रति जो संवेदना है, वंचितों के प्रति जो कर्तव्य-भाव है और सामाजिक समरसता के लिए जो प्रतिबद्धता है, वह उनके भाषणों एवं वक्तव्यों में, उनके लेखों में तथा उनके कार्य में स्पष्ट रूप से दिखाई देती है।

□

भारतीय मनीषा की अभिव्यक्ति ही देशोन्नति का मार्ग प्रशस्त करेगी

प्रो. रामेश्वर मिश्र की प्रस्तुत कृति 'राष्ट्रीय विमर्श का आह्वान', जो उनके दीर्घकालीन चिंतन एवं मनन का सुपरिपाक है, अत्यंत सामयिक तो है ही, अपने नामानुरूप साहसपूर्ण चुनौती देनेवाली भी है। भारतीय स्वतंत्रता की अर्ध शताब्दी से कुछ अधिक की यात्रा के दौरान अपने राष्ट्र-जीवन पर जिस पश्चिम-प्रणीत चिंतनधारा की दादागीरी छाई रही और जिसने उससे भिन्न हर चिंतनधारा के लिए पुराणपंथी, दकियानूसी, प्रतिगामी, सांप्रदायिक, फासिस्ट, फंडामेंटलिस्ट आदि विशेषणों के अंबार में से एक या दो चिपकाकर उसे हर बौद्धिक मंच से बहिष्कृत रखने का ही प्रयास सदा किया, उसके रहते उस दादागीरी को चुनौती देने का साहस श्री रामेश्वरजी ने किया है, जो सचमुच ही अभिनंदनीय है। उन्होंने बौद्धिक धरातल पर उन्हें विमर्श के लिए ललकारा है।

संघ को गरियाओ और प्रतिष्ठा पाओ

राष्ट्रीय स्वयंसेवक संघ या उसके समविचारी संगठनों को चार गालियाँ सुनाकर वर्तमान बौद्धिक जगत् में अपने आपको सेक्युलर और इसलिए स्वीकार्य करा लेने तथा सत्ता के गलियारों में समादृत होने का रिवाज जहाँ हो, वहाँ उनके द्वारा त्रिवार-धिक्कृत उस संगठन के प्रमुख से अपनी भूमिका लिखाने का विचार करना भी दुःसाहस नहीं तो और क्या है! प्रो. रामेश्वरजी अपने कथ्य को महात्मा गांधी और डॉ. लोहिया के संदर्भों तक ही सीमित रखते तो भी गनीमत थी, कम-से-कम उनपर सांप्रदायिकों के खेमे में सम्मिलित होने का लांछन तो कोई नहीं लग पाता। भले ही गांधीजी ने बार-बार कहा हो कि, 'मैं हिंदू हूँ और स्वयं को सनातनी हिंदू मानता हूँ। मुझे सर्वाधिक संतोष हिंदू धर्म से ही मिला है।' या डॉ. लोहिया मानते हैं, 'राम, कृष्ण और शिव भारत की पहचान हैं।' पर उनपर 'सांप्रदायिक' विशेषण लगाने का साहस आज तक कोई नहीं कर पाया है; बल्कि मिश्रजी के अनुसार, 'औपनिवेशिक समूह भारतीय समाज के इस सबल पुत्र

गांधीजी की उपेक्षा नहीं कर सकता था और साथ ही अपने औपनिवेशिक संस्कारों के कारण देशी समाज के जीवन-मूल्यों और जीवन-दृष्टि का सम्मान भी नहीं कर सकता था। इसलिए वह गांधीजी के व्यक्तित्व को देशी समाज के वास्तविक प्रतिनिधि के रूप में मानने से इनकार करता रहा और उन्हें अपना ज्यादा चतुर प्रतिनिधि प्रचारित कर अपने ही वर्ग में 'को ऑप्ट' करने की कोशिश करता रहा। किंतु मजेदार बात यह है कि जो बातें गांधी और लोहिया ने कही हैं, वही बातें यदि कोई संघी बोल दे तो कुफ्र हो जाता है। यही नहीं, यदि कोई यादव, पासी, कुम्हार, क्षत्रिय, ब्राह्मण, वाल्मीकि आदि के जातिगत अथवा बौद्ध, जैन, सिख, लिंगायत आदि के पंथगत सम्मेलन करे तो उसमें भाग लेने में उन्हें कोई हिचक नहीं होती; किंतु इन सबको मिलाकर यदि विश्व हिंदू परिषद् 'हिंदू सम्मेलन' करे तो उसकी सांप्रदायिकता और कुफ्र के विरुद्ध उनका पारा सातवें आसमान को छूने लगता है।

सेक्युलरिस्टों के सवाल

ऐसे माहौल में जब रामेश्वरजी यह कहते हैं, 'जो समाजवादी कम्युनिस्ट या सेक्युलर हिंदू राष्ट्रीय स्वयंसेवक संघी या भाजपाई हिंदू से आत्मीयता के आधार एवं सूत्र आपस में ही नहीं रच पाते, वे भला नितांत भिन्न दर्शन एवं अध्यात्मवाली संस्कृतियों से किस प्रकार आत्मीयता की अनुभूति कर सकेंगे?' तब तो कुफ्र की हद ही माननी चाहिए और वही लोहिया व गांधी का अनुयायी जब यह कह दे, 'उन हिंदुओं का क्या करें, जो तथाकथित अल्पसंख्यकों की रक्षा का नारा देकर हिंदुओं को खुलेआम अपना शत्रु घोषित करते फिरते हैं?' तब तो मानो खुला द्रोह ही हो गया। उनके मुख से 'दाउ टू ब्रूटस' (ब्रूटस, तुम भी उनके साथ हो गए) निःसृत होने के अतिरिक्त और कुछ करना नहीं रह जाता। शान्तं पापं, शान्तं पापम्।

पर रामेश्वरजी ने चुनौती ही इस बात की दी है। उनकी पीड़ा यही है कि स्वराज्य प्राप्ति की अर्ध शताब्दी के बाद भी राजनीति, प्रशासन-तंत्र, विद्वत् प्रतिष्ठान एवं संवाद माध्यमों में उन्हीं लोगों का वर्चस्व छाया हुआ है, जो भारतीय सामाजिक जीवन, उनके इतिहास, साहित्य, कला, परंपराओं, धार्मिक मान्यताओं आदि का मूल्य आँकते समय यूरो-ईसाई प्रतिमानों का ही प्रयोग करते हैं।

अंग्रेजों की कूटनीतिक सफलता

मैकाले द्वारा सन् 1835 में घोषित भारतीय शिक्षा नीति के संबध में उनके बहनोई चार्ल्स ट्रेवेलियन ने जो कहा था, वह यहाँ स्मरणीय है। उसने कहा था, 'हम भारतीयों को यूरोपीय विकास-पथ पर बढ़ा दें, तब वे पुरानी भित्ति पर टिकी स्वाधीनता को पाने का लक्ष्य और आकांक्षा त्याग देंगे।...उनकी राष्ट्रीय गतिविधि पूर्णतया और निरापद ढंग से

यूरोपीय ज्ञान को पाने और फैलाने में तथा यूरोपीय संस्थाओं को अपनाने में लगी रहेगी।' इसे अंग्रेजों की कूटनीतिक सफलता ही मानना होगा कि वे न केवल अपनी पद्धति और जीवनादर्शों के प्रति अनुरक्त ऐसा भारतीय वर्ग तैयार करने में सफल हो गए, अपितु पं. नेहरू के नेतृत्व में ऐसे वर्ग को उन्होंने राज्य-तंत्र का सर्वाधिकारी भी बना दिया।

मिश्रजी के अनुसार, 'यह राज्य-तंत्र प्राचीन राज्य-तंत्र की निरंतरता में नहीं था, उससे बिलकुल उलटा था। इस राज्य-तंत्र का लक्ष्य समाज की रक्षा का राजधर्म निभाना और इस प्रकार समाज की एक सशक्त श्रेष्ठ संस्था बनकर समाज को उत्कर्षशील एवं सुदृढ़ रखना नहीं था, वरन् समाज की शेष सभी सांगठनिक इकाइयों को नष्ट कर फिर उस निर्बल, विघटित, पराश्रित बने समाज को सिर्फ अपने द्वारा संचालित सांगठनिक इकाइयों में ढालना था। इसलिए आधुनिक राजनीति स्वयं को अपने बृहत् समाज द्वारा शासित एक श्रेष्ठ संस्था नहीं मानती। वह संपूर्ण समाज को अनुशासित रखने के लिए सचेष्ट रहती है। सामाजिक जीवन का संपूर्ण नियमन उसका लक्ष्य है।'

सेक्युलरीकरण अर्थात्…?

तदर्थ व्यक्ति और सत्ता के बीच की समस्त नैसर्गिक इकाइयों, यथा—परिवार, ग्राम समाज, व्यावसायिक समूह एवं धार्मिक पंथों को अमान्य करना आवश्यक था। ब्रिटिश चिंतक थॉमस हॉब्स ने तो उस व्यक्ति को राज्य के लिए सर्वाधिक खतरनाक माना है, जो अपने नैसर्गिक परिवेश से स्वयं का मूल्य-बोध ग्रहण करता है। उसे नियंत्रित करने हेतु उसे उसके अपने मूल्य-बोध से विच्युत करना उसने आवश्यक माना और इसी को 'सेक्युलरीकरण' माना गया।

नैसर्गिक संतुलन हो धर्म

भारतीय चिंतन इससे सर्वथा भिन्न रहा। यहाँ सभी नैसर्गिक इकाइयों को मान्यता दी गई है और उनके बीच विद्यमान अपने नैसर्गिक संतुलन को ही धर्म माना गया। राजसत्ता का कार्य अंतर्बाह्य आक्रमणों से इस सामाजिक संतुलन या धर्म की रक्षा करना था। राजा को किसी भी नैसर्गिक इकाई के कार्यों में तब तक हस्तक्षेप करने का अधिकार नहीं था, जब तक वह अपनी सीमाओं को लाँघकर दूसरों के क्षेत्र में हस्तक्षेप नहीं करता। लगभग छह सौ वर्षों के इसलामी आक्रमणों और बाद में पाँच सौ वर्षों के प्रत्यक्ष शासन के पश्चात् भी भारत को ईरान, अफगानिस्तान, पाकिस्तान आदि के समान मुसलिम राष्ट्र नहीं बनाया जा सका। इसका कारण यही था कि भारत में सत्ता मुसलिम बादशाहों के हाथों में होते हुए भी समाज को बाँधकर रखनेवाले अन्य शक्ति-केंद्र, यथा—ग्राम पंचायतें, जाति पंचायतें व धार्मिक संप्रदाय सक्रिय बने रहे। अंग्रेजों ने ही इस रहस्य को अच्छी तरह समझा और उन सारे शक्ति-केंद्रों को तोड़ने का काम सुनियोजित रीति

से करने का प्रयास किया। सामाजिक, आर्थिक, राजनीतिक आदि सभी शक्तियों का केंद्रीकरण किया गया और नई राजनीतिक इकाइयाँ गठित कर उन्हें कतिपय अधिकार दे दिए गए। आजकल की ग्राम पंचायतें वे नहीं रहीं, जिनके बारे में सन् 1830 में ईस्ट इंडिया कंपनी के तत्कालीन गवर्नर जनरल चार्ल्स मेटकॉफ ने कहा था, 'वे स्वायत्तशासी गणराज्य हैं। वे अपना सारा काम स्वयं कर लेती हैं।'

सेक्युलर सांप्रदायिकता

अपने देश का संविधान भी सन् 1935 के उस भारत प्रशासन कानून का ही परिवर्धित रूप है, जिसे अंग्रेजों ने साम्राज्यवादी उद्देश्यों की पूर्ति के लिए पारित करवाया था। उन दिनों देश-विभाजन से जनित अनेक विकराल समस्याओं के चलते शीघ्र ही एक संविधान की आवश्यकता प्रतीत होने के कारण ऐसा करना आवश्यक प्रतीत हुआ होगा; किंतु पचास वर्ष बाद उसकी मात्र समीक्षा के ही प्रश्न पर जबरदस्त हंगामा खड़ा किया गया और वह भी उन्हीं मैकालेवंशियों तथा मार्क्सवंशियों के एक वर्ग द्वारा, जिन्होंने संविधान में अब तक हुए लगभग अस्सी संशोधनों में से अधिकतर को पारित कराने में प्रमुख भूमिका निभाई थी। यहाँ तक कि आपातकाल में जनतंत्र की रक्षा के नाम पर क्रूरतम तानाशाही लादने में भी उन्हें जरा-सी हिचक नहीं हुई। यह देखकर श्री मिश्र का यह कथन ठीक लगता है, 'आधुनिकतावादी सेक्युलर सांप्रदायिकता आजादी के इतने वर्षों के बाद परत-दर-परत उघड़ने लगी है।'

इंडिया के ठेकेदार

औपनिवेशिकतावादी इस संप्रदाय को प्रो. रामेश्वरजी ने एक नाम दिया है—'यूरंडपंथी यानी यूरोइंडियन पंथी'। लखनऊ के मेरे एक मित्र बहुत दिनों से मुझसे आग्रह कर रहे थे कि इन औपनिवेशिकतावादी लोगों ने हमारे लिए तो बहुत से विशेषण खोज निकाले हैं, हम भी उनके लिए कोई चुभता-सा नाम क्यों न खोजें? मुझे लगता है कि मिश्रजी द्वारा दी गई यह संज्ञा उन्हें पसंद आएगी, क्योंकि उसमें चुभन के साथ-साथ एक गहरी सार्थकता भी है। इस पंथ के लोगों को 'इंडिया' की दुःख-मुक्ति का ठेकेदार निरूपित करते हुए वे कहते हैं, 'स्वाधीन भारत में देश की प्रगति के नाम पर नेहरूवादी कांग्रेस तथा कम्युनिस्ट पार्टियों ने स्वयं की मान्यताओं और योजनाओं को ही राष्ट्र के कल्याण का एकमात्र उपाय घोषित कर दिया और उनसे असहमति जतानेवालों को राष्ट्र की प्रगति के विरोधी, देश के दुश्मन आदि बताने लगे। भारतीयों के सारे दुःखों की जड़ हिंदू धर्म, भारतीयता एवं भारत माता की भक्ति की भावना को बताया गया। इस तरह इन ठेकेदारों ने हिंदू धर्म, हिंदुत्व, भारतीयता एवं राष्ट्र-भक्ति के क्रमिक विलोप को ही 'नेशन स्टेट' की सेवा का लक्ष्य प्रचारित कर डाला।'

हिंदू-विरोधी एकजुट

इस कार्य में हिंदुत्व-विरोधी सारी शक्तियाँ एकजुट हो गईं और तथाकथित अल्पसंख्यकों के हिंसात्मक उभार को सेक्युलर, मजहब के नाम पर आरक्षण की उनकी माँग को भी सेक्युलर तथा हिंदू समाज के ऊपर उनके आक्रमणों को भी बहुमत की हिंसा (?) के विरुद्ध जायज करार देने के लिए वे सदा सन्नद्ध रहती हैं। ईश्वर का एकत्व और मानवता को दो भागों में बाँटकर एक के विनाश के बिना विश्वैक्य संभव नहीं, ऐसा प्रचारित करनेवाली एकदेववादी तथा एकमतवादी शक्तियाँ हिंदुत्व के उन्मेष को ही 'हिंसा' कहती फिरती हैं।

राष्ट्रीय विमर्श हेतु मुद्दे

श्री रामेश्वरजी ने पाश्चात्य यूरो-ईसाई विश्व-दृष्टि से अद्‌भुत भारत के औपनिवेशिक संप्रदायों के चरित्र और चिंतन का पैना विश्लेषण करते हुए उसके द्वारा उत्पन्न विकृतियों की ओर ध्यान दिलाया है, साथ ही भारत की सनातन मनीषा के सशक्त प्रतिनिधि महात्मा गांधी के विचारों के सहारे हिंदू जीवन-दृष्टि और उसके आधार पर भारत की समस्याओं का विश्लेषण करने का आह्वान करते हुए प्रश्न उठाया है, 'हिंदू दृष्टि से विश्व को देखना कब शुरू होगा ?' भारतीय सनातन मनीषा से जुड़े हुए गुरुजी गोलवलकर, डॉ. राममनोहर लोहिया और पं. दीनदयाल उपाध्याय के योगदान को कृतज्ञतापूर्वक स्मरण करते हुए उन्होंने अपनी कृति द्वारा राष्ट्रीय विमर्श हेतु अनेक मुद्दे प्रस्तुत किए हैं। उदाहरणार्थ—

1. विश्वव्यापी विविध बोध-प्रवाहों में अपने देश के सनातन धर्म-बोध के प्रवाह की कोई विशेषता या समीचीनता है क्या ?
2. दो-दो साम्राज्यवादों द्वारा भारत का भौगोलिक परिदृश्य कैसे खंडित हुआ और वह आक्रमण क्या आज शेष हो गया है ?
3. स्वाधीन भारत में ब्रिटिश ईसाई शिक्षा के एकाधिकार के क्या परिणाम हुए हैं ?
4. आर्य आक्रमण के सिद्धांत की वास्तविकता क्या है और राष्ट्र-जीवन पर उसके क्या परिणाम हुए हैं ?
5. सेक्युलरपंथियों द्वारा हिंदुओं को किस-किस प्रकार के भौतिक व मानसिक त्रास दिए गए और हिंदू स्वाभिमान पर उनका क्या असर हुआ ?
6. आज के बौद्धिक दारिद्र्य का स्वरूप क्या है ? क्या हमारे भौतिक दारिद्र्य का कोई सीधा संबंध इस बौद्धिक दारिद्र्य से है ?
7. समाज-रचना के भारतीय और पाश्चात्य सिद्धांतों में क्या अंतर है ? दोनों

में सत्ता की भूमिका क्या मानी गई है? क्या सत्ता को समाज-परिवर्तन का माध्यम मानना उचित है?

8. प्रतिनिधित्व के मिथ्या सिद्धांत पर टिकी राजनीति के क्या परिणाम आ रहे हैं? क्या जनतंत्र का 'वेस्टमिंस्टर मॉडल' भारतीय समाज की रुचि व प्रकृति से मेल खाता है?
9. सेक्युलर सांप्रदायिकता का आधार और स्वरूप क्या है?
10. मौजूदा भारतीय समाज में हिंसा का सामाजिक व ज्ञान-मीमांसात्मक स्वरूप क्या है?
11. यूरंडपंथियों द्वारा रचे जा रहे आंतरिक उपनिवेश का स्वरूप क्या है?
12. विकास का चालू प्रतिमान सर्वकल्याणकारी है या विध्वंसक और शोषक?
13. हमारी बौद्धिक असमर्थता की जड़ें कहाँ हैं?
14. धर्म-अधर्म क्या है? सर्वधर्म समभाव में सर्व-अधर्म का निषेध भी अभिप्रेत है या नहीं?
15. धर्म, संस्कृति व सभ्यता के लिए प्रयुक्त अंग्रेजी पर्याय रिलीजन, कल्चर, सिविलाइजेशन आदि का औचित्य कहाँ तक है?

इन सब विषयों पर प्रबुद्ध मंचों पर जोरदार बहस चलाना आज के समय की माँग है। यह अत्यंत उपयुक्त अवसर भी है, क्योंकि समाज-जीवन के विभिन्न क्षेत्रों में हिंदू चिंतन के आधार पर विभिन्न समस्याओं के समाधान की खोज करनेवाले अनेक विद्वान् उभर रहे हैं, जो पाश्चात्य चिंतन-धारा को सशक्त चुनौती देकर हिंदू समाज का स्वाभिमान जगाने में महत्त्वपूर्ण भूमिका निभा रहे हैं। विद्यार्थी, शिक्षक, श्रमिक, कृषक, आर्थिक, सामाजिक, ऐतिहासिक, पुरातात्त्विक, राजनीतिक, चिकित्सकीय, वैज्ञानिक आदि हर क्षेत्र में हिंदू पक्ष की ओर से सक्षमता के साथ समाधान प्रस्तुत करनेवाले आज उपलब्ध हैं। इस कारण बहस को न केवल अधिक गहराई मिलेगी, अपितु बौद्धिक जगत् पर छाए संभ्रम के कुहासे को छाँटने में भी मदद मिलेगी। इससे यूरंडपंथी संप्रदाय की बौद्धिक दादागीरी समाप्त होकर अपने देश के स्वाभिमान रूपी सूर्य को पुनः अपनी संपूर्ण प्रभा के साथ जगमगाने का सुअवसर प्राप्त होगा और विभिन्न ज्ञानधाराओं व बोधधाराओं के माध्यम से भारतीय मनीषा अभिव्यक्त होगी, जिससे उसके परिप्रेक्ष्य में देशोन्नति का पथ प्रशस्त होगा।

□

नारी परिवार की धुरी है और स्त्री-पुरुष परस्पर पूरक

हिंदुत्व के आधार पर राष्ट्र के सर्वांगीण विकास का लक्ष्य लेकर जो बीज सन् 1925 में बोया गया था, वह आज विशाल वटवृक्ष का रूप धारण कर चुका है। वटवृक्ष की विशेषता यह है कि मुख्य तने से निकलनेवाली अनेक शाखा-प्रशाखाएँ कालांतर में जमीन तक पहुँचकर अतिरिक्त तना बन जाती हैं और मुख्य भूमि से रस ग्रहण करते हुए वृक्ष को और भी अधिक विस्तार देती हैं। मैसूर से थोड़ी दूरी पर ऐसा ही एक वट वृक्ष है, जिसके 400 से अधिक तने हैं और जो 3 वर्ग किलोमीटर तक फैला हुआ है। आज संघ भी वटवृक्ष के समान सामाजिक, धार्मिक, राजनीतिक, आर्थिक और सांस्कृतिक हिंदुत्व की भाव-भूमि में अपनी जड़ें जमा चुका है और इससे पोषण प्राप्त कर दिन-प्रतिदिन पुष्पित व पल्लवित होता जा रहा है। संघ की आज की स्थिति का वर्णन है इस गीत की पंक्तियों में—

'थे अकेले आप लेकिन
बीज का था भाव पाया।
बो दिया निज को अमर वट
संघ भारत में उगाया॥
राष्ट्र ही क्या अखिल जग का
आसरा बन जाएँ।
और उसकी हम टहनियाँ,
पंक्तियाँ बन जाएँ॥

ये भाव अक्षरशः साकार हो रहे हैं। केवल हिंदू संगठन के कार्य में ही रत दो संगठन राष्ट्रीय स्वयंसेवक संघ एवं राष्ट्र सेविका समिति के अतिरिक्त समाज-जीवन के विभिन्न आयामों में कार्यरत महिलाओं की यह समन्वय बैठक आज पूज्य श्री रविशंकरजी महाराज के आश्रम के इस पवित्र वायुमंडल में आयोजित हो रही है। समय-समय पर ऐसी बैठकें

इसलिए आवश्यक हैं कि राष्ट्र के सर्वांगीण विकास के लक्ष्य की ओर समानांतर पथों पर आगे बढ़ते हुए कहीं कोई संगठन भटकाव का शिकार तो नहीं हो रहा है और कोई विसंगति पैदा कर मूल आंदोलन को क्षति तो नहीं पहुँचाने लगा है, ताकि सब मिलकर उसे पुनः सही पथ पर ला सकें; साथ ही हर क्षेत्र में हो रही प्रगति का वृत्तांत सुनकर उत्साह एवं प्रेरणा ग्रहण कर सकें और अपने-अपने कार्य की युगानुकूलता को परख सकें।

कुटुंब व्यवस्था पर आधार

लगभग पाँच सौ वर्षों तक इसलामी सभ्यता और पौने दो सौ वर्षों तक पाश्चात्य सभ्यता के आधिपत्य में रहने के कारण सामाजिक जीवन में अनेक विकृतियाँ घुस गई हैं, साथ ही संवाद संचार के नए-नए माध्यमों की खोज के कारण जागतिक परिवेश का भी प्रत्येक समाज पर असर हो रहा है। उनमें जो दुर्बल समाज और समाज की इकाइयाँ हैं, उनपर वह असर और अधिक है। आज नगरीकरण, नौकरी, शिक्षा और व्यवसाय आदि के लिए स्थानांतर, अर्थ-केंद्रित समाज रचना, खेती एवं अन्य परंपरागत व्यवसायों के अतिरिक्त नौकरी और अन्य नए-नए व्यवसायों को अंगीकार करने के कारण कुटुंब व्यवस्था तथा कुटुंब के सदस्यों के आपसी संबंधों पर असर हो रहा है। कालचक्र की गति के कारण होनेवाले इन परिवर्तनों के कारण घर-घर में परिवर्तन होना परंपरागत रचनाओं, व्यवस्थाओं व भूमिकाओं को धक्का लगना स्वाभाविक है। उनके कुछ इष्ट और अनिष्ट परिणाम होते हैं। इतना सब होते हुए भी कुटुंब संस्था का महत्त्व घटा नहीं, अपितु और अधिक आतुरता से अनुभव किया जा रहा है। नए परिवेश और नई व्यवस्थाओं में कुटुंब व्यवस्था के सूत्र ढूँढ़ना, समाज में उसे सुदृढ़ता प्रदान करने के उपाय खोजना इस बैठक का उद्देश्य है।

भारतीय का आदर्श—सीता

पाँच हजार साल पूर्व कलियुग प्रारंभ हुआ। प्रारंभ में युग संदेश था, 'कृण्वंतो आर्य सत्यम्।' 1200 साल बाद पुनः पतन। उसी समय महात्मा बुद्ध का अवतार हुआ। फिर बौद्ध मत में भी विकृतियाँ आईं। उसको आदि शंकराचार्य ने सँभाला। उसके उपरांत हम फिर सिकुड़ गए। फिर तो सन् 1947 का विभाजन हुआ। आज भी सतत् आक्रमण हो रहा है। हम 60 वर्षों में कितना बढ़े, कितना घटे, का आकलन आवश्यक है। परिवार की धुरी स्त्री है, पर विभाजन के बाद नेहरू पश्चिमी संस्कृति से प्रभावित थे। गांधी धरती से जुड़े थे। उन्होंने कहा, 'यूरोपीय प्रभाव से भारतीय स्त्री दूर है। आज भी सीता ही भारतीय नारी का आदर्श है, कल भी रहेगी। शील और तेज से संपन्न वीर नारी, जो रावण के गढ़ में भी स्वयं अपनी रक्षा कर सकी।' गांधी ने बार-बार कहा है, 'शांत, मौन और कर्मशील महिलाएँ बेचारी नहीं हैं।' सीता को पुरुष के अवलंबन की आवश्यकता नहीं थी। सीता को 'तेजोमय नारी' की संज्ञा दी।

भोगवाद ने व्यवस्थाएँ तोड़ीं

पाश्चात्य जगत् में भोगवाद की दौड़ में स्वार्थ-केंद्रितता बढ़ने के कारण कुटुंब व्यवस्था टूट चुकी है और DINK यानी Double Income No Kids की प्रवृत्ति बढ़ रही है। बच्चे-बुजुर्ग सब बोझ लगने लगे हैं और उनका बोझ सरकार पर डालकर निश्चिंत हो जाने का प्रयत्न हो रहा है। परिणामस्वरूप सामाजिक सुरक्षा पर किया जानेवाला सरकारी खर्च उत्तरोत्तर बढ़ता जा रहा है। कहीं-कहीं वह सकल उत्पाद के 50 प्रतिशत तक भी पहुँच चुका है। सामाजिक सुरक्षा के दो भाग हैं—1. Health Benefit Trust वह वर्ष 2019 में दिवालिया हो जाएगा। 2. Retirement Benefit Trust, जो वर्ष 2045 में दिवालिया हो जाएगा।

पश्चिम में भी परिवार की चिंता

इस कारण पश्चिमी देशों में अब 'वैश्विक परिवार कांग्रेस' आयोजित हो रही है। तीसरी कांग्रेस में; जो मेक्सिको सिटी में आयोजित थी, कांग्रेस के उद्घाटन भाषण में भाषणकर्ता का नाम न बताया जाए तो यही लगेगा कि कोई हिंदू बोल रहा था। उनके भाषण में निम्नलिखित बिंदु थे—

1. स्त्री और पुरुष परमात्मा की सर्वश्रेष्ठ कृति हैं। दोनों के मिलने से परिवार बनता है। यह परिवार सामाजिक जीवन की प्राथमिक इकाई है। उससे सुरक्षा की अनुभूति, मन, स्वास्थ्य के साथ-साथ नई और पुरानी पीढ़ी के लोगों का नैसर्गिक रीति से संगोपन होता है। जीवन-यापन की प्रारंभिक शिक्षा वहीं प्राप्त होती है और उसके लिए संस्कार भी वहाँ मिलते हैं।
2. दूसरी मूलभूत इकाई है पास-पड़ोस या ग्राम, जहाँ बच्चे उन सारे कला-कौशलों, जीवन-आदर्शों और जीवन-मूल्यों को अर्जित करते हैं, जो जीवनयापन के लिए आवश्यक हैं। साथ ही भिन्न-भिन्न लोगों से होनेवाले संपर्क व संवाद के कारण मनुष्य स्वभाव के जो नुकीले कोण होते हैं, वे घिस जाते हैं और अन्यों के साथ कंधे से कंधा मिलाकर चलने की प्रवृत्ति निर्माण होती है।
3. पर आज राक्षसी सत्ता ने स्वयं का वर्चस्व बनाए रखने के लिए इन मूलभूत इकाइयों को ही समाप्त करने हेतु अनेक ऐसे कानून बनाए, जिससे उनकी मूलभूत स्वतंत्रता समाप्त हो जाए और वे सत्ता के गुलाम बन जाएँ।

उपर्युक्त प्रवृत्ति पश्चिमी जीवन-दृष्टि की उपज है। जीवन-दृष्टि में मूलतः तीन प्रश्नों के उत्तर अपेक्षित हैं—

1. मैं कौन हूँ, कहाँ से आया हूँ, कहाँ जाऊँगा और मेरे अस्तित्व का प्रयोजन क्या है?
2. यह ब्रह्मांड क्या है, कहाँ से आया है, कहाँ जाएगा और उसके अस्तित्व का प्रयोजन क्या है?

पहले प्रश्न का आंशिक विचार—शरीर या बुद्धि तक की पहुँच। ये जोड़नेवाले हल नहीं। अतः आधिपत्य की प्रवृत्ति बढ़ती है, स्पर्धात्मक सभ्यता का विकास होता है, जिसका परिणाम विद्वेष और संघर्ष का होना है। शरीर, मन और बुद्धि आधिपत्य की ओर ले जाता है। संघर्ष होता है। स्त्री और पुरुष को प्रतिद्वंद्वी बनाता है। भारत की विशेषता है आत्मा। आत्मा अध्यात्म के द्वारा प्राप्त होती है, जो जोड़ती है। तभी तो 'मातृवत् परदारेषु परद्रव्येषु लोष्ठवत्' कहा गया।

दूसरे प्रश्न के उत्तर में पश्चिम की अवधारणा है, जिसमें पुरुष को छोड़कर और किसी में चेतना नहीं। महिलाओं पर अत्याचार, महिला मुक्ति-आंदोलन, अधिकार के लिए पग-पग पर संघर्ष, इसी अवधारणा के फल हैं।

स्त्री पर पश्चिमी दृष्टि

स्त्री और पुरुष के बारे में पश्चिमी अवधारणा—पॉल द्वारा प्रतिपादित खिस्तपंथ का मत—

- स्त्री और पुरुष समान कभी नहीं हो सकते।
- स्त्री में स्वतंत्र विवेक नहीं होता।
- वह व्यक्तिगत स्वतंत्रता की अधिकारिणी नहीं।

गॉड द्वारा सृष्टि के मूल विचार की योजना में स्त्री सम्मिलित नहीं थी। वह एक आनुषंगिक विचार (Secondary Thought) है। अतः स्त्री पुरुष का एक उपांग या संलग्नक मात्र है। स्त्री Evil है। कुछ पादरियों ने पूछा—जब स्त्री बुरी है और काम संबंध मूल पाप है तो गॉड ने इस मूल पाप को बनाया ही क्यों? तब उनके बिशपों ने उत्तर खोज निकाला। उन्होंने कहा कि शैतान की प्रेरणा से 'ईव' ने 'एडम' को फुसलाकर सेक्स के ज्ञान का फल नहीं चखाया होता तो गॉड संतति जन्मने का दूसरा उपाय रचता। यह सारी गड़बड़ 'ईव' की है।

कुछ चर्च पादरियों ने कहा कि जब 'ईव' और 'एडम' की एक पसली निकालकर अलग नहीं रची गई थी, तब तो वह भी अमरता की अधिकारिणी थी। अतः यदि कोई स्त्री विवाह रूपी मूल पाप न कर स्वयं को चर्च की सेवा में समर्पित कर दे तो कुछ-कुछ 'एडम' के अंग जैसी हो जाएगी। इस पर तर्क उठा कि अमरता का अधिकारी तो केवल खिस्तपंथी पुरुष ही है, तो उत्तर दिया गया, 'हाँ, पर अमरता के उस अधिकारी को जन्म तो खिस्तपंथी स्त्री ही देती है, अतः खिस्तपंथी स्त्री में भी कुछ विशेषता माननी होगी। यह भी कहा गया कि जोशुआ (जीसस) को बपतिस्मा देकर उसे दिव्य (Divine) बनाने में 'होली स्पिरिट' की बड़ी भूमिका रही है और 'होली स्पिरिट' तो स्त्री शक्ति है, अतः स्त्रियों में भी दिव्यता माननी चाहिए। तब चर्च ने यह निर्णय लिया कि जो स्त्रियाँ चर्च में 'डीकन' यानी

उपयाणक अथवा बिशप के अधीन कार्यरत समर्पित चर्च सेविकाएँ हैं, वह पाप कार्य नहीं है।

चर्च-समर्पित स्त्री पवित्र

इस पर मूल मनुष्य (Crimal Man) के उभयलिंगी (Drogynous) होने का तर्क सामने आया। यह कहा गया कि गॉड तो उभयलिंगी है। उसने अपनी इमेज में Man को बनाया। 'ईव' उसी Man का अंग है, अतः वह भी दिव्य है; परंतु उसने काम संबंध की लालसा जगाकर बड़ा पाप किया, अतः वह शापित है। पुरुष की दिव्यता बची हुई है, जबकि स्त्री शापित होकर पापमय हो चुकी है। पुरुष जब सेक्स के फेर में पड़कर कमजोर पड़ता है तो उस समय वह भी पापी हो जाता है; पर विवाह के द्वारा ही तो संतति संभव है। अतः विवाह है तो पाप, परंतु एक अच्छे कार्य सेक्स से ही जन्म का माध्यम है। प्रायः स्त्री को सदा पुरुष की पूर्ण अधीनता में रहकर आज्ञा पालन द्वारा अपने पाप धोते रहना चाहिए। खिस्तपंथी चर्च में यह सिद्धांत सर्वमान्य रहा कि यदि स्त्री एवं पुरुष दोनों विवाह न करें और चर्च की सेवा में जीवन समर्पित कर दें तो ऐसा जीवन परम पवित्र होता है। प्रारंभ में खिस्तीय पादरियों ने स्वर्ग के अधिकारी जनों की जो सूचियाँ जारी कीं, उनमें कहा गया कि चर्च की सेवा में समर्पित कुमारियाँ स्वर्ग की सर्वप्रथम अधिकारिणी हैं।

हिंदू दृष्टि

बृहदारण्यक उपनिषद् में कहा गया है, 'एक ही मूल तत्त्व है। उस चिन्मय तत्त्व को ही पुरुष कहते हैं। वह पुरुष विधः आत्मा अन्य की आकांक्षा करता है। उसके मन में विचार आया कि मैं एकाकी हूँ, मन नहीं रमता। तो उसने आकांक्षा की, 'एकोऽहं बहुस्याम्', मैं अकेला हूँ, अनेक हो जाऊँ। यह आकांक्षा करते ही वह दो भागों में विभक्त हो गया। उसमें से एक भाग था पति, दूसरा भाग पत्नी। दोनों एक ही देह के भाग हैं। ये दोनों द्वि-दल अन्न के एक-एक दल हैं। यह संपूर्ण सृष्टि इसी एक द्विधा- विभक्त जोड़ी का सृजन है। 'मेरी तुम सहधर्मचारिणी हो। हम दोनों ही एक-सा धर्माचरण करते हैं। हम दोनों के शील समान हैं और व्रत भी समान हैं। जो मेरा पराक्रम है, मेरी शक्ति है, वैसा ही समतुल्य तुम्हारा पराक्रम है, तुम्हारी शक्ति है। मेरा आधा शरीर तुम्हारे आधे शरीर से निर्मित है। तुम देवताओं का कार्य सिद्ध करनेवाली हो।'

भारतीय दृष्टि

1. आत्मा के स्तर पर भी स्त्री-पुरुष में भेद नहीं होता।
2. धर्म के स्तर पर स्त्री एवं पुरुष समान—सार, समान वीर्य, समशील, समव्रती, समान रूप से धर्माचरण में समर्थ होते हैं।
3. पुरुषों के समान स्त्रियाँ भी भिन्न-भिन्न गुणों, भिन्न-भिन्न दोषों, भिन्न-भिन्न

शक्तियों, भिन्न-भिन्न कमजोरियों और विविध सामर्थ्यवाली भिन्न-भिन्न प्रकार की होती हैं। स्वभाव, गुण एवं कर्म प्रवृत्ति की भिन्नता से स्त्री धर्म भी भिन्न-भिन्न प्रकार के होते हैं। इस प्रकार भिन्न-भिन्न प्रकार की स्त्रियों के भिन्न-भिन्न स्वरूप और स्वभाव होंगे।

वैदिक काल में स्त्रियों के विविध रूप हमें प्राप्त होते हैं। कन्याओं की शिक्षा वैदिक काल में एक सामान्य परंपरा थी। कन्याओं की शालाओं का स्पष्ट वर्णन वैदिक काल में है। बाद में पाणिनि ने भी छात्राओं की शालाओं का विशेष उल्लेख किया है। अथर्ववेद के 'ब्रह्मचर्य सूक्त' में उल्लेख है—

छात्राओं के दो प्रकार वैदिक वाङ्मय में वर्णित हैं—

1. सद्योद्वाहा : जो छात्राएँ अध्ययन पूर्ण कर गृहस्थाश्रम में प्रविष्ट हो जीवन यज्ञ की समान अधिकारिणी बनकर जीवन जीती थीं। इन कन्याओं को 7 वर्ष तक वेद, व्याकरण, संगीत, छंद, ज्योतिष आदि की शिक्षा दी जाती थी। युवावस्था में विवाह कर गृहस्थाश्रम में प्रवेश करती हैं।

2. ब्रह्मवादिनी : ये स्त्रियाँ आजीवन ब्रह्म-चिंतन, धर्म-चिंतन एवं अध्यात्म-चिंतन तथा दार्शनिक मनन में प्रवृत्त रहती थीं। वे कुमारी भी होती थीं। उनमें कई विवाहिता भी होती थीं; परंतु तब वे समानधर्मी ऋषियों को ही पति रूप में स्वीकार करती थीं। वे अपने से श्रेष्ठ पुरुषों के सिवाय अन्य पुरुषों से विवाह करना पसंद नहीं करती थीं। गार्गी कुमारी ब्रह्मवादिनी थीं, जबकि मैत्रेयी विवाहिता ब्रह्मवादिनी थीं। कुटुंब व्यवस्था की दशा और दिशा पर विचार करते हुए यह बात ध्यान में रखनी होगी कि स्त्री के प्रति हमारी और पाश्चात्य दृष्टि में क्या अंतर है और यह भी कि स्त्री-पुरुष के मेल से ही परिवार बनता है, परंतु स्त्री की भूमिका विशेष होती है। स्त्री-पुरुष बराबरी की प्रतिस्पर्धा में न पड़कर नई स्थितियों में भी दोनों की पूरकता के सूत्र तलाशने होंगे।

अपनी धरती पर ही बहुत परिवर्तन आए हैं। हवाएँ बदली हैं, मौसम बदला है। तेजी से परिवार के अंतर्गत सदस्यों के व्यवहार बदल रहे हैं। संयुक्त परिवार बिखर रहे हैं, एकल परिवार का चलन बढ़ रहा है। लघुतम परिवार में सदस्यों के बीच विश्वास नहीं जमता। इसलिए इस प्रकार के विषयों पर चर्चा करने, दिशाएँ ढूँढ़ने की आवश्यकता है। कैसा हो परिवार? इतना ही नहीं, नारी ही परिवार के संस्कार और व्यवहार-परिष्कार का केंद्र कैसे बने? समय बदला है, परिस्थितियाँ बदली हैं; परंतु कुछ मूल अवधारणाएँ तथा व्यवहार हैं, वे वही रहेंगे। महिला समन्वय के इस चिंतन-मंथन में समाज-जीवन के लिए नवनीत ही निकलेगा, ऐसा विश्वास है।

□

परंपरागत भारतीय पद्धति से ही जल-समस्या का हल खोजें

पश्चिमी सभ्यता और आधुनिकता की अंधी दौड़ ने ही भारत में जल-संकट को गहरा कर दिया है। इसी कारण विश्व के कई देशों में पेयजल संकट बढ़ा है। यदि जल प्रबंधन के परंपरागत स्रोतों पर तत्काल ध्यान न दिया गया तो आनेवाले समय में पानी के कारण युद्ध होंगे।

परंपरागत पद्धति ही जल-प्रबंधन में कारगर है। आज तेल के भंडार पाने के लिए दो देशों में युद्ध हो रहा है। यदि इसी प्रकार चलता रहा तो आनेवाले समय में पानी के लिए भी युद्ध होंगे। कुप्रबंधन के कारण जल-प्रबंधन विकराल हो रहा है। जहाँ पंजाब व हरियाणा में अच्छा पानी है तो सिंचाई के बाद निकासी की व्यवस्था नहीं है, जिससे भूमि में क्षारत्व बढ़ गया है। सरकारी आँकड़ों के अनुसार वर्ष 1972 में 1,05,000 गाँवों को जल-समस्याग्रस्त बताया गया था। 1980 में हुए सर्वेक्षण में यह संख्या बढ़कर 2,03,000 तक पहुँच गई।

गहराई से पानी खींचने की प्रवृत्ति बढ़ने से भी पेयजल की गुणवत्ता में कमी आई है; लेकिन सरकार की ओर से जल के नए स्रोत बढ़ाने और उन्हें संरक्षित करने के कोई प्रयास नहीं किए गए हैं। सरकार ने जल-संरक्षण के जो भी प्रयास किए, उनसे जनता को नहीं जोड़ा जा सका है। परिणामस्वरूप आज भारत में कुल पानी का केवल 37 प्रतिशत भाग ही उपयोग में लाया जाता है और 63 प्रतिशत पानी का भाग बरबाद हो रहा है। वर्षा की दृष्टि से भी भारत में पानी की कोई कमी नहीं है। यहाँ 10 मिलीमीटर प्रतिघंटा औसत वर्षा होती है; लेकिन तीव्रता के साथ बारिश होने से अधिकांश पानी बेकार बह जाता है।

दुनिया भर के औसत में भारत में सर्वाधिक वर्षा होती है, लेकिन इसका वितरण असमान है। भारत में 60 प्रतिशत हिस्सा चट्टानी होने के कारण पानी बह जाता है।

पश्चिमी विकास–पद्धति का अनुकरण खतरनाक है। इसमें प्रकृति के प्रति क्रूरता है। जल–प्रबंधन केवल सरकार के बूते का काम नहीं है। इसमें जनता को साथ लेकर ही आगे बढ़ना होगा। स्कूलों में भी इसके कार्यक्रम कराने होंगे।

भारत के लोगों को आधुनिकता के अंधानुकरण से बचते हुए प्रकृति से तालमेल रखना होगा। सभी शिक्षित लोग अपना सामाजिक, आर्थिक और राजनीतिक चिंतन भारत पर ही केंद्रित करें। पाश्चात्य देशों की ऊर्जाभक्षी प्रौद्योगिकी का तिरस्कार कर भारत की कम ऊर्जावाली प्रौद्योगिकी का अनुकरण करें। परंपरागत जल–स्रोतों की मदद से ही जल–संकट से निपटा जा सकता है।

अमेरिका में प्रति व्यक्ति 170 गैलन पानी प्रतिदिन की खपत है, जबकि भारत में यह सिर्फ 5 गैलन है।

भारतीय जल भंडारों पर बहुराष्ट्रीय कंपनियों की नजर है। छत्तीसगढ़ सरकार ने तो एक बहुराष्ट्रीय कंपनी से एक नदी के जल उपयोग पर समझौता भी कर लिया था। आंदोलन करने पर समझौता रद्द हुआ। किसी भी स्थिति में हमें अपनी नदियों को बहुराष्ट्रीय कंपनियों से बचाना होगा। पंजाब और हरियाणा में अधिक भूगर्भ जल निकासी से जमीन की उर्वरा शक्ति घट गई है। पश्चिम बंगाल में भी पीने के पानी के स्रोत नहीं खोजे गए। भारत में हजारों वर्षों से जल संचयन की परंपरा रही है। गुजरात में दो वर्ष पूर्व अकाल पड़ा था। वहाँ के लोगों ने स्वयं प्रयास कर छोटे–छोटे बाँध बनाकर जल एकत्रित किया, जिससे पानी की कमी दूर होने के साथ हरियाली भी पैदा हुई।

प्रकृति से उतना ही लें, जितना आवश्यक हो

आज तेल के भंडार पर कब्जे के लिए युद्ध हो रहे हैं। यदि जल का उचित प्रबंधन नहीं किया गया तो आनेवाले समय में बूँद-बूँद जल के लिए संघर्ष होगा। पश्चिमी विकास–पद्धति के अंधानुकरण का ही परिणाम है कि भारत जैसे देश में, जहाँ पर्याप्त वर्षा होती है, अनेक क्षेत्रों में जल का गंभीर संकट है। पश्चिमी चिंतन में प्रकृति के प्रति क्रूरता का भाव है, जबकि भारतीय दर्शन में प्रकृति की पूजा की जाती है। इसलिए प्रकृति से उतना ही लें, जितना नितांत आवश्यक हो। शहरों में प्रति व्यक्ति पानी का खर्च लगभग 20–25 लीटर है, जबकि गाँवों में यह खर्च मात्र 10–15 लीटर है। जल की गुणवत्ता के लिए जल शुद्धीकरण भी एक सीमा तक होना चाहिए, क्योंकि रासायनिक विधि से शुद्ध जल पीने से शरीर की रोग–प्रतिरोधक क्षमता घट जाती है। पश्चिमी देशों में बोतलबंद शुद्ध जल पीनेवालों में रोग प्रतिरोधक क्षमता में कमी आई है। आज भारतीय जल भंडारों पर बहुराष्ट्रीय कंपनियों की नजर है। अपने देश में जल संचयन की परंपरागत पद्धतियाँ ही जल–प्रबंधन में कारगर हैं, आवश्यकता है उनके समन्वित कार्यान्वयन की।

जल शुद्धीकरण की अनेक सस्ती विधियाँ विकसित की गई हैं। भाभा परमाणु अनुसंधान केंद्र द्वारा विकसित तकनीक में एक लीटर जल के शोधन में मात्र 3 पैसे का खर्च आता है। नीरी नागपुर ने लौंग से पेयजल शुद्ध करने की तकनीक विकसित की है।

स्पष्ट है कि पिछले 50 वर्षों से जल स्रोतों का न्यायोचित उपयोग नहीं किया गया है। प्रचुरता से उपलब्ध बरसात के सतही जल के उपयोग पर निर्भरता कम करते हुए सीमित मात्रावाले भूमिगत जल स्रोतों का अविवेकपूर्ण तरीके से दोहन किया गया। यही वर्तमान एवं भावी जल-संकट का एक प्रमुख कारण है।

□

सांस्कृतिक प्रदूषण के विरुद्ध जागृति

आज देश में सर्वत्र सांस्कृतिक प्रदूषण फैला है। देश पर अपसंस्कृति का हमला किया जा रहा है। ऐसे में भारत की भावी पीढ़ी अपनी मूल संस्कृति व सभ्यता से कटकर दिशा-भ्रमित हो रही है। इस सांस्कृतिक प्रदूषण के खिलाफ प्रखर जन-जागृति उत्पन्न करने की जरूरत है।

आजकल देश में पश्चिम के अनेक शब्दों को हम अपने मूल शब्दों के पर्याय के रूप में इस्तेमाल करते हैं,—संस्कृति के लिए 'कल्चर', धर्म के लिए 'रिलीजन', जबकि यह असल में पर्यायवाची हो ही नहीं सकते। पश्चिम का कल्चर भारत की संस्कृति का एक छोटा रूप है। अकसर कहा जाता है कि हमारे यहाँ अनेक प्रकार की संस्कृतियाँ हैं, यानी संस्कृतियों का घालमेल है। यह विचार पूरी तरह से गलत है। जिस तरह से सूर्य का प्रकाश एक है, किंतु जब वह एक विशेष प्रकार के काँच से गुजरता है तो कई रंगों में बँट जाता है, उसी तरह भारतीय हिंदू संस्कृति है। इसकी अलग-अलग छटाएँ अवश्य हैं। इसे संस्कृतियों का घालमेल नहीं कहा जा सकता, क्योंकि मूल संस्कृति एक ही है।

संस्कृति का संबंध अंत:करण से होता है, जबकि सभ्यता का अर्थ खान-पान, व्यवहार, शिष्टाचार आदि से है। कोई व्यक्ति सुसभ्य हो सकता है, लेकिन उसका सुसंस्कृत होना मुश्किल है। समाज के लिए, राष्ट्र के लिए सोचना और करना संस्कृति का सबसे बड़ा लक्षण है।

संस्कार आवश्यक

व्यक्ति को सुसंस्कृत और सभ्य बनाने के लिए अच्छे संस्कार देने की आवश्यकता है, लेकिन विभिन्न माध्यमों से अपसंस्कृति के प्रचार और उसके हमले से संस्कार प्रदान करने के केंद्र घर, विद्यालय और समाज ही बिगड़ते जा रहे हैं।

आज के माँ-बाप तो रोजी-रोटी के लिए नौकरी पर चले जाते हैं। घर में बच्चे क्या कर रहे हैं, कैसी संगत में पड़ रहे हैं, इसके बारे में आज ध्यान नहीं दिया जा रहा है।

लिहाजा बच्चे बिगड़ रहे हैं। बच्चों पर दूरदर्शन और फिल्म का काफी असर पड़ रहा है।

फिल्मों के माध्यम से मार-धाड़, अपहरण, शील-भंग, हिंसा का खुला तांडव और वासना का प्रदर्शन किया जा रहा है, जिसे देखकर देश की नौजवान पीढ़ी बरबाद हो रही है। अंतरराष्ट्रीय माफियाओं का षड्यंत्र है भारत को बिगाड़ने का। दाऊद इब्राहिम जैसे लोग, जो सिनेमा इंडस्ट्री को आर्थिक मदद दे रहे हैं, उनके खुद के कोई मूल्य और आदर्श नहीं हैं। तब वे क्या करेंगे ? वे सिनेमा के जरिए भारत को बरबाद करने पर तुले हैं।

बहुराष्ट्रीय कंपनियाँ अपने विज्ञापनों के जरिए लोगों में वासना, लोभ व लालसा भड़का रही हैं। भारतीय संस्कृति में जहाँ काम, क्रोध, लोभ, मोह के दमन पर बल दिया गया है, वहीं इन प्रवृत्तियों को भड़काया जा रहा है। हमारे बच्चे और हम इससे प्रभावित हो रहे हैं। इस तरह से अपसंस्कृति को संस्कारों में दिया जा रहा है। विद्यालयों में अब 'रामायण' और 'महाभारत' की कथाएँ नहीं पढ़ाई जाती हैं, क्योंकि ऐसा होगा तो भारत का धर्मनिरपेक्ष नौजवान सांप्रदायिक हो जाएगा ? इस अपसंस्कृति के तेजी से हो रहे प्रवेश को रोकने की आज प्रबल आवश्यकता है और इसके लिए आवश्यकता है कि समाज में जागृति उत्पन्न करें। अगर हम प्रतिज्ञा कर लें कि विदेशी प्रचार माध्यमों से हमें जो दिखाया जा रहा है, वह हम नहीं देखेंगे या तय करेंगे कि हमें क्या देखना है, तो अपसंस्कृति को लानेवाले स्वयं ही पस्त हो जाएँगे। इसके लिए प्रबल इच्छा-शक्ति की आवश्यकता है और 'संस्कार भारती' जैसा राष्ट्रीय मंच अपसंस्कृति के मुकाबले और सांस्कृतिक प्रदूषण के कुहरे को छाँटने के लिए उपयुक्त मंच है।

□

प्रकृति से सुसंगत धरा एवं पर्यावरण का रक्षक, मानव-हितैषी चिंतन चाहिए

विश्व-निर्माण का धरा और पर्यावरण से क्या संबंध है ? वास्तव में, इस विषय में किसी प्रकार के संदेह की कोई गुंजाइश नहीं होनी चाहिए। 'धरा' शब्द संस्कृत की 'धृ' धातु से निकला है, जिसका मतलब है 'धारण करना' जो हमको धारण करती है, वह धरा है। इस धरती के ऊपर हम अपने सारे कारोबार करते हैं, उठते हैं, जागते हैं, सोते हैं, चलते हैं, फिरते हैं, श्रम करते हैं, पराक्रम करते हैं, अर्जन करते हैं, विसर्जन करते हैं। सारी चीजें इसी धरा के ऊपर करते हैं तो धरा तो हमारा आधार है। यह आधार शब्द भी उसी 'धृ' धातु से निकला है और 'धर्म' शब्द भी 'धृ' धातु से ही निकला है। 'धर्म' का अर्थ भी धारण करना ही है। तो धर्म और धरा का बड़ा ही अन्योन्याश्रित संबंध है और अत्यंत प्राचीन काल से हम इस संबंध को मानते चले आए हैं। हमने तो धरती को माता कहा है।

दुनिया के सबसे प्राचीनतम ग्रंथ वेद हैं। उनसे पुराना और कोई ग्रंथ आज दुनिया में उपलब्ध नहीं है। इस प्राचीनतम ग्रंथ में इसके संबंध में क्या कहा गया है ? मैं अथर्ववेद की दो ऋचाएँ आपके सामने पढ़कर सुनाता हूँ—

यस्यां पूर्वे पूर्वजना विचक्रिरे यस्यां देवा असुरानभ्यवर्तयन्।
गवामश्र्वानां वयसश्च विष्ठा भगं वर्चः पृथिवी नो दधातु॥

—जहाँ हमारे पूर्वजों ने अपने अद्‍भुत कृत्य किए, जहाँ देवताओं ने असुरों का विध्वंस किया। घोड़े और पशुओं से युक्त हमारी पृथ्वी यानी हमारी धरा हमें ऐश्वर्य व तेज प्रदान करे।

पृथ्वी क्या है ?

इन्द्रा यां चक्र आत्मनेनिमित्रां शचीपतिः।
सा नो भूमिर्विसृजतां माता पुत्राय मे पयः॥

शचीपति इंद्र ने जिसे शत्रु-रहित किया, वह भूमाता मुझ अपने पुत्र को दूध यानी पोषण द्रव्य प्रदान करे।

इस मंत्र से धरा एवं पर्यावरण के साथ हमारा क्या संबध है, यह बड़े स्पष्ट रूप से समझ में आ जाता है। सारा पोषण हमें इसी धरा से प्राप्त होता है और इस पर जितनी भी वनस्पतियाँ व पशु-पक्षी आदि हैं, वे सब हमको सब प्रकार से पोषण प्रदान करते हैं और इसलिए जब हम अपनी रक्षा की बात करते हैं तो इन सारी चीजों की भी रक्षा होनी चाहिए; लेकिन इतनी स्पष्टता से सारी बातें कही जाने के बाद आज इस विषय के ऊपर हमको विचार करने की आवश्यकता क्यों पड़ रही है? आज कौन सी समस्या खड़ी हो गई? वास्तव में, जिस धरा और पर्यावरण के सहारे संपूर्ण मानव जाति का अस्तित्व निर्भर है, वही आज संकटग्रस्त हो गई है।

अमेरिका बनेगा रेगिस्तान

हम इस धरा से अनाज प्राप्त करते हैं। अधिक अनाज प्राप्त करने के लिए हम यांत्रिक खेती और रासायनिक खाद का प्रयोग करते हैं। वास्तव में देखा जाए तो रासायनिक खाद का प्रयोग करना पृथ्वी को शराब पिलाने के समान है। मनुष्य जब शराब पीता है तो उसको बड़ी स्फूर्ति मालूम होती है। लेकिन स्फूर्ति आती कहाँ से है? प्रत्येक मनुष्य के शरीर के अंदर ऊर्जा का भंडार होता है। जब हम शराब पीते हैं तो वह शराब इस ऊर्जा के भंडार में से कुछ ऊर्जा निकालकर हमें प्रदान कर देती है। हमको उससे उत्साह मालूम होता है और उत्साह में हम बहुत से काम करते हैं। थोड़ी देर बाद जब शराब का नशा कम हो जाता है, तब सुस्ती आती है, शरीर में कमजोरी आती है; क्योंकि ऊर्जा का भंडार कम हो जाता है। पर शराब पीनेवाले व्यक्ति को लगता है कि शराब का असर कम हो गया है और ऊर्जा तो शराब के अंदर है। इसलिए उस ऊर्जा की भरपाई करने के लिए वह और शराब पीता है। इस प्रकार शराब पीते-पीते उसका ऊर्जा का भंडार खाली होता चला जाता है और उसकी उम्र भी कम होती चली जाती है। इसलिए निरंतर मद्य का सेवन करनेवाले लोग अल्पायु होते हैं।

यही बात पृथ्वी के साथ होती है। जब हम धरा में रासायनिक खाद का विशेष रूप से प्रयोग करते है और यंत्रों की मदद से गहराई तक गोड़ते हैं तो उसके परिणामस्वरूप उसकी उर्वरा शक्ति कम होती जाती है। इस रासायनिक खेती के कारण काफी मात्रा में उपज तो हमको मिल जाती है, लेकिन उसकी उर्वरा शक्ति की कीमत पर और निरंतर इस रासायनिक खाद का प्रयोग करने के कारण अंत में उर्वरा शक्ति समाप्त होकर जमीन बंजर हो जाती है। अमेरिका में आज हजारों हेक्टेयर जमीन बंजर हो चुकी है। 'रीडर्स डाइजेस्ट' में कुछ वर्ष पहले एक निबंध आया था कि यदि इसी प्रकार यांत्रिकी खेती

और रासायनिक खाद का प्रयोग होता रहा, तो आनेवाले 50 वर्षों के अंदर अमेरिका मरुस्थल हो जाएगा।

वहाँ पुनर्विचार

आज पाश्चात्य देशों में पुनर्विचार चल रहा है। वहाँ रासायनिक खेती और रासायनिक खाद के कारण फसलों पर भी असर हो रहा है। अनेक प्रकार की सब्जी इत्यादि हम खाते हैं। रासायनिक खाद के कारण वस्तु बड़ी तो हो जाती है, गोभी बड़ी हो जाएगी, टमाटर बड़े हो जाएँगे; लेकिन उसकी पोषण क्षमता कम हो जाती है। उसके अंदर रासायनिक द्रव्यों का प्रवेश हो जाता है। इन रासायनिक द्रव्यों के प्रवेश के कारण हमारे शरीर के अंदर अनेक प्रकार के नवीन रोग, कैंसर आदि उत्पन्न हो रहे हैं। इसलिए पाश्चात्य देशों में अब शाकाहार का चलन हो रहा है। हॉलैंड में शाकाहार का मतलब यह है कि आप जिस अनाज का या जिस सब्जी-भाजी का प्रयोग करते हैं, उसके उत्पादन में रासायनिक खाद का प्रयोग नहीं किया गया है और इस प्रकार की चीजों की प्राप्ति के लिए विशेष प्रकार की दुकानें होती हैं, जिनको 'रिफार्मिस्ट शॉप' कहा जाता है। वहाँ जो चीजें मिलती हैं, वे पूरी तरह शाकाहारी तो होती ही हैं, उनके उत्पादन में रासायनिक खाद का प्रयोग भी नहीं किया गया होता है। वे तो रासायनिक खेती के दुष्परिणामों का अनुभव कर रहे हैं; पर हमारे यहाँ हम रासायनिक खाद बना रहे हैं और वह भी विकास के नाम पर! आज हमारे पास विकास के नाम पर कौन सी पद्धति आ रही है?

हमारी खाद, हमारा हल

हाल ही में आप सब लोगों ने सुना होगा कि उदारीकरण के नाम पर हॉलैंड से हम गाय का गोबर और सुअर के मल का आयात करने की बात सोच रहे थे। 70 लाख टन प्रतिवर्ष आयात करना और गुजरात में रखकर उसको सुखाना और सुखाकर फिर उसको सब जगह पर देना—और इधर हमारी जो गायें हैं, उनको हम मार रहे हैं। दूसरी ओर विदर्भ में पुसद नामक स्थान के निवासी पाढरी पांडे नाम के एक सज्जन ने, जिन्हें 'नेडप काका' कहते हैं, 40 वर्ष तक विभिन्न प्रकार के प्रयोग करते हुए यह सिद्ध कर दिया है कि 1 किलो गोबर से 40 किलो कंपोस्ट खाद तैयार होती है। रासायनिक खाद की तुलना में वह एक-तिहाई सस्ती होती है और एक बार जमीन में डालने के पश्चात् तीन वर्षों तक फिर डालने की आवश्यकता नहीं होती और जमीन की उर्वरा शक्ति भी कम नहीं होती।

अभी जापान से आए कुछ लोग दीनदयाल शोध संस्थान की ओर से गोंडा में जो विभिन्न प्रकार के प्रयोग चल रहे हैं, उन्हें देखने गए। वहाँ पर उन्होंने भारतीय खेती का अध्ययन करना प्रारंभ किया और कहा कि हजारों वर्षों से भारत में खेती हो रही है, फिर भी यहाँ की उर्वरा शक्ति कम क्यों नहीं हुई? और जब उन्होंने देखा कि यहाँ के जितने

भी हल हैं, वे करीब 9 इंच धरती ही खोदते हैं। उन्होंने उन सारे हलों के नाप आदि लिये। कितना लंबा होता है, कितना नुकीला होता है आदि। वे सब वैज्ञानिक आधार पर सोचनेवाले लोग हैं। उन्होंने कहा कि केवल 9 इंच खोदने के कारण केंचुए, जो भूमि की उर्वरा शक्ति को बढ़ाते हैं, वे अंदर चले जाते हैं और उसके कारण जमीन और भी ज्यादा फुसफुसी हो जाती है। पाश्चात्य देशों में जहाँ ट्रैक्टरों का प्रयोग होता है, 4 फीट तक की जमीन खोद करके ऊपर कर देते हैं। सारे-के-सारे केंचुए ऊपर आकर मर जाते हैं और इसलिए धीरे-धीरे उसकी उर्वरा शक्ति कम होती जाती है। केंचुओं के मर जाने के परिणामस्वरूप आगे चलकर और अधिक रासायनिक खाद देना आवश्यक होता है और वे देते हैं। फिर उसकी उर्वरा शक्ति पूरी तरह से समाप्त हो जाती है।

दूसरी बात है कि सारे जंगल कट रहे हैं। वास्तव में, देखा जाए तो किसी भी राष्ट्र के संतुलित विकास के लिए कम-से-कम 33 प्रतिशत भूमि के ऊपर जंगल होना चाहिए। जब भारतवर्ष स्वतंत्र हुआ था, उस समय 22 प्रतिशत भूमि पर जंगल था। हमने जो पाश्चात्य विकास-पथ अपनाया, उसके कारण अब वह जंगल केवल 11 प्रतिशत रह गया है। कुछ लोग 9 प्रतिशत कहते हैं। ये जंगल अगर समाप्त हो जाएँगे तो मनुष्य किसके बलबूते पर जिंदा रहेगा?

प्रकृति लेती है बदला

प्रकृति की एक धारण क्षमता होती है और यदि उसका अतिक्रमण हुआ तो प्रकृति उसका बदला लेती है। इसको वैज्ञानिक दृष्टि से सिद्ध किया गया है। माल्थस का सिद्धांत था कि जनसंख्या निरंतर बढ़ती जाएगी और बाद में जनसंख्या का विस्फोट हो जाएगा। यह गलत सिद्ध हुआ। प्रकृति उस स्थिति तक पहुँचने ही नहीं देगी। उसके पहले ही प्रकृति की स्वयं नियामक प्रक्रियाएँ उस चीज को नियंत्रित कर लेंगी। अफ्रीका में सेरीगेंटी नाम का एक मैदान है। उस मैदान में सिंह रहते हैं। उन्होंने सिंहों की संख्या गिनी तो देखा कि सिंहों की संख्या 1,000 के आस-पास है। जब कम होती है तो 900 तक होती है। जब बढ़ती है तो 1,100 तक बढ़ती है। तो वैज्ञानिकों के सामने प्रश्न खड़ा हुआ कि आखिरकार सिंहों को तो कोई मारता नहीं, सिंहों के शावकों को भी कोई खाता नहीं और हर सिंह का जोड़ा 6 या 7 शावकों को जन्म देता है। ऐसी अवस्था में उनकी संख्या बढ़ती जानी चाहिए, लेकिन यह बढ़ती नहीं। यह हजार के आस-पास ही क्यों रहती है? इसका जब अध्ययन किया तो पाया कि प्रकृति ने सिंह की खाने की आदत इस प्रकार से बनाई हुई है, जिसके कारण उनकी संख्या सीमित रहती है। शिकार सिंहनी करती है। सिंह कुछ नहीं करता, बैठा रहता है आराम से। शिकार करने के बाद वह आवाज देती है तो सिंह झूमते-झूमते वहाँ जाता है और सबसे पहले शिकार के ऊपर हाथ साफ

करता है। उसका पेट भर जाने के बाद फिर बच्चे भोजन करते हैं। अब प्रकृति ने उनके खाने की ऐसी व्यवस्था बनाई है। जिन दिनों अच्छा शिकार मिलता है, उन दिनों सबका पेट भर जाता है। लेकिन जिन दिनों शिकार कम हो जाता है, उन दिनों सिंह महोदय तो पूरा पेट भर लेते है, सिंहनी आधे पेट भोजन कर पाती है, पर बहुत से बच्चों को पूरा खाने को नहीं मिलता। अत: 6 या 7 शावकों में से 1 या 2 बचते हैं, बाकी खत्म हो जाते हैं। यह प्रकृति की व्यवस्था है। लेमिंग नाम का एक चूहा जैसा प्राणी होता है, इसकी प्रजनन की दर बड़ी तीव्र होती है। इतनी तीव्र गति से प्रजनन करते हैं कि लोगों को चिंता होती है। लेकिन हर तीन या पाँच साल के बाद उनके अंदर एक विचित्र प्रेरणा जगती है और वे सारे लेमिंग पानी की तरफ दौड़ते हैं और पानी में डूबकर मर जाते हैं। यह व्यवस्था भी प्रकृति ने ही स्वयं उत्पन्न की हुई है।

प्राकृतिक संतुलन

न्यूयॉर्क में 'ब्रेडर' नाम का एक्वेरियम यानी 'जलचर संग्रहालय' है। उस एक्वेरियम में उन्होंने एक प्रयोग किया। दो प्रकार की टंकियाँ रखी गईं। दोनों टंकियों में समान परिवेश रखा गया। एक टंकी के अंदर एक गुप्पी मछली रखी गई, जो सगर्भा थी। दूसरी टंकी में 51 गुप्पी मछलियाँ रखी गईं, जिनमें कुछ नर थीं, कुछ मादा थीं और दोनों को समान वातावरण में रखकर उन्होंने अध्ययन किया। वह जो सगर्भा गुप्पी थी, उसके बच्चे हुए, फिर बच्चों के बच्चे हुए, ऐसा करते-करते प्रजनन होता गया। आपस में खाते भी गए। दूसरी टंकी में कुछ बड़ी गुप्पी छोटी गुप्पी को खा लेती थीं। 6 महीने बाद उन्होंने देखा तो दोनों टंकियों में समान संख्या थी। दोनों टंकियों में 6 गुप्पियाँ थीं, जिसमें 3 नर थे और 6 मादा। इससे उन्होंने निष्कर्ष निकाला कि एक परिवेश की जो धारण क्षमता है, उसका कभी अतिक्रमण नहीं होता। उसके पहले ही प्रकृति की स्वयं नियामक प्रक्रिया सक्रिय हो जाती है और वह सारी चीज को संतुलित कर देती है और इसलिए प्रकृति के साथ अगर खिलवाड़ करेंगे तो उसके परिणाम हमको भोगने पड़ेंगे।

हाल ही में इंग्लैंड का 'पागल गाय रोग' इसका ज्वलंत उदाहरण है। गाय जैसे शाकाहारी प्राणी से अधिक मांस के लोभ में उसे मांसाहारी भोजन खिलाया गया। मांस तो बढ़ा, किंतु मस्तिष्क में पागलपन आ गया। और 'पागल रोग' से ग्रस्त गाय का मांस खाने से मनुष्यों के मस्तिष्क में भी सी.जे.डी. नाम का रोग लगकर वे पागल होने लगे। इंग्लैंड के गोमांस व्यापार पर बड़ा विपरीत असर पड़ा, क्योंकि यूरोप ने इंग्लैंड से गोमांस लेना अस्वीकार कर दिया। इससे इंग्लैंड को 12 लाख रोगग्रस्त गायों के कत्ल का क्रूर निर्णय लेना पड़ा है। कहना कठिन है कि गाय पागल है या मनुष्य?

ऑक्सफोर्ड यूनिवर्सिटी के एक डॉक्टर ने कहा कि इंग्लैंड के लड़के बड़े भीरु होते

चले जा रहे हैं। 20 साल पहले तक जहाँ लड़कों का संबंध आता था, वे आक्रामक होते थे। अब लड़कियाँ आक्रामक हो गई हैं और यह बताते हैं कि उनके अंदर नपुंसकता बढ़ रही है, क्योंकि एक बार अमर्यादित उपभोग का आपने अधिकार दे दिया तो स्वाभाविक रूप से उसका प्रजनन शक्ति के ऊपर भी असर पड़ने वाला है और आज जो अप्राकृतिक मैथुन शुरू हो गया है, उसके परिणामस्वरूप 'एड्स' नाम की बीमारी प्रकृति ने उत्पन्न कर दी है, जिसे एक विभीषिका के रूप में आज सारे लोग देख रहे हैं। यह जब बढ़ जाएगा तो मनुष्य के अंदर की रोग प्रतिरोधक क्षमता पूरी तरह समाप्त हो जाएगी।

अमर्यादित उपभोग

प्रकृति के अंदर जितनी भी संपदा है, उसका अमर्यादित शोषण हो रहा है। हम अमेरिका का उदाहरण लेते हैं। अमेरिका में दुनिया की कुल 5 प्रतिशत जनसंख्या है, लेकिन वह दुनिया के 40 प्रतिशत संसाधनों का उपयोग करता है। सात बड़े समृद्ध देश, जो 'जी-7' कहलाते हैं, इनमें दुनिया की 40 प्रतिशत जनसंख्या रहती है, लेकिन दुनिया के 80 प्रतिशत साधनों का उपयोग वे कर रहे हैं। ये लोग विकासशील देशों के ऊपर आरोप लगाते हैं कि इनके कारण प्रदूषण हो रहा है। वास्तव में यह बात गलत है। सारे संसाधन तो इनके उपयोग में आ रहे हैं। चूँकि विकासशील देशों के पास आज भी संसाधन हैं, इसलिए उन संसाधनों को हस्तगत करने के लिए गैट व विश्व व्यापार संगठन आदि व्यवस्थाएँ लाई जा रही हैं; क्योंकि उनको लगता है कि अपनी विकसित स्थिति को बनाए रखना है तो जितना कच्चा माल आज तक हमको उपलब्ध होता रहा है, उतना आगे भी मिलते रहना चाहिए। जैसे-जैसे उनको लगता कि सारे राष्ट्र स्वतंत्र होते चले जा रहे हैं, यह सारा कच्चा माल अगर वे देना बंद कर देंगे तो हमारी विकास की स्थिति का क्या होगा? वैसे-वैसे कच्चे माल पर अधिकार जमाने का वे उपाय सोचते हैं। उनकी चिंता यह है कि यह कच्चा माल उनको कैसे मिलता रहे? पृथ्वी पर आज जिस प्रकार प्राकृतिक संसाधनों का क्षरण हो रहा है, उससे लोग चिंतित तो हैं। 'पृथ्वी सम्मेलन' करते हैं, रियोडिजेनेरियो में 'पृथ्वी सम्मेलन' करने के बाद उस पर हस्ताक्षर भी करते हैं। जैविक विविधता की रक्षा करनी चाहिए, यह प्रस्ताव भी पारित करते हैं। लेकिन अगर ये विकसित देश अपनी जीवन-शैली में परिवर्तन नहीं करते तो इसके ऊपर हस्ताक्षर कोई मायने नहीं रखता, क्योंकि उनको तो कच्चा माल चाहिए। विभिन्न प्रकार के रास्तों से वे कच्चा माल लाने का प्रयास करेंगे और जैसा बताया गया है कि नदियों का प्रदूषण हो रहा है, जंगल खत्म हो रहे हैं, उसके कारण वर्षा प्रभावित हो रही है। यह सब परस्पर एक-दूसरे के साथ संबंधित हैं; लेकिन यह जो पाश्चात्य पथ है और विकास-पथ के साथ-साथ उनकी जो जीवन-दृष्टि है, यह इसके लिए बहुत बड़ा कारण है।

पश्चिम का आत्मघाती विकास-पथ

हम जब विकास की बात करते हैं तो हमको वे पर्यावरण का उपदेश देते हैं। उन्होंने अपना विकास पूरा कर लिया, अब हमको उपदेश देते हैं; क्योंकि हमारा कच्चा माल उन्हें चाहिए। विकास पर्यावरण के संतुलन से ही हो सकता है; लेकिन विकास की कौन सी प्रक्रिया हम अपनाएँ, यह एक बहुत बड़ा प्रश्नचिह्न है। पिछले तीन सौ वर्षों में पश्चिम ने जो विकास-पथ अपनाया, क्या वह विकास-पथ हमको अपनाना चाहिए? पश्चिम ने विकास-पथ अपनाया, उसके पीछे उनकी एक जीवन-दृष्टि है, जिसे हमको अच्छी तरह से समझना चाहिए? पश्चिम में ईसाइयत के विस्तार के पश्चात् लोगों के मन में यह धारणा बलवती हो गई कि यह जितनी भी धरती है, वह सब हमारे उपभोग के लिए है; क्योंकि ईसाइयत की अवधारणा यह है कि मनुष्य ने ईश्वर की आज्ञा का उल्लंघन कर पाप किया और ईश्वर ने एडम-ईव दोनों को पृथ्वी पर भेज दिया और कहा, 'जाओ, अभी तक तो तुमको स्वर्गलोक में बड़े आनंद के साथ बिना कुछ किए सबकुछ मिलता था। अब तुमको पृथ्वी पर परिश्रम करना पड़ेगा और इससे तुमको जो मिलेगा, उसका तुम उपभोग कर सकते हो।'

मनुष्य ने सोचा कि भगवान् ने हमको पृथ्वी पर भेजा है और संपूर्ण पृथ्वी के उपभोग का अधिकार हमको दे रखा है। यह धारणा पश्चिम के देशों में ईसाइयत के कारण बलवती हुई कि जितने भी पेड़-पौधे, पशु-पक्षी, नदी, पहाड़-पर्वत हैं, वे सब मनुष्य को सुखी करने के लिए हैं और उसका अधिकार ईश्वर ने हमको दे रखा है।

एक उदारहण देखें। अभी कुछ ही वर्ष पहले ब्रिटेन की संसद् के निचले सदन में एक विधेयक लाया गया कि प्राणियों के प्रति जो क्रूरता बरती जाती है, उसको रोकना चाहिए। वह विधेयक निचले सदन में पारित हो गया; लेकिन ऊपर के सदन में जब गया तो उन्होंने इसको निरस्त कर दिया। अब सरकार के सामने समस्या आई कि क्या करें? तो उन्होंने अभिमत जानने के लिए 'आर्क बिशप ऑफ केंटरबरी' के पास विधेयक को भेजा। 'चर्च ऑफ इंग्लैंड' के इस सबसे बड़े पादरी ने जो निर्णय दिया, वह यह कि 'बाइबिल' के अनुसार, 'मनुष्य को छोड़कर बाकी के सारे जड़ पदार्थ हैं। उनके अंदर कोई प्राण नहीं होता है, इसलिए उनको मारने में कोई पाप नहीं लगता।' यह विकृत अवधारणा अभी तक विद्यमान है।

अब भी वही दृष्टि-दोष

लेकिन पश्चिम में ईसाइयत का प्रभाव कम होने के बाद जब नव-जागरण का युग शुरू हुआ तो 'बाइबिल' की अनेक मान्यताओं को उन्होंने अमान्य कर दिया। किंतु कुछ मान्यताएँ ऐसी थीं, जिनको वैज्ञानिक स्वरूप भी प्राप्त हो गया। फ्रांसिस बेकन नाम

के विद्वान् ने यह कहा कि प्रकृति में सब जड़ वस्तुएँ हैं और इन सबका उपयोग केवल मनुष्य के लिए करना चाहिए। फ्रांसिस बेकन किंग जेम्स प्रथम का वकील था, कानूनी सलाहकार था और उसकी तरफ से मुकदमे लड़ा करता था। उन दिनों महिलाओं को चुड़ैल घोषित कर उन्हें यंत्रणा देने का वहाँ काम बहुत चलता था। कुछ लोगों का सिर धड़ से अलग कर दिया जाता था। फ्रांसिस बेकन अनेक महिलाओं को इस प्रकार दंडित कर चुका था। प्रकृति को उसने महिला माना और कहा कि प्रकृति का गला दबाना चाहिए। उसकी बाँह मरोड़नी चाहिए। उसको पीड़ा देनी चाहिए। उसको यंत्रणा देनी चाहिए, ताकि प्रकृति अपने सारे रहस्यों को उगल सके।

प्रकृति से संघर्ष की सोच

आगे चलकर रेने देकारते नाम का जो दूसरा विचारक हुआ, उसने कहा कि मनुष्य का शरीर जड़ है और प्रकृति की बाकी की सारी वस्तुएँ भी जड़ हैं। सब यंत्रवत् हैं, मशीनें हैं। जिस प्रकार मशीनों के अलग-अलग कलपुरजे होते हैं और उन सारे कलपुरजों की गति के आधार पर मशीन चलती है, वैसे ही प्रकृति के अंदर जितनी भी वस्तुएँ हैं, वे भी कुछ नियमों के अंतर्गत यंत्रवत् काम कर रही हैं। उनके अंदर कोई जीवन नहीं है। उनकी अपनी कोई आध्यात्मिक सत्ता नहीं है। देकारते ने तब एक और बात कही। उसने कहा कि मनुष्य का मन और मनुष्य का शरीर एक-दूसरे से अलग हैं। मनुष्य यानी उसका मन। अन्य सब चीजों को उसने अमान्य किया। उसने कहा कि जब तक अकाट्य प्रमाणों के द्वारा किसी चीज का अस्तित्व सिद्ध नहीं किया जाता, तब तक उसकी मान्यता नहीं है। केवल अनुमान के आधार पर जो चीज कही जाती है, उसको हम अमान्य करते हैं। ऐसा जितना ज्ञान है, जो अनुमान के ऊपर आधारित है, अनुभव के ऊपर आधारित है, उसको हम अमान्य करते हैं। प्रत्यक्ष प्रयोग के द्वारा जो सिद्ध होगा, उसको हम मानेंगे। इस तर्क से उसने अपने शरीर को भी अमान्य किया, स्वयं के होने को भी अमान्य किया; लेकिन अमान्य करते-करते एक ऐसी जगह पहुँच गया, जहाँ उसे लगा कि मैं अपने को अमान्य नहीं कर सकता; क्योंकि मैं सोचता हूँ, इसलिए मैं हूँ। अगर मैं नहीं होता तो सोचता कौन? मैं सोच रहा हूँ, इसलिए मैं हूँ। इस आधार पर मैंने कहा कि मेरे अंदर जो सोचनेवाला मन है, वह वास्तव में मेरा मैं है, जो इस शरीर के अंदर रह रहा है, इस शरीर का मन से कोई आपस में संबंध नहीं है। मन का कोई ऐसा अंग नहीं है, जो शरीर से संबंधित हो और शरीर का कोई ऐसा अंग नहीं, जो मन से संबंधित हो। इस आधार पर शरीर और मन एक-दूसरे से अलग हैं और इन दोनों के बीच में संघर्ष चल रहा है; क्योंकि मन की स्वाभाविक इच्छाएँ हैं तथा शरीर की अपनी मर्यादाएँ हैं। इसलिए मन और शरीर के बीच में एक संघर्ष है, इसलिए मैं अपने शरीर

से संघर्ष कर रहा हूँ। फिर मेरे मन की आकांक्षा और बाकी के मन की आकांक्षाओं में क्या फर्क रहता है? मैं कुछ चाहता हूँ तथा अन्य लोग कुछ और चाहते हैं, इसलिए मेरा पास-पड़ोसियों से भी संघर्ष है। मेरा समाज से संघर्ष है, मेरा प्रकृति से संघर्ष है। उसने सब जगह पर संघर्ष देखा। उसमें से सिद्धांत विकसित हुआ।

न्यूटन का यांत्रिक विश्व

आगे चलकर यांत्रिक विश्व की अवधारणा को न्यूटन ने प्रस्तुत किया और कहा कि संपूर्ण विश्व एक विशाल यंत्र है, जो कुछ नियमों के आधार पर चल रहा है। भिन्न-भिन्न पुरजों को मिलाकर यह सारा यंत्र बना है, इसलिए अलग-अलग पुरजों का हम ठीक प्रकार से अध्ययन कर लें तथा उन नियमों को जान लें तो इस संपूर्ण प्रकृति का नियंत्रण मनुष्य कर सकता है। इस सारे चिंतन में से मनुष्य को अलग रखा गया। उसको संपूर्ण परिवेश का अंग नहीं माना गया। उसको इस पृथ्वी का अंग नहीं माना गया। कहा गया कि मनुष्य इस संपूर्ण पृथ्वी के ऊपर अपना अधिराज्य जमाने के लिए पैदा हुआ है।

फ्रांसिस बेकन की अवधारणा थी कि विज्ञान का प्रयोग प्रकृति के सारे रहस्यों को उद्‌घाटित करने के लिए और मनुष्य के सुख के लिए करना चाहिए और इस धारणा पर प्रकृति का पूरी तरह से शोषण करना चाहिए; क्योंकि प्रकृति मनुष्य के लिए है। ईसाइयत के पहले अनेक पारंपरिक समाजों में प्रकृति को माता कहा जाता था। हमारे यहाँ तो कहा ही जाता था, लेकिन चीन, जापान और जर्मनी में भी ईसाइयत के पहले की जितनी अवधारणाएँ थीं, उन सब में प्रकृति के साथ तालमेल स्थापित किया जाता था। पृथ्वी को माता मानकर चला जाता था। इसलिए एक विद्वान् ने कहा है कि जब तक मनुष्य प्रकृति को माता मानता था; तब तक तो उसके ऊपर एक प्रकार का सांस्कृतिक अंकुश रहता था और उस अंकुश के आधार पर प्रकृति का उतना ही उपभोग करता था, जितना आवश्यक होता था। लेकिन देकारते के चिंतन और उसकी विश्व-दृष्टि के कारण यह अंकुश हट गया तथा प्रकृति का शोषण प्रारंभ हो गया। मनुष्य ने अपने स्वयं के शरीर को सजाने के लिए भी प्रकृति के साथ कितनी क्रूर कुचेष्टा करना प्रारंभ कर दिया है, इसके कुछ उदाहरण मैं आपके सामने रखता हूँ।

वीभत्स सौंदर्य प्रसाधन

हम, विशेषकर महिलाएँ, अपने शरीर को सुंदर बनाने के लिए अनेक प्रकार के सौंदर्य प्रसाधनों का प्रयोग करती है। इसमें जिस लिपस्टिक का प्रयोग किया जाता है, उसके अंदर अनेक जानवरों का खून होता है। जो सेंट बनाता है, उसे बनाते समय बिज्जू नाम के प्राणी को बेंतों से खूब पीटा जाता है। बेंतों से पीटे जाने के कारण वह बेचारा बिलबिलाकर आत्मरक्षा के लिए एक तरल पदार्थ बाहर फेंकता है, ताकि जो चोट लगी

है, वह चोट भर जाए। बाद में चाकू से उस तरल पदार्थ को खरोंचा जाता है और उसका प्रयोग हमारे यहाँ सेंट में किया जाता है।

क्रूरता की पराकाष्ठा

कछुए के तेल का प्रयोग हमारे सौंदर्य प्रसाधन में होता है। यह जो फेस पाउडर हम लगाते हैं, उसमें 'स्लेंडिच लोरिस' नाम के एक प्राणी का दिल और उसकी आँखें पीसकर डाली जाती हैं। इतना ही नहीं, इन सारे सौंदर्य प्रसाधनों की जाँच के लिए प्राणियों के ऊपर इसका प्रयोग किया जाता है। लिपस्टिक, टेलकम और बालों में जो खिजाब लगाया जाता है, उसका परीक्षण बंदरों पर किया जाता है। उन्हें बंदरों को खिलाया जाता है और यह देखा जाता है कि कितनी मात्रा में उन चीजों को खिलाने पर बंदर मरते हैं और जो नहीं मरते, उनको काटते हैं, यह देखने के लिए कि वे क्यों नहीं मरे? न जाने कितने बंदर इन प्रयोगों में मरते हैं। कुछ सौंदर्य प्रसाधन ऐसे हैं, जिनका परीक्षण खरगोश की आँखों में डालकर किया जाता है। इस परीक्षण से खरगोश अंधा हो जाता है, मर जाता है। इन सारे सौंदर्य प्रसाधनों के परिणामस्वरूप दुनिया में 130 प्रजातियाँ पूर्णत: समाप्त हो चुकी हैं और 240 प्रजातियाँ समाप्ति के निकट हैं, यानी मनुष्य अपने स्वयं के शरीर को सजाने के लिए भी कितने जीवों को तकलीफ दे रहा है, कितने प्राणियों को खत्म कर रहा है, इसका यह एक छोटा सा उदाहरण है

एक अभिशप्त यांत्रिक विश्व की अवधारणा

पाश्चात्य यांत्रिक विश्व में मनुष्य को छोड़कर बाकी सब पूरी तरह से जड़ माने गए हैं। इस धारणा के कारण उन्होंने कहा कि प्रकृति का अमर्यादित शोषण करो, तुम्हारे ऊपर कोई नैतिक बंधन नहीं है और इसलिए आज हम देख रहे हैं कि पश्चिम में संपूर्ण वनों को ध्वस्त किया जा रहा है, प्राणियों को मारा जा रहा है। अपना घर सजाने के लिए जो हाथी-दाँत की वस्तुएँ बनती हैं, उसके लिए हाथियों को कितनी बुरी तरह से मारा जाता है, कितना बड़ा व्यापार बन गया है। केन्या में हाथियों को मारने पर प्रतिबंध लगा हुआ है, फिर भी तस्कर लोग हाथियों को मारते हैं। उनके पास ऐसे आधुनिकतम हथियार होते हैं, जो सरकार की पुलिस के पास भी नहीं होते। इसका परिणाम यह हुआ कि जहाँ केन्या में 15 लाख हाथी थे, अब उनकी संख्या घटकर केवल 6 लाख रह गई है; क्योंकि दाँत निकालने के बाद हाथी मर जाता है। ये जो सारी चीजें सब जगह हो रही हैं, उनके कारण प्रकृति का संतुलन गड़बड़ा रहा है, क्योंकि सब मनुष्यों ने सोच लिया कि प्रकृति में कोई जान ही नहीं और इसलिए इसका मनमाना उपभोग अपने लिए कर सकते हैं, तो प्रकृति के संतुलन की तरफ से उसका ध्यान हट गया।

यह सब पश्चिम के उस तथाकथित वैज्ञानिक चिंतन का परिणाम है, जो विश्व को

यांत्रिक मानकर चल रहा है। वह मनुष्य को छोड़ बाकी सबको जड़ मानता है। इसके परिणामस्वरूप उनको इस बात की चिंता नहीं कि प्रकृति का विनाश हो रहा है।

जब चीन ने फाख्ता मारी

जिस समय सन् 1947 से चीन में कम्युनिस्टों की सरकार स्थापित हुई तो कुछ दिनों बाद उन लोगों ने देखा कि वहाँ बहुत बड़ी मात्रा में फाख्ता हैं और वे दाने खाती हैं तो कुल मिलाकर कितने टन अनाज खत्म होता होगा? तो उन्होंने सोचा कि अनाज का एक बड़ा भाग तो ये फाख्ता खा लेती हैं। मनुष्य को तो मिलता ही नहीं। अत: 'फाख्ता मारो' अभियान चलाया जाए। जब 'फाख्ता मारो' अभियान चलाया गया तो सरकार ने कहा—जो फाख्ता मारकर लाएगा, उसको हम पैसे भी देंगे और फाख्ता भी देंगे, ताकि वे उसको खा सकें। अब चीन में तो सब चीजें खाते हैं। किसी ने कहा कि चीन में अगर दो पायों और चौपायों में से किसी को छोड़ा है तो कुरसी और टेबिल को, बाकी सब वे लोग खा लेते हैं—साँप, बिच्छू, केकड़े, मेढक सब चीजें खाते हैं। तो मजदूर, विद्यार्थी, कर्मचारी सब लोग निकल पड़े। जो दिखता, फाख्ता मारते। अब कई फाख्ता बेचारी मारी गईं, कई वहाँ से भाग गईं। चीन में फाख्ता खत्म हो गईं, लेकिन तब उनके ध्यान में आया कि फाख्ता 4-5 दाने भले ही खाती हों, किंतु वे उस फसल को खानेवाले कीड़ों को भी खा लेती थीं। इससे फसल की रक्षा होती थी। जब फाख्ता खत्म कर दीं तो कीड़े बढ़ गए, इसलिए उनको दूसरा अभियान चलाना पड़ा, 'कीड़े मारो अभियान'।

ऑस्ट्रेलिया ने खरगोश पाले

ऑस्ट्रेलिया में पहले खरगोश नहीं थे, हिंदुस्तान से खरगोश ले जाए गए। लेकिन खरगोशों का प्रजनन इस गति से बढ़ने लगा कि उनको चिंता हुई कि ये खरगोश इस गति से बढ़ेंगे तो हमारे कोई भी सब्जी के खेत खाली नहीं बचेंगे। तब उन्होंने सोचा कि हिंदुस्थान में क्यों नहीं इस गति से बढ़ते? उन्होंने अध्ययन किया तो पाया कि एक विशेष प्रकार की वनस्पति होती है, जिसको खाने के कारण प्रजनन की दर पर नियंत्रण आ जाता है। अत: उन्होंने भी उस पौधे को वहाँ पर लगाया और खरगोशों की संख्या पर नियंत्रण किया।

मेंढक और धान

ठाणे में बहुत अच्छा धान होता है, लेकिन ठाणे में बड़े-बड़े मेढक भी होते हैं। वहाँ के लोगों को पता लगा कि अमेरिका के लोगों को मेढक की टाँग बहुत अच्छी लगती है। इसलिए मेढकों को निकाल-निकालकर डिब्बों में बंद करके उन्होंने अमेरिका भेजना चालू किया तथा विदेशी मुद्रा कमाने लगे। मेढक की टाँग तोड़ दो तो मेढक मर

जाता है; लेकिन डेढ़ साल बाद उनके ध्यान में आया कि धान की फसल आधी रह गई, क्योंकि मेढक धान की फसल को नष्ट करनेवाले कीड़ों को खाते थे।

जिस समय कोयंबटूर में सबसे पहले जी.के. नायडू ने, जो बहुत बड़े उद्योगपति थे, अपना उद्योग प्रारंभ किया, उस समय पानी बहुत पास में था; लेकिन वहाँ के झाड़ और आस-पास के जंगल को काटकर शहर बढ़ता चला गया; तब पानी इतना नीचे चला गया कि पानी की समस्या शुरू हो गई। जिस समय भाखड़ा बाँध बना, उस समय पंजाब में पानी सतह के ऊपर आ गया और सेम की समस्या के कारण फसल को नुकसान होने लगा। उन्होंने सोचा कि इनको संतुलित करने के लिए क्या करना चाहिए? उत्तर मिला कि यूकेलिप्टस के पेड़ लगाओ। यूकेलिप्टस के झाड़ को बहुत पानी चाहिए और उसने वह सारा पानी सोख लिया, इसलिए समस्या हल हो गई। तब मैसूर के लोगों को लगा कि यूकेलिप्टस तो हमारी विशेषता थी, पंजाब के लोगों ने बाजी मार ली। उन्होंने कहा कि हम भी यूकेलिप्टस के झाड़ लगा रहे हैं हरियाली बढ़ाने के लिए। कहते हैं पाँच वर्षों में उसकी लकड़ी मिल जाती है, फायदा हो जाता है। लेकिन यूकेलिप्टस का झाड़ जहाँ लगाओगे, आस-पास का सारा पानी खींच लेगा और बाकी के जितने भी पौधे हैं, उनको नुकसान पहुँचाएगा। यह मोनोकल्चर है। अब कहते हैं कि बायोडायवर्सिटी होनी चाहिए, जैविक विविधता होनी चाहिए। यह सब परस्पर संबंधित हैं। मक्खियों को लीजिए। वास्तव में, इनके अस्तित्व की आवश्यकता है, क्योंकि वे वातावरण को शुद्ध करती हैं, गंदगी को खा लेती हैं। लेकिन जब मनुष्य इतनी अधिक गंदगी करता है कि वे साफ नहीं कर पाती हैं तो हैजा फैलता है। फिर हम कहते हैं कि मक्खियों के कारण हैजा फैला, पहले मक्खियों को समाप्त करो।

हर एक का प्रयोजन

इस विश्व के अंदर प्रत्येक जीव-जंतु का अपना एक प्रयोजन है। उस प्रयोजन को जानकर सारे विश्व की रचना में उसका क्या स्थान है, इसको पहचानकर अगर उनको बनाए रखें, तभी तालमेल ठीक से बैठेगा। इसी को हमारे यहाँ धर्म कहा गया है। प्रकृति और समाज का यह जो संतुलन है, उसके बीच का जो संबंध है, उसको पहचानकर उसके नियम को जानकर तदनुसार हम अपनी सारी रचना और विकास-पथ आयोजित करेंगे तो प्रकृति के साथ हमारा सुसंगत विकास-पथ आयोजित होगा, हमारी प्राचीनकाल से अवधारणा रही है कि प्रकृति के साथ मिलकर चलो और इसलिए प्रकृति के प्रति पूज्य बुद्धि हमने उत्पन्न की। प्रकृति को हमने माता कहा। तुलसी को हमने माता माना, वटवृक्ष की, अश्वत्थ वृक्ष की पूजा की और इन सबके माध्यम से लोगों के मन में प्रकृति के प्रति पूज्य भाव उत्पन्न किया। हम नागों को, साँपों को दूध पिलाते हैं,

क्योंकि उनके अस्तित्व का कोई प्रयोजन है। साँपों को मारते चले जाना गलत है। जिस समय जनमेजय ने सर्प यज्ञ प्रारंभ किया तो आस्तीक ने आकर उनको बताया कि सारे साँपों को अगर तुम मार डालोगे तो सारा संतुलन बिगड़ जाएगा। तुम्हारे पिताजी को एक साँप ने काट लिया, यह ठीक है; लेकिन क्रुद्ध होकर इनको नष्ट मत करो। प्रकृति की व्यवस्था में उनका बहुत बड़ा योगदान है।

बसु की क्रांति

प्रकृति के संतुलन की ओर से पाश्चात्य विकास-पथ ने हमारा ध्यान हटा दिया है। यह आगे भी चलता, लेकिन 20वीं सदी के विज्ञान में परिवर्तन आना चालू हो गया। सबसे पहले जगदीश चंद्र बसु ने कहा कि पेड़-पौधों में भी जान है। उन्होंने प्रयोग के द्वारा वह सिद्ध करके दिखाया। जब उसी प्रयोग को इंग्लैंड में 'रॉयल साइंटिफिक सोसायटी' के सामने प्रस्तुत करने के लिए वे गए तो हिंदुस्थान गुलाम देश होने के कारण अंग्रेज लोग नहीं चाहते थे कि उनका प्रयोग सफल हो। इसलिए उन्होंने एक षड्यंत्र किया। परिणाम यह हुआ कि जब पौधों को उन्होंने सामने रखा और सारे वैज्ञानिकों के सामने उन्होंने कहा, 'देखो, उस पौधे को भी सुख होता है, दुःख होता है। जो चीजें मनुष्य पर असर करती हैं, इसको भी अब जहर का इंजेक्शन दूँगा और यह मर जाएगा।' किंतु उन्होंने जहर का इंजेक्शन दिया, तब भी वह नहीं मरा। जितने भी अंग्रेज वैज्ञानिक वहाँ बैठे थे, सब एक-दूसरे को कनखियों से इशारे करने लगे कि बड़ा आया हिंदुस्थान का वैज्ञानिक! लेकिन उसके बाद तुरंत जगदीश चंद्र बसु ने कहा, 'अगर यह जहर इन पौधों को नुकसान नहीं पहुँचाता तो मनुष्य को भी नुकसान नहीं पहुँचाएगा।' और उन्होंने वह जहर का प्याला पी लिया। तब प्रयोगशाला का नौकर दौड़ा-दौड़ा आया और कहा, 'सर, गलती हो गई। विष का प्याला देना था, किंतु उसकी जगह मैंने शक्कर का घोल आपको दे दिया है।' इस प्रकार श्री बसु ने सबसे पहले सिद्ध करके दिखाया कि पौधों में जान है।

आइंस्टीन ने, जो इस सदी का सबसे बड़ा वैज्ञानिक है, कहा, 'यह आविष्कार विश्व में सबसे अधिक महत्त्वपूर्ण है और इस एक चीज के लिए ही जगदीश चंद्र बसु को सर्वश्रेष्ठ वैज्ञानिक घोषित करना चाहिए।' श्री बसु ने केवल पेड़-पौधों के लिए ही यह नहीं कहा। उन्होंने कहा कि जितने भी अन्य पदार्थ हैं, जैसे धातुएँ, उन सभी में भी जान होती है, इसलिए धातु से बने हुए यंत्रों को भी विश्राम मिलना चाहिए। हमारे यहाँ तो यंत्र की भी पूजा करते हैं। विश्वकर्मा दिवस के दिन भी करते हैं, विजयादशमी के दिन भी करते हैं। अगर निरंतर यंत्र से भी काम लेते रहेंगे तो यंत्र में भी थकान आती है। इसको 'मेटल फटिंग' कहते हैं। इसके कारण यंत्र फट जाता है। कई विमान तो आसमान में विलीन हो जाते हैं, फट जाते हैं और दबाव सहन नहीं कर सकते। कार को

आप ठीक ढंग से चलाओगे तो वह बहुत वर्षों तक काम देगी; लेकिन आप कार को निरंतर रगड़ते रहोगे तो उसके अंदर भी थकावट आएगी और वह नष्ट हो जाएगी, तो यह चीज उन्होंने सिद्ध की।

बाद में आइंस्टीन ने भी जो नवीन भौतिक-शास्त्र लोगों के सामने प्रस्तुत किया, उसमें उन्होंने कहा, 'देखो, यह जो माना जाता है कि मनुष्य अलग है और सारी पृथ्वी जड़ है, गलत है। वास्तव में मनुष्य भी संपूर्ण ब्रह्मांड का एक अंश है। मनुष्य जो कुछ भी आज देख रहा है, वह केवल उसका एक अंश देख रहा है, एक खंड देख रहा है। वह समग्रता को नहीं देख रहा है। समग्रता को अगर उसको देखना है तो उसको इस ब्रह्मांड के बाहर जाना पड़ेगा। मनुष्य ब्रह्मांड का एक अंश है, इसलिए जो कुछ ज्ञान उसे प्राप्त होता है, वह पूर्ण सत्य नहीं है। वह सापेक्ष ज्ञान है। देकारते व न्यूटन ने कहा था कि जो प्रत्यक्ष ज्ञान है, वही सत्य है, बाकी सब गलत है। आज के विज्ञान ने इसको असत्य सिद्ध कर दिया है।

सापेक्ष सत्य

अनेक चीजें आज हमको दिखाई तो नहीं देतीं, लेकिन वे सत्य हैं। जो कुछ हमको दिखता है, वह सापेक्ष सत्य है। यहाँ पर सब बैठे हुए हैं, यह आंशिक सत्य है। आप बैठे हुए नहीं हैं, आप इस समय पृथ्वी की कील के चारों ओर एक हजार मील की गति से घूम रहे हैं। लेकिन यह भी पूर्ण सत्य नहीं है। हम सब-के-सब पृथ्वी के साथ सूर्य के चारों ओर चक्कर लगा रहे हैं। 365 दिनों में एक चक्कर पूरा होता है। लेकिन यह भी पूर्ण सत्य नहीं है। यह संपूर्ण सौर मंडल अभिजित नक्षत्र की तरफ बड़ी तीव्र गति से बढ़ता जा रहा है। एक ही समय पर अनेक प्रकार की गतियाँ हमारे अंदर हैं।

स्यादवाद

हमें लगता है कि हम स्थायी हैं, पर यह आंशिक सत्य है। यह बात हमारे यहाँ जैन दर्शन में 'स्यादवाद' के रूप में प्रस्तुत हुई। जैन दर्शन में कहा गया है कि किसी भी चीज का पूर्ण वर्णन कभी भी नहीं कर सकते। हमारी तर्जनी बड़ी या छोटी ? उत्तर होगा—बड़ी भी हो सकती है और छोटी भी। अँगूठे के सामने बड़ी है, मध्यमा के सामने छोटी है। मैं सुदर्शन हूँ, यह मेरा आधा परिचय है। आप मेरे पिता का परिचय देंगे, मैंने क्या पढ़ा है, कहाँ पढ़ा है, कैसे पढ़ा है, चार-दस चीजें बताएँगे; लेकिन वह भी मेरा आंशिक परिचय होगा। आप कहेंगे कि आप भारत के रहनेवाले हैं, इस देवता को माननेवाले हैं; किंतु यह भी आंशिक परिचय ही होगा। आपको मेरा पूर्ण परिचय देना है तो यह भी बताना पड़ेगा कि मैं क्या नहीं हूँ ! मैं पत्थर नहीं हूँ, पेड़ नहीं हूँ, घोड़ा नहीं हूँ, हाथी नहीं हूँ। इसका मतलब आप मेरा पूरा परिचय नहीं दे सकते। जितना भी आप

देंगे, वह केवल सापेक्ष होगा। अब इस बात को पश्चिम का विज्ञान भी मानता है कि जो कुछ भी हम करते हैं, वह सापेक्ष है।

परमाणु में प्रवेश

सबसे बड़ा आश्चर्य वैज्ञानिकों को तब हुआ, जब उन्होंने परमाणु के अंदर प्रवेश किया। अतः पारमाणविक जगत् में जब वे पहुँचे, तब उन्होंने देखा कि वहाँ जो कुछ चल रहा है, उसका वर्णन नहीं किया जा सकता है। वहाँ जो विद्युत् अणु हैं, इलेक्ट्रॉन, प्रोटॉन, न्यूट्रॉन, टेट्रॉन, हेड्रॉन आदि—सब गति से निरंतर घूम रहे हैं, मिल रहे हैं, टूट रहे हैं, नए पैदा हो रहे हैं, पुराने विलीन होते चले जा रहे हैं कि उन सबका वर्णन नहीं किया जा सकता। ये लहरें या कण हैं? कभी तो ये लहरों जैसे दिखते हैं, कभी कण जैसे। कुछ वैज्ञानिक चर्चा करते-करते इतने हताश हो गए कि उन्होंने कहा कि प्रकृति भी क्या इतना विचित्र व्यवहार कर सकती है! कभी तरंगें दिखतीं, कभी नहीं, यह कैसे हो सकता है? पर ये दोनों रूप सत्य हैं। कभी वे तरंग के रूप में व्यवहार करते हैं, कभी कण के रूप में। जब कण के रूप में व्यवहार करते हैं तो तरंग नहीं रहते और तरंग के रूप में व्यवहार करते हैं, तब कण नहीं रहते।

न्यूटन के समय से सारे वैज्ञानिक इस बात की खोज कर रहे थे कि वे आधारभूत इमारती ईंटें कौन सी हैं, जिनसे यह सारी दुनिया बनी है। लेकिन पारमाणविक जगत् में जाने के पश्चात् वे इस निष्कर्ष पर पहुँचे कि दुनिया के अंदर कोई नहीं है, बल्कि सारी चीजें एक-दूसरे के साथ ऐसी गुँथी हुई हैं कि संपूर्ण विश्व का वर्णन करना हो तो इसको ऊर्जा-पुंजों की अविभाज्य अंतःसंलग्नता कहना पड़ेगा। जितने भी ऊर्जा-पुंज हैं, सब एक-दूसरे के साथ ऐसे गुँथे हुए हैं कि प्रत्येक कण में बाकी के सारे कण समाए हुए हैं। अब यह बात सुनने में बड़ी विचित्र लगती है, समझने में कठिन लगती है। उनका कहना है कि न्यूटन की यांत्रिक विश्व की अवधारणा ने हमारी समझ के ऊपर भी परदा डाल रखा है और इसलिए हम विश्व की वास्तविकता को समझ नहीं पा रहे हैं। लेकिन हमारे पुरखों ने इसी चीज को बड़े सरल ढंग से समझाया था। उन्होंने कहा था बीज और वृक्ष तथा वृक्ष और बीज एक ही हैं। अब देखिए कि छोटे से वृक्ष में बीज समाया हुआ रहता है और जब बीज विकसित होकर वृक्ष होता है तो उस वृक्ष के अंदर पुनः एक बीज आ जाता है। एक में दूसरा गुँथा हुआ है। इस दुनिया के अंदर सारी व्यवस्था ऐसी ही है। इसलिए किसी एक जगह कुछ गड़बड़ की गई तो उसका असर दूसरी जगह अवश्य होगा। आप इधर प्रकृति का विनाश करेंगे, उसका दुष्परिणाम कहीं-न-कहीं अवश्य होगा।

सब एक-दूसरे से गुँथे

हम यहाँ पर बहुत बड़ा बाँध बनाते हैं तो उसके कारण किसी दूसरे हिस्से में भूकंप आ सकता है; क्योंकि इतना अधिक वजन संप्रेषित होकर नीचे की ओर जाता है। आप अणु बम विस्फोट करते हैं, उस विस्फोट का जो धक्का लगता है, वह भी दूसरी जगह भूकंप के रूप में प्रकट होता है। ये सब चीजें एक-दूसरे से गुँथी हुई हैं। मनुष्य भी उन सबके साथ गुँथा हुआ है, इसलिए आज आपको समग्रता में विचार करना चाहिए। पश्चिम में भी यह विचार प्रबल हो रहा है। अब तक खंडित चिंतन था, जिसको अर्थात् हर चीज को टुकड़ों-टुकड़ों में बाँटकर देखना। फ्रांसिस बेकन ने कहा था कि हर चीज को टुकड़ों-टुकड़ों में देखो। इसके कारण विज्ञान की प्रगति बहुत तेज गति से हुई। किंतु सारी दुनिया को टुकड़ों में और प्रकृति को भी टुकड़ों में देखने के कारण उसकी अंत:संलग्नता भुला दी गई, प्रकृति के अलग-अलग हिस्सों का अलग-अलग शोषण किया गया और इसलिए यह सारा असंतुलन पृथ्वी पर पैदा हो गया। इसलिए लोगों को लगता है कि समग्रता से विचार करना पड़ेगा।

एक मजेदार किस्सा है। एक व्यक्ति अमेरिका में एक डॉक्टर के पास जाकर कहता है कि डॉक्टर साहब, मेरे कान में दर्द हो रहा है। डॉक्टर ने पूछा—कौन से कान में? बोला कि बाएँ कान में। डॉक्टर बोला—क्षमा करो, मैं दाएँ कान का विशेषज्ञ हूँ। बाएँ कान का विशेषज्ञ जहाँ होगा, वहाँ जाइए। विशेषज्ञता में हम समग्रता को भूल जाते हैं। पर आज विचार हो रहा है कि सारी दुनिया को एक साथ विचार करना पड़ेगा।

वह विकास का मार्ग नहीं

इस विवेचना से हमें ज्ञात हुआ कि पाश्चात्य विकास का जो मार्ग है, वह वास्तव में विकास का मार्ग नहीं है। पाश्चात्य विकास-पथ जिस औद्योगिक क्रांति उपनिवेशकों की लूट का परिणाम था, यह क्रांति इंग्लैंड से प्रारंभ हुई है, अन्य कहीं से क्यों नहीं शुरू हुई? यह शुरू हुई सन् 1760 में। इससे पहले क्यों नहीं शुरू हुई? उसका कारण यह है कि प्लासी के युद्ध के पश्चात् करोड़ों की संपत्ति हिंदुस्थान से इंग्लैंड गई। जो भी आविष्कार होता है, उसको साकार करने के बाद विशाल पैमाने पर पूँजी चाहिए। वह पूँजी इंग्लैंड के पास नहीं थी। उसे वे यहाँ से लूट के ले गए और उसके बाद हर साल लूटते रहे। उन दिनों के हिसाब से 25 करोड़ रुपए प्रतिवर्ष की लूट हिंदुस्थान से जाती रही। उस 25 करोड़ की क्रय क्षमता उन दिनों में इतनी थी, जो आज 5,000 करोड़ रुपए के बराबर है। आज अगर 5,000 करोड़ रुपए हर साल हिंदुस्थान से बाहर चला जाए और वर्षों तक यह चलता रहे तो हिंदुस्थान की क्या हालत होगी? इंग्लैंड में औद्योगिक क्रांति के लिए जो मशीन बनानी थी, उसके लिए भी पैसा उन्होंने यहाँ से लूटा। कच्चा

माल यहाँ से अत्यंत सस्ती दरों पर ले गए। अपने पक्के माल को इसी बाजार में उन्होंने खपाया और इंग्लैंड ने देखा कि हमारा माल मशीन से बना होने के बाद भी हिंदुस्थान के माल की तुलना में घटिया है, तब उन्होंने हिंदुस्थान के सारे उद्योगों को नष्ट किया।

हमारी औद्योगिक प्रगति

हिंदुस्थान औद्योगिक दृष्टि से प्रगत था, लेकिन हमारे उद्योग प्रकृति से सुसंगत थे। हमारे जितने उद्योग थे, वे अल्प ऊर्जाभक्षी थे और कम पूँजी में काम करते थे। हमारे यहाँ इस्पात बनता था; पर इस्पात बनाने का कारखाना 300 रुपए में तैयार हो जाता था और किसी भी नदी के किनारे रखकर इस्पात बना सकते थे। अभी भी मध्य प्रदेश के सरगुजा जिले में वालकाट नगर है। वहाँ अभी भी लोहा बनाते हैं। लोहा बनाने की जो भट्ठी है, उसे उन्होंने स्थानीय आधार पर मिट्टी-बाँस आदि से बनाया है। अभी उसका एक प्रदर्शन मुंबई में हुआ था। 27 नवंबर, 1992 से लेकर 3 दिसंबर, 1992 तक ये सेमिनार हुआ। उसमें उसे प्रदर्शन में रखा गया था और भट्ठी भी रखी गई थी। जो तीन घंटे में लोहा बनाकर तैयार कर देती थी। उसमें जो धौंकनी थी, वह भी पैर से चलाई जानेवाली थी। पोले बाँस से हवा भट्ठी में जाती थी, जिसमें 1465 सी. तापमान मिल रहा है। तो हमारे यहाँ पर सारी चीजें प्रकृति से सुसंगत थीं। ग्रामाधारित छोटे-छोटे उद्योग बिखरे पड़े थे, जो लोगों को काम देते थे। अंग्रेजों ने उन्हें नष्ट कर दिया, सबका केंद्रीकरण किया।

हम गरीब हुए, वे अमीर हो गए

हमारे औजार गाँव-गाँव में बनते थे। दो-चार-पाँच गाँव के समूह में एक आदमी औजार बनानेवाला होता था, जो उधर की धरती के अनुरूप औजार बनता था। जब से टाटा ने औजार बनाने शुरू कर दिए और उनका एक मानकीकरण कर दिया, तब से एक ही प्रकार के औजार बनने लगे। वे औजार हर जगह उपयोगी नहीं होते हैं। जो बिहार में उपयोगी होता है, वह दक्षिण के पठार में नहीं होता। हर जगह औजारों में बड़ी विविधता थी, लेकिन इस केंद्रीकरण से विविधता नष्ट हो गई है। इस प्रकार पाश्चात्य देशों ने उपनिवेशों से लूट, कच्चा माल यहाँ से ले लिया। अपने विकास के लिए पूँजी भी वहीं से ली और अपने पक्के माल को खपाने के लिए बाजार भी वहाँ बनाया। इसके कारण सारा-का-सारा पैसा यहाँ से खिंचकर चला गया। हम गरीब हो गए। हमारी गरीबी जितनी मात्रा में हुई, उतनी ही मात्रा में इंग्लैंड और यूरोप के सारे देश समृद्ध हुए।

गांधी की नहीं सुनी

स्वतंत्र होने के पश्चात् हमने जो विकास-पथ अपनाया, उसमें हमने पश्चिम का ही अनुकरण किया। गांधीजी ने कहा था, 'इस रास्ते पर मत जाओ। यह रास्ता तुमको

नष्ट करेगा और दुनिया को भी नष्ट करेगा। ग्राम को आधार बनाकर विकास करो। ग्राम का व्यक्ति अगर खुशहाल होगा तो सारा देश खुशहाल होगा।' लेकिन नेहरूजी ने नहीं माना। पाश्चात्य विकास-पथ अपनाया। लेकिन यह नहीं सोचा कि ये तीन चीजें कहाँ से आएँगी, पैसा कहाँ से आएगा, पूँजी कहाँ से आएगी? पश्चिम ने कहा, हम देंगे, तो पाश्चात्य राष्ट्रों ने हमको सहायता दी। सहायता के नाम पर ऋण दिया। उनको मालूम था कि भारत स्वतंत्र हो गया तो हमें कच्चा माल कहाँ से मिलेगा? कच्चा माल मिलता रहे, इसलिए इन्हें कर्जदार बनाओ। और हमें कर्जदार बनाने के लिए वे पैसा देते रहे, हम पैसा लेते रहे। हमें भी बड़ा आनंद आया कि वे हमारा विकास चाहते हैं। पर उनको हमारे विकास से कोई मतलब नहीं था। उनको हमारे कच्चे माल से मतलब था। हमारे यहाँ ऐसी मशीनें बेचते थे, जो वहाँ पुरानी हो जाती थीं। हमने वे मशीनें खरीदीं। लेकिन हमारे पास उपनिवेश नहीं था। हम किसको लूटते, तो हमने क्या किया? अपने ही देश के एक हिस्से को लूटा और दूसरे हिस्से को समृद्ध बनाया। वनों में रहनेवाले, ग्रामों में रहनेवाले गरीब हुए और शहरों में रहनेवाले समृद्ध। विकास की बातें होती हैं, पर विकास का मतलब क्या है? एक बाँध बनाने के कारण कितने वनवासियों को उजाड़ दिया जाता है! वनवासियों का अपना रिश्ता कायम होता है अपने परिवेश के साथ, अपने पर्यावरण के साथ। जैसा ऊपर बताया गया, एक-एक धातु, एक-एक पौधा वनवासियों को मालूम है। उसके साथ उन्होंने रिश्ता कायम किया हुआ है और उस रिश्ते में उन्हें आनंद भी मिलता है। हम उसको अपने आनंद के पैमाने से क्यों नाप रहे हैं? उसको बहुत ज्यादा खाने को नहीं मिलता होगा; लेकिन मस्ती में रहता है, आनंद करता है। उसको कौन सा विकास-पथ चाहिए, यह उसको तय करने दो। हम कौन होते हैं तय करनेवाले? हमारी स्थिति को देखकर अमेरिका के लोग कहते हैं कि हम लोग बड़े गरीब हैं! हमारे पास यह नहीं है, वह नहीं है और हम वनवासियों से कहते हैं कि आप बड़े गरीब हैं। आपके पास कुछ नहीं है। हम कौन होते हैं इस बात को तय करनेवाले कि सुख क्या है और सुख किस चीज में मिलता है?

कैसा हो हमारा विकास-पथ?

तो परिणाम क्या हुआ? हमने उनको उखाड़ दिया वहाँ से। वे अपने परिवेश से उखड़ गए। नए परिवेश में जहाँ वे जाएँगे, उसके साथ समरस कैसे हो सकेंगे और हममें से कितने लोगों को लाभ मिला है? बड़े-बड़े बाँध का लाभ मिला बड़े-बड़े किसानों को। वे सारा कच्चा माल पैदा करेंगे, उसको बाहर बेचेंगे, उसका लाभ उठाएँगे; पर छोटे किसान मर जाएँगे। यह पाश्चात्य विकास-पथ हमारे लिए नहीं है, इसलिए हमको एक नया विकास-पथ चुनना पड़ेगा। अगर हमको यह नया विकास-पथ चुनना है तो यह बात

मानकर चलनी पड़ेगी कि हमारे इस विकास-पथ का पहला आधार होना चाहिए कि हर व्यक्ति को काम मिले। पाश्चात्य विकास सबको काम नहीं दे सकता। नया विकास-पथ ग्राम-आधारित होगा, अल्प पूँजी से चलनेवाला होगा, अल्प ऊर्जाभक्षी होगा, प्रकृति से सुसंगत होगा। हिंदुस्थान के सारे वैज्ञानिकों को एक नया विकास-पथ खोजने की आवश्यकता है। यह हिंदुस्थान के लिए ही नहीं, संपूर्ण दुनिया के लिए भी आवश्यक है; क्योंकि दुनिया के जितने भी चिंतक लोग हैं, वे आज इस पाश्चात्य विकास-पथ को संदेह की दृष्टि से देख रहे हैं। चारों तरफ बेकारी बढ़ रही है। अमेरिका में भी बेकारी है।

हमारे यहाँ एच.ई.एल. में काम करनेवाले एक कार्यकर्ता थे श्री रमेश चिटणीस। उनका लड़का वहाँ फोर्ड कंपनी में काम करता है। मैं जब डेट्रॉइट गया तो उसने एक बात बताई। उसने कहा कि मैंने अपनी कंपनी के मैनेजर से पूछा, 'हम क्या ऐसी गाड़ी नहीं बना सकते, जो 50 साल तक चले?' तो उन्होंने कहा, 'बना सकते हैं।' तो बनाते क्यों नहीं है?' उत्तर था, 'तब कारखाना कैसे चलेगा? कारखाना चलाए रखना है तो ऐसी गाड़ी बनाओ, जो हर पाँच साल में खत्म हो जाए।' और इसलिए कारखाना चलाना ज्यादा महत्त्व का हो गया। लेकिन उसके कारण प्रकृति पर कितना दबाव बढ़ रहा है, इस पर हमने ध्यान नहीं दिया। प्रकृति का भंडार कितनी तेजी से खाली हो रहा है, इस पर हमने ध्यान नहीं दिया। हमारे यहाँ पुरानी पद्धति क्या थी? टिकाऊ माल बनाओ। ऐसा माल बनाओ, जो कई दिनों तक चले और इसलिए हमारे पुराने घड़े-हाँडे ऐसे थे, जो कई सालों तक चलते थे। लोग कहते हैं, यह काँसे की थाली पिछले 100 सालों से चली आ रही है। टिकाऊ माल बनाने से प्रकृति पर बोझ कम पड़ता है।

प्रकृति का भंडार सीमित

आज जंगल कट रहे हैं। लोग दोष देते हैं गरीब लोगों को कि ये लोग अपना भोजन बनाने के लिए ईंधन का उपयोग करते हैं। इसलिए जंगल कट रहे हैं। ईंधन के कारण जंगल नहीं कट रहे हैं। गरीबी के कारण पर्यावरण का प्रश्न खड़ा नहीं है। वास्तव में अमेरिकीकरण के कारण पर्यावरण का प्रश्न है। जंगल इसलिए कट रहे हैं कि हम अपने घरों को सजाने के लिए बड़े-बड़े पलंग बनाते हैं। स्थायी पलंग के पीछे पूरी लकड़ी लगाते हैं। लकड़ी से सारे घर को सजाते हैं। उसके कारण समस्या पैदा हो रही है। अमेरिका में टिशू पेपर होता है। उसको बनाने में प्रतिवर्ष कितने जंगल कट रहे हैं, यह समझ में आ जाएगा और यह भी समझ में आ जाएगा कि अमीरी के कारण पर्यावरण की समस्या है, गरीबी के कारण नहीं। गरीब पर्यावरण के साथ करीबी संबंध स्थापित करके जी लेता है, लेकिन हम दोष गरीबों को दे रहे हैं। हम यह मानकर चलते हैं कि प्रकृति का भंडार असीमित है और असीमित भंडार में हम असीमित उपभोग कर सकते

हैं, लेकिन भारतीय चिंतन हमसे कहता है कि प्रकृति का भंडार असीमित नहीं है। उसका भंडार सीमित है। मनुष्य की वास्तविक आवश्यकताओं की पूर्ति के लिए तो प्रकृति के पास साधन हैं, लेकिन अगर वह अपनी अवास्तविक आवश्यकताओं की पूर्ति के लिए प्रकृति का शोषण करेगा तो वह प्रकृति को नष्ट करेगा। सीमित साधनों में असीमित उपभोग नहीं हो सकता। इसलिए हमारे पुरखों ने हमसे कहा था—

'तेन त्यक्तेन भुञ्जीथा।'

अर्थात्—त्यागपूर्वक भोग करो।

त्यागपूर्वक उपभोग कैसे होता है, इसका एक बहुत अच्छा उदाहरण है। इलाहाबाद में कांग्रेस महासचिवों की बैठक चल रही थी। मोतीलाल नेहरू, लाला लाजपतराय, मदन मोहन मालवीय, महात्मा गांधी—वहाँ सब लोग थे। भोजन हुआ। भोजन के बाद हाथ धोने के लिए उठे, जवाहरलाल नेहरूजी उस समय जवान थे। जब एक लोटे में पानी लेकर गांधीजी के हाथों पर डालने लगे। गांधीजी किसी व्यक्ति से किसी विषय पर चर्चा कर रहे थे। उनका ध्यान हाथ धोने की तरफ नहीं था। एक लोटा पानी समाप्त हो गया तो नेहरूजी दूसरा लोटा पानी लेने गए। ज्यों ही पानी समाप्त हुआ, त्यों ही गांधीजी का ध्यान उस ओर गया और उन्होंने कहा, 'अच्छा, एक लोटे पानी में हाथ नहीं धो सका। मैंने बहुत बड़ा अपराध किया।' जवाहरलाल ने कहा, 'बापू, इतनी चिंता क्यों कर रहे हैं ? आप तो प्रयागराज में हो, जहाँ गंगा, यमुना निरंतर बह रही हैं। अगर एक लोटा पानी ज्यादा ले लिया तो इसमें इतना दुःख मनाने की क्या आवश्यकता है ?' गांधीजी ने उत्तर दिया, 'गंगा-यमुना निरंतर बह रही हैं, यह सत्य है; किंतु क्या केवल मेरे लिए बह रही हैं ? गंगा-यमुना के किनारे करोड़ों मनुष्य निवास करते हैं। पेड़-पौधे, पशु-पक्षी सब गंगा-यमुना से पोषण प्राप्त करते हैं। अगर मैं एक लोटा पानी अधिक लूँगा तो किसी का हिस्सा मारा जाएगा।' यह अनुभूति जब तक सबके अंदर नहीं आती, तब तक कल्याण नहीं और दुर्भाग्य से यह अनुभूति विकसित देशों के अंदर नहीं आ रही है।

नया विकास-पथ हम चुनें

वहाँ के विचारवान् तो यह खतरा देख रहे हैं; लेकिन जो उपभोग करनेवाले हैं, वे यह खतरा नहीं देखते। सबसे बड़ी बात है, इतनी बहुराष्ट्रीय कंपनियाँ हैं। उनके ध्यान में तो यह बात बिल्कुल नहीं आ रही है। उनकी आँखें कच्चे माल पर लगी हुई हैं। कैसे इस कच्चे माल पर कब्जा किया जाए! यह वास्तव में संसार में हमारे पर्यावरण के लिए सबसे बड़ा खतरा है और इसलिए हमें एक नया विकास-पथ चुनना पड़ेगा, जो मनुष्य की मूलभूत आवश्यकताओं की पूर्ति करे; परंतु आवश्यकताएँ कम करनी होंगी। आज इस बात को मानने के लिए विकसित देश तैयार नहीं हैं। वे अपनी आवश्यकताएँ

कम नहीं करना चाहते। 80 प्रतिशत संसाधनों का जब तक पश्चिमी राष्ट्र उपभोग करते रहेंगे, तब तक बाकी लोगों का विकास कैसे होगा? और बाकी लोग वह सारा माल नहीं देंगे तो जोर-जबरदस्ती से उनसे छीनेंगे, जैसाकि आज भारत के साथ हो रहा है। हमको कर्जदार बनाया गया है, हमसे गैट पर हस्ताक्षर करवाए गए हैं।

तो विकास-पथ पर हमको ही विचार करना पड़ेगा। पाश्चात्य विकास-पथ जो पश्चिमी जीवन-दृष्टि में से उपजा, जिसके प्रमुख जीवन-सिद्धांत हैं—Struggle for existance, Survival of the fittest, Exploitation of the nature, Individual rights यही मूलत: गलत है। हमारा चिंतन कहता है Struggle कहीं नहीं है। 'सर्वं खल्विदं ब्रह्म'—एक ही ब्रह्म सब जगह है। जो Struggle दिखता है, वह हमारे अज्ञान के कारण है। अज्ञान दूर हो तो Struggle समाप्त हो जाएगा। Survival of the fittest भी हम नहीं मानते। हम कहते हैं—'सर्वे भवन्तु सुखिन:' सभी को सुखी होना चाहिए। हम प्रकृति के शोषण से विकास नहीं करते हैं और 'individual rights' को हम नहीं मानते। हम व्यक्ति के कर्तव्य में विश्वास करते हैं, अत: हमारे देश की जीवन-दृष्टि के आधार पर एक नई सामाजिक, आर्थिक, राजनीतिक संरचना खड़ी करनी होगी। उसके आधार पर हमको उनकी मानसिकता तैयार करनी पड़ेगी और यह जो विकास-पथ हम निर्धारित करेंगे, यह संपूर्ण विश्व के लिए संपूर्ण मार्गदर्शक सिद्ध होगा। आज सारा विश्व पर्यावरण-प्रदूषण से प्रभावित है। सारा विश्व आज धरा की गिरती हुई उर्वरता से चिंतित है। हमारा विकास-पथ उनके लिए मार्गदर्शन कर सकेगा। हिंदुस्थान के ऊपर एक बहुत बड़ा दायित्व है, क्योंकि हमारे पास जीवन-दृष्टि है, हमारे पास तत्त्व ज्ञान है। इस तत्त्व ज्ञान का समर्थन आज आधुनिक विज्ञान कर रहा है। जो बातें हमारे तत्त्व ज्ञान के द्वारा हमारे लोग 2,000-3,000 साल पहले बोलते थे, वह आज के लोग बोल रहे हैं, उसी भाषा में बोल रहे हैं। परमाणु विज्ञानी हाइमर, जिसने एटम बम का आविष्कार किया, कहता है—

'मुझसे अगर कोई पूछे कि
क्या स्थिर है?
तो मैं कहूँगा, नहीं।
क्या चलायमान है?
मैं कहूँगा, नहीं।
क्या इलेक्ट्रॉन बदलते हैं?
मैं कहूँगा, नहीं।
क्या इलेक्ट्रॉन अपरिवर्तनीय हैं?
मैं कहूँगा, नहीं।

क्या इलेक्ट्रॉन कण हैं ?

मैं कहूँगा, नहीं।

क्या वे तरंग हैं ?

मैं कहूँगा, नहीं।

यह भी नहीं, वह भी नहीं तो है क्या ? लेकिन हमारे पुरखे भी इसी भाषा में बात करते थे। उपनिषदों में कहा गया है—

'तदेजति तन्न् एजाति।
(वह चलता है, नहीं भी चलता।)
तद् दूरे तदुअन्तिके।
(वह दूर भी है, पास भी है।)
तदु अंतरस्य सर्वस्य
तदु सर्वस्यास्य बाहम्तः।
(वह सबके अंदर भी है और
सबके बाहर भी है।)'

यह जो हमारा समग्रता का चिंतन है, उसके आधार पर सामाजिक, आर्थिक, राजनीतिक विकास का चित्र हमने पहले खड़ा किया था; किंतु समय बदलने के कारण काल-बाह्य हो चुका है। लेकिन हमारा सिद्धांत शाश्वत है। उस शाश्वत सिद्धांत के आधार पर एक नए विकास-पथ की रचना हमको आज करनी है और इस दृष्टि से भारत के ऊपर यह दायित्व है कि अपनी वैकल्पिक जीवन-दृष्टि के सहारे हम एक नए आर्थिक, सामाजिक व राजनीतिक विकास का पथ प्रशस्त करें, जो प्रकृति से सुसंगत हो, जो धरा और पर्यावरण की रक्षा करते हुए उसके अंदर रहनेवाले मानव समाज को सब प्रकार का सुख प्रदान कर सके।

इस प्रकार का एक नया विकास-पथ हमको चुनना है और इस नाते हम पर जो दायित्व है, उसको हम ठीक प्रकार से समझें। अपने यहाँ की जीवन-दृष्टि को ठीक ढंग से समझें और उसके आधार पर एक नए विकास-पथ की रचना के लिए हम सब प्रतिबद्ध हों।

□

हमें अपना नया 'युगधर्म' निर्माण करना है

इस समय अपना देश ही नहीं, सारी दुनिया एक परिवर्तन के कगार पर खड़ी है। एक आमूलाग्र परिवर्तन हो रहा है। पुरानी व्यवस्थाएँ टूट रही हैं, नई व्यवस्थाएँ जन्म लेने को हैं। हम इस संधिकाल में हैं। जैसे किसी घर में किसी नए बालक का जन्म होने वाला होता है, तो जैसी एक अनिश्चितता होती है—क्या होगा, कैसे होगा, प्रसूति सुख रूप होगी कि नहीं, जच्चा-बच्चा दोनों सही-सलामत रहेंगे कि नहीं ? सबको बड़ी चिंता रहती है और एक बार प्रसूति हो गई तथा बच्चे के रोने की आवाज सुनाई दी तो घर भर में आनंद का वातावरण छा जाता है। आज यही है कि पुरानी व्यवस्थाएँ टूट गई हैं और नई व्यवस्थाएँ अभी गर्भ में हैं, जन्म लेने को हैं और हम इस देश के संधिकाल में हैं।

आमूलाग्र परिवर्तन का समय आया

और जब कभी भी एक प्रकार के परिवर्तन की स्थिति आती है तो उस समय पर उसके कुछ सामाजिक लक्षण पंद्रह-बीस साल पहले से प्रकट होना शुरू हो जाते हैं। इनमें से प्रमुख लक्षण जो लोगों ने देखे हैं, एक है इलिनेशन, एक अनास्था, 'अरे, कुछ नहीं होगा। अरे, यह तो सब गड्डे में जाएगा। अरे, सब गड़बड़ हो रही है। अरे, सब जगह गिरावट आ रही है।' इस प्रकार की एक तरह की अनास्था। दूसरा है हिंसात्मक अपराधों में हो रही वृद्धि; तीसरा है मानसिक असंतुलन; चौथा है सामाजिक विघटन और पाँचवाँ है धार्मिक संप्रदाय में वृद्धि। ये लक्षण आज केवल अपने देश में नहीं, बल्कि दुनिया के सब देशों में दिखाई दे रहे हैं। समाज-शास्त्रियों का मानना है कि जैसे-जैसे परिवर्तन का बिंदु निकट आएगा, ये सारे लक्षण उभरते जाएँगे। पर एक बार परिवर्तन का बिंदु पार हुआ, उन सबका शमन होता चला जाएगा।

अब यह जो कुछ आमूलाग्र परिवर्तन सन्निकट है, उनका स्वरूप क्या है ? स्वरूप यह है कि अधिष्ठान-परिवर्तन हो रहा है। पैरेडाइम शिफ्ट हो रहा है। पिछले 300 वर्षों

में जिस विज्ञान को आधार बनाकर दुनिया भर की सारी आर्थिक, सामाजिक, राजनीतिक व्यवस्थाएँ बनीं, उस विज्ञान में ही परिवर्तन हो रहा है, हो गया है।

खंडित चिंतन-पद्धति

हम जानते हैं कि 300 साल पहले रेने, देकारते और न्यूटन—इन्होंने जिस विज्ञान को आकार दिया, वही चलता रहा, जिसमें एक यांत्रिक विश्व की कल्पना, जो छोटे-छोटे टुकड़ों का बना है और ये टुकड़े कुछ-न-कुछ नियमों के आधार पर चल रहे हैं। एक बार उन सारे नियमों को समझ लें और प्रत्येक टुकड़े का सारा ज्ञान प्राप्त कर लें तो हम ही सारे विश्व के नियंता बन सकते हैं, ऐसा एक विचार उन लोगों के मन में आया। अध्ययन करना हो तो उसको छोटे-छोटे टुकड़ों में बाँटना चाहिए। हर टुकड़े का गहराई के साथ अध्ययन करना चाहिए और जितना जाना है, उसे पूरा जोड़ दिया तो उस विषय का पूरा ज्ञान हमको मिल जाएगा। जिसको विज्ञान की भाषा में कहते हैं, 'रिडक्शनिस्ट अप्रोच।' खंडित चिंतन की पद्धति।

गहराई से अध्ययन

दूसरा परिणाम हुआ कि दुनिया की हर बड़ी-छोटी चीज का बड़ी गहराई के साथ अध्ययन हुआ और इस तरह विज्ञान की भी तीव्र गति से प्रगति होती चली गई। इतनी तीव्र प्रगति हुई कि विज्ञान ने संपूर्ण दुनिया के ऊपर अपना प्रभाव स्थापित किया और विज्ञानी लोग आग्रह के साथ कहने लगे कि जो चीज नापी जा सकती है, जिसको गणितीय सूत्रों में प्रस्तुत किया जा सकता है, वही विज्ञान है, बाकी विज्ञान नहीं है और इस प्रकार से दो हिस्से हो गए हैं। एक विज्ञान हो गया और बाकी के 'आर्ट'। तो यह जो सोच उस समय प्रकट हुई थी, उसमें विज्ञान की प्रगति और प्रतिष्ठा भी बहुत हो गई।

यहाँ तक कि ऐसे सारे विषय, जो आज विज्ञान के क्षेत्र में नहीं आते—जैसे अर्थशास्त्र—उनको भी यह मोह हो गया कि अर्थशास्त्र को अगर हमें शास्त्र के रूप में प्रस्तुत करना है, एक विज्ञान के रूप में प्रस्तुत करना है तो हमें उसे इस प्रकार के नापनेवाले घटकों के अंदर प्रस्तुत करना पड़ेगा और उसको भी गणितीय सूत्रों में प्रस्तुत करना पड़ेगा। ऐसा हर क्षेत्र के बारे में हुआ। मनोविज्ञान के बारे में भी हुआ।

अध्ययन के निष्कर्ष

यह जो न्यूटन और देकारते-प्रणीत विज्ञान था, उसकी कुछ मान्यताएँ थीं। एक मान्यता यह थी कि यह संपूर्ण विश्व एक यंत्र है और छोटे-छोटे टुकड़ों से बना है। दूसरी मान्यता थी कि समय एक रेखा में, सरल रेखा में आगे बढ़ता है और यह जो सारा अंतराल है, यह समरस है। तीसरी एक बात कि यह संपूर्ण विश्व तीन आयामी है।

चौथी बात, दुनिया में मनुष्य को छोड़कर और किसी चीज में प्राण नहीं है। पहले यह धारणा बनती आई कि मनुष्य को छोड़कर और किसी में प्राण नहीं है, तो उन्होंने कहा कि अन्य सारी चीजें जड़ हैं और ये सारी मनुष्य के उपभोग के लिए बनी हैं और विज्ञान का उपयोग करते हुए इस संपूर्ण प्रकृति का हमको उपभोग करना चाहिए। प्रकृति का भंडार अटूट है, कभी समाप्त होने वाला नहीं है और मनुष्य विज्ञान की सहायता से इस प्रकृति का भरपूर उपयोग कर सकता है।

आइंस्टाइन का सापेक्ष सत्य

इन सारी मान्यताओं को इस सदी के प्रारंभ में धक्का लगना प्रारंभ हो गया। सबसे पहले आइंस्टाइन ने कहा कि केवल गुरुत्वाकर्षण शक्ति ही नहीं है, ब्रह्म जगत् को नियंत्रित करनेवाली एक दूसरी भी शक्ति है 'इलेक्ट्रो मैग्नेटिक फोर्स'। दूसरी बात उन्होंने कही कि जो कुछ हम देख रहे हैं, वह पूर्ण सत्य नहीं है, वह सापेक्ष सत्य है। हम सब यहाँ पर बैठे हुए हैं, यह सापेक्ष सत्य है; क्योंकि हम यहाँ केवल बैठे हुए नहीं हैं, हम पृथ्वी की गति से चारों तरफ करीब 1,000 मील प्रति घंटे के हिसाब से घूमते हैं। यह भी पूर्ण सत्य नहीं है, हमारा सौरमंडल एवं हमारी पृथ्वी सूर्य के चारों तरफ 365 दिन के हिसाब से घूम रही है। यह भी पूर्ण सत्य नहीं है। हमारा सौरमंडल अभिजित नक्षत्र की तरफ तीव्र गति से बढ़ रहा है। इन सारी गतियों को समेटे हुए हम हैं और इसीलिए हम यहाँ बैठे हैं। यह केवल सापेक्ष सत्य है।

समय भी कैसा?

तीसरी बात उन्होंने कही कि समय सरल रेखा में नहीं चलता, चक्रीय गति से चलता है। समय छोटा-बड़ा होता है। अपना कोई अतिप्रिय व्यक्ति साथ में हो तो समय कैसे बीत जाता है, पता ही नहीं लगता और इस प्रकार का भाषण सुनना हो तो समय कब खत्म होगा, इसीलिए बार-बार घड़ी देखते हैं। तो समय भी छोटा-बड़ा होता है। उसी प्रकार से यह जो अंतराल है, यह समरस नहीं है। यह जहाँ धातु के स्पर्श में आता है, वहाँ वक्र हो जाता है और धातु अंतराल के ऊपर या अंतराल धातु के ऊपर 'रिएक्ट' करता है। इसीलिए अंतराल हमेशा बदलता है। एक बात उसने यह कही कि वास्तविकता से समरसता हो तो हमको काल के परे जाना होगा, पार करना होगा, कालातीत होना होगा। अत: इस प्रकार की कुछ चीजें आइंस्टाइन के कारण और अन्य उसके सहयोगियों के कारण ही शुरू हो गईं।

परमाणु का विश्लेषण

लेकिन दूसरी ओर छोटी-से-छोटी चीज का अध्ययन करने की प्रक्रिया में वैज्ञानिकों

ने परमाणु का विश्लेषण कर दिया। एटम्स और उसके अंदर जब गए तो उनको देखकर आश्चर्य हो गया कि क्या चल रहा है? वहाँ तो जितने विद्युत् अणु हैं, इलेक्ट्रॉन, प्रोट्रॉन, सेसट्रॉन्स, न्यूट्रॉन्स, रेकट्रॉन्स—ये सब इतनी तीव्र गति से घूम रहे हैं, टकरा रहे हैं, नष्ट हो रहे हैं, नए बन रहे हैं कि वास्तव में वहाँ क्या चल रहा है, यह हम बता नहीं सकते। हम केवल प्रोबेबिलिटी बता सकते हैं कि ऐसा हो रहा होगा! ऐसा ही हो रहा है, ऐसा नहीं कह सकते। जिस विज्ञान के बारे में लोग कहते थे कि 'साइंस इज डिटरमॅनिस्टिक' उसके बारे में कहने लगे कि 'साइंस इज इनडिटरमॅनिस्टिक'।

अंतर-संलग्नता की खोज

दूसरी बात उन्होंने कही कि सारी दुनिया एक-दूसरे के साथ जुड़ी हुई है। यह न्यूटन का जो विज्ञान था, उसमें विश्लेषण तो बहुत हुआ, लेकिन अंत:स्थ संबंध क्या है, यह भूले। अब लोगों के ध्यान में आया कि यह सबकुछ 'इंटरसिलेक्टेड' है। अब इसीलिए विश्व ब्रह्मांड का वर्णन करते उन्होंने 'इट इज इनीशिएबल इंटरकनेक्टेडनेस व्हेअर एवरी पार्टिकल कनेक्टेड कंटेंस एवरी अदर पार्टिकल'। 'ऊर्जा पुर्जों की अविभाज्य अंतर-संलग्नता है, जहाँ प्रत्येक कण में अन्य सारे कण विद्यमान हैं।'

अब विज्ञान में होलिस्टिक एप्रोच

अब जो विज्ञान के विद्यार्थी नहीं हैं, उनको थोड़ा कठिन है समझना; लेकिन हमारे पूर्वजों ने इसी चीज को अधिक सरल शब्दों में कहा था, 'बीज में है वृक्ष, वृक्ष में है बीज'। प्रत्येक बीज में पूरा वृक्ष समाया है। दुनिया की हर चीज एक-दूसरे से जुड़ी हुई है। इसीलिए एक चीज को जब क्षति पहुँचाते हैं तो उसका असर दूसरी तरफ अवश्य होगा। आज विज्ञान की सारी प्रगति में हमने प्रकृति को ओझल कर दिया। प्रकृति का भंडार अकूत है। हमारी समझ में आ रहा है कि नहीं? पर्यावरण का हमारा बड़ा संबंध है। 'इरोजन ऑफ एन्वायरमेंट' हो गया, प्रकृति का अगर क्षरण हो गया, तो मनुष्य जिंदा नहीं रह सकेगा। इसलिए प्रकृति की रक्षा करनी चाहिए। अब तो सोचना है कि सब चीजों का संतुलित विकास होना चाहिए और इसीलिए आज 'होलिस्टिक एप्रोच' की बात चल रही है।

मनुष्य का भी विभाजन

मनुष्य का भी उन्होंने ऐसे ही विभाजन कर दिया था कि मन अलग है, शरीर अलग है। शरीर को रोग हुआ तो फिजिशियन के पास ले जाओ। मन को रोग हुआ तो मनोचिकित्सक के पास जाओ। आज कहने लगे हैं कि नहीं, रोग शरीर और मन दोनों को होते हैं। शरीर का असर मन पर, मन का असर शरीर पर होता है, इसलिए रोग साइकोसोमेटिक होते हैं। इसीलिए दोनों का विचार करना चाहिए। यहाँ तक कि अब

वे कहने लगे कि देखो, मन के लिए योग करना चाहिए। अगर योग करेंगे तो हृदय की भी स्थिति ठीक हो सकती है। मन को अगर हम शांत रखेंगे तो बहुत सी समस्याओं से हम मुक्त हो सकते हैं। हमारा जो रक्तचाप है, रक्तक्षय है, हम अगर मन को शांत करते हैं तो कम होता है। इस प्रकार से आज बीसवीं सदी के अंत में इन सारे आविष्कारों के कारण एक 'होलिस्टिक एप्रोच' हो पाती है। हर चीज को एक समग्रता से हमें देखना चाहिए, क्योंकि सबके अंदर आपका संबंध है। इसीलिए ज्ञान के अलगाव एप्रोच वाले विज्ञान के आधार पर जो भी आर्थिक, राजनीतिक रचनाएँ बनीं, वे आज काल-बाह्य होती चली आ रही हैं।

दूसरे, जैसे साम्यवाद खत्म हो चुका है और कैपिटलिस्ट इश्यूज भी आनेवाले 10-12 वर्षों में खत्म हो जाएँगे, क्योंकि सब गलत आधार पर खड़े हैं। इसमें सारे अंतः संबंधों का विचार नहीं किया गया है। व्यक्ति, समाज, प्रकृति और परमात्मा के बीच के जो कुछ अंतः-संबंध हैं, इन अंतः-संबंधों को परिभाषित करनेवाला वास्तव में 'धर्म' है।

सोच में परिवर्तन

और इसलिए हमारे यहाँ कहा गया है कि आपको कोई भी राजकीय, आर्थिक, सामाजिक रचना बनानी हो तो वह अंतः-संबंधों को ध्यान में रखकर अर्थात् 'धर्म' को ध्यान में रखकर बनानी चाहिए। मनुष्य के मन में कामनाएँ होती हैं और उन कामनाओं की पूर्ति के लिए अर्थ चाहिए; लेकिन कामनाओं की पूर्ति के लिए अर्थ को प्राप्त करते समय इन सारे अंतः-संबंधों का और धर्म का ध्यान रखना चाहिए। धर्म के आधार पर अर्थ और काम का अर्जन हम करें और उद्दिष्ट क्या हो? जीवन का जो उद्देश्य है—परमानंद की प्राप्ति, जो अंतिम सत्य है, उसको हमने मोक्ष कहा है। ऐसे धर्म-अर्थ-काम-मोक्ष रूपी पुरुषार्थ का विचार, जो इस देश के अंदर प्रारंभ से रहा है, उसकी तरफ दुनिया के बड़े-बड़े विद्वान्, अब उस दिशा में बढ़ते ही दिखाई दे रहे हैं। इसीलिए यह जो अधिष्ठान परिवर्तन हुआ, उसके परिणामस्वरूप अब सब लोगों का सोचना इस प्रकार का है कि आज तक जो हम सामाजिक, आर्थिक रचना सोच रहे थे, अब हमको नए सिरे से सोचना पड़ेगा।

औद्योगिक क्रांति क्यों?

लेकिन इस समय एक व्यवस्था चली आ रही है, जो पश्चिम में विकसित हुई और आज भी चल रही है। हम सब जानते हैं कि सन् 1760 में औद्योगिक क्रांति हुई। औद्योगिक क्रांति इंग्लैंड में सन् 1760 में क्यों हुई, उसके पहले क्यों नहीं हुई? उसका मूल कारण था कि उसके पहले 'बैंक ऑफ इंग्लैंड' के पास पैसे नहीं थे। सन् 1757 में प्लासी की लड़ाई हुई और उस लड़ाई में बहुत बड़ी मात्रा में यहाँ से धन लूटकर ले जाया गया, उसके कारण 'बैंक ऑफ इंग्लैंड' के पास पैसा आया। इसके कारण अनेक

प्रकार के लोगों के दिमाग में अनेक प्रकार के आविष्कार जो चल रहे थे या कागज पर उतारे गए थे, उनको साकार करने के लिए उस दिशा में काम शुरू हो गया। इसीलिए सन् 1760 के बाद एक-एक करके बहुत सी चीजें आई हैं—स्टीम इंजिन है, लोकोमोटिव है, इलेक्ट्रिसिटी आदि सारी चीजें, जो एक के बाद एक चलने लगीं; क्योंकि उनके पास लूट का पैसा इकट्ठा हुआ। उसके बाद भी सारी चीजें इतनी घटिया दर्जे की होती थीं कि भारत के माल के सामने टिक नहीं पाती थीं। इसीलिए उन्होंने भारत के माल को और लोगों को नष्ट करने का प्रयत्न किया और अपने माल को हमारे देश के अंदर लाए। इंग्लैंड की जो समृद्धि हुई, उसका मुख्य कारण था हिंदुस्थान गरीब हुआ।

इस औद्योगिक क्रांति के लिए तीन चीजें आवश्यक हैं—एक, बड़ी मात्रा में सस्ते दाम में कच्चा माल; दूसरा, भारी मात्रा में पूँजी और तीसरा, अपने पक्के माल के लिए बाजार। तीनों चीजें विलायत और अन्य देशों को इसलिए मिलती थीं, क्योंकि उनके उपनिवेश में उनकी कॉलोनीज थीं। कॉलोनीज से उन्होंने पैसा लूटा, कॉलोनीज के बाजार में अपनी सारी चीजें भिजवाईं। परिणाम यह हुआ कि जितनी कॉलोनीज थीं, वे गरीब होती चली गईं और ये अमीर होते चले गए। तो यह जो 'इंडस्ट्रियल मॉडल ऑफ डेवलपमेंट' है, जिसको 'औद्योगिक क्रांति' कहते हैं, इसके परिणामस्वरूप उपनिवेश होने के कारण जो कॉलोनीज थीं, वे गरीब हो गईं और ये समृद्ध हो गए।

आर्थिक साम्राज्यवाद

आज यह स्थिति अधिक व्यापक पैमाने पर है। आज दुनिया की कॉलोनीज तो समाप्त हो गईं, लेकिन दूसरे प्रकार का साम्राज्यवाद, जिसको हम आर्थिक साम्राज्यवाद कहते हैं, आहिस्ता से प्रारंभ हो गया; क्योंकि आज हम देखते हैं कि जो आज समृद्ध देश हैं, जिसे 'जी-7 कंट्रीज' कहते हैं (जिसमें रूस को उन्होंने ऐसे ही जोड़ लिया है, हालाँकि रूस समृद्ध देश नहीं है)। यहाँ पर केवल 20 प्रतिशत ही आबादी है और 80 प्रतिशत संसाधनों का वे उपयोग करते हैं और बाकी दुनिया की 80 प्रतिशत जनता, जो बाकी देशों में रहती है, उसको केवल 20 प्रतिशत के संसाधन प्राप्त होते हैं। अब इन धनी देशों को लगता है कि अपना जीवन-स्तर अगर बनाए रखना है, 'लेवल ऑफ ल्युएन्स' बनाए रखना है तो कच्चा माल हमको मिल जाना चाहिए। कच्चा माल उनको नियमित रूप से मिलता रहे, इसलिए जो व्यवस्थाएँ बनाईं, उसमें इंटरनेशनल मॉनिटरी फंड, वर्ल्ड बैंक, गैट और डब्ल्यू.टी.ओ. जैसी सारी व्यवस्थाएँ समृद्ध देशों द्वारा विकासशील देशों के कच्चे माल पर अधिकार जमाने, वहाँ के बाजारों पर कब्जा करने और उनके सारे धन को अपनी ओर आकर्षित करने के लिए उन्होंने की हैं। आज इस आक्रमण को सँभाल पाना विकासशील देशों के लिए बहुत कठिन हो रहा है। उन्होंने गैट के लिए जो

नियमावली बनाई है, वह इतनी पेचीदा है कि एक अध्याय में अगर एक सुविधा आपको दी गई है तो दूसरे अध्याय में यह सुविधा आपसे छीन ली गई है।

अब जब तक हम व्यापक ढंग से इन सारी चीजों का अध्ययन न करें, तब तक समझ ही नहीं सकते कि इसकी चाल क्या है? और आज ऐसी स्थिति बन रही है कि डब्ल्यू.टी.ओ. पर, गैट पर हमने हस्ताक्षर कर दिए और उसके कारण विश्व व्यापार संगठन के हम सदस्य बन गए। कुछ वर्षों के अंदर हमें हमारे सारे प्रतिबंधों को हटाना होगा। दो प्रकार के प्रतिबंध हैं—एक मात्रात्मक प्रतिबंध और दूसरा गुणात्मक प्रतिबंध। तो क्वांटिटी रिस्ट्रिक्शन्स (मात्रात्मक) हमको समाप्त करने पड़ेंगे। वर्ष 2005 तक का समय मिला था, लेकिन अब वर्ष 2003 हो गया। अब यह जो एक व्यवस्था बनी है, यह उसी एक्सप्लोइटेटिव व्यवस्था का अंग है और इसलिए आज विदेशों में भी ये विचारवान् लोग सोचने लगे हैं, 'भाई, यह जो पद्धति शोषण के आधार पर होने के कारण है, यह संपूर्ण विश्व के अंदर समानता नहीं ला सकती। कोई-न-कोई व्यक्ति शोषित होता रहेगा।'

हमने अपनों का शोषण शुरू किया

हमने स्वतंत्रता के बाद उसी पश्चिमी व्यवस्था को अपने देश में लागू किया। हमारे पास में तो कॉलोनीज नहीं थीं, पर हुआ यह कि अपने ही देश में गाँव में रहनेवाले और जंगलों में रहनेवाले लोग ज्यादा गरीब होते गए और शहरों में रहनेवाले लोग थोड़े ज्यादा अमीर होते गए। शहरवासियों के पास अच्छा मकान हो गया, रेफ्रीजरेटर हो गया, टी. वी. हो गया, कई सुख-सुविधाएँ हो गईं। किसके बल पर? तो अपने ही देशवासियों के एक बहुत बड़े वर्ग के बल पर 20 प्रतिशत क्षेत्र ऐसे समृद्ध हो गए और 80 प्रतिशत लोग और गरीबी में चले गए।

और इसलिए, इस समय ऐसा लगता है कि हम लोगों को कुछ-न-कुछ नई व्यवस्थाएँ करनी पड़ेंगी और इसीलिए समग्र विकास की जो सोच है, जो संयोग से हमारे यहाँ पर पहले से रही है, उस पर सोचना होगा। व्यवस्था बदलती रही है, आज भी बदल जाएगी। कोई भी व्यवस्था सदा-सर्वदा एक जैसी नहीं रहती।

पश्चिमी सोच के आधार

प्रमुख चार सिद्धांत ऐसे हैं, जिन पर पश्चिम की सारी व्यवस्था आधारित है—

1. स्ट्रगल फॉर एग्जिस्टेंस
2. सर्वाइवल ऑफ द फिटेस्ट,
3. एक्सप्लॉयटेशन ऑफ नेचर,
4. इंडिविजुअल राइट्स।

मोटे तौर पर ये चार सिद्धांत हैं, जिनके आधार पर यह पश्चिम का ढाँचा बना है।

हमारे यहाँ का चिंतन है, इन चारों पर अलग सोच है कि हम 'स्ट्रगल फॉर एग्जिस्टेंस' नहीं मानते, क्योंकि हम कहते हैं—'सर्वं खल्विदं ब्रह्म।' एक ही ब्रह्म सब जगह व्याप्त है—स्ट्रगल जो दिख रहा है, वह हमारे अज्ञान के कारण है; क्योंकि हम सारे अंत:-संबंधों को नहीं समझ रहे हैं। इसलिए स्ट्रगल होता है। जिस दिन हम इस अज्ञान से दूर हो जाते हैं, स्ट्रगल समाप्त हो जाता है।

हमारी मान्यता अलग

हम नहीं मानते 'सर्वाइवल ऑफ द फिटेस्ट'। हम कहते हैं कि 'सर्वे भवन्तु सुखिन:।' सभी को सुखी होना चाहिए और इसलिए व्यवस्था ऐसी होनी चाहिए कि कोई भी दु:खी न रहे।

हम नहीं मानते 'एक्सप्लॉयटेशन ऑफ नेचर'। हम कहते हैं कि 'मिल्किंग ऑफ नेचर'। प्रकृति के पास हमारी उचित आवश्यकताओं को पूरा करने का सामर्थ्य है, किंतु हमारे लोभ को पूरा करने का सामर्थ्य नहीं है। 'नेचर हैज गॉट एनफ टू मीट अवर नीड, बट नॉट अवर ग्रीड'! इसलिए हमको प्रकृति के साथ सुसंगत व्यवहार करना पड़ेगा।

अधिकार नहीं, कर्तव्य

'इंडीविजुअल्स राइट्स', यह भी हम नहीं मानते; क्योंकि हम मात्र इंडीविजुअल नहीं हैं। हम एक बड़ी इकाई के अंग हैं। व्यक्ति परिवार का अंग है, परिवार समाज का अंग है, समाज राष्ट्र का अंग है, राष्ट्र मानव जाति का अंग है, मानव जाति प्रकृति का अंग है, प्रकृति परमात्मा का अंग है। व्यक्ति से परमात्मा तक हम अंग-अंग जैसे जुड़े हैं और जहाँ अंगांगी भाव है, वहाँ 'राइट्स' नहीं होते। हाथ, पैर, आँख, कान इनका कोई 'राइट' नहीं है। इनकी केवल 'डयूटी' होती है। हाथ-पाँव, आँख-कान का शरीर के प्रति कर्तव्य होता है। बदले में शरीर सबकी चिंता करता है।

परिवार में सभी लोग परिवार की चिंता करते हैं, परिवार के लिए काम करते हैं। बदले में परिवार अपने हर सदस्य की चिंता करता है। हर परिवार समाज के लिए चिंता करता है। बदले में समाज हर परिवार की चिंता करे। हर समाज मानव जाति की चिंता करे, बदले में मानव जाति हर समाज की विशिष्टताओं की चिंता करे। संपूर्ण मानव समाज प्रकृति की भी रक्षा करे। बदले में प्रकृति समाज को आवश्यक संसाधन उपलब्ध कराए और यह सब तब हो सकता है, जब हम मानकर चलें कि एक ही परम सत्य संपूर्ण ब्रह्मांड, विश्व के अंदर व्याप्त है।

समग्र चिंतन

तो यह जो एक समग्र चिंतन है, समग्र दृष्टि है, इस समग्र दृष्टि के आधार पर

हम अपने देश में एक नई व्यवस्था का—नई आर्थिक, सामाजिक, राजकीय व्यवस्था का विकास कर सकते हैं, जिसके प्रति अच्छे-अच्छे लोगों ने विविध स्थानों पर ऐसा प्रयत्न किया है कि हम सारे लोगों को एकत्रित करें, विचार-विमर्श के द्वारा एक नई विचार-पद्धति, जिसको हम कह सकते हैं कि 'विकास की स्वदेशी पद्धति' का हमें विकास करना पड़ेगा। स्वदेशी संसाधन, स्वदेशी आवश्यकताएँ, स्वदेशी प्रतिभा और स्वदेशी स्वभाव का भी अंतर पड़ेगा।

जो व्यवस्थाएँ अमेरिका ने निर्माण की हैं, वे हमारे यहाँ नहीं चलेंगी। अमेरिकी समाज और अपने भारतीय समाज में बहुत बड़ा अंतर है। अमेरिका की समस्या है, वहाँ पर व्यक्ति अपने आपको अलग समझता है। उनके पास जमीन हमसे तीन गुना है। जनसंख्या एक-चौथाई है। इसलिए उनको ऐसी मशीन बनाना आवश्यक है, जिसमें एक आदमी अनेक गुना उत्पादन कर सके, जिसमें बड़ी-बड़ी मशीनें होंगी। हजार-हजार हेक्टेयर्स को जोतनेवाले ट्रैक्टर्स होंगे। हमारी जमीन बहुत छोटी है, यहाँ पर ट्रैक्टर्स नहीं चल सकते। जापान ने हाथ से चलानेवाले हाथ ट्रैक्टर्स बनाए। ट्रैक्टर्स बनाए, लेकिन हाथ से चलानेवाले। जापान की टेक्नोलॉजी अमेरिकी टेक्नोलॉजी की नकल नहीं है। टेक्नोलॉजी कंट्री-स्पेसिफिक होती है।

हमारी तकनीक भी अलग हो

हमारे यहाँ पर भी टेक्नोलॉजी अलग होगी। हमारी आवश्यकता है कि हर हाथ को काम मिलना चाहिए। आज हम पश्चिम की टेक्नोलॉजी का उपयोग करके कम श्रम में अधिक उत्पादन कर रहे हैं। परिणामतः हमारे यहाँ श्रमिक बेकार हो रहे हैं। और जब श्रमिक बेकार होता है तो उसका दिमाग खराब होता है। आज 10 करोड़ नौजवान हिंदुस्थान में या तो पूरे बेकार हैं या आधे बेकार हैं। उनके पास काम नहीं है। ऊर्जा है, काम करने की इच्छा है, शक्ति है, कुछ करना चाहते हैं; किंतु उनको काम नहीं है। व्यवस्था ऐसी बनी है कि उनको काम नहीं है। सब चाहते हैं कि सरकारी नौकरी मिल जाए। इसीलिए मंत्रियों के पीछे पड़े रहकर सब घूमते हैं और प्रत्येक संस्था के अंतर्गत कई फालतू लोग घुसे हुए हैं। उससे काम तो कुछ तरीके से होता नहीं है और पैसा भी खर्च होता रहता है।

बेकारी से असंतोष

अब ऐसे बेकारों को यदि किसी ने पिस्तौल थमा दी और कहा कि किसी उद्योगपति की छाती पर पिस्तौल तानकर 5 लाख रुपए माँगो। वह हिम्मत करके माँगता है और उद्योगपति घबराहट में 5 लाख दे देता है। युवक सोचता है कि जीवन भर भी मैं कोई काम करता तो कोई मुझे 5 लाख नहीं देता। बड़ा सस्ता रास्ता मिल गया। इसलिए हमारा

नौजवान आतंकवाद की तरफ बढ़ रहा है। इसीलिए आतंकवाद बढ़ रहा है। लोगों में असंतोष का निर्माण हो रहा है।

आज पश्चिम की सारी बहुराष्ट्रीय कंपनियाँ हैं। वे अपने देश के अंदर यहाँ के बाजार पर कब्जा जमाने के लिए आ रही हैं और प्रयास में हैं कि बाजार के अंदर हमारे जो छोटे-छोटे व्यापारी हैं, उन सारे व्यापारियों को कैसे अलग किया जाए? कैसे अपना कब्जा यहाँ पर जमाया जाए? इस प्रकार की होड़ है। यह दो व्यवस्थाओं का संघर्ष है। अब तक जो व्यवस्था चली आ रही थी, उसने दुनिया पर पकड़ बनाई है। उस पकड़ को वे छोड़ना नहीं चाहते। लेकिन यह व्यवस्था सब लोगों को सुखी करने में असमर्थ होने के कारण हमको नई व्यवस्था का विकास करना पड़ेगा।

इस प्रकार के एक संधिकाल में हम खड़े हैं और इस समय हर क्षेत्र में संघर्ष है। अपने देश में भी है। इस दृष्टि से आज हम जिस परिस्थिति में खड़े हैं, हमको आज इस बात का विचार करना है कि इस देश की हमारी जो संस्कृति है, इस देश की हमारी जो सोच है, विश्व के प्रति देखने की जो दृष्टि है, जैसे—'सर्वे भवन्तु सुखिनः', 'सर्वं खल्विदं ब्रह्म' की। हम नहीं मानते 'एक्सप्लॉयटेशन ऑफ नेचर'। हम कहते हैं 'मिल्किंग' ऑफ नेचर'। प्रकृति से उतना ही लें, जितना आवश्यक है। हम 'इडीविजुअल राइट्स' नहीं मानते, हम कर्तव्य मानते हैं, ड्यूटीज। 'स्वे स्वे कर्मण्येभिरतः संसिद्धिं लभते नः।' अपना-अपना कर्तव्य करो और इसमें आपके अधिकारों की रक्षा हो ही जाएगी।

नई रचना का विकास करें

अपने देश के इस चिंतन के आधार पर एक नई आर्थिक, सामाजिक, राजनीतिक रचना का विकास करने की आवश्यकता है। यह राजनीतिक नेता लोग नहीं कर सकेंगे। यह समाज को ही करना पड़ेगा। समाज में आज इस प्रकार के कुछ प्रगत लोग हैं, जो इस दिशा में प्रयत्न कर रहे हैं। अनेक छोटे-मोटे प्रयोग हो रहे हैं, जिन प्रयोगों के आधार पर अपने देश के विकास की नई प्रक्रिया क्या होगी, इसका एक ढाँचा खड़ा किया जा सकता है। तो आज हम ऐसे संधिकाल में बैठे हुए हैं, इसीलिए चिंता है कि क्या होगा, कैसे होगा? देश में जो कुछ चल रहा है, यह ठीक है क्या? हम फिर से आर्थिक दृष्टि से परावलंबी तो नहीं हो जाएँगे? स्वाभाविक रूप से प्रत्येक सोचनेवाले व्यक्ति के मन में चिंता है। आर्थिक दृष्टि से पराधीन हुए तो राजनीतिक दृष्टि से भी पराधीन होने की संभावना है। इन सब बातों का गहरा विचार अपने देश का जो प्रबुद्ध वर्ग है, उसको करने की आवश्यकता है और राजनीति से आगे रहते हुए इसके संबंध में सोचने की भी जरूरत है। आज की जो स्थिति है, उस स्थिति को मैंने आपके सामने प्रस्तुत किया है।

भारत को रोकने की साजिश

ठीक है कि इसमें केवल आर्थिक आयाम रखा है, लेकिन इस समय लड़ाई अन्य मोरचों पर भी चल रही है। राजनीतिक मोरचों पर भी चल रही है। जैसा मैंने बताया कि ये सारे विकसित देश विकासशील देशों के बाजार पर अपना कब्जा करना चाहते हैं, इसलिए वे अन्य ढंग से अपने राजनीतिक प्रभावों को बढ़ाने का भी प्रयास करते चले आ रहे हैं। हिंदुस्थान ने आणविक विस्फोट क्यों किया? उसको वह नहीं करना चाहिए। हिंदुस्थान को सुपर कंप्यूटर नहीं बनाना चाहिए। हिंदुस्थान को मिसाइल डेवलप नहीं करने चाहिए। एक बार आपने कर लिया, लेकिन आगे मत कीजिए। हिंदुस्थान को चंद्रमा पर जाने की जरूरत क्या है? आदि पाठ पढ़ाए जा रहे हैं। हिंदुस्थान आगे न बढ़े, विकासशील देश आगे न बढ़ें, इसके लिए सब प्रकार के प्रयत्न और सब प्रकार की उनकी अड़ंगेबाजी चल रही है।

सामाजिक-सांस्कृतिक आक्रमण

सामाजिक दृष्टि से आज प्रयत्न चल रहा है कि किस तरह आज लोगों को अपने कब्जे में लाया जाए। कुछ इस प्रकार के मजहब हैं, जिनको आधार बनाकर पश्चिमी शक्तियाँ अपने साम्राज्य का विस्तार करना चाहती हैं। अभी भी पोप महोदय हमारे देश में आए थे और उन्होंने कहा था कि 'पहली सहस्राब्दी में हमने यूरोप पर कब्जा किया, दूसरी सहस्राब्दी में हमने अमेरिका और अफ्रीका पर कब्जा किया। अभी तीसरी सहस्राब्दी में संपूर्ण एशिया को हमको ईसाई मजहब के अंदर लाना है।' यह हमारे देश में, हमारी भूमि पर आकर बोल गए हैं। हमारे यहाँ के जो गरीब लोग हैं, उन सारे लोगों को अपनी तरफ आकर्षित करने का एक सामाजिक आक्रमण हमारे ऊपर चल रहा है।

सांस्कृतिक आक्रमण चल ही रहा है। हम सब लोग यहाँ त्याग पर आधारित बात करते हैं; संयमित जीवन की बात करते हैं। पश्चिम के लोग असीम भोगों की बात करते हैं और इसे 'कंजूमेरिज्म' कहते हैं। वह कंजूमेरिज्म अपने यहाँ पर आ रहा है और लोगों के अंदर अधिक-से-अधिक इच्छा जगाने के लिए चारों तरफ प्रदर्शन करते हुए लोगों की भूख को बढ़ा रहे हैं। तो ऐसे सामाजिक, आर्थिक, राजनीतिक, सांस्कृतिक चारों ही मोरचों पर आक्रमण है।

इसलिए मैं कहता हूँ कि हम इस समय कुरुक्षेत्र में खड़े हैं। एक तरफ हमारे देश की सोच है, जो संयम पर आधारित है, सबके अंदर एक समानता का विचार लेकर चलनेवाली है और दूसरी ओर इस प्रकार की सोच है, जो 'एक्सप्लॉयटेशन' पर आधारित है। इन दो पद्धतियों के संघर्ष के परिणाम हमको समाज के हर क्षेत्र में दिखाई दे रहे हैं और इसलिए इस सारे युद्ध में हर मोरचे को मजबूत करना और हर मोरचे पर अपने स्वयं की कोई-न-कोई स्वदेशी प्रक्रिया निश्चित करना, इस बात की नितांत आवश्यकता है।

नया युगधर्म गढ़ें

देश के विभिन्न क्षेत्रों के प्रतिभा-संपन्न लोग बैठे हुए हैं और इस नाते से आप सब लोगों से हमारी अपेक्षा है कि इस दिशा में हम सब लोग भी काम करें। हर क्षेत्र में काम करनेवाले देश के प्रज्ञावान् लोगों के साथ संपर्क कराने का काम हम सब कर सकते हैं। हमारे संगठन का कार्य देश भर में फैला हुआ है। हम अपने आपको हर चीज का विशेषज्ञ तो मानते नहीं, लेकिन संगठन के माध्यम से ऐसे विशेषज्ञों को खोज करके सबको इकट्ठा ला सकते हैं।

लेकिन यह इच्छा जरूर जाग्रत् होनी चाहिए कि हमको अपना एक स्वदेशी विकास-पथ निश्चित करना है। हमारी अपनी स्वयं की एक सामाजिक, आर्थिक, राजनीतिक व्यवस्था निश्चित करनी है, जिसको हम 'युगधर्म' कहते हैं। धर्म के सनातन सिद्धांत जो हैं, उनपर एक नए युगधर्म की व्यवस्था आनेवाले दो सौ, तीन सौ वर्षों के लिए करने की आवश्यकता है। मैं आप सब लोगों से प्रार्थना करता हूँ कि मोटे तौर पर मैंने जो कुछ विषय आपके सामने प्रस्तुत किए हैं, आपके मन में भी अनेक प्रकार के विचार होंगे। जो मैंने प्रस्तुत किया, उसके संबंध में भी हो सकते हैं या देश भर में आजकल जो कुछ चल रहा है, उसके संबंध में भी हो सकते हैं। इसलिए आप लोग प्रश्न करें। अपनी शक्ति के अनुसार मैं उनका उत्तर देने का प्रयत्न करूँगा।

प्रश्नोत्तर

1. My name is Anuj Jakal. You have spoken about Swadeshi. I am not very clear. Do you want to go back to what was happening for the first 50 years, when we did not allow any foreign investment, no liberalisation there is no competition? As a common man, I will show that if I had to buy an ordinary spoon and if I buy Indian one, it will bend if I can bend it with my hand. I get a spoon which is made by a multi-national company in India by Indians, it is of better qualities. I take an ordinary bulb, made by an Indian company. Every third day I have to go to the market to buy a new one. You get a multinational company bulb doesn't fail. Now you take Hindustan Lever Ltd. or any other company, which is run purely by Indians and it is proved that the investor multinational has given more than what Indian company gives. We talk that the profits, which come to multinational go out of our country but what about our Indian companies, Indian Industrialists, who have accounts in Switzerland and who convert their profits in black money and take it away? Is that acceptable? Now as an ordinary citizen your talk goes over my heads. Frankly I did not understand exactly what we mean by Swadeshi. What I understood is that you don't want competition, you don't want limits, liberalisation and you don't want any foreign investment?

उत्तर : सामान्यतः जो तर्क दिए जाते हैं, वे आपने अच्छी तरह प्रस्तुत किए। पहली बात तो यह कि हमारे भारतीय कारीगरों की क्षमता पर मुझे कोई संदेह नहीं है। भारतीय कारीगर भी उनसे अधिक अच्छा माल बना सकते हैं, बना भी रहे हैं। अनेक क्षेत्रों में हमने दुनिया के बाजार में अपने माल की धाक भी जमाई है। ऐसा नहीं है कि हम नहीं कर सकते।

पिछले पचास वर्षों में या चालीस वर्षों में हम इस देश में 'सोशएलिस्टिक पैटर्न' लाए और अचानक दस साल पहले हम लोगों ने उसे बदल दिया, अर्थात् कई वर्ष पिंजरे में सारे लोगों को बंद रखा। अचानक पिंजरा खोल करके चाहते हैं कि पक्षी पूरी तरह से आसमान में उड़ने लगे और अन्यान्य पक्षियों का सामना करने लगे! ये दोनों ही स्थितियाँ गलत हैं। प्रारंभ ही में उस समय जो महात्मा गांधी ने कहा था, उसे माना नहीं गया। अंग्रेजों की बनाई हुई व्यवस्थाएँ चालू रखीं। इसीलिए अपने देश में 80 प्रतिशत लोग गरीब होते चले गए और 20 प्रतिशत लोग अमीर होते चले गए। खाई बढ़ती गई।

बहुराष्ट्रीय कंपनियों की असलियत देखें

आप कहते हैं, 'मल्टीनेशनल कंपनी बहुत अच्छी चीज देती है।' यह भी केवल प्रचार का परिणाम है। आपने हिंदुस्तान लीवर का बहुत अच्छा उदाहरण दिया। हिंदुस्तान लीवर ने लक्स 'टॉयलेट' साबुन बनाया। इस साबुन के अंदर टी.एफ.एम. कंटेंट (टोटल फैट मैटर) 76 प्रतिशत होना चाहिए। हिंदुस्तान लीवर ने केवल 50 प्रतिशत रखा। 'ग्राहक पंचायत' के लोग कोर्ट में गए तो उन्होंने उसका नाम बदलकर उसको लक्स 'ब्यूटी' सोप कर दिया और बाद में एक लक्स 'बार' सोप बनाकर टी.एफ.एफ. कंटेंट 37 प्रतिशत कर दिया। उससे भी अच्छा हमारा 'कुटीर' नाम का साबुन, जो खादी ग्रामोद्योग में बनता है, वह न केवल सस्ता है, उसके अंदर टी.एफ.एम. कंटेंट 76 प्रतिशत है; पर चूँकि उसका प्रचार नहीं, इसलिए हमको लगता है कि लक्सवाले ही अच्छे हैं। जितनी बदमाशियाँ ये बहुराष्ट्रीय कंपनियाँ कर रही हैं, उसका जब खाता हमारे सामने खड़ा होगा, तब हमको पता लगेगा कि हमारा माल अच्छा नहीं होता, यह भी केवल एक मानसिकता बन गई है। अनेक भारतीय उत्पादन उनसे ज्यादा अच्छे हैं, लेकिन प्रचार से हमको ऐसा लगता है कि अपना माल खराब ही होगा।

स्वदेशी उद्योगों को बड़ी चुनौती

आपको अगर कंपिटीशन करना है, तो लेवल प्लेइंग फील्ड चाहिए। बहुराष्ट्रीयों को सब प्रकार की सुविधाएँ दे रहे हैं, लेकिन हमारे लोगों को नहीं दे रहे हैं और एक उदाहरण बताता हूँ। लाफार्ज ब्रांड की एक फ्रेंच कंपनी है। टाटा का एक सीमेंट उद्योग उसने खरीद लिया। अपने यहाँ पर सीमेंट की जो लागत है, वह 100 रुपए है। उसे वे

120–125 में बेच रहे थे। लाफार्ज ने उसको खरीदने के साथ ही 75 रुपए प्रति बैग बेचना शुरू किया। क्यों बेचना शुरू कर दिया? क्योंकि उनकी जो मूल कंपनी विदेश में है, उसने आज ही आनेवाले साठ साल तक घाटा उठाने की व्यवस्था कर रखी है और उनके बैंक 6–7 प्रतिशत पर पूँजी दे रहे हैं; जबकि हमारे उद्योगपतियों को हमारे बैंक में 16–17 प्रतिशत में ऋण लेना पड़ रहा है। हमारा कहना है कि 'लेवल प्लेइंग फील्ड' करिए। लाफार्ज ने जितने दक्षिण–पूर्वी देश हैं, उनकी सारी सीमेंट कंपनीज को अपने हाथ में ले लिया। अब हिंदुस्थान में वही प्रक्रिया चल रही है। एक बार ये उत्पादन उनके हाथ में आ जाए तो कितनी कीमतें बढ़ाएँगे, आप कुछ नहीं कह सकते। कंपिटीशन समाप्त होगा, जिसका प्रयास बहुराष्ट्रीय कंपनी कर रही है। कंपिटीशन को रखना नहीं चाहते, यह एक वास्तविकता है। हमको समझना होगा कि बहुराष्ट्रीय कंपनी को कोई चिंता नहीं कि आप मरते हैं या जिंदा रहते हैं। आप गरीब हैं या अमीर हैं, कोई मतलब नहीं। उनको मतलब यही है, उन्हें बाजार चाहिए, पैसा चाहिए। वे तो यही मानकर चलते हैं।

आज हमारे यहाँ जो बीज आ रहा है 'टर्मिनल फिक्स'। एक बार बोएँगे तो आप उसमें से कुछ नहीं निकाल सकते। आपको बार–बार बहुराष्ट्रीय कंपनी से लेना पड़ेगा। कितना बड़ा फर्क पड़ेगा, जब हमारे यहाँ का टमाटर का बीज, जो 200 रुपए किलो पर मिलता है, बहुराष्ट्रीय कंपनी 1,400 रुपए में आपको देगी। तो इनका सारा संसार एक अजीब हिसाब से चलता है। इसलिए हमको सर्वसाधारण समाज को भी जाग्रत् करना पड़ेगा। हम हर क्षेत्र में कंपिटीशन कर सकते हैं। हमारे यहाँ का आदमी किसी से कम नहीं, लेकिन उसको हम अवसर उपलब्ध तो कराएँ। आज तक समाजवाद नाम के संप्रदाय के बंधन लगाए और अचानक हमने लिबरलाइजेशन कर दिया। हमारा कहना है कि इस परिवर्तन को एडजस्ट होने के लिए समय देना चाहिए।

रोजगारपरक योजना

एक और बात मैं कहता हूँ। हमारे यहाँ आवश्यकता इस बात की है कि हमको हर व्यक्ति को काम देना है। जैसा मैंने बताया, 10 करोड़ नौजवान लोग अगर बिना काम के बैठे रहेंगे तो आप भी कभी सुख से आपके घर में नहीं बैठ सकते। बड़े शहरों में मुंबई है, कलकत्ता है। रोज अखबार उठाओ, पढ़ने को मिलता है कि यहाँ पर हत्या हो गई, यहाँ पर उसको मार डाला, इस घर में डाके पड़े, ये समाचार हर एक पत्र में आते हैं। हर हाथ को काम देना पड़ेगा और इसलिए हमको अलग तकनीक पर सोचना पड़ेगा कि हर हाथ को हम काम कैसे दे सकते हैं? और इसलिए जो मास प्रोडक्शन की तकनीक है, उसकी जगह पर हमको तकनीकी का पूरा–का–पूरा ढाँचा बदलना पड़ेगा।

स्वदेशी तकनीक जरूरी

आज वेस्टर्न तकनीक है सेंट्रलाइज्ड, अर्बन बेस्ड, हाई एनर्जी कंजम्प्टिव, कैपिटल इनटेंसिव, लेर डिसप्लेसिंग, इको डिसस्ट्रक्टिव! इस पश्चिम की टर्मिनोलॉजी के स्थान पर हमको जिस तकनीक का विकास करना है, जिसे हम स्वदेशी कहते हैं, वह होगी डिसेंट्रलाइज्ड, रूरल बेस्ड, एप्लाइंग लेस एनर्जी, एप्लाइंग लेस कैपिटल, लेबर इंटेंसिव, इकोफ्रेंडली। इसका हमें विकास करना पड़ेगा। हम अच्छी चीज बना सकते हैं, बनती रही है। हमारे यहाँ अंग्रेजों के आने से पहले टेक्नोलॉजी यही रही और दुनिया भर के बाजारों में हम छाए रहे। अच्छे-से-अच्छा माल हम आज भी दे सकते हैं। आज भी अनेक इंडस्ट्रीज ऐसी हैं, जो दुनिया भर के बाजार में प्रतिस्पर्द्धा कर रही हैं। उनपर हम तो प्रतिबंध लगा रहे हैं। अमेरिका बड़ी-बड़ी बातें करता है, लेकिन हमारा कपड़ा अपने यहाँ आने नहीं देता। कहता है कि हम हमारे लेबर को इतना पैसा देते हैं, तुम्हारे लेबर को तुम कम पैसा देते हो, इसलिए तुम्हारा माल सस्ता रहता है, इसलिए उसके ऊपर हम इतनी ड्यूटी लगाएँगे। वहाँ हमारे यहाँ पर जो शर्ट सौ रुपए में बनती है, वही शर्ट वहाँ छह सौ रुपए में बनती है, क्योंकि वहाँ पर लेबर महँगा है। हमारे शर्ट के ऊपर वह पाँच सौ रुपए का टैक्स लगाएँगे।

व्यापारिक बेईमानी

वे तो उनका बाजार आपको देने के लिए तैयार नहीं हैं। जिस मामले में आप उनका बाजार ले सकते हो, उस मामले में वे आपको आने नहीं देंगे। उदाहरण के रूप में बताता हूँ, 'मंगलोर बीड़ी वर्क्स'। इस 'मंगलोर बीड़ी वर्क्स' की बीड़ियाँ अमेरिका में बड़ी लोकप्रिय होने लगीं और नौजवानों ने बीड़ी पीना शुरू कर दिया। इससे वहाँ की सिगरेट इंडस्ट्री को बड़ी चिंता होने लगी। क्या किया जाए? यहाँ से किसी एक तमिलनाडु के अफसर से उन्होंने इस प्रकार का लेख लिखवा लिया कि भारत की बीड़ी इंडस्ट्री में 'चाइल्ड लेबर' होता है। इसका आधार बनाकर 'मंगलोर गणेश' बीड़ी को बंद करवाने की पहल की। जबकि 'मंगलोर बीड़ी' ने कहा कि हमारे यहाँ कोई चाइल्ड लेबर नहीं है। कर्नाटक सरकार ने कहा कि इनके यहाँ कोई चाइल्ड लेबर नहीं है। लेकिन उसको बंद कर दिया गया। उनको तो बहाना चाहिए कि हिंदुस्थान का माल उनके यहाँ पर न जाए और उनका माल यहाँ पर आए। अतः इस विषय पर हमें सोचना चाहिए।

जापान का उदाहरण

जापान और अमेरिका में विवाद हो गया। 'बैलेंस ऑफ पेमेंट' अमेरिका के खिलाफ था। उन्होंने कहा कि हमारा माल खरीदो, जापान ने कहा कि हमको कोई जरूरत नहीं। लेकिन अमेरिका ने कहा, हम अपने यहाँ का सस्ता चावल आपके यहाँ भेज देते हैं।

उन्होंने चावल भेजा, किंतु जापान के लोगों ने वह चावल खरीदा नहीं। उन्होंने कहा, हम आपका चावल खरीदेंगे तो हमारे यहाँ का किसान बेकार हो जाएगा। भूखा मरेगा। इसलिए जापान का महँगा चावल उन्होंने खरीदा। इसी देशभक्ति के कारण आज जापान की आर्थिक शक्ति बढ़ी है। सन् 1947 में जापान का माल आता था। एकदम थर्ड क्लास। आज हर आदमी जापान का माल खरीदने के लिए लालायित है। यह प्रगति कैसे हुई ? उन्होंने अपना पेट काटा और अपने माल का इंप्रूवमेंट किया। हम भी कर सकते हैं।

अपने देश का पहले सोचें

मुख्य बात तो यह है कि हम पहले अपने देश को ठीक करें। हम सस्ते माल के पीछे जाएँगे तो हमारे यहाँ के लोग बेकार होते जाएँगे, हमारे यहाँ असंतोष बढ़ेगा। थाइलैंड से चावल आ रहा है, सस्ता आ रहा है और हमारा किसान मर रहा है। चावल का उत्पादन बंद करना पड़ा तो थाइलैंड के चावल पर हमको निर्भर होना पड़ेगा। तो हम अनाज के लिए दूसरों पर निर्भर, सीमेंट के लिए दूसरों पर निर्भर, स्टील के लिए दूसरों पर निर्भर। हमारी सारी चीजें हैं, किंतु विदेशी लोग आज कहें कि हम आपको सस्ते में देते हैं, कल को कीमत बढ़ाएँगे तो आपके पास तो कोई चारा नहीं रहेगा। इसलिए इसके पीछे हम लोगों को कुछ दिनों का एक लेवल फील्ड बनाना पड़ेगा।

इसी पुणे में हमारे श्री शेखर कुलकर्णी रिवर्स इंजीनियरिंग करते हैं। अनेक चीजें जो बाहर से आती हैं, वह उनकी नकल कर सकते हैं, उनसे ज्यादा अच्छी बना सकते हैं, गारंटी दे सकते हैं। उन्होंने इस प्रकार की चालीस चीजें बनाई हैं, जो विदेशों से आती थीं। उन्होंने उसको सस्ते में बना गारंटी दी। आज वे चीजें बाहर बेची जा रही हैं। यानी हम लोग कर सकते हैं; लेकिन उनके लिए एक अनुकूल वातावरण, एक अनुकूल मानसिकता—केवल उद्योगपतियों के लिए नहीं, केवल किसानों की नहीं, सबकी होनी चाहिए। एक वातावरण हमको बनाना पड़ेगा।

रासायनिक खाद

एक छोटा सा उदाहरण बताता हूँ। आपके यहाँ आज हम केमिकल फर्टिलाइजर का प्रयोग कर रहे हैं। यह केमिकल फर्टिलाइजर कितना बड़ा उद्योग है; किंतु दुनिया के सारे देशों में केमिकल फर्टिलाइजर बंद हो रहे हैं। वे कहते हैं, केमिकल फर्टिलाइजर नहीं, बायो-केमिकल फर्टिलाइजर चाहिए। बायो-फर्टिलाइजर से जो चीजें बनाई जाती हैं—अनाज व सब्जी बनाई जाती हैं, ज्यादा पैसे देकर लोग खरीदते हैं। इनको 'रिफॉर्मी शॉप्स' कहते हैं। हमारे यहाँ पर फर्टिलाइजर के कारण जमीन खराब होती जा रही है, उसकी उर्वरा शक्ति कम हो रही है, फर्टिलिटी कम हो रही है; लेकिन आज भी जारी है।

किसान यह खतरा समझ रहा है। आज किसान आत्महत्या कर रहा है। क्यों? इसलिए कि कर्जे में डूब गया।

देश का सोचें

हम जब अपने सुख की बात सोचते हैं तो अपने देशवासियों के बारे में भी सोचें। आज अगर हम बायो-फर्टिलाइजर का प्रयोग करें तो हमारे इधर जो पशुधन है, उससे हिंदुस्थान की सारी जरूरतें हम पूरी कर सकते हैं। दूध न देनेवाली एक गाय और काम न करनेवाला एक बैल अपने गोबर और गोमूत्र से 25 से 30 हजार रुपए प्रतिवर्ष की आमदनी देता है; लेकिन हम उसको बूचड़खाने भेजते हैं, जिसके केवल 5,000 रुपए मिलते हैं। एक पशु से 25,000 रुपए हर वर्ष हमको प्राप्त हो सकता है और हमारी सारी आवश्यकताएँ पूरी हो सकती हैं, जमीन की उर्वरा शक्ति भी बढ़ सकती है। अगर उस दिशा में काम करेंगे तो हिंदुस्थान के 7-8 करोड़ों लोगों को काम मिलेगा।

इसी प्रकार से हमारे यहाँ पर हर्ब्स हैं। चीन में केवल 15-16 हर्ब्स हैं, जिससे वह 2,100 करोड़ का निर्यात करता है। हिंदुस्थान के अंदर 5,000 हर्ब्स हैं, जिसमें ढाई सौ दुनिया में कहीं नहीं हैं। लेकिन हमारा जो निर्यात है, उस पर हमने ध्यान ही नहीं दिया। 30,000 करोड़ का हम निर्यात कर सकते हैं। उस दिशा में हमको बढ़ना पड़ेगा। इसीलिए हम स्वदेशी की बात करते हैं और उस दिशा में बढ़ने की बात करते हैं।

गाँव में पैदा होता है ऑयल सीड, फिर तेल हम वहीं क्यों न बनाएँ? उसके लिए शहरों में क्यों आएँ? सन् 1982 में एक स्वदेशी साइंस सेमिनार हुआ। उसमें तेजी से चलनेवाला एक ऑयल एक्सपेलर रखा था। इधर आप तिल डालिए, उधर तिल का तेल ले लीजिए, बिल्कुल शुद्ध तेल। सोलर टेक्नीशियन तेल की गुणवत्ता में फर्क हो जाता है, शुद्ध तेल है। अब तीन-चार गाँवों में इस प्रकार रखिए, जो तेल बनाता है। उसको गोदाम में रखिए, उसके अंदर कष्ट उठाने की तैयारी रखते हुए; लेकिन हमें अपने लोगों को अपने पैरों पर खड़े रहने की सीख देनी पड़ेगी।

अपनी प्रतिभा को अवसर दें

तकनीकी में हम पीछे नहीं जाएँगे। आज इन्फॉर्मेशन टेक्नोलॉजी जो है, उसमें हमारे यहाँ की टेक्नोलॉजी की दुनिया के अंदर माँग हो रही है। जर्मनी, अमेरिका, इंग्लैंड में माँग है। हमारे एक सामान्य गाँव का लड़का भी वहाँ जाकर हजारों डॉलर कमा रहा है। कम नहीं हैं हम किसी से, लेकिन हम उनको अवसर दें। अपने देशवासियों को पहले काम मिलना चाहिए। हर हाथ को काम ही हमारे यहाँ की आर्थिक व्यवस्था का आधार बनना चाहिए। हर हाथ को काम, हर खेत को पानी, यह सन् 1960 में पं. दीनदयाल उपाध्याय ने कहा था। पर इस प्रकार का अपने देश का राजनीतिक विकास हमने नहीं

किया। उसके आज परिणाम हम लोग भोग रहे हैं और इसीलिए हमको विकास करना पड़ेगा। अच्छी-से-अच्छी चीज हमको आज भी मिलती है; मिल सकती है, लेकिन उसके लिए उपयुक्त वातावरण बनाने की आवश्यकता है।

Aniket H. Deshpande : I take two three points very briefly in regard to your point and regarding multinational, I really like to remind you that really indigenous capitalist are no better. Yes my point was that the game, multinationals seem to play, is being played even by the indigenous capitalists. I think they are no better.

Secondly in spite of the so called exploitations by other countries we have grown over the last 10 years. Now how do you reconcile so called exploitations which raised per capita. There have been ups and downs but the fact is times that have been last 10 years the GDP, the national income has grown faster than the population and there are posssibilities that may rise even further. Thirdly is there any indigenous model I don't think what alternative we have, but we don't have a blue print, we must have a blue print of economic structure in our inheritant strategy.

उत्तर : पहली बात तो आपने बताई कि क्या हमारे यहाँ की कंपनियाँ भी शोषण नहीं करती हैं? exploitation होता है, वह किसी का भी नहीं होना चाहिए। इसके लिए आवश्यकता इस बात की है कि हमारे यहाँ के जो सेक्टर्स हैं (Tiny sector, small scale sector, medium sector, high scale industries and multinationals) इनके बीच में प्रतिस्पर्द्धा नहीं होनी चाहिए। जो चीजें टायनी सेक्टर में और स्मॉल स्केल इंडस्ट्री में बन सकती हैं, वे चीजें मीडियम में नहीं बननी चाहिए। जो मीडियम बना सकता है, वह हैवी इंडस्ट्रीज न बनाएँ, जो हैवी इंडस्ट्रीज बना सकती हैं, उन्हें बहुराष्ट्रीय न बनाएँ। इसके बीच में एक प्रकार का कोऑर्डिनेशन रखना पड़ेगा। इसलिए इसके अंदर की परस्पर पूरकता आवश्यक है।

मॉर्डन इकोनॉमिक यूरोप के लायक

आज का जो मॉर्डन इकोनॉमिक है, वह सब यूरोप की पृष्ठभूमि में पैदा हुआ है। यह सिद्धांत ही गलत है। अब per capita income क्या है? हिंदुस्थान में जितने लोग कमाते हैं, उनकी सारी कमाई जोड़ लो, उसमें जनसंख्या का भाग कर लो। per capita income यह प्रक्रिया है। अब एक व्यक्ति है। अपने घर में भोजन बनाने के लिए वह एक महिला को रखता है। वह घर में भोजन बनाती है, घर की साफ-सफाई करती है। 3,000 रुपए मासिक उसको देता है। पर कैपिटा कॉम्प्यूट करने में वे 3,000 रुपए जुड़ते हैं। दो साल बाद व्यक्ति को लगता है कि महिला बहुत अच्छी है, बहुत कुशल है, भोजन भी अच्छा बनाती है, घर भी अच्छा रखती है। क्यों न इससे विवाह कर लिया

जाए! वह विवाह कर लेता है। 3,000 रुपए 'पर कैपिटा इन्कम' उसी मात्रा में कम हो गया। हिंदुस्थान भर में हमारी माताएँ-बहनें घरों के अंदर जितना काम करती हैं, उसका मूल्यांकन अगर आप पैसे में करें तो दुनिया भर में पर कैपिटा इन्कम हमारे यहाँ सबसे ज्यादा रहेगा। यह विषय मैं आपके सामने इसलिए रख रहा हूँ कि यह टर्मिनोलॉजी वास्तव में ठीक नहीं है। हम इस पर विचार करें।

पश्चिम में अमेरिका के लिए ठीक है, वहाँ महिलाएँ भी काम करती होंगी। कभी ये तलाक देती हैं, वह अलग हो जाता है, यह वहाँ ठीक है, हमारे यहाँ पर नहीं है। आप जानते हैं, पश्चिम में 'सोशल सिक्यूरिटी' के लिए खर्च होता है। अमेरिका में 65 प्रतिशत सोशल सिक्यूरिटी के लिए खर्च होता है, ब्रिटेन में 48 खर्च होता है, फ्रांस के अंदर 42 प्रतिशत खर्च होता है। यह सोशल सिक्यूरिटी में खर्च होता है। हमारे यहाँ पर सोशल सिक्यूरिटी में सबसे कम खर्च है। कारण, इतना कि बेकारी होने के बाद भी आज हमारे यहाँ पर उस बेचारे को अपने परिवार के साथ खाने को मिलता है। इसलिए जो पश्चिम के इंडिकेटर्स हैं, उन इंडिकेटर्स की दृष्टि से हम अपने वनवासी क्षेत्र में जाकर देखें, हम जरा गाँव में जाकर देखें कि क्या स्थिति है।

इसलिए सब चीजों पर हम सम्यक् विचार करेंगे तो कहेंगे, यह ठीक नहीं है। समृद्धि ग्रामों के अंदर जानी चाहिए, इसलिए ग्रामों को विकास का केंद्र बनाना पड़ेगा। तीसरी बात आपने कही कि क्या आपके पास ऐसा मॉडल है ? मैंने शुरू में ही कहा कि इस प्रकार के लोगों को जोड़कर इस प्रकार का मॉडल तैयार करने का प्रयत्न कर रहे हैं। थोड़े दिनों में—साल-डेढ़ साल के अंदर—एक ऐसा मॉडल रखेंगे, जिस पर हम चाहते हैं कि खुली चर्चा हो।

Mr. Vilasrao Salunke : I fully agree with all of us should try the best. My question is that how this whole thing can be expanded in a bigger way, and I would like to make a point that fortunately your organisation force, who can be moblised in this alternate model and combine with so many other things. I think that will be better so many other things. I think that will be better mon-structive, positive, approach that we can think of.

Mr. Jayant Pendese : Everybody is criticising the policies but nobody is talking about dishonest implementation of the policies eg take liberalisation, which is an accepted policy. Now is there liberalisation for Indians in India? A farmer in punjab wants to use techinics in india. A farmer in punjab wants to use techinc of wheat. How many permits does he need to obtain. How many problems are on the road, what actions and what proposals are being made to remove this obstruction, I am talking of practical implementation. If we say we accept liberalisation, why does central government say we have so many proposals and so many industries have been cleared but why don't they delegate back to the state.

उत्तर : आपकी बात ठीक है। मैंने कहा कि हमको बिल्कुल नई आर्थिक, सामाजिक व्यवस्था की चिंता करनी पड़ेगी। मैंने कहा de-centralised economy अगर होती है तो उसके सात–आठ भी चाहिए और इसलिए राजनीतिक पक्षों का डी–सेंट्रलाइजेशन चाहिए। 1930 में शॅम्स मिटको गवर्नर थे। उन्होंने हमारी ग्राम पंचायत के बारे में लिखा है कि हिंदुस्थान की ग्राम पंचायतें 'सेल्फ कंटेंड रिपब्लिक्स' हैं। इसमें सुधार की गुंजाइश तो है, लेकिन ये अच्छा काम कर रही हैं। बाकी बहुत चीजें बदल गईं, लेकिन ये सैकड़ों साल से नहीं बदले और मुझसे कोई पूछेगा तो मैं कहूँगा कि इनको हाथ नहीं लगाना चाहिए। ग्राम पंचायत क्या करती थी? रेवेन्यू कलेक्शन ग्राम पंचायतें करती थीं। उसमें से एक भाग सरकार को देती थीं। जो भी सरकार हो, मुगलों की सरकार, अंग्रेजों की सरकार हो, बाकी में अपने गाँव का विकास करती थी। दूसरा काम करती थीं सुरक्षा। हर गाँव का रक्षक होता था, कोतवाल होता था। वह अपने गाँव के लोगों को लेकर रक्षा का काम करता था। तीसरा काम, ग्राम पंचायतें न्याय भी देती थीं। पंचों के ऊपर लोगों की श्रद्धा थी और चौथी चीज थी कि गाँव के पास में जो जमीन, जंगल और जल तीनों पर गाँव का अधिकार रहता था, वह गाँव की मानी जाती थी।

लेकिन ईस्ट इंडिया कंपनी ने बिल्कुल उलटा काम किया। उन्होंने कहा कि रेवेन्यू कलेक्शन अब आप लोग नहीं करेंगे। हमारे कलेक्टर, तहसीलदार, पटवारी करेंगे, हमारे कर्मचारी करेंगे। इस प्रकार रेवेन्यू कलेक्शन उन्होंने अपने हाथ में ले लिया। फिर उन्होंने कहा कि सुरक्षा का काम हमारी पुलिस करेगी, तुम नहीं करोगे। न्याय का काम हमारी अदालतें करेंगी, तुम नहीं करोगे और जमीन, जल व जंगल—ये सरकार के हैं,आप केवल उसके ऊपर बैठे हुए हैं। सारे अधिकार ग्राम पंचायत से छिन गए। एक–एक ग्राम पंचायतों में जो तीस–तीस, चालीस–चालीस कर्मचारी होते थे, वे सब बेकार हो गए। ग्राम पंचायत हाथ से निकल गई।

गाँववालों से पूछें, उन्हें क्या चाहिए?

आज भी स्थिति क्या है? गाँववालों को क्या चाहिए, यह गाँववालों से नहीं पूछा जाता। सारी योजनाएँ या तो दिल्ली के या मुंबई के वातानुकूलित कमरों में बैठकर अफसर लोग बना देते हैं। स्वतंत्रता के बाद हमारे नेताओं ने कहा, 'आप लोग पाँच साल के लिए हम लोगों को गद्दी पर बिठा दो तो आपके सारे काम हम करेंगे।' इससे और सस्ता सौदा नहीं हो सकता। एम.एल.ए. साहब, मैटर्निटी डॉक्टर को लाने के लिए आप चलिए, फिर हमारे बच्चे को स्कूल में भरती कराना है, उसको कॉलेज में एडमिशन दिलाना है, इसको नौकरी दिलाना है, आप चलिए।

इसीलिए लोगों के अंदर हम चेतना जगाएँ कि अपना काम खुद करें। अब गुजरात

के लोगों ने इतना काम किया। पानी की समस्या का हल हम कर लेंगे, हमको किसी के सामने हाथ फैलाने की जरूरत नहीं है। जो मुंबई में रहते हैं या विदेशों में रहते हैं, ऐसे गुजराती बंधुओं ने अपने-अपने गाँव को कहा कि जितना भी खर्चा होगा, हम लोग देंगे। तुम गाँव का विकास करो। जहाँ-जहाँ जन सहयोग से काम हुआ है, वहाँ पर बहुत अच्छे परिणाम निकले हैं। हम सब पढ़े-लिखे लोग अगर उसमें रुचि लेते हैं, एक-एक गाँव हम लोग लेंगे, वहाँ लोगों के साथ बैठेंगे कि उनकी समस्या क्या है? बहुत सी चीजें ऐसी हैं, जो हल कर सकते हैं।

प्रश्न : मैं रीता विष्णु शहाणे हूँ। आपने कहा कि विकास की प्रगति समाज कर पाएगा और उसके प्रयोग हो रहे हैं। आपने एक-दो प्रकार बताए हैं। कुछ और उदाहरण बता सकते हैं। कौन से प्रयोग हो रहे हैं समाज में?

उत्तर : बताता हूँ। ये प्रयोग व्यक्तिगत स्तर पर भी हुए। मध्य प्रदेश में नरसिंहपुर जिले में एक गाँव है—मोहद। हमारे 'अखिल भारतीय सहसेवा प्रमुख' वहाँ रहते हैं। उन्होंने अपने गाँव में गाँव के ही बच्चों को तैयार करके सब घरों में गोबर गैस के प्लांट लगाए। आपके पास दो-तीन मवेशी हैं, उनके आधार पर टंकी बन सकती है। वे जमीन के नीचे बनी हैं, इसलिए जमीन खराब नहीं होती। सबकुछ साफ-सुथरा, व्यवस्थित है। मैं खुद उस गाँव में होकर आया हूँ। लोग बड़े प्रसन्न हैं और अब उन बच्चों को दूसरे गाँव में बुलाया है कि हमारे यहाँ यह बनाओ। आस-पास के पाँच सौ गाँवों में एक-एक गोबर गैस प्लांट बन गया। दूसरी ओर जो बचा हुआ गोबर है, उससे खाद बन गई। इसलिए बाहर से खाद लेने की जरूरत नहीं रही। किसान स्वयं की खाद बना सकता है।

दूसरा प्रयोग अपने यहाँ सांगली के पास बेलंकी में श्री वसंतराव गोरे हैं, उन्होंने किया। बायो मेडिकल मशीन्स होती हैं। उन मशीन्स के लिए हाई क्वालिटी ऊर्जा बनानी पड़ती है। उन्होंने हरिजन बच्चों को साथ लिया और उनको प्रशिक्षण देकर ऊर्जा बनाना शुरू कर दिया। उसके साथ-साथ उन्होंने वहाँ पर 'वर्मिकल्चर' के भी प्रयोग शुरू कर दिए।

कोल्हापुर के श्री दाभोलकर ने प्रयोग किए हैं कि एक एकड़ जमीन से आप दो लाख रुपए आमदनी प्रतिवर्ष कर सकते हैं। आपके घर के ऊपर छत है तो वहाँ पर भी आप खेती कर सकते हैं। आपको न तो खाद की जरूरत पड़ेगी, न बहुत अधिक पानी की आवश्यकता पड़ेगी। वे कहते हैं कि हमारा एक ही निवेदन है कि हमारे यहाँ आकर सीखो और अपनी-अपनी जगहों पर काम करो। आज जो अनेक प्रकार की समस्याएँ हैं, वे दूर हो सकती हैं। उन्होंने इन पद्धतियों का बड़ी अच्छी तरह से अध्ययन किया है। उन्होंने बताया कि एक ही पौधे से हम पाँच पौधे कर सकते हैं और फिर उसमें एक प्रकार के आम उगा सकते हैं। अच्छे-अच्छे प्रयोग उन्होंने किए हुए हैं।

अकोला के पारा देवलापार में, नागपुर में उन्होंने गोबर व गोमूत्र से औषधियाँ बनाई हैं। उन औषधियों का प्रयोग होता है।

अलबार जिले में तीन लड़के सन् 1984 में गए। जयप्रकाश नारायणजी से प्रेरणा ली और उन्होंने 90 गाँवों के अंदर ग्रामीण जल-संग्रह की व्यवस्था की। जिस गाँव में हर साल अकाल पड़ता था, गाँव छोड़कर लोग चले जाते थे, पाँच नदियाँ सूख गई थीं, उनको फिर से उन्होंने चालू कर दिया और 90 गाँवों के अंदर पानी की समस्या हल कर दी। यह सब केवल तीन युवाओं ने किया, गाँव को साथ में लिया, काम किया।

इस प्रकार के अनेक प्रयोग अनेक जगह पर चल रहे हैं। इन सारे प्रयोगों को एकत्रित करके ग्राम विकास की एक बहुत अच्छी योजना बन सकती है। मैंने जैसा कहा कि लोगों को जोड़ रहे हैं हम और हमने प्राथमिक रूप से कुछ विचार किया है और उस पर एक मॉडल जरूर प्रस्तुत करेंगे।

प्रश्न : आपने अपने भाषण में हिंदुस्थान को 'भारत माता' कहा। Are you against this word?

उत्तर : भारतवर्ष और हिंदुस्थान एक ही है। सदियों से हम इसको 'हिंदुस्थान' भी कहते आए हैं और 'भारत' भी कहते आए हैं। वर्ष 1864 के अंदर एक पुस्तक प्रकाशित हुई है, लखनऊ से 'मसनबी मौलुम'। उसके अंदर फारसी में लिखा है—'चार हिंदू दरे के मजदीस्तं बेहते ताऊ दराके। वो साजीद छुदेद मक्का में'। हिंदू नमाज क्यों पढ़ेगा? किंतु वे हिंदुस्थान के लोग हैं। उसी प्रकार सन् 1977 में अब्दुल्ला बुखारी हज करने के लिए गए। उनसे पूछा गया कि आप हिंदू हैं? उन्होंने कहा—नहीं-नहीं, हम तो मुसलमान हैं। कहाँ से आए हो? बोले हिंदुस्थान से आए हैं, 'तो हिंदू ही हुए।' हिंदू है, जो राष्ट्रीय रहा है। अंग्रेजों ने उसको रिलीजन के साथ जोड़ा। जब हम हिंदू कहते हैं तो हिंदुस्थान में रहनेवाले सब लोग उसमें आते हैं।

Que. Why Japan has made so much progress due to right kind of value system, or on the religion?

उत्तर : जापान के लोग संपूर्ण जापानी संप्रदाय को एक सिंफनी मानते हैं। उनका कहना है कि हमारा पहला सम्राट् सूर्यबिंदु का पुत्र था और तब से लेकर आज तक सम्राटों की अविच्छिन्न परंपरा चली आ रही है और हम सब लोग एक परिवार के अंदर हैं। तो जापान के अंदर पारिवारिक भावना होने के कारण एक उद्योगपति भी इस बात की चिंता करता है कि प्रत्येक नौजवान को काम मिलना चाहिए। वहाँ के लोग जापानी चीजों को सबसे अधिक मूल्य देते हैं, जैसे अमेरिका में कैलिफोर्निया में संतरे होते हैं। उनको लगा कि जापान की महिलाएँ संतरे बहुत पसंद करती हैं, किंतु जापानी बाजार में किसी ने नहीं खरीदा।

यह जो देशभक्ति है, यह वास्तव में वहाँ का केंद्र-बिंदु है। सम्राट् को केंद्र-बिंदु मानकर जापान को एकता के सूत्र में वर्ष 1857 के बाद जोड़ा। उसके पहले वहाँ पर अनेक रियासतें थीं। वे लोग आपस में झगड़ते रहते थे। जिस समय यूरोप के जहाज जापान के चक्कर काटने लगे तो जापान के लोगों को डर लगा। उन्होंने कहा—हमारा देश आज तक कभी परतंत्र नहीं हुआ। यूरोपीय देश हमको चारों ओर से घेर रहे हैं। हम परतंत्र हो जाएँगे और इसलिए देश की रक्षा करने के लिए हमको एक होना चाहिए। उधर शोवन के हाथ में सारी सत्ता थी, तो शोवन ने सन् 1857 में वहाँ के सम्राट् को अभिषिक्त किया और सारे लोगों को कहा कि सम्राट् जो कहेंगे, वह हमको करना चाहिए। और सम्राट् को केंद्र-बिंदु बनाकर जापान ने संपूर्ण जापान को संगठित किया। फिर उन्होंने कहा कि 'ब्रदर' लोगों से लड़ना है तो 'ब्रदर' लोगों की विद्या सीखनी पड़ेगी। इसलिए उन्होंने अपने लोग हॉलैंड भेजे, फ्रांस भेजे, जर्मनी भेजे, इंग्लैंड भेजे और उनसे कहा कि उनको उस भाषा को सीखना पड़ेगा। लेकिन भाषा सीख करके जो तुम ज्ञान लेकर आओगे, वह तुमको जापानी भाषा में अनुवादित करना पड़ेगा। इसलिए सारे लोगों ने वहाँ से आने के बाद सारे ज्ञान को जापानी भाषा में उपलब्ध किया। आज हर विषय जापान को अपनी भाषा में उपलब्ध है, जैसा हमारे यहाँ पर नहीं है। यह उनके अंदर एक सामूहिकता का भाव है।

एक जापानी अर्थशास्त्री हैं—फ्रांसिस फुकोयामा। जिस समय कम्युनिज्म का पतन हो गया, उन्होंने एक पुस्तक लिखी—'The end of Economics'। अब कम्युनिज्म खत्म हो गया और कैपिटलिज्म एकमात्र बचा है, तो Economic खत्म हो गया।' दो साल के बाद उन्होंने अपने विचार बदले और एक दूसरी पुस्तक लिखी—'Trust'। उसमें कहा कि समान economic system होने के बाद भी हर समाज के अंदर जो आपसी विश्वास होता है, उस विश्वास के आधार पर कोई भी देश आगे बढ़ता है। फ्रांस में लोगों को इकट्ठा लाने के लिए सरकार बीच में पड़ती है। जापान सरकार बीच में नहीं आती है। ये प्रत्येक देश की विशेषताएँ हैं।

स्वदेशी का मतलब है—स्वदेशी संसाधन, स्वदेशी स्वभाव, स्वदेशी प्रतिभा और स्वदेशी आवश्यकता। उदाहरण के लिए, अमेरिका का आदमी खर्च करना जानता है; जो कुछ मिलेगा, खर्च करेगा। आनेवाले दो वर्षों का उन्होंने खर्च कर दिया है। एक मजेदार किस्सा बताते हैं। एक होटल ने घोषणा की, 'कोई भी व्यक्ति आकर चाहे जितना खा सकता है। उसको पैसा नहीं देना पड़ेगा। पैसा अगली पीढ़ी से वसूल किया जाएगा। दो नौजवान पहुँच गए। उन्होंने खाना मँगाया, सबकुछ खाया। जब चलने लगे तो उनको एक बिल दिया गया। उन्होंने कहा—'पर तुमने तो कहा था कि बिल तुम्हारी अगली पीढ़ी को देना पड़ेगा।' जवाब मिला, 'तुम्हारा बिल तो अगली पीढ़ी देगी, लेकिन तुम्हारे

पहले की पीढ़ी के तुम्हारे दादा आए थे। उन्होंने जो खाया, उसका बिल अभी दे रहे हैं।'

हमारे यहाँ पर एक गरीब-से-गरीब आदमी भी पैसे बचाने की सोचता है। उसको लगता है, मेरा कर्तव्य है बच्चे को पढ़ाना, बच्चे की शादी करना। इस कर्तव्य के कारण वह पैसे बचाता है। हमारे यहाँ के लोगों के इस स्वभाव को ध्यान में रखकर हमें सारी व्यवस्थाएँ करनी पड़ेंगी। कई लोगों ने सुझाव दिया है कि अपने यहाँ की व्यवस्थाएँ ठीक हो सकती हैं। अगर सब लोग अपना पैसा बैंकों में रखते हैं तो हमारी लिक्विडिटी बहुत अधिक बढ़ जाती है। कुछ लोगों ने कहा कि आज भी हमारा जो फॉरेन एक्सचेंज है, वह अमेरिकन बैंक में जमा है। क्यों न हम अपने बैंक में जमा करें और बाहर के लोग भी जो पैसा जमा करते हैं, वह हमारे चलन में जमा करना चाहिए। अच्छा सोचनेवाले लोग बैठकर इन उपायों को सोचें। अभी आपने देखा कि हमने परमाणु विस्फोट किया। अमेरिका ने सहायता बंद कर दी। तो जिस समय आह्वान किया गया, तब हमारे मिलियन डॉलर्स अपने यहाँ पर भेज दिए। आज भी संपूर्ण देश में भावना उत्पन्न कर सकते हैं कि अपने देश का विकास हम करेंगे। यह भावना हमने यदि जगाई तो हम निश्चित रूप से इन सारी समस्याओं में समाधान की राह पा सकते हैं।

Ques. Our Communities ultimately need such education. How long are we going to carry the burden of British mentality on the education, we don't have charak and Sushrut. How long can we really continue with this?

इंटरनेट के माध्यम से जो भी परिणाम होने वाले हैं, उनके बारे में भी जानने की बड़ी उत्सुकता है। आपके विचार इतने सुंदर हैं। बच्चों तक अगर ये विचार जल्दी पहुँचे, तो ठीक है।

उत्तर : वही तो मैंने कहा कि परिवर्तन होगा तो सब क्षेत्रों में होगा। सामाजिक, आर्थिक, राजनीतिक—तीनों क्षेत्रों में परिवर्तन होगा। शिक्षा में भी उसी प्रकार का परिवर्तन आना चाहिए। माइंडसेट बदलना चाहिए। एक माइंडसेट बना हुआ है, विशेष प्रकार की शिक्षा के कारण और आज भी उसी प्रकार का माइंडसेट बनाने का प्रयत्न चल रहा है। हमारे बच्चों को भी अमेरिका का आकर्षण बना करके वही माइंडसेट बना रहे हैं—वह माइंडसेट हमको बदलना पड़ेगा।

इस नाते हमने जो प्रयत्न किया, वह यह है कि हमने भी अपने यहाँ शैक्षणिक संस्थाएँ बनाईं। इस प्रकार की 15,000 करीब संस्थाएँ हैं, जिनमें आठवीं कक्षा से बारहवीं कक्षा तक और महाविद्यालय तक वहाँ हमने एक विशिष्ट शिक्षा-पद्धति बनाई है, जिस शिक्षा-पद्धति से लोगों के अंदर एक स्वाभिमान का भाव जाग्रत् हो, हमारे अतीत के बारे में हमको जानकारी प्राप्त हो।

महर्षि अरविंद ने कहा है, 'अतीत का गौरव', वर्तमान की पीड़ा और भविष्य

के सपने जिस देश के नौजवानों में रहते हैं, वह देश प्रगति करता है।' हमारा जो सारा विज्ञान है, प्राचीन विज्ञान में हमने कितनी प्रगति की थी, प्राचीन आर्थिक क्षेत्रों में हमने कितनी प्रगति की थी, उसकी जानकारी दें। अजमेर विश्वविद्यालय में उन्होंने एक विषय प्रारंभ किया है—'इंडियन इकोनॉमिक थिंकर्स'। उसके अंदर हमारे यहाँ की शुक्र-नीति, चाणक्य नीति व अर्थशास्त्र के बारे में पढ़ाते हैं। उसी प्रकार के 'इंडियन पोलिटिकल थिंकिंग' आदि पेपर्स प्रस्तुत होंगे तो स्वाभाविक है कि लोग उन्हें पढ़ेंगे, जानेंगे तो उनके अंदर एक स्वाभिमान जाग्रत् होगा।

यह मत तो ठीक है कि अतीत का हमारा गौरव था और गलतियाँ भी हुई थीं, वह हम जानें; लेकिन अतीत हमारा बहुत उज्ज्वल भी था। उस अतीत के गौरव को प्राप्त करने की दृष्टि से उसकी जानकारी हमारे बच्चों को होनी चाहिए और शिक्षा-पद्धति में भी पूरी तरह से बदलाव होना चाहिए। मैकाले ने जो शिक्षा-पद्धति शुरू की थी और कहा था कि इसके द्वारा हम हिंदुस्थान में काले अंग्रेज बनाएँगे, वह अभी भी चल रही है। उस शिक्षा पद्धति में परिवर्तन के लिए भी हमने अपनी तरफ से जितना प्रयत्न कर सकते हैं, उतना चालू किया है। राष्ट्रीय स्तर पर भी इस नाते से प्रयत्न चल रहे हैं। सरकार को भी कई प्रकार के सुझाव दे रहे हैं। कुछ सुझाव लागू हो रहे हैं, कुछ सुझाव लागू होने में समय लगेगा।

□

अक्का ! तुम्हारी बहुत याद आती है !

हाँ, हम भाई-बहिन सब तुमको 'अक्का' कहकर ही पुकारते थे। तीन भाई-बहिनों में तुम ही सबसे बड़ी थीं और इसलिए मेरी ननिहाल में मेरे मामा और मौसी तुमको बड़ी बहिन के नाते 'अक्का' कहा करते थे और बचपन में वहाँ रहते हुए मैं और बादमें मेरे भाई-बहिन भी तुम्हें 'अक्का' ही कहने लगे। एक बार तुमने कहा भी था कि 'अम्मा' की तुलना में तुमको 'अक्का' नाम ही अधिक पसन्द है। वैसे ही अण्णा बड़े भाई को कहते हैं किंतु हम सब पिताजी को 'अण्णा' कहकर ही पुकारा करते थे। अण्णा वनविभाग की नौकरी में होने के कारण तुम दोनों की छत्रछाया में एक साथ रहने का अवसर कम ही मिला। प्रायः विद्यालयों में अवकाश के समय ही कुछ काल दोनों के साथ रहने का सुख प्राप्त होता था। अतः हम तीनों भाइयों एवं एक बहिन को पाल-पोस कर बड़ा करने, खिलाने-पिलाने और इनसबसे अधिक हमें उत्तम संस्कार देकर समाज के एक सम्माननीय घटक के नाते गढ़ने का काम तो तुम्हारे ही कंधों पर ही आन पड़ा था जिसे तुमने बखूबी निभाया। इसीलिए तो एक बार मामा ने मेरे सबसे छोटे भाई के सामने कहा था — "कमाल है अक्का का ! बहुत पढ़ी-लिखी न होने पर भी तुम सबको उन्होंने कितने उत्तम ढंग से शिक्षित और संस्कारित किया !"

हाँ अक्का ! तुम बहुत पढ़ लिख नहीं पाईं। पाती भी कैसे ? मेरे नानाजी तो तुम सब छोटे थे तभी परमधाम सिधार गये थे और नानीजी प्राथमिक विद्यालय में अध्यापिका की नौकरी कर तुम सबको पाल-पोस कर बड़ा किया। स्वाभाविक था कि तुम सबको बहुत अधिक पढ़ा नहीं सकती थीं और उन दिनों लड़कियों के लिए अधिक पढ़ना आवश्यक भी नहीं माना जाता था। विवाह भी कम उमर में कर दिये जाते थे। तुम भी तो 11 वर्ष की उमर में ही गृहिणी बनकर आ गई थीं। उन दिनों पिताजी मध्य प्रदेश के चन्द्रपुर जिले में सिरोंचा में कार्यरत थे जहाँ आंध्र से संलग्नता के कारण मराठी और तेलगू बोली जाती थी। तुमने भी दोनों भाषाओं का कामचलाऊ ज्ञान प्राप्त कर लिया था। परन्तु बाद के लगभग दो दशकों तक पिताजी हिन्दी भाषी क्षेत्रों में ही रहे और इसलिए तुमने हिंदी भी सीख ली। और तभी आज के छत्तीसगढ़ के महासमुन्द में अण्णा की नियुक्ति के समय तुमने मुझे रायपुर के मिशन अस्पताल में जन्म दिया। मेरे जन्म की सूचना अण्णा को तार द्वारा दी गई किंतु जब तार उन्हें मिला तो रायपुर आने की रेलगाड़ी छूट चुकी थी। अतः अण्णा साइकिल पर ही निकले और उस समय विपरीत दिशा में चल रही धूलभरी आँधी को चीरते हुए लगभग पचास किलोमीटर का रास्ता तय कर रायपुर पहुँचे। तुम्हारी गोद में मुझे देखकर अपना सारा श्रम भूल गये होंगे और प्रसन्न भी हुए होंगे।

प्रसन्न क्यों न होते ? तुमने ही तो बताया था कि निरंजन नामका मेरा एक बड़ा भाई भी हुआ था किंतु अल्पायुषी सिद्ध हुआ। उसके बाद जुड़वाँ बच्चे भी हुए किंतु वे भी नहीं रहे। इसलिए मुझे देखकर तुम सबने मेरे दीर्घायुषी होने की कामना की होगी। सो आज भी पचहत्तर वें वर्ष में चल रहा हूँ। तुम दोनों ने भी जीवन के नौ दशक देखे। हम चार भाई-बहिनों में मँझला भाई सुरेश ही, जो मेरे प्रचारक बनने और छोटे भाई रमेश के अमेरिका चले जाने के पश्चात् तुम दोनों को सम्हाला करता था, नासिका के अंदर की एक फुंसी पर शल्यक्रिया

* सुदर्शनजी द्वारा अपनी माँ की याद में लिखे गए पत्र का मूलरूप

-2-

हो जाने के बाद कुछ गड़बड़ होकर अपने पीछे अपनी पत्नी और एक पुत्र-पुत्री को छोड़कर काल के गाल में समा गया। अत्यन्त मिलनसार, विनोदप्रिय एवं कुशल अध्यापक के नाते उसकी उदयपुर विश्वविद्यालय में ख्याति थी और विश्वहिंदु परिषद् के कार्य को उसने अपना लिया था।

मध्यप्रदेश के आज के हटा जिले के फतहपुर नामक ग्राम में मैंने प्राथमिक विद्यालय की दो कक्षाएँ पढ़ीं और बाद में पाँचवीं तक की तीन कक्षाओं का अध्ययन दमोह में हुआ, जो आज जिलाकेन्द्र है किंतु तब तहसील केन्द्र था। जब पाँचवीं कक्षा में था तभी 'रेंजक्वार्टर' के निकट डिस्ट्रिक्ट कौंसिल के प्रांगण में रायपुर से आये दामोदर गिरिमह नामक प्रचारक के द्वारा शाखा प्रारंभ हुई थी। रेंज क्वार्टर के मैदान में हम और आसपास के बच्चे खेला करते थे। बीच-बीच में सड़क के उस पार लगनेवाली शाखा में होनेवाले खेलों का आनंद लिया करते थे। एक दिन दत्तू नामक मेरे एक सहपाठी ने, जो पास के अस्पताल में कार्यरत कम्पाउण्डर का बेटा था, मुझसे कहा कि शाखा चलो, वहाँ लाठी चलाना सिखाते हैं। वह मुझसे एक दिन पूर्व ही शाखा गया था। मैंने तब तुमसे आकर पूछा था कि 'अक्का! मैं लाठी सीखने, जाऊँ?' तो तुमने सानन्द अनुमति प्रदान की थी। तब रा.सी. को क्या कल्पना हो सकती थी कि लाठी सीखते-सीखते मैं 'बड़ी माँ' की सेवा हेतु तुम सबकी आशाओं पर तुषारपात करता हुआ संघ का प्रचारक बन जाऊँगा? पता नहीं, पता होता तो तुम मुझे जाने भी देतीं या नहीं क्योंकि निम्न मध्यवित्त परिवारों की माताओं के समान तुम्हारी भी कामना यही थी कि मैं पढ़ूँ-लिखूँ, अच्छी सरकारी नौकरी करके घर गृहस्थी बसाऊँ।

हम सब भाई बहिनों पर जो उत्तम संस्कार हुए उसका कारण ही यह था कि तुम पूजा-पाठ, भजन-कीर्तन और पर्व-त्यौहारों को परम्परागत रीति से मनाने का बड़ा आग्रह रखती थीं जिसका हम सबके बालमनों पर विशेष प्रभाव पड़ा करता था। मुझे याद है कि ठंड के दिनों में भोजनादि के बाद जब अँगीठी लगाकर हम सब आग तापने बैठते थे तो तुम और बुआजी, जो बाल-विधवा हो जाने के कारण प्रायः साथ ही रहती थीं, रामायण, महाभारत पुराण आदि की कहानियाँ सुनाया करती थीं। सारे व्रत-उपवास तुम दोनों नियमपूर्वक रखा करती थीं और बड़ी एकादशी, जन्माष्टमी और शिवरात्रि के समय मैं भी व्रत रख लेता था और रात को राह इस आशा से देखा करता था [illegible] कि फलाहार के समय नये-नये व्यंजन खाने को मिलेंगे। उपवास न रखनेवालों को भी व्यंजन तो मिल जाते थे किंतु छोटे भाइयों के सामने 'मैंने उपवास रखा है' यह शेखी बघारने का जब मौका मिलता था तब बड़ी आत्मसंतुष्टि होती थी।

हम सब भाई जब ऊधम मचाते हुए कुछ गलत कार्य कर जाते थे तब तुम हमको मारती तो नहीं थीं किंतु तुम्हारे पास एक अस्त्र था जिससे हम बड़े घबराते थे। वह अस्त्र था 'उन करिले वात्चौल्लौल्ले' (तुमसे नहीं बोलूँगी)। मुझ पर ऐसा अवसर आने पर मेरे अन्य भाइयों से तो तुम प्रेम से बोलती थीं किंतु मुझसे कुछ कहना हो तो तृतीय वचन में बोला करती थीं — "उससे कह दो नहा ले; उससे कह दो खा ले; उससे कह दो कपड़े बदल ले" आदि। तुम्हारी ओर से इस प्रकार का पराया व्यवहार मन को इतना चुभता था कि एकाध दिन में ही हम लोग ठीक रास्ते पर आ जाते थे और अपने किये पर तुमसे क्षमा माँग लेते थे।

-३-

जब पिताजी साथ में होते थे तो तुम्हारा अस्त्र होता था — 'ठहरो, आने दो अण्णा को, उनसे तुम्हारी शिकायत करूँगी।' और अण्णा की हम सब धाक खाते थे। वे भी क्वचित् ही हाथ उठाते थे किंतु उनकी बुलन्द आवाज ही हम लोगों को डराने के लिए पर्याप्त होती थी।

मुझे याद आता है कि जब मैं नवीं कक्षा में पढ़ता था तब मेरे यज्ञोपवीत संस्कार के लिए हम लोग श्रीरंगपट्टनम् गये थे और जनेऊ धारण करने के पश्चात् बेंगलूरु मामा के घर आये। घर के सामने एक छोटा सा चम्पा का पेड़ था जिसपर चढ़कर चम्पा के फूल तोड़ा करता था। प्रायः ही भाई-बहिन फूल उठाने के लिए साथ हुआ करते थे। किंतु एक दिन अल्पाहार लेकर मैं जल्दी आगया और वृक्ष पर चढ़कर फूल तोड़ने लगा। एक फूल फुनगी पर था। उसे तोड़ने के लिए जब डाल पर जोर डाला तो डाल टूट गई और मैं धड़ाम से नीचे सीमेण्ट के फर्श पर आगिरा। तुम उस समय घर के बाजू में कपड़े धो रही थी। आवाज सुनकर जब तुमने पलटकर देखा तो मैं निश्चेष्ट फर्श पर पड़ा हुआ था। तुम चीख कर दौड़ीं, तुम्हारी चीख सुनकर अण्णा, मामा सब दौड़े; मैं बेहोश हो गया था। बायें हाथ की हड्डी टूट गई थी। तत्काल मामा ने दो लकड़ी के पटिये लगाकर हाथ पर पट्टी बाँध दी और विक्टोरिया अस्पताल ले गये। डाक्टरोंने हड्डी बैठाकर प्लास्टर चढ़ा दिया और वार्ड में जाकर सुला दिया। सायंकाल जब मुझे होश आया तो देखा तुम सब चारों ओर खड़े हो। मैं आश्चर्य कर रहा था कि "यहाँ कैसे आगया!" इक्कीस दिन वहाँ रहकर उकता गया था और रट लगा रहा था कि घर ले चलो। बाद में घर आकर बेंगलूरु से मण्डला सबके साथ आना जहाँ के जगन्नाथ विद्यालय में, मेरी छटवीं से लेकर दसवीं तक शिक्षा हुई थी। खोपड़ी में एक छोटी दरार भी आई थी किंतु उसके लिए केवल सावधानी बरतने को कहा गया था।

अण्णा अपना कार्य अत्यन्त प्रामाणिकता से किया करते थे जिसके कारण उनकी 'रेंज आफीसर' से 'सब डिवीजनल आफीसर' के रूप में पदोन्नति होगई और स्थानांतर चन्द्रपुर जिले के आलापल्ली सबडिवीजन में हुआ। पुनः ग्यारहवीं कक्षा की पढ़ाई के लिए हम लोगों को तुम्हारे साथ चन्द्रपुर में रहना पड़ा जहाँ परीक्षा में मैं पूरे मध्यप्रदेश में चतुर्थ स्थान पर आया था। यह सब तुम्हारी कृपा, तुम्हारा स्नेह, तुम्हारे प्रोत्साहन और तुम्हारे आशीर्वाद का फल था। उसके बाद इण्टरमीडिएट की पढ़ाई के लिए मैं जबलपुर के महाकौशल महाविद्यालय के छात्रावास में आगया और छात्रावास में दो वर्ष रहा। परन्तु वहाँ के निकृष्ट भोजन और उबले हुए कद्दू की सब्जी खाते-खाते ११ महीने में ही पीलिया के रोग से ग्रस्त होगया। प्राध्यापकों की सलाह पर मैं चंद्रपुर आया तो मेरी पीली आँखे और पीला शरीर देखकर तुम कितनी घबरा गई थी और तुरन्त पिताजी को सूचित किया। वे तुरन्त आये और वैद्यराज के यहाँ मेरी चिकित्सा शुरू हुई। तीन सप्ताह बाद जब वापस जबलपुर चला तो तुमने मेरे साथ वह सारा साज सामान दे दिया था जिसके द्वारा मैं स्वयं दही जमाकर छाछ बना सकूँ और उसके साथ भोजन कर सकूँ।